龍向洋 編

哈佛燕京圖書館書目叢刊第十四種

美國哈佛大學哈佛燕京圖書館藏民國時期圖書總目

Catalogue of Books of the Period of the Republic of China

Collected in

Harvard-Yenching Library, Harvard University, U.S.A.

· 1 ·

·桂林·

圖書在版編目（CIP）數據

美國哈佛大學哈佛燕京圖書館藏民國時期圖書總目／龍向洋編．—桂林：廣西師範大學出版社，2010.6
ISBN 978-7-5633-9647-4

Ⅰ．美… Ⅱ．龍… Ⅲ．圖書目錄—中國—民國
Ⅳ．Z812.6

中國版本圖書館 CIP 數據核字（2010）第 020781 號

廣西師範大學出版社出版發行

（廣西桂林市中華路 22 號　郵政編碼：541001）
網址：http://www.bbtpress.com

出版人：何林夏
全國新華書店經銷
廣西民族印刷廠印刷
（廣西南寧市高新區高新三路 1 號　郵政編碼：530007）
開本：787 mm ×1 092 mm　1/16
印張：173.25　　　字數：4234 千字
2010 年 6 月第 1 版　　2010 年 6 月第 1 次印刷
定價：1400.00 元（全 4 册）
如發現印裝質量問題，影響閱讀，請與印刷廠聯繫調換。

前　言

　　美國哈佛大學哈佛燕京圖書館，是西方世界中最大的東亞圖書館之一。它所藏的中國古籍善本與中國地方志足以讓人稱道不已。其實，它在中國近代文獻收藏方面也極爲宏富，所藏民國時期文獻逾四萬種，爲海外最重要的民國時期文獻收藏機構之一。2008年8月至2009年7月，我在哈佛燕京圖書館訪問一年，得以瞭解、收集和整理哈佛燕京圖書館藏民國時期文獻目錄，並將它與我國高校和公共圖書館館藏民國時期文獻目錄進行比較研究。這本《美國哈佛大學哈佛燕京圖書館藏民國時期圖書總目》，是以哈佛燕京圖書館編目中1912年至1949年出版的中文圖書的書目記錄爲基礎加以整理編輯而成的。在本目錄的整理編輯方式上，我們主要貫徹了以下幾個思路：

　　一、借紙本式書目翻閱之便，以直觀地呈現哈佛燕京圖書館藏民國時期圖書的整體印象。

　　讀者如果想瞭解哈佛燕京圖書館藏民國時期圖書的總體情況，可以通過各種檢索方式在哈佛大學圖書館書目資料庫檢索並瀏覽獲得，只要讀者有足夠的時間和耐心去點擊並瀏覽檢索結果，以及掌握一些必要的信息整合技術。但就許多讀者的閱讀經驗來看，要瞭解一個圖書館某一時期藏書的總體印象，隨手翻閱一部書本式目錄，比瀏覽網上檢索結果要輕鬆得多。我想，這也許算得上是在數據庫時代紙本式書目魅力之所在了。況且，哈佛燕京圖書館藏民國時期圖書十分豐富，讀者如要獲得一個整體印象，僅靠網上頻繁而單調的點擊是很難得到的。

　　這些民國時期文獻現在主要存放在哈佛大學圖書館的遠程書庫，檢索結果顯示館藏空間位置大多標註爲 Harvard Depository。一些習慣於在開架書庫依架瀏覽並任意取閱的讀者把這一類閉架的遠程書庫戲稱爲"書牢"，書一旦進入了"書牢"，就不能像進入開架書庫那樣縱情取閱了。如果有一部紙本式書目在手邊翻閱，自然可以在某種程度上替代巡架瀏覽的功能。

　　二、保持在靜態的書本式文本與動態的圖書館網上書目資料庫之間緊密的關聯。

　　這部書本式目錄，條目內容雖然來自哈佛燕京圖書館網上書目資料庫，經過編輯之後，遂形成了靜態的穩定的文本形式。而網上書目資料庫是一種開放式的動態的書目集合,集合的元素在不斷地更新之中,儘管民國時期圖書已經構成了相對穩定的藏書,在內容更新方面,不像現在入藏新版圖書那樣頻繁。爲了保持書本式目錄與網上書目資料庫的密切關聯,本書目在編印方式上,完全是以哈佛燕京圖書館書目資料庫中的 HOLLIS Number 作爲設立條目的依據,一個 HOLLIS Number 所在書目記錄即爲一個條目,它不同於大多數以圖書題名或者圖書品種作爲依據的書目。

採取這樣的編輯方式,是爲了與圖書館日常頻繁調用書目數據的方式保持一致;HOLLIS Number 在書目資料庫中具有唯一性,且作爲圖書館網上書目資料庫的一個檢索點,不僅爲本書目編輯提供很大的便利,也使得這部書本式目錄與它所來源的網上書目資料庫密切關聯。讀者在翻閱這部書本式目錄時,隨時可以通過它去檢索網上書目資料庫,而且比以題名或著者條件去檢索更爲便捷。因此,對每一條目,我們都無一例外地先列出九位數字的 HOLLIS Number。

這樣設立條目,對一種圖書的館藏複本沒有進行刪除,對一種圖書的館藏不同版本也沒有另行合併。尤其是在叢書部中,一部叢書先立一條目,叢書子目再各立一條目,每一條目都著錄了 HOLLIS Number、索書號(Call Number)、題名及題名附註、著譯者、出版地、出版社、刊印時間、版次、叢書名及卷期等項,可能略顯繁贅。根據哈佛燕京圖書館的中文編目方法,叢書子目完全從所在叢書中分編析出,這種對於館藏文獻的揭示層次,爲讀者檢索館藏文獻帶來了很大的方便。因此,這部書目中叢書子目各條目著錄版本和叢書等項內容,在編輯中不再加以簡省,以與館藏分編條目保持一致。

哈佛大學圖書館書目資料庫檢索中文書目,顯示書目的瀏覽內容首先爲中文拼音,對於不習慣閱讀拼音式書目的讀者,可以借助 HOLLIS Number 所建立的書本式目錄與網上書目資料庫的關聯,快速地檢索出所需要資料的館藏詳細記錄。

三、借助數據庫處理技術,統一依照哈佛燕京圖書分類進行編排,以方便讀者分類瀏覽與檢索。

本書目在分類上,依照哈佛燕京圖書分類號的一級類目,分爲中國經學類、哲學宗教類、歷史科學類、社會科學類、語言文學類、美術遊藝類、自然科學類、農業工藝類、總錄書志類共九個大類。每一大類下分小類若干。類目內部的各條目,悉以哈佛燕京圖書分類號爲順序進行排列。

原書目資料庫有幾種分類號,所輯錄條目有哈佛燕京圖書分類號(Harvard-Yenching Call Number)有三萬六千餘條,占百分之九十。這樣較爲系統的分類資料,在書目編排方面總體上顯得勻稱整齊,且類目層次清晰。

在編輯過程中,我們對於沒有哈佛燕京圖書分類號的四千多個條目進行了技術上的處理:其一,查詢斯坦福大學、芝加哥大學、加州大學等東亞圖書館的書目資料,如果該條書目著錄有哈佛燕京圖書分類號,則參考這個分類號排序。其二,查詢《民國時期總書目》著錄的類別,以及中國國家圖書館網上書目信息,採用同類比附的方法,類推出相近的哈佛燕京圖書分類號,然後參考這個分類號排序。

本書目各條目僅著錄哈佛燕京圖書館書目資料庫中的分類號,如一個條目有幾種不同的分類號則一併列出；爲避免混淆，凡通過技術處理而僅作排序參考的分類號，不在條目中列出。這種依賴數據關係而不是專業編目人員的經驗分類，不可避免地存在一些條目分類不當的問題。讀者在分類瀏覽這本書目時，仍請參考各條目所列出的分類號。

四、借助數據庫技術，利用多種來源的民國時期書目資料，對輯錄的書目資料進行校勘。

我們在編輯過程中，對書目的處理主要借助數據庫技術，對題名和著譯者等内容進行了分析比較及文字的校勘，也包括條目排序編印，各項著錄間分行、空格等形式方面的統一。我們採用數據庫分層聚合方法以及與其他來源的民國時期書目資料的數據比較，校對了書目資料著錄中的一些文字錯誤，增補了一些條目中缺失的著者項内容。

從各種書目資料比較的結果來看，哈佛燕京圖書館藏民國時期圖書的編目質量較好，文字上的訛誤較少，而書目記錄各項内容的著錄也比較完整，這爲本書目的編輯提供了可靠的數據基礎。

五、從書目資料的比較角度，爲讀者的書目閱讀提供參考。

本書目在編輯過程中，採用了書目比較的方法，對哈佛燕京圖書館藏民國時期圖書目錄與我國高校和公共圖書館館藏書目，以及其他民國時期圖書書目資料進行了數據比較。現在分別列出與《民國時期總書目》（北京圖書館編，書目文獻出版社，1986—1996年）和《中國現代文學總書目》（賈植芳、俞元桂主編，福建教育出版社，1993年）兩種書目的比較結果，附於各條目之後。我們選擇了三種組合方式進行比較：書名、著譯者、出版社、刊印時間四項著錄均相同的條目，書名和出版社兩項著錄相同的條目，書名和刊印時間兩項著錄相同的條目，都列出比較結果。只有書名項著錄相同的條目，不予列出。需要説明的是：《民國時期總書目》僅收錄民國時期的舊平裝書，線裝書不在著錄之列；而本書目著錄哈佛燕京圖書館藏民國時期圖書，包括舊平裝書和線裝書。

在本書即將出版時，我内心涌起一種難以名狀的感覺。因爲，我對書目數據的處理完全是採用數據庫的方式，不斷地將各種書目文本進行結構化處理併入到數據庫，建立了極爲複雜的數據關係，以作爲書目研究的基礎；現在從數據庫結構回到文本結構，再凝固爲紙本式的書目，總覺有悖於當代的潮流。況且，在數據庫中，書目數據的元素、結構、關係可以靈活地建立、更改和刪除，而書目數據的排列、組合、檢索可以隨心所欲、花樣別出。更重要的是，即便是各種數據中存在這樣或那樣的一些錯誤，也容易得到自己的諒解。而一旦從數據庫編印出來成爲書本式的目錄，數據結構一旦凝固下來，就意味着排列組合方式只能擇其一種，而目錄資料中可能存在的錯誤，諸如分類的疏漏、文字的訛誤等等，無論是讀者還是自己，都是難以接受的。我想，唯一可以彌補上述缺憾的，將是專家學者對本書目疏漏不當之處的批評指正。

本書的編輯出版，特別需要感謝許多專家學者的熱情支持和幫助。

本書從最初的編輯構想，到後來的整理出版，哈佛燕京圖書館館長鄭炯文先生給予了極大的鼓勵和支持，並爲我在哈佛燕京圖書館的書目整理研究工作提供了良好的環境。

　　哈佛燕京圖書館馬小鶴先生、沈津先生、林國强先生、宋小惠先生、楊麗瑄女士、邱玉芬女士、胡嘉陽女士、吳文輝女士、陳祖瑶女士、鄒士寧女士、戴小玲女士，在本書資料收集與整理過程中給予了許多指導和幫助。

　　本書的出版得到了廣西師範大學出版社集團董事長何林夏先生的大力支持。雷回興、劉蘭英、肖愛景、魯朝陽、黃瑩諸位編輯爲本書的編校和及時出版付出了艱辛的勞動。

　　本書目的研究計劃，得到了哈佛燕京學社和 Edna & Yu-Shan Han 基金資助，在此一併表示謝忱。

龍向洋
2010 年 2 月

凡 例

一、本目録輯録美國哈佛大學哈佛燕京圖書館2009年9月24日之前收藏並編目的民國時期(1912—1949)圖書,包括紙本圖書和縮微資料,凡40236種。所有條目均來源於哈佛燕京圖書館的編目記録。

二、本目録依據哈佛大學圖書館系統書目資料庫中的 HOLLIS Number 設立條目。各條目著録内容包括:HOLLIS Number、索書號、題名、題名附註、著譯者、出版地、出版社、刊印時間、版次、叢書名、叢書卷期。索書號著録在哈佛大學圖書館系統中該圖書的所有分類號,如有幾個分類號則並列著録;題名項著録圖書的正題名,註釋内容用"[ ]",題名附註項著録該圖書的卷數、副題名、異題名等内容,字體比正題名小一號以示區别;著者項著録該圖書著譯者姓名,著譯者朝代、國别説明用"( )",著者字號、筆名、英文名等註釋用"[ ]";刊印時間統一採用公元紀年。

三、本目録依哈佛燕京圖書分類綱目編制,共分爲九大類:中國經學類、哲學宗教類、歷史科學類、社會科學類、語言文學類、美術遊藝類、自然科學類、農業工藝類、總録書志類。各大類中的條目按索書號中的哈佛燕京圖書分類號(Harvard-Yenching Call Nnumber)排列;没有哈佛燕京圖書分類號的條目,參考其他圖書館著録該圖書的哈佛燕京圖書分類號進行排列。輯録的索書號,以"T"、"TA"開頭的爲中文善本圖書,以"TP"開頭的爲拓片,以"FC"開頭的爲縮微資料。

四、各條目之後,標註該圖書在《民國時期總書目》和《中國現代文學總書目》中著録情況,分别以"m."、"w."表示。

五、本目録正文之後附題名索引和著者索引,按汉语拼音排序。據題名索引,可檢索正題名項,以及題名附註項和著者項中夾入的題名信息;據著者索引,可檢索著者項中的著譯者姓名(包括註釋中著譯者的筆名、别名和原名)等内容。對於同一頁出現兩個或兩個以上相同題名或著者的,在題名索引或著者索引頁碼後加"( )"註明在該頁中出現的次數。跨頁的條目,著者索引中的頁碼對應的是該著者所在條目的起始頁。兩種或兩種以上合刻或合刊的條目跨頁時,題名索引中的頁碼對應的是該條目的起始頁。

目　錄

中國經學類

群經 …………………………………… 1
易經 …………………………………… 8
書經 …………………………………… 12
詩經 …………………………………… 14
三禮 …………………………………… 17
　周禮 ………………………………… 17
　儀禮 ………………………………… 18
　禮記 ………………………………… 19
　三禮總義 …………………………… 20
春秋 …………………………………… 20
　總義 ………………………………… 20
　左傳 ………………………………… 21
　公羊傳 ……………………………… 24
　穀梁傳 ……………………………… 24
孝經 …………………………………… 25
四書 …………………………………… 26
　總義 ………………………………… 26
　大學 ………………………………… 27
　中庸 ………………………………… 28
　論語 ………………………………… 29
　孟子 ………………………………… 31

哲學宗教類

哲學總論 ……………………………… 33
東方哲學 ……………………………… 36
中國哲學 ……………………………… 38
日本哲學 ……………………………… 77
印度哲學 ……………………………… 77
西洋哲學 ……………………………… 78
哲學問題與系統 ……………………… 81
論理學 ………………………………… 82
形而上學 ……………………………… 85
倫理學 ………………………………… 85
宗教總論 ……………………………… 95
神話 …………………………………… 95
神秘學術數 …………………………… 96
宗教通史 ……………………………… 102
中國國家祀典 ………………………… 102
佛教 …………………………………… 104
道教 …………………………………… 127
基督教 ………………………………… 130
其他宗教 ……………………………… 140

歷史科學類

考古學　金石學 ……………………… 145
民族學　民族志 ……………………… 169
家譜 …………………………………… 175
傳記 …………………………………… 181
史地 …………………………………… 236
　世界 ………………………………… 236
　亞洲 ………………………………… 248

中國 ················ 248
日本 ················ 465
高麗 ················ 470
其他亞洲諸國 ········ 471
歐洲 ···················· 480
美洲 ···················· 486
非洲 ···················· 488
海洋洲及兩極 ·········· 488

社會科學類

總錄 ···················· 489
統計 ···················· 491
社會 ···················· 496
經濟 ···················· 601
政法 ···················· 714
教育 ···················· 870

語言文學類

語言學總論 ············ 907
文學總論 ·············· 908
中國語言文字學 ········ 923
　總錄 ················ 923
　訓詁 ················ 927
　字書 ················ 929
　音韻 ················ 936
　文法 ················ 946
　方言 ················ 952
　蒙求教本及其他 ······ 955
　字典辭書 ············ 961
中國文學 ·············· 969
　詩文評 ·············· 972
　史傳 ················ 1000
　專集彙刊 ············ 1011
　總集 ················ 1026
　別集（詩文）········ 1069
　詞 ·················· 1200

曲及戲劇 ············ 1240
小說 ················ 1323
書牘 ················ 1476
雜著 ················ 1487
中國特種語文 ········ 1502
日本語言文字學 ······ 1503
日本文學 ············ 1505
朝鮮語言文學 ········ 1508
印歐語言文學 ········ 1508

美術遊藝類

總錄 ················ 1535
美學 ················ 1551
美術史 ·············· 1552
書畫 ················ 1553
　中國書畫 ·········· 1553
　文房 ·············· 1590
西洋畫 ·············· 1591
版畫集 ·············· 1592
攝影 ················ 1593
雕刻 ················ 1593
建築 ················ 1598
工藝美術 ············ 1599
音樂 ················ 1601
遊藝娛樂 ············ 1606
體育運動 ············ 1611

自然科學類

總錄 ················ 1615
算學（數學）········ 1617
天文學 ·············· 1620
物理學 ·············· 1622
化學 ················ 1624
地學 ················ 1625
生物學 ·············· 1634
植物學 ·············· 1635

動物學 …………………… 1636	普通雜誌社刊 …………… 2349
人類學 …………………… 1637	普通會議　博物院 ……… 2351
心理學 …………………… 1637	普通類書 ………………… 2353
醫學 ……………………… 1643	書志學（目錄學）………… 2357
	總錄 …………………… 2357
農業工藝類	圖書學 ………………… 2358
農業 ……………………… 1669	中國書目 ………………… 2361
家政 ……………………… 1679	書目叢刻 ……………… 2361
手工業 …………………… 1680	歷代史志 ……………… 2363
機制工業 ………………… 1680	一般書目 ……………… 2363
化學工業 ………………… 1681	治學書目 ……………… 2363
礦業冶金 ………………… 1682	雜志論文目錄及索引 … 2365
工程 ……………………… 1684	特種書目 ……………… 2365
軍事學 …………………… 1687	題跋　書評 …………… 2368
	地方書目 ……………… 2370
總錄書志類	族姓及個人書目 ……… 2371
中國普通叢書 …………… 1709	書業目錄 ……………… 2371
彙刻叢書 ……………… 1709	日本書目 ………………… 2385
特種叢書 ……………… 2193	其他各國書目 …………… 2385
地方叢書 ……………… 2196	圖書館學 ………………… 2385
族姓叢書 ……………… 2259	報學（新聞學）…………… 2391
個人叢書 ……………… 2268	
中國雜著隨筆 …………… 2327	**題名索引** …………………… 2395
日本雜著隨筆 …………… 2349	**著者索引** …………………… 2643

中國經學類

群經

007703776　110　0175
十三經
上海　商務印書館　1914 年　（m.）

007705595　110　0603
十三經讀本
唐文治輯　香港　吳江施氏醒園
1924 年

007705806　110　0603　(1–2)　156　0603
十三經提綱十三卷
唐文治撰　香港　吳江施氏醒園　1924
年　十三經讀本

007707139　110　0603　(3–6)
周易讀本四卷
朱熹本箋　香港　吳江施氏醒園　1924
年　十三經讀本

007707144　110　0603　(7–12)
尚書讀本十卷　逸文二卷
馬融、鄭玄註　王應麟撰集　孫星衍補
集　逸文　江震撰集　孫星衍補訂
香港　吳江施氏醒園　1924 年　十三經
讀本

007707146　110　0603　(13–18)
詩經讀本二十卷
毛亨傳　鄭玄箋　陸德明音義　香港
吳江施氏醒園　1924 年　十三經讀本

007705804　110　0603　(19–27)
周禮讀本六卷
鄭玄註　陸德明音義　香港　吳江施氏
醒園　1924 年　十三經讀本

007707147　110　0603　(28–33)
儀禮讀本十七卷　附監本正誤一卷　石本誤字一卷
鄭玄註　張爾岐句讀並撰附錄　香港
吳江施氏醒園　1924 年　十三經讀本

007707154　110　0603　(34–44)
禮記讀本二十卷
鄭玄註　香港　吳江施氏醒園　1924 年
十三經讀本

007707156　110　0603　(45–55)
春秋左傳讀本三十卷
英和等撰　香港　吳江施氏醒園　1924
年　十三經讀本

007707159　110　0603　（56－59）
春秋公羊傳讀本十二卷
何休解詁　陸德明音義　香港　吳江施氏醒園　1924年　十三經讀本

007707160　110　0603　（60－62）
春秋穀梁傳讀本十二卷
范寧集解　陸德明音義　香港　吳江施氏醒園　1924年　十三經讀本

007707162　110　0603　（63－68）
論語讀本十卷　附校語一卷
朱熹集註　校語　王祖畲撰　香港　吳江施氏醒園　1924年　十三經讀本

007707163　110　0603　（69－71）
孝經讀本四卷
黃道周集傳　香港　吳江施氏醒園　1924年　十三經讀本

007707164　110　0603　（72－77）
爾雅讀本十一卷
郭璞註　陸德明音義　邢昺疏　香港　吳江施氏醒園　1924年　十三經讀本

007707166　110　0603　（78－88）
孟子讀本十四卷　附校語一卷
朱熹集註　校語　王祖畲撰　香港　吳江施氏醒園　1924年　十三經讀本

007707167　110　0603　（89－100）
十三經讀本評點劄記四十五卷
唐文治輯　香港　吳江施氏醒園　1924年　十三經讀本

008080624　T　110　2452.7
通志堂經解提要四卷　附錄一卷
關文瑛撰　瀋陽　關氏嗣守齋　1934年　關氏嗣守齋叢著

007713985　110　4928.1B
十三經經文
上海　開明書店　1934年　（m.）

007713773　110　4928B
十三經索引
葉紹鈞編　上海　開明書店　1934年再版　（m.）

007714180　110　6512
四書五經
上海　世界書局　1936年　6版　（m.）

007714181　110　6512　（1）
大學章句集註
朱熹註　上海　世界書局　1936年　6版　四書五經

007839500　110　6512　（1）
中庸章句
朱熹章句集註　上海　世界書局　1936年　6版　四書五經

007714183　110　6512　（1）
論語章句集註十卷
朱熹撰　上海　世界書局　1936年　6版　四書五經

007714184　110　6512　（1）
孟子章句集註十四卷
朱熹撰　上海　世界書局　1936年　6版　四書五經

007714185　110　6512　（1）
周易本義四卷
朱熹撰　上海　世界書局　1936年　6版　四書五經

007714186　110　6512　（1）
書經集傳六卷
蔡沈撰　上海　世界書局　1936年　6版　四書五經

007714187　110　6512　(2)
詩經集傳八卷
朱熹撰　上海　世界書局　1936年　6版　四書五經

007714188　110　6512　(2)
禮記集說十卷
陳澔撰　上海　世界書局　1936年　6版　四書五經

007714192　110　6512　(3)
春秋三傳十六卷　附陸氏三傳釋文音義
闕名編　陸德明音義　上海　世界書局　1936年　6版　四書五經

007718460　110　7111.41f
重刊宋本十三經註疏附校勘記
上海　錦章圖書館　1932年

008961866　110　7111.41f　(1-2)
重刊宋本周易註疏附校勘記
上海　錦章書局　1932年　重刊宋本十三經註疏附校勘記

008961886　110　7111.41f　(3-6)
重刊宋本尚書註疏附校勘記
上海　錦章書局　1932年　重刊宋本十三經註疏附校勘記

008961919　110　7111.41f　(7-16)
重刊宋本毛詩註疏附校勘記
上海　錦章書局　1932年　重刊宋本十三經註疏附校勘記

008961972　110　7111.41f　(17-24)
重刊宋本周禮註疏附校勘記
上海　錦章書局　1932年　重刊宋本十三經註疏附校勘記

008961967　110　7111.41f　(25-32)
重刊宋本儀禮註疏附校勘記
上海　錦章書局　1932年　重刊宋本十三經註疏附校勘記

008962928　110　7111.41f　(33-44)
重刊宋本禮記註疏附校勘記
上海　錦章書局　1932年　重刊宋本十三經註疏附校勘記

008962963　110　7111.41f　(45-60)
重刊宋本左傳註疏附校勘記
上海　錦章書局　1932年　重刊宋本十三經註疏附校勘記

008962999　110　7111.41f　(61-66)
重刊宋本公羊註疏附校勘記
上海　錦章書局　1932年　重刊宋本十三經註疏附校勘記

008963029　110　7111.41f　(67-69)
重刊宋本穀梁註疏附校勘記
上海　錦章書局　1932年　重刊宋本十三經註疏附校勘記

008963050　110　7111.41f　(70-71)
重刊宋本論語註疏附校勘記
上海　錦章書局　1932年　重刊宋本十三經註疏附校勘記

008963057　110　7111.41f　(72)
重刊宋本孝經註疏附校勘記
上海　錦章書局　1932年　重刊宋本十三經註疏附校勘記

008963061　110　7111.41f　(73-76)
重刊宋本爾雅註疏附校勘記
上海　錦章書局　1932年　重刊宋本十三經註疏附校勘記

008963076　110　7111.41f　(77-80)
重刊宋本孟子註疏附校勘記
上海　錦章書局　1932年　重刊宋本十

007725714   110   7236
宋刊巾箱本八經
濟南　武進陶氏涉園　1926年

007725835   110   7236（1）
周易
天津　涉園主人　1926年　八經

007725840   110   7236（1）
尚書
天津　涉園主人　1926年　八經

007725842   110   7236（2）
毛詩
天津　涉園主人　1926年　八經

007725844   110   7236（3）
禮記
天津　涉園主人　1926年　八經

007725847   110   7236（4-5）
周禮
天津　涉園主人　1926年　八經

007725850   110   7236（6）
論語
天津　涉園主人　1926年　八經

007725851   110   7236（6）
孟子
天津　涉園主人　1926年　八經

007725849   110   7236（6）
孝經
天津　涉園主人　1926年　八經

007972637   115   1121
倣宋相台五經附考證
香港　江西玉隱刊書處　1924年

007741516   120   0343
僞經考十四卷
康有爲著　濟南　1917年　萬木草堂叢書

007742613   120   0343.8
新學僞經考駁誼
符定一著　上海　商務印書館　1937年初版　國學小叢書（m.）

007741415   120   0343B
僞經考十四卷
康有爲學　北京　康有爲　1918年　萬木草堂叢書（m.）

007742700   120   0343C
新學僞經考
康有爲撰　方國瑜校點　北平　北平文化學社　1931年（m.）

007742440   120   0343d
僞經考十四卷
康有爲著　上海　商務印書館　1936年　國學基本叢書（m.）

007742436   120   2928.2
經義考二百九十八卷
朱彝尊錄　李濤校　上海　中華書局　1927—36年

007924003   120   2928.6
經義考目錄八卷　附校記一卷
羅振玉撰　廣州　1933年

007742825   120   3146B
經解入門八卷
江藩纂　弘文堂編輯部編輯　京都　弘文堂　1930年

007742736   120   3146C
經解入門八卷
方國瑜校點　北平　文化學社　1932年（m.）

007742831　120　3644
經籍要目答問
容媛撰　北平　燕京大學歷史學會
1938年

007742579　120　8544
古籍舉要
錢基博著　上海　世界書局　1935年
再版　(m.)

007721415　130　1321
五經文字九經文字樣箋正
岡井慎吾撰　日本　熊本有七絕堂
1926年

007721351　130　7126
經典釋文
(唐)陸德明著　上海　涵芬樓　1929
年　四部叢刊

007721354　130　7126.2
經典釋文序錄疏證
陸德明撰　吳承仕疏　北平　中國學院
　1933年　中國學院國學系叢書

007721339　130　8106
易書詩禮四經正字考四卷
鍾麐撰　吳興　劉氏嘉業堂　1916年
吳興先哲遺書

007721353　130　8546
十經文字通正書十四卷
錢坫撰　上海　中國書店　191?年

007721439　138　6403
經典通用考十四卷
嚴章福撰　香港　吳興劉氏　1917年
吳興叢書

007721348　149　7294
公是先生七經小傳
劉敞撰　上海　商務印書館　1934年
初版　四部叢刊續編

007721338　151　7181
經史動静字音
劉鑒著　香港　墨緣堂　1933年

007721343　151　7181b
經史動静字音箋證
劉鑒撰　商荁若箋證　香港　墨緣堂
1934年

007721186　154　1113A
經傳釋詞
(清)王引之著　陳彬龢標點增註　上海
　商務印書館　1932年　國難後第1版
　(m.)

007721491　154　1113C
經義述聞三十二卷
(清)王引之著　上海　中華書局
1933年

007721495　154　1113D
經義述聞
(清)王引之著　上海　商務印書館
1935年　國學基本叢書　(m.)

007721187　154　1113E
經義述聞上中下冊
(清)王引之著　上海　商務印書館
1936年　初版　國學基本叢書　(m.)

007722398　154　3957　193　7246
惜陰日記卷五至九
宋咸熙著　羅振常補錄　廣州　蟬隱廬
　1936年

007722136　154　3987
宋氏過庭錄十六卷
宋翔鳳撰　北平　開明書局　1930年

007722247　154　4244
十三經證異七十九卷
萬希槐輯　武昌　湖北官印局　1923 年

007722462　154　4407
師鄡齋經説附知悔齋詩文鈔三卷
蔣方駿撰　香港　蔣氏排印本　1928 年

011985850　PL2461.Z5　W95　1936
經學通論
伍憲子著　上海　上海東方文化出版社　1936 年　（m.）

007722041　154　4481B
經學通論
皮錫瑞著　上海　商務印書館　1936 年　國學基本叢書　（m.）

007722592　154　6624
經言明喻編
呂佩芬稿　北京　傳信印書局　1938 年

007722600　154　8772
七經紀聞四卷
管同撰　上海　秀水學會縮印　1936 年

007722601　154　8943b
古經解鉤沉三十卷
余蕭客著　魯慶恩校補　廣州　陶風樓　1936 年

007722603　156　1303
經傳治要三卷
張文治編　上海　中華書局　1930 年　（m.）

007722605　156　2708
經學講義新體
上海　商務印書館　1931 年

007722606　156　2984
經學提要
朱劍芒著　上海　世界書局　1930 年　（m.）

007722522　156　4103
群經概論
范文瀾編著　北平　樸社　1933 年　初版　（m.）

007722579　156　4226
孔子書
胡衍鶚撰　上海　民智書局　192? 年

007722535　156　4303
經學抉原
蒙文通著　上海　商務印書館　1933 年　國學小叢書　（m.）

007722582　156　4423
經與經學
蔣伯潛、蔣祖怡編著　上海　世界書局　1948 年　3 版　國文自學輔導叢書　（m.）

007722578　156　4851
經訓教科書
黃振雲等編纂　上海　商務印書館　1914 年

007722613　156　4922
左孟莊騷精華錄
林紓著　上海　商務印書館　1925 年

009107440　156　4929
經學通誥不分卷
葉德輝著　長沙　湖南省教育會　1915 年　鉛印

009066157　156　6220
明經説一卷
吳佩孚纂　姚震襄纂　濟南　明經學會　1912—49 年　鉛印　明經學會特刊

007722562　156　7217.1
群經概論
周予同著　上海　商務印書館發行
1933年　再版　（m.）

007722635　156　7243
三經誼詁
馬其昶撰　廣州　秋浦周氏敬慈善堂校
刊　1923年

007722636　156　7912
經學概論
陳延傑著　上海　商務印書館　1930年
　國學小叢書　（m.）

007722638　158　1123
說緯
王崧撰　雲南　1914年

007722639　158　8454
緯史論微十二卷
姜忠奎撰　香港　榮成姜氏　1935年

007742844　160　2905
經學概論
欒調甫撰　濟南　1933年

007722547　160　3207
中國經學史概說
（日）瀧熊之助著　陳清泉譯　長沙　商
務印書館　1941年　初版　（m.）

007722574　160　4481
經學歷史
皮錫瑞著　上海　商務印書館　1925年
　（m.）

007722556　160　4673
經學史論
本田成之著　江俠庵譯述　上海　商務
印書館發行　1934年　初版　（m.）

007722548　160　5653.1
中國經學史
本田成之著　孫俍工譯　上海　中華書
局　1935年　（m.）

009315501　169　1133
經學源流
王治心著　1912—49年　油印

007722576　188　0214
古學考
廖平著　張西堂校點　北平　景山書社
　1935年　辨偽叢刊　（m.）

007724189　190　0677
唐開成石經一百六十三卷
廣州　張氏皕忍堂　1927年

007724460　190　1163
增訂三體石經時代辨誤二卷
王小航［照］著　濟南　1925年

007724610　190　1239
北宋二體石經易書詩禮記周禮宋拓殘本
香港　上虞羅氏　1923年

007724385　190　1363
歷代石經考
張國淦著　北平　燕京大學國學研究所
　1930年

007724313　190　1363b
漢石經碑圖
張國淦著　北平　燕京大學國學研究所
　1931年

007724477　190　1933
魏三字石經集錄
孫海波編　北平　來熏閣　1937年

007724176　190　2321
新出漢魏石經考四卷

吳維孝撰　上海　文瑞樓書局　1927年

007724624　190　2339
集拓新出漢魏石經殘字
吳寶煒編　北京　豫黃吳氏　1930年

007724632　190　3312
漢石經殘石集
白堅拓傳　濟南　1930年

007724476　190　6151
漢熹平石經殘字集錄三卷
羅振玉編　濟南　1930年

007724175　190　6151.2
漢熹平石經殘字集錄四編附補遺
羅振玉寫定　廣州　1930年

007724655　190　6151.3
漢熹平石經殘字集錄一卷　補遺一卷　續編一卷　補遺一卷　三編一卷　補遺一卷　四編一卷　補遺一卷
羅振玉編　濟南　1929—30年

007724664　190　7218
漢熹平石經殘字譜
關百益撰　香港　文化傳薪社　1933年

易經

007725711　223　0932.2
京氏易傳
（漢）京房著　上海　涵芬樓　1929年　四部叢刊

007725747　224　8205
周易鄭康成註
王應麟纂輯　上海　涵芬樓　1936年

007725786　225　1112
周易十卷
（魏）王弼註　上海　商務印書館　1929年

007725462　225　1112B
周易十卷
王弼、韓康伯註　上海　中華書局　1927—36年

007725799　225　1112C
周易註疏十卷
（魏）王弼註　上海　中華書局　1930年　四部備要

007725813　225　1112d
周易九卷　略例一卷　附校勘記一卷
王弼、韓康伯註　陸德明釋文　邢璹註略例　孟森校記　東京　文求堂　1928年

009245854　225　1112f
周易十卷附校記
王弼註　陸德明釋文　1911—53年　影印宋刻本

007706912　229　1123
周易正義十卷［十四卷］　單疏校勘記上下卷
劉承幹撰　吳興　劉氏嘉業堂　1914年

008080530　229　1123.1
宋監本周易正義十四卷
孔穎達撰　香港　藏園傅氏　1935年

007706602　229　4423
周易集解
（唐）李鼎祚輯　上海　商務印書館　1937年　初版　國學基本叢書　（m.）

007706932　229　4423.5
周易集解補釋十七卷
曹元弼補並釋　濟南　吳縣曹氏　1927年

007706858　231　2118
周易要義十卷
魏了翁撰　上海　商務印書館　1934年
四部叢刊

007706857　231　2913
漢上易傳十一卷
朱震撰　上海　商務印書館　1934年
四部叢刊

007707086　231　2943B
周易參同契考異一卷
朱熹撰　上海　中華書局　1934年

007707092　231　3103
易小傳六卷
沈該著　香港　吳興劉氏　1922年

007706906　234　4246B
古周易訂詁十六卷
何楷撰　上海　中國書店　193？年

007706929　234　8641
周易禪解十卷
溈益［智旭］著　南京　金陵刻經處
1915年

007707183　235　0304
周易通解三卷
卞斌撰　吳興　劉氏嘉業堂　1922年
吳興叢書

002604330　235　1246
讀易會通
丁壽昌著　上海　商務印書館　1935年
初版　國學基本叢書　（m.）

007707954　235　2116
漢儒傳易源流一卷
紀磊撰　香港　吳興劉氏　1923年　吳
興叢書

007707973　235　2116.4c
九家易象辨正一卷
紀磊撰　香港　吳興劉氏刊　1923年
吳興叢書

007707971　235　2116.4c
虞氏易義補註一卷
紀磊撰　香港　吳興劉氏刊　1923年
吳興叢書

007707975　235　2116.7
周易消息十四卷　卷首一卷
紀磊撰　吳興　劉氏嘉業堂校刊　1924
年　吳興叢書

007707535　235　2326.2
雕菰樓易義
程啟槃著　長沙　商務印書館　1940年
　初版　中山文化教育館研究叢刊
（m.）

007708008　235　3146
周易述補
江藩撰　上海　中華書局　1933年

007707534　235　4115
周易姚氏學
（清）姚配中著　上海　商務印書館
1935年　初版　國學基本叢書　（m.）

007708038　235　4444
李氏周易述補五卷
李林松著　上海　中華書局　1933年
聚珍倣宋版　四部備要

007708057　235　5349
周易述二十一卷
惠棟撰　上海　中華書局　1930年

007708060　235　5349.21
周易本義辨證補訂四卷
紀磊撰　吳興　劉氏刊　1923年

007709269　238　0200
周易古經今註
高亨著　上海　開明書店　1947年　初版　（m.）

007709510　238　1133
易原窺餘
王永江著　廣州　1924年

007709516　238　1249
周易質八卷　卷首末各一卷
鄧蘗著　香港　桂東鄧氏　1925年

007709453　238　1312
周易象理證
張承緒纂述　南京　大陸印書館　1931年

007709536　238　1321
融通各教會相歸元講易舉例
張純一學　天津　南開大學　1919年

007709540　238　1330
周易集義八卷
強汝諤撰　香港　南林劉氏刊　1919年

007709470　238　1343
邵村學易二十卷
張其淦撰　濟南　東莞張氏　1926年

007709467　238　1491
雙劍誃易經新證四卷
于省吾撰　北平　大業印刷局　1937年

007709224　238　1821
易之哲學
賈豐臻著　上海　商務印書館　1934年（m.）

009113017　238　2126
周易盧氏學不分卷
盧維時著　天津　文嵐簃　1939年鉛印

007709265　238　2303
周易大綱
吳康著　長沙　商務印書館　1938年　初版　國學小叢書　（m.）

007709268　238　2944
周易闡微
徐世大著　上海　開明書店　1947年　初版　開明文史叢刊　（m.）

007709263　238　2962
周易虞氏學
徐昂著　南通　競新公司　1936年　初版　（m.）

007709472　238　4100
易藏叢書
杭辛齋撰輯　香港　研幾學社　1923年

009242628　238　4100c
學易筆談四卷
杭辛齋撰　廣東　研幾學社　1919年

009096564　238　4134
蛻私軒易說二卷
姚永樸著　濟南　1912—49年

007709459　238　424
周易古史觀
胡樸安著　濟南　1942年　樸學齋叢書

007709402　238　4243
周易古義七卷
楊樹達編輯　上海　中華書局　1929年

007709577　238　4261
學鐸社叢書
楊踐形著　上海　學鐸社　1925年

007709579　238　4261　（1-2）
易學演講錄二卷第一編
楊踐形著　上海　學鐸社　1925年　學鐸社叢書

007709583　238　4261　（3）
太極圖説考原篇一卷　太極粹言一卷
楊踐形著　上海　學鐸社　1925年　學鐸社叢書

007709585　238　4261　（4）
太極圖考一卷　太極圖象作法之研究
楊踐形著　上海　學鐸社　1925年　學鐸社叢書

007709266　238　4407
易學討論集
李證剛編著　長沙　商務印書館　1941年　初版　（m.）

007709594　238　4444
周易兩讀三卷　卷首一卷　卷末周易音韻表
李楷林編寫　廣州　1925年

007709264　238　4469
學易叢見
李果著　上海　商務印書館　1938年初版　國學小叢書　（m.）

007709618　238　4819
卦氣集解
黃元炳著　上海　醫學書局代售　1933年　觀蝶樓國學叢書

009088119　238　4853
易學真詮四十二章
黃本溥輯　香港　彰文印刷局　1932年鉛印

007709630　238　4989
周易義例釋八卷
林錫光著　天津　長樂林氏求小得齋　1938年

007709262　238　7084
易理中正論
劉錦標著　瀋陽　關東印書館　1930年再版　（m.）

009225975　238　7084b
易理中正論
劉錦標著　北京　文嵐簃　1930年　鉛印初版　（m.）

007709214　238　7233
易通
劉次源著　桂林　1949年　屯園叢書

007709638　238　7234
孔子數理哲學初稿二卷
周永薴著　遼寧　周氏得數堂　1931年

007709414　238　7284
周易雜卦證解四卷
周善培撰　1935年序

007709640　238　7799
讀易札記
關棠著　廣州　謝鳳孫　1915年

007709267　238　8164
易通
金景芳著　重慶　商務印書館　1945年初版　（m.）

007710871　239　7587
周易時義十二卷
長井金風著　廣州　十二鼓齋　1918年

007710479　249　794
周易論略
陳柱著　上海　商務印書館　1933年
初版　國學小叢書　（m.）

007710460　249　8544
周易解題及其讀法
錢基博著　上海　商務印書館　1933年
國學小叢書　（m.）

007710877　258　2903
周易哲學上卷
朱謙之著　上海　學術研究會　1926年
3版　（m.）

007710481　270　0234
周易的構成時代
郭沫若著　長沙　商務印書館　1940年
初版　孔德研究所叢刊　（m.）

007710480　270　2962
周易對象通釋
徐昂著　南通　競新公司　1937年　初
版　（m.）

007710900　271　4931
易通
蘇淵雷著　重慶　京華印書館　1944年
（m.）

002537406　289　6624　Z3101.Y446x　Suppl. vol. 10
周易引得附標校經文
哈佛燕京大學圖書館引得編纂處　洪業等
編　北平　哈佛燕京學社　1935年
（m.）

書經

007710941　322　4095
古文尚書殘卷
羅振玉撰　香港　上虞羅氏　1918年

007710449　323　1136B
尚書十三卷
孔氏傳　上海　中華書局　1927—36年

007710828　323　2372
尚書大傳
鄭玄註　上海　涵芬樓　1929年　四部
叢刊

007710450　329　1123
尚書註疏二十卷
孔穎達奉勅撰　上海　中華書局　1927—
36年

007710970　329　1123C
尚書正義二十卷
孔穎達撰　上海　涵芬樓　1936年

007710805　331　6630
嚴修能手寫宋本東萊書說
呂祖謙撰　鎮江　中社　1928年

007710796　335　1900
尚書駢枝
孫詒讓撰　北平　燕京大學　1929年

007712771　335　1962
尚書今古文註疏三十卷
孫星衍註　上海　中華書局　1934年
（m.）

007712833　335　1962B
尚書今古文註疏三十卷
孫星衍註　上海　商務印書館　1934年
　國學基本叢書　（m.）

007712762　335　2974
尚書古註便讀四卷
朱駿聲著　成都　華西協合大學哈佛燕京學社　1935 年　華西大學國學叢書

007712643　335　b　962C
尚書今古文註疏三十卷
（清）孫星衍著　上海　商務印書館　1929 年　國學基本叢書　（m.）

007712874　338　0603
洪範大義三卷
唐文治著　香港　1922 年

007712878　338　0835
唐寫殘本尚書釋文考證一卷
龔向農撰　成都　華西協合大學　1937 年

007712764　338　0847
尚書研究講義
顧頡剛撰　上海　1933 年

011990593　PL2465.Z7　K825 1937
尚書研究講義戊種之一至四
顧頡剛撰　上海　開明書店　1937 年

007434720　338　0847.2B
尚書通檢
顧頡剛主編　北平　燕京大學哈佛燕京學社　1936 年　（m.）

007712889　338　1491
雙劍誃尚書新證四十卷
于省吾撰　北平　直隸書局　1936 年

007712897　338　2303
尚書大綱
吳康著　重慶　商務印書館　1945 年　國學小叢書　（m.）

007712782　338　2311
尚書的政治學說
熊理著　上海　上海學術研究會　1934 年　再版

007712620　338　2372
尚書大義
吳闓生　都門　1922 年

007712906　338　2372b
尚書大義
吳闓生纂述　郭立志校刊　香港　清苑　1942 年　雍睦堂叢書

007712613　338　3847
書序辨
顧頡剛撰　北平　景山書社　1933 年

009261893　338　4284a
尚書校詁四卷
楊筠如著　濟南　1934—49 年　鉛印

007958164　338　4425
尚書去偽
支偉成編　上海　泰東圖書局　1926 年　再版　（m.）

007712924　338　4910
書經
葉玉麟選註　上海　商務印書館　1934 年　（m.）

009118384　338　7922
尚書舉要五卷
陳衍撰　上海　1919 年

007712623　338　7941
尚書論略
陳柱著　上海　商務印書館　1924 年　國學小叢書　（m.）

007712585　345　1542
禹貢集解
尹世積著　上海　商務印書館　1941年初版　國學小叢書　（m.）

007711890　345　2438
禹貢説斷
傅寅撰　上海　商務印書館　1937年初版　國學基本叢書　（m.）

007712946　345　3847
九州之戎與戎禹
北平　禹貢學會　1937年

007712630　345　4109
禹貢川澤考
（清）桂文燦撰　香港　利華印務局重印1946年

007712612　345　4169
禹貢註解
姚明輝撰　1916年

007712584　345　4248
禹貢地理今釋
楊大鈁編著　重慶　正中書局　1944年（m.）

007712008　345　4248A
禹貢地理今釋
楊大鈁編著　上海　正中書局　1947年滬1版　（m.）

007712662　374　5035
尚書與古代政治
成滌軒編著　上海　正中書局　1946年（m.）

007714130　378　4454
今文尚書正僞
李泰棻撰　北平　來熏閣　1931年

詩經

007713757　423　2102B
毛詩二十卷
鄭玄箋　上海　中華書局　1927—36年

007713759　423　2102C
毛詩註疏七十卷
孔穎達奉勅撰　鄭玄箋　上海　中華書局　1927—36年

007713933　423　2102E
毛詩註疏
（漢）毛亨傳　（後漢）鄭玄箋　（唐）孔穎達疏　上海　商務印書館　1935年初版　國學基本叢書　（m.）

007714159　423　4564B
韓詩外傳
（漢）韓嬰著　上海　商務印書館　1917年

007714163　423　4564C
韓詩外傳十卷
（漢）韓嬰著　武昌　鄂官書處　1912年

007713753　423　4880
韓詩外傳補正
趙善詒註　長沙　商務印書館　1938年初版　國學小叢書　（m.）

007713754　431　1146
詩疑
王柏著　顧頡剛校點　北平　景山書社　1930年初版　辨僞叢刊　（m.）

007714003　431　2943A
詩集傳二十卷
朱熹撰　上海　商務印書館　1936年四部叢刊

007714001　431　6630
呂氏家塾讀詩記三十二卷
（宋）呂祖謙著　上海　商務印書館
1934年　四部叢刊

007713978　431　7872
詩本義
歐陽修撰　上海　商務印書館　1935年
　初版　四庫善本叢書

007713859　431　8243
詩辨妄
（宋）鄭樵著　顧頡剛輯點　北平　景山
書社　1933年　初版　辨偽叢刊
（m.）

007714031　435　0213
詩經原始十八卷　卷首二卷
（清）方友石［玉潤］撰　上海　泰東圖
書局　1924年

007714087　435　0213B
詩經原始十八卷　卷首二卷
方玉潤撰　昆明　雲南圖書館　1914年
　雲南叢書

007714257　435　1222
毛詩正韻四卷
丁以此撰　香港　日照留餘堂丁氏
1924年

007714264　435　2133
讀風偶識四卷
崔述著　北京　文化學社　1928年
（m.）

007714788　435　2924
學壽堂詩說十一卷
徐紹楨著　上海　中原書局　1932年

007714684　435　4141
毛詩說六卷　詩蘊二卷
莊有可撰　上海　商務印書館　1934年

007714843　435　4179c
詩經通論十八卷　卷前一卷
姚際恆著　王篤校訂　成都　成都書局
　1927年

007095723　435　4179d
詩經通論十八卷　卷前詩經論旨　附詩韻譜一卷
姚際恆著　香港　北泉圖書館　1943年

007714864　435　4442
詩經精華
薛嘉穎編　廣州　麟書閣　1918年

007714883　435　7212
毛詩傳箋通釋三十二卷
馬瑞辰撰　上海　中華書局　1930年

003670204　435　7923
詩毛氏傳疏
陳奐撰　上海　商務印書館　1933年
　初版　國學基本叢書　（m.）

007738914　438　0416
詩經研究
謝無量著　濟南　1924年　4版

011930218　PL2466.Z6　X54　1933
詩經研究
謝無量著　上海　商務印書館　1933年
　國難後第1版　國學小叢書　（m.）

007709474　438　0603
詩經大義八卷　卷首
唐文治編　濟南　太倉唐氏　192?年
　葩廬叢書

007710893　438　1491
雙劍誃詩經新證四十卷
于省吾撰　北平　直隸書局　1936 年

007736576　438　2212
詩經
繆天綬選註　上海　商務印書館　1926 年　初版　學生國學叢書　(m.)

007710919　438　2212.1
詩經選讀
繆天綬選註　上海　商務印書館　1937 年　(m.)

007724543　438　2313
詩蠲十二卷　孝經核一卷
焦琳撰　廣州　范華製版印刷廠承印　1935 年

007710836　438　2372
詩義會通四卷
吳闓生撰　香港　文學社　1927 年

007710929　438　2911
詩經集解辨正
徐天璋集辨　廣州　1923 年

007710448　438　2923
詩言志辨
朱自清著　上海　開明書店　1947 年　初版　(m.)

007710485　438　2943
詩經學纂要
徐澄宇著　上海　中華書局　1936 年　初版　(m.)

007710754　438　3142
詩經
江蔭香註解　上海　廣益書局　1934 年　初版　(m.)

007710955　438　3813
［新註］詩經白話解八卷
洪子良撰　上海　中原書局　1929 年　4 版

007711001　438　4265
詩經正義
楊時中述稿　林長植修正　錦縣　文興厚　1925 年

007710755　438　4939
詩經音釋
林之棠著　上海　商務印書館　1934 年　初版　(m.)

007710835　438　4989
詩經通解三十卷
林義光著　香港　衣好軒　1930 年

007711026　438　7240
讀風初編
周幹庭撰　濟南　齊魯大學國學研究所　1935 年

007711051　438　7243
詩毛氏學三十卷
馬其昶撰　廣州　1924 年

007710833　438　7912
詩序解三卷
陳延傑著　上海　開明書店　1932 年

007710752　438　7917
詩經語譯卷上
陳子展著　上海　太平洋書店　1934 年　初版　(m.)

007710751　438　7931
詩經情詩今譯第一集
陳漱琴編譯　上海　女子書店　1932 年　初版　琴畫室叢書　(m.)

007710484　438　8212
讀詩札記
俞平伯著　北平　人文書店　1934 年　初版　（m.）

007140609　439　7122　5240　7224
毛詩楚辭考
兒島獻吉郎著　隋樹森譯述　上海　商務印書館　1936 年　初版　國學小叢書（m.）

007712843　439　8331
毛詩會箋二十卷
竹添光鴻[進一郎]會箋　上海　商務印書館　1920 年

007713802　Z3101.Y446x　Suppl.vol.9
毛詩引得附標校經文
哈佛燕京大學圖書館引得編纂處　洪業等編　北平　燕京大學圖書館引得編纂處　1934 年　引得（m.）

007713858　Z3101.Y446x　vol.31
毛詩註疏引書引得
哈佛燕京學社引得編纂處　洪業等編　北平　哈佛燕京學社引得編纂處　1937 年　引得（m.）

007712846　449　4243
詩經學
胡樸安著　上海　商務印書館　1933 年　國難後第 1 版　國學小叢書（m.）

008438280　449　4486
三百篇演論
蔣善國著　上海　商務印書館　1931 年　初版　國學小叢書（m.）

007712873　469　6234
兒童古今通詩經童話甲乙編
喻守真撰　上海　中華書局　1932 年

007711999　471　0415
詩經之女性的研究
謝晉青著　上海　商務印書館　1924 年　初版　國學小叢書（m.）

007711997　476　2962
詩經形釋
徐昂著　香港　江蘇南通競新公司印刷　1932 年　初版　（m.）

007712904　478　4244
毛詩古音諧讀五卷
楊恭桓撰　北平　京華印書局　1928 年

007711998　479　7144.1
詩韻譜
陸志韋著　北平　哈佛燕京學社　1948 年　初版　燕京學報專號　（m.）

三禮

周禮

007712781　522　8203
周禮四十二卷
鄭玄註　金蟠訂　上海　中華書局　1930 年　再版　四部備要

007712624　522　8203B
周禮
鄭氏[玄]註　上海　商務印書館　1929 年　（m.）

007972408　522　8203C
周禮註疏四十二卷
鄭玄註　陸德明音義　賈公彥疏　上海　中華書局　1930 年　再版　四部備要

007711912　522　8203D
周禮鄭註十二卷
鄭玄註　陸德明釋文　香港　文祿堂　1934 年

中國經學類

17

007711993　522　8203E
周禮鄭氏註
上海　商務印書館　1937年　國學基本叢書　（m.）

009096507　524　7231
周禮疏五十卷
鄭玄註　賈公彥等撰　濟南　1912—49年

007711909　528　1900B
周禮正義八十六卷
孫詒讓學　上海　中華書局　1927—36年

007712751　528　1900C
周禮正義八十六卷
孫詒讓撰　上海　商務印書館　1934年　國學基本叢書　（m.）

007712936　528　1900d
周禮正義八十六卷
孫詒讓著　湖北　笛湖精社　1931年　補校本

007713990　535　4513B
考工記圖
戴震著　上海　商務印書館　1935年　初版　（m.）

007712616　Z3101.Y446x　vol.37
周禮引得附註疏引書引得
引得編纂處編　洪業等　北平　哈佛燕京學社　1940年　引得　（m.）

儀禮

007714121　552　8203
儀禮十七卷
鄭玄註　金蟠訂　上海　中華書局　1930年　四部備要

007714089　554　188
儀禮疏五十卷
賈公彥等撰　香港　吳興劉氏嘉業堂　1919年

007713761　554　1880
儀禮註疏五十卷
賈公彥等撰　上海　中華書局　1927—36年

007714002　554　1880B
儀禮疏五十卷
賈公彥撰　上海　商務印書館　1934年　四部叢刊

007713762　558　4241
儀禮正義四十卷
胡培翬著　楊大堉補　上海　中華書局　1927—36年

007714000　558　4241B
儀禮正義
胡培翬著　上海　商務印書館　1934年　初版　國學基本叢書　（m.）

007713973　560　4433
儀禮與禮記之社會學的研究
李安宅著　上海　商務印書館　1933年　國難後第1版　國學小叢書　（m.）

007868478　562　8203b
儀禮十七卷
鄭玄註　上海　商務印書館　1929年　四部叢刊經部

007714416　563　1384
喪服鄭氏學
張錫恭纂述　劉承幹參校　香港　南林劉氏求恕齋　1918年　求恕齋叢書

007714870　563　5649
山公喪服經傳彙解考正
曹林撰　武昌　曹氏　1922年

007714601　569　3839　Z3101.Y446x　vol.6
儀禮引得附鄭註及賈疏引書引得
燕京大學圖書館引得編纂處　北平　燕京大學圖書館引得編纂處　1930年　引得

禮記

007714611　582　8203
禮記二十卷
鄭氏[玄]註　上海　涵芬樓　1920—37年

007714711　582　8203b
禮記二十卷
鄭玄註　上海　中華書局　1927年

008392495　582　8203c
禮記鄭註二十卷
1937年

007717068　583　3101
六朝寫本禮記子本疏義喪服小記子本疏義第五十九
鄭灼錄　濟南　上虞羅氏　1916年

007717036　584　1123
景宋紹熙本禮記正義七十卷
孔穎達等奉勅撰　南海　潘氏重雕　1927年

007717189　584　1123.7
禮記正義校勘記七十卷
潘宗周撰　番禺　潘氏　1928年

007717147　584　1123C
禮記註疏附釋音六十三卷
孔穎達疏　上海　中華書局　1933年

007717161　584　1123D
禮記正義兩半卷
孔穎達撰　香港　吳興劉氏嘉業堂　1914年　嘉業堂叢書

007720170　584　1123E
禮記正義十卷
孔穎達撰　上海　涵芬樓　1935年

008489636　Z3101.Y446x　vol.27
禮記引得
哈佛燕京學社引得編纂處　洪業等編　北平　哈佛燕京學社引得編纂處　1937年　(m.)

007716963　Z3101.Y446x　vol.30
禮記註疏引書引得
哈佛燕京學社引得編纂處　洪業等編　北平　哈佛燕京學社引得編纂處　1937年　引得　(m.)

007095589　585　2118
禮記要義卷三至三十三
魏了翁撰　上海　商務印書館　1924年　四部叢刊

007713746　588　1946.6
禮記集解六十一卷
孫希旦著　上海　商務印書館　1933年　初版　國學基本叢書　(m.)

009118547　588　2343
禮記授讀十一卷
熊松之撰　濟南　1930年　石印

007716780　588　2942
禮記訓纂四十九卷

朱彬輯　上海　中華書局　1927—36 年

007095610　588　4141
禮記集説
莊有可集説　上海　商務印書館　1935 年

007717245　588　4928
禮記
葉紹鈞選註　上海　商務印書館　1926 年　（m.）

007717067　588　8210
禮記集説七十卷
鄭元慶述　濟南　吳興劉氏　1924 年

007717066　589　1147
大小戴記選註
王夢鷗選註　上海　正中書局　1946 年　國學專書選讀　第 1 集　（m.）

007716771　594　2232
月令章句疏證敍錄
向宗魯著　重慶　商務印書館　1945 年　初版　（m.）

007718564　623　4523
大戴禮記十三卷
（漢）戴德刪定　上海　商務印書館　1929 年

007718448　628　1204
大戴禮記補註十三卷　校正十三卷
孔廣森補　王樹枏校正　長沙　商務印書館　1941 年　國學基本叢書　（m.）

三禮總義

007718605　645　1428
[析城鄭氏重校]三禮圖二十卷
聶崇義撰　上海　涵芬樓　1936 年

007718641　648　1247
禮經通論卷上一卷
邵懿辰撰　濟南　1928 年　半巖廬所著書

007718429　648　2326
焦理堂先生三禮便蒙
焦循撰　1922 年

007570060　4701　5615　648　5615
禮議
曹元忠撰　香港　劉氏求恕齋　1916 年

007718404　649　4527
學禮錄三卷
戴季陶撰　成都　正中書局　1944 年

春秋

總義

007736611　682　1332
春秋繁露
董仲舒撰　上海　商務印書館　1926 年　6 版

007718156　682　2101B
春秋繁露十七卷　附錄舊跋
董仲舒撰　上海　中華書局　1927—36 年

007718705　682　4442b
春秋繁露十七卷
董仲舒撰　上海　商務印書館　1929 年

007718401　689　4236
春秋胡氏傳三十卷
胡安國撰　上海　商務印書館　1934 年

四部叢刊

008648746　T　689　6240
春秋經傳引得序
洪業撰　北京　哈佛燕京學社　1938 年

007718375　689　6240.1　Z3101.Y446x　Suppl. vol. 11　pt. 1-4
春秋經傳引得附標校經傳全文
引得編纂處編　洪業等　北平　哈佛燕京學社　1937 年　（m.）

007718304　Z3101.Y446x　vol. 29
春秋經傳註疏引書引得
哈佛燕京學社引得編纂處　洪業等編　北平　哈佛燕京學社引得編纂處　1937 年　引得　（m.）

007718731　695　0343.5
春秋筆削大義微言考十一卷
康有為撰　1917 年

009105053　695　7998
春秋緯史集傳四十卷
陳省欽著　香港　陳鍾祺　1924 年　鉛印

007720011　697　0247
春秋三傳學
方孝岳著　王雲五主編　長沙　商務印書館　1940 年　國學小叢書　（m.）

007720145　697　1149
紹邵軒叢書七種
王樹榮著　安慶　東方印書館　1935 年

007720149　697　1149　（1）
續公羊墨守三卷
王樹榮撰　安慶　東方印書館　1935 年　紹邵軒叢書

007720153　697　1149　（2）
續穀梁廢疾三卷
王樹榮撰　安慶　東方印書館　1935 年　紹邵軒叢書

007720155　697　1149　（3-4）
續左氏膏肓六卷
王樹榮撰　安慶　東方印書館　1935 年　紹邵軒叢書

007720159　697　1149　（5）
公羊何註考訂一卷　箴箴何篇一卷　續公羊墨守附篇三卷　讀左持平一卷
王樹榮撰　安慶　東方印書館　1935 年　紹邵軒叢書

009284755　697　2133
春秋復始三十八卷　附勘誤表
崔適撰　北京　北京大學出版部　1918 年　鉛印初版

007719690　697　2148
春秋總論初稿
毛起著　杭州　貞社　1935 年　（m.）

007719896　697　3213
馮玉祥讀春秋左傳札記
馮玉祥撰　上海　上海軍學社　1934 年　（m.）

007719749　697　3234
春秋日食集證
馮澂著　上海　商務印書館　1929 年　國學小叢書　（m.）

009029529　697　5210
春秋正議證釋四十卷
吳佩孚等撰　香港　文華齋　1939 年

左傳

007719701　713　4118d
春秋經傳集解名號歸一圖卷上下年表　三

十卷
杜氏［預］註　上海　中華書局　1927—36年

007719897　714　1123
春秋正義
孔穎達等撰　東京　東方文化學院　1931年　東方文化叢書

007720225　714　1123B
春秋正義殘本十二卷
孔穎達撰　吳興　劉氏嘉業堂　1919年　嘉業堂叢書

007720046　714　1123C
春秋正義三十六卷
孔穎達等撰　上海　商務印書館　1934年　四部叢刊續編

007719708　714　1123D
左傳註疏六十卷
孔穎達等奉勅撰　陸德明釋文　上海　中華書局　1927—36年

007719940　715　6630.5
東萊呂太史春秋左傳類編
呂祖謙撰　上海　商務印書館　1934年　初版

007720233　715　6630A
［廣註語譯］東萊博議
呂祖謙撰　上海　世界書局　1941年　新3版

007720237　715　6630B
東萊博議
呂祖謙撰　宋晶如、章榮註譯　上海　世界書局　1947年　新4版

007720241　715　6630C
東萊博議四卷
（宋）呂祖謙著　上海　掃葉山房　1920年　（m.）

007722465　715　6630e
東萊博議四卷
呂祖謙原著　袁韜壺譯解　上海　廣益書局　1938年　（m.）

009259986　717　1213a
劉炫規杜持平六卷
（清）邵瑛撰　香港　邵啟賢　1915年　鉛印

007721430　718　3247.2
左傳快讀十八卷
杜預原註　陸德明音義　（宋）林堯叟、朱申註　（清）馮李驊、陸浩批評　李紹崧選訂　上海　錦章圖書局　1948年

007720050　718　3247.2b
左傳快讀十八卷　卷首
杜預註　陸德明音義　上海　會文堂新記　192？年

007898697　718　3804
春秋左傳詁
洪亮吉著　上海　中華書局　1933年　四部備要

007720031　718　3804B
春秋左傳詁二十卷
（清）洪亮吉著　上海　商務印書館　1934年　國學基本叢書　（m.）

007721437　718　4548
春秋綱目左傳句解彙雋六卷
韓菼撰　上海　會文堂書局　1920年

007721450　718　4548d
評點春秋綱目左傳句解彙雋六卷
左丘明撰　韓菼重訂　上海　章福記書

局　1916 年

007721355　718　7233
左氏春秋考證二卷
顧頡剛校點　北平　樸社　1933 年
（m.）

007718180　680　7929
左氏春秋義例辨
陳槃撰　上海　商務印書館發行　1947 年　初版　國立中央研究院歷史語言研究所專刊

007721463　719　0490
春秋左氏疑義答問五卷
章炳麟著　廣州　章氏國學講習會　1935 年　章氏叢書續編

007721467　719　112
春秋左傳句解
左丘明著　韓葵重訂　王紓運譯釋　上海　文益書局　1948 年

011904546　PL2470.Z6　K3712　1936
左傳真偽考及其他
高本漢著　陸侃如譯　上海　商務印書館發行　1936 年　初版

007721342　719　1123.1
左傳讀本
左丘明著　王伯祥選註　上海　開明書局　1940 年　（m.）

007721473　719　1138
讀左質疑四卷　卷首一卷
王祖畬著　廣州　茹經堂　1918 年

007721483　719　2322
春秋左傳淺解
左丘明著　吳佩孚、江朝宗講　北平　最新印書社　1935 年

007721488　719　2372
左傳微十二卷
吳闓生撰　廣州　文學社　1923 年

007721490　719　3931
左傳
梁寬、莊適選註　上海　商務印書館　1934 年　（m.）

007434864　719　4502
綜合春秋左氏傳索引
大東文化學院研究部編　東京　大東文化協會　1935 年

007721340　719　4922
左傳擷華
林紓評選　上海　商務印書館　1925 年

007721497　719　5074
左傳精華廣註語譯
左丘明著　秦同培註譯　宋晶如增訂　上海　世界書局　1947 年　再版

007721258　729　024
左傳通論
方孝岳著　上海　商務印書館　1934 年　再版　國學小叢書　（m.）

007722324　731　1343
左傳禮說十卷
左丘明著　張其淦學　1930 年　寓園叢書

007721933　736　2231
左傳文法研究
何漱霜著　長沙　商務印書館　1940 年　初版　國學小叢書　（m.）

007722340　739　1622
左傳真偽考
珂羅倔倫著　陸侃如譯　上海　新月書店　1927 年　（m.）

公羊傳

007721799　742　2229b
春秋公羊傳二十八卷
何休撰　上海　中華書局　1927—36年

007440710　742　4128.5　Z3101.C4795　1943x　vol.4
春秋繁露通檢
中法漢學研究所編　北京　來熏閣書店代售　1944年　中法漢學研究所　通檢叢刊　（m.）

007721801　744　2902
公羊註疏二十八卷
何休撰　上海　中華書局　1927—36年

007722362　744　2902B
春秋公羊疏殘本七卷
徐彥撰　吳興　劉氏刊　1928年　嘉業堂叢書

007722284　748　7901
公羊義疏七十六卷
陳立撰　上海　中華書局　1934年　鉛印　四部備要

007721952　748　7901B
公羊義疏
陳立著　上海　商務印書館　1935年　初版　國學基本叢書　（m.）

007722367　749　0417
春秋公羊傳
計碩民選註　上海　商務印書館　1926年　（m.）

007722083　749　0417B
春秋公羊傳
計碩民選註　上海　商務印書館　1931年　學生國學叢書　（m.）

007722377　749　7240
公穀研究
周幹庭撰　濟南　叔恭印刷社　1935年

011917277　PL2470.Z6　C4　1937
公羊義疏七十六卷
陳立著　上海　商務印書館　1937年　國學基本叢書　（m.）

007722053　749　7941
公羊家哲學
陳柱著　上海　中華書局　1929年

穀梁傳

007721803　773　4132.4
穀梁傳註疏二十卷
范寧集解　楊士勛疏　上海　中華書局　1927—36年

007721800　773　4132B
春秋穀梁傳二十卷
范寧集解　金蟠校訂　上海　中華書局　1927—36年

007722408　774　4246
穀梁疏七卷
楊士勛撰　吳興　劉氏嘉業堂　1916年　嘉業堂叢書

009247235　778　1373
穀梁大義述補闕不分卷
張慰祖學　香港　陶風樓　1934年　石印本

007721808　778　8101
穀梁補註論經論傳二十四卷
鍾文烝著　上海　中華書局　1927—36年

007721928　778　8101B
穀梁補註二十四卷
鍾文烝著　上海　商務印書館　1935 年
　初版　國學基本叢書

007722433　779　1319
穀梁真偽考
張西堂著　北平　景山書社　1931 年

007721797　779　4210
春秋穀梁傳補註十五卷
柯劭忞著　北京　國立北京大學出版組
　1927 年

007722454　779　4210.2
春秋穀梁傳補註十五卷
柯劭忞著　北京　北京大學研究院文史
部　1935 年

孝經

009277376　812　1136
古文孝經
孔安國傳　上海　商務印書館　1924 年
　石印　佚存叢書

007717190　812　8203
孝經九卷
鄭氏［玄］註　金蟠訂　上海　中華書局
　1930 年

009246973　812　8203a
孝經鄭氏解一卷
鄭玄撰　臧庸輯　香港　曹元弼
1924 年

007898722　814　0320
孝經一卷
上海　商務印書館　1929 年　（m.）

007717206　814　0320b
孝經一卷
唐玄宗註　　附二十四孝圖說　王一亭
繪　廣州　1935 年　（m.）

007717211　814　8203
孝經註疏九卷
唐玄宗註　邢昺疏　上海　中華書局
1934 年

007716840　816　7811
新刊全相成齋孝經直解
小雲石海崖集解　北京　來熏閣書店
1938 年

009025554　818　1247
李氏孝經註輯本一卷　　曾子大孝編註一卷
邵懿辰著　香港　邵氏　1917 年　半巖
廬所著書

007717218　818　3243
御註孝經一卷
清世祖撰　滿洲　滿日文化協會
1937 年

007717222　818　4481
孝經鄭註疏二卷
皮錫瑞撰　上海　中華書局　1930 年

007716957　818　7136
孝經義疏補
（清）阮福著　長沙　商務印書館　1940
年　初版　國學基本叢書　（m.）

007717238　819　0603
孝經救世編原名孝經翼　三卷
唐文治著　吳錫　1937 年

007717241　819　1113
孝經
王文英[王石之]校閲　上海　廣益書局
　1938年　（m.）

007717243　819　2042
孝經讀本
上海　昌文書局　1928年

007716956　819　2206
孝經通論
鄔慶時著　上海　商務印書館　1934年
　初版　國學小叢書　（m.）

007717247　819　2343
孝經
吳大澂篆書　蘇州　振新書社　1919年
　3版

007716958　819　4930
孝經通考
蔡汝堃著　上海　商務印書館　1937年
　初版　國學小叢書　（m.）

011986695　PL2476. A1　1927
孝經說三卷
（清）陳伯陶著　香港　奇雅中西印務
　1927年

007717255　819　7927
孝經說三卷
陳伯陶著　香港　李炳榮　1927年

007716955　819　7940
孝經要義
陳柱著　上海　商務印書館　1936年
　初版　國學小叢書　（m.）

四書

總義

009242201　850　4164
校正四書古註群義十一種
上海　漢讀樓　1911—??年　石印

007717261　850　8294
鄭板橋四子書真跡
鄭燮書　奉天　作新印刷局　1915年

007717269　853　2943c
四書
朱熹註　劉法曾校　上海　中華書局
　1924年

007716781　853　2943D
四書集註十九卷
朱熹章句　上海　中華書局　1927—36
　年　（m.）

009154032　853　2943i
覆宋淳祐本四書
朱熹集註　胡宗楙校勘　北京　孫氏小
　墨妙亭　1926年

007718402　854　0403
讀四書叢說八卷
（元）許謙著　上海　商務印書館　1934
　年　四部叢刊

007718536　855　0182
四書說約三十四卷
鹿善繼撰　香港　吳興劉氏　1921年

008474604　855　1371b
四書集註直解二十六卷
朱熹集註　張居正直解　香港　滿日文
　化協會　1937年

009261869　856　1317
四書翼註論文三十七卷
張甄陶述　香港　會友益印局　民國間
　鉛印

009315147　856　2542a
增註四書人物類典串珠四十卷
臧志仁編輯　上海　鑄記書局　1917年
　石印

007718444　856　3213
篆文四書
上海　求古齋發行　192？年

007718657　856　7131
四書恒解十四卷
劉沅輯註　北京　道德學社　1920年

007718297　856　7174
松陽講義
陸隴其著　上海　商務印書館　1937年
　初版　國學基本叢書　（m．）

007718462　856　8134B
四書味根錄
金澄註疏　香港　鴻寶齋書局　1927年

007718684　858　0427
四書白話解甲種
許伏民解　上海　國粹書局　1927年
17版

009096999　858　1301
學庸新義二卷
張新吾著　北京　張新吾　1936年
　鉛印

008004746　858　1382　FC12　FC－M2076
四書白話旁訓六卷
張鐵任註　廣州　孔教堂林福成
　1917年

009041553　858　3123
四書說略一卷
汪紹達著　上海　大方印務局　1936年
　鉛印

007875930　858　7249
四書白話句解
周覬光、吳穀民話解　上海　求古齋書
局　1927年　初版

007719826　858　8206
古籍新編四書
鄭麞撰　上海　世界出版協社美洲世界
書局　1948年　再版

007719895　858　8544
四書解題及其讀法
錢基博著　上海　商務印書館　1934年
　初版　國學小叢書　（m．）

011892741　PL2463.Z6　S7　1933
四書研究
日本教育學會著　王向榮編譯　天津
直隸書局　1933年　初版　（m．）

大學

007720188　897　2332
大學綱目決疑
憨山大師[德清]著　上林寺佛經流道所
　1920年

007898745　897　2332b
大學綱目決疑
憨山大師[德清]著　宏大善書局　1920年

007721425　897　4846
學庸正說

趙南星撰　寧津　李浚之述刊　香港
1932 年

007720219　898　1134
大學臆古附證　中庸臆測二卷
楊蔭棠重校　香港　楊氏　1936 年

007719893　899　1264
大學六講
邵鳴九著　上海　世界書局　1941 年
　初版　（m.）

007720235　899　2225
大學與中國民族文化
向紹軒撰　上海　正中書局　1947 年
（m.）

007719894　899　2225B
大學與中國民族文化
向紹軒撰　重慶　正中書局　1943 年
　初版　（m.）

009054205　899　2284
大學古本講義一卷
何鍵著　長沙　洞庭印務館　1936 年
　鉛印

007720238　899　4157
大學中庸讀本分類詳解
世界書局編譯所編註　上海　世界書局
　　1947 年　再版　（m.）

007720243　899　4244
大學談薈六卷
胡大華撰　香港　1934 年

007720246　899　4265
大學正義一名萬世太平治安策
楊時中著　錦縣[奉天]　文興厚
　1925 年

007720048　899　4702
大學證釋
陸宗輿等著　北京　救世新教會　1927 年

007720034　899　7220
大學古本參誼
馬徵麐撰　長沙　商務印書館　1940 年
　國學基本叢書

007720251　899　7243
大學誼詁
馬其昶著　廣州　秋浦周學熙敬善堂
　1922 年

007720252　899　7981
古本大學述義一卷
陳全三述　香港　1931 年

中庸

007719971　915　1345
中庸說殘三卷
張九成撰　上海　商務印書館　1936 年
　四部叢刊

007720260　917　0403
中庸切己錄一卷
謝文洊撰　吳興　劉氏刊　1925 年

009225848　918　7138
中庸證釋
陸宗輿等著　天津　救世新教會　1929
年　石印

007721401　919　0603
中庸新讀本
唐文治著　上海　徐家匯工業專門學校
　1919 年

007721416　919　8454
中庸道德參契四卷
姜忠奎撰　香港　石島道院道德分社
1938 年

007721420　921　8544
中庸爲中華民族之領袖倫理學　周易爲
中華民族之憂患倫理學
錢基博撰　重慶　遊擊幹部訓練班
1944 年

論語

007724693　932　8203
論語鄭氏註殘卷
鄭玄撰　東京　文求堂　1926 年

007724695　933　2264B
論語二十卷
何晏撰　上海　中華書局　1930 年
（m.）

007724473　933　2264C
論語
何晏撰　上海　涵芬樓　1929 年　四部
叢刊（m.）

007725776　933　2264D
論語註疏二十卷
何晏註　邢昺疏　上海　中華書局
1934 年

007725788　933　2264e
宋本論語註疏二十卷
何晏集解　陸德明釋　邢昺疏　上海
商務印書館影印　1929 年

007724478　935　2133
論語足徵記二卷
崔適著　北京　國立北京大學出版部
1921 年

007725701　938　0343
論語註二十卷
康有爲撰　北京　1917 年　萬木草堂
叢書

007725863　938　7227
論語註解辨訂二十一卷　卷首一卷
劉名譽編撰　桂林　1918 年

007725602　938　7234
論語正義
（清）劉寶楠著　上海　商務印書館
1933 年　初版　國學基本叢書（m.）

007725713　938　7234B
論語正義
劉寶楠著　上海　商務印書館　1934 年
3 版　國學基本叢書（m.）

007725730　938　7234C
論語正義二十四卷
劉寶楠著　劉恭冕述　上海　中華書司
1934 年　4 版

007725875　938　7246
論語正義補
劉恭冕撰　香港　1933 年

007738685　938　7253c
校正增訂圖像二論引端詳解
劉忠撰　上海　錦章圖書局　192? 年

007725728　938　7936c
論語話解十卷
陳浚著　上海　商務印書館　1916 年

007725744　938　7936c（1948）
論語話解
（清）陳浚著　上海　商務印書館　1948
年　第 4 版

007725925　939　0603
論語大義定本二十卷
唐文治撰　香港　吳江施氏醒園 1924 年

007725601　939　1029.01
論語要義
王向榮著　上海　中華書局　1939 年 初版　（m.）

007725946　939　1821
論語
賈豐臻選註　上海　商務印書館　1933 年　國難後第 2 版　（m.）

007725600　939　2142
論語集釋四十卷
程樹德著　北京　國立華北編譯館 1943 年　初版　（m.）

007725968　939　2911
論語實測二十卷
徐天璋註　廣州　1924 年

007725599　939　2943
論語會箋
徐英［澄宇］編著　上海　正中書局 1948 年　修訂初版　（m.）

007725598　939　2943B
論語會箋
徐英［澄宇］編著　重慶　正中書局 1943 年　初版　國學專書選讀　第 1 集 （m.）

011912066　PL2471.Z7　Y8x　1940
論語與做人
袁定安著　上海　世界書局　1940 年 初版　（m.）

007725636　939　3137
論語研究
溫裕民撰　上海　商務印書館　1930 年 國學小叢書　（m.）

007725972　939　4214
論語案四卷
楊瓊著　廣州　雲南開智公司　1915 年

007725603　939　4243
論語古義
楊樹達集解　上海　商務印書館　1934 年　初版　（m.）

007727127　939　7373
論語十一篇讀
歐陽漸撰　香港　支那內學院　1931 年

007727141　939　8544
論語約纂
錢基博撰　香港　輔仁中學　1918 年

007727053　939　8934.01
論語通解一名孔學漫談
余家菊著　上海　中華書局　1947 年 再版　（m.）

007727191　949　4822
論語辨
趙貞信輯點　北平　景山書社　1935 年 （m.）

007443180　Z3101.Y446x　Suppl. vol. 16
論語引得附標校經文
引得編纂處編　洪業編纂　北平　哈佛燕京學社　1940 年　（m.）

007727206　954　4811
半部論語與政治
趙正平編　香港　藝新圖書社　1943 年 （m.）

孟子

007727230　961　4824B
孟子十四卷
趙岐註　金蟠訂　上海　中華書局
1930年　（m.）

007726929　961　4824C
孟子註疏十四卷
趙岐註　孫奭疏　上海　中華書局
1934年　聚珍倣宋版　四部備要

007727033　965　1345
孟子傳二十九卷
張九成撰　上海　涵芬樓　1936年　四部叢刊三編

007726873　968　232
孟子正義
（清）焦循著　上海　商務印書館　1933年　初版　國學基本叢書　（m.）

007727241　968　2326
孟子正義三十卷
（清）焦循著　上海　中華書局　1933年　（m.）

007726874　968　232C
孟子正義
（清）焦循著　上海　商務印書館　1936年　國學基本叢書　（m.）

007738663　968　4513
孟子字義疏證
戴震撰　上海　千傾堂書局　1926年

008109343　TJ　968　4513
孟子字義疏證三卷
戴震撰　日本　1915年

007728094　969　0223
孟子文法讀本七卷
孟軻撰　高步瀛集解　吳闓生評點　北京　1913年序

008627867　969　1102　FC2159　FC－M2024
孟子話解
朱廣福編　長沙　商務印書館　1938年　初版　（m.）

007728353　969　1150
孟子揖
揖者著　廣州　1920年

007728104　969　2212
孟子
繆天綬選註　上海　商務印書館　1926年　初版　學生國學叢書　（m.）

007728361　969　2231
孟子文法研究
何漱霜著　長沙　商務印書館　1940年　國學小叢書

007728100　969　3114
孟子會箋
溫晉城選註　上海　正中書局　1946年　滬1版　國學專書選讀　第1集　（m.）

007727983　969　3241
孟子學案
郎擎霄著　上海　商務印書館　1935年　國難後第2版　國學小叢書　（m.）

007728103　969　4240
孟子學說研究
楊大膺編　上海　中華書局　1937年　（m.）

007728379　969　4283
孟子本義
胡毓寰編　上海　正中書局　1947 年
（m.）

007728021　969　4283.1
孟學大旨
胡毓寰編著　臺北　正中書局　1947 年
　國學叢刊　（m.）

007728391　969　4657
分類詳解孟子讀本
世界書局編譯所編註　上海　1947 年

007728092　Z3101.Y446x　Suppl. vol.17
孟子引得附標校經文
引得編纂處編　洪業等　北平　該處
　1941 年　引得　（m.）

007728105　969　6143
孟子評傳
羅根澤著　上海　商務印書館　1932 年
　初版　國學小叢書　（m.）

007728101　969　6143.1
孟子傳論
羅根澤著　上海　商務印書館　1933 年
　再版　國學小叢書　（m.）

011882125　PL2474.Z6　Z43　1944
孟子新解
趙正平著　上海　上海大學出版部
1944 年　初版　（m.）

007728102　969　8522
孟子研究
錢穆著　上海　開明書店　1948 年　初
　版　開明文史叢刊　（m.）

哲學宗教類

哲學總論

007721205　1000.9　7963
新哲學體系講話
陳唯實著　上海　作家書店　1937年初版　(m.)

011830863　B4377.1554　1931
體驗哲學淺說
李石岑著　上海　商務印書館　1931年初版　(m.)

011909339　BD41.C4　1929
新哲學論叢
張東蓀著　上海　商務印書館　1929年初版　(m.)

007721211　1003　1381
動與靜
張鐵君著　重慶　國民圖書出版社　1942年　初版　(m.)

007721210　1003　1381.1
新哲學漫談
張鐵君著　重慶　國民圖書出版社　1942年　初版　黨義叢書　(m.)

007721202　1003　1457
哲學論叢第一集
北京大學哲學會編輯　北平　著者書店　1933年　初版　(m.)

007721229　1003　4412
李石岑講演集第一輯
李石岑著　上海　商務印書館　1926年　4版　(m.)

007721464　1003　4412
論文集第一輯
李石岑撰　香港　1927年　3版

011901552　BD41.C4　1933
哲學上之討論
張東蓀著　上海　商務印書館　1933年　東方文庫續編　(m.)

007721468　1003　7905
唯生論上卷
陳立夫講　廣州　正中書局　1938年　(m.)

007721201　1003　9185
哲學研究

上海光華大學哲學會編　上海　中華書局　1931年　初版　(m.)

011826070　BD431.X54　1947
人生哲學
謝扶雅著　上海　正中書局　1947年　初版　(m.)

007721079　1006　4393
哲學辭典
樊炳清編　上海　商務印書館　1926年　(m.)

007721481　1006　6134b
簡明哲學辭典
M.洛静泰爾、猶琴合著　孫冶方譯　廣州　光華書店　1948年　(m.)

007721213　1008　0145
哲學問題淺說
施友忠編譯　上海　中華書局　1932年　初版　(m.)

007721208　1008　0243
人生觀之論戰
郭夢良編輯　上海　泰東圖書局　1923年　初版　(m.)

007721200　1008　0258
科學哲學與人生
方東美著　上海　商務印書館　1936年　(m.)

011901309　BJ1185.C5　H7　1927
倫理的研究
謝頌羔編　上海　廣學會　1927年　初版　(m.)

011890684　B1185.C5　Y4　1929
倫理問題 ABC
葉法無著　上海　世界書局　1929年　初版　ABC叢書　(m.)

011892348　BJ1111.L73　A612　1936
倫理學底根本問題
(德國)利普斯[T. Lipps]著　(日本)阿部次郎編譯　陳望道重譯　上海　中華書局　1936年　初版　(m.)

011979323　BJ1185.C5　C4　1926
倫理學概論
江恒源編著　上海　大東書局　1926年　初版　(m.)

011979319　BJ1185.C5　C4　1936
倫理學綱要
張東蓀著　上海　中華書局　1936年　初版　中華百科叢書　(m.)

011913456　BJ1185.C5　L5　1928
倫理學要領
林礪儒著　北京　文化學社　1928年　再版　(m.)

007731634　FC2157　FC-M2022
倫理學原理
泡爾生著　蔡元培譯　上海　商務印書館　1915年　(m.)

007721215　1008　0401
新世界的哲學
章新一著　上海　開明書店　1947年　初版　(m.)

011919445　HN389.D4812　1927
正義與自由
狄克遜著　程振基譯　上海　商務印書館發行　1927年　初版　(m.)

007721126　1008　1314　FC8392　Film Mas 32297
科學與人生觀
亞東圖書館編輯　上海　亞東圖書館

1925 年 （m.）

011917986　BD28.Z68　1933
哲學概論
鄒謙著　長沙　湖南大學通訊處　1933 年　（m.）

007721199　1008　2203
哲學概論
鄒謙著　上海　中華書局　1935 年　初版　（m.）

011981741　B99.C62.C4　1932
哲學概論
張如心著　上海　崑崙書店　1932 年　初版　（m.）

011885890　B823.A3　P5　1930
從唯心論到唯物論
（俄）普列漢諾夫［G. V. Plekhanov］著　王凡西譯　上海　滬濱書局　1930 年　初版　（m.）

011911701　B809.7.P5　1930
近代唯物論史
（俄）普列漢諾夫［G. V. Plekhaov］著　王若水譯　上海　泰東圖書局　1930 年　初版　（m.）

011889249　B825.D4　1936
近代物質論史
（蘇）德波林［A. M. Deborin］著　林一新譯　上海　辛墾書店　1936 年　初版　（m.）

007721212　1008　2340
近代哲學史
（蘇）德波林［A. M. Deborin］著　林一新譯　上海　黎明書局　1934 年　初版　社會科學名著譯叢　（m.）

008580489　FC3076
上帝與國家
巴枯寧［M. Bakunin］著　震瀛譯　香港　實社　1921 年

011890692　B809.8.P5　1940
戰鬥的唯物論
（俄）普列漢諾夫著　杜畏之譯　上海　言行出版社　1940 年　3 版　（m.）

011891900　B4231.C4　1930
蘇俄哲學潮流概論
張如心著　上海　光華書局　1930 年　初版　（m.）

007721842　1008　3933
東西文化及其哲學
梁漱溟演講　陳政、羅常培編錄　上海　商務印書館　1924 年　（m.）

007722122　1008　3933　（1935）
東西文化及其哲學
梁漱溟講演　陳政、羅常培編錄　上海　商務印書館　1935 年　國難後第 3 版　（m.）

007721995　1008　4128
八大派人生哲學
姚舜欽著　上海　中華書局　1931 年　初版　（m.）

007722321　1008　4182
哲學概論
范錡著　上海　商務印書館　1948 年　（m.）

007721951　1008　4260　FC8691　Film Mas 32733
評中西文化觀
楊明齋著　上海　中華書局　1924 年　初版　（m.）

011913546　B99.C52　G664　1934
哲學講話
公孫起孟著　上海　群衆圖書公司
1934年　初版　(m.)

011919512　B99.C62　A3　1936
哲學講話
艾思奇著　上海　讀書生活出版社
1936年　初版　(m.)

011896681　B99.C52　Z36　1931
哲學與現代思想
張銘鼎著　上海　商務印書館　1931年
百科小叢書

007722323　1008　4914
哲學大綱
蔡元培編　上海　商務印書館　1939年
11版　(m.)

007721953　1008　4931
天人四論一名新哲學體系
蘇淵雷著　重慶北碚　貴中出版社
1944年　訂正1版　(m.)

007721949　1008　5770
哲學與論理
胡適著　教育雜誌社編　上海　商務印書館　1925年　初版　教育叢著
(m.)

007722326　1008　7229
原哲
馬采撰　廣州　大學文化事業公司
1949年

007721950　1008　8664
今日四大思想家信仰之自述
胡適著　向真譯　上海　良友圖書印刷公司　1931年　初版　一角叢書　(m.)

東方哲學

007721947　1009　0316
哲學常識
亦石著　上海　神州國光社　1931年
初版　(m.)

007721945　1009　1181
哲學大綱
(美)霍金[W. Hocking]　瞿世英[瞿菊農]譯　上海　神州國光社　1931年
初版　(m.)

011894268　B825.L413　1936
朗格唯物論史
(德)朗格[F. Lange]著　李石岑、郭大力譯　上海　中華書局　1936年　初版
(m.)

007721946　1009　1181.1
哲學大綱
(美)霍金[W. Hocking]著　瞿世英[瞿菊農]譯　上海　獨立出版社　1948年
滬初版　(m.)

007722238　1009　1354
人生觀ABC
張東蓀著　上海　ABC叢書社　1928
年　ABC叢書　(m.)

011920178　B825.W3　1932
什麼叫做物質
王特夫著　上海　辛墾書店　1932年
初版　(m.)

007721956　1009　3128
現代哲學概論
溫建公編　北平　駱駝叢書出版部
1934年　初版　(m.)

007721998　1009　4112
人生哲學
杜亞泉著　上海　商務印書館　1934 年
　國難後 1 版　（m.）

007721943　1009　4140
哲學及其根本問題
范壽康著　上海　開明書店　1930 年
初版　（m.）

007721993　1009　4152
杜威五大講演
（美）杜威［J. Dewey］講　毋忘、伏廬筆記　北京　晨報社　1920 年　晨報社叢書　（m.）

007722005　1009　4221　BJ1388.H8　1938
新哲學的人生觀
胡繩著　上海　生活書店　1938 年　4 版　（m.）

007722230　1009　4265
世界時變觀
楊時中著　上海　世界和平法編譯處　1931 年

007722234　1009　4265.2
世界人類須知
楊時中著　吳夢醒修定　上海　世界和平法編譯處　1931 年

007722338　1009　4265.3
人生澈底觀
楊時中撰　上海　世界和平法編譯處　1931 年

007721994　1009　4265.4
新倫理觀
楊時中編著　上海　世界和平法編譯處　　1931 年　初版　（m.）

011884231　BL53.M5712　1933
青春期之宗教心理學
麥美德［麥因納］著　上海　廣學會　1933 年　齊魯神學叢書　（m.）

011910644　BL41.Z464　1934
實驗宗教學教程
曾寶蓀編譯　上海　青年協會書局　1934 年　青年叢書　（m.）

007722226　1009　4265.5
五教指南
楊時中著　上海　世界和平法編譯處　1931 年　（m.）

011917288　BL53.C312　1936
宗教心理學
夔德義撰　上海　廣學會　1936 年　3 版　齊魯神學叢書　（m.）

011892545　BL85.W512　1941
宗教與近代思想
韋傑瑞著　趙景松譯　上海　青年協會書局　1941 年　初版　青年叢書　第 2 集　（m.）

007721996　1009　4413　（1927）
人生哲學卷上
李石岑著　上海　商務印書館　1926 年　初版　（m.）

007721997　1009　4413
人生哲學卷上
李石岑著　上海　商務印書館　1933 年　國難後 1 版　（m.）

007721958　1009　4464
哲學與生活
艾思奇著　上海　讀書生活出版社　1937 年　初版　（m.）

011810103　HM101.U813　1934
社會進步的哲學
烏爾韋克[E. J. Urwick]著　黃卓生譯　上海　商務印書館　1934年　初版　（m.）

011907456　B67.F8　1936
現代哲學之科學基礎
傅統先著　上海　商務印書館　1936年　初版　（m.）

011981691　B99.C62　H7　1914
新哲學
夏錫祺編　上海　中國圖書公司　1914年　初版　（m.）

011911510　BD494.S8　1935
宇宙疑謎發展史
蘇淵雷著　上海　世界書局　1935年　初版　（m.）

011823679　BD28.J55x　1932
哲學新論
景幼南著　上海　南京書店　1932年　初版　（m.）

011912202　B99.C62　F3　1935
哲學通論
范壽康編　上海　中華書局　1935年　中華百科叢書　（m.）

007721954　1009　4824
哲學要論
趙紀彬著　上海　中華書局　1948年　初版　（m.）

011929738　B67.W3　1933
哲學與科學
汪奠基著　上海　商務印書館　1933年　國難後1版　（m.）

007721941　1009　7128
哲學概論
劉以鍾著　上海　商務印書館　1919年　（m.）

007721944　1009　7213
哲學階梯
劉強編　上海　商務印書館　1930年　初版　（m.）

007722356　1009　7982
人生藝術
陳築山撰　上海　商務印書館　1948年　（m.）

中國哲學

007722378　1010.3　2992
大成講義四卷
徐炯著　成都　大成學校稽查處　1925年

007722380　1010.3　3943
新哲學之建立
宋垣忠撰　河南　民報社　1943年

007721960　1010.3　4412
中國哲學十講
李石岑著　上海　世界書局　1935年　初版

007722229　1010.3　8520
中國人之宗教社會及人生觀
錢穆著　廣州　自由中國社　1949年

007721957　1010.5　1421
新哲學讀本
平生著　上海　珠林書店　1939年　初版　青年自學讀本　（m.）

007721942　1010.5　4424
如何研究哲學
李崇基著　上海　讀書生活出版社
　1936年　再版　角半小叢書　（m.）

007721959　1010.5　4996
中國思想研究法哲學　史學　社會科學
蔡尚思著　長沙　商務印書館　1939年
　初版　（m.）

011807654　B5231.Y554　1947
我們的思想家
易君左編　上海　正中書局　1947年
　中國青年叢書　（m.）

007722405　1010.7　7942
中國七大哲人傳
陳士傑撰　上海　經緯書局　1936年
　（m.）

011883458　BD450.C4　1923
自鑒
章鴻釗著　香港　章鴻釗　1923年　初
　版　（m.）

009315505　1010.9　1133
中國學術概論綱目
王治心撰　1912—49年　油印

002135717　1010.9　1328b
中國哲學大綱
宇同［張岱年］著　1937年

007721732　1010.9　1354
思想與社會
張東蓀著　重慶　商務印書館　1946年
　（m.）

011910376　B99.C62　F3　1931
哲學初步
范壽康著　上海　商務印書館　1924年
　初版　師範小叢書　（m.）

007721948　1010.9　1939
哲學解蔽論
孫渠著　上海　中華書局　1945年　初
　版　（m.）

007722427　1010.9　3244
人生哲學
馮友蘭著　上海　商務印書館　1932年
　國難後第1版　（m.）

007722449　1010.9　4374
人生之理想
袁月樓著　南京　新中國出版社　1948
　年　時代知識叢刊

007725579　1010.9　6964b
哲學論文集
景昌極撰　上海　中華書局　1930年
　初版　（m.）

007725764　1011　0416B
中國哲學史
謝無量編　上海　中華書局　1927年
　8版　（m.）

007725597　1011　0540
中國傳統思想之檢討
新中華雜志社編　上海　中華書局
　1948年　（m.）

008787610　MLC－C
中國哲學史之唯物的研究
胡漢民著　重慶　中國文化服務社
　1940年　初版　中國國民黨叢刊
　（m.）

007725593　1011　1123
中國學術思想演進史
王伯祥、周振甫著　上海　中國文化服
　務社　1936年　再版　基本知識叢書
　（m.）

007725778　1011　1133
中國學術源流
王治心編　上海　義利印刷公司　1925年　再版

007725781　1011　1133.1
中國學術體系
王治心編　福建　協和大學　1934年　（m.）

007725594　1011　1484
中國哲學思想史
（日）武内義雄著　汪馥泉譯　長沙　商務印書館　1939年　初版　（m.）

007725507　1011　1921
中華學術思想文選
孫俍工、孫怒潮編　上海　中華書局　1933年　（m.）

007725589　1011　1948
中國學術思想史
孫其敏著　上海　世界書局　1932年　初版　（m.）

011901336　B126.C532　1934
中國哲學史綱要
蔣維喬、楊大膺合編　上海　中華書局　1934—35年　中華百科叢書　（m.）

007725552　1011　2243
中國哲學史綱要
向林冰著　重慶　生活書店　1939年　（m.）

007725592　1011　2397
中國人文思想概觀
吳博民編　上海　長城書局　1934年　初版　（m.）

011981294　BD431.C4　1924
一個唯情論者的宇宙觀及人生觀
朱謙之著　上海　泰東圖書局　1924年　初版　（m.）

007725693　1011　3244.2
中國哲學史
馮友蘭著　上海　商務印書館　1934年　初版　國立清華大學叢書　（m.）

007725587　1011　3244.2
中國哲學史
馮友蘭著　長沙　商務印書館　1941年　長沙初版　國立清華大學叢書　（m.）

007725639　1011　3244.3
中國哲學史補
馮友蘭著　上海　商務印書館　1936年　初版　（m.）

007725588　1011　3244.4　FC7713　Film　Mas　31743
中國哲學小史
馮友蘭著　上海　商務印書館　1934年　初版　新中學文庫　（m.）

007725585　1011　3320
中國哲學史概論
（日）渡邊秀方著　劉侃元譯　上海　商務印書館　1926年　初版　（m.）

007725584　1011　3934
中國古代學術思想變遷史
梁啟超著　上海　群衆圖書公司　1925年　初版　（m.）

007725825　1011　3934.1
中國古代學術流變研究十篇
梁啟超著　上海　中華書局　1947年　3版　（m.）

007725828　1011　4140
中國哲學史通論

范壽康著　上海　開明書店　1941年 2版　（m.）

007725591　1011　4240
中國思想
楊大膺編　蔣維喬校閱　上海　世界書局　1934年　初版　（m.）

007725590　1011　4254
中國學術史講話
楊東蓴著　上海　北新書局　1932年（m.）

011929578　AZ791.L5　1936
中國學術之趨勢
李宗吾著　成都　日新印刷工業社 1936年　初版

007725843　1011　4422
中國哲學史綱要三卷　附名詞索引
蔣維喬、楊大膺編　上海　中華書局 1940年　再版　（m.）

011901348　DS721.C47288　1930
中國思想小史
常乃德著　上海　中華書局　1930年（m.）

007725581　1011　4824
中國哲學思想
趙紀彬編著　上海　中華書局　1948年　初版　（m.）

007725583　1011　4844
中國哲學史
（日）高瀨武次郎著　趙蘭坪編譯　上海　國立暨南學校出版部　1925年　初版（m.）

007725608　1011　4924
中國知行學說簡史
趙紀彬著　上海　中國文化服務社 1943年　初版　青年文庫　（m.）

007731290　1011　4996
中國學術大綱
蔡尚思著　上海　啟智書局　1931年 初版　（m.）

007725491　1011　6473
四朝學案
黃宗羲撰　國學整理社輯　上海　世界書局　1936年　（m.）

007725913　1011　6473　（1-2）
宋元學案一百卷
黃宗羲撰　全祖望補訂　上海　世界書局　1936年　四朝學案　（m.）

007725915　1011　6473　（3）
明儒學案六十二卷
黃宗羲撰　上海　世界書局　1936年 四朝學案　（m.）

007725917　1011　6473　（4）
漢學師承記八卷
江藩撰　上海　世界書局　1936年　四朝學案

007725919　1011　6473　（4）
清學案小識十四卷　卷末一卷
唐鑒撰　上海　世界書局　1936年　四朝學案

007725918　1011　6473　（4）
宋學淵源記二卷　附記一卷
江藩撰　上海　世界書局　1936年　四朝學案

007725586　1011　8153
中國哲學史
鍾泰編　上海　商務印書館　1929年

初版 （m.）

007725928　1011　8180
中國哲學史
金公亮編著　上海　正中書局　1947年 6版　（m.）

007725596　1012　0234
先秦學説述林
郭沫若著　福建永安　東南出版社 1945年　初版　大學學術叢書　（m.）

007725595　1012　1128
先秦學術思想史
王德箴著　南京　王德箴　1935年　初版　（m.）

007725945　1012　2320b
中國古代思想學説史
侯外廬著　上海　文風書局　1946年 （m.）

007725947　1012　2448
性命古訓辨證三卷
傅斯年著　長沙　商務印書館　1940年　中央研究院歷史語言研究所單刊乙種

007725667　1012　2448　（1947）
性命古訓辨證
傅斯年著　上海　商務印書館　1947年　再版　中央研究院歷史語言研究所單刊

007726866　1012　4233.4
胡適中國哲學史大綱批判
李季著　上海　神州國光社　1931年　初版　（m.）

007726659　1012　4233.4　（1932）
胡適中國哲學史大綱批判
李季著　上海　神州國光社　1932年　再版　（m.）

011910611　B126.H83　Y36　1943
胡適中國哲學史批判
嚴靈峰著　江西贛縣　中華正氣出版社 1943年　初版　（m.）

007725582　1012　4233C
中國古代哲學史原名中國哲學史大綱
胡適著　上海　商務印書館　1929年　初版　國學基本叢書　（m.）

007726948　1012　4996
中國三大思想之比觀
蔡尚思著　上海　啟智書局　1934年 3版　（m.）

007726868　1012　6662
先秦學術概論
呂思勉著　上海　世界書局　1933年　初版　（m.）

007727046　1012　7142
周秦哲學史
陸懋德著　北京　京華印書局印刷 1923年

007726733　1012　7912　B126.C4845　1937
中國古代哲學史
陳元德著　上海　中華書局　1937年 （m.）

007727086　1012　8522
先秦諸子繫年四卷　附通表及索引
錢穆著　上海　商務印書館　1936年　再版　（m.）

007726882　1015　3847A
漢代學術史略
顧頡剛著　上海　東方書社　1948年

滬版　（m.）

007726781　1015　4128
秦漢哲學史
姚舜欽著　上海　商務印書館　1936 年
（m.）

007726784　1015　7231b
漢晉學術編年
劉汝霖編　上海　商務印書館　1933 年
（m.）

007726885　1017　3633
魏晉的自然主義
容肇祖著　上海　商務印書館　1935 年
初版　國學小叢書　（m.）

007726771　1017　4140
魏晉之清談
范壽康著　上海　商務印書館　1936 年
史地小叢書　（m.）

007726643　1017　4861
魏晉清談思想初論
賀昌群著　上海　商務印書館　1947 年
（m.）

007726815　1017　7231B
東晉南北朝學術編年
劉汝霖著　上海　商務印書館　1936 年
初版　（m.）

007738771　1017　7932
六朝時代學者之人生哲學
陳安仁著　重慶　正中書局　1943 年
3 版　哲學叢刊　（m.）

007727102　1017　7932b
六朝時代學者之人生哲學
陳安仁著　上海　民智書局　1930 年
（m.）

007726883　1020　2387
宋元明思想學術文選第一輯
黎錦熙輯　北平　著者書店　1933 年
（m.）

007726884　1020　4422
宋明理學綱要
蔣維喬、楊大膺編　上海　中華書局
1936 年　（m.）

007726895　1022　1412
宋學概要
夏君虞著　上海　商務印書館　1937 年
初版　（m.）

007726794　1022　1851
宋學
賈豐臻著　上海　商務印書館　1934 年
再版　國學小叢書　（m.）

007727124　1022　2246
程朱學派之知行學說
何格恩撰　香港　1936 年

007726851　1022　4838.1
宋元學案人名索引附異名索引
鄧元鼎、王默君編　上海　商務印書館
1936 年　（m.）

007726726　1022　4838b
宋元學案一百卷
黃宗羲原本　黃百家纂輯　全祖望修定
上海　中華書局　1927—36 年

007726887　1022　4838c
宋元學案
繆天綬選註　上海　商務印書館　1928
年　初版　學生國學叢書　（m.）

007726709　1022　4838D
宋元學案
黃宗羲著　上海　商務印書館　1933 年

第 1 版　國學基本叢書　（m.）

007726894　1022　7987
兩宋思想述評
陳鐘凡著　上海　商務印書館　1933 年　初版　學藝叢書　（m.）

007805246　1025　2705
晚明思想史論
嵇文甫著　重慶　商務印書館　1944 年　初版　（m.）

007726891　1025　4296
中國十七世紀思想史
楊榮國著　福建永安　東南出版社　1945 年　初版　（m.）

007726971　1025　4838
明儒學案六十二卷
黃黎洲[宗羲]著　北京　國學研究會　1912 年

007726837　1025　4838.2
明儒學案
黃宗羲著　繆天綬選註　上海　商務印書館　1933 年　國難後第 1 版　（m.）

007726970　1025　4838.4
重編明儒學案四十五卷
黃宗羲著　李心莊重編　重慶　正中書局　1945 年　初版

007726708　1025　4838B
明儒學案
黃宗羲著　上海　商務印書館　1933 年　初版　國學基本叢書　（m.）

007727144　1025　4838C
明儒學案六十二卷
（清）黃宗羲著　上海　中華書局　1933 年　（m.）

007726763　1027　0414
清代思想史綱
譚丕模著　桂林　開明書店　1943 年　內 1 版　（m.）

007738715　1027　0414A
清代思想史綱
譚丕模著　上海　開明書店　1940 年　（m.）

007727151　1027　0681B
國朝學案小識十四卷　卷末一卷
（清）唐鑒著　上海　中華書局　1934 年

007726706　1027　0681D
清學案小識
唐鑒撰　上海　商務印書館　1935 年　初版　國學基本叢書　（m.）

007727041　1027　1470
中國近代思想發展簡史
斐民撰　上海　時代書局　1949 年　時代百科小叢書

007726904　1027　2243
近代中國啟蒙運動史
何干之著　上海　生活書店　1937 年　初版　（m.）

007726944　FC5133　FC－M1119
浙東學派溯源
何炳松撰　上海　商務印書館　1932 年　國學小叢書　（m.）

007726814　1027　2320
近代中國思想學說史
侯外廬著　上海　生活書店　1947 年　1 版　新中國大學叢書　（m.）

007727165　1027　2320.1
中國近世思想學說史上卷

侯外廬著　重慶　三友書店　1944 年　(m.)

007726968　1027　2946
清儒學案二百十八卷
徐世昌著　天津　徐氏家　1938 年

007726989　1027　3146
漢學師承記八卷
(清)江藩纂　上海　商務印書館　1934 年　國學基本叢書　(m.)

007727175　1027　3146.3
宋學淵源記二卷
(清)江藩輯　上海　商務印書館　1935 年　國學基本叢書　(m.)

007726806　1027　3146.7
漢學師承記
江藩著　周予同選註　上海　商務印書館　1933 年　學生國學叢書　(m.)

007727064　1027　3146B
國朝漢學師承記八卷　附經師經義目錄一卷　宋學淵源記二卷　附記一卷
江藩纂　上海　中華書局　1934 年　四部備要

007726712　1027　3934
清代學術概論
梁啟超著　上海　商務印書館　1927 年　原共學社史學叢書　(m.)

007727019　1027　3934c
清代學術概論
梁啟超著　東京　龍文書局　1946 年　3 版

007726842　1027　3934.1
中國近三百年學術史全
梁啟超著　上海　民志書店　1929 年　4 版　(m.)

007726889　1027　4422
中國近三百年哲學史
蔣維喬編著　上海　中華書局　1932 年　初版　(m.)

011894015
中國近三百年學術史
梁啟超著　1923 年

007726732　1027　8522A
中國近三百年學術史
錢穆著　上海　商務印書館　1937 年　(m.)

007721477　1030　0233.1
近三十年中國思想史
郭湛波著　北平　大北書局　1939 年　(m.)

007721209　1030　0233.1b
近三十年中國思想史
郭湛波著　北平　大北書局　1935 年　初版　(m.)

007726978　1028　1279
潛虛
司馬光撰　發微論　張敦實撰　上海　商務印書館　1936 年　四部叢刊

011914355　B125.C4　1932
學術文
林之棠編輯　北平　華盛書社　1932 年　初版　(m.)

007721207　1030　4804　1030　4804B
當代中國哲學
賀麟著　南京　勝利出版社　1947 年　初版　當代中國學術叢書　(m.)

011918001　B5234. H8　H7　1947
行動哲學
惠迪人著　上海　商務印書館　1947年　再版　(m.)

007721816　1035　0221
子略四卷目卷
高似孫撰　上海　中華書局　1927—36年

007722030　1035　0221B
子略
高似孫撰　北京　樸社　1933年　再版　(m.)

007721972　1035　0226
周秦諸子概論
高維昌著　上海　商務印書館　1930年　初版　國學小叢書　(m.)

006017753　1035　0234　T　1035　0234
十批判書
郭沫若著　重慶　群益出版社　1945年　初版　文化研究院叢書　(m.)

007721969　1035　0234e
十批判書
郭沫若著　上海　群益出版社　1946年　(m.)

007722095　1035　0291
荀子非十二子篇釋淮南子要略篇釋　史公論六家要指篇釋
方方山著　上海　方方山館　1928年　國學別錄

007721968　1035　1149
諸子學派要詮
王蘧常著　上海　中華書局發行　1936年　初版　(m.)

007722342　1035　1920
諸子概論講義

孫德謙著　廣州　商務印書館函授學社國文科　1919年

007721963　1035　2903
古學卮言
朱謙之著　上海　泰東圖書局　1922年　初版　(m.)

007721971　1035　2942
子學常識
徐敬修編　上海　大東書局　1925年　初版　國學常識　(m.)

007722372　1035　3113
讀子卮言
江瑔撰　上海　商務印書館　1929年　4版

007721965　1035　3193
中國先哲人性論
江恒源著　上海　商務印書館　1926年　初版　(m.)

007722384　1035　3933
諸子辯
宋濂撰　北平　景山書社　1928年　3版

007721966　1035　4134
諸子考略
姚永樸編　北平　資研編譯社　1928年　初版　(m.)

007722394　1035　4134.2
歷代聖哲學粹前編十八卷
姚永樸編　北平　周氏師古堂　1934年

009151957　1035　4134.3
歷代聖哲學粹前編十八卷
姚永樸編　歷代聖哲學粹後編二十六卷　陳朝爵、李大防編　香港　周氏師

古堂　1934—35 年

009266855　MLC‑C
先秦天道觀之進展
郭沫若著　1942 年

007721970　1035　4135
先秦諸子批判
杜守素 [杜國庠] 著　上海　作家書屋
1948 年　初版　(m.)

011892752　B126.H85　1936
先秦諸子學説先秦諸子學
胡耐安著　上海　北新書局　1936 年
初版　(m.)

007722406　1035　4251
中國六大先哲傳論
胡春霖撰　北京　誠進勞謙學會　1929
年　再版

007721870　1035　4296B
孔墨的思想
楊榮國著　上海　生活書店　1946 年
(m.)

007721839　1035　4423.1
諸子學纂要
蔣伯潛撰　臺北　正中書局　1947 年
國學彙纂叢書　(m.)

007721962　1035　4423.2
諸子與理學
蔣伯潛、蔣祖怡著　上海　世界書局
1941 年　國文自學輔導叢書　(m.)

007722429　1035　4433
諸子概論
李源澄著　上海　開明書店　1936 年
(m.)

007721961　1035　6194
諸子學述
羅焌著　上海　商務印書館　1935 年
初版　(m.)

007721740　1035　6194A
諸子學述
羅焌著　上海　商務印書館　1936 年
再版　(m.)

007721992　1035　7404
力行哲學論證
聞亦博著　重慶　正中書局　1945 年
初版　(m.)

007721967　1035　7932
諸子百家考
(日) 兒島獻吉郎著　陳清泉譯述　上海
　商務印書館　1933 年　初版　(m.)

007722123　1035　7941
諸子概論
陳柱著　長沙　商務印書館　1930 年
初版　百科小叢書　(m.)

007721973　1035　7941　(1932)
諸子概論
陳柱著　上海　商務印書館　1932 年
初版　(m.)

007722472　1035　7941.1
子二十六論四卷
陳柱撰　香港　北流陳氏十萬卷樓
1935 年

007722479　1035　7987
諸子通誼
陳鐘凡著　香港　1926 年　3 版

007721964　1035　8248
諸子平議
(清) 俞樾著　上海　商務印書館　1935

年　初版　國學基本叢書　（m.）

007722486　1035　8248D
諸子平議三十五卷
俞樾著　上海　世界書局　1936年（m.）

007722552　1035　8934
理學漫談
余家菊著　重慶　商務印書館　1945年　初版　（m.）

011891235　B126.C4　1935
戰國縱橫家學研究
朱星元著　上海　東方學術社　1935年　初版　（m.）

007722549　1040　8125
稷下派之研究
金受申著　上海　商務印書館　1930年　初版　國學小叢書　（m.）

007722565　1042　0232
生存哲學
廖淑倫編著　廣州　1947年

011883757　B819.C45　1941
生存哲學
張嘉謀編譯　長沙　商務印書館　1941年　初版

007722591　1042　0343
孔子改制考二十一卷
康有為撰　北京　1923年

007722553　1042　1327
陸王哲學
張綿周著　上海　民智書局　1926年　初版　（m.）

007722550　1042　1434
儒學概論
（日）北村澤吉著　上海　商務印書館　1928年　初版　（m.）

007722551　1042　1473
儒教政治哲學
（日）五來欣造著　胡樸安、鄭嘯厓譯　上海　商務印書館　1934年　初版　國學小叢書　（m.）

011895087　PL2824.Y9　1921
吳虞文錄
吳虞著　上海　亞東圖書館　1921年（m.w.）

007850950　FC6065　FC-M4749
吳虞文錄
吳虞著　上海　商務印書館　1927年　5版

007722555　1042　2341
修齊治平語錄
吳擎天編　上海　啟智書局　1931年　初版　（m.）

008583199　FC4357
伊尹事錄一卷
文廷式撰　香港　南皮張氏　1942年

007724261　1042　3644
儒道兩家關係論
津田左右吉著　李繼煌譯　上海　商務印書館　1926年　初版　國學小叢書　（m.）

007724260　1042　3934
儒家哲學
梁啟超講　周傳儒筆述　上海　中華書局　1936年　初版　飲冰室專集　（m.）

007724536　1042　3949
孔子新義

梁樹棠著　廣州　瑞芳印務局　1923 年
　（m.）

007724265　1042　4222
孔門一貫哲學概論
蘭自我著　上海　商務印書館　1930 年
　初版　國學小叢書　（m.）

007724287　1042　4255
陸王哲學辨微
胡哲敷著　上海　中華書局　1930 年
初版　（m.）

007724256　1042　4422
孔子與釋迦
蔣維喬講述　上海　商務印書館發行
1924 年　初版　（m.）

011901380　B126.C65　C4 1937
封建制度與儒家思想
齊思和著　北平　燕京大學哈佛燕京學
　社　1937 年　（m.）

011823491　B127.C65　Y36x　1948
儒家精神
燕義權著　上海　源源仁記印刷所
　1948 年　（m.）

007724264　1042　4805
儒家思想新論
賀麟著　上海　正中書局　1948 年　初
版　思想與時代叢刊　（m.）

007724270　1042　4828
大同要素
黃贊鈞著　臺北　孔教叢書頒行處
1949 年　孔教叢書　（m.）

007724292　1042　4929
宋儒與佛教
林科棠著　上海　商務印書館　1928 年
　初版　國學小叢書　（m.）

007724262　1042　5083
論語與儒家思想
車銘深著　長沙　商務印書館　1938 年
　初版　國學小叢書　（m.）

007724570　1042　6244
蕙廬全書　儒道真傳
易夢枚撰　濟南　1926 年

007724263　1042　7241
論道集古代儒家
陶希聖著　重慶　南方印書館　1942 年
　（m.）

007724294　1042　7248
儒家倫理思想述要
劉真編著　上海　正中書局　1946 年
　初版　（m.）

007724462　1042　7990
儒行淺解
陳煥章撰　1917 年

011596772　B127.C65　G673　1938
儒教對於德國政治思想的影響
五來欣造著　劉百閔、劉燕谷譯　長沙
　商務印書館　1938 年　初版　（m.）

007724398　1042　8217
儒教與現代思潮
鄭子雅編　上海　商務印書館　1926 年
　國學小叢書　（m.）

007724639　1042　8241
孔教新編
鄭孝胥編　上海　商務印書館　1919 年
　5 版　（m.）

007724652　1042　8454
儒學四卷

姜忠奎撰　廣州　培英印務局　1936年

007795327　MLC－C
科學的學庸
蔣委員長講　香港　中央航空學校印
1936年

007724678　1042　8740
宋元明清儒學年表
今關天彭撰　東京　1919年

007726881　1046　4211
墨經哲學
楊寬編著　重慶　正中書局　1942年
初版　（m.）

007726870　1046　4422
楊墨哲學
蔣維喬著　上海　商務印書館　1928年
初版　（m.）

011892404　B128.Y33　S8　1934
楊朱的著作及其學派考
孫道昇著　民國間

007727170　1060　0185
六子全書
顧春輯　上海　右文社影石　1914年

007727171　1060　0185　（1）
老子道德經二卷
河上公章句　上海　右文社影石　1914
年　六子全書

007727178　1060　0185　（2－7）
南華真經十卷
郭象註　陸德明音義　上海　右文社影
石　1914年　六子全書

007727183　1060　0185　（8－10）
新纂門目五臣音註揚子法言十卷
揚雄撰　李軌、柳宗元註　宋咸、吳秘、
司馬光添註　上海　右文社影石　1914
年　六子全書

007727186　1060　0185　（11－12）
沖虛至德真經八卷
張湛註　殷敬順釋文　上海　右文社影
石　1914年　六子全書

007727190　1060　0185　（13－18）
荀子二十卷
荀況撰　楊倞註　上海　右文社影石
1914年　六子全書

007727193　1060　0185　（19－20）
中說十卷
王通撰　阮逸註　上海　右文社影石
1914年　六子全書

007727203　1060　0603
性理學大義
唐文治輯述　1923年

007727207　1060　0603　（1）
周子大義二卷
唐文治輯述　1923年　性理學大義

007727210　1060　0603　（2）
**二程大義二卷　張子大義一卷　洛學傳授
大義一卷**
唐文治輯述　1923年　性理學大義

007727212　1060　0603　（3－4）
朱子大義八卷
唐文治輯述　1923年　性理學大義

007728460　1060　1491
雙劍誃諸子新證
于省吾撰　北京　海城于氏　1940年

007728465　1060　1491　（01）
雙劍誃管子新證四卷
于省吾撰　北京　海城于氏　1940年

雙劍誃諸子新證

007729052　1060　1491　(01)
雙劍誃晏子春秋新證二卷
于省吾撰　北京　海城于氏　1940年
雙劍誃諸子新證

007830353　1060　1491　(02)
雙劍誃墨子新證四卷
于省吾撰　北京　海城于氏　1940年
雙劍誃諸子新證

007729053　1060　1491　(03)
雙劍誃韓非子新證四卷
于省吾撰　北京　海城于氏　1940年
雙劍誃諸子新證

007729054　1060　1491　(03)
雙劍誃老子新證一卷
于省吾撰　北京　海城于氏　1940年
雙劍誃諸子新證

007729055　1060　1491　(03)
雙劍誃莊子新證二卷
于省吾撰　北京　海城于氏　1940年
雙劍誃諸子新證

007729059　1060　1491　(04)
雙劍誃法言新證一卷
于省吾撰　北京　海城于氏　1940年
雙劍誃諸子新證

007729058　1060　1491　(04)
雙劍誃淮南子新證四卷
于省吾撰　北京　海城于氏　1940年
雙劍誃諸子新證

007729057　1060　1491　(04)
雙劍誃呂氏春秋新證二卷
于省吾撰　北京　海城于氏　1940年
雙劍誃諸子新證

007729235　1060　1564
子書四十八種
五鳳樓主人輯　上海　五鳳樓　1920年

007729236　1060　1564　(1-3)
孔子集語十七卷
孫星衍輯　上海　五鳳樓　1920年　子書四十八種

007729237　1060　1564　(4-7)
荀子二十卷　附校勘補遺一卷
荀況撰　楊倞註　盧文弨、謝墉校　上海　五鳳樓　1920年　子書四十八種

007729238　1060　1564　(8-9)
董子春秋繁露十七卷
董仲舒撰　上海　五鳳樓　1920年　子書四十八種

007731546　1060　1564　(10)
傅子一卷
傅玄撰　上海　五鳳樓　1920年　子書四十八種

007729239　1060　1564　(10)
新語二卷
陸賈撰　上海　五鳳樓　1920年　子書四十八種

007729240　1060　1564　(10)
忠經一卷
馬融撰　上海　五鳳樓　1920年　子書四十八種

007731547　1060　1564　(11-12)
賈子新書十卷
賈誼撰　盧文弨校　上海　五鳳樓　1920年　子書四十八種

007731548　1060　1564　(13)
揚子法言十三卷　附音義一卷
揚雄撰　李軌註　上海　五鳳樓　1920

年　子書四十八種

007731550　1060　1564　（14）
申鑒五卷
荀悦撰　上海　五鳳樓　1920年　子書四十八種

007731555　1060　1564　（14）
伸蒙子三卷
林慎思撰　上海　五鳳樓　1920年　子書四十八種

007731553　1060　1564　（14）
續孟子二卷
林慎思撰　上海　五鳳樓　1920年　子書四十八種

007731562　1060　1564　（15）
風后握奇經一卷
公孫弘解　附握奇經續圖一卷　闕名撰　八陣總述一卷　馬隆述　上海　五鳳樓　1920年　子書四十八種

007731564　1060　1564　（15）
海樵子一卷
王崇慶撰　上海　五鳳樓　1920年　子書四十八種

007731568　1060　1564　（15）
六韜三卷
呂望撰　上海　五鳳樓　1920年　子書四十八種

007731557　1060　1564　（15）
素履子三卷
張弧撰　上海　五鳳樓　1920年　子書四十八種

007731579　1060　1564　（16－19）
孫子十家註十三卷
孫武撰　吉天保輯　孫星衍、吳人驥校

附敘録一卷　畢以珣撰　遺説一卷　鄭友賢撰　上海　五鳳樓　1920年　子書四十八種

007731595　1060　1564　（20）
評註三略一卷
黃石公撰　上海　五鳳樓　1920年　子書四十八種

007731590　1060　1564　（20）
評註司馬法一卷
司馬穰苴撰　上海　五鳳樓　1920年　子書四十八種

007731598　1060　1564　（20）
素書一卷
黃石公撰　上海　五鳳樓　1920年　子書四十八種

007731593　1060　1564　（20）
尉繚子二卷
尉繚撰　上海　五鳳樓　1920年　子書四十八種

007731589　1060　1564　（20）
吳子二卷
吳起撰　上海　五鳳樓　1920年　子書四十八種

007731602　1060　1564　（20）
心書一卷
諸葛亮撰　上海　五鳳樓　1920年　子書四十八種

007731608　1060　1564　（21－24）
管子二十四卷
管仲撰　房玄齡註　劉績增註　上海　五鳳樓　1920年　子書四十八種

007731615　1060　1564　（25）
鄧子一卷

鄧析撰　上海　五鳳樓　1920年　子書四十八種

007731613　1060　1564　（25）
商君書五卷
商鞅撰　嚴萬里[可均]校　上海　五鳳樓　1920年　子書四十八種

007731618　1060　1564　（25）
尸子二卷　存疑一卷
尸佼撰　汪繼培輯　上海　五鳳樓　1920年　子書四十八種

007731622　1060　1564　（26-29）
韓非子二十卷
韓非撰　附識誤三卷　顧廣圻撰　上海　五鳳樓　1920年　子書四十八種

007731629　1060　1564　（30-31）
晏子春秋七卷
晏嬰撰　音義二卷　孫星衍校並撰　校勘記二卷　黃以周撰　上海　五鳳樓　1920年　子書四十八種

007731632　1060　1564　（32）
鶡冠子三卷
陸佃解　上海　五鳳樓　1920年　子書四十八種

007731638　1060　1564　（33-37）
呂氏春秋二十六卷
呂不韋撰　高誘註　畢沅校　上海　五鳳樓　1920年　子書四十八種

007731643　1060　1564　（37）
計倪子一卷
計然撰　上海　五鳳樓　1920年　子書四十八種

007731646　1060　1564　（37）
於陵子一卷

田仲撰　上海　五鳳樓　1920年　子書四十八種

007731653　1060　1564　（38-40）
墨子十六卷
墨翟撰　畢沅校註　上海　五鳳樓　1920年　子書四十八種

007731657　1060　1564　（41-44）
淮南子二十一卷
劉安撰　高誘註　莊逵吉校　上海　五鳳樓　1920年　子書四十八種

007731663　1060　1564　（45）
文中子中説十卷
王通撰　阮逸註　上海　五鳳樓　1920年　子書四十八種

007731667　1060　1564　（46-48）
山海經十八卷
郭璞傳　畢沅校　上海　五鳳樓　1920年　子書四十八種

007731660　1060　1564　（49）
獨斷一卷
蔡邕撰　上海　五鳳樓　1920年　子書四十八種

007731673　1060　1564　（49）
關尹子一卷
尹喜撰　上海　五鳳樓　1920年　子書四十八種

007731670　1060　1564　（49）
陰符經一卷
張良註　上海　五鳳樓　1920年　子書四十八種

007731687　1060　1564　（50）
公孫龍子
公孫龍撰　上海　五鳳樓　1920年　子

書四十八種

007731689　1060　1564　（50）
鬼谷子一卷
上海　五鳳樓　1920年　子書四十八種

007731684　1060　1564　（50）
老子道德經二卷
李耳撰　王弼註　附音義二卷　陸德明撰　上海　五鳳樓　1920年　子書四十八種

007731698　1060　1564　（51-54）
莊子十卷
莊周撰　郭象註　陸德明音義　上海　五鳳樓　1920年　子書四十八種

007731703　1060　1564　（55）
列子八卷
列禦寇撰　張湛註　殷敬順釋文　上海　五鳳樓　1920年　子書四十八種

007733201　1060　1564　（56-57）
文子纘義十二卷
杜道堅撰　上海　五鳳樓　1920年　子書四十八種

007733200　1060　1564　（56）
燕丹子三卷
上海　五鳳樓　1920年　子書四十八種

007733199　1060　1564　（56）
郁離子一卷
劉基撰　上海　五鳳樓　1920年　子書四十八種

007733204　1060　1564　（58-60）
竹書紀年統箋十二卷　前編一卷　雜述一卷
徐文靖撰　上海　五鳳樓　1920年　子書四十八種

009278281　1060　4433
諸子文粹六十二卷　續編十卷
李寶洤纂　上海　商務印書館　1922年　鉛印第3版

009264124　1060　4494b
性理精義
李光地承修　上海　中華書局　1936年　四部備要

007732817　1060　7218
子彙二十四種
周子義等編　上海　商務印書館　1937年

007736585　1060　7218　（01）
晏子二卷
晏嬰撰　上海　商務印書館　1937年　子彙

007736583　1060　7218　（01）
鶡子一卷
鶡熊撰　上海　商務印書館　1937年　子彙

007736584　1060　7218　（02）
孔叢子三卷
孔鮒撰　上海　商務印書館　1937年　子彙　（m.）

007736586　1060　7218　（03）
賈子新書二卷
賈誼撰　上海　商務印書館　1937年　子彙

007736587　1060　7218　（04）
陸子一卷
陸賈撰　上海　商務印書館　1937年　子彙

007736589　1060　7218　（04）
鹿門子一卷

皮日休撰　上海　商務印書館　1937 年
　　子彙

007736588　1060　7218　（04）
小荀子一卷
荀悦著　上海　商務印書館　1937 年
　　子彙

007736590　1060　7218　（05）
文子二卷
闕名撰　上海　商務印書館　1937 年
　　子彙

007736591　1060　7218　（06）
關尹子一卷
尹喜撰　上海　商務印書館　1937 年
　　子彙　（m.）

007736592　1060　7218　（06）
亢倉子一卷
王士元撰　上海　商務印書館　1937 年
　　子彙

007736593　1060　7218　（07）
鶡冠子一卷
闕名撰　上海　商務印書館　1937 年
　　子彙　（m.）

007736594　1060　7218　（08）
黃石公素書一卷
黃石公撰　上海　商務印書館　1937 年
　　子彙

007736604　1060　7218　（08）
齊丘子一卷
譚峭撰　上海　商務印書館　1937 年
　　子彙

007736595　1060　7218　（08）
天隱子一卷
司馬承禎撰　上海　商務印書館　1937 年　子彙

007736598　1060　7218　（08）
無能子三卷
闕名撰　上海　商務印書館　1937 年
　　子彙

007736597　1060　7218　（08）
玄真子外篇一卷
張志和撰　上海　商務印書館　1937 年
　　子彙

007736606　1060　7218　（09）
鄧析子一卷
鄧析撰　上海　商務印書館　1937 年
　　子彙

007736608　1060　7218　（09）
公孫龍子一卷
公孫龍撰　上海　商務印書館　1937 年
　　子彙

007736612　1060　7218　（09）
鬼谷子一卷　附外篇一卷
闕名撰　上海　商務印書館　1937 年
　　子彙

007736609　1060　7218　（09）
慎子一卷
慎到撰　上海　商務印書館　1937 年
景印元明善本叢書十種

007736607　1060　7218　（09）
尹文子一卷
尹文撰　上海　商務印書館　1937 年
　　子彙

007736614　1060　7218　（10）
墨子一卷
墨翟撰　上海　商務印書館　1937 年
　　子彙

007736615   1060   7218   (11)
子華子二卷
程本撰　上海　商務印書館　1937 年
子彙

007736616   1060   7218   (12)
劉子二卷
劉晝撰　上海　商務印書館　1937 年
子彙

007732815   1060   7223   Film Mas 16750
意林五卷
馬總撰　張海鵬梓　上海　中華書局
1927—36 年

007738907   1060   7230
讀諸子札記
陶鴻慶著　北平　文字同盟社
1927—31 年

007738908   1060   7230   (1)
管子
北平　文字同盟社　1927—31 年　讀
諸子札記

007738909   1060   7230   (2)
淮南子二卷
北平　文字同盟社　1927—31 年　讀
諸子札記

007738910   1060   7230   (3)
墨子二卷
北平　文字同盟社　1927—31 年　讀
諸子札記

007738911   1060   7230   (4-5)
韓非子二卷
北平　文字同盟社　1927—31 年　讀
諸子札記

007738912   1060   7230   (6-7)
孫卿子二卷
北平　文字同盟社　1927—31 年　讀
諸子札記

007733404   1060   8544
名家五種校讀記
錢基博撰　無錫　國學專修學校
1935 年

007736478   1061   3301
沙州諸子二十六種
日本高瀨博士還曆紀念會輯　京都　宏
文堂書房排印　1929 年

007734730   1069   1303
諸子治要二卷
張文治編　上海　中華書局　1930 年
（m.）

007734727   1069   1303.1
理學治要二卷
張文治編　上海　中華書局　1930 年
（m.）

007734271   1069   7233
周秦諸子選粹
劉永濟編　上海　泰東圖書局　1925 年
（m.）

007738644   1071   0202
老子正詁
高亨著　上海　開明書店　1934 年　初
版（m.）

007738934   1071   0202a
老子正詁
高亨著　上海　開明書店　1943 年　再
版（m.）

007738538   1071   0417
老子讀本
譚正璧撰　上海　中華書局　1949 年

007738800　1071　1112C
老子道德經二卷
李耳[老子]撰　王弼註　上海　中華書局　1927—36年

007738539　1071　1127　FC9331　Film Mas 33396
老子考
王重民著　北京　中華圖書館協會　1927年　(m.)

007738646　1071　1142
老子研究
王力著　上海　商務印書館　1928年　初版　民鐸叢書　(m.)

007738736　1071　1232
老子道德經箋註
丁福保箋註　上海　醫學書局　1927年

007738650　1071　1321
老子通釋
張純一著　重慶　商務印書館　1946年　初版　(m.)

007738702　1071　1362
老子
張默生著　重慶　勝利出版社　1944年　中國歷代名賢故事集　第3輯　(m.)

007738648　1071　1966
老子政治思想概論
孫思昉著　上海　商務印書館　1931年　初版　國學小叢書　(m.)

007738527　1071　1966b
老子政治思想概論
孫思昉著　上海　商務印書館　1933年　國難後第1版　國學小叢書　(m.)

007738647　1071　2139
老子本義
(清)魏源著　上海　商務印書館　1934年　初版　國學基本叢書　(m.)

007738645　1071　2178
老子哲學的研究和批評
程辟金著　上海　民智書局　1923年　初版　國民叢書　(m.)

007738642　1071　2212
老子新註
繆爾紓著　上海　新文化書社　1923年　初版　(m.)

007738701　1071　2247
古本道德經校刊
何士驥撰　北平　國立北平研究院　1936年

007738649　1071　2320
中國古代社會與老子
侯外廬著　香港　國際學社　1934年　(m.)

007739048　1071　2331
道德真經註四卷
吳澄述　武昌　鄂官書處重印　1912年

007740349　1071　2924
道德經述義二卷
徐紹楨撰　上海　商務印書館　1927年　再版

007740069　1071　2949
老子述記
朱芾煌撰述　上海　商務印書館　1936年

007740355　1071　3141
道德經白話解說二卷
濟南　1920年

007740362　1071　3228
老子道德經四卷
河上公章句　上海　商務印書館　1929年　四部叢刊子部

007740032　1071　3241
老子學案
郎擎霄著　上海　大東書局　1926年　初版　（m.）

007740116　1071　384
道德真經註疏八卷
顧歡述　香港　吳興劉氏嘉業堂　1919年　嘉業堂叢書

009247060　1071　4166
道德經輯註二卷
葛質述　上海　中華書局　1925年　鉛印　玄玄齋叢書　之一

007721519　1071　4233
老子述義
胡遠濬撰　南京　鍾山書局　1933年

007721230　1071　4243
老子古義二卷
楊樹達撰集　上海　中華書局　1922年

007721315　1071　4243.2
老子古義三卷　附漢代老學者考
楊樹達編輯　上海　中華書局　1928年　4版

007721171　1071　4255
老莊哲學
胡哲敷著　上海　中華書局　1935年（m.）

007722315　1071　4425
老子道德經
上海　泰東書局　1926年　4版　（m.）

007722316　1071　4425b
老子道德經
上海　國華新記書局　1939年　再版

007722317　1071　4441
老子古註二卷
李翹撰　香港　芬薰館　1929年

007721981　1071　4486
老子校詁
蔣錫昌著　上海　商務印書館　1937年　初版　（m.）

007722318　1071　4910
[白話譯解]老子道德經
上海　廣益書局　1940年　再版

007721923　1071　4914
老解老
蔡廷幹編　濟南　1922年

007722040　1071　4996
老墨哲學之人生觀
蔡尚思編　上海　啟智書局　1934年　3版　（m.）

007832440　1071　5004　(1-6)
道德經義疏
成玄英著　蒙文通校　成都　四川省立圖書館　1946年　初版

007876188　1071　5004　(7-10)
道德經註四卷
李榮著　蒙文通校　成都　四川省立圖書館　1947年

007722119　1071　6036
篆文老子
田潛篆書　北平　文楷齋　1920年

007721982　1071　6412b
老子章句新編

嚴靈峰著　重慶　文風書店　1944 年
初版　（m.）

007722327　1071　6424
老子道德經
王弼註　嚴復評點　上海　商務印書館
　1931 年

007722333　1071　6667
太上道德經淺註二卷
呂洞賓撰　香港　蘇錫文　1938 年

007721983　1071　7143
老子現代語解
陸世鴻著　昆明　中華書局　1944 年
初版　（m.）

007722358　1071　7230
老莊札記
陶鴻慶著　廣州　待曉廬　1927 年

007722361　1071　7240
老子音釋
周幹庭撰　濟南　齊魯大學國學研究所
　1939 年

008080625　1071　7243
老子故二卷
馬其昶述　香港　秋浦周氏　1920 年

007722060　1071　7282
老子覈詁
馬敘倫撰　濟南　1924 年

007721990　1071　7482
老子研究與政治
歷劫餘生著　上海　中國圖書雜誌公司
　　1939 年　初版　（m.）

007721753　1071　7941
老學八篇
陳柱編　上海　商務印書館　1928 年
初版　（m.）

007721979　1071　7941.1
老子集訓
陳柱編　上海　商務印書館　1928 年
初版　（m.）

007721980　1071　7941.2
老子
陳柱註　上海　商務印書館　1928 年
初版　學生國學叢書　（m.）

007721985　1071　7941.3
老子與莊子
陳柱著　上海　商務印書館　1934 年
初版　（m.）

007721988　1071　7941.4
老子韓氏說
陳柱著　長沙　商務印書館　1939 年
初版　（m.）

007721987　1071　7941C
老學八篇
陳柱著　上海　商務印書館　1934 年
國難後 2 版　國學小叢書　（m.）

007721991　1071　7943
老子分釋
陳夢家著　重慶　商務印書館　1945 年
　初版　（m.）

007721989　1071　8544
老子道德經解題及讀法
錢基博著　上海　大華書局　1934 年
初版　（m.）

007721986　1074　1546
關尹子
（春秋）尹喜著　上海　商務印書館
1937 年　初版　（m.）

007722373　1074　7222
關尹子一卷
劉向輯　上海　中華書局　1930年

007722313　1074　7222C
文始真經三卷
尹喜撰　上海　商務印書館　1936年　初版　四部叢刊三編

007722138　1075　0204
大哉孔子
廖競存編著　長沙　商務印書館　1941年　（m.）

007721828　1075　0415
孔子
謝無量撰　上海　中華書局　1927年（m.）

007721906　1075　1133
孔子哲學
王治心著　上海　國學社　1925年（m.）

007722407　1075　1152.12
孔子家語
（魏）王肅註　上海　新文化書社　1934年　再版　（m.）

007721978　1075　1152.72
孔子家語讀本
陳和祥註　秦同培輯校　上海　世界書局　1926年　初版　十子全書　（m.）

007722245　1075　1152.74
孔子家語疏證十卷
（清）陳士珂撰輯　長沙　商務印書館　1939年　萬有文庫簡編　（m.）

007722396　1075　1152B
孔子家語十卷
（魏）王肅註　上海　中華書局　1930年

007722243　1075　1152C
孔子家語
王肅註　上海　涵芬樓　1929年　四部叢刊

007721977　1075　1152e
孔子家語
（魏）王肅註　朱益明標點　惟公校閱　上海　大達圖書供應社　1934年　初版　（m.）

007722282　1075　1712
孔學三種
蘇淵雷校輯　上海　世界書局　1935年

007722062　1075　2132
歷代尊孔記、孔教外論合刻
程清著　上海　中國道德會　1933年

007722466　1075　235
孔子
黎東方著　重慶　勝利出版社　1944年（m.）

007722468　1075　2356
孔子降生二千五百年紀念集
香港中國文化學院編　香港　1949年

007721976　1075　3113
孔子哲學
汪震著　天津　百城書局　1931年　初版　（m.）

007721974　1075　3658
孔子
（日）宇野哲人著　陳彬龢譯　上海　商務印書館　1926年　初版　國學小叢書　（m.）

007722470　1075　4110
塵筆雙揮戊集一名演孔

范皕誨撰　香港　青年協會書局
1933 年

007721975　1075　4240
孔子哲學研究
楊大膺著　上海　中華書局　1931 年
初版　（m.）

007721900　1075　4240B
孔子哲學研究
楊大膺著　上海　中華書局　1936 年
3 版　中華哲學小叢書　（m.）

007721984　1075　4278
孔子人格學術與現代各科學派之最高原理
柯橫著　成都　孔學會總會　1940 年
（m.）

007724337　1075　4873
孔道
黃倬南著　香港　香港嘉屬商會
1935 年

007724266　1075　4996
孔子哲學之真面目
蔡尚思著　上海　啟智書局　1930 年
初版　（m.）

007724267　1075　7271
孔子思想的研究
馬璧著　上海　世界書局　1941 年　初版　（m.）

007724572　1075.59　1127
孔子傳
王禹卿著　廣州　商務印書館　1946 年
（m.）

007724334　1075.59　2935
孔子生活
徐邃軒編著　上海　世界書局　1929 年
（m.）

007724268　1075.6　4283
孔子訓語類釋
胡毓寰著　長沙　商務印書館　1940 年
初版　（m.）

007724591　1075.69　1144
孔道我聞錄
王有臺著　1922 年

007724291　1079　1321
晏子春秋校註
張純一校註　上海　世界書局　1935 年
初版　（m.）

007724290　1079　1332
晏子春秋
莊適選註　上海　商務印書館　1926 年
6 版　學生國學叢書　（m.）

007724161　1079　1962b
晏子春秋七卷
晏嬰撰　孫星衍校　上海　中華書局
1927—36 年

007724289　1079　1962c
晏子春秋集解
王心湛校　上海　廣益書局　1936 年
初版　（m.）

007724281　1079　4425
晏子春秋
支偉成標點　上海　泰東圖書局　1923
年　初版　諸子研究　（m.）

007724472　1079　7222
晏子春秋
（周）晏嬰著　上海　涵芬樓　1929 年
四部叢刊

007724183　1084　0254
墨學源流
方授楚著　上海　中華書局　1940 年
（m.）

007724284　1084　0455.1
墨經易解
譚介［戒］甫解　上海　商務印書館　1935 年　初版　國立武漢大學叢書（m.）

007724274　1084　0646
墨子
唐敬杲選註　上海　商務印書館　1926 年　初版　學生國學叢書　（m.）

007724203　1084　0646b
墨子
墨翟著　唐敬杲選註　上海　商務印書館　1934 年　國難後第 2 版　學生國學叢書　（m.）

007724470　1084　0647
墨子
（周）墨翟著　上海　涵芬樓　1929 年　四部叢刊

007724277　1084　1133
墨子哲學
王治心著　南京　宜春閣印刷局　1925 年　初版　（m.）

007724275　1084　1208
墨經新釋
鄧高鏡［秉鈞］編　上海　商務印書館　1931 年　初版　（m.）

007724271　1084　1321
墨子閒詁箋
張純一著　上海　定廬　1922 年　初版（m.）

007724272　1084　1321.1
墨子集解修正本
張純一註　上海　世界書局　1936 年　初版　（m.）

007724646　1084　1332
墨子
（周）墨翟著　上海　商務印書館　1926 年　6 版　（m.）

007724330　1084　1348
墨經通解附大取篇校註
張其鍠著　桂林　張氏獨志堂　1931 年

007724657　1084　1491
雙劍誃墨子新證四卷
于省吾撰　北平　海城于氏　1938 年

007724283　1084　1900
墨子閒詁
（清）孫詒讓著　上海　商務印書館　1935 年　初版　國學基本叢書　（m.）

007724276　1084　2340
墨子經濟思想
熊夢著　北京　志學社　1923 年　初版（m.）

007724218　1084　2383
墨子校註
吳毓江校註　重慶　獨立出版社　1944 年

007724366　1084　2645
墨辯新註上下卷　卷首
魯大東著　上海　中華書局　1936 年

007724269　1084　3934
墨經校釋
梁啟超著　上海　商務印書館　1922 年　初版　（m.）

007738478   1084   3934B
墨子學案
梁啟超著　上海　商務印書館　1926 年 4 版　（m.）

007724285   1084   4151
墨辯疏證
范耕研著　上海　商務印書館　1935 年 初版　國學小叢書　（m.）

007724273   1084   4425
墨子綜釋
支偉成編　上海　泰東圖書局　1925 年 初版　諸子研究　（m.）

009229606   1084   4481
定本墨子閒詁校補二編　附編　校勘引據 各本書目提要
李笠撰　上海　商務印書館　1936 年 國難後第 1 版

007724309   1084   4967
墨子刊誤
蘇時學註　陳柱校　上海　中華書局 1928 年

007724329   1084   6143
墨子
羅根澤、康光鑒編著　重慶　勝利出版社　1945 年　中國歷代名賢故事集　第 3 輯　（m.）

007724259   1084   6240   (21)   Z3101. Y446x   Suppl. vol. 21
墨子引得
哈佛燕京學社引得編纂處編　北平　燕京大學哈佛燕京學社引得編纂處　1948 年　初版　引得　（m.）

007724164   1084   6531B
墨子十六卷
墨翟撰　畢沅撰　上海　中華書局 1927—36 年　（m.）

007724367   1084   7140
續墨子閒詁
劉載賡［昶］著　上海　掃葉山房 1925 年

007724185   1084   7143
墨子
陸世鴻編著　上海　中華書局　1947 年 （m.）

007724694   1084   7912
墨經懸解
陳無咎著　上海　中國揆度學社 1935 年

007724326   1084   7941
墨學十論
陳柱著　上海　商務印書館　1928 年 （m.）

007724278   1084   8522
墨子
錢穆著　上海　商務印書館　1931 年 初版　新中學文庫　（m.）

007724696   1084   8522B
墨子
錢穆著　上海　商務印書館　1935 年 （m.）

011930164   B127. M65   W3   1943
墨家哲學新探
王新民著　福建邵武　私立福建協和大學中國文化研究會　1943 年　初版　福建協和大學中國文化研究會文史叢刊 （m.）

011930105   B128. M8   Y3645   1946
墨經哲學

楊寬編著　上海　正中書局　1946 年
滬 1 版　國學叢書　（m.）

011906803　B127. M65　W8　1940
墨翟與耶穌
吳雷川[震春]著　上海　青年協會書局
　1940 年　初版　（m.）

007725664　1087　2913
通玄真經十二卷
文子[辛鈃]撰　徐靈府註　上海　商務
印書館　1936 年　四部叢刊　（m.）

007725760　1087　4137B
文子纘義十二卷
（宋）杜道堅著　上海　中華書局
1930 年

007725761　1087　4137C
文子二卷
錢熙祚撰　上海　中華書局　1930 年

007725762　1087　4137D
文子
張之純撰　上海　商務印書館　1925 年
　6 版

007725763　1088　0646
列子
上海　商務印書館　1926 年　（m.）

007725617　1088　1122
列子補正
王叔岷著　上海　商務印書館　1948 年
　國立中央研究院歷史語言研究所專刊

007726727　1088　1331B
列子八卷
列子撰　張湛註　上海　中華書局
1927—36 年

007727117　1088　1332
列子
上海　商務印書館　1927 年　8 版　（m.）

007738543　1091　7236
鬼谷子
陶弘景註　上海　商務印書館　1937 年
　國學基本叢書

007739023　1091　7236b
鬼谷子三卷
陶弘景註　上海　商務印書館　1929 年

007738535　1091　7236c
鬼谷子篇目考　卷上中下　附錄
鬼谷子撰　陶弘景註　秦恩復校　上海
　中華書局　1927—36 年

007739041　1091　8248
鬼谷子新註
俞棪著　上海　商務印書館　1933 年
國學小叢書　（m.）

007739052　1093　7126
鶡冠子
陸佃解　上海　中華書局　1927 年　四
部備要

007739054　1093　7126B
鶡冠子三卷
陸佃撰　上海　商務印書館　1929 年
（m.）

007739055　1093　7126c
鶡冠子集解
陸佃撰　上海　廣益書局　1936 年

007739047　1093　7126D
鶡冠子
陸佃撰　上海　商務印書館　1925 年
4 版　（m.）

007738643　1095　7922
楊朱
陳此生著　上海　商務印書館　1928 年
　初版　國學小叢書　（m.）

011738185　B128.Y33　C446　1930
楊朱
陳此生著　上海　商務印書館　1930 年
　初版　（m.）

007726997　1111　0204c
莊子集釋十卷
郭慶藩輯　上海　掃葉山房　1923 年

007727120　1111　0223
莊子
上海　育文書局　1917 年

007726877　1111　1120.6
莊子集解
（清）王先謙註釋　上海　商務印書館
　1933 年　國難後 1 版　國學基本叢書
　（m.）

007726945　1111　1124
莊子校釋
王叔岷著　上海　商務印書館　1947 年

007727145　1111　1332
莊子
郭象撰　上海　商務印書館　1926 年
　9 版　（m.）

007727154　1111　1412
莊子札記三卷
武延緒撰　香港　永年武氏家刊本
　1932 年

007726880　1111　2946
莊子內篇證補
朱桂曜著　上海　商務印書館　1934 年
　初版　國學小叢書　（m.）

007726878　1111　3173
莊子
沈德鴻[茅盾]選註　上海　商務印書館
　1926 年　初版　學生國學叢書　（m.）

003670156　1111　3838
莊子天下篇講疏
顧實著　上海　商務印書館　1928 年
　初版　（m.）

007726879　1111　42
莊子詮詁
胡遠浚著　上海　商務印書館　1931 年
　初版　國立中央大學叢書　（m.）

007727204　1111　4204
箋註莊子南華經六卷
胡文英評釋　武啟圖訂　上海　掃葉山
　房　1930 年

007726876　1111　4425
莊子校釋
支偉成編並標點　上海　泰東圖書局
　1924 年　初版　諸子研究　（m.）

007727208　1111　4439
莊子淺訓
蔣兆燮學　1919 年　（m.）

007726872　1111　4486
莊子哲學
蔣錫昌著　上海　商務印書館　1937 年
　初版　（m.）

007727214　1111　4819
莊子新疏
黃元炳撰　上海　醫學書局　1933 年

007726921　1111　4922
莊子淺說
林紓編纂　上海　商務印書館　1925 年
　再版

011982014　BL1900.C576　Y3　1936
南華直旨
楊文煊著　北平　楊文煊　1936年　初版　(m.)

011912102　BL1940.C48　S5　1930
莊子新探
施章著　南京　國立中央大學出版部　1930年　初版　(m.)

007853995　1111　4960
莊子研究
葉國慶著　上海　商務印書館　192?年　國學小叢書　(m.)

007726871　1111　5241
莊子學案
郎擎霄著　上海　商務印書館　1934年　初版　(m.)

007727229　1111　6657
呂觀文進莊子義十卷
陳任中撰　香港　1934年

007726999　1111　7144
莊子雪三卷
陸樹芝輯註　陳蘭亭鑒定　上海　千頃堂　1915年

007727236　1111　7182
莊子集註稿本
阮毓崧撰　上海　中華書局　1930年

007726827　1111　7205
莊子補正十卷
郭象註　(唐)成玄英疏　劉文典著　上海　商務印書館　1947年

007836561　MLC–C
莊子正
石永楙撰　天津　石永楙　1945年　求際齋叢著

007728446　1111　7259
莊子釋滯
劉咸炘撰　香港　1932年

007728261　1111　7282
莊子義證三十三卷
馬敘倫著　上海　商務印書館　1930年

009229513　1111　7946a
南華真經正義不分卷　南華真經識餘三種
陳壽昌輯　北京　來熏閣　1936年

007728765　1111　8544
讀莊子天下篇疏記
錢基博著　上海　商務印書館　1933年　初版　國學小叢書　(m.)

007726867　Z3101.Y446x　Suppl. vol. 20
莊子引得
哈佛燕京學社引得編纂處編　北平　燕京大學哈佛燕京學社引得編纂處　1947年　初版　引得　(m.)

007728665　1118　1504
尹文子一卷
尹文撰　錢熙祚校　上海　中華書局　1927—36年

007728910　1118　2573
尹文子
(周)尹文著　上海　涵芬樓　1929年　四部叢刊

007728771　1118　2573.11
尹文子校正
王愷鑾校正　上海　商務印書館　1935年　初版　國學小叢書　(m.)

007728770　1118　8513
尹文子
錢熙祚校　上海　商務印書館　1937年　初版　國學基本叢書　(m.)

007728773　1119　4930
慎子集説
蔡汝堃編著　長沙　商務印書館　1940年　初版　（m.）

007729029　1119　8573
慎子二卷
（周）慎到著　上海　中華書局　1930年

007728772　1119　9849.11
慎子校正
王斯睿著　上海　商務印書館　1935年　初版　（m.）

007728768　1120　0417
荀子讀本
譚正璧編　上海　中華書局　1949年　初版　學生國學讀本　（m.）

007729048　1120　1332
荀子一卷
張之純評註選　上海　商務印書館　1927年　8版　評註諸子菁華錄　（m.）

007729062　1120　2385
荀卿學案
熊公哲撰　上海　商務印書館　1922年　國學小叢書　（m.）

007728767　1120　3934
荀子柬釋
梁啟雄著　上海　商務印書館　1936年　初版　（m.）

007728663　1120　4229c
荀子二十卷
荀子撰　楊倞註　上海　中華書局　1927—36年

007728909　1120　4229D
荀子
上海　涵芬樓　1929年　四部叢刊

007854197　1120　4229f
荀子二十卷
楊倞註　上海　掃葉山房　1928年

007728720　1120　4243
荀子學説研究
楊大膺著　上海　中華書局　1936年　（m.）

011896186　B128.H7　157　1938
荀子哲學綱要
劉子靜著　長沙　商務印書館　1938年　國學小叢書　（m.）

007729101　1120　4433
荀註訂補補
蔣禮鴻撰　1938年

007729104　1120　4910
[白話譯解]荀子
葉昀校勘　上海　廣益書局　1947年　（m.）

007728769　1120　7221
荀子研究
陶師承著　上海　大東書局　1926年　初版　（m.）

007728766　1120　8153
荀註訂補
鍾泰著　上海　商務印書館　1936年　初版　國學小叢書　（m.）

007728764　1120.2　4928
荀子
葉紹鈞[聖陶]選註　上海　商務印書館　1925年　初版　學生國學叢書　（m.）

007731291　1120.71　7911
荀子哲學
陳登元編　上海　商務印書館　1928年　初版　國學小叢書　(m.)

007731292　1120.74　8934
荀子教育學說
余家菊著　上海　中華書局　1935年　初版　(m.)

007731327　1124　1117
公孫龍子懸解
王管著　上海　中華書局　1928年　再版

007731295　1124　1397
公孫龍子斠釋
張懷民著　上海　中華國學會　1937年　初版　(m.)

011938003　B128.K88　C5　1931
公孫龍子釋
金受申著　上海　商務印書館　1931年　再版　國學小叢書　(m.)

007731592　1124　6021
公孫龍子
公孫龍撰　謝希深註　上海　中華書局　1933年

007739061　1097　7724B
尸子
汪繼培輯　上海　商務印書館　1921年　5版

007731597　1124　6021
尸子二卷
尸佼撰　孫星衍校集　上海　中華書局　1933年

009284609　1124　7931
公孫龍子註一卷　附錄三卷
陳澧撰　番禺　汪氏微尚齋　1925年

007731294　1124　7941
公孫龍子集解
陳柱著　上海　商務印書館　1937年　初版　(m.)

007731131　1126　0202B
呂氏春秋二十六卷　附考舊跋
呂不韋撰　高誘註　畢沅校　上海　中華書局　1927—36年　(m.)

007731425　1126　0423
呂氏春秋集釋二十六卷
許維遹著　北京　清華大學出版部　1935年　國立清華大學整理古籍叢刊

007731141　1126　1122
呂氏春秋校補
呂不韋輯　王叔岷著　臺北　中央研究院　1948年　中央研究院歷史語言研究所專刊

007731630　1126　1332
呂氏春秋
呂不韋著　張之純選　上海　商務印書館　1927年　6版　(m.)

007731303　1126　4133
呂氏春秋
莊適選註　上海　商務印書館　1933年　初版　新中學文庫　(m.)

007731301　1126　4422
呂氏春秋彙校
蔣維喬彙校　上海　中華書局　1937年　初版　光華大學叢書　(m.)

007272005　Z3101.Y446x　vol.22
刊誤引得
侯毅編　哈佛燕京學社引得編纂處校訂

北平　哈佛燕京學社　1934 年　引得

007439616　1126　5337　Z3101.C4795　1943x　vol.2
呂氏春秋通檢
中法漢學研究所編輯　北京　來熏閣書店代售　1943 年　（m.）

007731300　1126　6614
呂氏春秋集解
王心湛校　上海　廣益書局　1936 年初版　（m.）

007731421　1126　7282
讀呂氏春秋記
馬敘倫撰　上海　商務印書館　1931 年　國難後第 1 版

007724549　1130　3950
孔叢子七卷
（漢）孔鮒著　上海　商務印書館　1929 年　（m.）

007724491　1130　3950b
孔叢子七卷　釋文
孔鮒撰　上海　中華書局　1927—36 年

007724280　1130　3950D
孔叢子
（秦）孔鮒著　（宋）宋咸註　上海　商務印書館　1937 年　初版　國學基本叢書　（m.）

007724555　1131　4427
新語二卷
（漢）陸賈著　上海　商務印書館　1929 年　（m.）

007724170　1131　8436
新語卷上　下
陸賈撰　上海　中華書局　1927—36 年

007724574　1135　1332
賈子新書
賈誼撰　上海　商務印書館　1924 年 5 版

007724171　1135　2101
新書十卷
賈誼撰　盧文弨校　上海　中華書局　1927—36 年

007724582　1135　7146
新書十卷
（漢）賈誼著　上海　商務印書館　1929 年

007724174　1140　0202b
淮南子二十一卷
淮南子撰　高誘註　上海　中華書局　1927—36 年

007724327　1140　1332
淮南子
沈德鴻選註　上海　商務印書館　1924 年　學生國學叢書　（m.）

007724594　1140　2312
淮南舊註校理三卷　校理之餘一卷
吳承仕撰　南京　文楷齋　1924 年

007724605　1140　2332
淮南子二十一卷
吳汝綸圈點　池書社　1921 年

007724282　1140　3173
淮南子
沈雁冰[茅盾]選註　上海　商務印書館　1926 年　初版　學生國學叢書　（m.）

007724471　1140　3173b
淮南子
沈德鴻選註　長沙　商務印書館　1939年　万有文庫簡編　（m.）

007440683　1140　5337　Z3101.C4795　1943x　vol.5
淮南子通檢
中法漢學研究所編輯　北平　來熏閣書店代售　1944年　（m.）

011895875　BL1900.H85　T8　1921
讀淮南子
盧錫榮等著　昆明　雲南東陸大學　1921年　初版　東陸大學叢書　（m.）

007724643　1140　7205
淮南鴻烈集解二十一卷
劉安撰　上海　商務印書館　1926年　3版　（m.）

007724650　1140　7230
淮南集證二十一卷
劉安撰　上海　中華書局　1924年

007724160　1145　0141
說苑二十卷
劉向撰　上海　中華書局　1927—36年

007724258　1145　0141.3B　Z3101.Y446x　vol.1
說苑引得
哈佛燕京大學圖書館引得編纂處編　北平　哈佛燕京大學圖書館引得編纂處　1931年　引得　（m.）

007724666　1145　0141b
說苑二十卷
（漢）劉向著　香港　湖北官書局　1912年

007724293　1145　0202
新序校註
劉向撰　張國銓校註　成都　茹古書局　1944年　茹古齋叢書

007440674　1145　5337　Z3101.C4795　1943x　vol.7
新序通檢
中法漢學研究所編輯　北平　來熏閣書店代售　1946年　（m.）

005631822　1145　7222.2
劉向新序十卷
劉向撰　上海　商務印書館　1929年　四部叢刊初編

007724338　1150　3193
法言義疏二十卷
揚雄原撰　汪榮寶疏　濟南　1933年

007724286　1150　4425
揚子法言
支偉成編　上海　泰東圖書局　1923年　初版　諸子研究　（m.）

007725473　1150　4451B
揚子法言十三卷
揚雄撰　李軌註　上海　中華書局　1927—36年

007725710　1150　4451e
揚子法言
揚雄撰　上海　涵芬樓　1929年　四部叢刊　（m.）

007287257　1150　4451g
揚子法言集解
王心湛校勘　上海　廣益書局　1936年　（m.）

007725475　1150　6021
太玄經說玄集註太玄十卷
揚雄撰　司馬光註　上海　中華書局　1927—36年

007725577　Z3101.Y446x　vol.2
白虎通引得
哈佛燕京大學圖書館引得編纂處　洪業等編　北平　哈佛燕京大學圖書館引得編纂處　1931年　引得　(m.)

007725792　1156　1166B
白虎通德論十卷
班固撰　上海　商務印書館　1929年

007725450　1160　0244
論衡
高蘇垣集註　上海　商務印書館　1947年　再版　(m.)

007725449　1160　1982
論衡舉正四卷
孫人和撰　孫氏　1924年

007725482　1160　2199
論衡三十卷
王充著　程榮校　上海　中華書局　1927—36年

007725606　1160　2199C
論衡
(漢)王充著　上海　商務印書館　1934年　初版　國學基本叢書　(m.)

007725607　1160　2981
王充論衡
(漢)王充著　朱鑒標點　上海　大達圖書供應社　1935年　初版　(m.)

011885827　B128.W25　H7　1917
王充哲學
謝無量著　上海　中華書局　1917年　初版　學生叢書　(m.)

007725604　1160　4865
論衡校釋
黃暉校釋　長沙　商務印書館　1938年　初版　(m.)

007725544　FC8314　Film　Mas　C5140
論衡通檢
中法漢學研究所編　北京　中法漢學研究所　1943年　中法漢學研究所　通檢叢刊　(m.)

007443047　1160　5337　Z3101.C4795　1943x　vol.1
論衡通檢
中法漢學研究所編輯　北京　來熏閣書店代售　1943年　(m.)

007854179　1160　5423
論衡
王充撰　上海　掃葉山房　1923年　(m.)

009277916　1162　1117a
安樂銘不分卷　附錄
王正朋編　上海　千頃堂書局　1922年

007725480　1162　2332
申鑒五卷
荀悅撰　上海　中華書局　1927—36年

007440684　1162　5337　Z3101.C4795　1943x　vol.8
申鑒通檢
中法漢學研究所編輯　北平　來熏閣書店代售　1947年　(m.)

007725472　1164　3124
潛夫論十卷
王符撰　汪繼培箋　上海　中華書局　1927—36年

007725605　1164　3124B
潛夫論
(漢)王符著　(清)汪繼培箋註　長沙　商務印書館　1939年　初版　國學基

本叢書　(m.)

007440675　1164　5337　Z3101.C4795　1943x　vol.6
潛夫論通檢
中法漢學研究所編輯　濟南　來薰閣書店代售　1945年　(m.)

007725886　1166　4463
中論二卷
(漢)徐幹著　上海　商務印書館　1929年　(m.)

007725896　1182　7212
人物志三卷
(魏)劉劭著　上海　商務印書館　1929年

007725476　1187　1962
抱朴子內篇二十卷　外篇五十卷　附篇一卷
葛洪撰　上海　中華書局　1927—36年

007736165　1187　1962B
抱朴子內外篇
(晉)葛洪著　上海　商務印書館　1937年　初版　國學基本叢書　(m.)

007736407　1187　1962C
抱朴子內篇二十卷　外篇五十卷　附篇
(晉)葛洪著　上海　掃葉山房　1924年

007961590　FC6042　FC-M4731
文中子考信錄
汪吟龍著　上海　商務印書館　1934年　國學小叢書　(m.)

007725955　1187　1982
抱朴子校補一卷
孫人和撰　美國　哈佛大學漢和圖書館　1948年

007726886　1189　4859
新論
(梁)劉勰著　黃素標點　上海　泰東圖書局　1926年　初版　(m.)

007725479　1189　4859b
桓子新論
桓譚撰　孫馮翼輯　上海　中華書局　1927—36年

007727097　1190　7133b
中說十卷
王通撰　上海　商務印書館　1929年

007726724　1190　7133c
中說十卷
王通撰　阮逸註　上海　中華書局　1927—36年

007727105　1193　0186
洞靈真經一名亢倉子五卷
何粲撰　上海　涵芬樓　1936年

007272008　Z3101.Y446x　vol.14
蘇氏演義引得
侯毅編　哈佛燕京學社引得編纂處校訂　北平　哈佛燕京學社引得編纂處　1933年　引得　(m.)

007727115　1202　1322
周濂溪先生全集十三卷
(清)張伯行編輯　上海　商務印書館　1937年　再版　國學基本叢書

007726793　1202　4146
周子全書
周敦頤撰　上海　上海商務印書館　1937年　初版　國學基本叢書　(m.)

007726723　1202　7153
周子通書

周敦頤撰　上海　中華書局　1927—36年

007726932　1205　60
皇極經世書九卷
邵雍著　上海　中華書局　1934年　聚珍倣宋版　四部備要

007727039　1207　6021
張子全書十五卷
張載撰　朱熹註　上海　中華書局　1933年　四部備要

011468085　1207　6745
張子全書
張載撰　朱熹註　上海　商務印書館　1935年　初版　(m.)

007726896　1207　6745b
張子全書
(宋)張載著　(宋)朱熹註　上海　商務印書館　1935年　初版　國學基本叢書　(m.)

007727040　1208　1108
張子語錄三卷　後錄二卷
張載撰　上海　商務印書館　1934年　3版

007726892　1209　2543
河南程氏遺書
(宋)朱熹編　上海　商務印書館　1935年　初版　國學基本叢書　(m.)

007727146　1209　2943
二程語錄十八卷
(清)張伯行訂　上海　商務印書館　1937年　國學基本叢書　(m.)

007726893　1209　8735
二程研究
管道中著　上海　中華書局　1937年　初版　(m.)

007727155　1219　2222
龜山語錄四卷　後錄二卷
香港　1934年

007727162　1237　0416
朱子學派
謝無量著　上海　中華書局　1927年　7版　(m.)

007726897　1237　1322
續近思錄
(宋)朱熹著　(清)張伯行集解　上海　商務印書館　1937年　初版　國學基本叢書　(m.)

007727035　1237　2302b
朱子語類八卷
張伯行輯訂　長沙　商務印書館　1939年　万有文庫簡編　(m.)

007276841　Z3101.Y446x　vol.3
考古質疑引得
哈佛燕京大學圖書館引得編纂處　北平　哈佛燕京大學圖書館引得編纂處　1931年　引得

007727014　1294　0858.1
讀書錄錄
薛瑄撰　丁福保擇錄　濟南　醫學書局　1916年　進德叢書

007728327　1307　0416
陽明學派
謝無量著　上海　中華書局　1926年　8版　(m.)

007727967　1307　1127
王陽明之生平及其學説

王禹卿編著　上海　正中書局　1946 年
滬 4 版　（m.）

007733361　1307　1237
王學淵源錄二卷
邵啟賢輯　餘姚　1920 年

007728106　1307　1821
陽明學
賈豐臻著　上海　商務印書館　1930 年
初版　國學小叢書　（m.）

007728350　1307　2133
陽明哲學講話
伍平一［澄宇］講著　廣州　蘇北印務局
1942 年

007728775　1307　392
王守仁與明理學
宋佩韋［雲彬］著　上海　商務印書館
1931 年　初版　國學小叢書　（m.）

007728852　1307　4248
王陽明
胡越編著　上海　中華書局　1925 年
（m.）

007728658　1307　4928
傳習錄
王陽明撰　葉紹鈞點註　上海　商務印
書館　1927 年　學生國學叢書　（m.）

007728776　1307　7239
王陽明及其思想
馬宗榮著　貴陽　文通書局　1942 年
初版　大教育家文庫　（m.）

011808408　B128.W36　W364　1948
陽明至良知學
（明）王守仁［陽明］著　江謙輯　上海
靈峰正眼印經會　1948 年　初版　陽復
齋叢刊

011824965　B128.W364　W36　1930
王陽明生活
王勉三編　上海　世界書局　1933 年
（m.）

007728777　1307　7925
王陽明學說及其事功
陳健夫著　上海　大東書局　1946 年
初版　（m.）

007728774　1307　8522
王守仁
錢穆著　上海　商務印書館　1933 年
初版　新中學文庫　（m.）

007729020　1307　8929　FC6096　FC－M4770
陽明先生傳纂七卷
余重耀輯　上海　中華書局　1924 年
再版　國學叢書　（m.）

009242559　1316　4241
胡子衡齊八卷
胡直撰　上海　上海古書流通處　1911—
?? 年

007729032　1319　4444
見羅李先生正學堂稿四十卷
李材撰　江西　豐城李氏　1912 年

007728893　1319　7136
大學衍義補一百六十卷
丘濬撰　瓊州　海口海南書局　1931 年

009817636　DS753.6.L47　W825　1949
儒教叛徒李卓吾
吳澤著　上海　華夏書店　1949 年　歷
史人物再批判　（m.）

007728778　1323　6645.6b
呻吟語
（明）呂坤著　（清）陳宏謀評　湯壽銘校　上海　會文堂書局　1924年（m.）

007729056　1323　6645.6c
呻吟語四卷
（明）呂坤著　上海　廣益書局　1935年　再版　（m.）

007731567　1330　0403
程山先生目錄三卷
謝文洊撰　香港　南林劉氏　1922年

007731299　1333　0464
黃黎洲學譜
謝國楨編　上海　商務印書館　1932年　初版

007095457　1333　4864
南雷學案
黃嗣艾編著　南京　正中書局　1936年　初版　（m.）

007731561　1334.6　2269
亭林學術述評
何貽焜著　重慶　正中書局　1944年　國學叢書　（m.）

007731575　1335　1153
俟解
王夫之著　上海　泰東　1927年　再版（m.）

009088017　1336　4468
悔過自新說一卷
李顒著　長沙　長沙佛教正信會　1920年

007731296　1340　4501
顏氏學記
（清）戴望著　上海　商務印書館　1930年　初版　（m.）

007731297　1340　4501B
顏氏學記
（清）戴望著　上海　商務印書館　1933年　初版　國學基本叢書　（m.）

002988516　1340　7917
顏習齋哲學思想述
陳登原著　南京　金陵大學中國文化研究所　1934年　金陵大學中國文化研究所叢刊　（m.）

007731359　1341　8144
顏元與李塨
金絮如編纂　上海　商務印書館　1935年　初版　（m.）

007731302　1342　930
濂洛關閩書
（清）張伯行集解　長沙　商務印書館　1941年　國學基本叢書　（m.）

007731150　1343　4233
戴東原的哲學
胡適著　上海　商務印書館　1927年（m.）

007731650　1345　2116
論學小記三卷　論學外篇二卷
程瑤田撰　上海　中國書店　1930年

007731717　1350　0144
曾文正公學案
龍夢蓀編　上海　商務印書館　1925年（m.）

007731311　1350　4218
人生基礎哲學
柯橫著　上海　商務印書館　1946年

上海增訂 1 版 （m.）

007731135　1350　7931B
東塾讀書記二十一卷
陳澧撰　上海　中華書局　1927—36 年

007731179　1350　7931C
東塾讀書記
陳澧著　上海　商務印書館　1930 年初版　（m.）

007733150　1350　7931D
東塾讀書記二十五卷
陳澧撰　上海　商務印書館　1936 年　國學基本叢書　（m.）

007733093　1350　7931E
東塾讀書記
陳澧著　上海　世界書局　1936 年　（m.）

007733219　1370　1920
新學商兌附錄一卷
孫德謙撰　廣州　1935 年

007732789　1370　2283.6
顯道
繆篆著　廈門　廈門大學　1931 年

007733278　1370　2630
止園寓言四卷
尹昌衡撰　成都　昌福公司　1923 年

007732951　1375.3　01
新理學
馮友蘭著　長沙　商務印書館　1939 年初版　（m.）

007733292　1375.3　01B
新理學
馮友蘭著　重慶　商務印書館　1943 年

4 版　（m.）

007732952　1375.3　04
新世訓一名生活方法新論
馮友蘭著　上海　開明書店　1940 年初版　（m.）

007736168　1375.3　05
新事論又名中國自由之路
馮友蘭著　上海　商務印書館　1940 年初版

009271623　1375.3　07
新原人
馮友蘭著　重慶　商務印書館　1944 年再版　（m.）

007732753　1375.3　073A
新原道一名中國哲學之精神
馮友蘭著　上海　商務印書館　1945 年　（m.）

007732909　1375.3　07A
新原人
馮友蘭著　重慶　商務印書館　1943 年　（m.）

007732878　1375.3　080
新知言
馮友蘭著　上海　商務印書館　1946 年　（m.）

007732955　1375.6　08A
新人生觀
羅家倫著　重慶　商務印書館　1942 年初版　（m.）

008454750　MLC – C
太學題詁追記附論世界大動亂之真正原因
王天雷著　1949 年

007733354　1380　0610.2
人生之體驗
唐君毅著　重慶　中華書局　1945 年（m.）

007733018　1380　1113
詮性
王震撰　無錫　國學專修學校　1947 年

007733390　1380　1354
知識與文化
張東蓀著　上海　商務印書館　1947 年 3 版（m.）

007732954　1380　1354.1
張東蓀哲學批判對觀念論、二元論、折衷論之檢討
葉青［任卓宣］著　上海　辛墾書店　1934 年　初版　二十世紀批判叢書乙編

007095458　1380　1354.2
多元認識論重述
張東蓀著　上海　商務印書館　1936 年（m.）

007734267　1380　2903
革命哲學
朱謙之著　上海　泰東圖書局　1921 年　初版　創造社叢書（m.）

007734283　1380　3143
新人生觀講話
沈志遠著　長春　新中國書局　1949 年（m.）

007734282　1380　3143b
新人生觀講話
沈志遠著　上海　生活書店　1946 年　初版（m.）

007734286　1380　4909
生活的藝術
林語堂著　黃嘉德譯　上海　西風社　1941 年　初版（m.）

007734541　1380　4909（1943）
生活的藝術
林語堂著　黃嘉德譯　桂林　桂林西風社　1943 年

007734284　1380　7923
新人生觀的創造國民精神總動員應用的認識
陳伯達著　上海　辰光書店　1940 年 3 版（m.）

004950795　TK　1422　3439
曲阜聖廟慰安事實記
鹿洞書院編　徐相春、安淳煥校閱　朴淵祚、安承龜編　始興郡　鹿洞書院　1931 年

日本哲學

009146525　1443.52　6793
陽明與禪
里見常次郎著　汪兆銘［精衛］譯　陽明與禪書後　褚民誼纂輯　南京　中日文化協會出版組　1942 年　初版（m.）

007734279　1461　1622.2
善之研究
（日）西田幾多郎著　魏肇基譯　上海　開明書店　1929 年　初版（m.）

印度哲學

011887711　B131.H833　1936
印度哲學史綱

黃懺華撰　中山文化教育館編輯　上海　商務印書館　1936 年　初版　中山文庫

007734278　1478　3277
印度哲學史略
湯用彤著　重慶　獨立出版社　1945 年　初版　(m.)

011892528　B131.T3123　1935
印度哲學宗教史
(日)高柟順次郎、木村泰賢著　高觀廬譯　上海　商務印書館　1935 年　初版　漢譯世界名著　(m.)

007734328　1479　3933
印度哲學概論
梁漱溟著　上海　商務印書館　1922 年　北京大學叢書　(m.)

西洋哲學

007734281　1501　6159
哲學問題
(英)羅素[B. Russell]著　章廷謙記　北京　北京大學新知書社　1921 年　初版　(m.)

011896182　B74.R6213　1933
西洋哲學史
(美)洛挈斯[A. Rogeres]著　詹文滸譯　上海　新中國書局　1933 年　初版　(m.)

011907980　B99.C52　X525　1923
西洋哲學史
黃懺華編　上海　商務印書館　1923 年　初版　(m.)

011892158　B74.A56　1937
西洋哲學史
(日)秋澤修二著　熊得山、金聲譯　上海　生活書店　1937 年　初版　(m.)

011890659　B74.C4　1963
哲學思想之史的考查
上海　讀者書房　1936 年　初版　叢書月刊

011920386　B890.8.C445　1939
辯證法唯物論問答
張懷奇著　上海　三戶書店　1939 年

007734280　1502　4172
哲學的改造
(美)杜威[J. Dewey]著　胡適、唐擘黃[唐鉞]譯　中華教育文化基金董事會編譯委員會編輯　上海　商務印書館　1934 年　初版　(m.)

011890669　B945.D43　R413　1933
哲學之改造
(美)杜威[J. Dewey]著　許崇清譯　上海　商務印書館　1933 年　初版　漢譯世界名著　(m.)

007734276　1502　4242
古今大哲學家之生活與思想
(美)杜蘭[W. J. Durant]著　楊蔭鴻、楊蔭渭譯　上海　商務印書館　1930 年　初版　(m.)

007734273　1502　5041
西洋哲學史
威柏爾[Alfred Weber]著　(美)柏雷[R. B. Perry]增補　詹文滸譯　上海　世界書局　1934 年　(m.)

007734272　1502　6144
西洋哲學史
（美）顧西曼［H. E. Cushman］著　瞿世英［菊農］譯　上海　商務印書館　1922年　初版　（m.）

007734274　1504　4244
批評的希臘哲學史
（美）斯塔斯［W. Stace］著　慶澤彭譯　上海　商務印書館　1931年　初版　（m.）

011883631　B175.C6　L5　1931
希臘三大哲學家
李石岑著　上海　商務印書館　1931年　初版　（m.）

011937016　B175.C6　L5　1940
希臘哲學史
李仲融著　上海　開明書店　1940年　初版　（m.）

011801884　B175.C6　H45x　1926
希臘哲學史
何子恒著　上海　光華書局　1926年　初版　（m.）

011911684　B111.D4x　1920
哲學史
杜威［J. Dewey］演講　劉伯明譯　上海　泰東圖書局　1920年　初版　（m.）

011919632　B175.C6.C4　1925
哲學之故鄉
陳築山著　上海　中華書局　1925年　初版　（m.）

011913743　B395.Y36　1934
柏拉圖
嚴群著　上海　世界書局　1934年　初版　（m.）

007734277　1507　1328
柏拉圖對話集六種
（希臘）柏拉圖［Plato］著　（英）昭衛特［B. Jowett］譯　張師竹重譯　張東蓀改譯　上海　商務印書館　1933年　初版　尚志學會叢書　（m.）

011911970　B573.S3513　1936
厄比鳩底樂生哲學
（德）施密特［H. Schmidt］著　鄭君哲譯　上海　商務印書館　1936年　初版　（m.）

011811221　B317.H836　1931
蘇格拉底
黃方剛著　上海　商務印書館　1931年　初版　（m.）

011889036　B835.K3　1928
現實主義哲學的研究
（日）金子築水［馬治］著　蔣徑三譯　上海　商務印書館　1928年　初版　（m.）

011896856　B59.S8　1915
新編泰西學案
孫鑫源編　上海　進步書局　1915年

007735800　1519　6611
歐洲近代文藝思潮
呂天石著　上海　商務印書館　1935年　新時代史地叢書　（m.）

011916862　B798.S4　1934
笛卡兒、斯賓挪莎、萊伯尼茲
施友忠著　上海　世界書局　1934年　初版

007735803　1520　0330
近代思想

新潮社原著　過耀根編譯　上海　商務印書館　1922 年　尚志學會叢書（m.）

011810158　B798.C6　L585　1921
近代西洋哲學史大綱
劉伯明［經庶］述　繆鳳林記　上海　中華書局　1921 年　初版　新文化叢書（m.）

011938062　B798.C6　R6　1945
近代哲學的精神
（美）魯一士［J. Royce］著　樊星南譯　重慶　商務印書館　1945 年　初版（m.）

011887002　BD41.S5x　1936
近代哲學批判
沈志遠著　上海　讀書生活出版社　1936 年　初版（m.）

011886486　B798.C6　C4x　1935
近世西洋哲學史綱要
張東蓀、姚璋編　上海　中華書局　1935 年　初版　中華百科叢書（m.）

007735815　1520　1227
近代名人與近代思想
上海　商務印書館　1928 年（m.）

011910869　B803.Q33　1928
現代哲學
瞿世英著　北平　文化學社　1928 年　初版（m.）

007735757　1520　1354
現代哲學
張東蓀著　上海　世界書局　1934 年　初版（m.）

011920214　B798.C5　G36　1936
現代哲學
高名凱編著　南京　正中書局　1936 年　初版　哲學叢刊（m.）

011901463　B798.C6　H8　1923
現代哲學概觀師範學校用
黃懺華編　上海　商務印書館　1923 年　初版（m.）

007735622　1520　2223
現代哲學引論
（英）嬌德［C. Joad］著　張嵩年譯　上海　商務印書館　1926 年　初版　尚志學會叢書（m.）

007735620　1520　3143
近代辯證法史
沈志遠著　上海　耕耘出版社　1946 年　初版（m.）

011803114　B809.8.K6312　1949
唯心史觀與唯物史觀
康士坦丁諾夫作　譜萱譯　上海　中華書局　1949 年　再版　新時代小叢書

007735623　1520　4412
現代哲學小引
李石岑著　上海　商務印書館　1931 年　初版（m.）

007735863　1520　6144
倭伊鑒哲學
Meyrick Booth 著　瞿世英譯　上海　商務印書館　192? 年　尚志學會叢書

007735621　1520　6145
現代哲學思潮綱要
瞿菊農編　上海　中華書局　1934 年　初版　中華百科叢書（m.）

007735624　1520　7910
現代哲學思潮
陳正謨著　上海　商務印書館　1934年　初版　新時代史地叢書　（m.）

011886499　B5231.C4x　1920
現代思潮批評
朱謙之著　北平　新中國雜誌社　1920年　（m.）

007735625　1524　6500.4
羅素及勃拉克講演集
（英）羅素［B. Russell］、（美）勃拉克［Black］講　北京　唯一日報社　1921年　初版　北京唯一日報社叢書　（m.）

011919805　B2430.B43　C313　1924
伯格森之變易哲學
（英）卡爾［H. W. Carr］著　張聞天譯　上海　民智書局　1924年

007735626　1526　4644
創化論
（法）柏格森［H. Bergson］著　張東蓀譯　上海　商務印書館　1919年　初版　尚志學會叢書　（m.）

011811694　B2249.H5　Z487　1941
孔德的歷史哲學
朱謙之著　長沙　商務印書館　1941年　初版　（m.）

007735945　1528　2481
人生之意義與價值
倭鏗原著　余家菊譯　上海　中華書局　1935年　（m.）

007735583　1528　5176.7
德意志意識形態
馬克思、恩格斯合著　郭沫若譯　香港　群益出版社　1949年　（m.）

007736166　1528　7129.4
超人哲學淺說
李石岑著　上海　商務印書館　1931年　初版　（m.）

011561094　QH331　D712　1923
實生論大旨
（德）杜里舒［H. Driesch］著　江紹原譯　上海　亞東圖書館　1923年　初版　（m.）

007736167　1528　7914
悲觀論集
（德）叔本華［Arthur Schopenhauer］著　蕭贛譯　上海　商務印書館　1934年　初版　漢譯世界名著　（m.）

哲學問題與系統

011918492　BD31.C712　1933
哲學大綱
坎寧亨［G. W. Cunningham］著　慶澤彭譯　上海　世界書局　1933年　初版　（m.）

007727125　1551　2223
心與物
（英）喬特著　張嘉森［君勱］譯　上海　商務印書館　1925年　尚志學會叢書　（m.）

011823635　B105.L45　G55x　1931
自由哲學
（比）齊爾［P. Gille］著　胡鑒民譯　上海　商務印書館　1931年　初版　（m.）

007726858　1551　4805
近代唯心論簡釋

賀麟著　重慶　獨立出版社　1942 年
　初版　（m.）

007727130　1553　2334
辯證的唯物論與烏里雅諾夫
德波林著　彭葦森著　北平　新光書店
　1933 年　（m.）

007726859　1553　4931
名理新論一名辯證法訂補
蘇淵雷著　重慶　獨立出版社　1942 年
　初版　（m.）

007726860　1553　4931B
名理新論辯證法訂補
蘇淵雷著　重慶北碚　黃中出版社
1944 年　訂正 1 版　缽水齋叢書
（m.）

007727163　1553　5002
歷史唯物論批評
M. Henri Sée 著　黎東方譯　重慶　正
中書局　1943 年　哲學名著譯叢
（m.）

011903830　B809.8.C4　1937
戰鬥唯物論講話
陳唯實著　上海　上海雜誌公司　1937
　年　初版　（m.）

011895541　B3263.W32 C5　1920
一元哲學
馬君武譯　上海　中華書局　1920 年
新文化叢書

007727182　1555　8124
精神哲學通論
全秉熏撰　上海　1920 年

007726857　1556　2903
無元哲學
朱謙之著　上海　泰東圖書局　1922 年
　初版　創造社叢書　（m.）

007726900　1560　4144
實用主義
（美）詹姆士 [W. James] 著　孟憲承譯
上海　商務印書館　1924 年　初版　尚
志學會叢書　（m.）

011896193　BF455.D513　1921
思維術
（美）杜威 [J. Dewey] 著　劉伯明 [劉經
庶]譯　上海　中華書局　1921 年　初
版　新文化叢書　（m.）

007726864　1562　4246
談真
彭基相著　上海　商務印書館　1936 年
　初版　（m.）

論理學

007727224　1570　1312
新論理學
張子和編　上海　商務印書館　1928 年
　（m.）

007726899　1570　1442
邏輯歸納法和演繹法
（美）鍾斯 [A. L. Jones] 著　潘梓年譯
上海　商務印書館　1927 年　初版　尚
志學會叢書　（m.）

011892530　BC117.C6　K8　1933
論理學十六講
郭湛波著　北平　中華印書局　1933 年
　初版　（m.）

007726901　1590　0448
邏輯指要

章士釗著　重慶　時代精神社　1943年初版　（m.）

007726898　1590　1109
論理學大全
王章煥編　上海　商務印書館　1930年初版　（m.）

007726861　1590　1127
因明入正理論模象亦名東西洋論理學之比較研究
王季同著　長沙　商務印書館　1940年初版

011809787　BC117.C6　W364　1933
論理學
王了一［王力］著　上海　商務印書館　1933年　初版　（m.）

011981382　BC78.C6　F3　1931
論理學
范壽康著　上海　開明書店　1931年初版　（m.）

007728331　1590　1151
論理學
王振瑄編　上海　商務印書館　1934年（m.）

007728337　1590　2242
穆勒名學
穆勒約翰撰　嚴復譯　上海　商務印書館　1923年　再版　（m.）

007728113　1590　2322
理則學
吳俊升、邊振方編著　重慶　正中書局　1943年　初版　青年基本知識叢書（m.）

007728341　1590　2363
中國名學
虞愚編著　上海　正中書局　1947年（m.）

011896192　B5231.L8　1930
不徹底之意義
盧信著　上海　商務印書館　1930年（m.）

011886986　B163.M4513　1934
認識論入門
羅鴻詔著　上海　商務印書館　1934年　初版　學藝叢書　（m.）

007728097　1590　2363.1
怎樣辨別真偽
虞愚著　上海　商務印書館　1947年滬初版　（m.）

007728344　1590　2437
名理探
亞利斯多德著　傅汛際釋義　李之藻達辭　廣州　光啟社　1931年　（m.）

007728116　1590　2437b
名理探
（葡）傅汛際［F. Furzado］譯義　（明）李之藻達辭　長沙　商務印書館　1941年初版　（m.）

007728112　1590　3184
現代邏輯
汪奠基著　上海　商務印書館　1937年初版　（m.）

007728109　1590　7223
實用理則學
劉仲容著　成都　拔提書店　1942年初版　（m.）

007854466　1590　7643
名學綱要
屠孝實著　上海　商務印書館　1926 年
　3 版　學藝叢書

007728115　1590　7940
實用理則學八講
陳大齊著　重慶　中國文化服務社
1943 年　初版　青年文庫　（m.）

011901745　BC78.C6　C4　1928
論理學 ABC
朱兆萃著　上海　世界書局　1928 年
　初版　ABC 叢書　（m.）

011892424　BC117.C6　H625　1932
論理學大綱
何兆清編著　南京　鍾山書局　1932 年
　初版　（m.）

011984494　BC78.C6　C4　1932
論理學綱要
張希之編著　北平　文化學社　1932 年
　初版　（m.）

011892523　BC78.C6　C4　1932
論理學綱要
朱章寶、馮品蘭編　上海　華通書局
1932 年　初版　（m.）

007728362　1590　8171.3
邏輯
金岳霖著　上海　商務印書館　1948 年
　3 版　（m.）

011908200　BC108.C8712　1925
邏輯概論
枯雷頓[J. E. Creighton]著　劉奇譯　上
海　商務印書館　1925 年　初版
（m.）

011800437　BC117.C6　J56　1947
名理新探
景幼南著　上海　正中書局　1947 年
　初版　（m.）

011910437　BF455.D513　1936
思維與教學
（美）杜威[J. Dewey]著　孟憲承、俞慶
棠譯　上海　商務印書館　1936 年　初
版　漢譯世界名著　（m.）

011563225　BC117.C6　W858　1926
新中學論理學概論
吳俊升編　上海　中華書局　1926 年
　初版　（m.）

007728096　1600　0233　FC7714　Film Mas 31744
辯證法研究
郭湛波著　北平　景山書社　1930 年
　初版　（m.）

007728383　1600　2317
辯證法唯物論與唯物史觀
吳理屏編譯　上海　心弦書社　1932 年

011906365　B809.8.15　1928
辯證法淺說
劉若詩著　上海　現代中國社　1928 年
　初版　現代中國叢書　（m.）

011891116　B809.8.Y3　1929
辯證法與資本制度
（日）山川均著　施伏量[施存統]譯
上海　新生命書局　1929 年　訂正初版
（m.）

007728098　1600　4225
科學的哲學
葛名中著　上海　生活書店　1948 年
　初版　（m.）

011891064　B809.8.C4　1936
通俗辯證法講話
陳唯實著　上海　新東方出版社　1936年　初版　（m.）

007799079　MLC－C
通俗辯證法講話
陳唯實著　香港　現代文化出版社　1937年　增訂5版

007728111　1600　7903
因明學
陳望道編著　上海　世界書局　1931年（m.）

形而上學

007728108　1619　4644
形而上學序論
（法）柏格森［H. Bergson］著　楊正宇譯　上海　商務印書館　1921年　初版　尚志學會叢書　（m.）

011823661　BD232.Z456x　1934
價值哲學
張東蓀著　上海　世界書局　1934年　初版　（m.）

007728763　1620　1354
認識論
張東蓀著　上海　世界書局　1934年　初版　（m.）

倫理學

007728997　1653　0423
歷史感應統紀四卷
許止淨纂　香港　釋印光　1930年

007728797　1653　1728
彷徨歧途西風信箱第一集
西風信箱編輯部編　黃嘉音主答　上海　西風社　1947年　4版　（m.）

007728790　1653　8512
中國之固有道德
錢王倬著　上海　廣益書局　1948年　初版　（m.）

007728789　1655　0222
人生哲學
謝佐禹著　廣州　中央陸軍軍官學校廣州分校政訓處　1938年　初版　（m.）

007728782　1655　3187
道德學
温公頤著　上海　商務印書館　1937年　初版　（m.）

007726903　1657　0433
倫理學問答
章渝清編著　上海　大東書局　1931年　考試必攜百科問答叢書　（m.）

007729019　1657　7988
倫書七卷　附宗教論
陳曾矩輯　申江［上海］　1917年

007728679　1658　1132
中國倫理學史
三浦藤作著　張宗元、林科棠合譯　上海　商務印書館　1926年

011909451　BJ1185.C5　C4　1933
人倫研究
周雍編著　上海　世界書局　1933年　初版　（m.）

011825689　BJ117.C567　1933
中國倫理觀及其學理的根據
陳築山譯　香港　中華平民教育促進會

1932 年　初版　（m.）

007728787　1658.1　0221
中國倫理政治大綱
方樂天著　上海　商務印書館　1947 年　初版　（m.）

007728786　1658.1　0657
中國倫理思想 ABC
謝扶雅著　上海　世界書局　1929 年　初版　ABC 叢書　（m.）

007728785　1658.1　0657.2
中國倫理思想述要
謝扶雅著　廣州　嶺南大學書局　1928 年　初版　（m.）

007728784　1658.1　4914　（1931）
中國倫理學史
蔡元培著　上海　商務印書館　1931 年　13 版　（m.）

007728780　1658.1　8934
中國倫理思想
余家菊編著　上海　商務印書館　1946 年　初版　（m.）

007728783　1659　1318
什麼是論理學
張翼人編　上海　經緯書局　民國間　經緯百科叢書

007728781　1659　1354.2
現代倫理學
張東蓀著　上海　新月書店　1932 年　初版　現代文化叢書　（m.）

007728831　1660　2035
德育叢書
上海　掃葉山房　1924 年

007854127　1660　2035　（1）
顏氏家訓二卷
顏之推撰　上海　掃葉山房　1924 年　德育叢書

007729076　1660　2035　（2）
聰訓齋語二卷　恒產瑣言一卷
張英著　上海　掃葉山房　1924 年　德育叢書

007729079　1660　2035　（3）
儒門法語一卷
彭定求原編　湯金釗輯要　廣原重訂　上海　掃葉山房　1924 年　德育叢書

007729080　1660　2035　（4）
弟子職集解
莊述祖輯　上海　掃葉山房　1924 年　德育叢書

007729081　1660　2035　（5）
女誡淺釋
班昭撰　勞紡釋　上海　掃葉山房　1924 年　德育叢書

007729083　1660　2035　（6－12）
教女遺規三卷　養正遺規二卷　補編一卷　訓俗遺規四卷　補編一卷　從政遺規二卷
陳宏謀編輯　上海　掃葉山房　1924 年　德育叢書

007729109　1664　2943
小學集註六卷
朱熹撰　上海　中華書局　1930 年　四部備要

007729110　1667　5039
荊園小語一卷
申涵光撰　香港　吳興劉氏　1921 年

007729111　1667　7912
聖學入門書一卷
陳瑚撰　香港　吳興劉氏　1922年

007729113　1668　1983
維摩室遺訓二卷
莊受祺撰　濟南　1913年

007729116　1668　3114
切近編一卷
沈廷芳纂　南京　國學圖書館　1929年

007731315　1668　7930.2
五種遺規輯要
（清）陳宏謀輯　朱蔭龍選輯　桂林　文化供應社　1942年　初版　（m.）

007731507　1668　7930B
五種遺規十五卷
（清）陳宏謀輯　上海　中華書局　1930年

007731577　1669　0284
杯渡齋文集
郭介梅編輯　上海　國光印書局印刷　1933年

007731307　1669　0610
道德自我之建立
唐君毅著　重慶　商務印書館　1944年　初版　（m.）

007731309　1669　1280
人生價值論
鄭公玄著　上海　中華書局　1947年　初版　中山文化教育館社會科學叢書　（m.）

007731306　1669　1354
道德哲學
張東蓀著　上海　中華書局　1931年　初版　（m.）

007731373　1669　1610
言行先河
了因數[黃厚光]選刊　香港　抱道堂　1930年

007731585　1669　1610.1
導善金針
黃厚光撰　香港　抱道堂　1930年

011901855　BJ1185.C5　H7　1932
倫理學
謝扶雅編著　上海　世界書局　1932年　初版　（m.）

011892384　B430.A8　H74　1939
倫理學
向達譯　上海　商務印書館　1939年　漢譯世界名著　（m.）

011903164　BJ28.C5　X54　1946
孝與中國文化
謝幼偉著　南京　青年軍出版社　1946年　初版　（m.）

007731588　1669　2322　FC9551　Film Mas 36007
循分新書二卷
吳佩孚著　達縣　蓬萊吳氏　1930年

007731414　1669　3192
倫理學體系中國道德之路
汪少倫著　上海　商務印書館　1946年　新中學文庫　（m.）

007731174　1669　4288
寰球名人德育寶鑒
楊鍾鈺著　上海　中華書局　1920年

007731308　1669　4815
比較倫理學
黃建中著　重慶　中國文化服務社　1945年　增訂初版　青年文庫　（m.）

007731424　1669　4828
三教探驪
黃秉鐸編　常州　日新書莊新群書社　1923年

007731609　1669　4858
道善
北京道德學社師長講　黃中美編　上海　大成書社　1922年　（m.）

007731617　1669　5922
倫常要編
秦仁山撰　香港　番禺石溪鄉秦思敬堂　1934年

007731305　1674　3627
新道德論
（日）浮田和民著　周宏業、羅普譯　上海　商務印書館　1919年　初版　尚志學會叢書　（m.）

007731637　1679　4232
倫理學的起原和發展
克魯泡特金著　巴金譯　重慶　文化出版社　1941年

011830713　BJ1668.C5　L8　1947
論待人接物
凱豐等著　香港　理想出版社　1947年　（m.）

007731668　1681　050
論批評與自我批評
天津　讀者書店　1949年　（m.）

007733214　1681　1147
新青年之自我教育
王慕陶編著　上海　正中書局　1946年　（m.）

007733215　1681　1148
自我創造
王世錚著　上海　長城書局　1937年　（m.）

009066329　1681　1162
首先編四十卷
王思貞輯　上海　掃葉山房　1931年　石印

007733228　1681　1232
少年進德錄
丁福保編　上海　醫學書局　1914年

007855454　1681　1232b
少年進德錄
丁福保撰　上海　醫學書局　1914—49年　進德叢書

007733096　1681　1232.2
新道德叢譚
丁福保撰　上海　醫學書局　1918年　進德叢書

007732972　1681　1322
小學集解六卷
張伯行纂輯　上海　商務印書館　1937年　初版　國學基本叢書　（m.）

009147475　1681　1713
玉曆至寶鈔勸世文八章　附錄
王子達重編　上海　宏大紙號　1920—49年

011986979　PL2519.D52　H7　1917
修身詩教
賈豐臻編纂　沈恩孚校訂　上海　商務印書館　1917年　初版　（m.）

007733306　1681　1821
修身詩教
賈豐臻編纂　上海　商務印書館　1920年　3版　（m.）

007732957　1681　1914
青年守則十二講
孫一芬編著　上海　商務印書館　1947年　初版　（m.）

011987281　B99.C62　S8　1946
生活的智慧
孫起孟著　上海　進修出版社　1946年　初版　（m.）

007733352　1681　2140
給經濟壓迫青年的幾封信
任蒼厂撰　上海　經緯書局　1938年

007731697　1681　2287b
獻給人民團體
星星著　香港　正報社　1948年

007731724　1681　2334
青年的修養
吳之椿著　重慶　中國文化服務社　1942年　青年文庫　（m.）

007731726　1681　2350
一生幸福的前途生活信箱選集
生活書店編　哈爾濱　光華書店　1948年　再版

007731729　1681　2442
勵志集
傅彬然著　上海　文化供應社　1948年　（m.）

007972635　1681　2885
國民修養全書
大陸圖書公司　上海　大陸圖書公司　1923年　（m.）

007731312　1681　2993
談修養
朱光潛著　重慶　中周出版社　1943年　初版　中周叢書　（m.）

009024696　1681　3040
戒淫寶訓格言一卷
北京　1912—20年

007731732　1681　3053
宣講拾遺六卷
上海　錦章圖書局　1914年

007731734　1681　3132
青年修養與服務
沈沙白編　上海　國光書店　1949年　（m.）

011913473　BJ1451.S412　1917
職分論
斯邁爾斯著　蔣方震譯　上海　商務印書館　1917年　初版　（m.）

007733202　1681　3806
菜根譚
洪應明著　上海　佛學書局　1934年

007733203　1681　3806B
菜根譚
洪應明著　上海　正心出版社　1940年

007733064　1681　4000
青年必讀文選
教育部訓育［研究］委員會編　上海　正中書局　1946年　（m.）

009031575　1681　4003
勸世白話文二卷
黃慶瀾著　上海　商務印書館　1923年　鉛印

011892071　BJ59.W3　1925
工業主義之倫理
（英）華德［H. F. Ward］著　簡又文譯　北京　北新書局　1925年　初版　（m.）

011915868　BJ1668.C5　H8　1930
告青年
胡貽穀著　上海　青年協會書局　1930年　再版　（m.）

007733085　1681　4232
生活與理想
麥寧著　香港　青年知識社　1949年　（m.）

007733260　1681　4241
儒家修養法
胡樸安［韞玉］著　涇縣　樸學齋 1946年

007732986　1681　4246
生命的火把修養散文集
蕭式明著　廣州　朝明出版社　1947年　初版　（m.）

007732988　1681　4416
給少男少女
李霽野著　上海　文化生活出版社　1949年　初版　（m.w.）

009013728　1681　4453
勸孝戒淫錄一卷
北平　柏香書屋　1930年

011937146　BJ1588.C5　L5　1948
建設新論
李昌來著　南京　通信學校　1948年　通信學校叢書　（m.）

011919599　BJ1588.C5　H7　1923
時間經濟法
蕭瑜著　上海　商務印書館　1923年　初版　通俗教育叢書　（m.）

011937729　BJ1588.C5　S5　1947
做人、做事及男女問題
施復亮［施存統］著　上海　新魯書店　1947年　初版

007734289　1681　4814
青年的修養與訓練
平心［李平心］著　上海　生活書店　1934年　初版　（m.）

011930127　B831.3.C4　1945
焦里堂的力行哲學
查猛濟著　溫州　戰地圖書出版社　1945年　查氏叢書　（m.）

007734567　1681　4831
力行的哲學
趙宗預撰　上海　世界書局　1947年　（m.）

007734568　1681　4831.1
青年與領袖
趙宗預編著　上海　世界書局　1947年　6版　（m.）

011930691　BJ1588.C5　Z438　1938
奮鬥的人生
趙宗預著　上海　世界書局　1938年　初版　青年成功叢書　（m.）

007734290　1681　4841
處世與交友
（美）卡耐基［D. Carnegie］著　黃警頑編譯　上海　合作出版社　1939年　（m.）

007734580　1681　4888
青年修養錄
趙鉦鐸輯　上海　商務印書館　1916年

007734288　1681　4952
八德須知二集
蔡振紳著　陳燮樞校釋　上海　明善書局　1934年　初版　（m.）

007734743　1681　503
壽康寶鑒即增訂不可錄
印光增訂　杭州　浙江印刷公司善書部
　1928年

007734322　1681　5271b
重印人範須知六卷
（清）盛隆編輯　上海　上海道德書局
1942年

007734306　1681　5624
人生興趣
曹孚著　重慶　光亭出版社　1943年
初版　（m.w.）

007734755　1681　5667
青年救國之路
中國國民黨中央執行委員會訓練委員會
　重慶　1939年　訓練叢書　（m.）

007734759　1681　6139
青年問題
羅運炎著　上海　商務印書館　1936年
（m.）

007734324　1681　7174
修身寶璧
劉體恕、金蘭生、王錫齡纂輯　廣州　真
平印務局　1929年

007734761　1681　721
人人是堯舜
馬爾頓著　胡山源譯　上海　世界書局
　1947年　青年成功叢書　（m.）

007734146　1681　7210
告彷徨中的中國青年
劉群著　上海　當代青年出版社　1937
年　再版

007735833　1681　8164
生活的體驗
鍾顯堯著　上海　中華書局　1947年
（m.）

007735838　1681　8251
玉定金科例誅輯要三十六卷
南天都劫司奉輯　天津　金科流通處
1932年

011830529　BD450.Z565　1926
人本初著
鍾器著　上海　晚成廬　1926年　初版
　晚成廬叢刊　（m.）

011802842　BJ1454.M413　1936
人的義務
（意）瑪志尼［G. Mazzini］著　唐擘黃譯
上海　商務印書館　1936年　初版
（m.）

011983132　BD431.C4　1927
人生底開端
陳德徵著　上海　民智書局　1927年
初版　（m.）

011911716　BD431.C4x　1930
人生哲學講義
程式編　香港　中央陸軍軍官學校政治
訓練處　1930年　初版　中央陸軍軍官
學校政訓處政治叢書　（m.）

011892379　BD431.L55　1936
人生哲學之研究
廖文奎著　南京　大承出版社　1936年
初版　（m.）

011910195　BJ1588.C5　C36　1947
生活藝術
曹孚著　上海　開明書店　1947年　再
版　開明青年叢書

007735845　1681　8281
新人生觀

俞銘璜著　香港　新民出版社　1949 年
5 版　青年知識叢書　（m.）

011823713　BD431.Z432x　1934
一元兩面人生觀之建立與中國之統一
張哲惠著　上海　華德印刷公司　1934
年　初版　（m.）

011885863　BD431.T3x　1926
正義進化與奮鬥
邰爽秋著　上海　中華書局　1926 年
初版　（m.）

008080626　1682　0182b
女訓十二篇
章聖慈仁皇太后撰　日本　1931 年

007735870　1682　0835B
顏氏家訓二卷
（北齊）顏之推著　上海　商務印書館
1929 年　（m.）

007735858　1682　0835
顏氏家訓七卷
（北齊）顏之推著　上海　中華書局
1930 年　四部備要

007733301　1682　1279B
家範十卷
司馬光輯　香港　吳興劉氏　1921 年

007733084　1682　1324
課子隨筆六卷　續編一卷
徐桐續　上海　文瑞樓　1918 年

007733320　1682　2331
裕昆言
吳兆元輯　花好月圓人壽室印本
1924 年

007733332　1682　3118
温氏母訓一卷
温璜述　上海　醫學書局　1916 年

007733381　1682　4465.3
女四書白話解四卷
沈朱坤演義　上海　會文堂　1918 年

007733383　1682　4465.3（1）
曹大家女誡
班昭撰　上海　會文堂　1918 年　女四
書白話解

007733387　1682　4465.3（2）
仁孝文皇后內訓
仁孝文皇后撰　上海　會文堂　1918 年
女四書白話解

007733388　1682　4465.3（3）
宋若昭女論語
宋若華撰　上海　會文堂　1918 年　女
四書白話解

007733391　1682　4465.3（4）
王節婦女範捷錄
王相訂　上海　會文堂　1918 年　女四
書白話解

007733396　1682　4502
戴氏家諭
天津　協成印刷局　1927 年

007733121　1682　4544
崇讓粹編
戴培基編　香港　奇雅承印　1925 年

007733400　1682　4949
葉光大堂世守書
葉翊舟編輯　香港　南海葉光大堂
1939 年　重輯本

007733403　1682　4952　FC5876（4）
女子八德須知八卷　附志一卷二集
蔡振紳編　香港　宏大善書局　1931 年

007734301　1682　6641B
影印明刻閨範四卷
呂坤註　江寧魏氏　1927 年

007734506　1682　6657A
訓女寶箴三卷　附本一卷
呂咸熙編　上海　新民印刷公司　1929 年

007734519　1682　6657B　FC9793　Film Mas 36898
訓女寶箴三卷　附本一卷
呂咸熙編　上海　明善書局　1930 年

007734539　1682　7181　（1-3）
曾氏女訓三卷
劉鑒著　香港　湘鄉曾氏　1916 年

007734555　1682　7257
經世通考傳家寶二卷
劉靜陽輯　1926 年

007734579　1682　8124　FC9794　Film Mas 36899
金科輯要閨範篇三卷
北京金科輯要流通處　北京　該處　1922 年

007734589　1682.2　0231
教子要言
郭家珍著　教子圖説　郭立志選輯　北京　雍睦堂　1941 年　雍睦堂叢書

007734596　1682.4　0439
偉大的母教
謝冰瑩、王瑩等著　廣州　新生書局　1947 年

009826131　MLC-C
女二十四孝説並詩
對鳬老人撰詩　上海　天津華新印刷局　1936 年　石印

007734442　1682.7　7940
妻
陳葵龍撰　上海　新地書店　1940 年（m.）

007734287　1684　4944
個人與社會給青年的二十四封信
林萍著　上海　長風書店　1946 年　增訂再版（m.）

007734230　1684.7　3632
新民主主義的道德
潘朗著　香港　智源書局　1949 年（m.）

007735824　1685　5164
為什麼我們必須實行批評與自我批評東北日報社論
東北日報社　廣州　知識書店　1949 年

011875605　JA88.C45　C44　1939
政治教育引論
陳之邁著　長沙　藝文叢書編輯部　1939 年（m.）

008580250　FC2927
徹底改變我們的領導作風
群衆日報社　香港　群衆日報社　1948 年

007735848　1685.1　1271
領導者的工作方法
丁堅編　大連　大衆書店　1948 年（m.）

007735629　1685.2　4333
居官通義
（清）袁守定著　成都　四川省政府民政廳　1941 年（m.）

007735628　1685.6　1273
國民道德論
鄧熙著　重慶　國民圖書出版社　1942年　初版　（m.）

007735918　1685.6　2934
非常時期之精神訓練
朱兆萃著　雷震等主編　上海　中華書局　1936年　（m.）

007735627　1685.6　4462
我們的公民
蔣星德編著　南京　正中書局　1937年　初版　（m.）

011929677　BJ1588.C5　J4　1928
革命與腐化
任中敏［任訥］著　上海　民智書局　1928年　初版　革命叢書　（m.）

011824414　BJ1588.C5　X542　1917
國民立身訓
謝無量編　上海　中華書局　1917年　初版　（m.）

011913742　BJ1588.C5　C4　1917
中國國民道德概論
姜琦編　北京　丙辰學社　1917年　初版　（m.）

007735554　1685.6　8412
中國國民道德原論
姜琦著　重慶　商務印書館　1944年　（m.）

011983414　BJ1390.L6　1949
共產主義人生觀
羅明著　北平　中外出版社　1949年　初版　（m.）

007735937　1686　3213
庭訓格言一卷
香港　吳興劉氏刊　1921年

007735684　1687　3804
怎樣作工作總結關於調查研究與業務之結合
洪彥林著　香港　新民主出版社　1949年

007735967　1687　4831
服務與人生
趙宗預著　長沙　商務印書館　1940年　6版　（m.）

011805393　BJ1588.C5　M335　1943
成功之道
馬璧編著　重慶　正中書局　1943年　初版　（m.）

011824912　BJ1610.X54　1917
婦女修養談
謝無量著　上海　中華書局　1917年　初版　女學叢書　（m.）

011919579　BJ1668.C5　C4　1939
給苦學青年
詹文滸著　上海　世界書局　1939年　初版　青年成功叢書　（m.）

011913015　BJ1588.C5　K8　1946
古今中外格言集成
董鎮南輯　上海　經緯書局　1946年　再版　（m.）

011824843　BJ1668.C5　L825　1926
青年修養雜談
陸費逵著　上海　中華書局　1926年　初版　（m.）

011895622　BJ1638.C5　F3　1917
少年弦韋
范禕著　上海　中華基督教青年會全國

協會書報部　1917 年　初版　(m.)

011759098　BJ1595.L569 1949
生活與實踐
林志石著　上海　光明書局　1949 年

011824327　BJ1668.C5　Y825x　1946
生活與思想青年生活八講
虞侃著　上海　長風書店　1946 年　初版　(m.)

011806381　BJ1668.C5　L575 1937
生活與思想之路
平心[李平心]著　上海　光明書店　1937 年　初版　(m.)

011144250　MLC – C
小窗幽記十二卷
陳繼儒手錄　上海　襟霞閣　1935 年　初版　(m.)

007736342　1687　7217
怎樣幹事業
馬爾騰著　談倫譯　香港　激流書店　1949 年　(m.)

宗教總論

007736381　1703　2211
道德息戰
何廷璋撰　香港　世界書局　1934 年

007884027　1706　3517
倫理宗教百科全書
上海　廣學會　1928 年　(m.)

007736428　1709　3294
五教入門
馮炳南作　1940 年

007736430　1709　3294　(1)
儒教入門
馮炳南作　1940 年　五教入門

007736431　1709　3294　(2)
道教入門
馮炳南作　1940 年　五教入門

007736262　1709　3294　(3)
佛教入門
馮炳南授意　王博謙筆述　1940 年　五教入門

007736432　1709　3294　(4)
耶教入門
馮炳南作　1940 年　五教入門

007736433　1709　3294　(5)
回教入門
馮炳南作　1940 年　五教入門　(m.)

007736459　1710　0688
宗教學 ABC
謝頌羔著　上海　世界書局　1928 年　(m.)

007736183　1717　7988
中國的宗教觀
陳金鏞著　上海　美華浸會書局　1939 年　(m.)

011979413　BL80.H756 1926
諸教的研究
謝頌羔、余牧人著　上海　廣學會　1926 年　(m.)

神話

007738932　1730　0403
神話學 ABC

謝六逸著　香港　ABC 叢書社　1929
年　再版

007738660　1730　3173
神話雜論
茅盾著　上海　世界書局　1929 年
初版

007738654　1730　4953
神話論
林惠祥著　上海　商務印書館　1934 年
初版　（m.）

007738966　1731　2344
中國神話
綠荷女士編著　上海　大衆書局
1933 年

007738746　1731　3123
中國古代旅行之研究第一分冊側重其法術
的和宗教的方面
江紹原撰　上海　商務印書館　1935 年
（m.）

007738986　1731　3173b
中國神話研究 ABC
玄珠［沈雁冰］著　上海　世界書局
1929 年　（m.）

007738675　1731　4223
打鬼一名破迷叢話
胡山源著　上海　世界書局　1941 年
初版　新五四運動叢刊　（m.w.）

007739012　1731　4291
中國神話
胡懷琛編　上海　商務印書館　1928 年

007739014　1731　4291B
中國神話
胡懷琛編　上海　商務印書館　1934 年

再版

神秘學術數

007739080　1739　5026
妖怪學講義總論
井上圓了著　蔡元培譯述　上海　商務
印書館　1926 年　9 版

008627358　Microfiche　C‑837　CH1441
風水二書
歐陽理庵［歐陽純］輯註　香港　澹雅書
局　1924 年

007739081　1739　7171
造化通
阮印長著　長沙　1932 年

007738536　1739　7283
中國原子哲學
馬翰如著　汕頭　明德出版社　1946 年
（m.）

011911541　PL2464.Z7　M6　1935
中國之元學及道德哲學
牟宗三著　天津　大公報館　1935 年
初版　（m.）

011906826　PL2464.Z6　T364　1934
周易消息大義
唐文治著　無錫　西溪唐宅　1934 年
無錫國學專修學校叢書　（m.）

007740335　1739　9222
周易古筮考十卷
尚秉和輯並釋　廣州　1926 年

008110254　Microfiche　C‑0474　C97　TA　1739.3　50
破除迷信全書十集
李幹忱編　羅運炎校閱　上海　美以美

會全國書報部 1923 年

007740077　1740　1343
卜易指南
張孝宜著　秦慎安校勘　上海　文明書局　1925 年　（m.）

007740350　1740　2314.9
焦氏易林註十六卷
焦延壽撰　尚秉和註　仵道益等集資校刊　1940 年

007740342　1740　2314B
易林十六卷
焦延壽撰　上海　中華書局　1926 年

007739924　1740　4341
述卜筮星相學八卷
袁樹珊纂述　上海　1928 年

007739898　1740　5648
易隱八卷　卷首
曹九錫輯　曹璿演　上海　文明書局　1925 年　（m.）

007740076　1740　6448
增删卜易
野鶴老人著　李文輝增删　秦慎安校勘　上海　文明書局　1925 年　（m.）

007740372　1741　0225b
大六壬大全十二卷
郭御青校訂　上海　錦章圖書局　1921 年

010137356　1741　0251
六壬摘要
濟南　1911—45 年　鈔本

007739925　1741　0442
扶箕迷信底研究
許地山著　長沙　商務印書館　1941 年 （m.）

007740383　1741　0865
［秘本］測字全書
競智圖書館編輯　上海　廣益書局　1934 年

009067344　1741　0865.1
求籤全書一卷
競智圖書館編輯　上海　競智圖書館　1927 年　石印

007739923　1741　1201
梅花易數
邵雍著　上海　文明書局　1925 年（m.）

007740078　1741　1326
六壬尋原
張純照編著　秦慎安校勘　上海　文明書局　1925 年　（m.）

007741596　1741　4136
董公選要覽
董潛著　秦慎安校勘　上海　文明書局　1926 年　（m.）

007741448　1741　4990
六壬視斯
葉悔亭輯　秦慎安校勘　上海　文明書局　1925 年

007741617　1741　5082
靈棋經二卷
東方朔著　顏幼明、何承天註　陳師凱、劉基解　秦慎安校勘　上海　文明書局　1925 年　（m.）

007741632　1741　5993
六壬鬼撮腳三卷
秦慎安校勘　上海　文明書局　1925 年

（m.）

007741451　1741　5993.1
牙牌神數
秦慎安校刊　上海　文明書局　1925 年
（m.）

007741446　1741　7930
六壬指南
陳良謨增註　秦慎安校勘　上海　文明書局　1925 年　（m.）

007741491　1742　4123
乾象新書卷三至四
香港　上虞羅氏　1927 年

007741668　1743　2924　（1-2）
淵海子平五卷
徐升編　秦慎安校勘　上海　文明書局　1926 年

007741669　1743　2924　（2）
子平真詮
沈燡燔著　秦慎安校勘　上海　文明書局　1926 年

007741447　1743　3882
選擇正宗
顧鍾秀述　秦慎安校勘　上海　文明書局　1926 年　（m.）

007741542　1743　4419b
殿板縮印協紀辨方三十六卷
清高宗御制序　允祿總理　張照等總裁　李廷耀等纂修　上海　錦章書局　1947 年

007741674　1743　4984
江西分宜林品三先生語錄
林金相著　上海　道德書局　1947 年
（m.）

007741677　1743　5624
談鬼神
曹伯韓著　上海　文化供應社　1948 年　青年文庫　（m.）

011801565　BF1775.Z5　1949
由迷信中抽科學
朱洗著　上海　世界書局　1949 年　（m.）

007741315　1744　0216
奇門五總龜四卷
秦慎安校勘　上海　文明書局　1925 年　（m.）

007741722　1744　0640
遁甲真傳秘書
諸葛亮著訣　趙普撰歌　秦慎安校勘　上海　東震圖書公司　1919 年

007741727　1744　0640.4
奇門遁甲統宗十二卷
諸葛亮著　秦慎安校勘　上海　文明書局　1925 年　（m.）

007741455　1744　4886
煙波釣叟歌
趙普撰歌　羅通遁法　池紀解編　上海　文明書局　1925 年　（m.）

007741735　1744　5993
奇門元靈經
秦慎安校勘　上海　文明書局　1925 年　（m.）

007741750　1745　4179B
神相水鏡集四卷
范騋纂　秦慎安校勘　上海　文明書局　1925 年　（m.）

007741753　1745　4341
中西相人探原
袁樹珊編著　香港　潤德書局　1948 年 6 版

007741754　1745　4752
柳莊相法
袁忠徹著　上海　廣益書局　1937 年

007741756　1745　5993
麻衣相法
秦慎安校　上海　文明書局　1925 年（m.）

007741764　1745　5993.2
白鶴仙數
秦慎安校勘　上海　文明書局　1925 年

007741763　1745　5993.2
神骨冰鑒
秦慎安校勘　上海　文明書局　1925 年

007741765　1745　5993.3
神相鐵關刀四卷
秦慎安校勘　上海　文明書局　1925 年（m.）

007741431　1745　5993.6
照膽經
秦慎安校　上海　文明書局　1925 年（m.）

007742822　1745　7982
[繪圖校正]相理衡真十卷
陳釗撰　上海　春明書店　1912—49 年

007742826　1745　7982B
相術衡真十卷
陳釗著　秦慎安校勘　上海　文明書局　1925 年

009277432　1746　1133
鬼谷算命術
王通著　諸葛亮註　上海　國學保存會　1925 年　石印巾箱本第 3 版

007742862　1746　1342
神峰通考六卷
張柟著集　秦慎安校　上海　文明書局　1926 年　（m.）

009253145　1746　1350a
增補星平會海命學全書十卷　卷首
水中龍編集　朱會龍校正　汪淇重訂　上海　上海萃英書局　1915 年　石印

007742461　1746　4341.2
命譜
袁樹珊編著　上海　潤德書局　1947 年

007834343　MLC－C
神相全編
陳搏秘傳　袁忠徹訂正　1927 年

007742646　1746　4341b
命理探原八卷
袁樹珊纂述　濟南　1919 年　石印

007742905　1746　4526
[精選]命理約言四卷
韋千里選輯　上海　韋氏命苑　1933 年

007742764　1746　5993.1
張果星宗十卷
陸位輯校　秦慎安校勘　上海　文明書局　1926 年　（m.）

007742936　1746　7241.5
滴天髓
京圖撰　劉基註　程芝雲校　秦慎安校　上海　文明書局　1926 年

007742930　1746　7241.5
窮通寶鑒二卷
余春台編輯　秦慎安校勘　上海　文明書局　1926年

007742644　1746　7402
段氏白話命理綱要
段方著　曾唯一校正　上海　大衆書局　1936年

007742578　1746　7954
河洛理數
(宋)陳搏著　(宋)邵雍述　秦慎安校勘　上海　文明書局　1926年　初版　(m.)

007742958　1747　0213
葬學
郭璞撰　高星權補註　高視明續註　香港　1936年　(m.)

007742961　1747　0657
堪輿易知
文明書局編輯　上海　1927年　3版　(m.)

009254564　1747　1130a
羅經透解二卷
王道亨輯錄　李維賓等參閱　上海　上海江東書局　1912年　石印

007743785　1747　1595
巒頭指迷八卷
尹光忠改編　何廷珊批註　奉天　關東印書館印刷　1926年

007743512　1747　4145
原板校正繪圖足本地理大成
葉九升輯　上海　九經書局　1916年

007743814　1747　4145　(1-8)
山法全書十九卷　卷首二卷
上海　九經書局　1916年　地理大成五種

007743815　1747　4145　(9-13)
平陽全書十五卷
上海　九經書局　1916年　地理大成五種

007743817　1747　4145　(14)
地理六經註三卷
上海　九經書局　1916年　地理大成五種

007743819　1747　4145　(15)
羅經撥霧集三卷
上海　九經書局　1916年　地理大成五種

007743821　1747　4145　(16)
理氣四訣四卷
上海　九經書局　1916年　地理大成五種

007746029　1747　4721
堪輿彙刊十四種
秦慎安校勘　上海　文明書局　1926年

007746047　1747　4721　(1)
穿透真傳
張鳳藻著　上海　文明書局　1926年　堪輿彙刊十四種　(m.)

007746035　1747　4721　(1)
地理錄要四卷
于楷輯　上海　文明書局　1926年　堪輿彙刊十四種　(m.)

007746032　1747　4721　(1)
地理末學六卷
紀大奎著　上海　文明書局　1926年　堪輿彙刊十四種　(m.)

007746036　1747　4721　(1)
地理正宗十二卷
蔣國編　上海　文明書局　1926年　堪輿彙刊十四種　(m.)

007746039　1747　4721　(1)
郭璞葬經
吳澄刪定　鄭謐註釋　上海　文明書局　1926年　堪輿彙刊十四種

007746042　1747　4721　(1)
水龍經五卷
蔣平階輯訂　上海　文明書局　1926年　堪輿彙刊十四種

007746052　1747　4721　(2)
地理知本金鎖秘二卷
鄧恭著　上海　文明書局　1926年　堪輿彙刊十四種

007746055　1747　4721　(2)
羅經解定四卷
胡國楨著　上海　文明書局　1926年　堪輿彙刊十四種　(m.)

007745829　1747　4721　(2)
羅經透解
王道亨輯錄　上海　文明書局　1926年　堪輿彙刊十四種　(m.)

007746050　1747　4721　(2)
乾坤法竅三卷
范宜賓著　上海　文明書局　1926年　堪輿彙刊十四種　(m.)

007746059　1747　4721　(3)
平砂玉尺經二卷
劉秉忠述　劉基解　上海　文明書局　1926年　堪輿彙刊十四種　(m.)

007746065　1747　4721　(3)
陽宅大全十卷
周繼等編集　上海　文明書局　1926年　堪輿彙刊十四種　(m.)

007746067　1747　4721　(3)
陽宅紫府寶鑒
劉文瀾著　上海　文明書局　1926年　堪輿彙刊十四種　(m.)

007746066　1747　4721　(3)
陰陽二宅全書十二卷
姚廷鑾著　上海　文明書局　1926年　堪輿彙刊十四種　(m.)

007746146　1747　7148
千金賦
劉若谷著　李賢濤補註　新會　藝興承印　1931年

009370046　1747　7348
陽宅大全十卷
周繼集　上海　廣益書局　1915年　石印

009127573　1747　8143
金氏地學粹編八卷
金志安編著　北平　京城印書局　1930年　鉛印

007443594　1747　8503
錢氏所藏堪輿書提要
錢文選編著　上海　商務印書館　1942年

008080633　1748　0342
辰州符咒大全
玄都輯書　上海　中西書局　1926年

007746168　1748　4433
語言底魔力
李安宅撰　北平　友聯社　1931年

009087980　1748　4462
救劫回生四卷　卷首　附録
上海　宏大善書局　1921 年　石印

009078765　1748　7932
蔚雲新語前編二卷　正編六卷
陳澹然編著　金陵　景公祠　1920 年

009041132　1748　8183
世界道慈渡化應元宗壇壇訓不分卷
金筏初著　哈爾濱　廣記印刷局　1942 年　鉛印

007803655　MLC－C
秘本奇術真傳
眉山居士　上海　國粹學會　1926 年

007745939　1749　2331
秘本推背圖
非非子編　上海　勸世新聞社　1924 年

007651854　MLC－C
近五十年見聞録八卷
貢少芹著　上海　進步書局　1917 年　初版　（m.）

007746181　1749　4246
中國姓名學
楊坤明著　天津　中國命名社　1939 年　（m.）

007745932　1749　5612
中國預言七種
濟南　1912—30 年

007747239　1749　5612c　FC8400　Film Mas 32221
中國二千年之預言
劉伯温等著　金聖歎批評　上海　華夏哲理闡微社　1938 年

宗教通史

007747450　1750　4908
世界宗教史
加藤玄智著　鐵錚譯　上海　商務印書館　1933 年　（m.）

007747318　1752　1133
中國歷史的上帝觀
王治心著　上海　中華基督教文社　1926 年　（m.）

007767647　1752　1133.5
中國宗教思想史大綱
王治心編　上海　中華書局　1933 年　（m.）

007767740　1754　3924
東漢之宗教
宋佩韋編　上海　商務印書館　1930 年

007767742　1759　4134
華北宗教年鑑
興亞宗教協會編　北京　興亞宗教協會　1941 年

中國國家祀典

007736461　1780.9　1593
祭祀典禮不分卷
政事堂禮制館編刊　北京　財政部印刷局印　1914 年

007736437　1780.9　1593　(1)
祀天通禮
政事堂禮制館編刊　北京　財政部印刷局印　1914 年　祭祀典禮

007736129　1780.9　1593　(2)
祭祀冠服制
北京　財政部印刷局印　1914 年　祭祀典禮

007736159　1780.9　1593　(3)
祭祀冠服圖
北京　財政部印刷局印　1914 年　祭祀典禮

007736444　1780.9　1593　(4)
關岳合祀典禮
政事堂禮制館編刊　北京　財政部印刷局印　1914 年　祭祀典禮

007736450　1780.9　1593　(5)　1786.8　2946
祀孔典禮
政事堂禮制館編刊　北京　財政部印刷局印　1914 年　祭祀典禮

007736128　1780.9　1593　(6)
忠烈祠祭禮
北京　財政部印刷局印　1914 年　祭祀典禮

007736456　1780.9　1593　(7)
相見禮
政事堂禮制館編刊　北京　財政部印刷局印　1914 年　祭祀典禮

007736470　1784　7234
釋宮室
馬宗薌撰　濟南　齊魯大學國學研究所　1939 年

007738926　1786.1　5002
歷代尊孔記、孔教外論合刻
東方讀經會　上海　東方讀經會　1938 年　15 版

007738713　1786.2　1171
孔氏祖庭廣記十二卷
(金)孔元措著　上海　商務印書館　1934 年　四部叢刊

009105084　1786.2　1696
尊孔史二卷
石榮暲輯　長春　北原印刷所　1928 年　鉛印

007738698　1786.2　1982
聖跡圖
(元)王振鵬繪　孫毓修編輯　甘作霖譯述　上海　商務印書館　1920 年　(m.)

007738957　1786.3　2284
祀孔文電演辭彙刊
何鍵撰　長沙　湖南省政府　1934 年

007739002　1786.8　0229
謁林日記一卷
郭休撰　趙詒璹譯　廣州　1920 年

007738677　1787　3965
曲阜孔廟建築及其修葺計劃
梁思成著　北平　中國營造學社　1935 年

009050086　1787　6533
闕里林廟通紀詩四十卷
畢永崗撰　曲阜　理東堂畢氏　1918 年

007738765　1787　7990
改革曲阜林廟辦法駁議
陳煥章著　1930 年

007739039　1788.11　3360
祀孔錄
滿洲國文教部禮教司　長春　文教部禮教司　1933 年

007739053　1788.14　4101
孔廟國子監紀略

內政部北平壇廟管理所　北平　該所　1933 年　(m.)

007739891　1790　4113
孔教革命
尤列著　林慶燊編　香港　天演齋衛生露總發行所　1928 年

007739897　1790　4218
孔教十年大事
柯璜編　太原　宗聖會　1924 年

007740031　1790　4900
孔教大綱
林文慶著　上海　中華書局　1914 年初版　(m.)

011811671　BL1855.C446　1912
孔教論
陳煥章講演　上海　孔教會　1912 年初版　(m.)

007740068　1790　7990
孔教論
陳煥章著　香港　孔教學院　1940 年

007740370　1795　2131B
關聖帝君聖跡圖志全集五卷
盧湛撰　廣州　1923 年

007740197　1795　4212
武聖關壯繆遺跡圖志
盧湛撰　1921 年

009107242　1795　4834
增刻乾坤正氣錄八卷
黃澍輯　武勝　同善分社　1922 年

佛教

009342297　1801　1242
慈宗三要不分卷
彌勒説　武昌　武昌印經處　1924 年

008145085　MLC–C
覺社叢書選本
宗彝題　1923 年

011885715　BD518.C6　W3x　1933
世界生成論
王特夫著　上海　辛墾書店　1933 年初版　(m.)

007963371　BQ622.S26　1931x
美國佛學界之中國佛教史觀
宣達爾斯著　李一超譯述　上海　佛學書局　1931 年

007740489　1802　5414
成都西南和平法會特刊
成都西南和平法會　成都　成都西南和平法會　1932 年

007741579　1802　7131
覺書
覺社　上海・覺社　1919 年　(m.)

007443597　1803　1913
[頻伽精舍校刊]大藏經總目
羅迦陵校刊　上海　頻伽精舍　1913 年

008161637　BQ1210.T35　1924x　J　1803　1932
大正新修大藏經
高楠順次郎、渡邊海旭編輯　東京　大正一切經刊行會　1924—32 年

006478060　1803　1934
宋磧砂版大藏經

宋版藏經會影印　上海　宋版藏經會 1933—36年

006478672　BQ1210　1936　Index
影印宋磧砂版大藏經目錄
影印宋版藏經會印行　上海　1936年

007741292　1803　1935
宋藏遺珍四十五種一至三集
上海影印宋版藏經會　上海　影印宋版藏經會　1935年

007496607　1803　1935　（0）
宋藏遺珍敘目
上海　影印宋版藏經會　1936年

007741618　1803　1935　（1）
大聖文殊師利菩薩佛刹功德莊嚴經三卷
（唐）釋不空譯　上海　宋版藏經會影印　1935年　宋藏遺珍　上集

007741619　1803　1935　（2）
大方廣如來藏經一卷
（唐）釋不空譯　上海　宋版藏經會影印　1935年　宋藏遺珍　上集

007741623　1803　1935　（2）
金剛頂經一字頂輪王瑜伽一切時處念誦成佛儀軌一卷
（唐）釋不空譯　上海　宋版藏經會影印　1935年　宋藏遺珍　上集

007977630　1803　1935　（3）
佛說回向輪經一卷
（唐）釋尸羅達摩譯　上海　宋版藏經會影印　1935年　宋藏遺珍　上集

007977617　1803　1935　（3）
佛說清淨心經一卷
（宋）釋施護等譯　上海　宋版藏經會影印　1935年　宋藏遺珍　上集

007977624　1803　1935　（3）
佛說勝義空經一卷
（宋）釋施護等譯　上海　宋版藏經會影印　1935年　宋藏遺珍　上集

007741634　1803　1935　（3）
佛說十力經一卷
（唐）釋勿提提犀魚譯　上海　宋版藏經會影印　1935年　宋藏遺珍　上集

007741625　1803　1935　（3）
金剛頂降三世大儀軌法王教中觀自在菩薩心真言一切如來蓮華大曼荼羅品一卷
（唐）釋不空譯　上海　宋版藏經會影印　1935年　宋藏遺珍　上集

007741629　1803　1935　（3）
修習般若波羅蜜菩薩觀行念誦儀軌一卷
（唐）釋不空譯　上海　宋版藏經會影印　1935年　宋藏遺珍　上集

007741649　1803　1935　（4-6）
佛說十地經九卷
（唐）釋尸羅達摩等譯　上海　宋版藏經會影印　1935年　宋藏遺珍　上集

007741652　1803　1935　（7-9）
金色童子因緣經十二卷
（宋）釋法護等譯　上海　宋版藏經會影印　1935年　宋藏遺珍　上集

007741657　1803　1935　（10）
佛說開覺自性般若波羅蜜多經四卷
（宋）釋惟淨等譯　上海　宋版藏經會影印　1935年　宋藏遺珍　上集

007741660　1803　1935　（11-12）
諸法集要經十卷
（宋）釋日稱等譯　上海　宋版藏經會影印　1935年　宋藏遺珍　上集

007741662　1803　1935　(13-16)
父子合集經二十卷
（宋）釋日稱等譯　上海　宋版藏經會影印　1935年　宋藏遺珍　上集

007741682　1803　1935　(17)
佛説大乘僧伽吒法義經存三卷
（宋）釋金惣特譯　上海　宋版藏經會影印　1935年　宋藏遺珍　上集

007741688　1803　1935　(17)
佛説清淨毗奈耶最上大乘經存二卷
（宋）釋智吉祥等譯　上海　宋版藏經會影印　1935年　宋藏遺珍　上集

007741690　1803　1935　(17)
佛説隨勇尊者經一卷
（宋）釋施護等譯　上海　宋版藏經會影印　1935年　宋藏遺珍　上集

007741698　1803　1935　(17)
觀心論一卷
（隋）釋智顗大師述　上海　宋版藏經會影印　1935年　宋藏遺珍　上集

007741694　1803　1935　(17)
仁王般若陀羅尼釋一卷
（唐）釋不空等譯　上海　宋版藏經會影印　1935年　宋藏遺珍　上集

007741704　1803　1935　(18-19)
大唐正元續開元釋教録三卷
（唐）釋圓照撰　上海　宋版藏經會影印　1935年　宋藏遺珍　上集

007741709　1803　1935　(20-24)
御製蓮華心輪回文偈頌二十五卷
宋太宗製　上海　宋版藏經會影印　1935年　宋藏遺珍　上集

007741712　1803　1935　(25-57)
御註金剛般若經疏宣演存三卷
（宋）釋道氤撰　上海　宋版藏經會影印　1935年　宋藏遺珍　上集

007741716　1803　1935　(28-29)
維摩疏記六卷
（唐）釋湛然述　上海　宋版藏經會影印　1935年　宋藏遺珍　上集

007741724　1803　1935　(30-32)
雙峰山曹侯溪寶林傳存七卷
（唐）釋智炬集　上海　宋版藏經會影印　1935年　宋藏遺珍　上集

007741728　1803　1935　(33-36)
傳燈玉英集存六卷
（宋）王隨撰　上海　宋版藏經會影印　1935年　宋藏遺珍　上集

007741730　1803　1935　(37-40)
景祐天竺字源七卷
（宋）釋惟淨等集　上海　宋版藏經會影印　1935年　宋藏遺珍　上集

007742810　1803　1935　(41-46)
成唯識論述集存七卷
（唐）釋窺基等撰　上海　宋版藏經會影印　1935年　宋藏遺珍　中集

007742812　1803　1935　(47)
成唯識論述集科文存二卷
（唐）釋窺基等撰　上海　宋版藏經會影印　1935年　宋藏遺珍　中集

007742814　1803　1935　(48-50)
成唯識論掌中樞要存三卷
（唐）釋窺基等撰　上海　宋版藏經會影印　1935年　宋藏遺珍　中集

007742817　1803　1935　(51)
因明論理門十四過類疏一卷
（唐）釋窺基撰　上海　宋版藏經會影印

1935年　宋藏遺珍　中集

007742819　1803　1935　(52－53)
法苑義林存二卷
(唐)釋窺基撰　上海　宋版藏經會影印
1935年　宋藏遺珍　中集

007742820　1803　1935　(54－55)
因明入正理論疏存二卷
(唐)釋窺基撰　上海　宋版藏經會影印
1935年　宋藏遺珍　中集

007977645　1803　1935　(56)
阿彌陀經通贊疏存一卷
(唐)釋窺基撰　上海　宋版藏經會影印
1935年　宋藏遺珍　中集

007742821　1803　1935　(56)
般若波羅蜜多心經幽贊存一卷
(唐)釋窺基撰　上海　宋版藏經會影印
1935年　宋藏遺珍　中集

007742823　1803　1935　(57－59)
妙法蓮華經玄贊存三卷
(唐)釋窺基撰　上海　宋版藏經會影印
1935年　宋藏遺珍　中集

007742827　1803　1935　(60－67)
瑜伽師地論略纂疏存十一卷
(唐)釋窺基撰　上海　宋版藏經會影印
1935年　宋藏遺珍　中集

007742828　1803　1935　(68－87)
瑜伽師地論義演存二十二卷
(唐)釋清素述　上海　宋版藏經會影印
1935年　宋藏遺珍　中集

007742829　1803　1935　(88－100)
瑜伽師地論記存十三卷
(唐)釋遁倫集撰　上海　宋版藏經會影印　1935年　宋藏遺珍　中集

007742830　1803　1935　(101－107)
大唐開元釋教廣品歷章存十五卷
(唐)釋玄逸撰　上海　宋版藏經會影印
1935年　宋藏遺珍　下集

007742833　1803　1935　(108－111)
大中祥符法寶錄存十六卷
(宋)趙安仁等編　上海　宋版藏經會影印　1935年　宋藏遺珍　下集

007742834　1803　1935　(112)
天聖釋教總錄存二卷
(宋)釋惟淨等撰　上海　宋版藏經會影印　1935年　宋藏遺珍　下集

007742836　1803　1935　(113－116)
景祐新修法寶錄存十四卷
(宋)呂夷簡等編　上海　宋版藏經會影印　1935年　宋藏遺珍　下集

007742837　1803　1935　(117－118)
觀彌勒菩薩上生兜率天經疏存一卷
(唐)釋窺基撰　上海　宋版藏經會影印
1935年　宋藏遺珍　下集

007742840　1803　1935　(119－120)
上生經疏會古通今新鈔存二卷
(唐)釋詮明集　上海　宋版藏經會影印
1935年　宋藏遺珍　下集

007742841　1803　1935　(120)
上生經疏隨新鈔科文一卷
上海　宋版藏經會影印　1935年　宋藏遺珍　下集

012031034
佛頂尊勝陀羅尼之研究
王弘願編輯　潮州　震旦密教重興會
1930年

007741736　1803　4042
歷代藏經考略

葉恭綽著　廣州　1936 年　（m.）

007741527　1803　4462
金藏雕印始末考附經目
蔣唯心著　南京　支那内學院　193？年　（m.）

008165305　TJ　1803.7　4847
大谷大學圖書館藏西藏大藏經甘殊爾勘同目錄
大谷大學圖書館　京都　大谷大學圖書館　1930—32 年

009264899　1804　0470
六朝隋唐寫經真跡
上海　中華書局　1929 年　初版

007742956　1804　2741
釋氏十三經
上海　佛學書局　1935 年　（m.）

007742490　1804　4330
在家必讀内典
歐陽漸撰　支那内學院　1931 年

007743783　1804　4425
越南佛典叢刊
北圻佛教總會印行經典部撰　河内　北圻佛教總會　1943 年

007772933　1804　4514
藏要第一輯
南京　支那内學院　1929 年

007743421　1805.4　3586
神會和尚遺集四卷　卷首　附錄
胡適輯校　上海　亞東圖書館　1930 年（m.）

007743549　1805.4　4145
幻庵文集六卷
范古農　上海　佛學書局　1947 年

007972303　1805.4　4392
維摩精舍叢書
袁煥仙　成都　維摩精舍存版　1944 年

007743394　1805.4　7228　(1:6)
攝大乘論講記
印順講　演培、妙欽、文慧記　新竹　福嚴經舍流通　1946 年

007746044　1805.4　7240
安士全書
周夢顏著　印光校閲　杭州　佛學推行社　1927 年

007746049　1805.4　7240　(1-2)
陰騭文廣義二卷　附袁了凡四訓
周夢顏著　印光校閲　杭州　佛學推行社　1927 年　安士全書

007746053　1805.4　7240　(3)
萬善先資四卷　附戒殺放生文四種
周夢顏著　印光校閲　杭州　佛學推行社　1927 年　安士全書

007746056　1805.4　7240　(4)
欲海回狂三卷　西歸直指四卷　附省盦法師勸發菩提心文
周夢顏著　印光校閲　杭州　佛學推行社　1927 年　安士全書

009131879　1805.4　7730.2
竟無内外學不分卷
歐陽漸學　香港　支那内學院　1942—49 年

007972641　1805.6　1132
佛學叢刊第一輯
上海　國學整理社　1937 年

007972650　1805.6　1132　(v.1)
八大人覺經
安世高　上海　國學整理社　1937 年

佛學叢刊　第 1 輯

007972647　1805.6　1132　(v.1)
般若波羅蜜多心經
上海　國學整理社　1937 年　佛學叢刊
　第 1 輯

007972642　1805.6　1132　(v.1)
大方廣佛華嚴經淨行品
上海　國學整理社　1937 年　佛學叢刊
　第 1 輯

007972644　1805.6　1132　(v.1)
大方廣佛華嚴經入不思議解脫境界普賢
行願品
上海　國學整理社　1937 年　佛學叢刊
　第 1 輯

007972643　1805.6　1132　(v.1)
大方廣佛華嚴經十回向章
上海　國學整理社　1937 年　佛學叢刊
　第 1 輯

007972649　1805.6　1132　(v.1)
地藏菩薩本願經上中下
上海　國學整理社　1937 年　佛學叢刊
　第 1 輯

007973801　1805.6　1132　(v.1)
法海觀瀾五卷
上海　國學整理社　1937 年　佛學叢刊
　第 1 輯

007973800　1805.6　1132　(v.1)
佛說阿彌陀經
上海　國學整理社　1937 年　佛學叢刊
　第 1 輯

007972651　1805.6　1132　(v.1)
佛說四十二章經
上海　國學整理社　1937 年　佛學叢刊
　第 1 輯

007972652　1805.6　1132　(v.1)
佛遺教經亦名佛垂般涅槃略說教誡經
上海　國學整理社　1937 年　佛學叢刊
　第 1 輯

007972660　1805.6　1132　(v.1)
華嚴念佛三昧論
彭際清撰　上海　國學整理社　1937 年
　佛學叢刊　第 1 輯

007972646　1805.6　1132　(v.1)
金剛般若波羅蜜經
上海　國學整理社　1937 年　佛學叢刊
　第 1 輯　(m.)

007972645　1805.6　1132　(v.1)
妙法蓮華經觀世音菩薩普門品
上海　國學整理社　1937 年　佛學叢刊
　第 1 輯

007972659　1805.6　1132　(v.1)
裴相勸發菩提心文
裴休撰　上海　國學整理社　1937 年
　佛學叢刊　第 1 輯

007972648　1805.6　1132　(v.1)
藥師瑠璃光如來本願功德經二卷
上海　國學整理社　1937 年　佛學叢刊
　第 1 輯

007972658　1805.6　1132　(v.1)
原人論
上海　國學整理社　1937 年　佛學叢刊
　第 1 輯

007972665　1805.6　1132　(v.2)
佛法導論
上海　國學整理社　1937 年　佛學叢刊
　第 1 輯

007972661　1805.6　1132　(v.2)
佛教初學課本
楊文會撰　上海　國學整理社　1937 年　佛學叢刊　第 1 輯

007973802　1805.6　1132　(v.2)
淨土晨鐘
周克復撰　上海　國學整理社　1937 年　佛學叢刊　第 1 輯

007972667　1805.6　1132　(v.2)
印光法師嘉言錄
上海　國學整理社　1937 年　佛學叢刊　第 1 輯　(m.)

007972670　1805.6　1132　(v.3)
釋門自鏡錄上下卷
上海　國學整理社　1937 年　佛學叢刊　第 1 輯

007972671　1805.6　1132　(v.3)
釋氏蒙求
上海　國學整理社　1937 年　佛學叢刊　第 1 輯

007972669　1805.6　1132　(v.3)
釋氏要覽上中下卷
崔育林撰　上海　國學整理社　1937 年　佛學叢刊　第 1 輯

007972668　1805.6　1132　(v.3)
選佛譜六卷
上海　國學整理社　1937 年　佛學叢刊　第 1 輯

007972672　1805.6　1132　(v.3)
緇門崇行錄
上海　國學整理社　1937 年　佛學叢刊　第 1 輯

007972675　1805.6　1132　(v.4)
菜根譚
洪自誠撰　上海　國學整理社　1937 年　佛學叢刊　第 1 輯

007973799　1805.6　1132　(v.4)
寒山拾得詩
寒山、拾得撰　附豐干詩　豐干撰　悟真篇御製序　悟真篇後序　悟真篇外集　栯堂山居詩　上海　國學整理社　1937 年　佛學叢刊　第 1 輯

007972676　1805.6　1132　(v.4)
陽復齋詩偈集附續集
江謙撰　上海　國學整理社　1937 年　佛學叢刊　第 1 輯　(m.)

007972673　1805.6　1132　(v.4)
一夢漫言附寶華山見月律師年譜摭要一夢漫言隨講別錄
上海　國學整理社　1937 年　佛學叢刊　第 1 輯　(m.)

007972674　1805.6　1132　(v.4)
竹窗三筆
上海　國學整理社　1937 年　佛學叢刊　第 1 輯

008454774　MLC－C
佛說阿彌陀經略解
大佑解　1945 年

007747258　1805.6　3530
海潮音文庫
慈忍室主人編　太虛大師審定　范古農校訂　上海　佛學書局出版　1931 年初版

007747437　1805.6　3571
佛教問答佛教答問選錄
范古農撰　上海　商務印書館　1922 年再版

007747441　1805.6　4894
佛學叢話
黃懺華述　上海　佛學書局　1934年
（m．）

007747446　1805.6　8272
樓閣叢書
鄭學川撰　江北刻經處　1914年

007747451　1805.6　8272　(1)
求生捷徑　普救神針　百年兩事
鄭學川撰　江北刻經處　1914年　樓閣叢書

007747455　1805.6　8272　(2)
身心性命　泗水真傳　西方清淨音
鄭學川撰　江北刻經處　1914年　樓閣叢書

007747456　1805.6　8272　(3)
如影觀　如影論
（清）嚴一程撰　江北刻經處　1914年　樓閣叢書

007747458　1805.6　8272　(4)
蓮邦消息附憨山詩　駐雲飛十首
鄭學川撰　江北刻經處　1914年　樓閣叢書

007747460　1805.6　8272　(5)
禮門圓音　光明一心地藏寶懺　施食合璧
鄭學川撰　江北刻經處　1914年　樓閣叢書

007747461　1805.6　8272　(6)
四十八鏡諸法十鏡　一心十鏡
鄭學川撰　江北刻經處　1914年　樓閣叢書

007747462　1805.6　8272　(7)
讀書十鏡
鄭學川撰　江北刻經處　1914年　樓閣叢書

007747465　1805.6　8272　(8)
念佛十鏡　放生八鏡
鄭學川撰　江北刻經處　1914年　樓閣叢書

007747466　1805.6　8272　(9-10)
寶色燈雲一名金仙大丹
鄭學川撰　江北刻經處　1914年　樓閣叢書

007747467　1805.6　8272　(11-13)
水陸通論九卷
（清）鄭應方撰　江北刻經處　1914年　樓閣叢書

007747470　1805.6　8272　(14)
佛說阿彌陀經
鳩摩羅什譯　（清）嚴鏡著論　附花嚴小懺、花嚴大懺　（清）嚴成撰　江北刻經處　1914年　樓閣叢書

007747471　1805.6　8272　(15)
心境華嚴念佛圖　五教說
（清）蔣元亮述　婆羅門書　（清）嚴重輯　江北刻經處　1914年　樓閣叢書

007747476　1805.6　8272　(16-18)
鏡影鐘聲前集　補續　蓮修警策
鄭學川書　江北刻經處　1914年　樓閣叢書

007747473　1805.6　8272　(19)
虛空樓閣附樓閣懺　櫟閣真因
鄭學川撰　江北刻經處　1914年　樓閣

叢書

007747477　1805.6　8272　(20)
虛空樓閣答問　樓閣音聲附光明畫軸二十一讚、補、聯句
鄭學川撰　江北刻經處　1914年　樓閣叢書

007747491　1805.8　0648
歸原寶筏
廣野老人著　廣霞氏　1914年

007747503　1805.8　1562
生民常識
尹昌衡著　1926年　止園叢書

007748601　1805.8　4208
闡教編
楊文會撰　上海　佛學書局　1939年（m.）

007748618　1805.8　4321
太虛法師文鈔初集三編
太虛著　上海　中華書局　1927年（m.）

008454927　MLC－C
整頓僧伽制度論
太虛撰　1924年

007748626　1805.8　4464
入佛因緣記
上海　上海佛學書局　1934年

007748637　1805.8　7240
啟信雜說
周夢顏輯　上海　佛學書局　1931年（m.）

007767606　1805.9　7291
印光法師文鈔
周孟由編　上海　商務印書館　1924年

007767779　1805.9　7291b
印光法師文鈔
上海　大中書局　1928年

007443600　1807　0443
至元法寶勘同總錄十卷
（元）釋慶吉祥等奉勅集　江津　支那內學院　193？年

007443604　1807　0443.1
至元法寶勘同總錄略出
（元）釋慶吉祥等奉詔集　廣州　支那內學院　1932年

007443538　1807　0443.1　(2)
景祐新修法寶錄略出
呂夷簡等編修　濟南　支那內學院　1934年

007767786　1807　1022
佛學書目表附續編
佛經流通處　北京　該處　1924年

007767789　1807　1022.2
佛學書目
香港　佛經流通處　1936年　（m.）

002135103　BQ1215.C46　1934x
閱藏知津
智旭編　上海　商務印書館　1934年再版　萬有文庫　第1集　（m.）

009314560　1807　1407
麗藏新雕本校記一卷
南京　支那內學院　1935年

007767792　1807　2140
出三藏記集經序六至十一卷
香港　支那内學院　1931 年

008045736　1807　4746
嘉興藏目錄
北京　北京刻經處　1920 年

009131824　1807　5873
歷代三寶紀總目一卷
費長房撰　北京　北京刻經處　1937 年

007767799　1807　7124
開元釋教錄二十卷
香港　支那内學院　1931 年

007767361　1807　7941
敦煌劫餘錄
陳垣校錄　北京　國立中央研究院歷史語言研究所　1931 年　中央研究院歷史語言研究所專刊

007767608　1808　0242
入佛指南
觀如述　上海　佛學書局　193？年

007767808　1808　1232
學佛實驗譚
丁福保著　上海　醫學書局　1920 年　佛學叢書

007767679　1808　2713
佛書答問
佛學研究社編輯　上海　佛學書局　1938 年　佛學講義　（m.）

011910219　JC585.T35　1932
自由史觀
太虛法師著　上海　佛學書局　1932 年　重版　太虛叢書　（m.）

007767813　1808　4208
佛教初學課本註解
楊文會撰　上海　佛學書局　1936 年　5 版

007767603　1808　6634
佛教研究法
呂澂著　上海　商務印書館　1935 年　2 版　佛學叢書

007767422　1810　1232
佛學大辭典附疇隱居士自訂年譜
丁福保著　上海　醫學書局　1925 年

007767832　1810　1418
一切經音義正編一百卷
慧琳撰　續十卷　希麟撰　上海　無錫丁氏　1924 年

007767833　1810　1418　（1）
一切經音義通檢
陳作霖編　上海　無錫丁氏　1924 年　一切經音義

007767834　1810　1418　（2-6）
一切經音義正編附提要
丁福保撰　上海　無錫丁氏　1924 年　一切經音義

007767835　1810　1418　（6）
續一切經音義
希麟撰　上海　無錫丁氏　1924 年　一切經音義

007767614　1810　1420.11
慧琳一切經音義引用書索引
國立北京大學研究院文史部編　長沙　商務印書館　1938 年　初版　國立北京大學研究院文史叢刊　（m.）

007767831　1810　1420.6
一切經音義引説文箋十四卷

田潛纂　北京　文楷齋鐫　1924 年

007767830　1810　1420.79
一切經音義通檢二卷
陳作霖編　廣州　蔣氏慎修書屋　1923 年　金陵叢書外編

007767423　1810　1422
慧琳一切經音義反切考七卷
黃淬伯撰　北平　國立中央研究院歷史語言研究所　1931 年

007768003　1810　1931
佛學小辭典
孫祖烈編纂　上海　醫學書局　1926 年　5 版　佛學叢書

002537412　BQ1219.H37　1933x
佛藏子目引得
哈佛燕京學社引得編纂處　洪業等編　北京　哈佛燕京學社引得編纂處　1933 年　引得　(m.)

007768013　1810　2757
佛學辭典
佛學書局編輯部　上海　佛學書局　1924 年　再版　(m.)

007767869　1810　2757 (1947)
實用佛學辭典
佛學書局編輯部　上海　佛學書局　1947 年　3 版

007767905　1810　2949
法相辭典
朱芾煌編　長沙　商務印書館　1939 年　(m.)

007768015　1810　3313i
翻譯名義集七卷
(宋) 釋法雲著　上海　商務印書館　1929 年　四部叢刊

007768016　1810　7256
佛爾雅八卷
周春撰　上海　國學扶論社　1917 年

007768007　1810　8608
悉曇字記
智廣撰　上虞　羅振玉　1916 年

007767983　1812　0244
大乘佛教概述
高觀如居士編輯　上海　佛學書局　1937 年　佛學講義　(m.)

007768000　1812　0244.3
佛教概述
高觀如編　上海　佛學書局　1937 年　佛學講義　(m.)

007768001　1812　0244.9
小乘佛教概述
高觀如編述　上海　佛學書局　1937 年　佛學講義

007768019　1812　0433
佛學大綱
謝無量撰　上海　中華書局　1921 年　5 版　(m.)

008122226　1812　1232b
佛學指南
疇隱居士 [丁福保] 編纂　上海　醫學書局　1919 年

007768023　1812　1821
佛學易解
賈豐臻編　上海　商務印書館　1919 年　5 版　(m.)

007770096　1812　2414
小乘佛學概論

舟橋永哉著　慧圓居士［史一如］譯　上海　佛學書局發行　1934 年　武昌佛學院叢書　（m.）

007770098　1812　3231
佛法要論
馮寶瑛著　紹興　大雲佛學社出版部　1926 年

007770101　1812　3231.2
佛教真面目
馮寶瑛著　廣州　佛乘學社蔚興印刷塲　1947 年　（m.）

011907480　BQ4013.J536　1935
佛學綱要
蔣維喬編著　上海　中華書局　1935 年　中華百科叢書　（m.）

007770104　1812　3305
佛學備要
道誠集　常州　常州振新印刷所　1919 年

007770112　1812　4321
佛學 ABC
太虛著　上海　ABC 叢書社　1930 年　ABC 叢書　（m.）

007770115　1812　4321.2
佛學的將來
太虛大師講　芝峰記錄　香港　香港佛學會　1935 年

007770119　1812　4321.3
佛乘宗要論
太虛法師撰　胡傑筆錄　上海　上海佛學書局　1933 年

007770120　1812　4321.4
佛學概論
太虛法師講　上海　國光印書局　1934 年

007769955　1812　4422
佛教概論
蔣維喬著　上海　中華書局　1930 年　（m.）

007770064　1812　4457
原始佛教思想論
木村泰賢著　歐陽瀚存譯　上海　商務印書館　1933 年　初版　佛學叢書　（m.）

007770125　1812　4742
佛學述要
［袁］陳勤先著　廣州　袁授柯校刻　1929 年

007757574　MLC－C
大乘與人間兩般文化
釋太虛撰　上海　泰東圖書局　1925 年　（m.）

007769765　1812　4842
佛教概論
黃士復著　上海　商務印書館　1948 年　（m.）

007769847　1812　8626
佛學研究
普紀呂司基等著　馮承鈞譯　上海　商務印書館　1932 年　（m.）

007770155　1812　9291
佛學概論
常惺法師講　廣州　泰東圖書局　1929 年　（m.）

007769880　1813　0831
法界緣起略述

龔家驊述並釋　上海　商務印書館
1933 年

007770159　1813　1232
佛學撮要
丁福保編　訂正　無錫　丁氏藏版
1920 年　7 版

010233935　MLC–C
教觀綱宗講記
顯明講述　定慧謹記　臺灣　菩提佛學院　1911—2007 年

007771113　1813　3194
觀世音菩薩本跡因緣
溫光熹著　香港　1941 年

007771114　1813　4321
現實主義
太虛著　上海　商務印書館　1934 年（m.）

007771077　1813　4321.1
真現實論
太虛法師著　昆明　中華書局　1940 年（m.）

007771010　1813　4321.2
人生觀的科學
太虛上人著　上海　泰東圖書局　1925 年（m.）

007771116　1813　4321.2B
人生觀的科學
太虛上人著　上海　泰東圖書局　1929 年　4 版（m.）

007771037　1813　4324.2
人生佛教
太虛大師述　上海　海潮音月刊社　1946 年（m.）

007771025　1813　4340
佛家哲學通論
Wm. M. McGovern 著　江紹原譯述　上海　商務印書館　1935 年　國難後第 2 版

009277474　1813　7291
淨業良導不分卷
印光編　上海　商務印書館　1935 年　國難後第 2 版　（m.）

007771128　1813　7927
甚深內義根本頌
陳健民譯　香港　中國佛教會　1945 年

009066221　1813.8　2320
因明之研究不分卷
熊紹堃著　北京　熊紹堃　1939 年　鉛印

009276942　1813.8　6634
因明綱要一卷　附錄
呂澂述　上海　商務印書館　1935 年　國難後第 1 版　佛學叢書

007771071　1813.8　7223
因明新例
周叔迦著　上海　商務印書館　1936 年　初版　（m.）

011823753　BC25.Y8　1939
印度邏輯
虞愚著　長沙　商務印書館　1939 年　初版　（m.）

007908192　1813.8　7903
因明學
陳望道編著　上海　世界書局　1933 年（m.）

007771036　1815　4962
行輿日課淨土資糧

林則徐手書　濟南　佛教文化服務處　1933 年

007770953　1815　6634
佛典泛論
呂澂著　上海　商務印書館　1935 年　國難後第 1 版　佛學叢書　（m.）

007770176　1817　3802
佛說初分說經二卷
施護譯　北京　北京刻經處　1920 年

007771157　1818　872
金剛般若波羅蜜經註解一卷
濟南　1929 年

007771160　1818　8724
唐人寫金剛般若波羅蜜經
上海　商務印書館　1930 年

007772101　1818　8724.13
金剛般若波羅蜜經箋註一卷
香港　無錫丁氏　1912—49 年

007772103　1818　8724.19
金剛般若波羅蜜經講義
鳩摩羅什譯　孫仲霞編述　青島　青島佛教會　1936 年

008633455　BQ1880.X85　1916x
般若波羅蜜多心經
玄奘譯　古城貞吉鈔　日本　古城貞吉　1916 年

009826076　MLC – C
純廟御筆心經附王夢樓書金剛經
清高宗弘曆書　王文治書　香港　齊耀琳等　1933 年

011893822　BQ1993.C5　T75　1920
金剛經　心經
鳩摩羅什譯　上海　商務印書館　1920 年　初版

007772106　1818　8724.2
金剛經解義
鳩摩羅什譯　徐槐廷述　上海　通德書局　1943 年

007772112　1818　8724.3
金剛般若經贊述四卷
鳩摩羅什譯　窺基述　南京　金陵刻經處　1917 年

007771167　1818　8724a
敦煌秘寶唐人書金剛經附六朝墨妙
吳宜常［寶煒］收藏　開封　橫川吳氏涑水觀齋影印　1936 年

007771183　1818　8724f
金剛般若波羅蜜經增解
鳩摩羅什譯　增德增編　廣州　1919 年

007771196　1818　8724i
金剛經校正本
鳩摩羅什譯　上海　佛學書局　1938 年

007973809　1818　8724j
金剛般若波羅蜜經般若波羅蜜多心經
上海　商務印書館　1937 年　（m.）

007772038　1819　3412
法華三經附論及懺儀
曇摩伽陀耶舍、鳩摩羅什、曇摩蜜多譯　上海　商務印書館　1935 年

007772166　1819　3412　（1–3）
妙法蓮華經七卷
鳩摩羅什譯　上海　商務印書館　1935 年　法華三經　（m.）

007772163　1819　3412　（1）
無量義經
曇摩伽陀耶舍譯　上海　商務印書館

1935 年　法華三經

007772167　1819　3412　(3)
佛説觀普賢菩薩行法經一卷
曇摩蜜多譯　上海　商務印書館　1935 年　法華三經

007772173　1819　3412　(4)
法華三昧懺儀一卷
智顗撰　上海　商務印書館　1935 年　法華三經

007772176　1819　3412　(4)
法華三昧行事運想補助儀一卷
湛然撰　上海　商務印書館　1935 年　法華三經

007772177　1819　3412　(4)
禮法華經儀式一卷
知禮述　上海　商務印書館　1935 年　法華三經

007772170　1819　3412　(4)
妙法蓮華經優波提舍
婆藪槃豆造　菩提流支、曇林同譯　上海　商務印書館　1935 年　法華三經

009155665　1819　3412　(4)
修懺要旨一卷
知禮述　上海　商務印書館　1935 年　法華三經

009066148　1819　4062
觀世音經箋註一卷
鳩摩羅什譯　丁福保箋註　上海　醫學書局　1919 年　鉛印　佛學叢書

007772132　1819　4334e
妙法蓮華經七卷
鳩摩羅什譯　附尊勝等靈異神咒二十道一卷　廣州　徐乃昌等　1923 年

007772045　1819　4344
西夏譯蓮華經考釋
羅福成撰　香港　東山學社　1914 年

007772058　1820　3141
大方廣佛華嚴經疏鈔會本八十卷　普賢行願品別行疏鈔四卷　略科十卷　附錄
上海　華嚴疏鈔編印會　1942 年

007772047　1820　4002.34
大方廣佛華嚴經
實叉難陀譯　澄觀撰述　上海　商務印書館　1935 年　國學基本叢書　(m.)

007772879　1820　4598
法苑義林章唯識章註
梅光羲註　上海　商務印書館　1931 年

007753998　1821　3462
淨土四經
上海　商務印書館　1920 年

007932283　1821　4864
佛説觀無量壽佛經
畺良耶舍譯　上海　商務印書館　1937 年　初版

007742948　1823　3277
竺道生與涅槃學
湯用彤撰　香港　1932 年

007742939　1823　6214
涅槃經悉談章一卷
香港　上虞羅氏　1917 年

007742807　1824　2007.8
維摩經講話
達居記錄　澳門　覺音社　1941 年

007742839　1824　2420
佛説大乘稻芉經
闕名撰　附大乘稻芉經隨聽疏　法成

集　上海　商務印書館　1919 年

007973823　1824　2420　（1934）
佛説大乘稻芉經附隨聽疏
上海　商務印書館　1934 年

007742866　1824　8487
八大人覺經釋略科
太虛法師演講　上海　佛學書局　1935 年　佛學小叢書

007742924　1824　8962.8
金光明經疏十二卷
曇無讖譯　智顗疏　灌頂録　南京　金陵刻經處　1918 年

009041096　1825　1365
楞嚴正脈疏摘科會經不分卷
張圓成撰　上海　商務印書館　1937 年　鉛印

009293973　T　1825　1445
一切如來心密秘全身舍利寶篋印陀羅尼經
濟南　1924—30 年　翻吳越王錢俶刻本

008045745　1825　4218　T　1825　4218
大佛頂如來密因修證了義諸菩薩萬行首楞嚴經十卷
般剌密帝譯　房融筆受　上海　宋版藏經刊行會　1935 年　（m.）

007742648　1825　4218C
大佛頂首楞嚴經正脈疏
（明）真鑒述　上海　商務印書館　1936 年　國學基本叢書　（m.）

007742897　1825　4262.4
楞嚴經指要
李圓淨講　北平　中央刻經院　1925 年

009146588　1825　4722
乾隆御製鴉嚩嘇嘎經
香港　李芳春　1933 年　石印

009147602　1828　8535a
根本説一切有部毗奈耶雜事四十卷
義淨譯　常州　天寧寺刻經處　1919 年

009054363　1832　6362
四分律比丘戒相表記不分卷
曇昉集　上海　中華書局　1924 年　石印

007743782　1834　2624
佛母般若波羅蜜多圓集要義釋論四卷
香港　支那内學院　1931 年

007743784　1834　8720
金剛仙論十卷
香港　支那内學院　1932 年

009054588　1835　1316
入阿毗達磨論講疏玄義一卷
張爾田述　濟南　張氏　1935 年

007743795　1835　7547
南傳阿毗達磨攝義論
法舫譯　武昌　世界佛學苑　1949 年

007743659　1836　5030
中論潤文略解四十卷
龍樹菩薩造　青目菩薩釋　鳩摩羅什譯　管禮昌潤文略解　上海　有正書局　1919 年

007743825　1837　1274
瑜伽師地論釋一卷
南京　金陵刻經處　1917 年

007743834　1837　1274.1
瑜伽師地論一百卷

彌勒菩薩[阿逸多]說　玄奘譯　上海
佛學書局　1940年

007743849　1837　2274
唯識今釋
繆鳳林述　南京　支那內學院　1923年
（m.）

007743842　1837　2344
新唯識論
熊十力著　杭州　浙江省圖書館　1932
年　（m.）

007743478　1837　2344B
破破新唯識論
熊十力著　北平　北京大學出版部
1933年　（m.）

007743840　1837　2344D
新唯識論三卷
熊十力著　濟南　1942年

007743853　1837　2344E
新唯識論
熊十力著　上海　商務印書館　1947年
（m.）

007743559　1837　6634
漢藏佛教關係史料集
呂澂編　成都　華西協合大學中國文化
研究所　1942年　（m.）

011986827　BQ7494.T21　1931
唯識的科學方法
唐大圓著　上海　上海佛學書局　1931
年　增訂版

007743656　1837　7223
唯識研究
周叔迦撰　上海　商務印書館　1934年
佛學叢書

007743315　1837　7730
唯識抉擇談
歐陽竟無演講　南京　支那內學院發行
1922年　（m.）

007743878　1838　3967.4
菩提道次第略論三卷
宗喀巴大師造　大勇法師譯　1942年

007743977　1839　0230
方便心論一卷
香港　支那內學院　1931年

007743976　1839　0230
迴諍論一卷
香港　支那內學院　1931年

007743975　1839　0230
如實論一卷
香港　支那內學院　1931年

007743883　1839　2730
解脫通論十二卷
常州　天寧寺刻經處　1918年

007743978　1839　4550
入大乘論二卷
香港　支那內學院　1931年

007743690　1839　6681.2
因明大疏刪註
窺基疏　熊十力刪註　上海　商務印書
館　1936年

007743769　1839　6681.7
因明大疏蠡測
陳大齊著　重慶　陳大齊　1945年

007743954　1840　3218
正法念處經閻浮提洲地志勘校錄
馮承鈞譯　上海　商務印書館　1935年
　尚志學會叢書　（m.）

007743996　1844　1178
律學發軔三卷
元賢著　天津　天津刻經處　1922年

007743997　1844　2436
佛説摩訶般若波羅蜜多心經密義述
李翊灼撰　上海　中華書局　1930年

008583061　FC4243(N)
寶華山隆昌寺同戒錄
濟南　1940年

009013814　1844　5672
勅賜鳳山古林律寺同戒錄一卷
濟南　1921年

008583057　FC4241(N)
同戒錄臺北觀音山凌雲禪寺
濟南　1923年

002177522　1845　4010
觀世音菩薩感應靈課
北平　文楷齋　1933年

009054170　1846　0272
慈悲三昧水懺申義疏三卷
諦閑述　濟南　1926年　鉛印

007746018　1849　4232
大般涅槃經敘
歐陽漸撰　濟南　1931年

007746081　1851　4192
大孔雀經藥又名錄輿地考
上海　商務印書館　1931年

007746027　1851　4218
楞嚴會歸評註十卷
上海　中華書局　1925年

008695995　BQ2993.J3　U36　1947
大乘起信論

宇井伯壽譯註　東京　岩波書店　1936年

007745814　1851　4664
楞嚴貫攝十卷
般刺密帝譯　(清)劉道開撰　上海　中華書局　1922年

007973831　1859　3103
儒佛合一救劫編
江謙編著　上海　中國儒佛合一救劫會　1936年　(m.)

007745920　1862　1201
百論疏十六卷
吉藏疏　北京　刻經處　1913年　重刊本

007746123　1862　1201K
百論疏十四卷
吉藏撰　金陵　刻經處　1918年

008626080　FC6203
佛化基督教
張純一著　上海　佛學書局　1924年　(m.)

007746129　1862　1321
佛化基督教
張純一著　上海　佛學書局　1939年　3版　(m.)

007745950　1862　4029
中論科判附品目攝領表
南京　金陵刻經處　1915年

007745919　1863　4170
十二門論疏四卷
龍樹菩薩造　鳩摩羅什譯　吉藏疏　南京　金陵刻經處　1915年

007746152　1863　5401
中觀論疏二十六卷
南京　金陵刻經處　1914 年

007745951　1863　5600
成唯識論學記八卷
上海　商務印書館　1931 年

007746156　1864　1140
三教合一真諦初集
翟鶴亭撰　香港　旺角佛堂　1939 年

007746169　1864.5　6614
歐美之光
呂碧城編譯　上海　佛學書局　1931 年　初版

007747320　1867　0532
北山錄十卷
慧寶註　上海　1921 年

007747114　1867　1362b
弘明集十四卷
僧祐撰　上海　中華書局　1927 年　四部備要

007747447　1867　1363B
廣弘明集四十卷
(唐)釋道宣輯　上海　中華書局　1933 年

007747448　1867　1363C
廣弘明集四十卷
(唐)釋道宣輯　常州　天寧寺　1912 年

007747453　1867　8240
陶齋志果八卷
鄭觀應輯　上海　著易堂書局　1918 年

007747457　1867.8　1127
佛法與科學之比較研究
王季同著　上海　世界新聞社　1932 年　(m.)

007747468　1868　2336b
佛祖統系道影宗教律蓮諸象
守一增編　1921 年

007747250　1868　4208
佛教宗派詳註
楊文會撰　萬鈞註　上海　醫學書局　1921 年

007747475　1868　4894
佛教各宗大意
黃懺華編著　鎮江　焦山智光大師獎學金基金會　1947 年　再版

007747116　1872　2344
佛家名相通釋
熊十力撰　北平沙灘　國立北京大學出版組　1937 年

009065633　1872.4　4598.1
相宗綱要續編九卷
梅光羲編　上海　商務印書館　1926 年　鉛印

009315213　1872.4　4598a
相宗綱要不分卷
梅光羲編　濟南　1920 年　鉛印

007748533　1876　2133
密宗要義
程宅安著　宜興　淨樂林編譯部　1929 年　(m.)

008627378　Microfiche　C-827　CH1431
密教發達志
大村西崖撰　東京　佛書刊行會　1918 年

007748436　1876　3473
密宗要旨
神林隆淨著　歐陽瀚存譯　上海　中華書局　1939 年　初版　（m.）

007748544　1877　1162
龍舒淨土文十卷
（宋）王日休撰　上海　佛學書局　1930 年　（m.）

007748547　1877　2641
淨土十要
蕅益［智旭］　廣州　1930 年　（m.）

007748559　1877　3433
淨土津梁
了慰編輯　上海　涵芬樓　1933 年　國難後第 1 版

007748565　1877　3433　（1）
佛說阿彌陀經
鳩摩羅什譯　上海　涵芬樓　1933 年　國難後第 1 版　淨土津梁

007748567　1877　3433　（1）
佛說觀無量壽佛經
畺良耶舍譯　上海　涵芬樓　1933 年　國難後第 1 版　淨土津梁

007748566　1877　3433　（1）
佛說無量壽經二卷
康僧鎧譯　上海　涵芬樓　1933 年　國難後第 1 版　淨土津梁

007748582　1877　3433　（2）
淨土生無生論
傳燈撰　上海　涵芬樓　1933 年　國難後第 1 版　淨土津梁

007748572　1877　3433　（2）
淨土十疑論
智者大師［智顗］撰　上海　涵芬樓　1933 年　國難後第 1 版　淨土津梁　（m.）

007748574　1877　3433　（2）
念佛三昧寶王論三卷
飛錫撰　上海　涵芬樓　1933 年　國難後第 1 版　淨土津梁

007748586　1877　3433　（3-4）
龍舒淨土文十二卷
王日休撰　上海　涵芬樓　1933 年　國難後第 1 版　淨土津梁

007748592　1877　3433　（5-6）
淨土指歸集二卷
大佑集　上海　涵芬樓　1933 年　國難後第 1 版　淨土津梁

007748603　1877　3433　（7）
淨土法語
幽溪無盡大師述　正知校　上海　涵芬樓　1933 年　國難後第 1 版　淨土津梁

007748594　1877　3433　（7）
淨土或問
善遇編　上海　涵芬樓　1933 年　國難後第 1 版　淨土津梁

007748610　1877　3433　（8）
戒殺放生文明釋
袾宏撰並註　上海　涵芬樓　1933 年　國難後第 1 版　淨土津梁

007748609　1877　3433　（8）
西方願文略釋
袾宏撰並釋　上海　涵芬樓　1933 年　國難後第 1 版　淨土津梁

007748612　1877　3433　（9）
蓮花世界詩
廣貴輯　上海　涵芬樓　1933 年　國難

後第1版　淨土津梁

007834316　MLC – C
淨名經集解關中疏
上海　商務印書館　1929 年　初版

007748617　1877.2　2227
淨業纂要
佛乘修學編刊　武昌　194? 年

007748632　1880　0371b
永嘉真覺大師證道歌
玄覺著　永盛註　頌德弘編　南京　金陵刻經處　1935 年

007907841　1880　1444
宗鏡錄一百卷
宋永明禪師延壽集　上海　商務印書館　1935 年　國學基本叢書　（m.）

007748505　1880　1444.1
宗鏡錄法相義節要宋永明禪師延壽集
梅光羲節要　上海　商務印書館　1935 年

007748707　1880　3335.1
六祖大師法寶壇經箋註
釋惠能説　釋法海錄　丁福保箋註　上海　醫學書局　1943 年　佛學叢書

009113054　1881　3384
禪宗頌古聯珠通集四十卷
法應集　普會續集　濟南　1912—49 年　鉛印

007749429　T 1881.18　1326
南嶽單傳記
弘儲表　1935 年

007749569　1884　0244
佛教弘傳史
高觀如述　上海　佛學書局　1936 年

(m.)

007749435　1884　3379
景德傳燈錄三十卷
上海　商務印書館　1935 年　四部叢刊

007749571　1885　6634
印度佛教史略
呂澂撰　上海　商務印書館　1925 年

007749395　1885　7202
印藏佛教史
劉立千編　成都　華西大學華西邊疆研究所　1946 年序　（m.）

007749414　1886　1310
西域之佛教
羽溪了諦著　賀昌群譯　上海　商務印書館　1933 年　佛學叢書　（m.）

007749573　1887　2554
中國佛教史略
牟貴蘭撰　武昌　李榮真印書局　1935 年

007750129　1887　3218
歷代求法翻經錄
馮承鈞編　上海　商務印書館　1923 年　（m.）

007750104　1887　3277A
漢魏兩晉南北朝佛教史
湯用彤撰　長沙　商務印書館　1938 年　佛學叢書　（m.）

007750130　1887　3277B
漢魏兩晉南北朝佛教史
湯用彤撰　重慶　商務印書館　1944 年　（m.）

007750131　1887　3368
法顯傳考證

何健民、張小柳譯　上海　商務印書館
1937 年　初版

007788427　MLC‑C
法顯傳考證
何健民、張小柳譯　上海　國立編譯館
1937 年　初版

007750090　1887　4422
中國佛教史
蔣維喬著　上海　商務印書館　1933 年
第 1 版　（m.）

007750083　1887　4894
中國佛教史
黃懺華著　長沙　商務印書館　1940 年
（m.）

008627463　Microfiche　C‑885　CH1490
中國佛教史四卷
境野哲原著　蔣維喬編補　上海　商務
印書館　1929 年　（m.）

007750046　1887　6634
西藏佛學原論
呂澂著　上海　商務印書館　1933 年
再版　（m.）

008454735　MLC‑C
東嶽廟七十六司考證
慈濟施診所編印　1938 年

007750139　1887　7228
中國佛教史略
釋印順、妙欽合編　上海　正聞學社
1947 年　正聞學社叢書　（m.）

011901478　PL2275.B9　C58　1938
中國佛教文學與美術
高觀如撰　廣州　佛學書局　1938 年
佛學講義

007750048　1887　7941
明季滇黔佛教考
陳垣著　北平　輔仁大學　1940 年　輔
仁大學叢書　（m.）

007750051　1888　4224
蒙藏佛教史
妙舟編纂　上海　佛學書局　1935 年
（m.）

007750052　1888　4409
西藏佛教史
李翊灼述　上海　中華書局　1933 年
新文化叢書　（m.）

007750147　1888　7202
續藏史鑒
劉立千撰　成都　華西大學華西邊疆研
究所　1945 年　（m.）

009676162　1893　2431
蒙漢合璧釋尊聖傳
佐藤富江著　東京　大亞細亞建設社
1938 年

007750160　1893　2457
佛教史跡
佛學書局編輯　上海　佛學書局
1931 年

007750162　1893　3314
釋迦如來應化事跡四卷
永珊繪寫　香港　極樂寺公墓翻印
1941 年

007750214　1894　3320
法住記及所記阿羅漢考
萊維、孝閱納著　馮承鈞譯　上海　商
務印書館　1930 年　（m.）

007750217　1897　3335
達摩寶傳二卷

悟真子補述　上海　宏大善書局
1924 年

007750207　1898　0248
新續高僧傳四集六十五卷
喻昧庵［喻謙］編　濟南　北洋印刷局
1923 年

007751973　1898.34　602
滇釋紀四卷
昆明　雲南圖書館　1914 年

007752067　1899　1117
弘公大阿闍梨赴告
王福慧等編　潮安　王纘堂　1937 年

007751827　1899　1761
天然和尚年譜
汪宗衍撰　1943 年

007753102　1899　2113
虛雲老和尚事跡
林遠凡編　香港　雲門寺常住　1944 年

007753104　1899　2314
黎乙真大阿闍梨赴告
佛教真言宗居士林編印　香港　1937 年

007753105　1899　2431
釋法瑶
湯用彤撰　北平　國立北京大學
1935 年

007753015　1899　5234
明末義僧東皋禪師集刊
高羅佩編著　重慶　1944 年

007753132　1899.4　0323.19
玄奘
孫毓修編　上海　商務印書館　1933 年
　國難後第 1 版　少年叢書　（m.）

007753136　1899.4　0323.31
玄奘附西域地名今釋
宋雲彬著　上海　開明書店　1935 年
（m.）

007753014　1899.4　0323.431
玄奘
蘇淵雷編著　重慶　勝利出版社　1944
年　中國歷代名賢故事集　第 3 輯
（m.）

007753058　1899.4　0323c
大慈恩寺三藏法師傳十卷
慧立撰　彥悰箋　南京　支那內學院
1923 年

001921207　1899.9　4258
近代往生傳
楊慧鏡編輯　上海　愛華製藥社　1925
年　（m.）

007753008　1905.2　2222
佛遊天竺記考釋
岑仲勉著　上海　商務印書館　1934 年
　國學基本叢書　（m.）

007753025　1905.2　3368.2
佛國記一名法顯傳
上海　商務印書館　1937 年　國學基本
叢書

007753019　1905.2　4445
天竺遊蹤瑣記
李樹青著　上海　商務印書館　1948 年
　（m.w.）

007811055　MLC‑C
印度周遊記
譚雲山撰　南京　新亞細亞學會　1933
年　初版　新亞細亞學會叢書　（m.）

007753145　1905.2　5348
慧超往五天竺國傳箋釋
藤田豐八撰　北平　泉壽東文書藏校印
　1931年

007754051　1909.14　0123
雍和宮法物展覽會佛像物品說明冊
雍和宮法物展覽會　香港　雍和宮法物
展覽會　1921年

007754053　1909.28　4230
金陵梵刹志五十三卷
葛寅亮編輯　鎮江　金山江天寺
1936年

007754058　1913.53　3833
極樂寺志十卷
釋寶慈編輯　檳榔嶼　該寺　1923年

009277511　1915　4834
古佛畫譜二冊
黃澤著　上海　中華書局　1929年　合
訂本

008633367　Microfiche　C-897　CH1503
歷朝名畫觀音寶相
印光撰　上海　淨緣社　1940年

009102472　1915　7425a
歷朝名畫觀音寶相
印光撰　上海　淨緣社　1939年

009451222　T　1917　4444
地藏菩薩九華垂跡圖贊一冊
盧世侯繪　弘一題贊　1933—49年
影印

009112033　1918　4836
尊古齋陶佛留真二卷
黃濬撰集　北平　尊古齋　1937年
影印

007755056　1919　1924
西方啟信錄
孫傳祝撰　上海　國光書局　1922年

007755057　1919　3933
竹窗三筆
上海　有正書局　1914年

007754930　1919　4112
談因
尤惜陰編　上海　佛學書局　1934年
（m.）

007755059　1919　4322
楊祖岐山復品昇仙理育醒世鐸
香港　理育善社　1923年

道教

007755068　1920.2　4037
南京道院癸甲二周合刊
南京道院編　南京　該院　1925年
（m.）

007755070　1920.3　1135
道慈文選二卷
[王道成]編　重慶　紅卍字會　1939
年　（m.）

007755072　1920.3　1313
張三豐先生全集八卷
李西月重編　附無根樹詞註解　劉悟
元註　李涵虛解　靈寶畢法三卷　鍾
離權撰　呂巖傳　海山奇遇七卷　李
西月編　上海　江左書林　1919年

007755577　1920.3　3202
道德文化真精神
上海　大成書社　1939年

008454133　MLC－C
呂祖全書
1920 年

009054228　1920.3　6633.1
呂祖醒心經一卷
呂洞賓撰　劉體恕輯　北京　宏文齋刻字鋪　1918 年

007755422　1920.4　2611
道藏目錄詳註四十卷
（明）白雲霽撰　香港　退耕堂　1930 年

007443118　Z3101.Y446x　vol.25
道藏子目引得
翁獨健編　哈佛燕京學社引得編纂處校訂　北平　哈佛燕京學社　1935 年　引得　（m.）

007755396　1920.8　0442b
道教史上編
許地山編　上海　商務印書館　1934 年　（m.）

007755431　1920.8　2443
道教史概論
傅勤家撰　上海　商務印書館　1933 年　百科小叢書　（m.）

007755681　1920.9　1222
天仙秘解全宗六卷
上海　掃葉山房　1921 年

007755499　1920.9　242
道教源流
小柳司氣太著　傅代言編譯　上海　中華書局　1927 年　常識叢書　（m.）

007755686　1920.9　4137
闡道淺說
棲霞逸叟著　廣州　宏大善書局　1925 年

007755421　1921　1312
雲笈七籤
張君房輯　上海　涵芬樓　1929 年

007755690　1921　34
道藏五千四百八十五卷
上海　商務印書館　1924—26 年

007755394　1921　7968
道藏源流考
陳國符著　上海　中華書局　1949 年初版　（m.）

007757693　1925　0342
玄妙經
呂巖諭撰　哈爾濱　慈雲壇　1933 年

007757700　1925　4114
太乙北極真經十二集　附副集經旨邃秘
慧地註　素一等主校　濟南　濟南道院　1936 年　6 版

007758783　1927　4250
太上感應篇直講
瀋陽　鄭璞山、薛志遠　1925 年　重刻本

007758611　1927　4325.1
感應因果合編
香港　抱道堂　1930 年

007758802　1927　5031
德育古鑒
史潔珵輯　上海　1939 年　（m.）

007824234　MLC－C
應用唯識學決定生淨土論
劉淨密撰　四川省　四川自貢佛學社救劫會　1936 年　初版

007758806　1927　7246
善惡鑒

周楷撰　上海　善書流通處　1924 年

007758812　1927　8041
靈寶畢法三卷
鍾離權撰　呂巖傳　周爲奇註　北平　永盛齋　1937 年

007758840　1929　2273
仙佛丹道要篇
靈慧[周爲奇]修正補志　北京　永盛齋存版　1933 年

007760798　1930　1831
玉笈寶函暗時燈三卷　晨鐘[三卷合刊]
仁善堂鸞降　馬中良評註　隨縣浙河鎮　仁善堂　1932 年

007759881　1930　2201
行修應元寶誥
姚德超編輯　新京　世界紅卍字會滿洲國總會　1938 年

007759885　1930　3134
三教一貫四卷　辨正一卷
汪啟濩著　上海　千頃堂書局　1915 年

007760659　1932　7941
南宋初河北新道教考
陳垣著　北平　輔仁大學　1941 年　輔仁大學叢書　（m.）

008633524　Microfiche　C-951　CH1542
羽化登仙
1945 年

007760807　1933　1110
歷代神仙史八卷
王建章著　真吾增訂　上海　江左書林　1920 年

007760815　1933　3806b
列仙傳四卷
還初道人[洪應明]輯　千鳳岐精校　上海　大成書局　1921 年

007760827　1938　0632　(1-6)
道德精華錄六卷
謝冠能編　南京　紅卍字分會　1928 年　（m.）

007760833　1938　0800
廣善庸言八卷
焦作廣善壇降著　北京　天華館　1938 年

007760843　1938　1171
苦樂源頭
淡癡尊者傳　上海　中華書局　192? 年

007761190　1938　2420
中國煉丹術考
約翰生著　黃素封譯　牛惠生夫人校　上海　商務印書館　1937 年　（m.）

007761481　1938　3437
道院或問
濟南道院　香港　濟南道院　1927 年

007761498　1938　5228
闡道要言
上海　宏大善書局　1923 年

007761515　1938　8612
道餘戲墨
智孤編輯　1927 年

009370043　1938　8678
鍾呂問答試金石全旨
香港　明善書局　1933—49 年　石印

007761532　1938.3　7370
陰騭文圖證
費丹旭撰　海昌　蔣氏別下齋　1929 年

基督教

007761583　1975　4382
信行基督教之要道
蔣宋美齡撰　上海　1938 年

008625922　FC5876　(5)
我的宗教經驗譚
宋美齡女士著　上海　廣學會發行
1934 年

007761584　1975　4383　FC5876　(5)
我的宗教經驗譚
蔣宋美齡撰　上海　廣學會　1939 年
15 版

009443273　TA　1975.1　8400
谷聲第四十七期
山西　太谷公理會　1938 年　油印

007761587　1975.2　0542
廣東宣教師夏令會報告書1938 年
廣東全省基督教宣教師夏令會編輯部
廣州　宣教師夏令會　1939 年

007818035　1975.2　5442
中華基督教會廣東協會三十周年紀念會第二十三屆年會專刊
中華基督教會廣東協會　廣州　中華基督教會廣東協會　1948 年

007761559　1975.3　1307　Microfiche　C–0475　C98
大光破暗集
張文開編　香港　大光報　1917 年
(m.)

007761560　1975.3　1307.1　Microfiche　C–0476　C99
去荊鋤又名讀陳煥章博士孔教講義辯謬
張文開著　廣州　美華浸信會　1921 年

007763415　1975.3　2393
黑暗與光明
吳耀宗著　上海　青年協會書局
1949 年

008213671　1975.3　2522　Microfiche　C–0175　A74
明道集二卷
仲偉儀編述　天津　基督教青年會
1921 年

007736198　1709　2433　1975.3　3434
宗教之真面目
釋心等撰　三藩市　平社　1930 年
(m.)

007763417　1975.3　6139
羅運炎論道文選
羅運炎撰　上海　廣學會　1931 年

007763248　1975.3　6434　Microfiche　C–0637　G9
國內近十年來之宗教思潮
張欽士選輯　北京　燕京華文學校
1927 年　(m.)

011884391　BR1610.V35　1936
思想解放史話
(美)房龍[H. W. Vanloon]著　宋桂煌譯
　上海　商務印書館　1936 年　(m.)

008126444　FC7767　Film　Mas　31703　Microfiche　C–0157
A49　TA　1975.4　13
基督聖教出版各書書目彙纂
雷振華纂　漢口　聖教書局　1918 年

008126361　FC8178　Film　Mas　32076　Microfiche　C–0158
A50　TA　1975.4　14
中華基督教文字索引華英合璧
廣協書局編　上海　編者發行　1933 年
(m.)

007886376　1975.4　2352　FC526(N)　FC9622　Film　Mas 35911　Microfiche　C-0557　E28
教案史料編目
吳盛德、陳增輝合編　北平　燕京大學宗教學院書記室　1941年　燕京大學宗教學院叢書

008124499　Microfiche　C-0160　A52　TA　1975.4　39
基督教書目摘錄
協和書局　上海　協和書局　1923年

008124497　Microfiche　C-0159　A51　TA　1975.4　39
圖書目錄
協和書局　上海　協和書局　1922年

008124500　Microfiche　C-0162　A54　TA　1975.4　47
廣學會書目
廣學會　上海　廣學會　1922年

008626084　FC6203
洪溝
張宛如著　上海　廣學會　1935年

007763351　1975.4　5442
宗教教育書目
中華基督教宗教教育促進會編　上海　1934年　增訂版

008110526　Microfiche　C-0568　E39　TA　1975.5　4229
廣州基督教協和神學校章程民國十一、十二年
廣州　該校　1922年

011911637　BR1285.W823
大時代的宗教信仰
吳耀宗著　香港　青年協會書局　1938年　初版　非常時叢書　第1類　(m.)

007763379　1975.9　4422　Microfiche　C-0635　G7
宗教概論
艾香德講　黃景仁編述　上海　廣學會　1933年　4版

011561605　BL51.C6412　1925
宗教基礎
陳楚譯　上海　商務印書館　1925年　(m.)

007763068　1975.9　4823
基督教進解
趙紫宸著　上海　青年協會書局　1947年　再版　(m.)

009261530　1977　0244
聖經與文學研究
高博林著　長沙　商務印書館　1940年　初版　(m.)

007763454　1977　10
舊新約全書
上海　大美國聖經會　1914年

007763448　1977　18
聖經一貫之真理
丁素心撰　福州　基督徒聚會處　1937年

011912269　PL2760.A24　C48　1947
創世紀人物志集
范泉著　上海　寰星圖書雜誌社　1947年　初版　寰星文學叢書(m.w.)

007763483　1977　7233
福音經
馬良撰　上海　商務印書館　1949年　(m.)

011884830　BR165.M5612　1940
使徒之時代
米德峻著　馬福江述　上海　廣學會　1940年　(m.)

007818046　TA　1977　8B
舊新約聖經
施約瑟新譯　上海　大美國聖經會

1913年 （m.）

007818049　Microfiche　C-0268　B55　TA　1977　CC1913
舊新約全書廣東土白
上海　大美國聖經會　1913年

007763456　TA　1977　CK1931
新舊約全書客話
上海　聖書公會　1931年　（m.）

009443293　TA　1977　CM1920
新舊約全書官話和合譯本
上海　大美國聖經會　1920年　（m.）

010359401　TA　1977　cm1921
新舊約全書官話和合譯本　上帝[版]
上海　大美國聖經會　1921年　（m.）

008474403　TA　1977　CM1923
新舊約全書官話和合譯本　上帝[版]
上海　美國聖經會印發　1923年（m.）

009443287　TA　1977　CM1937
新舊約全書國語
香港　聖經公會　1937年　（m.）

007763467　1977　CP1941
新舊約全書
上海　聖經公會印發　1941年　（m.）

007763471　1977　CP1941　（1）
創世記至路德得記
上海　聖經公會印發　1941年　新舊約全書

007763473　1977　CP1941　（2）
撒母耳記至詩篇
上海　聖經公會印發　1941年　新舊約全書

007763475　1977　CP1941　（3）
箴言至瑪拉基書
上海　聖經公會印發　1941年　新舊約全書

007763477　1977　CP1941　（4）
新約全書
上海　聖經公會印發　1941年　新舊約全書

007763479　1977　Cy1939
新舊約全書粵語
廣州　聖經公會　1939年　（m.）

008110527　Microfiche　C-0233　B19　TA　1977.04　09
聖書公會[目錄]
上海　聖書公會　1921年

007764461　Microfiche　C-0237　B23　TA　1977.1　0821
舊約六經新解
George W. Hollister 著　鄭天嘉譯述　上海　協和書局　1927年

009441254　TA　1977.1　CM1930
舊約全書
上海　美國聖經會　1930年

009673895　TMO　1977.21　1932
創世記
1932年

009673896　TMO　1977.22　1933
出埃及記
1933年

009673898　TMO　1977.37　1921
箴言
1921年

009674693　TMO　1977.492　1913
約拿
1913年

009441194　TA　1977.5　CC(1912-1949)
馬可福音廣東土白
上海　美國聖經會　民國間　鉛印

009441192　TA　1977.5　CC1924
馬太福音廣東土白
上海　美國聖經會　1924年　鉛印（m.）

009441201　TA　1977.5　CM1919
馬可福音新約聖書卷二官話和合譯本
上海　大英聖書公會　1919年　鉛印

009437968　TA　1977.5　cm1920
馬太福音新約聖書卷一官話和合譯本
上海　大英聖書公會　1920年　鉛印（m.）

009441203　TA　1977.5　CM1920.1
約翰福音新約聖書卷四官話和合譯本
上海　大英聖書公會　1920年　鉛印（m.）

008127476　Microfiche　C-0274　B61　TA　1977.5　CP1921
新約全書
上海　大美國聖經會　1921年　（m.）

007772919　1977.6　3512　Microfiche　C-0163　A55
聖經辭典
海丁氏原著　瑞思義、李理斐編譯
1933年

007764725　1977.6　3517　Microfiche　C-0164　A56
四福音大辭典上下卷
海丁氏原編　林輔華、夏明如編譯　上海　廣學會　1935—36年　（m.）

008127419　Microfiche　C-0331　B119　TA　1977.6　CP1924
福音書
上海　美國聖經會　1924年　（m.）

009674462　TMO　1977.62　1929
馬太福音
1929年

009674477　TMO　1977.63　1929
馬可福音
1929年

009674736　TMO　1977.62　1933
馬太福音
1933年

009674477　TMO　1977.63　1929
路加福音
1933年

008127429　Microfiche　C-0354　B142　TA　1977.64　CC1924
路加福音廣東土白
上海　美國聖經會　1924年

008474614　TA　1977.64　CP1920
路加福音
上海　大英聖書公會　1920年　（m.）

009674613　TMO　1977.65　1929
約翰福音
1929年

008162130　TA　1977.65　CP1920
約翰福音官話和合譯本
上海　大英聖書公會印發　1920年

009674642　TMO　1977.67　1933
使徒行傳
1933年

008128988　TA　1977.67　EM1913
使徒行傳中西字　官話和合　美國新譯英文
1913年

007764426　1978　2296
超性學要
聖多瑪斯原著　利類思譯義　金彌格等審訂　上海　土山灣印書館　1930年（m.）

011881996　BT77.W66　1929
上帝的研究
賈立言、馮雪冰譯述　上海　廣學會　1929年　（m.）

008626070　FC6203
談道錄
姚爾吉著　簡又文、高爲雄譯　上海青年協會　1922年　（m.）

008132447　Microfiche　C-0410　C30　TA　1978.2　011
唯一領袖
湯約翰著　伍賴信譯　廣州　光樓發行　1921年

009437418　TA　1978.2　9120
如何運用聖經
懷雅德著　霍茂生譯　北京　華北基督教公理會　1947年　鉛印

008474616　Microfiche　C-0409　C29　TA　1978.29　38
基督傳
希耳撰　陳霆銳、胡貽穀譯　上海　青年協會書報部　1920年　（m.）

011890264　BV638.F44612　1940
基督教與遠東鄉村建設
楊昌棟、楊振泰譯　上海　廣學會　1940年　金陵神學院叢書　（m.）

007764745　1978.3　2213
天主實義二卷
獻縣　張家莊勝世堂　1922年

007767728　1978.4　78
罪人之書
上海　廣學會　1938年　8版　（m.）

007764749　1978.5　95.7
實用的信仰
上海　廣學會　1938年　（m.）

007765995　1978.9　0370
正邪略意
康福民述　上海　土山灣印書館重印　1921年

008140809　Microfiche　C-0447　C70　TA　1979.1　81
論舌寶訓
上海　中國聖經書會售　1915年

008145107　Microfiche　C-0489　D14　TA　1979.3　1917　TA　1979.3　1918
公禱文附詩篇
聖公會訂　1917年

007766007　1979.5　3053
詩歌暫編本
上海　福音書房　1941年　23版　（m.）

011896592　M2017.2.T836　1931
團契聖歌集
趙紫宸譯詩　范天祥校樂　北平　燕京大學基督教團契　1931年　（m.）

004997495　Film Mas 34922　FK2012　TK　1979.5　3424
方言讚美歌
安秉安編輯　新義州　福音書觀　1939年

008141319　Microfiche　C-0508　D33　TA　1979.5　C1915.1
頌主詩歌
橫濱　福音印刷合資會社　1915年

008250078　Microfiche　C-0507　D32　TA　1979.5　C1914　TA　1979.5　c1915　TA　1979.5　c1915b
頌主詩歌

横濱　福音印刷合資會社　1914 年

010244171　TA　1979.5　c1916　TA　1979.5　c1916b
頌主詩歌
香港　福音印刷合資會社　1916 年

010255937　TA　1979.5　c1918
頌主詩歌
香港　福音印刷合資會社　1918 年

008141320　Microfiche　C-0498　D23　TA　1979.5　C1918.1
頌主聖詩
聖公會譯　1918 年

008141321　Microfiche　C-0509　D34　TA　1979.5　C1922
頌主詩歌
上海　美華書館　1922 年　（m.）

008146525　Microfiche　C-0453　C76　TA　1979.7　09
作基督徒的真意義
濮士韋著　麥美德、王德潤譯述　濟南　齊魯大學神科　1926 年

007766022　1979.7　413
師主吟四卷
上海　慈母堂重印　1912 年

007766031　1979.7　414
師主篇四卷
獻縣　張家莊排印　1920 年

008146527　FC8504　Film Mas 32537　Microfiche　C-0448　C71　TA　1979.7　81
入門之光全本
天津　華北書會印發　1915 年

008146528　Microfiche　C-0449　C72　TA　1979.8　81
家庭禱告
明恩博師母著　漢口天津　基督聖教協和書局印行　1916 年

007766066　1980　8612　FC-M307　Microfiche　C-0530　D55
宣教事業平議
美國平信徒調查團編　徐寶謙、繆秋笙、范定九譯　上海　商務印書館　1934 年　（m.）

008581589　FC3181
反對基督教運動
中國青年社非基督教同盟編　廣州　國光書店　1925 年　（m.）

007765810　1980　8928
基督教與中國鄉村建設運動
余牧人著　上海　廣學會　1949 年　金陵神學院叢書　（m.）

008579130　FC5493　(4)
浸會在華佈道百年略史 1836—1936
董景安著　上海　華美浸會書局　1936 年　（m.）

008579124　FC5493　(1)
天主教傳行中國考
河北獻縣張家莊　天主教堂印書館　1936 年

008630459　FC5493　(2)
天主教十六世紀在華傳教志
H. Bernard 著　蕭浚華譯　上海　商務印書館　1936 年　（m.）

008630426　FC5493　(6)
一個實驗的鄉村教會
朱敬一著　上海　廣學會　1940 年　（m.）

009434999　TA　1980.2　0024
神道要論六卷
謝衛樓撰　上海　上海美華書館　1915 年　鉛印

009433141　TA　1980.2　1142
晨更
王梓仲編輯　北京　華北公理會　1946年　鉛印　華北公理會晨更第二

009433146　TA　1980.2　1142.1
晨更
王梓仲編輯　北京　華北公理會　1947年　鉛印　華北公理會晨更

009436918　TA　1980.2　3322
家庭崇拜集
北京　華北中華基督教公理會　1948年　鉛印

009431032　TA　1980.2　4233
信仰指略一卷
趙鴻祥編輯　北京　華北公理會　1935年　鉛印

009431107　TA　1980.2　4280.10
近代基督教的自我檢討一卷
彭錦章著　北京　北京燈市口公理會　1949年　鉛印　證道小叢書

009431096　TA　1980.2　4280.9
愛的勝利一卷
彭錦章著　北京　北京燈市口公理會　1949年　鉛印　證道小叢書

007766073　1980.2　8612
宗教名言集
普體德等講　蔡燕惱、湯冶我主編　上海　廣學會　1936年　(m.)

008626078　FC6203
朝聞道韻渠傳記
張霄著　上海　廣學會出版　1936年

007765807　1980.3　7115
經文及其適合之材料
劉子靜撰　上海　廣學會　1940年

008151730　Microfiche　C-0147　A37　TA　1980.5　36.1b
三字經
夏察理氏著　福州　啟明印刷公司　1913年

008151728　Microfiche　C-0155　A47　TA　1980.5　81
訓蒙摘要
天津　華北書會印發　1915年

007765920　1980.7　8928　Microfiche　C-0695　H42
宗教教育論文集第一輯
余牧人、陳晉賢編輯　畢範宇校訂　上海　廣學會　1933年　(m.)

009265459　1980.8　4220
上帝與社會改造
賀川豐彥著　無愁譯　梅立德校　上海　廣學會　1936年　初版

007765618　1981.2　0203　FC5493　(1)
中國天主教史論叢甲集
方豪著　重慶　商務印書館　1944年　(m.)

007765674　1981.2　0203A
中國天主教史論叢甲集
方豪著　上海　商務印書館　1947年　上海初版　(m.)

008630506　FC5493　(2)
全國公教教育會議紀要
天主教教務協進委員會　學校教育組編輯　上海　天主教教務協進委員會　1948年　(m.)

007766782　1981.2　2337　FC5493　(1)
中國天主教傳教史
上海　商務印書館　1933年　百科小叢書　(m.)

008630421　FC5493　(6)
傳教之研究

上智編譯館編　北平　協和印書館
1947年　初版　（m.）

007443540　Z7840.J5 H88 1949x
明清間耶穌會士譯著提要
徐宗澤編著　上海　中華書局　1949年

007766898　1981.2　2933
中國天主教傳教史概論
徐宗澤編著　上海　聖教雜誌社　1938年　（m.）

007766923　1981.2　7922
公教論
陳香伯著　上海　商務印書館　1944年
（m.）

007766925　1981.2　7922b
公教論
陳香伯著　上海　商務印書館　1949年
（m.）

007766831　1981.2　7941
元也里可温考開封一賜樂業教考
陳垣撰　1920年　增訂3版

007766933　1981.2　7958
公教與文化
陳哲敏等著　北平　上智編譯館　1947年　（m.）

009431018　TA　1981.7　0340
公理會小史一卷　附公理會理想及原則七十五年來之領袖訓練
麻海如編　趙鴻祥譯　天津　華北公理會　1935年　油印

009430615　TA　1981.7　1142.1
經典一卷
王梓仲編譯　北京　華北公理會　1938年　鉛印　公理會教友須知　第1種

009431123　TA　1981.7　1142.2
信仰一卷
王梓仲編譯　北京　華北公理會　1938年　鉛印　公理會教友須知　第2種　（m.）

009431144　TA　1981.7　1142.3
靈修一卷
王梓仲編譯　北京　華北公理會　1938年　鉛印　公理會教友須知　第3種

009431158　TA　1981.7　1142.7
崇拜一卷
王梓仲編譯　北京　華北公理會　1948年　鉛印　公理會教友須知　第7種

009434942　TA　1981.7　3381
汾州公理會衆議會選立王景文張耀齋高喜亭三君擔任牧師之經過一卷
汾州基督教公理會　濟南　1939年　鉛印

009429936　TA　1981.7　4147
華北基督教公理會復員大會記錄一卷
華北基督教公理會　北京　華北基督教公理會　1946年　鉛印

007974748　1981.7　5442
公理七年1941—1947
香港中華基督教會　香港　公理堂　1947年

009430228　TA　1981.7　7342
臨清基督教公理會五十周年紀念小史一卷
臨清基督教公理會　臨清　臨清汶衛印刷公司　1936年　鉛印

008630632　FC5493　（1）
東方教會史
羅金聲著　上海　廣學會　1941年　金陵神學院叢書　（m.）

011884864　BR151.B312　1948
基督教發達史
程伯群譯　上海　廣學會　1948 年
（m.）

007772986　1982　0304
基督教史略
鄭啟中譯　上海　青年協會書局　1948 年　再版　（m.）

008628086　Microfiche　C-569　E40
中國基督教史綱
王治心撰　上海　青年協會書局　1940 年　青年叢書　第 2 集　（m.）

007773539　1982.3　1104　FC5493　（7）
中國近世史上的教案
王文傑著　福州　協和大學中國文化研究會　1947 年　福建協和大學中國文化研究會文史叢刊

007772828　1982.3　1143
康熙與羅馬使節關係文書
陳垣識　北平　故宮博物院　1932 年

009430686　TA　1982.3　1354
天津中華基督教會沈王莊會堂五周年紀念冊一卷
天津中華基督教會沈王莊會堂編纂　天津　天津中華基督教會沈王莊會堂　1924 年　鉛印

007772867　1982.5　2032　Microfiche　C-0560　E31
庚子教會華人流血史
柴蓮馥[也愚]編輯　上海　中國基督聖教書會　1935 年　（m.）

008630404　FC5493　（5）
基督教與中國文化
吳雷川[震春]著　上海　青年協會書局　1936 年　青年叢書　（m.）

007773542　1982.5　2312　FC5821　FC-M1088
基督教與中國文化
吳雷川[震春]著　上海　青年協會書局　1948 年　（m.）

007585773　FC5493　（6）　FC-M1120　Microfiche　C-0693　H38
中國基督教教育事業
中國基督教教育調查會編　上海　商務印書館　1922 年　初版

007773390　1982.5　5848　FC5493　（5）
中國文化與基督教
青年協會書報部編　上海　青年協會書局　1927 年　（m.）

007773376　1982.5　7224　Microfiche　C-0565　E36
香港基督教會史
劉粵聲主編　香港　香港基督教聯會　1941 年　（m.）

008153943　FC8175　Film　Mas　32073　Microfiche　C-0548　E19　TA　1982.5　81
青年興國準範
季理斐譯　上海　廣學會印　1913 年

008153942　FC7754　Film　Mas　31715　Microfiche　C-0551　E22　TA　1982.5　8121
中華歸主
中華續行委辦會調查特委員編制　原書編輯主任司德敷　漢文編輯主任全紹武　陸士寅翻譯　上海　商務印書館代印　1922 年　（m.）

007773471　1982.51　3844　FC-M318　Microfiche　C-0562　E7
浸會在華佈道百年略史 1836—1936
上海　中華浸會書局　1936 年　初版　（m.）

007773483　1982.6　1042
天主教傳入中國概觀

上海　土山灣印書館　1933 年　再版

007773492　1982.6　2993
大秦景教流行中國碑文
徐光啟撰　香港　榮發印務　1933 年

007773555　1983　0121　Microfiche　C－0542　E13
施約瑟主教傳
上海　中華聖公會書籍委員會　1940 年

008154254　FC8152　Film Mas 32092　Microfiche　C－0539　E10　TA　1983　0434
宗教界六大偉人之生平原名天國偉人
謝洪賚編　上海　青年協會書報部出版　1924 年

007773268　1983　1229
耶穌傳
趙紫宸著　上海　青年協會書局　1948 年　5 版　青年叢書　（m.）

011983723　BT301.Y8　1934
耶穌基督
袁定安著　上海　商務印書館　1934 年　百科小叢書　（m.）

011805508　BT301.2.X547　1930
耶穌生活
謝頌羔編著　上海　世界書局　1930 年　生活叢書　（m.）

011884594　BT301.2.Z436　1947
耶穌小傳
趙紫宸著　香港　青年協會書局　1947 年　再版　（m.）

011920205　BV1065.H7　Y6　1918
青年會事業概要
香港中華基督教青年會編　香港　香港中華基督教青年會　1918 年

007773669　1983　2924
蘇州致命紀略
徐允希編　上海　土山灣慈母堂　1932 年　（m.）

011801825　BV3427.S35　V32　1949
湯若望傳
楊丙辰譯　上海　商務印書館　1949 年　（m.）

008625921　FC5876　（5）
一位中國奉教太太
泰西柏應理編撰　徐允希譯註　上海惠主教准刊　上海　土山灣印行　1949 年

007773378　1983　4264　Microfiche　C－0544　E15
謝廬隱先生傳略
胡貽穀著　上海　青年協會書報部　1917 年　（m.）

007773424　1983　4428.4　Microfiche　C－0543　E14
李修善牧師傳
林輔華［愛倫］著　谷雲階譯　上海　廣學會　1934 年　（m.）

007458619　1983　5853
入華耶穌會士列傳
馮承鈞譯　中華教育文化基金董事會編譯委員會編輯　長沙　商務印書館　1938 年　（m.）

007776715　1983　5924
秦秋芳修士小傳
邱多廉原著　吳應楓譯述　上海　土山灣印書館　1926 年

007773383　1983　7123
陸徵祥傳
羅光著　香港　香港真理學會　1949 年　世界名人傳記叢書　（m.）

007773379　1985　7214
中國教會問題的討論
劉廷芳編　上海　中華基督教青年會全國協會書報部　1922年

007773402　1985.1　2941
耶穌眼裏的中華民族
徐松石撰　上海　廣學會書店代售　1934年

007773345　1985.1　3218
景教碑考
馮承鈞編　上海　商務印書館　1931年
（m.）

008154253　Microfiche　C-0567　E38　TA　1985.2　1181
北平公理會公產委員會典章
北平　公理會　1928年

007773681　1985.2　1181.1
北平區公理會衆議會年會紀錄1939
北平公理會　北京　公理會　1939年

009429946　TA　1985.3　2138
山西太谷基督教衆議會報告書一卷
太谷基督教衆議會編纂　山西　太谷基督教衆議會　1931年　鉛印

009429689　TA　1985.3　4841
太谷基督教衆議會第十六次年會記錄一卷
太谷基督教衆議會編纂　山西　太谷基督教衆議會　1929年　鉛印

009429952　TA　1985.3　4841.1
太谷基督教衆議會第十七次年會記錄一卷
太谷基督教衆議會編纂　山西　太谷基督教衆議會　1930年　鉛印

009430233　TA　1985.3　7548
閩中大會十九年度年會紀錄一卷
中華基督教會閩中大會編纂　福州　中華基督教會閩中大會　1930年　鉛印

007773673　1985.31　6943
牛津團契是甚麼
明燈報社　上海　廣學會　1936年　3版

007775356　1987　4044
七克真訓二卷
上海　土山灣印書館　1932年　第6版
（m.）

其他宗教

007776612　1988　4165
天方正學
北京　清真書報社　1925年　（m.）

007775370　1988　7286
天方典禮十二卷
（清）劉介廉纂述　北京　清真書報社　1922年

007775372　1988　7286.1
纂譯天方性理五卷
劉介廉撰　上海　中華書局　1928年　重印本

007775374　1988　7286.1a
天方性理五卷
（清）劉介廉纂譯　上海　中華書局　1923年　（m.）

011894020
穆罕默德傳
1919年　（m.）

007775382　1988　7286.2
天方至聖實錄二十卷

劉介廉撰　香港　隴右馬福祥　1925 年

007775275　1988　7286A
天方典禮二十卷　後編
劉智纂述　上海　中華書局　1923 年
（m.）

007775392　1988.3　2203
中國回民問題論叢
穆文富撰　北平　回民特刊社　1935 年

007775398　1988.3　4403
回部公牘
李謙編　上海　中國印刷廠　1925 年

007776611　1988.3　8114　FC4
清真釋疑
金天柱撰　北京　清真書報社　1921 年

007775406　1988.5　1127
清真大學
真回老人[王岱輿]註　北京　清真書報社　1921 年

007775283　1988.8　7602
黎明時期回教學術思想史
納忠譯　長沙　商務印書館　1939 年
（m.）

007776564　FC5147　FC－M1150
中國回教史
傅統先著　長沙　商務印書館　1940 年
（m.）

007775409　1988.84　4243
日本之回教政策
楊敬之著　香港　商務印書館　1943 年
（m.）

007775411　1988.9　2444
回教真相
Hussien Al－Gisr 著　馬堅譯　上海　商務印書館　1946 年　伊斯蘭文化叢書
（m.）

007775422　1988.9　7291
伊斯蘭教概論
馬鄰翼著　上海　商務印書館　1935 年再版　（m.）

007775427　1989　1103
古蘭譯解一名古蘭經譯解三十卷
王文清撰　北平　中國回教俱進會本部　1932 年　（m.）

007775437　1989　1215　(v.1－2)
天律聖典大全十三卷
上海　明善書局　1921 年　（m.）

007775440　1989　1322
教典摘要
張德純譯著　奉天　文化清真寺　1935 年

011894054
爾撒的死與人不同
（英）斐有文撰　1920 年

007775276　1989　4127
漢譯古蘭經
歐司愛哈同、羅迦陵審定　姬覺彌總纂　上海　廣倉學窘　1931 年

007775445　1989　4242
古蘭經大義
楊敬修譯　北平　伊斯蘭出版社　1947 年　（m.）

007775274　1989　7223
大化總歸四典要會
馬德新著　馬開科註　北京　清真書報社　1923 年

007776649　1989.9　1365
歸真總義
（印度）阿世格著　北京　清真書報社
1922年

007776655　1989.9　7480
回教哲學一名回教一神論大綱
上海　商務印書館　1935年　再版
（m.）

007776522　1989.9　7480.7
回教認一論
穆罕默德·阿布篤著　馬瑞圖譯　上海
中華書局　1937年　（m.）

007776565　1989.9　8470
回教哲學史
第·博雅[T. J. Boer]著　馬堅譯　伊斯
蘭文化學會編輯　上海　商務印書館
1946年　伊斯蘭文化叢書　（m.）

011745843　1990　80　K7040.Y8 1931
國際私法大綱
于能模著　上海　商務印書館　1931年
初版　（m.）

007776553　1990.1　2112
修真蒙引
伍子先撰　北京　清真書報社　1921年
重刊本

007776664　1990.1　7242
清真沐浴禮拜箴規
馬世名撰　南京　清真明德書社
1925年

007776582　1990.4　0460
回教教育史
馬堅譯　長沙　商務印書館　1941年
伊斯蘭文化叢書　（m.）

007776669　1990.4　1910
清真教考上卷
孫可庵著　北京　清真書報社重鐫
1921年

007776568　1990.4　2642
中國回教小史
白壽彝著　重慶　商務印書館　1944年
邊疆政教叢書　（m.）

007776677　1990.4　2680
回教考
白銘庵稿　北京　萬全堂　1916年

007776682　1990.4　3327　(v.1-2)
回教歷史教科書六册　第一、二册
上海　中國回教書局　1935—36年

007776690　1990.4　6674
回回原來
北京　清真書報社　1927年

007776495　1990.4　7226
中國回教史鑒
馬以愚著　長沙　商務印書館　1941年
（m.）

007776701　1990.4　7239
西來宗譜
馬啟榮著　鎮江　楊德誠印刷所
1918年

007776496　1990.4　7958
回教民族運動史
陳捷撰述　上海　商務印書館　1934年
新時代史地叢書　（m.）

011930583　GN24.P5512　1940
種族與歷史
E. Pittard著　董希白譯　長沙　商務印

書館　1940 年　世界文化史叢書
（m.）

007776703　1990.4　8149
中國回教史研究
金吉堂著　北平　成達師範出版部
1935 年　（m.）

007974753　1990.6　1188
中國回教近東訪問團日記
王曾善撰　重慶　中國文化服務社
1943 年　（m.）

007776707　1990.6　4851
西行日記
趙振武著　北平　成達師範出版部
1933 年　（m.）

011910555　BT1410.C5　1931
摩尼教流行中國考
沙畹著　馮承鈞譯　上海　商務印書館

1931 年　尚志學會叢書　（m.）

009263028　1993　2444
新時代之大同教
愛斯猛著　曹雲祥譯　上海　大同社
1932 年　初版　（m.）

009078453　1994　4326
尚書餘義教經經解不分卷
太和等撰　北平　光明印刷局　1928—
49 年　鉛印

009041910　1994　4404
救世新教教綱教法彙編不分卷
救世新教學會編　天津　華北印書館
1926 年　鉛印

005019056　TK　1999.2　2118.3
繪像靈跡實記
金演局編　京城　侍天教總部　1915 年

歷史科學類

考古學　金石學

008436041　2002　4228
古物保管委員會工作彙報
中國[國民政府]教育部古物保管委員會編　香港　編者發行　1935年　（m.）

004509985　2003　0886
廣倉學宭叢書乙類
姬佛陀編　上海　倉聖明智大學　1916年　影印

004510663　2003　0886　（1-5）
藝術類徵
鄒安編　上海　倉聖明智大學　1916年　廣倉學宭叢書　乙類

004510665　2003　0886　（6-12）
周金文存
鄒安編　上海　倉聖明智大學　1916年　廣倉學宭叢書　乙類

004510666　2003　0886　（13-14）
殷虛書契後編
羅振玉編　上海　倉聖明智大學　1916年　廣倉學宭叢書　乙類

004510667　2003　0886　（15）
殷虛古器物圖錄
羅振玉編　上海　倉聖明智大學　1916年　廣倉學宭叢書　乙類

004510668　2003　0886　（16）
古器物範圖錄
羅振玉編　上海　倉聖明智大學　1916年　廣倉學宭叢書　乙類

004510670　2003　0886　（17）
金泥石屑
羅振玉編　上海　倉聖明智大學　1916年　廣倉學宭叢書　乙類

004510671　2003　0886　（18）
蒿里遺珍拾補
鄒安編　上海　倉聖明智大學　1916年　廣倉學宭叢書　乙類

004510673　2003　0886　（19-21）
殷文存
羅振玉編　上海　倉聖明智大學　1916年　廣倉學宭叢書　乙類

004510674　2003　0886　(22)
明器圖錄
羅振玉編　上海　倉聖明智大學　1916年　廣倉學宭叢書　乙類

004510676　2003　0886　(23-24)
戩壽堂所藏殷虛文字考釋
羅詩夫人編　王國維考　上海　倉聖明智大學　1916年　廣倉學宭叢書　乙類

004510678　2003　0886　(25)
古石抱守錄
鄒安編　上海　倉聖明智大學　1916年　廣倉學宭叢書　乙類

004510679　2003　0886　(26)
廣倉古石錄
鄒安編　上海　倉聖明智大學　1916年　廣倉學宭叢書　乙類

004510681　2003　0886　(27-28)
專門名家
姬佛陀編　上海　倉聖明智大學　1916年　廣倉學宭叢書　乙類

004510682　2003　0886　(30-31)
十友名言
鄒安編　上海　倉聖明智大學　1916年　廣倉學宭叢書　乙類

004509986　2003　3878
顧氏金石輿地叢書八種　第一集
顧燮光輯　杭州　金佳石好樓　1929年

004510720　2003　3878　(1-2)
天下金石志十五卷
于奕正編　杭州　金佳石好樓　1929年　顧氏金石輿地叢書　第1集

004510721　2003　3878　(3-4)　2134　4821
中州金石考八卷
黃叔璥輯　杭州　金佳石好樓　1929年　顧氏金石輿地叢書　第1集

004510723　2003　3878　(5)
山右訪碑記一卷
魯燮光著　杭州　金佳石好樓　1929年　顧氏金石輿地叢書　第1集

004510722　2003　3878　(5)
山右金石考一卷
夏寶晉纂　杭州　金佳石好樓　1929年　顧氏金石輿地叢書　第1集

004510724　2003　3878　(6-7)
山左訪碑錄十三卷
法偉堂著　杭州　金佳石好樓　1929年　顧氏金石輿地叢書　第1集

004510687　2003　3878　(8)
江西金石目一卷
繆荃孫編　杭州　金佳石好樓　1929年　顧氏金石輿地叢書　第1集

004510688　2003　3878　(8)
汧陽述古編一卷
李嘉績纂著　杭州　金佳石好樓　1929年　顧氏金石輿地叢書　第1集

004510725　2003　3878　(8)
湘城訪古錄一卷
陳運溶纂　杭州　金佳石好樓　1929年　顧氏金石輿地叢書　第1集

004510695　2003　6151
眘古叢編
羅振玉編刊　日本　1916年

005045698　2003　6781
默厂金石三書
鮑鼎輯　上海　蟬隱廬　1932—33年

004515683　2003　7914
百一廬金石叢書十種

陳乃乾輯　香港　陳乃乾　1921 年

004516672　2003　7914　(1-2)
嘯堂集古錄二卷
王俅編　香港　陳乃乾　1921 年　百一廬金石叢書

004516678　2003　7914　(3)
王復齋鐘鼎款識一卷
王厚之集　香港　陳乃乾　1921 年　百一廬金石叢書

004516679　2003　7914　(4)
焦山鼎銘考一卷
翁方綱編　香港　陳乃乾　1921 年　百一廬金石叢書

004516682　2003　7914　(5)
浣花拜石軒鏡銘集錄二卷
錢坫集　香港　陳乃乾　1921 年　百一廬金石叢書

004516683　2003　7914　(6)
集古虎符魚符考一卷
瞿中溶編集　香港　陳乃乾　1921 年　百一廬金石叢書

004516690　2003　7914　(7)
漢熹平石經殘字一卷
陳宗彝輯　香港　陳乃乾　1921 年　百一廬金石叢書

004516693　2003　7914　(8)
蜀石經殘字一卷
陳宗彝輯　香港　陳乃乾　1921 年　百一廬金石叢書

004516697　2003　7914　(9)
孔子廟堂碑唐本存字一卷
翁方綱摹　香港　陳乃乾　1921 年　百一廬金石叢書

004516694　2003　7914　(9)
瘞鶴銘考一卷
汪士鋐編　香港　陳乃乾　1921 年　百一廬金石叢書

004516702　2003　7914　(10)
蒼玉洞宋人題名一卷
劉喜海集　香港　陳乃乾　1921 年　百一廬金石叢書

007170355　2009　0657
學古發凡八卷
高田忠周撰　東京　古籀篇刊行會　1925 年

004516724　2009　2234
史前史概論
岑家梧撰　長沙　商務印書館　1940 年　(m.)

004516725　2009　3652
考古學通論
濱田耕作著　俞劍華譯　上海　商務印書館　1931 年　(m.)

004505036　2009　4274
先史考古學方法論
蒙德留斯著　滕固譯　上海　商務印書館　1937 年　(m.)

004505034　2009　8258
近百年古城古墓發掘史
鄭振鐸著　上海　商務印書館　1935 年　(m.)

011901374　CC75.W91　1935
考古發掘方法論
胡肇椿譯　上海　商務印書館　1935 年　史地小叢書　(m.)

011929882　N5333.M5512　1929
美術考古學發現史

郭沫若譯　上海　樂群書店　1929 年（m.）

004516728　2058　3652
東亞文明的曙光
濱田耕作著　楊鍊譯　上海　商務印書館　1935 年　史地小叢書　（m.）

004505079　2058　4213
古物研究
濱田耕作等著　楊鍊譯　上海　商務印書館　1936 年　史地小叢書　（m.）

005665184　2063　1164
達古齋古證錄
霍明志著　濟南　1935 年　（m.）

005683260　2063　8116B
金石三例十五卷
盧見曾輯　王芑孫評　上海　商務印書館　1937 年　國學基本叢書

007480696　2066　1124
諸城王氏金石叢書提要一卷
王維樸撰　香港　1930 年

004516729　2066　3044
金石書錄目
容媛輯　北平　商務印書館　1930 年　中央研究院歷史語言研究所單刊

004505127　2066　3044b
金石書錄目
容媛輯　容庚校　上海　商務印書館　1936 年　初版　國立中央研究院歷史語言研究所單刊

007445385　2066　4808
金石書目十卷　附錄二卷　補遺一卷
黃立猷撰　1926 年

007445386　2066　4982
石廬金石書志二十二卷
林鈞撰　南昌　閩侯林氏寶岱閣　1923 年

007445549　2066　6044
金石名著彙目一卷　續一卷　補遺一卷　失錄一卷
田士懿輯錄　香港　田氏都門　1925 年

004516751　2067　0241
金石學
齊樹平著　濟南　齊魯大學　193? 年

004516752　2067　2983
金石學
朱劍心［建新］著　長沙　商務印書館　1940 年　國學小叢書　（m.）

004510237　2068　2217　A　6160.Wei
中國考古小史
衛聚賢編　上海　商務印書館　1933 年（m.）

009265848　2068　2217B
中國考古小史
衛聚賢編　上海　商務印書館　1947 年　3 版　（m.）

004510680　2069　1373
金石家書畫集小傳
西泠印社編　杭州　西泠印社　1935 年

004516755　2069　4431
金石學錄四卷
李遇孫輯　上海　商務印書館　1937 年　國學基本叢書

004516756　2069　4431b
金石學錄四卷
李遇孫輯　杭州　西泠印社　1921 年

007458544　2069　6044
金石著述名家考略
田士懿撰　濟南　山東省立圖書館
1935 年

004544959　2069　7124
中國金石學講義前、正編
陸和九編　北平　中國大學　1933 年
中國大學講義

004516758　2073　0161
泉山古物編三卷
施景琛編藏　福州　施景琛　1924 年

002343577　2073　1164　A1630　D111B
博物彙志
霍明志著　1914 年　（m.）

002343594　2073　1164.1
博物彙志
霍明志著　1919 年

004574319　2073　1348
張氏吉金貞石錄五卷
張塤編輯　北平　燕京大學　1929 年

004516764　2073　4204　A6210　H432G
古物調查表
香港　印鑄局　1918—19 年

004508780　2073　4860
金石錄三十卷
趙明誠撰　上海　商務印書館　1922 年
　四部叢刊續編

004544958　2073　6141
雪堂藏古器物目錄一卷
羅振玉編　香港　東方學會　1924 年

004574320　2073　7941
摹廬金石經眼錄
陳直撰　濟南　1936 年

004509978　2073　7983
簠齋藏古目
陳介祺藏　陳文會影印　1925 年

009025146　2073　7983.1
簠齋藏古目並題記一卷
陳介祺撰　鄒安校　香港　姬覺彌
1920 年

004509976　2075　3227
清儀閣所藏古器物文十卷
張廷濟輯　上海　商務印書館　1925 年

008106793　FC10012　Film　Mas 38287　TNC　2079　3624.23
金石經眼錄一卷
褚峻摹圖　牛運震補說　香港　堵福詵
　1924 年

004509984　2080　0234
古代銘刻彙考
郭沫若撰　東京　文求堂書店　1933 年

004509970　2080　0234.2
古代銘刻彙考續編
郭沫若撰　東京　文求堂　1934 年

009118349　2080　0295
枕經堂金石題跋三卷
方朔撰　杭州　西泠印社　1918 年　木
活字印本　遜盦金石叢書

004509975　2080　1133.3
金石萃編未刻稿三卷
王昶撰　上虞　羅氏　1921 年

004574322　2080　1133B
金石萃編正續　補正十六卷
王昶撰　上海　掃葉山房　1919 年

009112405　2080　2224
東洲草堂金石詩一卷
何紹基撰　杭州　西泠印社　1921 年

活字印本　遯盦金石叢書

009229501　2080　2224a
東洲草堂金石跋五卷
何紹基撰　杭州　西泠印社　1921 年
木活字印本　遯盦金石叢書

004516748　2080　2940
宜録堂收藏金石記六卷
朱士端編輯　上海　西泠印社　1921 年

009014472　2080　4042
南京古物保存所説明書
南京　1918 年　鉛印

004544744　2080　4433
懷岷精舍金石跋尾
李宗蓮撰　上虞　羅氏　1927 年

003516304　2080　7143
八瓊室金石補正
陸增祥撰　陸繼輝校録　劉承幹覆校
吳興　劉氏希古樓　1925 年

004574327　2080　7214
希古樓金石萃編十卷
劉承幹撰　吳興　劉氏希古樓　1933 年

004574329　2082　3284
函青閣金石記四卷
楊鐸撰　里安　陳氏澂謬齋　1931 年

004544618　2082　4243
積微居小學金石論叢五卷　補遺一卷
楊樹達著　上海　商務印書館　1937 年

004574341　2082　4562
甲骨吉金篆籀文字統編
戴鶚等纂録　濟南　1935 年

009054412　2082　4573
秦書八體原委不分卷
華學涑輯　天津　天津博物院　1921 年
石印

009065674　2082　4573.1
秦書集存十四卷　補遺二卷　秦書八體原委不分卷
華學涑輯　天津　天津博物院　1921 年
石印

004544122　2082　4883
周秦金石文選評註
黃公渚選註　上海　商務印書館　1935 年　初版　(m.)

004544308　2082　6151
秦金石刻辭
羅振玉編　1914 年

009147680　2083　0432
六朝造像精華第弍集
狄平子編　上海　有正書局　1930 年

009131672　2083　1208
杉林館吉金圖識不分卷
丁麟年著　北京　東雅堂書店　1941 年

004544307　2083　1491
雙劍誃古器物圖録二卷
于省吾撰　北京　函雅堂　1940 年

004574435　2083　3217B
金石索
馮雲鵬、馮雲鵷輯　上海　商務印書館　1934 年　國學基本叢書　(m.)

004574369　2083　4491
歷代鐘鼎彝器款識法帖宋拓石本殘卷
薛尚功編　香港　中央研究院歷史語言研究所　1932 年

004549673　2083　4836
衡齋金石識小録

黃浚撰　北平　尊古齋　1935年

009127867　2083　4836.1
尊古齋所見吉金圖四十卷
黃浚撰集　北平　尊古齋　1936年
初版

004549659　2083　6151
蒿里遺珍
羅振玉輯錄　廣州　1914年

009131688　2083　9923
懷米山房吉金圖
曹載奎輯　香港　陳乃乾　1922年
影印

004574436　2085　2101
一亭考古雜記
毛慶臻撰　香港　徐乃昌　1927年

004574438　2085　5723
發掘與探檢
中學生社編　上海　開明書局　1935年
　中學生雜誌叢刊　（m.）

004549664　2085　6151
古器物識小錄
羅振玉撰　廣州　墨緣堂　1931年

004568726　2085　7366
征途訪古述記
滕固著　上海　商務印書館　1936年
史地小叢書　（m.w.）

004548632　2085　8605
博物要覽十二卷
谷應泰撰　長沙　商務印書館　1939年
　叢書集成初編　（m.）

004574403　2085　9422
民俗藝術考古論集
常任俠編著　重慶　正中書局　1943年
　現代文藝叢書　（m.）

004549672　2086　0234
甲骨文字研究
郭沫若著　上海　大東書局　1931年

004549674　2086　2946
甲骨學商史編十卷
朱芳圃著　上海　中華書局　1935年

004574408　2086　4123
甲骨文斷代研究例
董作賓著　臺北　中央研究院歷史語言
研究所　1933年　（m.）

004574439　2086　4273
甲骨學商史論叢初集
胡厚宣撰　成都　齊魯大學國學研究所
　1944年　初版　齊魯大學國學研究所
專刊

004574440　2086　4273a
甲骨學商史論叢二集
胡厚宣撰　成都　齊魯大學國學研究所
　1945年　齊魯大學國學研究所專刊

004554661　2086　4273b
甲骨六錄甲骨學商史論叢三集
胡厚宣著　成都　齊魯大學國學研究所
　1945年　初版　齊魯大學國學研究所
專刊

004574411　2086　6284
商代甲骨研究
明士義著　濟南　齊魯大學　1933年

004349749　2086　7262
鐵雲藏龜
劉鶚輯　鮑鼎釋文　上海　蟬隱廬
1931年

004554245　2086　7262.4
鐵雲藏龜拾遺附考釋
葉玉森撰　五鳳硯齋　1925 年

004574441　2086　7262.46
鐵雲藏龜零拾附考釋
李旦丘著　上海　中國書店代售　1939 年　孔德圖書館叢書

004357642　2086　7262.8　2086　7262b（7）
鐵雲藏龜之餘
羅振玉輯　1927 年

004574416　2086　734
甲骨地名通檢
馬宗薌編　濟南　齊魯大學國學研究所　1939 年　商代地理考附編

004554094　2086.2　1217
甲骨書錄解題
邵子風著　上海　商務印書館　1935 年

004554096　2086.3　7916
龜甲文字概論
陳晉編著　上海　中華書局　1933 年（m.）

004554049　2086.4　4123.2（1）
甲骨年表
董作賓、胡厚宣編纂　上海　商務印書館　1937 年　國立中央研究院歷史語言研究所單刊

004554229　2086.5　0213
福氏所藏甲骨文字
商承祚編　南京　金陵大學中國文化研究所　1933 年　初版　金陵大學中國文化研究所叢刊

004554099　2086.5　0213.2　2086.5　0213.2B
殷契佚存考釋
商承祚集　南京　金陵大學中國文化研究所　1933 年

004554097　2086.5　0234
殷契粹編附考釋
郭沫若撰　東京　文求堂　1937 年

004554098　2086.5　0234.2
卜辭通纂
郭沫若撰　東京　文求堂書店　1933 年

004609910　2086.5　0238
甲骨卜辭
方法斂摹　白瑞華［Roswell S. Britton］校　上海　商務印書館　1935 年

004609913　2086.5　0238.2
甲骨卜辭七集
方法斂［Frank H. Chalfant］摹　白瑞華［Roswell S. Britton］校　紐約　方氏遺著出版基金會　1938 年

004609914　2086.5　0238.3
金璋所藏甲骨卜辭
方法斂［Frank H. Chalfant］摹　白瑞華［Roswell S. Britton］校　紐約　方氏遺著出版基金會　1939 年

004574442　2086.5　0642　Microfiche　C-847　CH1452
天壤閣甲骨文存並考釋
唐蘭著　北平　輔仁大學　1939 年　輔仁大學叢書

004554253　2086.5　0642.2
殷虛文字記
唐蘭著　1934 年

004554100　2086.5　1103
簠室殷契類纂正編十四卷　附編存疑十四卷　待考勘誤
王襄編　天津　博物院　1929 年　增校本

004554440　2086.5　1103a
簠室殷契類纂正編十四卷　附編存疑待考
王襄輯　天津　1920年　初版

004574425　2086.5　1103B
簠室殷契徵文附考釋
王襄輯　天津　天津博物院　1925年

004574443　2086.5　1900
孫氏契文舉例
孫詒讓撰　香港　秋蟬隱廬　1927年

004554084　2086.5　1933
甲骨文編十四卷　附錄一卷　合文一卷　備查一卷
孫海波編　北平　燕京大學哈佛燕京學社　1934年

004568145　2086.5　1933.2
甲骨文錄
孫海波編　開封　河南通志館　1937年　河南通志文物志單行本

004574429　2086.5　1933.4
誠齋殷虛文字一卷　考釋一卷
孫誠温收藏　孫海波編輯　北京　修文堂書店　1940年

004574444　2086.5　2942
殷契通釋六卷
徐協貞著　北平　楷齋　1933年

004568142　2086.5　2946
甲骨學文字編十四卷　附錄二卷　補遺一卷
朱芳圃編著　上海　商務印書館　1934年

004568141　2086.5　3603
燕京大學藏殷契卜辭
容庚、瞿潤緡同編　北平　燕京大學哈佛燕京學社　1933年

004574311　2086.5　4123
骨文例
董作賓著　上海　商務印書館　1936年

011895602　PL2447.Z468　1933
甲骨文字與殷商制度
周傳儒著　上海　開明書店　1933年　初版　（m.）

004573473　2086.5　4467
殷契摭佚
李旦丘著　北京　來薰閣書店　1941年

004574312　2086.5　4914
殷契鉤沉
葉玉森著　北平　富晉書社　1929年

004573496　2086.5　6151.02
殷虛文字類編十四卷　待問篇十三卷　殷虛書契考釋一卷
羅振玉等編　1923年

004573493　2086.5　6151.2
殷虛書契考釋三卷
羅振玉撰　廣州　東方學會　1927年

004574315　2086.5　6151.22
殷虛書契菁華
羅振玉集　香港　上虞羅氏　1914年

004574316　2086.5　6151.3
殷虛書契
羅振玉類次　濟南　1912年　集古遺文

009251886　2086.5　6151.31
殷虛書契後編
羅振玉類次　濟南　1916年　集古遺文

004574317　2086.5　6151.32　（1－6）
殷虛書契續編
羅振玉類次　濟南　1933年　集古遺文

004574218　2086.5　6151.328
殷虛書契續編校記六卷
曾毅公編　濟南　齊魯大學國學研究所　1936 年　國學彙編

004609915　2086.5　6284
表較新舊版"殷虛書契前編"並記所得之新材料
明義士著　濟南　齊魯大學國學研究所　1933 年

004609918　2086.5　6284.2
柏根氏舊藏甲骨文字
明義士編　廣智院藏　濟南　齊魯大學　1935 年

004609919　2086.5　6284.2
柏根氏舊藏甲骨文字考釋
明義士撰　濟南　齊魯大學　1935 年

004574446　2086.5　7929
殷虛書契考釋小箋一卷
陳邦懷撰　濟南　1925 年

004609922　2086.5　813
殷契遺珠二卷　發凡一卷
金祖同著　孔德圖書館編輯　上海　中法文化出版委員會　1939 年　孔德圖書館叢書

007909999　2086.6　1491
雙劍誃殷契駢枝正編續編三編
于省吾撰　北京　大業印刷局　1940—43 年

008555418　2086.6　2942
殷契通釋六卷
徐協貞述撰　北平　文楷齋　1933 年

004573477　2086.6　2943
甲骨文字理惑
徐英撰　上海　中華書局　1937 年

009826199　T　2086.6　4123
殷墟甲骨文字圖例第一期龜甲十版
董作賓撰並書繪　濟南　董作賓　1936 年　稿本

007183618　2086.6　4299
甲骨文例
胡光煒著　廣州　國立中山大學語言歷史學研究所　1928 年　（m.）

004581106　2086.6　4914
殷虛書契前編集釋
葉玉森著　上海　督印葉葓漁先生遺著同人會　1934 年

009247139　2086.6　7953.1
殷虛龜契考不分卷
陳邦福著　濟南　1928—49 年　石印

009215711　2086.6　4836.1
鄴中片羽二集
黃濬撰集　北京　尊古齋　1937 年　初版

004581108　2086.7　8137
龜卜百二十五片
金祖同編著　北京　修綆堂　1948 年

009113069　2086.7　8608
甲骨綴存
曾毅公撰　濟南　1940 年　喆厂叢刊

004581914　2086.8　3603
甲骨學概況
容庚著　廣州　嶺南大學中國文化研究室　1947 年　（m.）

004609931　2087　8177
殷虛卜辭講話
金且同著　上海　秀水學會　1933 年

004599957　2089　6141
恒農塚墓遺文一卷
羅振玉輯　廣州　永慕園　1915年

009025504　2089.6　3810
古陶文㗊錄一卷　附編
顧廷龍著　北京　國立北平研究院總辦事處出版課　1936年　國立北平研究院史學研究會文字史料叢編

009025487　2089.7　2442
季木藏陶不分卷
周進考藏　孫潯、孫鼎類次　香港　桐城孫氏　1943年　影印

011942479　PL2448.W823　1919
愙齋磚瓦錄
吳大澂撰　上海　西泠印社　1919年

004609943　2090　4855
琴歸室瓦當文鈔
黃中慧編　濟南　1914年

004599851　2090　6151
秦漢瓦當文字五卷
羅振玉輯　上虞　羅氏自刻　1914年

004600110　2091　3138
廣州城殘磚錄附大刀山晉磚記
汪兆鏞著　香港　蘇記書莊總代銷　1932年

004599853　2091　3204
漢魏六朝專文二卷
王陶廬[樹枏]收藏　上海　商務印書館　1935年

004599860　2091　6151
雪堂專錄四種
羅振玉校錄　廣州　上虞羅氏　1918年

004609935　2091　6151.4
楚州城磚錄一卷
羅振玉撰　香港　上虞羅氏　1918年

004609946　2092　1005
封泥存真
國立北京大學研究院文史部編　上海　商務印書館　1934年

004609949　2092　4325
封泥集拓原拓本
濟南　1926年

004349819　2092　7265　(1-10)
續封泥考略
周明泰輯　北京　北京京華書局　1928年

004599852　2093　6151
古明器圖錄四卷
羅振玉輯　上虞　羅氏　1916年　影印

004600126　2093　8224
中國明器
鄭德坤、沈維鈞合著　北京　哈佛燕京社　1933年　（m.）

004609953　2093　8224.1
中國明器圖譜
鄭德坤編著　廈門　廈門大學文學院　1935年　廈門大學文學院專刊　（m.）

004600134　2096　3809
夢碧簃石言六卷
顧燮光編　上海　科學儀器館　1925年　3版

004599850　2096　7233
居貞草堂漢晉石影一卷
周進撰　濟南　1929年

004605164　2096.2　1962
寰宇訪碑錄十二卷
孫星衍、邢澍撰　上海　商務印書館
1935年　初版　國學基本叢書　（m.）

004604531　2096.2　4129
南北響堂寺及其附近石刻目錄
何士驥等編　北平　國立北平研究院史學研究會考古組　1936年

004609976　2096.2　4808
石刻名彙十四卷　補遺一卷續補一卷第一編
黃立猷輯　沔陽　黃氏萬碑館　1926年　毅盦叢刊

004609975　2096.40　3465
河南圖書館藏石目
河南圖書館編　河南　河南官印刷局　1925年

004634940　2096.5　2423
有萬憙齋石刻跋一卷
傅以禮著　上海　西泠印社　1918年　聚珍版

004609259　2096.5　5610
定庵題跋
由雲龍撰　1938年

009066332　2096.5　7941
摹廬金石記一卷
陳直撰　濟南　1912—49年　石印

004634984　2096.6　1112c
隸篇十五卷　續十五卷　再續十五卷
翟云升編　上海　掃葉山房　1924年

004634987　2096.6　3833c
隸釋二十七卷
洪适撰　上海　涵芬樓　1935年　四部叢刊3編

004634989　2096.6　4829
石例簡鈔四卷
黃任恒輯　濟南　南海黃氏　1928年

004609256　2096.6　8183
遼陵石刻集錄七卷
金毓黻撰　遼寧　1934年　影印

004609258　2096.7　4272.1
南陽漢畫象彙存
孫文青編纂　商承祚校訂　南京　金陵大學中國文化研究所　1937年　金陵大學中國文化研究所叢刊

004609257　2096.7　6151
漢晉石刻墨影一卷
羅振玉輯　1915年

004634991　2096.7　6153
漢武梁祠堂石刻畫像考六卷
瞿中溶撰　香港　吳興劉氏　1926年　嘉業堂金石叢書本

004634994　2096.7　6153.36
漢武梁祠畫像錄附考釋
容庚著　北平　考古學社　1936年　考古學社專集

004634997　2096.7　6153.71
漢武氏石室畫像題字補考二卷　附考二篇
陸開鈞撰　1926年

004609283　2096.7　7218
伊闕石刻圖表
關百益輯　開封　河南省立博物館　1935年

004610001　2096.70　3465
河南圖書館藏石跋
河南圖書館編　河南　河南官印刷局　1925年

004609883　2096.9　4969
語石十卷
葉昌熾撰　上海　商務印書館　1936 年
　國學基本叢書　（m.）

009263412　2098　0234
石鼓文研究
郭沫若著　中法文化出版委員會編輯
長沙　商務印書館　1939 年　初版

004609255　2098　1337
石鼓釋文
强運開撰　上海　商務印書館　1935 年

004635008　2098　4452
石鼓文考
李中馥著　李昀校訂　香港　常贊春
1915 年　太原李鳳石先生遺著

004614182　2098　6151
石鼓文考釋一卷
羅振玉撰　廣州　1916 年　影印

004635010　2098　7222　FC8220　Film Mas　32107
石鼓爲秦刻石考
馬衡考訂　香港　馬氏凡將齋　1931 年

007458546　Z7059.Y29　1937x
石刻題跋索引
北平　國立北平圖書館　1937 年

004614593　2098　7282
石鼓文疏記
馬敍倫疏證　上海　商務印書館　1935
年　初版

004635011　2100　0238
焦山瘞鶴銘
香港　上虞羅振玉　1918 年

004614343　2100　0246
校碑隨筆

方若著　上海　華璋書局　1923 年

004635016　2100　1130.7
**天發神讖碑考一卷　附錄一卷　續考一卷
　補考一卷**
周在浚[雪客]撰　香港　東方學會
1926 年

004635018　2100　1142
話雨樓碑帖目四卷
王柟鑒藏　王鯤編　香港　東方學會
1924 年

007445387　2100　1380.1
千唐志齋藏石目錄
張鈁藏石　郭玉堂編　上海　墨景堂
1935 年

007445474　2100　1442
鴛鴦七志齋藏石目錄
堅瓠閣主校　濟南　1930 年

004635020　2100　2958
矙氏編鐘圖釋
徐中舒撰　香港　國立中央研究院歷史
語言研究所　1932 年

004635022　2100　3603
古石刻零拾不分卷
容庚編　濟南　1934 年

007445388　2100　3899
古志彙目六卷
顧燮光撰　杭州　金佳石好樓　1934 年

004635023　2100　4158
循園古塚遺文跋尾六卷　元氏志錄一卷
范壽銘撰　濟南　1930 年

004617770　2100　4846.1
漢魏六朝塚墓遺文圖錄
趙萬里撰集　1937 年

004624106　2100　4883
兩漢金石文選評註
黃公渚選註　上海　商務印書館　1935
年　初版　（m.）

004624164　2100　6141.3
六朝墓志菁英初、二編
羅振玉輯　上虞　羅氏　1917年

008576858　FC616
隋徐智竦墓志考一卷
王文燾撰　濟南　1922年

004634975　2100　6151.4
蒿里遺文目錄七卷補一卷
羅振玉輯　香港　東方學會　1926年

004634964　2100　8237
獨笑齋金石文考
鄭業斆著　　生春紅室金石述記　林萬里[白水]著　北平　燕京大學考古學社總售　1935年　考古學社考古叢書乙編

004623845　2100.1　3218
元代白話碑
馮承鈞著　上海　商務印書館　1931年（m.）

007445417　2100.16　3899
古志新目初編
顧燮光撰　杭州　金佳石好樓　1934年

004623994　2100.2　4013
補藤華館石墨目錄
葉爾安撰　香港　武林葉氏　1942年

007445411　2100.2　4771
崇雅堂碑錄五卷　碑錄補四卷
甘鵬雲編纂　潛江　甘氏息園　1935年

004634948　2100.5　1411
漢孟孝琚碑題跋

昆明　雲南圖書館　1923年

004634950　2100.5　5165
元牘記二卷
盛時泰著　南京　國立中央大學國學圖書館　1929年

004634957　2100.6　3839
駁景教碑出土於盩厔說
洪業著　濟南　1932年　（m.）

008447276　MLC－C
所謂修文殿御覽者
洪業撰　1932年

004624201　2100.6　6154.2
增訂碑別字五卷
羅振鋆、羅振玉輯　上虞　羅氏　1928年

011142340　MLC－C
孚濟廟治理章程
1931年

004655771　2100.7　4541
宋韓蘄王碑釋文二卷
顧沅輯　香港　里安陳氏湫漻齋　1934年

004655719　2100.7　4934
林君興學碑記
高凌雲撰　華世奎書　天津　廣智館　1935年

004655722　2100.7　5921
碑聯集拓
秦絅孫收藏　上海　藝苑真賞社　1924年

004655729　2100.7　7111.5
漢延熹西嶽華山廟碑續考四卷
秦更年編　上海　石藥簃校印　1928年

004655769　2100.70　4421
李北海書嶽麓寺碑舊拓
李邕書　上海　神州國光社　1929年

004655732　2100.70　5065
蒼潤軒碑跋
盛時泰著　魏稼孫校　上海　神州國光社　1916年　風雨樓祕笈留真

004655735　2100.90　0490
海軍總長程君碑
田桓書　黃鼎刻　上海　民智書局　1922年

009131705　2101　0202
匋齋古玉圖不分卷
端方手稿　王大隆纂　上海　來青閣　1936年

004655737　2101　2343
古玉圖考
吳清卿［大澂］輯　上海　中華書局　1948年

004655595　2101　3954
古玉圖說
梁慧梅編　廣州　新生活藥房圖書室　1939年　（m.）

004639066　2101　4804.1
古玉概說
濱田耕作　胡肇椿譯　上海　中華書局　1940年　再版　上海市博物館叢書（m.）

004639067　2101　4836
衡齋藏見古玉圖
黃濬撰　北平　尊古齋　1935年

004655776　2101　6153
奕載堂古玉圖錄
瞿中溶撰　陳準校訂　濟南　里安陳氏

湫漻齋　1930年

005524526　2101.9　2413　（1）
嶺南玉社叢書第一集
嶺南玉社編　廣州　嶺南玉社　1925年初版

008968815　T　2102　2941
徐森玉集拓漢魏石經殘字
徐森玉集　濟南　1912—49年

008971511　T　2102　3411
漢熹平石經殘字六經堪藏石
羅振玉輯　濟南　上虞羅氏　1912—40年

004639073　2105　0234B
金文叢考
郭沫若著　東京　文求堂　1932年

004639075　2105　1123
嘯堂集古錄二卷
王俅撰　上海　商務印書館　1934年　四部叢刊續編

004655779　2105　1162.6
國朝金文著錄表校記一卷
羅福頤著　大連　墨緣堂　1931年

004655755　2105　2351
商周文拾遺三卷
吳東發釋註　上海　中國書店　1923年

004639077　2105　3258
寧壽鑒古十六卷
上海　涵芬樓　1913年

004639074　2105　3633
金文編十四卷　附錄二卷通檢一卷
容庚撰　上虞　羅氏貽安堂　1925年

004655756　2105　3633.2
金文續編

容庚撰集　上海　商務印書館　1935年

004655366　2105　3633.5
秦漢金文錄
容庚撰　上海　國立中央研究院出版品國際交換處　1931年

004661057　2105　4432
殷虛銅器五種及其相關之問題
李濟著　上海　商務印書館　1933年

009569392　TP0054
周銅祭器十事拓本
1912—49年　全型拓

004655759　2105　4491c
歷代鐘鼎彝器款識法帖二十卷
薛尚功撰　香港　海城于氏　1935年

004650369　2105　4753
中國青銅器時代考
梅原末治著　胡厚宣譯　上海　商務印書館　1936年　史地小叢書（m.）

004650294　2105　6151
貞松堂集古遺文
羅振玉撰集　1931年

009263437　2105　6151.1
貞松堂集古遺文補遺三卷
羅振玉撰　濟南　上虞羅氏　1931年

009262070　2105　6151.2
貞松堂集古遺文續編三卷
羅振玉撰集　香港　蟬隱廬　1934年

004650134　2105　6151.3
夢郼草堂吉金圖三卷續編一卷
羅振玉撰　上虞　羅氏　1917年

004650121　2105　7331
澂秋館吉金圖

陳寶琛鑒藏　孫壯編次　北平　商務印書館　1930年

004650127　2105.2　1162　FC9636　Film Mas 35958
三代秦漢金文著錄表八卷　附補遺一卷
王國維撰　羅福頤校補　大連　墨緣堂　1933年

002211272　2105.2　3603
頌齋吉金圖錄
容庚編　濟南　北平隆福寺文奎堂　青雲閣富晉書社　1933年

002211389　2105.2　3603（2）
頌齋吉金續錄
容庚編　濟南　北平隆福寺文奎堂　1936—38年

004650395　2105.2　3674
歷代著錄吉金目
福開森編輯　長沙　商務印書館　1939年　初版（m.）

004650133　2105.2　6137
貞松堂吉金圖三卷
羅福頤撰　大連　墨緣堂　1935年

004650383　2105.3　0234
殷周青銅器銘文研究
郭沫若撰　上海　大東書局　1931年初版

008145099　NK7983.22.1578　1949
鬲室舊藏夏商周漢彝器考釋
劉華瑞著　香港　美術考古學社　1949年　美術考古專刊

004650345　2105.3　3603　AM872　J95S
商周彝器通考
容庚著　北京　哈佛燕京學社　1941年（m.）

004655786　2105.4　1934
商周吉金目録一名讀雪齋金文目手稿
孫汝梅撰書　北平　孫氏　1927 年

004654970　2105.5　2346
金文曆朔疏證
吳其昌編　上海　商務印書館　1936 年

004650192　2105.5　4454
癡盦藏金不分卷　附考釋
李泰棻撰　1940 年

004650131　2105.5　7201
夢坡室獲古叢編十二卷
周慶雲藏器　鄒壽祺編次　上海　1927 年

004650249　2105.6　0234
金文餘釋之餘
郭沫若著　東京　文求堂書店　1932 年

004360620　2105.6　0234.2
兩周金文辭大系考釋二卷
郭沫若著　東京　文求堂　1935 年

004360621　2105.6　0234.2（1932）
兩周金文辭大系
郭沫若著　東京　文求堂　1932 年　精裝

004624166　2105.6　1173
續殷文存二卷
王辰輯　北平　考古學社　1935 年

004654984　2105.6　1491.2
雙劍誃吉金文選上下卷　附錄一卷
于省吾編著　北平　海城于氏　1933 年

004655758　2105.6　2339
吳寶煒鐘鼎文音釋三種
吳寶煒撰　北平　潢川吳氏　1929—30 年

011443973　2105.6　2343
吳清卿摹彝器款識真跡
吳大澂摹　朱白房藏　上海　中華書局　1940 年　5 版　名人真跡

004655748　2105.6　2372
吉金文錄四卷
吳闓生集釋　邢之襄校訂　香港　南宮邢氏　1933 年

004655365　2105.6　4467
金文研究
李旦丘著　孔德研究所編　北京　來熏閣書店　1941 年　孔德研究所叢刊

005661106　2105.6　5171
東武劉氏款識冊目
陳介祺寫定　1925 年

004650120　2105.6　6151.2
三代吉金文存二十卷
羅振玉編　上虞　羅氏百爵齋　1936 年　影印　貞松堂集古遺文

004634727　2105.6　8546
十六長樂堂古器款識考
錢坫敘　商承祚識　北平　開明書局　1933 年

004634176　2105.7　0213
十二家吉金圖錄
商承祚編　南京　金陵大學中國文化研究所　1935 年　初版　金陵大學中國文化研究所叢刊　甲種

004634172　2105.7　0234
兩周金文辭大系圖錄不分卷
郭沫若撰　東京　文求堂　1935 年

004634151　2105.7　1230
簠齋吉金錄
陳介祺藏　鄧實編　上海　風雨樓

1918 年

005101211　2105.7　1348.2　AM　106.　L
西清續鑒乙編
北京　北平古物陳列所　1931 年　初版

004634177　2105.7　1491
雙劍誃吉金圖錄二卷
于省吾編著　北平　來熏閣　1934 年

004634166　2105.7　2345
愙齋集古錄不分卷　附釋文剩稿
吳大澂撰　上海　涵芬樓　1930 年

004634169　2105.7　3600F
海外吉金圖錄不分卷　考釋一卷
容庚輯　北平　考古學社　1935 年

004654972　2105.7　7278
小校經閣金石文字十八卷
劉體智輯　上海　中國書店　1935 年

004639642　2105.7　7278.2
善齋吉金錄二十八卷
劉體智撰　香港　廬江劉氏　1935 年

004634167　2105.7　7943
海外中國銅器圖錄第一集
陳夢家撰　北平　國立北平圖書館　1946 年

004639637　2106　1281
宣爐彙釋十二篇
邵銳撰　北平　菰香館　1928 年

009315508　2106　1332
毛公鼎斠釋
張之綱編　上海　中華書局　1934 年　鉛印

009014894　2106　3603
善齋彝器錄目錄一卷
容庚編著　劉體智藏　濟南　1912—49 年　鈔本

009315512　2106　3603
西清彝器拾遺一卷
容庚編　北京　文奎堂書莊總售　1940 年　影印　考古學社專集

004634175　2106.5　3603
武英殿彝器圖錄不分卷
容庚輯　北平　燕京大學哈佛燕京學社　1934 年

004634162　2106.6　0238
綴遺齋彝器款識考釋三十卷
方浚益編錄　上海　商務印書館　1935 年

004634903　2106.6　7943
禺邗王壺考釋
陳夢家著　北平　燕京大學哈佛燕京學社　1937 年

004624497　2106.7　0608　AM863　J95P
寶蘊樓彝器圖錄
容庚編輯　北京　燕京大學國學研究所　1929 年

004624172　2106.7　1933.1
新鄭彝器
孫海波編　河南　通志館　1937 年

006567605　2106.7　1933.2
濬縣彝器
孫海波輯　河南　河南通志館　1937 年　河南通志文物志

009245837　2106.7　1933.3a
河南吉金圖志剩稿不分卷
孫海波編著　北京　大業印刷局　1939 年　初版鉛印　考古學社專刊

004634906　2106.7　3603.4
善齋彝器圖錄
容庚編輯　北平　燕京大學哈佛燕京學社　1936 年

004634908　2106.7　4271
周銅器
古物陳列所編輯　北京　中國京都古物陳列所　1915 年

009263389　2107　1232.1B
古錢大辭典
丁福保撰　上海　醫學書局　1938 年

009263429　2107　1232.1C
古錢大辭典拾遺
丁福保編纂　上海　醫學書局　1939 年

004634916　2107　1232.3
古錢有神實用談
丁福保著　上海　醫學書局　1936 年第 1 次改版　古泉叢書

004634921　2107　2217
古錢年號索引
衞聚賢編　桂林　中央銀行經濟研究處　1942 年　（m.）

004634922　2107　2217.4
古今貨幣的展覽
衞聚賢著　重慶　説文社　1946 年

004634924　2107　2309
泉幣圖説六卷
吳文炳、吳鷥纂輯　北京　富晉書社　1927 年

004624168　2107　4436
故宮清錢譜
黃鵬霄撰　1937 年

005071446　2107　6151
四朝鈔幣圖錄一卷　附考釋
羅振玉輯並考釋　上虞　羅氏　1914 年

004634931　2107　7143
新莽貨布範
劉喜海藏　上海　神州國光社　1929 年

004624444　2107　7218
東亞民族國幣舉要
關百益編　上海　中華書局　1928 年

004634935　2107　8182
晴韻館收藏古錢述記十卷
金錫鬯編　上海　中國書店　1930 年

004609957　2107.30　1183
泉貨彙考
王錫榮著　高野侯鑒定　上海　中華書局　1924 年

004609734　2107.30　4573
古泉叢話
戴文節［熙］著　上海　中華書局　1924 年

004609967　2107.6　7262
貨布文字考四卷
馬昂考釋　上虞　羅福葆　1924 年

007482089　2107.8　3924
癖泉書室所藏泉幣書目
宗惟恭編　香港　常熟宗氏　1934 年

004609301　2108　7225
亞洲古兵器與文化藝術之關係
周緯著　上海　中華書局　1940 年（m.）

004609971　2109　2373
遜盦古鏡存
吳隱藏　上海　西泠印社拓　1923 年

004609267　2109　2916
小檀欒室鏡影六卷
徐乃昌輯　1928年

008641933　T　2109　3603
古竟景哈佛燕京學社藏器
容庚編次　北京　容庚　1935年

009118291　2109　3914
藤花亭鏡譜八卷
梁廷枏著　順德　龍氏中和園　1934年　鉛印　自明誠廎叢書

004609269　2109　3924
巖窟藏鏡第一至二集(上)
梁上椿撰　北平　通古齋　1940—41年

004609285　2109　6141
古鏡圖錄三卷
羅振玉撰　上虞　羅氏　1916年

004609286　2109　7983
簠齋藏鏡二卷
陳介祺撰　上海　蟫隱廬　1925年

004609287　2111　8220
銅鼓考略
鄭師許著　上海　中華書局　1937年再版　上海市博物館叢書　(m.)

004568130　2116　1371
漢晉西陲木簡彙編
張鳳輯　上海　有正書局　1931年

004609903　2116　5622.92
居延漢簡考釋
勞幹著　四川李莊　國立中央研究院歷史語言研究所　1944年　(m.)

004609938　2116　6151
流沙墜簡
羅振玉、王國維編　上虞　羅氏宸翰樓　1934年

004609901　2116　6151B
流沙墜簡考釋
羅振玉、王國維合著　上虞　羅氏宸翰樓　1934年　增補重印

004568706　2121　6137
古璽文字徵十四卷　附錄一卷　漢印文字徵　十四卷　附錄一卷　檢字一卷
羅福頤著　1930年序

004609906　2121　6151
西夏官印集存一卷
羅振玉輯　上虞　羅氏　1927年

004609907　2121　6151.7
增訂歷代符牌圖錄二卷
羅振玉輯　香港　東方學會　1925年

009050083　2121　6151.8
歷代符牌圖錄後編一卷
羅振玉編輯　香港　東山學社　1916—49年　石印

004568112　2121.4　6151
隋唐以來官印集存
羅振玉集　上虞　羅氏　1916年

004609942　2121.5　6151
貞松堂唐宋以來官印集存
羅振玉集　香港　上虞羅氏　1923年

004573479　2126　2344
金石彙目分編二十卷
吳式芬撰　北平　文祿堂　1937年

004568300　2127　2704
東北亞洲搜訪記
鳥居龍藏原著　湯爾和譯述　上海　商務印書館　1926年　地理叢書　(m.)

004574184　2127　2704.3
滿蒙古跡考
鳥居龍藏著　陳念本譯　上海　商務印書館　1933年　初版　史地小叢書（m.）

007662285　MLC-C
協和會之概貌
呂作新著　新京　滿洲帝國協和會　1938年

004609944　2127　4402
遼陽北園畫壁古墓記略
李文信著　東北舊石器時代問題　佟柱臣著　瀋陽　瀋陽博物院籌委會　1947年

004573487　2127　6137
滿洲金石志
羅福頤校錄　廣州　滿日文化協會　1937年

004609911　2131　1369
磁縣新出魏齊墓志本末記
王樹枏著　濟南　1918年

009763102　TP0871
磁縣新出魏齊墓志本末記
王樹枏撰　李西書　瀋陽　1919年原刻

004609950　2131　4342　2131　4342　c:2
畿輔碑目二卷　畿輔待訪碑目二卷
樊彬輯　河北　河北博物院　1935年鉛印

004573482　2132　1334
北平廟宇碑刻目錄
張江裁［張次溪］、許道齡合著　北平　國立北平研究院總辦事處出版課　1936年　（m.）

004573481　2133　0860
山東金文集存先秦編三卷
曾毅公輯　濟南　1940年　喆厂叢刊

009148175　2133　1131
曲阜碑碣考四十卷
孔祥霖輯　上海　廣智書局　1915年

004573502　2133　412F　L.SOC.28.43.7.4.5　(1)
城子崖山東歷城縣龍山鎮之黑陶文化遺址
李濟總編輯　南京　國立中央研究院歷史語言研究所　1934年　中國考古報告集　（m.）

004609917　2133　6044
山左漢魏六朝貞石目一卷　續一卷　再續一卷　補一卷
田士懿輯述　濟南　高唐田氏　1923年

004609972　2133　6151
山左塚墓遺文附補遺
羅振玉校錄　1911—35年

004609956　2133　7145
歷城金石志二卷
夏曾德、夏金年同纂　濟南　大公印務公司　1926年

004573503　2134　0282
新鄭出土古器圖志初編一卷　續編一卷　附編一卷
蔣鴻元、石芝齡編輯　漢口　新鄭出土古器圖志總發行所發行　1923年

004573485　2134　0282.2
新鄭古器圖錄
關百益撰　上海　商務印書館　1929年

004573484　2134　0282.3
鄭塚古器圖考十二卷
關葆謙著　上海　中華書局　1940年

004609959　2134　0282.4
新鄭古器發見記
王幼僑編　開封　河南教育廳　1924年

004609920　2134　3472.5
國立中央研究院歷史語言研究所發掘安陽殷墟之經過
國立中央研究院歷史語言研究所編　北平　國立中央研究院歷史語言研究所　1930年

004574160　2134　3472.91　A6212　168A
安陽發掘報告第一至四期
李濟總編輯　傅斯年等編輯　北京　國立中央研究院歷史語言研究所　1929—33年　國立中央研究院歷史語言研究所專刊　(m.)

007904575　2134　3472.95F　(II)
小屯[河南安陽殷墟遺址之一]第二本殷墟文字
董作賓等著　南京　中央研究院歷史語言研究所　1948年　中國考古報告集　(m.)

004573501　2134　3899
河朔新碑目三卷
顧燮光編　上海　科學儀器館　1926年

004609962　2134　3899.2
河溯訪古隨筆二卷
顧燮光著　上海　科學儀器館　1926年

004609968　2134　6151
鄴下塚墓遺文二編一卷
羅振玉輯　香港　羅振玉　19??年

007188195　2134　7218
河南金石志圖正編第一集
關百益編　河南　河南通志館　1933年初版

004609969　2134　7218.2
殷虛器物存真附圖考
關百益編輯　何日章校　開封　河南博物館　1930年

004609407　2134　7282　AM863　1.783C
楚器圖釋
劉節著　北京　國立北平圖書館　1935年

004609424　2134　7442　AB　505.K
南陽漢畫象集
關百益編　上海　中華書局　1933年

005055502　T　2135　1604
晉綏紀行
石章如著　重慶　獨立出版社　1942年（m.）

004634778　2135　2502
定襄金石考四卷
牛誠修輯　濟南　1932年　雪華館叢編

004634779　2135　3539.09
渾源出土古物圖説
麻席珍撰　濟南　1935年

004634871　2135　6151.6
昭陵碑錄三卷　補一卷　附校錄劄記及校記
羅振玉輯　香港　羅振玉　1914年

004604521　2136　1448
陝西金石藝文志
1934年

007187776　2136　2114
關中石刻文字新篇
毛子林輯撰　顧燮光校印　上海　西泠印社、慎修書社、華亭書屋經售　1935年

004609762　2136　4969
邠州石室錄
葉昌熾輯釋　劉承幹校訂　吳興　劉氏嘉業堂　1915 年　嘉業堂金石叢書

004604511　2136　5693
岐陽世家文物圖像册
中國營造學社編　北平　中國營造學社　1937 年

004604523　2137　0461
敦煌石室寫經題記與敦煌雜錄
許國霖撰　上海　商務印書館　1937 年

004604522　2137　0491.042　AB393　T926H
敦煌石室記
謝稚柳著　1949 年　（m.）

004634804　2137　0491.13　(1)
敦煌壁畫第一集
張大千臨撫　香港　大風堂　1947 年

004634807　2137　0491.32
敦煌石室晉人寫經
上海　神州國光社　1931 年

006868683　9100　0491.6
敦煌石室碎金
羅振玉校錄　香港　東方學會　1925 年

004605074　2137　0491.42
敦煌藝展目錄
國立敦煌藝術研究所編印　敦煌　國立敦煌藝術研究所　1948 年

004609773　2137　0491.50
敦煌石室畫象題識
史岩纂輯　成都　比較文化研究所、國立敦煌藝術研究所、華西大學博物館聯合出版　1947 年

004609276　2137　0491.63
鳴沙石室佚書十八種附提要
羅振玉輯　上海　上海東方學會　1928 年

004634814　2137　0491.7
敦煌掇瑣
劉復輯　南京　中央研究院歷史語言研究所　1925 年

004634815　2137　0491.74
西行日記
陳萬里著　北京　樸社　1926 年（m.w.）

004634818　2137　1321
隴右金石錄十卷　校補一卷
張維纂　香港　甘肅省文獻徵集委員會　1943 年

004634878　2139　2124
中國西部考古記
色伽蘭著　馮承鈞譯　上海　商務印書館　1930 年　尚志學會叢書　（m.）

004609362　2139　8224　A7046　S998C
四川古代文化史
鄭德坤著　成都　華西大學博物館　1946 年　（m.）

004609278　2141　7330　(1-2)　A6160.Cha
長沙：楚民族及其藝術
蔣玄佁撰　上海　美術考古學社　1949 年　美術考古專刊

004609288　2141　7332.2A　A6258　S528C
長沙古物聞見記二卷
商承祚撰　南京　金陵大學　1939 年

004634825　2142　3899
袁州石刻記
顧燮光輯　上海　科學儀器館　1923 年

非儒非俠齋金石叢書

004634830　2143　4938
歙縣金石志十四卷　附待訪碑目
葉爲銘輯　杭州紫城　葉氏家廟
1936年

004624144　2144　2369
吳郡西山訪古記附鎮揚遊記
李根源撰　上海　泰東圖書局　1926年

004624270　2144　3481
江蘇金石志二十四卷　待訪目二卷
江蘇通志局纂　香港　江蘇通志局
1927年　江蘇通志稿・藝文志

004634833　2144　4932
虎阜金石經眼錄
李根源編　蘇州　1928年

004624250　2144　7288
陽羨砂壺圖考
李景康、張虹編　香港　百壺山館
1937年

009067731　2144　7943
奄城金山訪古記二卷
陳志良、金祖同合撰　香港　秀洲學會
　1935年　鉛印

004624177　2145　1318　FC8240　Film Mas 32146
梁代陵墓考
張璜著　李卓譯　廖德珍覆勘　葉恭綽
删訂　上海　土山灣印書館　1930年
（m.）

004624188　2146　1244
武林金石記十卷　附碑目
丁敬編　杭州　西泠印社　1916年　山
陰吳氏遯盦金石叢書

004634771　2146　2244
嚴州金石錄二卷
鄒柏森撰　香港　吳興劉氏　1930年
嘉業堂叢書

004634774　2146　3899
兩浙金石別錄二卷
顧燮光編　濟南　1928年

004634775　2146　3899b
兩浙金石別錄三卷
顧燮光編輯　上海　雲記石印局印刷
1920年　非儒非俠齋金石叢書

004624434　2146　4130.33　AM673　L694H
杭縣良渚鎮之石器與黑陶
何天行編著　上海　吳越史地研究會
1937年　吳越史地研究會叢書　（m.）

004624184　2146　4812
台州金石錄十三卷　磚錄五卷　闕訪四卷
黃瑞撰　吳興　劉氏　1916年　嘉業堂
叢書

004624187　2146　6141
兩浙佚金佚石集存一卷
羅振玉輯　上虞　羅氏　1917年

004634784　2147　3210
閩中金石志十四卷
馮登府輯　香港　吳興劉氏希古樓
1926年　嘉業堂金石叢書

008576856　FC614
海陵金石略一卷
陸銓編　濟南　1923年

004634786　2147　7932
閩中金石略十五卷　考證五卷
陳榮仁著　林爾嘉考證　廈門　菽莊吟
社　1934年　菽莊叢書

008454762　MLC – C
雲南金石目略初稿
李根源著　1935 年　（m.）

004634790　2148　0307
南海關氏南越木刻齋出品目
廣州市展覽會　廣州　關氏　1933 年

004634791　2148　4242
粵西得碑記一卷
楊翰撰　香港　上虞羅氏　1924 年

004634805　2156　4246
斯坦因西域考古記
向達譯　上海　中華書局　1936 年
（m.）

004624174　2156　4482
沙州文錄
蔣斧撰　上虞　羅氏　1924 年

004624163　2156　4801
高昌陶集
黃文弼編　香港　西北科學考查團
1933 年

004634806　2156　6431
羅布淖爾考古記
黃文弼著　北平　國立北平研究院中國
西北科學考察團理事會　1948 年　中國
西北科學考察團叢刊　（m.）

004624590　2159　0265　（1）
高昌第一分本
黃仲良編　北平　中國學術團體協會
西北科學考查團理事會　1931 年　西北
科學考查團叢刊

004624183　2159　0265　（2）
高昌第二分本　專集
黃文弼編　廣州　西北科學考查團理學
會　1931 年

011911632　DS715. P31　S5　1948
史前時期之西北
裴文中著　南京　西北通訊社　1948 年
　西北通訊社叢書　（m.）

004634809　2165.17　0454
瓦削文字譜並釋文
文素松編拓　上海　思簡樓　1930 年

009127580　2168.4　2122
金石學之原始時代
鮑鼎著　濟南　1930 年　中國金石學史

004634812　2185　7243
海東金石苑八卷　補遺六卷　附錄二卷
劉喜海撰　劉承幹校錄　香港　南林劉
氏嘉業堂　1922 年

004655708　2196　4747
希臘埃及時代之葬銘
李泰棻譯　北京　1922 年

民族學　民族志

011910845　B5231. W3　1938
民族哲學大綱
汪少倫著　重慶　正中書局　1938 年
初版　（m.）

004655717　2201.9　4774
荒古原人史
麥開柏著　吳敬恒譯　上海　文明書局
　1912 年　（m.）

004655718　2201.9　5600
人種地理學
泰羅原著　葛綏成譯述　上海　中華書
局　1941 年　再版　（m.）

004655724　2201.9　9238
民族地理學

歷史科學類

169

小牧實繁著　鄭震譯　上海　商務印書館　1936年　自然科學小叢書　（m.）

004634608　2204　2234
圖騰藝術史
岑家梧撰　上海　商務印書館　1937年　初版　（m.）

004634255　2204　4953
民俗學
林惠祥著　上海　商務印書館　1934年（m.）

011932105　GR65.B812　1928
民俗學問題格
Charlotte Sophia Burne著　楊成志譯　廣州　國立中山大學語言歷史學研究所　1928年　初版　民俗學會叢書（m.）

008454021　MLC-C
文化論
B. Malinowski著　費孝通等譯　上海　商務印書館　1946年　上海初版　社會學叢刊　甲集　（m.）

004655767　2204　4953.1
文化人類學
林惠祥著　長沙　商務印書館　1938年　3版　（m.）

004655770　2210　0434
自力主義民族復興之基本原理
章淵若撰　長沙　商務印書館　1938年（m.）

004655734　2210　2142
我們的國族
毛起鵕、劉鴻煥合編　重慶　獨立出版社　1942年　時代批判叢書　（m.）

004655773　2210　3192
中國之路
汪少倫著　重慶　商務印書館　1942年（m.）

004655777　2210.3　1312
民族素質之改造
張君俊著　重慶　商務印書館　1943年（m.）

004655778　2210.8　1142
中國民族史
王桐齡著　北平　文化學社　1928年（m.）

011908896　DS730.C42　1944
華族素質之檢討
張君俊著　重慶　商務印書館　1944年（m.）

004655742　2210.8　1349
中華民族發展史綱
張旭光著　桂林　文化供應社　1942年（m.）

004655743　2210.8　1349B
中華民族發展史綱增訂本
張旭光著　桂林　文化供應社　1943年　再版　（m.）

004655631　2210.8　4517
中華民族解放鬥争史
華善學著　胡繩主編　桂林　新知書店　1938年　再版　救中國通俗小叢書

004634634　2210.8　7282
中國古代宗族移殖史論
劉節編著　臺北　正中書局　1948年

004655634　2210.8　8284
中華民族史

俞劍華著　香港　國民出版社　1944年
中國之命運研究叢書　（m.）

004655637　2210.8　9214
中華民族小史
常乃德[燕生]著　上海　愛文書局
1922年　（m.）

004655639　2210.9　0113
中國民族史講話
施瑛編　上海　世界書局　1945年
（m.）

004655105　2210.9　1341
中國民族志
張其昀撰述　邵元沖校閱　上海　商務
印書館　1928年　初版　新時代史地叢
書　（m.）

004655642　2210.9　1372
中國之民族思想與民族氣節
張厲生編述　重慶　青年書店　1940年
4版　（m.）

011930519　DS721.P362　1937
民族特性與民族衛生
潘光旦著　上海　商務印書館　1937年
人文生物學論叢　（m.）

004655646　2210.9　2532
中華民族新論
臧渤鯨[廣恩]著　上海　商務印書館
1946年　（m.）

011787850　DS721.H868　1929
自然淘汰與中華民族性
潘光旦譯　上海　新月書店　1929年
初版　（m.）

004634689　2210.9　4909
中國與中國人
林語堂著　丁鏡心譯　漢口　戰時讀物
編譯社　1938年　初版　（m.）

005071668　2210.9　6132
新民族觀
羅家倫著　上海　商務印書館　1946年
（m.）

004655592　2210.9　6420
民族發展底地理因素
恩格倫著　林光澂譯　長沙　商務印書
館　1939年　初版　地理學叢書
（m.）

004655654　T　2210.9　7227
復興民族之路
周緝熙著　重慶　獨立出版社　1943年
（m.）

004634672　2211　4485
中國人種考
蔣智由著　上海　華通書局　1929年
（m.）

004634595　2211　4998
中國民族的由來
林炎撰　上海　永祥印書館　1945年
青年知識文庫　第1輯

004720440　2211　6124
中夏系統中之百越
羅香林著　重慶　獨立出版社　1943年
（m.）

004634161　2211　6124.3　FC8393　Film　Mas　32294
客家研究導論
羅香林著　興寧　希山書藏　1933年
（m.）

004655659　2212　3442
漢和民族之關係

河村壽重、李玉文合著　香港　永興洋紙行　1940 年

004634284　2213　3240
中國的少數民族
沙林著　上海　時代書局　1949 年初版

007197929　2213　7932
中華民族抗戰史
陳安仁著　重慶　商務印書館　1944 年（m.）

004720447　2213　8241
兀良哈及韃靼考
箭內亙著　陳捷、陳清泉譯　上海　商務印書館　1933 年　史地小叢書（m.）

004655120　2213　8644
中國原始社會之探究
曾松友著　上海　商務印書館　1935 年　史地小叢書　（m.）

004693718　2214.9　3424
松花江下遊的赫哲族
淩純聲著　南京　國立中央研究院　1934 年　（m.）

004720449　2215　2227
匈奴民族考
何健民編著　上海　中華書局　1939 年　歷史叢書　（m.）

004693361　2215.8　7141
韃靼千年史
E. H. Parker 著　向達、黃靜淵譯　上海　商務印書館　1937 年　（m.）

004727531　2216　3261
西突厥史料
E. Chavannes　馮承鈞譯　上海　商務印書館　1935 年　初版（m.）

004720453　2217.5　2989
雷波小涼山之猓民
徐益棠著　成都　金陵大學中國文化研究所　1944 年　金陵大學中國文化研究所叢刊　乙種

007682700　T　2217.5　4994
涼山夷家民國三十二年七八九月實地考察報告
林耀華著　成都　燕京大學　1944 年

004693942　2217.5　4994
涼山夷家
林耀華著　上海　商務印書館　1947 年　社會學叢刊　乙集　（m.）

004720463　2217.6　7213
關於麼些之名稱分佈與遷移
陶雲逵著　上海　商務印書館　1936 年

003861760　2218　2941
泰族僮族粵族考
徐松石著　上海　中華書局　1946 年初版　（m.）

004720464　2218.8　4142
水擺夷風土記
姚荷生著　上海　大東書局　1948 年（m.）

004720465　2218.8　6030
芒市邊民的擺
田汝康著　重慶　商務印書館　1946 年　社會學叢刊　乙集　（m.）

011890037　DS710.C48　1937
羌戎考察記
莊學本作　上海　良友圖書印刷公司

1937年　（m.）

004693326　2219　2704
苗族調查報告
鳥居龍藏撰　國立編譯館譯述　南京　國立編譯館　1936年　（m.）

004693652　2219　2941　FC5494　(16)
粵江流域人民史
徐松石著　上海　中華書局　1941年　再版　（m.）

004693327　2219　2941B
粵江流域人民史
徐松石著　上海　中華書局　1939年　（m.）

004744866　2219　7284
苗荒小紀
劉錫蕃著　上海　商務印書館　1934年　1版　史地小叢書　（m.）

004720467　2219.1　1635
湘西苗族考察紀要
石宏規著　1936年　（m.）

004727545　2219.1　2184
苗風百詠
伍頌圻撰　濟南　1935年

008992331　T　2219.1　3321
龍里定水壩海[ba]苗調查報告不分卷
漢先著　香港　漢先　1949年　稿本

009146350　2219.1　4147
苗胞影薈第一輯
貴陽大夏大學社會研究部攝製　吳澤霖彙編　貴陽　大夏大學　1940年

004727331　2219.1　5345
貴州苗夷社會研究
吳澤霖、陳國鈞等著　貴陽　文通書局　1942年　初版　苗夷研究叢刊　（m.）

008454131　MLC－C
鑪山黑苗的生活
吳澤霖、陳國鈞編　1940年　（m.）

004739412　FC5628　FC－M1126
湘西苗族調查報告
凌純聲、芮逸夫著　上海　商務印書館　1947年　中央研究院歷史語言研究所單刊　（m.）

004744694　2219.4　0292
瑤民概況
廖炯然撰　上海　中華書局　1948年　（m.）

004727546　2219.4　0637
瑤山散記
唐兆民著　上海　文化供應社　1948年　（m.）

004727359　2220　0823
廣西淩雲瑤人調查報告
顏復禮、商承祖編　北平　國立中央研究院社會科學研究所　1929年

004739494　2220　2204
東胡民族考
白鳥庫吉原著　方壯猷譯　上海　商務印書館　1934年　（m.）

004727548　2220　6035
炎徼紀聞四卷
田汝成撰　香港　吳興劉氏　1915年　嘉業堂叢書

004744692　2220　6058
四夷館考二卷
王宗載撰　香港　東方學會　1924年

004744899　2220　7284　J.C.L　741　I
嶺表紀蠻
劉錫蕃著　上海　商務印書館　1934年
初版　（m.）

004650126　2220　8540
百夷傳一卷
錢古訓撰　南京　國學圖書館　1929年

004650393　2222.1　4931
震旦人與周口店文化
葉爲耽著　上海　商務印書館發行
1937年　再版

009551781　T　2223.1　2442
西康建省記
傅嵩炑著　北京　1912年

004670263　2223.4　5101
湘西苗區之設治及其現狀
盛襄子著　重慶　獨立出版社　1943年
　（m.）

004650118　2224　3104
抗戰中的西南民族問題
江應梁著　重慶　中山文化教育館編印
　1938年　（m.）

011895449　DS799.42.J56　1948
臺灣的高山族
金祖同編著　上海　亞洲世紀社　1948
年　（m.）

004655066　2224.18　4953
臺灣番族之原始文化
林惠祥著　上海　國立中央研究院社會
科學研究所　1930年

004655074　2224.2　7902
疍民的研究
陳序經著　上海　商務印書館　1946年

004698750　2224.4　4186
雲南古代民族之史的分析
范義田著　重慶　商務印書館　1944年
　（m.）

011891959　DS731.M5　G85　1937
貴州省苗民概況
貴陽　貴州省政府民政廳　1937年
　（m.）

005901451　DS731.M5　T3
民族學論文集第一輯
貴陽大夏大學社會研究部主編　貴陽
貴陽大夏大學社會研究部　1940年
　（m.）

007832553　　MLC－C
中國民族學會十周年紀念論文集
成都　中國民族學會　1944年　（m.）

011883527　DS107.3.C44　1932
聖地考查記
陳崇桂撰　長沙・湖南聖經學校
1932年

004704859　2225　1316
西域史族新考
張西曼著　南京　中國邊疆學術研究會
　1947年　（m.）

011912345　DS25.P2312　1934
匈奴史
E.H.Parker著　向達譯　上海　商務印
書館　1934年　史地小叢書（m.）

004704860　2226　4401
日本人一個外國人的研究
蔣方震著　濟南　1939年

004709864　2226　7824
日本的國民性
長谷川如是閒著　東京　國際觀光協會

1943年

004704862　2244.4　3558
南洋獵頭民族考察記
海頓著　呂一舟譯　上海　商務印書館
　1937年　（m.）

004704863　2244.5　7938
暹羅民族學研究譯叢
陳禮頌譯　上海　商務印書館　1947年
　中國南洋學會主編書　（m.）

家譜

004629117　2251　1392　PL1185.C43　1935x
華英中國姓氏表
張慎伯編　上海　中華書局　1936年
　再版　（m.）

004629759　2251　1444
奇姓通十四卷
夏樹芳輯　陳繼儒校　香港　陶社
　1933年

004629370　2251　4938.2
元和姓纂四校記
岑仲勉撰　上海　商務印書館　1948年
　初版　（m.）

004634635　2251　6151
璽印姓氏徵二卷
羅振玉輯　東方學會　1925年

009263852　2252　2346
金文世族譜
吳其昌撰　上海　商務印書館　1936年

009265493　2252　7714
闞氏故實
闞鐸撰　香港　孝謹堂　1924年

009263817　2252　8524
錢氏考古錄十二卷　補遺一卷
錢保塘編撰　清風室　1917年序

008110188　FC4564　FC–M1846　T　2252.04　1334
古今姓氏書目考證
張澍編　濟南　1941年

009264224　2252.1　8503
西湖錢王祠落成紀念冊
1940年

009112669　2252.8　2241
繆氏考古錄一卷
繆荃孫輯　繆振東校訂　香港　又新印
　刷局　1935年　鉛印

009260122　2252.8　2863
後金國汗姓氏考
朱希祖著　1932年　（m.）

004683046　2252.8　3524　FC7867　Film Mas　31864
[浦東六竈]傅氏家譜
濟南　1914年

009746969　CS1169.C4752　1948x
北溪陳氏宗譜
濟南　時思堂　1948年

009873783　CS1169.C362　1947
曹爵起家譜
1947年

009849067　CS1169.L52　1918
廣東潮州澄海歧山鎮馬西村林氏族譜
1918年

009747040　CS1169.P362　1938x
華牆潘氏宗譜
濟南　1938年

009749136　CS1169.T362　1939x
金華赤松唐氏宗譜

濟南　1939 年

009894726　CS1169.J542　1947
金華姜氏宗譜
鄭錦標撰　濟南　1947 年

009747915　CS1169.S662　1946x
金華上目宋氏宗譜
濟南　1946 年

009746908　CS1169.L32　1942x
賴氏明禋堂族譜
濟南　1942 年

009747736　CS1169.L552　1929x
劉氏族譜
萬載小田家乘堂纂輯　濟南　彭城堂
1929 年

009747005　CS1169.L842　1924x
綠獅羅氏宗譜
濟南　遺緒堂　1924 年

009699665　CS1169.N582　1934
牛氏宗譜十八卷
香港　崇倫堂　1934 年

009747088　CS1169.D4642　1925x
七井鄧氏三修族譜
濟南　材林堂　1925 年

009748332　CS1169.C4752　1948bx
圈門灣陳氏四修族譜
濟南　潁川堂　1948 年

009749348　CS1169.S542　1913x
山頭下務本堂沈氏宗譜
濟南　1913 年

009748229　CS1169.W32　1933x
善邑王氏五修支譜

濟南　忠孝堂　1933 年

009981969　CS1169.W82　1931
吳氏世譜九卷
香港　光裕堂　1931 年

007620653　CS1169.Y8　1936x
下邳余氏源流本房世系譜
余章彥編纂　1936 年

009747974　CS1169.L442　1919x
湘潭神沖李氏四修家譜
濟南　萬葉堂　1919 年

009747850　CS1169.L442　1941x
湘陰荊塘李氏弟四修聞富公支譜
濟南　1941 年

009748469　CS1169.Y352　1939x
新橋楊氏弘公房譜
濟南　四知堂　1939 年

009749157　CS1169.C4752　1913x
繡川陳氏宗譜
濟南　1913 年

009747774　CS1169.H832　1923x
堰頭黃氏宗譜
濟南　1923 年

009749673　CS1169.C362　1931x
益陽芭茅灘曹氏支譜
濟南　譙國堂　1931 年

009748545　CS1169.Q2562　1949x
益陽秦氏四修族譜
濟南　天水堂　1949 年

010176386　CS1169.Y562　1925
印氏宗譜
1925 年

歷史科學類

009982279　CS1169.Z462　1923
周氏宗譜卷首　十七卷
濟南　斯文堂　1923 年

009748787　CS1169.F3642　1929x
柱國方氏宗譜
濟南　1929 年

009747121　CS1169.Z482　1925x
紫巖朱氏宗譜
濟南　1925 年

004683030　2252.8　4389　FC7861　Film　Mas　C5111
余紹賢堂族譜三十卷
余振新等纂　荻海　紹賢堂　1912 年

008016134　2252.8　4424　FC7862　Film　Mas　31862
吉林他塔喇氏家譜九篇
魁陞纂修　香港　吉林他塔喇氏　1914 年

004683031　2252.8　4442
蒙古世系譜五卷
闕名撰　1939 年

004688686　2252.8　4970.1　FC7703　Film　Mas　31663
武功書院世譜蘇氏族譜十卷
蘇廷鑒、蘇體嚴纂修　蘇天祥增纂修
香港　蘇氏德有鄰堂　1929 年　增補

009230311　2252.8　7273
舊德述聞六卷
郭則澐述　香港　蟄園　1936 年

004704743　2252.9　0312　FC7693　Film　Mas　C5103
廬江郡何氏大同宗譜二十六卷
何毓琪編纂　濟南　1921 年

004704857　2252.9　0322　FC7694　Film　Mas　31657
京兆歸氏世譜十二卷　附補
歸兆籛纂修　常熟　歸氏義莊　1913 年

004704742　2252.9　0344　FC8017　Film　Mas　31935
李氏族譜二卷
李桐蔚編纂　交河　睦族堂　1937 年

009040955　2252.9　0447
甘姓西華房族譜不分卷
黃寶馨編輯　新加坡　甘鳳逵　1921 年
鉛印

008007428　2252.9　0623　FC7695　Film　Mas　C4994
譚墅吳氏宗譜十六卷
吳祥鴻等纂修　香港　武進吳氏思讓堂
1925 年

004709929　2252.9　0704　FC7700　Film　Mas　31662
高陽許氏家譜四卷　塋圖二卷
許少蓮編纂　1920 年

004710230　2252.9　0832
馮氏務滋堂家譜三編
馮昆礨編　新會　馮氏　1922 年

005076695　2252.9　1072
石龍周氏家譜
周德輝總纂　香港　1926 年

008390645　2252.9　1143　FC7701　Film　Mas　C4997
孔子世家譜初集六十二卷　卷首一卷　二集三十四卷　三集十卷　四集二卷
孔廣彬編纂　1937 年

004710232　2252.9　1144
硤石蔣氏支譜
蔣述彭纂修　海寧　蔣氏　1929 年

008020080　2252.9　1173　FC8029　Film　Mas　31948
王氏宗譜四十卷
王章洪等纂修　香港　上虞王氏三槐堂
1921 年

004710233　2252.9　1342　FC8039　Film　Mas　31958
正定楊氏家譜

楊嘉聰纂　濟南　1934年　修版

004710234　2252.9　1349　FC7699　Film　Mas　31661
平江葉氏族譜十二卷　卷首一卷　卷末一卷
葉培元纂修　香港　平江葉氏南陽堂　1935年

004710249　2252.9　1730　FC8021　Film　Mas　31943
[桂林]王氏家譜三卷
王贊中纂修　濟南　1928年　修版

009260157　2252.9　197.6
國父家世源流考
羅香林著　重慶　商務印書館　1943年　再版[渝版粉報紙]　（m.）

009260171　2252.9　197.6B
國父家世源流考
羅香林著　上海　商務印書館　1947年　3版　新中學文庫　（m.）

004710250　2252.9　1972　FC8040　Film　Mas　31959
西營劉氏五福會支譜
濟南　1929年

011485962　2252.9　1972.3
武進西營劉氏清芬錄第一集
劉祺編纂　香港　尚絅草堂　1923年

004710251　2252.9　1972.4　FC8030　Film　Mas　31949
西營劉氏大分老七房長房支譜
劉如輝纂修　濟南　1920年　續修

004709978　2252.9　2211　FC8036　Film　Mas　31957
績溪廟子山王氏譜二十卷　卷首四卷　卷末四卷
王集成纂　1935年

004715833　2252.9　2213　FC8037　Film　Mas　31952
香山鐵城張氏族譜
張家賜等纂修　香港　1934年

004715841　FC8031　Film　Mas　31950
香山小欖何氏九郎族譜八卷
何聯輝等輯　濟南　1925年

004715837　2252.9　2221　FC8010　Film　Mas　C5123
程氏族譜二十六卷
程道元主修　程達翹等纂修　中山　程氏　1924年

008081862　2252.9　2222
[順德大洲鄉]何氏世系源流家譜
何興任重修　順德大洲鄉　1936年

004720435　2252.9　2248　FC8012　Film　Mas　31933
昆山趙氏家乘十六卷
趙詒翼等輯　濟南　1918年

004719979　2252.9　2271　FC7950　Film　Mas　31928
佛山柵下區氏譜
區灌歈總纂　區衍餘、區子韶分纂　香港　冠興印務局　1929年

004720436　2252.9　2282　FC7951　Film　Mas　31929
順德簡岸簡氏家譜五卷　卷首一卷
簡朝亮等修　濟南　1928年

008020082　2252.9　2313　FC8018　Film　Mas　31936
績溪縣城北城後巷張氏宗譜八卷
張永年等纂修　香港　績溪張氏敘倫堂　1930年

004739429　2252.9　2329
紫江朱氏家乘五卷
朱啟鈐編撰　濟南　1934—36年

004739428　2252.9　2342　FC7989　Film　Mas　31892
吳江楊氏宗譜
楊學沂纂　吳江　明遠堂楊氏家祠　1917年

004720437　2252.9　2356　FC8020　Film　Mas　31942
上海曹氏族譜四卷

曹浩等纂修　濟南　曹氏崇孝堂
1925 年

004739316　2252.9　2379b
外海鄉陳氏族譜稿
陳雲燾重修　1937 年

004739321　2252.9　2421　FC8011　Film　Mas　C5124
嶺南伍氏合族總譜十卷　卷首
伍詮萃等纂修　濟南　1934 年

004739324　2252.9　2431　FC8042　Film　Mas　31961
師橋沈氏家譜
濟南　1918 年

004739326　2252.9　2582　FC8013　Film　Mas　C5126
粵東簡氏大同譜十三卷　卷首一卷
簡朝亮等纂修　香港　簡氏　1928 年

008081863　2252.9　2723　FC8043　Film　Mas　31962
山陰縣州山吳氏支譜
吳隱纂修　香港　山陰吳氏　1916 年

004727470　2252.9　2731　FC8044　Film　Mas　31963
山陰汪氏譜
汪兆鏞著　香港　汪敬德堂　1947 年

004727455　2252.9　2743　FC8019　Film　Mas　31941
吳門袁氏家譜八卷
袁頌平編纂　1919 年

008020083　2252.9　2781　FC7955　Film　Mas　31921
紹興漁臨關金藏譜
金百順等纂修　香港　紹興金氏慶延堂
　1925 年

008608976　2252.9　2930　FC8045　Film　Mas　31964
朱氏家譜不分卷
朱嵩等纂修　濟南　1929 年

004739342　2252.9　3539　FC7991　Film　Mas　31894
瀧東雲浮梁氏族譜存卷二

梁樹勳等纂修　香港　蕃昌堂　1920 年

004739343　2252.9　3752　FC8025　Film　Mas　31939
汪氏振綺堂宗譜三卷
汪大燮編　香港　汪氏振綺堂　1930 年

004739347　2252.9　3870　FC7952　Film　Mas　31930
竇氏族譜不分卷
竇鴻年、竇毓壎纂修　濟南　1925 年

008020084　2252.9　4229　FC8022　Film　Mas　C5125
蕭山塘灣井亭徐氏宗譜十二卷
徐嗣幹等纂修　香港　蕭山徐氏南州草
堂　1923 年

004739366　2252.9　4308　FC7973　Film　Mas　31900
顏氏族譜
顏欽賢編輯　臺北　文英印書局　1949
年　再版

004739407　2252.9　4349　FC7981　Film　Mas　31912
南海葉氏家譜
葉灝明纂輯　濟南　南海葉正菜
1913 年

004739410　2252.9　4371　FC7998　Film　Mas　31887
[臺灣]劉氏宗譜
劉麒麟編修　基隆　劉氏宗譜修著事務
所　1933 年

004739425　2252.9　4640　FC7969　Film　Mas　31896
黃縣趙氏西支族譜八卷
趙亨奎等纂修　香港　鏤雲齋　1916 年

004739017　2252.9　4710　FC7999　Film　Mas　31874
南匯王氏家譜
王廣圻編纂　1932 年

004739096　2252.9　4711　FC7967　Film　Mas　31918
太原王氏皋橋支譜
王堡編纂　濟南　1921 年

004739435　2252.9　4730　FC7968　Film　Mas　31919
胡氏族譜十六卷
胡榮江、胡鄂公等纂修　濟南　江陵胡氏　1924年

004738606　2252.9　4770　FC8000　Film　Mas　31875
廣東臺山上川房甘氏族譜
修譜委員會編輯　甘暢謀修　廣州　南山祖祠　1935年

004739437　2252.9　4838　FC8003　Film　Mas　31878
趙洪氏宗譜附祖先墳墓碑記圖考
趙洪繩武纂修　杭縣　趙洪氏　1935年

004739439　2252.9　4870　FC7986　Film　Mas　31911
趙氏族譜存卷一
趙士松編　香港　趙揚名閣　1937年

004739444　2252.9　5448　FC7966　Film　Mas　31917
東萊趙氏家乘二十六卷
趙琪等纂修　香港　東萊趙氏永厚堂　1935年

004739448　2252.9　5707　FC8002　Film　Mas　31877
惠陽廖氏家譜二卷
廖佩鎏等纂修　惠陽　廖氏　1925年

004739449　2252.9　6479　FC7702　FC－M1685
黔南陳氏族譜
陳文榮等纂修　濟南　1931年

004739455　2252.9　7241
興化李氏傳略附別紀
興化　師儉堂李竹溪　1928年

007223623　2252.9　7244　FC7953　Film　Mas　31931
騰沖青齊李氏宗譜五卷
李學詩、李根源主纂　騰沖　青齊李氏宗祠　1930年

004738819　2252.9　7723
關氏家譜
關頌聲編　香港　1937年

008443529　MLC－C
歐陽在心堂家譜
19??年

004739461　2252.9　7779　FC8005　Film　Mas　31882
鴉岡鄉陳氏族譜
1921年

009314600　2252.9　8248
虎丘義山黃氏世譜存一卷
黃尊傑修　濟南　1932年　鉛印

008020085　2252.9　8450　FC8006　Film　Mas　C5119
餘姚史氏宗譜十二卷　卷首二卷　卷末三卷
史良書等纂修　香港　餘姚史氏　1914年

004739464　2252.9　8479　FC8007　Film　Mas　31883
金華陳氏族譜六卷
陳籙纂修　濟南　1918年

004739470　2252.9　8732　FC8008　Film　Mas　31880
錢氏家乘
錢文選纂輯　香港　廣德錢氏　1924年

004739471　2252.9　8772　FC8009　Film　Mas　31881
合陽南渠西馬氏宗譜傳記四卷
馬淩甫纂　1936年

004739474　2252.9　8885　FC7948　Film　Mas　31926
[無錫錢氏]宗譜備要
錢宗濂編　濟南　1922年

008020086　2252.9　9185　FC7949　Film　Mas　31927
剡北錢氏宗譜六卷
錢以法纂修　香港　剡縣錢氏忠義堂　1925年

009534092　2252.94　2739
樂陵宋氏族譜
察哈爾省通志館修訂　濟南　宋哲元
　1935年

004750095　2253　1397
歷代諱字譜
張惟驤輯　香港　小雙寂庵　1932年

009261073　2253　4333
現代中國作家筆名錄
袁湧進編　北平　中華圖書館協會
　1936年　（m.）

004750688　2253　7914.1
室名索引
陳乃乾編　上海　1933年

004750117　2253　7914.1　(1934)
室名索引
陳乃乾編　上海　大公報分館　1934年
　　再版　共讀楼叢書

004758757　2253　7914.2
別號索引
陳乃乾、陶毓英同編　上海　開明書店
　　1936年

004534213　2253　7914.2b　(1943)
別號索引
陳乃乾輯　香港　開明書店　1943年序

007480644　2253　7924
古今人物別名索引
陳德芸編著　廣州　嶺南大學圖書館
　1937年　嶺南大學圖書館叢書

004758758　2253　7963
小字錄一卷
陳思纂次　上海　涵芬樓　1935年　四
　部叢刊3編

004750686　2253.1　3193
九史同姓名略七十二卷　補遺四卷
汪輝祖撰　上海　商務印書館　1941年
　國學基本叢書

007435755　2253.1　3910
九史同姓名略七十二卷補遺四卷
汪輝祖撰　上海　商務印書館　1936年
　（m.）

004749836　2253.1　3910a
古今同姓名錄二卷
梁元帝［蕭繹］撰　陸善經續　葉森補
上海　商務印書館　1937年　國學基本
叢書　（m.）

004749999　2253.1　4224
古今同姓名大辭典
彭作楨輯著　北平　好望書店　1936年
　（m.）

傳記

004758759　2257　1397.5
五續疑年錄附錄二卷
閔爾昌著　濟南　1918年

008583209　FC4374　(1-3)
歷代名人年譜大成存四十四卷
劉師培編　濟南　民國間

008583208　FC4373　(1-2)
歷代名人年譜大成存五十三卷
劉師培編　1917年

007458617　2257　2399B
歷代名人年譜十卷　存疑一卷
吳榮光編　上海　商務印書館　1934年
　國學基本叢書　（m.）

005750770　2257.07　2682
名人像傳
1935 年

007458565　2257.07　3683
思想家大辭典
潘念之、張采苓編輯　上海　世界書局
　1934 年　(m.)

004750240　2257.6　3874
中外文學家辭典
顧鳳城編　上海　樂華圖書公司　1932
　年　初版　(m.)

006918327　2257.6　3919　R-C　A7188　L693L
歷代名人生卒年表
梁廷燦編　上海　商務印書館　1933 年
　(m.)

008627834　FC8262　Film Mas 32174
現代中國作家筆名錄
袁湧進編　北平　中華圖書館協會
1936 年　初版　(m.)

004539157　2257.6　5682
中國人名大辭典
臧勵龢等編　上海　商務印書館　1933
　年　(m.)

009261838　2257.6　5682　(1927:2)
中國人名大辭典索引
上海　商務印書館發行　1936 年　初版
　(m.)

004912849　2257.6　5682d　Ref. C. 30
中國人名大辭典
臧勵龢等編　香港　泰興書局印行
1931 年

004544545　Z3101.Y446x　vol. 4
歷代同姓名錄引得
哈佛燕京大學圖書館引得編纂處　洪業
等編　北平　哈佛燕京大學圖書館引得
編纂處　1931 年　引得叢刊　(m.)

007480523　Z3101.Y446x　vol. 34
四十七種宋代傳記綜合引得
哈佛燕京大學圖書館引得編纂處　洪業
等編　北平　哈佛燕京大學圖書館引得
編纂處　1939 年　引得叢刊　(m.)

007458836　Z3101.Y446x　vol. 35
遼金元傳記三十種綜合引得
哈佛燕京大學圖書館引得編纂處　洪業
等編　北平　哈佛燕京大學圖書館引得
編纂處　1940 年　引得叢刊　(m.)

004749859　2257.6　8005d
歷代名人年里碑傳總表
姜亮夫撰　上海　商務印書館　1937 年
　初版　(m.)

009673578　2257.6　9221
訓正東洋史地人名日漢滿同文辭林
小山愛司編著　東京　中央學會
1934 年

004749823　2258　0212
歷代自敘傳文鈔
郭登峰編　上海　商務印書館　1937 年
　(m.)

004758765　2258　0234
歷史人物
郭沫若著　上海　海燕書店　1947 年
　(m.)

004758776　2258　1149
台學統一百卷
王棻輯　吳興　劉氏嘉業堂　1918 年

004749847　2258　1208
百歲敘譜六卷

丁文策、陳師錫同輯　上海　中華書局
　1936年　3版

004758792　2258　1464.7
二十四孝圖說
郭居業輯　劉文玠題詠　陳鏡如音註
周湘繪圖　顧鹿書　上海　壽世草堂
1918年

007705287　Pl.2997.Y86　1920x
男女百孝圖全傳
俞蘭浦著　何雲梯繪畫　上海　求古齋
帖社發行　1920年

004758794　2258　1464.72
繪圖二十四孝日記故事
上海　劉德記書局　19??年

004758507　2258　2150B
高士傳三卷
皇甫謐著　張斯涵校　上海　中華書局
　1934年　四部備要

004758701　2258　2914
一士譚薈
徐一士著　上海　太平書局　1945年
（m.）

004758702　2258　2914b
一士譚薈甲乙編
徐一士著　上海　一家社　1948年
初版

004758801　2258　2942
中華名人傳紀讀本
徐相任述　上海　中華書局　1930年

004758805　2258　2944
非常時期之模範人物
徐楚樵編　雷震等主編　香港　中華書
局　1938年　3版　（m.）

004758519　2258　2954.3
中國歷代名人傳
朱拙存編著　上海　經緯書局　1936年
　再版　青年必讀書　（m.）

004715149　2258　4243
中國文人故事
楊蔭深著　上海　中華書局　1936年
（m.）

004715428　2258　4243.4
古文家傳記文選
楊蔭深選註　長沙　商務印書館　1937
年　初版　中學國文補充讀本　（m.）

004715307　2258　4243.5
中國學術家列傳附錄
楊蔭深編著　上海　光明書局　1939年
（m.）

004715798　2258　4331
中國歷代名人錄
袁清平等編　香港　軍事新聞社　1936
年　（m.）

007458664　2258　4341
中國歷代卜人傳
袁樹珊編　上海　潤德書局　1948年
初版

004715802　2258　4419
中國民族英雄列傳
韓枲、范作乘編　上海　中華書局
1937年　再版　初中學生文庫　（m.）

004715301　2258　4803
華僑名人故事錄
黃競初編著　長沙　商務印書館　1940
年　（m.）

008081731　2258　4829
古孝彙傳

黃任恒撰　廣州　聚珍印務局　1925年

004704794　2258　4840
歷史人物志一名中國名人生活
黃蓁編著　廣州　正氣圖書公司　1947年

004704840　2258　4849
中國偉人的生活
黃蓁編著　桂林　文友書店　1943年　青年史地叢書　（m.）

007458706　2258　7228
歷代名人姓氏全編三十二卷
上海　有正書局　1912—49年

004688725　2258　7271
中國歷史上之民族英雄上卷
劉覺編著　長沙　商務印書館　1940年（m.）

004688454　2258　7904
中國百名人傳
陳翊林[啟天]編著　上海　中華書局　1936年　（m.）

004687962　2258　7931
中國人物傳選
陳啟天選輯　上海　中華書局　1935年（m.）

004683041　2258　8522
中國名人畫史
錢化佛繪　濟南　1921年

009277903　2258　8524
歷代名人生卒錄八卷
錢保塘編撰　海寧　錢氏清風室　1936年　鉛印

004683039　2258　8664
聖哲畫像記不分卷
曾國藩撰　北京　國犀鑄一社　1914年

004683042　2258　8664B
聖哲畫像記附畫傳
曾國藩著　王紫珊輯　上海　世界書局　1936年　（m.）

004683043　2258　8928
中國歷代名人傳略
余牧人編　上海　青年協會　1927—29年　（m.）

004683044　2258　8928b
中國歷代名人傳略
余牧人編著　上海　青年協會書局　1935年　（m.）

004683049　2259　0628
中國名人傳
唐盧鋒編　上海　世界書局　1931年　3版　（m.）

004704842　2259.1　4344
孔氏弟子籍一卷
袁嘉穀[樹圃]撰　雲南　崇文印書局　1931年

010104311　2259.2　3282
漢名人傳一卷
濟南　1912—45年　鈔本

004688334　Z3101.Y446x　Suppl.　vol.12　pt　1—3
琬琰集刪存附引得
杜大珪撰　引得編纂處　北平　哈佛燕京學社　1938年　引得

004710104　2259.7　2232
啟禎野乘十六卷
鄒漪纂　北京　北平故宮博物院圖書館　1936年

009229130　2259.7　3637
東江遺事二卷
滄江漫叟撰　香港　七經堪　1935 年
鉛印

004709845　2259.7　6022
八十九種明代傳記綜合引得
田繼綜編　哈佛燕京學社引得編纂處校
訂　北平　哈佛燕京學社　1935 年　引
得　（m.）

004709566　2259.8　0100
庚子辛亥忠烈像贊
馮恕撰　1934 年

004709909　2259.8　0464
孫夏峰李二曲學譜
謝國楨著　王雲五主編　上海　商務印
書館　1934 年　再版　國學小叢書
（m.）

004709426　2259.8　1142　FC7731　Film　Mas　31765
近代二十家評傳
王森然著　北平　杏巖書屋　1934 年
初版　（m.）

004694007　2259.8　2637
皇明遺民傳七卷
闕名撰　北京　國立北京大學　1936 年

007169805　2259.8　3258
清史列傳八十卷
國史館　上海　中華書局　1928 年

004709791　2259.8　3493　（1）
清代貴州名賢像傳四卷第一集
淩惕安編著　上海　商務印書館　1946
年　（m.）

005135744　Z3101.Y446x　vol.9
三十三種清代傳記綜合引得
杜連［聯］喆、房兆楹編　燕京大學圖書
館引得編纂處　北京　燕京大學圖書館
引得編纂處　1932 年　引得　（m.）

007459113　2259.8　4212　FC8466　Film　Mas　32522
清代學者生卒及著述表
蕭一山著　北平　北平文史政治學院
1931 年　（m.）

007482048　2259.8　4212b
清代學者著述表
蕭一山編　重慶　商務印書館　1943 年
（m.）

011891919　AZ791.L448　1933
清代學者整理舊學之總成績
梁啟超著　王雲五、李聖五主編　上海
商務印書館　1933 年　東方文庫續編
（m.）

004709432　2259.8　4410B
國朝先正事略六十卷
李元度纂　上海　中華書局　1927—
36 年

004709713　2259.8　4425
清代樸學大師列傳
支偉成著　上海　泰東圖書局　1925 年
初版

004710063　2259.8　4724
清代名人軼事
葛虛存編　上海　會文堂新記書局
1933 年　（m.）

011830932　DS754.4.D67　Y36　1919
多爾袞軼事
楊公道編　上海　大華書局　1919 年

005061267　2259.8　4973
清代七百名人傳
蔡冠洛編纂　上海　世界書局　1937 年

（m.）

004694018　2259.8　5843
分類清代人物論十四卷　附清代世系表
費有容著　上海　沅益書社　1916 年

009262522　2259.8　6126
清代名人傳
羅伽編　上海　教育書店　1937 年序
（m.）

004694019　2259.8　7971
海城陳氏三代懿行錄
陳興亞、陳國治同輯　香港　海城陳氏　1926 年

004709714　2259.8　8139
近世人物志
金梁輯　1934 年　（m.）

007459197　2259.8　8139.2
清史稿補
金梁輯　香港　1942 年

004698740　2259.8　8524.2　2259.8　8525.3　2259.8　8525.3B
碑傳集補六十卷　卷首　上下卷　卷末
閔爾昌纂錄　北平　燕京大學國學研究所　1932 年

004709492　2259.86　2311b
中興將帥別傳三十卷
朱孔彰撰　上海　中華書局　1927—36 年

004698743　2259.88　8139
光宣列傳四十卷
金梁編　濟南　1934 年

004709976　2259.9　0463
從鄧演達到聞一多廿年來蔣介石所殺的人物
許畏之著　香港　風雨書屋　1947 年

007459119　2259.9　105
最近官紳履歷彙錄
北京敷文社編輯　北京　北京敷文社　1920 年　（m.）

004727562　2259.9　1138
我們的讀書生活
王禮錫編　香港　言行社　1941 年　新青年修養叢書

008627089　FC1318
思想反省選集
廣州　冀魯豫區黨委　1943 年

004698749　2259.9　1324
中國當代名人逸事
張行帆著　上海　中國文化供應社　1947 年　再版　（m.）

004698756　2259.9　1340
政治協商會代表群像
上海　上海圖書供應社　1946 年　再版　（m.）

004698757　2259.9　1704
人民作家印象記
金丁等著　司馬文森編輯　香港　智源書局　1949 年　文藝生活選集　第 1 輯

004655503　2259.9　2144
當代中國名人辭典
任嘉堯編　徐鑄成序　上海　東方書店　1947 年　（m.）

004655694　2259.9　2211
復興關下人物小志
何瑞瑤著　重慶　新生圖書文具公司　1942 年

007791080　DS778.A1　H6　1947
風雲人物小志原名復興關下人物小志
何瑞瑤著　廣州　宇宙風社　194？年
　　京版　（m.）

008627465　FC1315
中國革命名人傳
奚楚明編　上海　商業書局　1928年
（m.）

011883444　DS778.A1　C469　1946
人物品藻錄
鄭逸梅著　上海　日新出版社　1946年
　　第1版　（m.）

004654663　2259.9　2434
中國當代名人傳
丁滌生主辦　傅潤華主編　上海　世界
文化服務社　1948年　（m.）

004655701　2259.9　2921
近代名人傳記選
朱德君編　重慶　文信書局　1943年
（m.w.）

004655111　2259.9　3437
漢奸秘聞
香港　大時代出版社　1945年

004655501　2259.9　4144
現代中國名人外史
坦蕩蕩齋主著　北京　實報社　1935年
　　初版　實報叢書　（m.）

008627466　FC1314
中國政治人物
胡紫萍編著　福州　大達圖書公司
1948年

004670281　2259.9　4232
當代中國名人志
蕭瀟、胡自立編纂　上海　世界評論出
版社　1939年　再版　（m.）

009898332　MLC－C
林義順傳
上海實業名人集傳總編輯所編　上海
上海實業名人集傳總發行所　1921年

007481837　2259.9　4237
民國名人圖鑒民國史稿草創本副刊之一
楊家駱著　南京　辭典館　1937年
（m.）

011910579　PL2622.L5　1931
菩提珠
柳無忌、柳無垢、柳無非著　上海　北新
書局　1931年　初版　（m.w.）

008616982　FC2946
教育界的英雄模範
教育陣地社編　張家口　新華書店晉察
冀分店　1946年　新教育叢書　（m.）

004688591　2259.9　4336
隕落的星辰
莫洛撰　上海　人間書屋　1949年
初版

004688527　2259.9　4344
當代中國名人錄
樊蔭南編　上海　良友圖書印刷公司
1935年　（m.）

004677634　2259.9　4824
臺灣共產黨秘史
黃師樵著　新竹　1933年

004677638　2259.9　4842
邊疆人物志
黃奮生編著　重慶　正中書局　1945年
　　中國邊疆學會叢書　（m.）

004677640 2259.9 4882
中國近代人物逸話初集
黃公偉編著　臺北　全民日報經理部
1949年　全民日報叢書

007437927 2259.9 6612
分省新中國人物志
園田一龜著　黃惠泉、刁英華譯　上海
良友圖書印刷公司　1930年

004677647 2259.9 7169
時賢別紀
陸曼炎著　重慶　文信書局　1943年
（m.w.）

004677661 2259.9 7174
當代人物志
陸丹林編著　廣州　世界書局　1947年
（m.w.）

011918992 CT1826.T9 1938
自傳之一章
陶亢德編輯　廣州　宇宙風社　1938年
初版　宇宙叢書　（m.w.）

004688178 2259.9 7274
當代中國人物志
厂民編著　上海　中流書店　1938年
初版　（m.）

011937833 PL2277.W621 1941
我的中學時代
俞荻編　上海　文化圖書公司　1941年
（m.）

004688187 2259.9 8743
二十今人志
人間世社編　上海　良友圖書公司
1935年　人間世叢書　（m.w.）

004688641 2259.95 3240
西行訪問記
斯諾夫人著　華侃譯　上海　譯社
1939年　（m.）

004682996 2259.95 4955
中國的紅星
林軼青編著　香港　新中國出版社
1938年　（m.）

004688676 2259.95 5640 DS777.47 S483 1946x
四八被難烈士紀念冊
中[國]共[產黨]代表團編　濟南
1946年

004682367 2259.95 8546 FC5876 (10)
革命的女性
錢塘編著　上海　廣文社　1949年
（m.）

004688661 2259.95 8614
新中國人物集
曾子敬著　香港九龍　南僑出版社
1949年

004682931 2260 291
中國歷代人物之地理的分佈
朱君毅著　上海　中華書局　1932年
（m.）

004688668 2260 4824
黑水先民傳二十四卷
黃維翰撰　濟南　1923年

009533423 2260 4824b
黑水先民傳二十四卷　補傳一卷
黃維翰撰　濟南　1925年

004688670 2260 7238
勝朝粵東遺民錄四卷　附一卷
陳伯陶輯　濟南　1916年

004698633 2260 8220
閩賢事略初稿

鄭貞文撰　上海　商務印書館　1935 年初版　（m.）

008509909　MLC－C
北平市籌備自治人員題名錄
1931 年　（m.）

004698004　2260.14　2946
大清畿輔先哲傳四十卷　附列女傳六卷
徐世昌等撰　天津　徐氏　1917 年

004710155　2260.16　1831
河南現代名人錄
賈永琢編輯　開封　工商日報社　1947 年　（m.）

009014661　2260.16　2278
鄉賢錄一卷　蔣鄉賢事略四卷　蔣中翰世略二卷
蔣念學編　香港　寶善堂　1931 年鉛印

003664677　2260.17　4251
山西名賢輯要
孔祥熙撰　胡春霖編　漢口　中華書局印　1938 年

004704865　2260.17　9225
山西獻徵八卷
常贊春編輯　山西　山西省文獻委員會　1936 年

002343558　2260.23　4963
華陽人物志
林思進撰　成都　1932 年

004704870　2260.28　0465
上海百業人才小史
許晚成編　上海　龍門書店編輯部　1945 年　（m.）

004710158　2260.28　1327
清代毗陵名人小傳稿
張惟驤編　上海　常州旅滬同鄉會　1944 年　（m.）

004704871　2260.28　1327.6
毗陵名人疑年錄
張惟驤編纂　上海　常州旅滬同鄉會　1944 年　（m.）

008110236　T　2260.28　2127.4
昆山[續]人物傳七卷
葉均禧撰　濟南　1912—49 年

008051172　2260.28　2133
毗陵人品記十卷
葉金、吳亮增輯　濟南　毗陵毛氏　1936 年

004697915　2260.28　3696
明清兩代嘉興的望族
潘光旦著　上海　商務印書館　1947 年初版　中山文化教育館研究叢刊（m.）

004704875　2260.28　4191
潤州先賢錄六卷
姚堂輯　南京　國學圖書館　1933 年

004697653　2260.28　4223
江陰義民別傳
胡山源著　上海　世界書局　1939 年明季忠義叢刊　（m.）

004704777　2260.29　1327
越中三不朽圖贊
張岱纂　紹興　紹興印刷局　1918 年再版

007219587　2260.29　1327　（1923）
越中三不朽圖贊

張岱纂　紹興　紹興印刷局　1923年
3版

004710267　2260.29　1911
定海成仁祠備錄重編六卷　卷首一卷
孫爾瓚重編　定海　中央印書館
1936年

004710220　2260.29　3348
浙江孝節錄二卷
張大庚、王昌傑編輯　上海　明善書局
　1935年

004704494　2260.29　4223
嘉定義民別傳
胡山源著　上海　世界書局　1938年
初版　明季義民叢刊　（m.）

004710213　2260.29　7201
歷代兩浙詞人小傳十六卷
周慶雲撰　濟南　1922年

004710210　2260.31　8167
閩台漢奸罪行紀實
第三戰區金廈漢奸案件處理委員會編輯
　廈門　廈門江聲文化出版社　1947年
　（m.）

004704643　2260.318　0415
臺灣時人志第一集
章子惠編　臺北　國光出版社　1947年

004710195　2260.32　0307
廣州市陸軍在鄉軍官會會員名冊
廣州市陸軍在鄉軍官會編　廣州　廣州
市陸軍在鄉軍官會　1948年

004710188　2260.32　1227
開平南樓七烈士抗戰記
桃園梃秀［司徒俊慰］編　開平　1946年

004704852　2260.32　2313
香港華人名人史略
吳醒濂編著　香港　五州書局　1937年

004704850　2260.32　3113
廣東之鑒藏家
冼玉清著　香港　中國文化協進會
1940年

004704638　2260.32　3230
潮州歷代名人故事
林培廬編著　香港　五桂堂書局　1933
年序　潮州民間文學

004704566　2260.32　3230.3
明季潮州忠逸傳六卷
溫廷敬纂　汕頭　補讀書廬　1933年

004704782　2260.32　3230c
潮州七賢故事集
林培廬採編　香港　潮州圖書公司
1948年　（m.）

011919592　GR335.H7　1935
雷峰塔的傳說白娘娘
謝頌羔編著　上海　競文書局　1935年
初版　（m.）

004710261　2260.32　3237
元廣東遺民錄二卷
清谿漁隱輯　1922年

004710282　2260.32　4410
南越叢錄二卷
梁廷枏撰　香港　順德龍氏中和園
1934年　自明誠廎叢書

004710281　2260.32　4410
南越五主傳三卷
梁廷枏撰　香港　順德龍氏中和園
1934年　自明誠廎叢書

004710283　2260.32　4844
廣東文獻輯覽
黃梓林輯　香港　南海黃立德堂
1932年

007434862　2260.32　4918
廣東時人志
葉雲笙、葉柏恒編　廣州　開通出版社
　1946年　（m.）

007434863　2260.32　4932
現代廣東人物辭典
蘇裕德主編　廣州　華南新聞社
1949年

007436952　2260.32　7641
廣東地方名人錄
駱超平等主編　廣州　廣東新聞出版社
　1948年

008755293　MLC－C
廣東名人小史
廣東文物展覽會編　香港　中國文化協
進會　1940年

004715822　2260.32　7927
明季東莞五忠傳二卷
九龍真逸［陳伯陶］著　香港　東莞養和
書局　1923年

002343557　2260.34　0244
滇南碑傳集
方樹梅輯　香港　開明書店　1940年

004710280　2260.53　4342
南洋名人集傳
林博愛編輯　濱城　1923年

004605165　2250.6　0628
現代名人傳
唐廬鋒編著　上海　世界書局　1930年
（m.）

004604831　2250.6　0646
現代外國人名辭典
唐敬杲主編　金宗鎬等編　何炳松等校
訂　上海　商務印書館　1933年
（m.）

004605171　2250.6　1341
近人自傳選
張越瑞選輯　王雲五等主編　上海　商
務印書館　1937年　中學國文補充讀本
（m.）

004605173　2250.6　2350
人物評述
生活書店編譯所編輯　上海　生活書店
　1937年　增訂9版　（m.）

004605176　2250.6　3683
世界人名大辭典
潘念之、金溟若編譯　上海　世界書局
　1936年　（m.）

004605178　2250.6　4424
世界偉人列傳
李鼎聲［李平心］、張飛霞編譯　上海
中華書局　1937年　（m.）

004609721　2250.6　4929
當代人物
蘇季常編　重慶　故事雜誌社　1947年
　再版　（m.）

007824131　MLC－C
當代人物特寫
陸曼炎撰　香港　拔提書局　1947年
初版

004609997　2250.6　5282
中外人名辭典
劉範猷編輯　昆明　中華書局　1940年
（m.）

004609631　2250.6　5944
成功人鑒
秦翰才編譯　上海　商務印書館　1928年　3版　(m.)

004610016　2250.6　7247
世界名人特寫續編
陶菊隱編譯　昆明　中華書局　1941年

004610019　2250.6　7979
平民世紀的開拓者
陳原著　上海　開明書店　1948年　再版　(m.)

004610021　2250.6　8535
世界名人故事
錢選青編著　上海　大方書局　1941年　再版

004610022　2250.6　8585
國際時人傳
錚錚編著　上海　激流社　1939年　增訂　(m.)

011931148　CT203.C5　C456　1947
時局人物
錚錚編　上海　長風書店　1947年　(m.)

011882666　D412.7.X53　1934
現代外交家傳記
周子亞編　南京　正中書局　1934年　初版　外交叢書　(m.)

004727675　2261　0494
中國名人
謝堂燕編輯　上海　廣益書局　1935年　兒童史地叢書

004727565　2261　4955
周公
林泰輔著　錢穆譯　上海　商務印書館　1931年　國學小叢書　(m.)

004715479　2261　5301
惠施公孫龍
錢穆著　上海　商務印書館　1931年　初版　國學小叢書　(m.)

004733083　2261.1　1114.4
孟子事跡考略
胡毓寰撰　上海　正中書局　1947年　國學叢刊　(m.)

004727558　2261.1　4400
歷代賢豪傳記
教育部教科用書編輯委員會編　西安　中國國民黨中央執行委員會宣傳部　1941年　(m.)

004727549　2261.2　3888
名儒言行錄二卷　附竇氏名人言行一卷
竇鎮輯　無錫　文苑閣　1923年

004715387　2261.2　4484
李、聞被害真相
梁漱溟、周新民著　香港　1946年

003537848　2261.2　4711
人民英烈李公樸聞一多先生遇刺紀實
李聞二烈士紀念委員會編輯　香港　李聞二烈士紀念委員會　1946年　(m.)

004568125　2261.2　4924　(1)
清代學者象傳第一集
葉恭綽編　上海　商務印書館　1930年

004719904　2261.2　7220
回憶魯迅及其他
周黎庵主編　郁達夫等著　上海　宇宙風社　1940年

004720222　2261.3　1312
血花集

張天化編　上海　中國文化服務社
1945 年　初版　中國國民黨叢書
（m.）

004738816　2261.3　1313
中華民族的人格
張元濟編著　長沙　商務印書館　1937
年　再版　（m.）

004574318　2261.3　1313B
中華民族的人格
張元濟編著　香港　商務印書館　1943
年　渝第 5 版　（m.）

004733233　2261.3　1394
中國歷代民族英雄傳
裴小楚著　上海　大方書局　1939 年
（m.）

011916922　DS751.6.W4　Y5　1933
文天祥
易君左著　上海　新生命書局　1933 年
（m.）

004766914　2261.3　2182
曲阿魏氏忠孝錄
魏念先編　香港　芝連廎　1913 年

004739353　2261.3　3322
七十二烈士中的華僑
海潮出版社編　香港　海潮出版社
1948 年　華僑青年叢書

004739359　2261.3　3914
民族英雄百人傳
梁乙真著　重慶　三友書店　1942 年
（m.）

004739368　2261.3　3958
抗戰忠勇史畫
梁中銘編繪　上海　正氣出版社　1946
年　（m.）

004739371　2261.3　4103
大丈夫
范文瀾著　上海　開明書店　1949 年
6 版　（m.）

008626993　FC1316
中國名將錄出席第一屆國大將領及軍隊代表訪問記第一輯
言守元主編　南京　新世界出版社
1947 年　（m.）

004739505　2261.3　4914
南明忠烈傳
蘇雪林著　重慶　國民圖書出版社
1941 年　（m.）

004744663　2261.3　6011
歷代功臣像
清內務府茶庫舊藏　北京　國立北平故宮博物院　1935 年

001570876　2261.3　7211
抗日英雄特寫
劉一飛編選　漢口　大時代書店　1938
年　（m.w.）

004745420　2261.4　3644
中國名相傳二卷
潘博編輯　上海　廣智新記書局　1924
年　訂正本

004745422　2261.4　5612
中國現代軍政要人肖像書
香港　統一廣告公司　1927 年

004745412　2261.4　6470
四奸臣
上海　大方書局　1947 年　歷史故事叢刊　（m.）

004745413　2261.4　7929
甘棠集歷代循吏彙編
陳德榮選輯　上海　新中國建設學會
1935 年　新中國建設學會叢書

004745414　2261.5　0287
郭節母廖太夫人清芬錄
濟南　1926 年

004745415　2261.5　1141
正定王氏雙節永慕錄
王士珍輯　濟南　1924 年

004745427　2261.5　2112
休寧衛溪程氏烈婦合傳
程雲生輯　香港　率溪程氏同善堂
1921 年

004744945　2261.5　2151
我的母親
蔣中正等著　魏中天主編　香港　中國文化館香港分館　1949 年

004758832　2261.5　2332
鹽城魚節母陳太夫人褒榮錄
魚海岑輯　香港　聚珍倣宋印書局
1926 年

007219569　2261.5　2946
大清畿輔列女傳六卷
徐世昌撰　天津　徐氏　1917 年

004758826　2261.5　4848
中國女名人列傳
黃九如編　上海　中華書局　1936 年
初中學生文庫　(m.)

008627374　Microfiche　C-909　CH1516
列女傳十六卷
汪氏[道昆]輯　仇英繪圖　東京　圖本叢刊會　1923 年

004758872　2261.5　6210
四貞烈
上海　大方書局　1947 年　歷史故事叢刊　(m.)

004600240　2261.5　6433
中國民族女英雄傳記
嚴濟寬編著　長沙　商務印書館　1940 年　初版　(m.)

004600239　2261.5　6433a　FC5876　(9)
中國民族女英雄傳記
嚴濟寬著　重慶　商務印書館　1943 年　初版　(m.)

004758893　2261.5　7272
古列女傳
劉向撰　濟南　1918 年　四部叢刊

004758721　2261.5　7272.11
列女傳補註八卷
王照圓撰　長沙　商務印書館　1937 年　初版　國學基本叢書　(m.)

004766796　2261.5　7272c
列女傳校註八卷
梁端校註　上海　中華書局　1933 年　四部備要

004766917　2261.5　7374
西湖三女史傳
頤道居士輯　杭州　六藝書局　1928 年

004766918　2261.5　7931.2
陳烈女不朽錄六卷
紹興七縣旅滬同鄉會編　上海　紹興同鄉會　1925 年

007219463　2261.5　7948
婦人集
陳維崧著　上海　上海中央書店
1935 年

004787583　2261.6　1362
異行傳第一、二集
張默生著　濟南　1947年　初版
（m.）

007665627　MLC – C
元西域人華化考
陳垣［援庵］撰　北京　北京大學國學季刊編輯會　192?年

004766389　2261.6　4469
中國隱士與中國文化
蔣星煜著　上海　中華書局　1947年
（m.）

004778660　2262　0640.1
諸葛亮新論
王芸生等著　重慶　讀者之友社　1945年　讀者之友社叢刊　（m.）

004770636　2262　0640.14
漢丞相諸葛忠武侯傳一卷
張栻撰　上海　商務印書館　1934年
四部叢刊續編

004778665　2262　0640.3
諸葛亮
祝秀俠著　重慶　勝利出版社　1944年　中國歷代名賢故事集　第3輯　（m.）

004778623　2262　1140
王昭君
彭子儀編著　上海　亞星書店　1940年
歷代忠義傳記小叢書　（m.）

004778618　2262　1148.4
班超
黃文弼、羅郁著　重慶　勝利出版社　1945年　中國歷代名賢故事集　第2輯　（m.）

004772670　2262　1148.7
班超
周佐治編著　重慶　青年出版社　1945年　乙種　青年叢書　（m.）

004766800　2262　1166.2
班昭
朱俠編著　重慶　勝利出版社　1946年　中國歷代名賢故事集　第3輯　（m.）

004778672　2262　1333
漢故穀城長蕩陰令張遷表頌集釋
容媛著　北平　1946年

004778103　2262　1730.5
司馬遷之人格與風格
李長之著　上海　開明書店　1949年　再版

004797483　2262　1914.4
孫武子
楊傑著　重慶　勝利出版社　1945年　中國歷代名賢故事集　第3輯　（m.）

004797486　2262　2265.2
句踐
衛聚賢著　重慶　勝利出版社　1944年　中國歷代名賢故事集　第2輯　（m.）

004787587　2262　3310.2
漢武帝
朱煥堯著　重慶　勝利出版社　1945年　中國歷代名賢故事集　第1輯　（m.）

004797531　2262　4802.8
黃帝
錢穆、姚漢源著　重慶　勝利出版社　1944年　中國歷代名賢故事集　第1輯　（m.）

004797541　2262　4914
蘇武
彭子儀著　上海　亞星書店　1940 年
歷史忠義傳記小叢書　（m.）

004803964　2262　7212.4
關壯繆侯事跡八卷
韓組康撰　濟南　1948 年

004803366　2262　8210
子產評傳
鄭克堂著　長沙　商務印書館　1941 年
（m.）

004810007　2262　8234
班固年譜
鄭鶴聲撰　上海　商務印書館　1931 年
中國歷史叢書　（m.）

004809686　2262　8725.11
管仲
王毓瑚著　重慶　勝利出版社　1945 年
初版　中國歷代名賢故事集　第 2 輯
（m.）

004809874　2263　1183
王羲之評傳
朱傑勤著　長沙　商務印書館發行
1940 年　初版　（m.）

011884884　NK3634.W3　S45　1948
王羲之研究
沈子善編著　上海　正中書局　1948 年
初版　（m.）

004809202　2263　7236
陶淵明之思想與清談之關係
陳寅恪著　北京　燕京大學哈佛燕京學
社　1945 年　（m.）

004814821　2264　1332
曲江風度
張守能編著　廣州　經緯社　1946 年

004810034　2264　1333
張巡
隋樹森撰　長沙　商務印書館　1940 年
（m.）

004809367　2264　2676
白居易評傳
郭虛中撰　上海　正中書局　1947 年
國學叢刊　（m.）

004814433　2264　4152
杜甫論
王亞平著　重慶　商務印書館　1944 年
（m.）

004562884　2264　4426
道教徒的詩人李白及其痛苦
李長之著　長沙　商務印書館　1940 年
初版　中法文化叢書　（m.）

011882018　PL2321.F823　1927
李白與杜甫
傅東華著　上海　商務印書館　1927 年
初版　百科小叢書　（m.）

004814564　2264　4426.2
李白與杜甫
傅東華著　上海　商務印書館　1935 年
（m.）

004814248　2264　4426.3
李太白傳
汪炳焜撰　上海　商務印書館　1935 年
（m.）

004833593　2264　4430
李鄴侯言行錄
楊希閔編　潘衍校訂　上海　中華新教
育社　1924 年

004833596　2264　4434
浪漫二詩人
張篷舟著　香港　南京書店　1936 年
（m.）

004813943　2264　4583.4
韓愈
李長之編著　重慶　勝利出版公司
1946 年　初版　中國歷代名賢故事集
第 3 輯　（m.）

004833606　2265　0400.2
辛稼軒評傳
徐嘉瑞著　重慶　文通書局　1946 年
文藝叢書　（m.）

004833608　2265　0400.5
辛棄疾評傳
胡雲翼編　上海　上海教育書店　1947
年　詞學小叢書　（m.）

004833610　2265　0413
文文山傳信錄十二卷
許浩基撰　香港　吳興許氏杏蔭堂
1932 年

004821878　2265　0413.4
文丞相祠紀念冊
李梓材編　北平　府學胡同實驗小學
1939 年　4 版

004821647　2265　1131.3b
王安石評傳
梁啟超著　上海　世界書局發行　1935
年　初版　（m.）

004821485　2265　1131.4
王安石評傳
柯昌頤編　上海　商務印書館　1933 年
（m.）

004574323　2265　1131.42
王安石
柯敦伯著　上海　商務印書館　1930 年
初版　百科小叢書　（m.）

011930499　DS751.6.W28　Z446　1930
王安石生活
鄭行巽編　上海　世界書局　1930 年
（m.）

009412631　MLC－C
少年叢書
孫毓修編纂　上海　商務印書館
1919—20 年

004827613　2265　1279
司馬光
孫毓修編　香港　商務印書館　1940 年
第 4 版　少年叢書　（m.）

004821639　2265　2640
狄青
白志謙編著　長沙　商務印書館　1939
年　（m.）

004821597　2265　2943
朱熹
周予同著　上海　商務印書館　1929 年
初版　（m.）

004821955　2265　2943.1
朱子
孫毓修著　上海　商務印書館　1920 年
少年叢書　（m.）

004821598　2265　2943.7
朱熹
周予同著　上海　商務印書館　1935 年
（m.）

004827666　2265　3926
改建梁孝子祠徵文錄

李峻寰輯　廣州　粤東編譯公司
　　1919 年

011932086　PL2682.Z5　F8　1934
李清照
傅東華著　上海　商務印書館　1934 年
　　百科小叢書　（m.）

004827652　2265　4545.1
韓世忠年譜
鄧恭三［廣銘］著　重慶　獨立出版社
　　1944 年　傳記叢書　（m.）

004838710　2265　4921
丞相魏公譚訓十卷
蘇頌口授　蘇象先筆記　上海　涵芬樓
　　1936 年　四部叢刊 3 編

004838711　2265　4954.3
東坡逸事
沈宗元編　上海　商務印書館　1925 年
　　6 版　（m.）

004838701　2265　4954.7
蘇東坡
周景濂編　上海　正中書局　1947 年
　　國學叢刊　（m.）

004833125　2265　7134.08
陸放翁之思想及其藝術
郭銀田著　重慶　獨立出版社　1943 年
　　中國文學史叢書　（m.）

004833277　2265　7211.1
岳飛
鄧廣銘撰　重慶　勝利出版社　1945 年
　　中國歷代名賢故事集　第 2 輯　（m.）

004832787　2265　7211.42
岳飛評傳
彭國棟著　上海　商務印書館　1947 年
　　（m.）

004838706　2265　7902
陳龍川傳
鄧恭三［廣銘］撰　重慶　獨立出版社
　　1944 年　傳記叢書　（m.）

004842826　2266　6175
羅貫中與馬致遠
謝無量著　上海　商務印書館　1930 年

009153948　2267　0222a
祁忠敏公日記
祁彪佳著　紹興縣　紹興縣修志委員會
　　　1937 年　鉛印

004704790　2267　1132
王陽明
孫毓修編　上海　商務印書館　1933 年
　　國難後第 1 版　少年叢書　（m.）

004739325　2267　1132.2
王陽明先生圖譜
鄒東廓［守益］等繪編　上海　程守中
　　1941 年

009041039　2267　1321.1
漸江大師事跡佚聞一卷
黃賓虹著　香港　陳柱　1912—49 年
　　虹廬畫談

004704570　2267　1371.7
張居正評傳
陳翊林著　上海　中華書局　1934 年
　　（m.）

004739329　2267　1371.8
張江陵傳
佘守德著　重慶　正中書局　1944 年
　　（m.）

004739333　2267　2311.3
熊廷弼評傳
梁乙真著　成都　東方書社　1943年
民族偉人傳記　(m.)

004704779　2267　2931.02
朱舜水
郭垣編著　上海　正中書局　1947年
滬1版　國學叢刊　(m.)

004704569　2267　2933.9
地理學家徐霞客
竺可楨等著　上海　商務印書館　1948年　初版　(m.)

004739338　2267　2943
潤上草堂紀略二卷　續編一卷　拾遺一卷
羅振常重訂並補拾遺　徐達源原編　毛慶善續編　香港　上虞羅氏　1936年

004772501　2267　2993.0
徐光啟
方豪編著　重慶　勝利出版社　1944年
中國歷代名賢故事集　第3輯　(m.)

004709396　2267　2993.2
徐文定公逝世三百年紀念文彙編
徐宗澤編　上海　土山灣印書館　1934年　(m.)

011890125　BF173.P33　1927
小青之分析
潘光旦著　上海　新月書店　1927年
初版　(m.)

011933777　DS754.4.K95　C5　1933
顧亭林生活
鄭行巽編著　上海　世界書局　1933年
再版　生活叢書　(m.)

004739345　2267　4213
楊文襄公事略
孫良學輯　朱淳補輯　袁嘉穀編　雲南
雲南圖書館　1922年　雲南叢書

004709767　2267　4225
楊椒山先生言行錄
上海　中國化學工業社圖書室　1931年

004859101　2267　4246.01
河東君傳
顏雲美撰　1911—32年

004710077　2267　4448.2　FC7732　Film　Mas　31761
李卓吾論
朱維之編　福州　福州協和大學　1935年　(m.)

004739354　2267　4464
味水軒日記八卷
李日華撰　香港　吳興劉氏嘉業堂
1923年　嘉業堂叢書

004739356　2267　4839
黃忠節公甲申日記一卷
黃淳耀撰　香港　吳興劉氏　1924年
留餘草堂叢書

004739358　2267　4942
明蘇爵輔事略
蘇澤東輯　東莞　東莞博物圖書館
1932年

007954203　MLC-C
許季茀先生事略
不題撰人　1949年

004739488　2267　4992
疎香閣遺錄四卷
葉德輝輯　濟南　1917年

004739360　2267　5013
史可法傳
朱文長著　重慶　商務印書館　1943年

（m.）

004739363　2267　5013.4
史可法
胡道靜編纂　上海　商務印書館　1935年　小學生文庫　（m.）

004739365　2267　5229
戚繼光
程寬正編　香港　中華書局　1943年（m.）

004739367　2267　5229.2
戚繼光
上海　大方書局　1947年　歷史故事叢刊

004739369　2267　5831　FC5876　(9)
秦良玉
黃次書編著　上海　中華書局　1947年　中華文庫　（m.）

004709388　2267　8114
金聖歎傳
陳登原著　上海　商務印書館　1935年　初版　國學小叢書　（m.）

004739375　2267　8226.5
鄭和南征記
束世澂著　重慶　青年出版社　1941年（m.）

004708931　2267　8226.8
鄭和
鄭鶴聲編著　重慶　勝利出版社　1945年　（m.）

004708916　2267　8226.84
鄭和遺事彙編
鄭鶴聲編　上海　中華書局　1948年（m.）

004709395　2267　8251
鄭成功
王鍾麒著　上海　商務印書館　1934年　初版　（m.）

004739377　2267　8251.11
鄭成功
王剛編著　臺灣　臺灣通訊社　1949年　民族英雄故事圖畫叢書

004739380　2267　8251.21
鄭成功傳說
伍遠資編著　廈門　新民書社　1933年　新民書社民俗叢書

004739382　2267　8251.43
鄭成功
林淡秋編　上海　商務印書館　1934年　小學生文庫　（m.）

004739454　2268　0242
齊太翁孟芳先生六旬百晉六壽言錄
齊太和堂編輯　上海　聚珍倣宋印書局　1922年

007257346　2268　0343
南海康先生傳
張伯楨著　東莞　張伯楨　1932年　滄海叢書

004739458　2268　0343.01
哀烈錄
康有爲等撰　廣州　1914年　萬木草堂叢書

004739462　2268　0343.3b
康南海傳
梁啟超著　紐約　中國維新報　1928年

004739463　2268　0343.7
南海先生傳上編

陸乃翔等編　香港　萬木草堂　1929年

004739483　2268　0442
皖壽許公仁齋暨德配蔣夫人哀榮錄
濟南　1923年

004738479　2268　0821.2
龔定盦研究
朱傑勤著　長沙　商務印書館　1940年
　初版　國學小叢書　（m.）

004650285　2268　1153
王船山學譜
張西堂著　長沙　商務印書館　1938年
　初版　國學小叢書　（m.）

004732649　2268　1153.1
船山學譜六卷
王孝魚編　北平　邃雅齋　1934年

004772582　2268　1189
褒城王屏山先生言行要略
康耀辰撰　1922年

004739478　2268　1333
張文襄公榮哀錄十卷
北京　集成圖書公司　民國間

004739482　2268　1400.34
武訓先生的傳記
梁啟超等著　上海　教育書店　1948年
　武訓先生紀念叢刊　（m.）

004739485　2268　1400.7
武訓先生畫傳
段承澤編　孫之儁繪　重慶　生活教育
社　1944年　再版　（m.）

004739489　2268　1402
武訓傳
張默生著　豐子愷繪　上海　東方書社
　1947年　（m.）

004739490　2268　1412
博野尹夫人年譜遺像及碑文附
尹會一編　天津　嚴氏　1916年

004739493　2268　1412
組完女士哀輓錄
于定一輯　濟南　1919年

008443254　MLC－C
林氏家傳
莊嵩編輯　臺中　林獻堂　1939年

004739496　2268　1912
孫府君廷綸家傳
吳錫璜撰　濟南　192？年

004739498　2268　1957
南通孫氏念䕶堂題詠集四卷
孫雄校輯　濟南　1932年

004739500　2268　2236
鄒容
杜呈祥編著　南京　青年出版社　1946年
　再版　青年模範叢書　第2輯　（m.）

004772374　2268　2323
童年回憶錄從作者回憶中看清末政局
德齡女士原著　顧秋心譯　上海　百新
書店　1948年　2版　（m.w.）

004772587　2268　2329
平江吳氏孝行徵題錄六卷
吳蔭培編　香港　平江吳氏嶽雲庵
1924年

004772591　2268　2332
桐城吳先生日記十六卷
吳汝綸撰　吳闓生編　香港　蓮池書社
　1928年

004772592　2268　2344
今生自述

吳桐林撰　濟南　1924 年

004772593　2268　2372
殺身成仁通事吳鳳
中田直久著　東京　博文館　1912 年

004772594　2268　2372.2
臺灣偉人吳鳳傳
吳鳳康樂區建設委員會編　嘉義　蘭記書局　1947 年

004772601　2268　2931
朱九江先生傳
簡朝亮撰　香港　順德簡氏讀書堂　民國間

004772604　2268　2933
滇南朱使君生壙記
周馥撰　華世奎書　民國間

004772606　2268　2942
清太守曉秋徐公哀思錄
濟南　1912 年

004772609　2268　3108
汪穰卿先生傳記七卷
汪詒年纂輯　濟南　1938 年

004749981　2268　3124
浮生六記六卷
林語堂譯　上海　西風社　1941 年　西風叢書　（m.）

004750453　2268　3124b
浮生六記四卷
沈復著　俞平伯標點　北京　霜楓社　1924 年　初版　霜楓　（m.）

004772610　2268　3124c
浮生六記
沈復著　上海　華西書局　1949 年

011910126　PK6515.C512　1934
魯拜集
莪默著　吳劍嵐選譯　上海　黎明書局　1934 年　初版　英漢對照西洋文學名著譯叢　（m.）

011831603　GR25.G85　1938
世界民間故事集
桂裕編譯　長沙　商務印書館　1938 年　（m.）

011979225　PL2822.W44　W4　1932
委曲求全三幕喜劇
王文顯著　李健吾譯　北平　人文書店　1932 年　初版　（m.w.）

011930668　PG3476.N67　Y43　1943
意外的驚愕
A. Novlkov Pritoi 著　荃麟譯　桂林　桂林文化供應社　1943 年　（m.w.）

011919534　PT2528.I4　C5　1948
茵夢湖
Theodor Storm 著　張友松譯　上海　北新書局　1948 年　（m.w.）

011914716　PR922.Y56　1932
英國小品文選
梁遇春譯註　上海　開明書局　1932 年　（m.w.）

004772612　2268　3148
汪悔翁乙丙日記三卷
汪士鐸撰　鄧之誠輯錄　濟南　1936 年

004772614　2268　3193
汪輝祖傳述
瞿兌之[蛻園]著　上海　商務印書館　1935 年　中國史學叢書　（m.）

004758632　2268　3246
湘綺樓日記

王闓運著　上海　商務印書館　1927年

004772618　2268　3312
天荒地老錄
北京　良公祠　1923年

004772620　2268　3672
西學東漸記
容閎撰　徐鳳石、惲鐵樵譯　上海　商務印書館　1915年　（m.）

004744919　2268　3922
宋平子評傳
蘇淵雷編著　上海　正中書局　1947年　1版　國學叢刊　（m.）

004772622　2268　3942
宋漁父第一集
徐血兒、邵力子等編　上海　民立報館　1913年　（m.）

004772626　2268　4139.4
左宗棠軼事
楊公道編輯　香港　兩友軒　1919年再版　（m.）

004772627　2268　4139.44
左宗棠評傳
戴慕真著　西安　新中國文化出版社　1943年　新中國文化叢書　（m.）

004772405　2268　4139.5
左文襄公在西北
秦翰才著　重慶　商務印書館　1945年　初版　（m.）

004772629　2268　4221
楊氏重闈紀念二集
楊祖賢輯　香港　壽州楊氏　1928年

008627341　Microfiche　C-826　CH1430
鄰蘇老人年譜

楊守敬自述　上海　1915年

004766811　2268　4344
隨園軼事
（清）敦復著　周郁浩標點　上海　大達圖書供應社　1935年　初版　（m.）

004772631　2268　4404
南澗先生易簣記
李文藻口授　蔣器錄　王獻唐校錄　香港　里安陳氏褒殷堂　1934年　山左先哲遺書

004772632　2268　4406
順德李文誠公行狀
李淵碩著　濟南　1918年

004772633　2268　4430
李鴻章
韋息予撰　上海　中華書局　1931年　近百年中國名人傳　（m.）

004772370　2268　4430.2
李鴻章遊俄紀事
維特著　王光祈譯　上海　中華書局　1933年　（m.）

007257337　2268　4430.3b
李鴻章
梁啟超著　1911—35年

004772638　2268　444
李南川先生紀念冊
濟南　1936年

004772642　2268　4476
李石渠先生治閩政略
李殿圖著　黃貽楫輯　香港　高陽李宗侗　1932年

004791953　2268　4481
皮鹿門先生傳略

皮名舉撰　北京　國立北京大學
1935年

004772058　2268　4488
越縵堂日記
李慈銘撰　北京　浙江公會　1922年

004772059　2268　4488.2
越縵堂日記補
李慈銘撰　上海　商務印書館　1936年

004791954　2268　4497
李文清公日記
李棠階[文清]著　1915年

009025244　2268　4528
左忠壯公殉難四十年紀念錄一卷
濟南　滿洲伊斯蘭協會等　1935年鉛印

004864444　2268　4543
何君鴻烈紀念册
北京　北京清華學校周刊社　1927年

004864439　T　2268　4543
韋烈士紀念集
北京　北京清華學校周刊社　1927年

004842847　2268　4821
[崇祀鄉賢忠義孝悌祠]　狄荊門公事略
濟南　1922年

004848855　2268　4826
黃仲則評傳
章衣萍著　上海　北新書局　1931年（m.）

004848858　2268　4844
趙聲傳
中國國民黨中央委員會黨史史料編纂委員會編　臺中　中國國民黨中央委員會

黨史史料編纂委員會　1949年　革命先烈傳記

004853871　2268　4894
江夏老人八十壽言
1917年

004842832　2268　4962.2
林則徐
魏應麒著　重慶　勝利出版社　1945年
中國歷代名賢故事集　第2輯（m.）

004848916　2268　4969
緣督廬日記鈔十六卷
葉昌熾著　王季烈輯　上海　蟬隱廬　1933年

004853851　2268　5653
豫材封翁哀思錄
曹汝霖編輯　上海　曹氏　1925年

004848918　2268　6051
臨榆田氏兩世清芬錄八卷
田中玉輯　濟南　1919年

004853852　2268　6422
蟬香館使黔日記九卷
嚴修撰　天津　嚴氏　1935年

008592755　FC2880
光緒大事彙鑒八卷
1922年

004853856　2268　7136　FC9573　Film Mas 35988
隆裕皇太后大事記
富察敦崇輯　濟南　1913年

004848834　2268　7174
三魚堂日記
（清）陸隴其撰　上海　商務印書館　1940年　國學基本叢書（m.）

004853858　2268　7224
周愨慎公百齡紀念圖詠
周學熙編輯　濟南　1936 年

004058019　2268　7233.4b
劉永福傳
李健兒撰述　長沙　商務印書館　1940 年　(m.)

004853600　2268　7233.6
劉永福歷史草
羅香林輯校　上海　正中書局　1943 年 3 版　史地叢刊　(m.)

004853849　2268　7243
唐俊公先生陶務紀年表
郭葆昌述　1937 年

004868278　2268　7944
贛縣陳竹香先生傳
陳翊忠撰　1944 年

004858503　2268　8278
翁文恭公日記
翁同龢撰　上海　商務印書館　1925 年

009284660　2268　8278d
翁文恭公軍機處日記
翁同龢撰　北京　燕京大學圖書館　1939 年

004859198　2268　8294
鄭板橋評傳
陳東原著　上海　商務印書館　1928 年　(m.)

004858552　2268　8336.01
御香縹緲錄─名老佛爺時代的西太后
德齡女士著　秦瘦鷗譯　上海　申報館　1936 年　初版　(m. w.)

004859211　2268　8336.4
慈禧寫照記
上海　中華書局　1917 年　清外史叢刊　(m. w.)

004858822　2268　8336.48
西太后軼事
楊公道編著　上海　大中華書局　1931 年　(m.)

004859219　2268　8531
錢汪二先生行述
姚光輯　香港　金山姚氏　1932 年

008573652　FC4655
盛宮保行述初稿一卷
盛恩頤等撰　濟南　1912─49 年

004859226　2268　8538
廣德錢孝女徵文錄
錢文選編　濟南　1942 年

004617771　2268　8664
曾國藩之生平及事業
蔣星德編著　上海　商務印書館　1936 年　3 版　(m.)

004859235　2268　8664.11
曾國藩之民族思想
王德亮編著　上海　商務印書館　1946 年　(m.)

008169858　MLC─C
漢奸劊子手曾國藩的一生
范文瀾著　1946 年　(m.)

004858321　2268　8664.2
曾國藩評傳
何貽焜編著　上海　正中書局　1947 年　(m.)

011569892
曾國藩評傳
何貽焜編著　1937年　國學叢書（m.）

004859238　2268　8664.4
曾國藩
蕭一山著　重慶　勝利出版社　1944年　中國歷代名賢故事集　第3輯　（m.）

004858414　2268　8664.41
漢奸劊子手曾國藩的一生
范文瀾著　張家口　新華書店晉察冀分店　1945年　（m.）

008959480　2268　8664.41A
漢奸劊子手曾國藩的一生
范文瀾著　張家口　新華書店晉察冀分店　1944年　（m.）

004859162　2268　8664.41B
漢奸劊子手曾國藩的一生
范文瀾著　上海　新華書店　1949年（m.）

004883666　2268　8664.44
曾國藩及其幕府人物
李鼎芳編　上海　文通書局　1947年（m.）

004883667　2268　8664.45
曾國藩
胡哲敷編　重慶　中華書局　1943年（m.）

004864229　2268　8664.7
曾滌生之自我教育
陳清初著　重慶　商務印書館　1943年　初版

004864230　2268　8684.5
曾滌生立達要旨
陳清初著　重慶　人文書店　1943年

010296332　2268.5　1143
錫山二母遺範錄三卷
胡雨人輯　濟南　1919年　鉛印

004883669　2268.8　8546
錢公林富邕戴太夫人百齡冥紀追慶錄
錢文選輯　香港　廣德錢氏　1932年

004867763　2269　0140
企業回憶錄
童世亨著　昆明　光華印書館　1944年（m.）

004868208　2269　0182
鱗爪錄
龍毓峻著　重慶　正中書局　1945年（m.）

004883671　2269　0218
我的日記
高歌著　上海　啟智書局　1934年（w.）

004883679　2269　0229
廖仲愷先生逝世周年紀念特刊
香港　國民革命軍總司令部政治部　1926年

004868128　T　2269　0229.2
廖仲愷先生哀思錄
廖仲愷先生紀念籌備委員會　廣州　仲愷先生紀念籌備委員會　1925年

004883680　2269　0229.2b
廖仲愷先生哀思錄
廣州　三民出版社　1927年　再版

004867755　2269　0234
我的幼年
郭沫若著　徐文忠校閱　上海　全球書

店　1947 年　（m.w.）

004864338　2269　0234.08
童年時代沫若自傳之一
郭沫若著　上海　合衆書店　1936 年再版　（m.）

008081695　T　2269　0234.1
沫若自傳
郭沫若著　上海　海燕書店　1947 年

004618311　2269　0234.1b　(1)
少年時代
郭沫若著　上海　海燕書店　1948 年（m.w.）

004883682　2269　0234.2
我的丈夫郭沫若
佐藤富子著　漢口　戰時文化出版社　1938 年　戰時文化叢書叢書外集（m.w.）

004883683　2269　0234.23
我的結婚
郭沫若著　香港　強華書局　1947 年（m.w.）

004868058　2269　0234.24
歸卒來
郭沫若著　上海　北新書局　1937 年初版　文藝新刊

007257265　2269　0234.25b
郭沫若歸國秘記八年啞迷於今大白
殷塵著　香港　言行社　1945 年（m.w.）

004883686　2269　0234.3
郭沫若書信
郭沫若著　上海　泰東書局　1937 年

004883689　2269　0234.4
郭沫若傳
楊殷夫著　廣州　新中國出版社　1938 年　（m.w.）

004867944　2269　0234.41　FC7730　Film　Mas　31760
郭沫若評傳
李霖編　上海　現代書局　1932 年　初版　（m.）

004867358　2269　0234.48
郭沫若論
黃人影編著　上海　大光書局　1936 年

004867597　2269　0234.6
黑貓
郭沫若著　上海　現代書店　1932 年

004883692　2269　0234.7
反正前後
郭沫若著　上海　現代書店　1929 年（m.w.）

004867738　2269　0234.7a
劃時代的轉變
郭沫若著　上海　現代書屋　1946 年

004883757　2269　0234.7b
劃時代的轉變
郭沫若著　上海　復興書局　1936 年

004964424　2269　0234.7c
反正前後
郭沫若著　重慶　作家書屋　1943 年（m.w.）

004867643　2269　0234.8
創造十年
郭沫若著　重慶　作家書屋　1943 年（m.）

004618234　2269　0234.8b　(2)
創作十年續編
郭沫若著　上海　北新書局　1938 年　初版　創作新刊

004878632　2269　0277
郭年伯母陳太宜人九秩開四壽言
廣州　廣三商店　1929 年

004873905　2269　0411
謝晉元日記鈔
謝晉元著　朱雯編選　上海　正言出版社　1945 年　初版　(m.w.)

004878678　2269　0412
許玉孫先生暨陳淑姝夫人珠婚詩畫集
濟南　1934 年

008146518　MLC–C
台山梁滋耀潤生先生榮哀集
1935 年

004878681　2269　0417
譚公石屏榮哀錄
石廣權編　北京　新共和印刷局　1922 年

004878679　2269　0417
曾元高先生榮哀錄
曾鯤化編輯　香港　新化曾氏　1921 年

011987288　PL2740.J6　H7　1929
新都巡禮
張若谷著　上海　金屋書店　1929 年　初版　(m.w.)

011882318　PL2685.Z5　H75　1934
東坡生活
胡懷琛編著　上海　世界書局　1934 年　(m.)

011916604　PL2740.I6　Z46　1931
倚枕日記
章衣萍著　上海　北新書局　1931 年　初版　(m.w.)

011905494　PL2740.J6　Z436　1933
戰争・飲食・男女
張若谷著　上海　良友圖書印刷公司　1933 年　初版　(m.w.)

004878669　2269　0439
女兵冰瑩
張文瀾編著　重慶　獨立出版社　1940 年　(m.)

004878686　2269　0439.1
女叛徒
謝冰瑩著　林如斯、林無雙英譯　林語堂校閱　香港　民光書局　1940 年　(m.)

004878548　2269　0439.2
一個女兵的自傳
謝冰瑩作　上海　良友圖書公司　1936 年　再版　(m.w.)

008625946　FC5876　(10)
新從軍日記
謝冰瑩著　香港　天馬書店印行　1942 年　再版　(m.)

004873780　2269　0439.4　FC5876　(10)
女兵自傳
謝冰瑩作　上海　上海晨光出版公司　1949 年　晨光文學叢書　(w.)

004878532　2269　0439.5
女兵十年
謝冰瑩著　上海　北新書局　1947 年　新版　文藝新刊　(m.w.)

004873909　2269　0439.6
在日本獄中
謝冰瑩著　西安　華北新聞社出版部
1943年　初版　（m.）

004883737　2269　0442.2
我的童年
落華生［許地山］著　周苓仲續　香港
進步教育出版社　1948年

004888874　2269　0490.01b
章炳麟
許壽裳著　重慶　勝利出版社　1945年
中國歷代名賢故事集　第3輯　（m.）

004888875　2269　0490.3
記章太炎先生
沈延國著　上海　永祥印書館　1946年
　青年知識文庫　第2輯　（m.）

004883580　2269　062
唐繼堯
駱亨之編輯　上海　民新書局　1924年

004888878　2269　0644
謝府君赴告
謝保昌撰　1927年

004900465　2269　0882
夢覺山莊古稀紀念集附拙稿附編
顏艮昌編輯　臺北　1942年

004888710　2269　1032
疇隱居士自傳
丁福保述　上海　詁林精舍　1948年
（m.）

004892805　2269　1032.1
疇隱居士學術史
丁福保著　上海　詁林精舍　1949年
（m.）

009567493　MLC–C
湯爾和先生
幼松著　北京　金華書局　1942年
（m.）

004900472　2269　1128
王大覺先生追悼錄
1927年

004916675　2269　1143
我在歐洲的生活
王獨清著　上海　光華書局　1932年
（m.w.）

004916712　2269　1153
王靜安的貢獻
朱芳圃撰　上海　商務印書館　1933年
　東方文庫續編　（m.）

004916491　2269　1233
鄧演達的道路
鄧演達先生殉難十五周年紀念會編
1946年　（m.）

009263032　2269　1233.4
論中國革命諸問題鄧演達殉難十七周年紀念特輯
李伯球編　香港　中華論壇社　1948年
（m.）

004732722　2269　1302
宋慶齡自傳及其言論
宋慶齡著　香港　華光出版社　1938年
（m.）

004745402　2269　1306
張方景昭先生哀輓錄
嘉興縣旅滬同鄉會編　濟南　嘉興縣旅
滬同鄉會　1939年

004745404　2269　1312
張天佐先生榮哀錄

程鈺慶編　臺灣　1949 年

004732709　2269　1314.29
張發奎將軍
朱樸編著　漢口　群力書店　1938 年
（m.）

004732507　2269　1319
蕭紅小傳
駱賓基著　上海　建文書店　1947 年
（m. w.）

011883804　DS777.15.C48　K86　1929
日本人謀殺張作霖案
龔德柏著　上海　上海太平洋書店　1929 年　（m.）

004758816　2269　1321
張大元帥哀輓錄
濟南　1928 年

004758828　2269　1331
資平自傳
張資平著　上海　第一出版社　1934 年　（w.）

004758829　2269　1331.1
脫了軌道的星球
張資平著　上海　現代書局　1931 年　（w.）

004758831　2269　1331.1b
脫了軌道的星球
張資平著　上海　新光書局　1937 年

004732665　2269　1336
南通張季直先生傳記附年譜年表
張孝若著　上海　中華書局　1930 年　（m.）

008209509　FC8766　T　2269　1346
日程草案
張彭春作　1923—25 年

004732718　2269　1362
默僧自述
張默生著　上海　東方出版社　1948 年　（m.）

009271555　2269　1373
張學良的自由問題
香港　時代批評社　1941 年　（m.）

011589406　FC10143
張學良關係文書
1930 年

004732520　2269　1373.2
論張學良
魯泌著　香港　時代批評社　1948 年

004833474　2269　1383
十畝草堂紀念册附蘋墩閣藏書目錄
一帆先生六一壽辰印書編校會編輯　廣州　紅輪中西印務局　1935 年

004833476　2269　1402
南海霍芝庭先生行狀
香港　1939 年

004732857　2269　1904.2
孫總理思想的研究
馬璧著　上海　世界書局　1941 年　初版　（m.）

004833445　2269　1929.4
孫哲生傳
蘇平寧著　南京　獨立書店　1948 年

004772552　2269　2114
伍廷芳
伍大光編輯　上海　民國圖書館　1923 年　3 版

011913422　DS760.9.W95　C3　1925
伍廷芳軼事
陳此生編　上海　宏文圖書館　1925 年
（m.）

004758540　2269　2114.2
伍廷芳歷史
伍廷光編輯　上海　國民圖書局　1922 年

004772555　2269　212
霜傑集
金兆梴纂輯　上海　商務印書館　1926 年

004772565　2269　2179
程璧光殉國記
莫汝非編　濟南　1919 年　（m.）

004772568　2269　2226
少年的回顧
鄒魯著　重慶　獨立出版社　1943 年（m.）

004634855　2269　2226.6b
回顧錄
鄒魯著　重慶　獨立出版社　1944 年（m.）

004738670　2269　2231
藕初五十自述
穆湘玥著　上海　商務印書館　1926 年（m.）

004624356　2269　2244.3
經歷
韜奮著　上海　生活書店　1937 年　再版　（m. w.）

004618204　2269　2244.3　（1947）
經歷
韜奮著　上海　韜奮出版社　1947 年

勝利後第 2 版　（m.）

004738951　2269　2248
鄒崖六十自述
何藻翔撰　1924 年

007738749　MLC－C
怎樣向韜奮學習
韜奮出版社編輯　上海　韜奮出版社　1946 年　（m.）

004772673　2269　232
上海吳徵君汲深暨德邕夏夫人哀輓錄
濟南　1925 年

004749699　2269　2322
吳佩孚將軍傳
陶菊隱著　上海　中華書局　1941 年（m.）

004772675　2269　2322.1
吳佩孚
武德報社編撰　北京　武德報社　1940 年　（m.）

008564780　FC1736
吳佩孚
武德報社編　北平　武德報社　1935 年（m.）

008580493　FC3082
吳佩孚將軍生平傳
吳英威編著　上海　知識書店　1941 年

004778617　2269　2322.5
吳佩孚全傳
中外新聞社編輯　上海　廣文書局　1922 年　5 版　（m.）

004758613　2269　2322.54
吳佩孚將軍
拓荒著　濟南　1935 年　初版

004809967　2269　2340
吳公懷久哀輓錄
上海　1920年

004791928　2269　2342
吳奇偉將軍印象記
陳啟育編　重慶　戰地文化社　1939年　戰地文化社抗戰叢書　(m.)

004778625　2269　2348
先考佩孚府君哀輓錄
吳爲編　武進　1928年

008630476　FC1317
白崇禧將軍傳
張國平編　廣州　新中國出版社　1938年

004772547　2269　2811.4
秋瑾
彭子儀編著　上海　亞星書店　1941年　歷代忠義傳記小叢書　(m.)

004766289　2269　2811.6
秋瑾
羅時暘編著　南京　青年出版社　1946年　再版　青年模範叢書　(m.)

004833559　2269　2903
奮鬥廿年
朱謙之著　廣州　國立中山大學史學研究會　1946年　(m.)

004803213　2269　2903.6
回憶
朱謙之著　廣州　張鑫山　1937年　(m.)

009885250　LD2149.Y364　Y364
楊聯陞日記
楊聯陞　1944年

004803428　2269　2940
志摩日記
徐志摩著　陸小曼編　上海　晨光出版公司　1949年　6版　(m.w.)

004833587　2269　2942.2
朱執信傳
中國國民黨黨史史料編纂委員會編　台中　1949年

004833589　2269　2942.4
朱執信先生殉國六周年紀念冊
廣州　執信學校　1926年

004803215　2269　2946
徐世昌
警民著　上海　中央書局　1922年

004810036　2269　2948
徐樹錚正傳附徐樹錚軼事
中央編輯社編　香港　中央編輯社　1920年　(m.)

004803214　2269　2948.5
徐樹錚秘史
中央新聞社編輯　1921年

004833599　2269　2965
徐君曰哲哀思錄
北平　1919年

004833601　2269　2965
蔗盦痛心錄
李霖述　濟南　1925年

004803541　2269　2971
孺慕
徐闓瑞編著　北京　正中書局　1948年　初版　(m.w.)

004833604　2269　3104
汪漢溪先生哀輓錄

濟南　1927 年

004833603　2269　3113
更生記
冼玉清著　廣州　嶺南大學　1948 年
琅玕館叢著

008458298　MLC‒C
林房雄集
適夷選譯　1933 年　（m. w.）

008458223　MLC‒C
志賀直哉集
志賀直哉著　謝六逸譯　上海　中華書局
發行　1935 年　現代文學叢刊　（m. w.）

004803997　2269　3120
從文自傳
沈從文著　上海　第一出版社　1934 年
（m. w.）

004814613　2269　3120.1
不死日記
沈從文著　上海　人間書店　1928 年
初版　二百零四號叢書　（m. w.）

004803999　2269　3120b
從文自傳
沈從文著　東京　生活社　1943 年
（m.）

004833615　2269　3120d
我的生活沈從文自傳
沈從文著　上海　中央書局　1943 年
（m.）

004814440　2269　3120e
從文自傳
沈從文著　香港　開明書店　1949 年
改訂本　（m.）

004804003　2269　3138
燃犀集
郭仁編　濟南　1940 年　（m.）

007795346　MLC‒C
如此的汪精衛
重慶　獨立出版社　1939 年　（m.）

008627134　FC1297
汪案紀要
中央陸軍軍官學校編　成都　該校
1940 年

008630469　FC1301
汪精衛與日本
青葦編輯　1939 年　（m.）

008570123　FC3435（N）
漢奸水滸傳上集
南京勵志社編輯　南京　勵志社
1946 年

008570128　FC3436（N）
漢奸汪精衛
Ｖ字編譯社編　香港　Ｖ字出版公司
1945 年　（m.）

008627131　FC1293
駁"舉一個例"
陳考威撰　香港　天文臺半周評論社
1939 年　（m.）

004821844　2269　3212
[新會]馮平山先生七十壽言彙錄
周壽臣輯　濟南　1929 年

004821854　2269　3213.1
馮總司令治軍記
張奮啟著　吳拯寰校閱　上海　三民公
司　1928 年　（m.）

004821857　2269　3213.17
馮玉祥革命史
三民公司編輯　上海　1928年　(m.)

004821858　2269　3213.2
我的生活
馮玉祥著　重慶　作家書屋　1943年
(m.)

007734374　　MLC-C
馮在南京爲民衆的怒吼
曹弘忻著　廣州　政治研究社　1934年
火把叢書

004821864　2269　3213.23　(1-2)
我的讀書生活
馮玉祥著　重慶　作家書屋　1943年
(m.)

004814573　2269　3213.2c
我的生活
馮玉祥著　廣州　宇宙風社　1939年
(m.)

008081643　T　2269　3213.2d
我的生活
馮玉祥撰　香港　三户圖書社　1944年
再版　(m.)

008581578　FC3177
馮玉祥的總檢查
北平特別市黨務指導委員會宣傳部[及]
河北省黨部執行委員會宣傳部編
1929年

008563811　FC1693
馮焕章先生講演集第一册
西北邊防督辦署　香港　西北邊防督辦
署　1925年　(m.)

004813719　2269　3213.5
馮玉祥將軍紀念册
中國國民黨革命委員會編　香港　嘉華
印刷有限公司　1948年

004821867　2269　3214
國難期内的政治主張
馬電詮釋　濟南　1931年

004848856　T　2269　322
黎明暉愛侶慘死記
黄景量編　香港　福記合作社　1932年

004848857　2269　3220　FC9638　Film　Mas　35949
蘄水湯先生遺念録
湯化龍撰　濟南　1919年

004838065　2269　3235
我的青年時代
艾蓉著　上海　開明書店　1949年　再
版　(m.w.)

004848788　2269　3281
廣東糖業與馮鋭
香港　1937年　(m.)

004848861　2269　3490
淩煜彰先生訃告
香港　1940年

004821645　2269　3865
我的父親
顧一樵著　上海　新月書店　1933年
(m.w.)

004827585　2269　3884.2
賽金花故事—代尤物
任蒼厂編　上海　自力出版社　1946年

004827587　2269　3884.8
賽金花外傳
曾繁著　上海　大光書局　1936年
(m.)

004827582　2269　3884a
賽金花故事
賽金花口述　劉復、商鴻逵筆錄　洪淵編　上海　廣益書局　1948年　（m.）

004827589　2269　3906
梁彥明烈士紀念集
郭輝堂、羅致知輯　北平　1946年

004821567　2269　3910
T. V. 宋豪門資本內幕
經濟資料社編　香港　小呂宋書店　1948年　內幕新聞叢刊

008169654　MLC－C
我的自學小史
梁漱溟著　上海　華華書店　1947年　滬版　（m.）

004833538　2269　3934.6
梁啟超上
吳其昌撰　重慶　勝利出版社　1944年　中國歷代名賢故事集　第3集　（m.）

004833539　2269　3937
宋太夫人七旬壽言彙編
宋哲元編輯　天津　1935年

004833540　2269　3940.1
三水梁燕孫先生赴告
梁燕孫先生紀念事物籌備會編　濟南　1933年

004833542　2269　3942　FC8385　Film Mas 32296
我之歷史—名宋漁父遺著六卷
宋教仁著　香港　桃源三育乙種農校　1920年

004827282　2269　3942.2
宋教仁
程途編　葉楚傖、陳立夫主編　南京　正中書局　1936年

008592691　FC2856
宋委員長言論集
余天休編　北平　正風雜誌社印行　1936年　（m.）

004827506　2269　4123
獄中雜感
杜重遠著　1936年　初版　（m.w.）

004833557　2269　4131
兩年的政治犯生活
薩空了著　香港　春風出版社　1946年　（m.w.）

004122668　2269　4131.2
香港淪陷日記
薩空了著　香港　進修出版教育社　1946年　初版　（m.w.）

004833565　2269　4142
菲律賓獄中回憶錄
桂華山著　上海　華僑投資建業公司　1947年　（w.）

004833579　2269　4210
柯鳳孫追悼會紀錄
東方文化事業總委員會編輯　北平　1933年

004833584　2269　4217
柳亞子先生五十晉八壽典紀念冊
柳亞子、朱蔭龍著　桂林　1944年

004832788　2269　4233
四十自述
胡適著　上海　亞東圖書館　1939年　（m.w.）

004832985　2269　4233.1
論胡適與張君勱
夏康農著　上海　新知書店　1948年

007383468　B5234.H8　J4　1933　FC5161　FC－M1188
胡適批判
葉青［任卓宣］著　上海　辛墾書店　1933—34年　初版　二十世紀批判叢書　乙編　（m.）

004832751　2269　4235.2
郁達夫的流亡和失蹤
胡愈之撰　香港　咫園書屋　1946年　（m.）

011906489　PL2831.T3　Z655　1932
郁達夫論
賀玉波編　上海　光華書局　1932年

004833313　2269　4237
胡先生紀念專刊
胡主席治喪委員會編　廣州　胡主席治喪委員會　1936年　（m.）

011930258　DS777.488.H8　A25　1929
胡漢民言行錄
時希聖編纂　上海　廣益書局　1929年　名人言行錄　（m.）

004848875　T　2269　4237.5
胡主席展堂先生榮哀錄
中國國民黨駐安南總支部編　堤岸　堤岸民生印務局　1936年　（m.）

004833330　2269　4243
寄心瑣語
余其鏘　1917年

004848876　2269　4244
楊公梅南哀思錄
楊公梅南追悼大會編　上海　1941年

004848889　2269　4274
徐母郝太夫人褒揚徵文錄
濟南　1922年

004859202　2269　4340
寒雲日記
袁克文撰　嘉興　劉氏　1936年

004634650　2269　4342.8b
洪憲宮闈秘史
天懺生著　上海　明華書局　1919年　3版　（m.）

004859208　2269　4382
宋氏三姐妹
愛芙蘭·海著　陶秦譯　上海　萬象雜志社　1946年

004838123　2269　44
李純全史軼事合刻
吳虞公、張雲石編輯　上海　世界書局　1920年

004838231　2269　4401.1
蔣百里先生傳
陶菊隱著　上海　中華書局　1948年　（m.w.）

004859213　2269　441
李烈鈞自傳
李烈鈞撰　香港　三戶圖書社　1944年

009422292　T　2269　4413
蔣廷黻親筆遺囑
1938年

004859222　2269　4418
我的往事
蔣乃鏞著　廣州　華美出版社　1949年　（m.）

004859224　2269　4418.4
狄岱麓與李石曾
楊家駱著　上海　世界書局　1946年

004867725　2269　4426　FC9569　Film　Mas　35982
我在蘇聯的生活
蔣經國著　上海　前鋒出版社　1948年
　　（m.）

004859187　2269　4426.49
蔣經國在上海
蔡真雲編著　上海　中華印刷出版公司
　　1948年　（m.）

004873982　2269　4432.1
李宗仁印象記
丙子學會編　香港　中南圖書公司
1937年　名人印象叢刊

011881718　DS778.L416　Z436　1938
李宗仁將軍傳
趙軼琳編著　上海　大時代書局　1938
年　大時代人物叢書　（m.w.）

004853735　2269　4432.5
中外人士心目中之李宗仁先生
北辰出版社編　香港　北辰出版社
1946年

008608975　2269　4444　FC1165　FC-M2019
巴金自傳
巴金著　上海　第一出版社　1934年
初版　自傳叢書　（m.）

008626081　FC6203
關於朱執信耶穌是什麼東西的雜評
張亦鏡編　上海　美華浸會書局
1930年

008626075　FC6203
基督教與共產主義
貝德士著　張仕章譯　香港　青年協會
　　1939年　非常時叢書　第3類
（m.）

008630535　FC6203
基督教與社會主義運動
張仕章著　香港　青年協會書局　1939
年　非常時叢書　第3類　（m.）

004873991　2269　4445
一個上海商人的改變
李觀森原著　明燈報社譯　上海　廣學
會　1937年　再版　（m.）

008626082　FC6203
與陳獨秀沈玄廬辯道
張亦鏡著　廣東　美華浸會印書局
1923年

008563832　FC1718
蔣中正叛黨禍國之罪惡
國民黨各省市臨時聯合辦事處　香港
國民黨各省市臨時聯合辦事處　1930年

008580235　FC2909
救國必須滅蔣
新文化服務社編　香港　新文化服務社
印　1947年

008580381　FC3020
賣國賊蔣介石怎樣苦害冀東老百姓
冀東日報社編　香港　冀東日報社印
1947年

004874007　2269　4481
且頑老人七十歲自敘附潛齋簡效方又勸善要言
李鍾珏敘　上海　中華書局　1922年

004883781　2269　4636
古瑞庭先生哀思錄
古勝祥等編　香港　東雅印務公司
1946年

008454065　MLC-C
歐特曼教授哀思錄

1934 年

009013576　2269　4674
藏園居士六十自述一卷
傅增湘撰　濟南　傅氏　1931—49 年

004878236　2269　4807
廬隱自傳
黃廬隱著　上海　第一出版社　1934 年
初版　自傳叢書

008626085　FC6203
趙夏雲自傳
趙夏雲撰　上海　廣學會　1932 年

004883772　2269　4820
五十回憶
黃紹竑著　杭州　雲風出版社　1945 年
（m.）

004772421　2269　4822.4
趙侗之死
林夕著　重慶　勝利出版社　1941 年
初版　（m.）

004883769　2269　4827
黃膺白先生故舊感憶錄
黃膺白先生紀念刊編輯委員會編　濟南
1937 年

004883763　2269　4836
黃校長啟明哀思錄
香港　廣州培正中學　1940 年

004883714　2269　4878B
黃興傳記
劉揆一述　1929 年　（m.）

004777888　2269　4901.4
蘇曼殊評傳
黃鳴岐編著　上海　百新書店　1949 年
第 1 版　（m.）

004883732　2269　4914
蔡子民先生言行錄
蔡元培著　北京大學新潮社輯　北京
北京大學出版部　1920 年　新潮社叢書
（m.）

004883735　2269　4914.02
蔡子民先生傳略
高乃同編著　廣州　商務印書館　1943
年　（m.）

004883738　2269　4914.71
蔡元培言行錄
隴西約翰編　上海　廣益書局　1932 年
3 版

004778026　T　2269　4918
蔡廷鍇自傳
蔡廷鍇著　香港　自由旬刊社　1946 年
初版　（m.）

008625954　FC5876　(11)
宋氏三姊妹
斯賓塞[Ornelia Spencer]原著　柯特威
斯圖、姜君衡翻譯　上海　譯學社出版
1939 年

004867762　2269　4922　FC7768　Film Mas 31702
林琴南
寒光著　上海　中華書局　1935 年
（m.）

004883754　2269　4982.3
蔡松坡故事
譚錫康編輯　上海　國民書局　1924 年

004778603　2269　4982.4
蔡松坡
李旭編著　南京　青年出版社　1946 年
再版　（m.）

004772422　2269　5252
海外工讀十年紀實
盛成著　上海　中華書局　1932 年　初版　(m.w.)

004791903　2269　5681
曹錕吳佩孚合傳
第一圖書館編　上海　第一圖書館　1924 年

004655551　2269　6112
師門辱教記
羅爾綱著　桂林　桂林建社書店　1944 年　初版　(m.w.)

004809920　2269　6151
[羅振玉]哀啟
羅福成等撰　旅順　1940 年

004783601　2269　6939
遭難前後
景宋[許廣平]著　上海　上海出版公司　1947 年　初版　文藝復興叢書　(m.w.)

004900439　2269　6939b
遭難前後
景宋[許廣平]著　1947—78 年　(m.w.)

004803966　2269　7137
五十自述記
陸宗輿著　北京　文楷齋承印　1925 年

004833469　2269　7228.0
大衆教育家與大衆詩人
方與嚴著　上海　上海教育書店　1949 年

004833473　2269　7228.24
回憶陶行知先生其生平及其學説
白韜著　光華書店　1948 年

004126799　2269　7228.2b
陶行知的生平及其學説
白韜著　香港　新中國書局　1949 年

004827386　2269　7228.4
陶行知
麥青著　香港　新中國書局　1949 年　新中國百科小叢書　(m.)

004827542　2269　7228.7
陶行知先生紀念集
陶行知先生紀念委員會編印　香港　陶行知先生紀念委員會　1946 年　(m.)

004827482　2269　7244
三兒苦學記
劉大傑著　上海　北新書局　1935 年　初版　(m.w.)

004833519　2269　7248.03
魯迅先生笑了
法拯耶夫、郭沫若等著　香港　大衆圖書公司　1949 年

004832285　2269　7248.041
亡友魯迅印象記
許壽裳著　上海　峨嵋出版社　1947 年　(m.)

004833154　2269　7248.05
魯迅紀念特輯
新中國文藝社編　香港　讀書生活出版社總經售　1939 年　初版　新中國文藝叢刊　(m.)

004832753　2269　7248.11
回憶魯迅先生
蕭紅著　上海　生活書店　1949 年　(m.)

011883144　PL2677.C42　Z964　1947
賈島研究

章泰笙編著　南京　1947 年　(m.)

011888994　PL2677.T8　Z665　1928
浪漫詩人杜牧
胡雲翼編　上海　亞細亞書局　1928 年初版　(m.)

011883076　PL2754.S5　Z957　1947
魯迅的思想與生活
許壽裳著　臺北　臺灣文化協進會　1947 年　(m.)

011882050　PL2665.T3　Z685　1930
陶淵明生活
胡懷琛編著　上海　世界書局　1930 年　(m.)

004833526　2269　7248.11b
回憶魯迅先生
蕭紅[張乃瑩]著　重慶　婦女生活社　1941 年　(m.w.)

004833423　2269　7248.12
民元前的魯迅先生
王冶秋著　重慶　峨嵋出版社　1943 年　(m.)

004838502　2269　7248.125
魯迅研究
夏征農編　上海　生活書店　1937 年初版　(m.)

004833406　2269　7248.12b
民元前的魯迅先生
王冶秋著　上海　峨嵋出版社　1947 年　(m.)

011903529　PL2754.S5　Z5　1941
論魯迅的思想
平心[李平心]著　上海　長風書店　1941 年　初版　長風文庫　(m.)

004669977　2269　7248.13
人民文豪魯迅
平心[李平心]著　上海　生活書店總經售　1947 年　(m.)

011981653　PL2754.S5　Z5　1938
偉大的魯迅
蕭三著　廣州　戰時出版社　1938 年初版　戰時小叢書　(m.)

004669978　2269　7248.13　(1949)
人民文豪魯迅
平心[李平心]著　哈爾濱　光華書店　1949 年　東北再版　(m.)

004832728　2269　7248.14
魯迅傳
王士菁著　上海　新知書店　1948 年　(m.)

004838503　2269　7248.16
魯迅新論
王明等著　香港　新文出版社　1938 年初版　(m.)

004838504　2269　7248.17
魯迅先生二三事
孫伏園著　重慶　作家書屋　1942 年　魯迅研究史料叢刊　(m.w.)

004669773　2269　7248.23
魯迅先生紀念集評論與記載
魯迅紀念委員會編　上海　文化生活出版社　1937 年　(m.)

011883608　PL2754.S5　Z6538　1927
魯迅在廣東
鍾敬文編　廣州　北新書局　1927 年　(m.)

004833531　2269　7248.25　FC9325　Film　Mas　35760
魯迅的蓋棺論定

毛澤東等著　全球書店　1949 年

004838614　2269　7248.4
魯迅與中國青年
蕭三著　香港　創造文粹社　1941 年
創造文粹　（m.）

004838270　2269　7248.40
魯迅的蓋棺論定
范誠編選　上海　全球書店　1939 年
（m.w.）

004838505　2269　7248.41
關於魯迅
梅子編　重慶　勝利出版社　1942 年
初版　（m.）

004838170　2269　7248.42
魯迅論
李何林編　上海　北新書局　1934 年
（m.）

004842775　2269　7248.44
回憶魯迅
荆有麟著　上海　上海雜志公司
1949 年

004842614　2269　7248.455
關於魯迅及其著作
台静農編　北平　未名社出版部　1926 年　初版　（m.）

009268497　2269　7248.47　（1949）
魯迅事跡考
林辰著　上海　開明書店　1949 年　再版　（m.）

004842351　2269　7248.48
魯迅批判
李長之著　上海　上海北新書局　1935 年　初版

004842777　2269　7248.5
魯迅先生逝世十周年紀念特刊
東北文化社編　東北書店　1946 年

004842613　2269　7248.511
魯迅手冊
鄧珂雲編　曹聚仁校訂　上海　博覽書局　1946 年　（m.）

011931180　PL2754.S5　Z65　1936
魯迅印想記
含沙著　上海　金湯書店　1936 年

004842764　2269　7248.77
魯迅的書
歐陽凡海著　廣州　華美圖書公司
1936 年

004842785　2269　7248.82
魯迅正傳
鄭學稼著　重慶　勝利出版社　1943 年
（m.w.）

004842790　2269　7248.96
魯迅傳
小田嶽夫著　范泉譯　上海　開明書店
1947 年　（m.）

004842793　2269　7257
遯園雜俎四卷
馬忠駿編輯　奉天　晚稼軒　1925 年

004842138　2269　7277
周止楃先生別傳
周叔陶著　1947 年

004122336　2269　7282
我在六十歲以前
馬敘倫著　上海　生活書店　1947 年
（m.）

004848808　2269　7412.2
聞一多
勉之著　北平　新中國書局　1949 年
再版　（m.）

004848802　2269　7412.5
聞一多的道路
史靖著　上海　生活書店　1947 年　第 1 版　（m.）

004848898　2269　7431.5
段祺瑞
沃邱仲子編　上海　世界書局　1920 年
（m.）

011938732　DS778.T8　H7　1921
段祺瑞秘史
信史編輯社編輯　北京　信史編輯社
1921 年　再版

004848778　2269　7431.7
段祺瑞秘史
瀨江濁物編輯　廣州　信史編輯社
1921 年

004677575　2269　7611b
梅川日記
居覺生［居正］著　重慶　大東書局
1945 年　初版　（m.）

004848906　2269　7745
李母岳太夫人哀思錄
李道在輯　濟南　1920 年

004848911　2269　7905.4
陳誠評傳
臺北　上海書報社　1949 年

004848871　2269　7927
九龍真逸七十述哀詩
陳伯陶著　香港　新石印館代印
1924 年

004859102　2269　7931
我的半生
陳鶴琴著　上海　世界書局　1941 年
（m.）

004859103　2269　7931b
我的半生
陳鶴琴著　桂林　華華書店　1942 年
（m.）

004853737　2269　7933
浪跡十年
陳達著　上海　商務印書館　1946 年
上海初版　（m.w.）

004859189　2269　794
顯考雲五陳府君行述紀略
陳景寔著　1929 年

004853492　2269　7940
南僑回憶錄
陳嘉庚著　新嘉坡　南洋印刷社　1946
年　再版　（m.）

008081628　FC9338　Film　Mas　35820　T　2269　7942
陳獨秀評論
陳東曉編　北平　北平東亞書局　1933
年　（m.）

004853288　2269　7942.3
實庵自傳
陳獨秀著　上海　亞東圖書館　1947 年
（m.w.）

004859109　2269　7948
陳英士先生紀念全集九卷
何仲簫編　1930 年

004858490　2269　7948.1
陳英士
孔繁霖編著　南京　青年出版社　1946
年　（m.）

004677414　2269　7948.2
陳英士先生革命小史
邵元冲著　上海　民智書局　1925年序
（m.）

004859110　2269　7948.56
陳其美傳
中國國民黨黨史史料編纂委員會編輯
台中　1949年

004859115　2269　7964
陳景華
香海吾知著　廣州　人權報　1913年

004853373　2269　7984
四年從政錄
陳公博著　上海　商務印書館　1936年
（m.）

004852903　2269　7984.8
八年來的回憶陳逆公博自白書
陳公博著　上海　上海光復出版社
1945年

004859122　2269　799
陳少白先生哀思錄
1935年

004859124　2269　7990
高要陳重遠博士哀思錄
陳應嵩編輯　1934年

004858907　2269　7996
陳競存先生史略
1933年

004859130　2269　8102
海寧鍾符卿先生實政記
王宗炎撰　1933年

004858869　2269　8204
我和教育三十五年教育生活史 1893—1928
舒新城著　上海　中華書局　1945年

004859152　2269　8237
簡太夫人哀思錄
1920年

004859155　2269　8244
婉娥香豔日記
鄭婉娥著　上海　少華書局　1920年

004859174　2269　8291
簡君照南哀輓錄
簡日華等輯　濟南　1923年

004859178　2269　8503
錢士青七十壽言彙編
唐文治編　濟南　1942年

009563077　MLC－C
曾仲鳴先生殉國周年紀念冊　1940
中央宣傳部編　香港　南華日報館
1940年

004868057　2269　8934
回憶錄
余家菊著　上海　中華書局　1948年
初版　（m.w.）

004868028　2269　9220
尚仲衣教授
司馬文森著　九龍　文生出版社　1947年　（m.w.）

004873943　2269.1　4442
李藹烈士哀思錄
古耀乾、李念文編　香港　1949年

004873945　2269.1　7223
聞申嶽先生事略
趙之偉纂　1940年

008592961　FC2992
陳炯明歷史
東粵浮生編輯　1921年　（m.）

004867792　2269.1　7996　FC2992
陳炯明歷史
東粵浮生編輯　廣州　崇正學社　1922年

010096025　T　2269.3　7102
屋裏先生散記
屋裏先生撰　濟南　九華堂　1919年　綠格稿本

004868069　2269.5　1113
王震南征記
馬寒冰著　香港　中國出版社　1947年　（m.）

009836779　T　2269.5　1394
張光直教授個人學校檔案
1938—55年

004883164　2269.5　423
清算蕭軍的反動思想
劉芝明著　香港　新民主出版社　1949年

004883308　2269.5　423.1
蕭軍思想批判
劉芝明著　大連　東北書店　1949年　初版　（m.）

004900304　2269.5　4401
反對李立三主義
Khabarovsk　國家聯合出版部遠東分部　1931年

008580286　FC2955
怎樣肅清立三路綫十二月三日在上海活動分子會上的報告
李維漢[筆名羅邁]撰　上海　1930年

008625944　FC5876　（9）
丁玲——新中國的女戰士
里夫[E. H. Leaf]原著　葉舟譯　漢口　光明書局　1938年

004882956　2269.5　4433　FC5876　（9）
女戰士丁玲
每日譯報社編輯部編譯　上海　英商每日譯報圖書部　1938年　英商每日譯報叢書　（m.）

004709586　2269.5　4433.3
記丁玲
沈從文著　上海　良友圖書印刷公司　1934年　（m. w.）

004882957　2269.5　4433.31　FC3368　FC5876　（9）
記丁玲續集
沈從文著　上海　良友復興圖書印刷公司　1940年　（m. w.）

004709503　2269.5　4433.7
丁玲傳
陳彬蔭編　漢口　戰時讀物編譯社　1938年　（m. w.）

004893326　2269.5　4822
工人的旗幟趙占魁
李衍白著　香港　新民主出版社　1949年

004900414　2269.5　7264.2
周恩來與鄧穎超中華民族的偉大兒女
白水編　漢口　一星書店　1938年

004935939　2270　1920
金稷山段氏二妙年譜
孫德謙撰　香港　南林劉氏　1915年　求恕齋叢書

007481862　2270　4443
中國歷代名人年譜目錄

李士濤編纂　長沙　商務印書館　1941
年　初版

004935953　2270　7265
三曾年譜三卷
周明泰編　北平　文嵐簃古宋印書局
1932 年

004935962　2270　7416
高郵王氏父子年譜江子屏先生年譜　焦理堂先生年譜
閔爾昌編　濟南　1927 年

004945858　2272　1222
張衡年譜
孫文青編　上海　商務印書館　1935 年
　初版　中國史學叢書　（m.）

004945973　2272　1273
司馬遷年譜
鄭鶴聲編　上海　商務印書館　1933 年
　國難後第 1 版　（m.）

004946141　2272　7222
劉向歆父子年譜
錢穆著　香港　中國文化服務社　1943
年　青年文庫　（m.）

004738724　2272　7918
桑弘羊年譜
馬元材著　上海　商務印書館　1934 年
　中國史學叢書　（m.）

004946142　2273　0413
謝康樂年譜
郝立權編　濟南　齊魯大學　1935 年

004946147　2273　2163
鮑照年譜
吳丕績編　長沙　商務印書館　1940 年
　（m.）

004950499　2273　3122
沈約年譜
鈴木虎雄著　馬導源編譯　上海　商務
印書館　1935 年　中國史學叢書
（m.）

004950784　2273　3131
江淹年譜
吳丕績編著　長沙　商務印書館　1938
年　中國史學叢書　（m.）

004950680　2274　0824
顏師古年譜
羅香林著　上海　商務印書館　1941 年
　中國史學叢書

004950381　2274　1102
唐孟郊年譜
華忱之撰　北京　國立北京大學圖書館
　1940 年

004946161　2274　1342.2
張曲江詩文事跡編年考
何格恩著　香港　中國文化協進會
1940 年

004939311　2274　1822.4　FC8465　Film Mas 32521
賈島年譜
李嘉言著　上海　商務印書館　1947 年
　初版　（m.）

004951108　2274　2974
徐壽臧年譜
徐士燕編　南林　劉氏嘉業堂　1913 年
　嘉業堂叢書

004939417　2274　4152.4
少陵新譜
李春坪輯著　北平　來熏閣書店
1935 年

003591555　2274　4407
玉谿生年譜會箋
張爾田編纂　南林　劉氏求恕齋 1917 年

004939658　2274　6173.3
羅隱年譜
汪德振著　上海　商務印書館　1937 年（m.）

004939477　2274　7222
劉知幾年譜
傅振倫編　上海　商務印書館　1934 年（m.）

004939877　2274　8244
杜佑年譜
鄭鶴聲著　上海　商務印書館　1934 年　初版（m.）

004939499　2275　0400.1
辛稼軒先生年譜
鄧廣銘編撰　上海　商務印書館　1947 年（m.）

004951114　2275　0400.8
辛稼軒先生年譜
鄭騫編　濟南　1938 年（m.）

004939492　2275　0413
文天祥年譜
楊德恩著　長沙　商務印書館　1939 年（m.）

004951115　2275　0413.04
文文山年譜
許浩基編輯　上海　商務印書館　1927 年

003616531　2275　1131.49c
王荊公年譜考略二十六卷　雜錄二卷　附錄一卷
蔡上翔著　年譜推論一卷　熙豐[熙豐]知遇錄一卷　楊希閔著　北京　燕京大學　國學研究所　1930 年

004951120　2275　1279
司馬温公年譜十卷
顧棟高輯　南林　劉氏　1917 年　求恕齋叢書

004956072　2275　2178.4
程伊川年譜
姚名達著　上海　商務印書館　1937 年（m.）

004956077　2275　4247
宋程純公年譜
楊希閔編　北平　燕京大學圖書館　1934 年　燕京大學圖書館叢書

009264731　2275　4463
李易安年譜
李冷衷編　北平　明社出版部　1929 年（m.）

004939312　2275　4551.1
戴剡源年譜
孫瘍侯著　上海　商務印書館　1936 年　初版（m.）

004964454　2275　7125
陸秀夫年譜
蔣逸雪著　上海　商務印書館　1936 年（m.）

004964455　2275　7712.4
岳武穆年譜附遺跡考
李漢魂編　上海　商務印書館　1947 年（m.）

004939837　2275　7901
陳龍川年譜

顏虛心著　長沙　商務印書館　1940 年　（m.）

（m.）

004964456　2275　7901.1
陳亮年譜
童振福著　上海　商務印書館　1936 年　（m.）

004951133　2277　2249.1
歸震川年譜
張傳元、余梅年著　上海　商務印書館　1936 年　（m.）

004939657　2275　8615
曾南豐先生年譜
王煥鑣著　重慶　商務印書館　1943 年　（m.）

004986034　2277　2993
文定公徐上海傳略
徐宗澤編著　上海　土山灣印書館　1933 年　（m.）

004951128　2276　7141
劉伯溫年譜
王馨一著　上海　商務印書館　1936 年　（m.）

004986295　2277　4236
楊淇園先生年譜
楊振鍔著　重慶　商務印書館　1944 年　中國公教真理學會叢書　（m.）

004939447　2277　0422
譚襄敏公年譜
歐陽祖經著　上海　商務印書館　1937 年　（m.）

004997437　2277　4253
萬年少先生年譜一卷　附錄一卷　隰西草堂集拾遺　續拾遺一卷　年譜補正一卷
羅振玉輯　1919 年

004939659　2277　0630.4
唐寅年譜
楊靜盦編　上海　商務印書館　1947 年　初版　（m.）

004997438　2277　4924
葉天寥年譜三卷　附續譜一卷　別記一卷　甲行日註八卷
葉紹袁撰　香港　吳興劉氏　1913 年　嘉業堂叢書

004951130　2277　1334.4
張溥年譜
蔣逸雪著　重慶　商務印書館　1945 年　（m.）

004990447　2277　5013　FC7710　Film　Mas　31735
史可法年譜
楊德恩撰　長沙　商務印書館　1940 年　（m.）

004951131　2277　1334.4B
張溥年譜
蔣逸雪編著　上海　商務印書館　1946 年　（m.）

004959995　2277　6673
呂留良年譜
包賚著　上海　商務印書館　1936 年　（m.）

004951132　2277　1390.3
張煌言年譜
馮勵青著　重慶　獨立出版社　1942 年

004975451　2277　7214
閻古古年譜一名白耷山人年譜一卷
魯一同編　香港　吳興劉氏　1915 年

嘉業堂叢書

004964462　2277　7237
劉宗周年譜
姚名達著　何炳松主編　上海　商務印書館　1934 年　（m.）

004964466　2277　7982
陳第年譜
金雲銘著　福州　協和大學中國文化研究會　1936 年　（m.）

004964469　2277　8508
錢牧齋先生年譜
金叔遠撰　香港　廣德錢文選　1941 年

004964016　2278　0470
章實齋先生年譜
胡適編著　上海　商務印書館　1923 年再版　（m.）

004964017　2278　0470b
章實齋先生年譜
胡適著　姚名達訂補　上海　商務印書館　1933 年　（m.）

004964473　2278　0470b（1929）
章實齋先生年譜
胡適著　姚名達訂補　上海　商務印書館　1929 年　國學小叢書　（m.）

004985992　2278　1212
邵念魯年譜
姚名達撰　上海　商務印書館　1930 年　中國歷史叢書　（m.）

004985970　2278　1213
邵二雲[晉涵]先生年譜
黃雲眉編　南京　金陵大學中國文化研究所　1933 年　金陵大學中國文化研究所叢刊　甲種

004997432　2278　1321
張夕幢先生年譜一卷　附錄一卷
鮑鼎撰　1926 年　默厂所著書

004990442　2278　1322
先伯石州公年譜
張繼文編輯　蔡侗審訂　香港　平定張氏　1921 年

004985990　2278　1333.2
張文襄公年譜
許同莘編　重慶　商務印書館　1944 年　（m.）

004990449　2278　1333.4
張文襄公年譜六卷
胡鈞重編　香港　一發庵　1939 年

004985940　2278　1371
張江陵年譜
楊鐸著　上海　商務印書館　1938 年　（m.）

004986438　2278　1381
言舊錄
張金吾撰　南林　劉氏嘉業堂　1913 年　嘉業堂叢書

004997446　2278　1478
夏侍郎年譜
夏庚復等述　上海　聚珍倣宋印書局　1920 年

004985780　2278　1900
孫詒讓年譜
朱芳圃編　上海　商務印書館　1935 年再版　（m.）

004970647　2278　2031.4
牛空山年譜
蔣致中編　上海　商務印書館　1933 年初版　（m.）

004970798　2278　2106
魏叔子年譜
温聚民著　上海　商務印書館　1936 年
　（m.）

004970703　2278　2133
崔東壁年譜
姚紹華編　上海　商務印書館　1931 年
　（m.）

007273494　Z3101.Y446x　vol.5
崔東壁遺書引得
哈佛燕京大學圖書館引得編纂處　洪業等編　北京　哈佛燕京大學圖書館引得編纂處　1937 年　引得

004970995　2278　2304
張惠肅公年譜八卷
許濟棻等編次　林紹年鑒訂　張祖佑、張德廣原輯　劉承幹等增輯　揚州　古舊書店　1936 年　近代史資料

004970799　2278　2323
吳梅村年譜
馬導源編　上海　商務印書館　1935 年
　（m.）

005130397　2278　2343
吳愙齋先生年譜
顧廷龍著　北京　哈佛燕京學社　1935年　燕京學報專報專號　（m.）

004970710　2278　2388
吳松厓年譜
王文煥著　上海　商務印書館　1935 年
　（m.）

004971002　2278　2932　FC8419　Film Mas 32244
徐愚齋自敍年譜附上海雜記
徐潤撰　香山　徐氏　1927 年

005130439　2278　2982
朱笥河先生年譜
羅繼祖編　濟南　1931 年

004970847　2278　2982.4
朱筠年譜
姚名達編　上海　商務印書館　1933 年
　2 版　（m.）

004970859　2278　3184.1
沈寐叟年譜
王蘧常編著　長沙　商務印書館　1938年　初版　（m.）

009262818　2278　3300.2
石濤上人年譜
傅抱石著　南京　京滬周刊社　1948 年

011936355　CT1828.H88 L83　1933
洪亮吉年譜
呂培等著　上海　大陸書局　1933 年　近代名人年譜叢刊　（m.）

005130444　2278　3804
顧千里先生年譜
趙詒琛編輯　香港　金山姚氏復廬　1930 年

005019103　2278　3828
金田起義前洪秀全年譜
羅爾綱、陳婉芬編　濟南　1943 年

005130446　2278　3891B
顧亭林先生年譜一卷
張穆編　香港　吳興劉氏　1919 年　吳興叢書

005013890　2278　3922.3
梁質人年譜
湯中著　上海　商務印書館　1933 年
　（m.）

008583224　FC4391
查東山年譜一卷
沈起撰　張濤、查餘穀註　香港　常熟周氏鴿峰草堂　1912—49年

005019119　2278　4122
查東山年譜一卷
沈起撰　香港　劉氏嘉業堂　1916年　嘉業堂叢書

009314826　2278　4139a
左文襄公年譜十卷
羅正鈞纂　香港　萃文堂刻刷局　1942—44年　鉛印　小南白堂叢刊之一

005019130　2278　4192
查他山年譜一卷
陳敬璋撰　南林　劉氏嘉業堂　1913年　嘉業堂叢書

005019131　2278　4234
鄰蘇老人[楊守敬]年譜
楊守敬著　濟南　1915年

005014261　2278　4234b
鄰蘇老人年譜
楊守敬著　熊會貞補述　上海　大陸書局　1933年　初版　近代名人年譜叢刊　(m.)

005014383　2278　4241
胡林翼年譜
嚴樹森編　上海　大陸書局　1933年　(m.)

005019138　2278　4241.4
胡文忠公年譜三卷
梅英傑纂　寧鄉　梅氏抱冰堂　1929年

005013925　2278　4344
隨園先生年譜
方浚師撰　上海　大陸書局　1933年　初版　近代名人年譜叢刊

005019143　2278　4433
李申耆年譜三卷
蔣彤編　香港　劉氏嘉業堂　1913年　嘉業堂叢書

011930189　PL2718.117　Z66　1935
李恕谷先生年譜
馮辰著　惲鶴生訂　孫錯重訂　北平　四存學會發售　1935年　(m.)

005013802　2278　4481
皮鹿門年譜
皮名振編著　長沙　商務印書館　1939年　初版　中國史學叢書　(m.)

005019147　2278　4848　FC7733　Film　Mas　31762
黃陶樓先生年譜
陳定祥輯　蘇州　江蘇省立蘇州圖書館　1932年　(m.)

005014158　2278　4862
黃仲則年譜
黃逸之著　上海　商務印書館　1934年　(m.)

005019149　2278　4901.7
蘇曼殊年譜及其他
柳無彼著　1927年

005019153　2278　4962
林文忠公年譜不分卷
魏應麒編　上海　商務印書館　1935年　(m.)

011589779　2278　6151
徐俟齋先生年譜
羅振玉輯　濟南　1919年

005019154　2278　6153
瞿木夫年譜
瞿中溶自訂　南林　劉氏嘉業堂　1913年　嘉業堂叢書

008580329　FC2984
晏海澄先生年譜四卷　附錄一卷
金兆豐編　北平　晏氏　1930年

005014017　2278　7103
儀徵劉孟瞻年譜
小澤文四郎編　北京　文思樓　1939年

005014221　2278　7233
馬相伯先生年譜
張若谷著　長沙　商務印書館　1939年　中國史學叢書　(m.)

004990451　2278　7262
厲樊榭先生年譜一卷
朱文藻撰　香港　吳興劉氏　1915年　嘉業堂叢書

004990015　2278　7262.7
厲樊榭年譜
陸謙祉著　上海　商務印書館　1936年　初版　(m.)

009315220　2278　7922
侯官陳石遺先生年譜殘存三卷
陳聲暨編　王真續編　葉長青補訂　民國間

004990085　2278　7996
陳競存先生年譜
濟南　1935年

004990426　2278　8130
全謝山年譜
蔣天樞編　上海　商務印書館　1933年　再版

004989810　2278　8212
鄭子尹年譜
林惕安編著　長沙　商務印書館　1941年　初版　國立北平圖書館西南文獻叢刊　(m.)

004990459　2278　8734
管處士年譜一卷
管世駿編纂　香港　南林劉氏　1926年　求恕齋叢書

004990392　2279　0221.4
齊白石年譜
胡適、黎錦熙、鄧廣銘合編　上海　商務印書館　1949年　(m.)

005141280　2279　1172
王烈婦劉夫人哀輓錄
上海　1923年

005141281　2279　1336
嗇翁自訂年譜二卷
張謇編　1925年

005141283　2279　1824
崇德老人八十自訂年譜
聶曾紀芬撰　瞿宣穎編校　上海　聶氏　1933年　訂正再版

005141314　2279　1904.5
國父孫先生年譜
中國國民黨中央執行委員會宣傳部　南京　中國國民黨中央執行委員會宣傳部　1940年　(m.)

005141286　2279　1951
次皆次齋主人年譜
孫振烈著　無錫　孫氏　1919年

005141288　2279　2241
藝風老人年譜一卷

繆荃孫手定　濟南　1936年

005135846　2279　2940
徐志摩年譜
陳從周編　上海　1949年　（m.）

005135466　2279　3138
微尚老人自訂年譜
汪兆鏞著　廣州　汪敬德堂　1949年

005141293　2279　3940　FC7734　Film Mas 31763
[三水]梁燕孫先生年譜二卷
鳳岡編　濟南　1946年　再版　（m.）

005141294　2279　3940a
三水梁燕孫先生年譜
鳳岡編　濟南　1939年　（m.）

005141316　2279　4210
蕭公石齋年譜
蕭家仁著　香港　集大莊　1945—66年

009257514　FC9199　Film Mas C5821　T　2279　4237
胡漢民資料集
1931—36年

009099948　MLC – C
蔣廷黻資料集
1944—65年

005141161　2279　4942
葉遐庵先生年譜
上海　遐庵年譜彙稿編印會　1946年
（m.）

005140517　2279　6424
嚴幾道年譜
王蘧常著　上海　商務印書館　1936年　中國史學叢書　（m.）

005141300　T　2279　7153
陸費伯鴻先生年譜
鄭子展著　香港　1946年

005141302　2279　7213
周夢坡先生年譜
周延礽撰　1934年

005141303　2279　7431
合肥執政年譜初稿二卷
吳廷燮撰　1938年

005140748　2279　7611
梅川譜偈
居正撰　濟南　漳浦張氏　1949年

011931859　DS777.15.C85　C85　1935
滄海生平又名中華民國開國史之親歷
崔通約著　上海　滄海出版社　1935年

004758587　2279　7941b
陳布雷回憶錄
陳布雷著　上海　廿世紀出版社　1949年　（m.）

009567511　MLC – C
國府汪主席行述
華北政務委員會總務廳情報局編印　北京　華北政務委員會總務廳情報局　1944年　（m.）

011884265　DS777.15.H82　H83　1919
黃克強、蔡松坡軼事
天懺生、冬山編輯　上海　文藝編譯社　1919年　4版

011908911　DS777.H64　1927
孫中山年譜
賀嶽僧著　上海　世界書局　1927年　初版　歷代名人年譜　第6輯　（m.）

008580494　FC3083
吳佩孚戰史
得一齋主人編　香港　昭明印刷局

1922 年　（m.）

011930460　DS778.Y4　Y46　1946
閻伯川先生與山西政治的客觀記述
方聞編　南京　現代化編譯社　1946 年　（m.）

005140578　2279　7992
陳少白先生年譜
陳德芸述　1935 年

005141305　2279　8503
錢士青先生年譜
陳鳳章編　1942 年

007459200　2281　2447
漢譯英文歷代日本人名錄
嶺南大學圖書館編　廣州　嶺南大學圖書館　1935 年

007459116　2281.1　444
中西對譯日本現代人名地名表
李籍編　重慶　正中書局　1945 年

004946165　2281.8　1143
日本現代人物傳
孔志澄、葉祝九合編　長沙　商務印書館　1939 年　日本知識叢刊　（m.）

004946165　2281.8　1143b
日本現代人物傳
孔志澄、葉祝九合編　長沙　商務印書館　1940 年　日本知識叢刊

004946120　2287　1277
西鄉隆盛傳
家禾［鄭學稼］著　上海　光夏書店　1936 年　（m.）

004946173　2289　0610
廣田弘毅傳
岩崎榮著　汪静之、吳力生譯　上海　商務印書館　1936 年　（m.）

004946174　2289　3200
日本政界二十年近衛手記
近衛文麿著　高天原、孫識齊譯　上海　國際文化服務社　1948 年　（m.）

004950362　2289　3621
第一號戰爭罪犯
宋剛編著　廣州　建國報發行部　1946 年　初版

004950549　2291.5　6151
唐代海東藩閥志存
羅振玉校錄　濟南　1937 年

011908012　DS481.G3　A312　1934
甘地自傳
C. F. Andrews 編　向達譯　上海　中華書局發行　1934 年　（m.）

004946191　2295.5　4741
甘地自傳
吳耀宗譯　上海　青年協會書局　1948 年　3 版　（m.）

011929614　DS481.G3　Y56　1930
印度革命與甘地
王森然編　北平　文化學社　1930 年　（m.）

004946195　2295.5　4741.8
在甘地先生左右
曾聖提著　重慶　古今出版社　1943 年　（m.）

004950803　2296　6452
歐美現代作家自述
時甫編譯　長沙　商務印書館　1941 年　初版　（m.w.）

004946203　2296.4　8640
普式庚傳
吉爾波丁著　呂熒譯　上海　國際文化服務社　1946年　（m.）

011908029　PG3337.O8　Z525　1948
奧斯特羅夫斯基研究
戈寶權、林陵合編　上海　時代書報出版社　1948年　初版

011837783　PG2933.B45　1933
俄羅斯文學
貝靈著　梁鎮譯　上海　商務印書館　1936年　百科小叢書　（m.）

004946208　2296.4　8640.4
普式庚論集
李葳、鄒綠芷譯　上海　商務印書館　1949年　通俗文化讀物　（m.）

011902036　PG3350.Z8　P819　1937
普式庚研究
A. 亞尼克斯德等著　茅盾［沈雁冰］等譯　上海　生活書店　1937年　（m.）

004956076　2296.48　0140.06
高爾基
康恩著　韜奮［鄒恩潤］編譯　上海　韜奮出版社　1947年　勝利後第3版

004956079　2296.48　0140.4
高爾基
黃峰主編　上海　天馬書店　1936年　世界文學連叢　（m.）

004956082　2296.48　0140.6
高爾基
A. 羅斯金著　戈寶權等合譯　香港　公樸出版社　1948年　（m.w.）

011902816　PG3465.Z8　G36　1938
高爾基研究
黃秋萍譯　上海　新光書局　1938年　（m.）

011935967　PG3465.K3812　1933
革命文豪高爾基
韜奮［鄒恩潤］編譯　上海　生活書店　1933年　（m.）

004956083　2296.48　0140.7
高爾基創作四十年紀念論文集
周起應編　上海　良友圖書印刷公司　1933年　（m.）

004956084　2296.48　0140.79
高爾基傳
陳大年編著　上海　世界書局　1943年　世界名人傳記叢刊　（m.）

007814362　MLC－C
無產階級作家高爾基
上海　上海雜志公司　1949年　第1版

004956091　2296.48　4120
一個家庭的戲劇
赫爾岑著　巴金譯　上海　文化生活出版社　1940年　文化生活叢刊　（m.w.）

004956109　2296.58　7658
居里夫人
秦似著　香港　新中國書局　1949年　（m.）

008579038　FC2044
我的奮鬥
周佛海著　上海　時代文選社　1939—40年

004956112　2297.1　38.4
希特勒
楊寒光編譯　上海　光明書局　1936年　5版　國際名人傳記叢書　（m.）

004956120　2297.18　1823
歌德評傳
張月超著　上海　神州國光社　1933 年（m.）

004956128　2297.18　6344
恩格斯
林立著　香港　新中國書局　1949 年　新中國百科小叢書　（m.）

004956130　2297.19　0224
齊伯林
航空署情報科編　杭州　正則印書館　1934 年

004956131　2297.3　1663
雷鳴遠司鐸
耀漢小兄弟會編印　北京　耀漢小兄弟會　1947 年

004956132　2297.4　35.8
馨香的没藥
蓋恩夫人著　俞成華譯　上海　福音書房　1938 年　（m.）

004971005　2297.4　4231
余之秘密任務
柯塞著　郭彥譯　重慶　國民政府軍事委員會調查統計局　1937—45 年　調查叢書

004956133　2297.47　2173
懺悔錄
盧騷著　張競生譯　上海　世界書局　1931 年　（m.）

011911965　Q143.P2　Q256　1949
巴士特
秦似著　上海　上海聯合發行所　1949 年　新中國百科小叢書　（m.）

004956135　2297.49　2214
多列士自傳
多列士著　朱世綸譯　上海　新知書店　1946 年　（m.）

011883039　DG575.M8　A2　1933
墨索里尼戰時日記
成紹宗譯　上海　光明書局　1933 年（m. w.）

004956069　2297.59　55.4
墨索里尼自傳
墨索里尼著　董霖譯　上海　光明書局　1936 年　國際名人傳記叢書　（m.）

011909418　PA6825.S55　1935
魏琪爾
施蟄存著　上海　商務印書館　1935 年初版　百科小叢書　（m.）

004956067　2297.8　1640
蕭伯訥
石葦編譯　上海　光明書局　1935 年 3 版　（m.）

004971010　2297.89　3458
辛博森夫人事件
化青著　上海　良友圖書印刷公司　1937 年　圖畫知識叢刊　（m.）

004971012　2297.89　6672
歐司愛哈同先生榮哀錄三卷
姬佛陀編　上海　愛儷園　1932 年

004971014　2297.89　93
威爾斯自傳
威爾斯著　方土人、林淡秋合譯　上海　光明書局　1936 年　國際名人傳記叢書　（m.）

004900431　2298.1　2646.6
諾爾曼·白求恩紀念册

香港　國民革命第十八集團軍［八路軍］政治部衛生部　1940年

004883469　2298.1　2646.7
諾爾曼·白求恩斷片
周而復著　香港　八路軍聯防政治部　1945年

004883216　2298.1　2646.70
諾爾曼·白求恩斷片
周而復著　上海　新華書店　1949年
中國人民文藝叢书

004900434　2298.1　2646.71C
白求恩大夫
周而復著　上海　華夏書店　1949年　（m.w.）

011896205　PL2780.T5　T7　1947
醇王妃自盡記
李定夷著　上海　國華書局　1947年　（m.）

004883445　2298.1　2646.71d
白求恩大夫
周而復著　上海　知識出版社　1949年　初版　（m.w.）

004883470　2298.1　2646.72　FC9279　Film Mas 35747
白求恩與阿諾夫醫務工作者的新方向
周而復著　香港　華北軍區後勤衛生部政治部　1949年　（m.）

004916669　2298.3　29.2
福特
儲兒學編　上海　大衆書局　1933年
世界名人故事　（m.）

004916682　2298.39　4422.82
林肯
鄭德坤、芳衛廉主編　李鑄晉等編輯　成都　成都五大學比較文化研究所　1945年　比較文化研究所譯叢　（m.）

011918097　PL2811.I3　K8　1911
苦英雄三十三回
戴逸庵著　民國間　（m.）

004916688　2298.39　5214
威爾基在中國
獨立出版社編　重慶　獨立出版社　1942年　（m.）

004916689　2298.39　5214.4
中國之友威爾基先生
蔣煥文編　重慶　國民圖書出版社　1942年　（m.）

011912953　E807.X826　1934
羅斯福
徐懋庸編　上海　新生命書局　1934年　再版　當代名人傳記　（m.）

011882602　E807.R6412　1947
羅斯福見聞秘錄
李嘉譯　廣州　春光新聞社　1947年
現實文叢　（m.w.）

004916691　2298.39　7261
馬歇爾將軍
大陸圖書雜志出版公司編輯　上海　大陸圖書雜志出版公司　1942—49年
時事資料叢書

史地

世界

004883046　2303　8447
歷史藝術論
姜蘊剛著　重慶　商務印書館　1944年　（m.）

011913725　2309　1213
世界革命史
邵元沖、孫中山講　吳毅編輯　香港
新文書局　1927 年　（m.）

011735850　DS845.K634　1918
大亞細亞主義論
小寺謙吉著　上海　商務印書館
1918 年

011977257　DS849.U6　Y3　1932
戰後太平洋問題一名美日戰争未來記
姚伯麟著　上海　改造與醫學出版社
1932 年

004916694　2309　5202　T　2309　5202
戰後問題論文集
中山文化教育館戰後世界建設研究會編
　重慶　獨立出版社　1943 年　（m.）

004900436　2316　2434
世界大事年表
傅運森編　上海　商務印書館　1926 年
　3 版　（m.）

004883048　2316　7321
世界大事年表
颾生編著　南京　獨立出版社　1945 年
　初版　（m.）

004900445　2318　1277
歷史學習法
邢鵬舉編　上海　中華書局　1941 年

005243066　2318　4255
歷史教學法
胡哲敷著　上海　中華書局　1932 年
（m.）

011890181　LB1582.U6　J612　1926
歷史教學法
何炳松譯　上海　商務印書館　1926 年

現代教育名著　（m.）

004916695　2320　1800
史學
班慈原著　向達譯　何炳松校訂　上海
　商務印書館　1930 年　社會科學史叢
書　（m.）

004900444　2320　2122
史學概要
盧紹稷撰　上海　商務印書館　1930 年
（m.）

004882853　2320　2217
歷史統計學
衛聚賢著　上海　商務印書館　1934 年
（m.）

004892808　2320　2294A
通史新義
何炳松撰　上海　商務印書館　1930 年
（m.）

004900443　2320　2294B
通史新義
何炳松著　上海　商務印書館　1933 年
　國難後第 1 版　（m.）

004916697　2320　2376
史之梯一名史學概論
吳貫因著　上海　聯合書店　1930 年
（m.）

007717006　DS734.7.H675　1935　MLC–C
歷史研究法
何炳松著　上海　商務印書館　1935 年
（m.）

004916698　2320　4454
史學研究法大綱
李泰棻著　北平　武學書館　1921 年

訂正再版　李泰棻叢著

004916700　2320　5800
歷史方法概論
弗領原著　薛澄清譯　上海　商務印書館　1933年　史地小叢書　（m.）

011907031　D16.8.S4212　1933
歷史之科學與哲學
黎東方譯　上海　商務印書館　1933年　國難後第1版　史地小叢書　（m.）

004916701　2322　0020
歷史之科學與哲學
施亨利著　黎東方譯　上海　商務印書館　1930年　（m.）

011895429　D16.8.C4　1936
黑格爾的歷史哲學
朱謙之著　上海　商務印書館　1936年　（m.）

011936734　D16.8.L4　1933
黑格爾之歷史哲學
（德）柯・萊賽［K. Leese］著　張銘鼎譯　上海　民智書局　1933年　初版　（m.）

011824339　B2948.Z584x　1933
黑格爾主義與孔德主義
朱謙之編著　上海　民智書局　1933年　初版　歷史哲學叢書　（m.）

011882699　B2798.F3　1929
康德
范壽康著　上海　商務印書館　1929年　初版　（m.）

011904514　B2798.L512　1935
康德哲學
林稷［A. Lindsay］著　彭基相譯　上海　商務印書館　1935年　初版　（m.）

011884382　D16.8.C56　1933
歷史哲學大綱
朱謙之編著　上海　上海民智書局　1933年　初版　歷史哲學叢書　（m.）

011826318　B2799.K7　F36　1927
認識論淺説
范壽康著　上海　商務印書館　1927年　初版　（m.）

011929889　B1173.C6　B3　1937
學問之增進
（英）培根［Francis Bacon］著　邵裴子譯　上海　商務印書館　1937年　初版　漢譯世界名著　（m.）

011917259　B2823.C6　C44　1936
知識學基礎
（德）斐希特［J. G. Fichte］著　程始仁譯　上海　商務印書館　1936年　初版　漢譯世界名著　（m.）

011892519　D16.8.R312　1935
作爲進化科學底歷史哲學
沙爾列・拉波播爾［Charles Rappoport］著　青銳譯　上海　辛墾書店　1935年　初版

009262991　2322　6410
歷史哲學
（德）黑格爾［G. W. F. Hegel］著　王造時、謝詒徵譯　上海　商務印書館　1937年　再版　漢譯世界名著　（m.）

004892838　2322　8222
歷史哲學教程
翦伯贊著　上海　新知書店　1947年　3版　（m.）

004791534 2322 8222b
歷史哲學教程
翦伯贊著　長春　新中國書局　1949 年
長春再版　歷史叢刊　(m.)

004916704 2322 9214
歷史哲學論叢
常乃德[燕生]著　上海　商務印書館
1947 年　(m.)

011836390 CB417.G256 1930
西洋近代文化史大綱
高維昌編纂　上海　商務印書館　1932
年　(m.)

011919400 CB5.B36142 1947
人類的前程—名現代世界的文化
俾耳德著　于熙儉譯　上海　商務印書館
1947 年　第 2 版　新中學文庫　(m.)

004946212 2324 2140
世界文化史問答
毛起鵾撰　上海　大東書局　1930 年
百科問答叢書　(m.)

011883796 CB77.S45 1935
古代文化史
塞諾博著　陳建民譯　上海　商務印書館　1935 年　(m.)

011831125 D21.T56 1929
近代西洋文化革命史
多瑪士[湯瑪斯]、哈模著　余慕陶譯
上海　上海聯合書店　1929 年　(m.)

011984269 CB57.T49 1939
世界文化史
陳廷璠譯　上海　中華書局　1939 年
(m.)

011883414 CB311.N5 1933
世界文化史
金溟若譯　上海　世界書局　1933 年
(m.)

011901538 CB57.T512 1936
世界文化史
馮雄譯　上海　商務印書館　1936 年
鉛印再版　大學叢書　(m.)

011895781 CB113.C5 H82 1936
西洋文化史大綱
顧康伯編　上海　中華書局　1936 年
(m.)

011888371 CB425.1512 1934
現代文化概論
李耀寰譯　上海　商務印書館　1934 年
漢譯世界名著　(m.)

011895791 CB428.S4519 1933
現代文明史
薛紐伯著　王慧琴譯　上海　亞東圖書
館　1933 年　(m.)

004893131 2324 2303
文化哲學
朱謙之著　上海　商務印書館　1935 年
初版　(m.)

011896200 CB203.H23 1930
歐洲文化變遷小史
杭蘇編　上海　中華書局　1930 年
(m.)

011884702 B5234.152 15 1927
歐洲遠古文化史
李璜編著　上海　中華書局　1927 年
常識叢書　(m.)

011894232 D117.H63 1937
歐洲中古史
何魯之編著　上海　商務印書館　1937

年　（m.）

011913039　D117.H6　1926
中古歐洲史
何炳松編譯　上海　商務印書館　1926年　（m.）

004922275　2324　4647
世界大同之始基
C. B. Faweh 原著　陳堯聖譯　重慶　獨立出版社　1944年　战後世界建設研究叢書　（m.）

004922276　2324　4802.04
文化學論文集
黃文山著　廣州　中國文化學學會　1938年　（m.）

004922278　2324　4973
文化形態史觀
林同濟、雷海宗合撰　上海　大東書局　1946年　在創叢書　（m.）

004922282　2324　9242
西洋文化簡史
常乃德［燕生］著　上海　中華書局　1934年　（m.）

004922285　2330　2421
民族抗戰史略
傅緯平著　長沙　商務印書館　1938年　再版　戰時常識叢書　（m.）

011986685　D21.F8　1914
東西洋史講義
傅運森編　上海　商務印書館　1914年　（m.）

004922287　2330　3563
世界通史
海思、穆恩、威蘭著　劉啟戈譯　上海　大孚出版公司　1948年　（m.）

011892152　D21.W3912　1927
世界史綱
威爾斯著　梁思成等譯　何炳松等校　上海　商務印書館發行　1927年　初版　（m.）

004892758　2330　7247
國際掌故
陶菊隱編譯　上海　中華書局　1941年　（m.）

011903426　D208.L86　1929
各國革命小史
羅廷光著　上海　商務印書館　1929年　史地小叢書　（m.）

011895682　JC571.T85　1933
各國民權運動史
董之學著　上海　商務印書館　1933年　初版　（m.）

011884606　D105.F45　1931
近百年國際政治史略
馮節著　上海　商務印書館　1931年　再版　（m.）

011825901　D299.J53　1948
近代國際政治史
焦敏之著　上海　棠棣出版社　1948年　初版　（m.）

011883531　D653.J312　1933
歐戰後十五年史
甲克孫原著　蕭贛譯述　上海　商務印書館　1933年　新時代史地叢書　（m.）

011883426　D299.W356　1936
歐洲近代史
王繩祖著　上海　商務印書館　1936年　（m.）

011883560　CB231.142　1936
古代斯拉夫文化
來瑞著　萬良炯譯　上海　商務印書館　1936年　史地小叢書　(m.)

004946230　2337　7963
近代世界革命史
陳昌浩著　桂林　1939—40年　(m.)

011896197　D727.C45　1936
國際問題講話
張琴撫、姜君辰著　上海　生活書店　1936年　(m.)

011723333　D24.C368　1948
現代國際關係史綱
曹未風著　上海　上海雜志公司　1948年　自我教育叢書　(m.)

011836754　D421.S55　1937
現代十國論
世界知識社　上海　生活書店　1937年　世界知識叢書　(m.)

011910497　D208.C44　1948
近代世界史簡編
程浩著　世界歷史研究會編　上海　遠方書店　1948年　(m.)

004946228　2341　4127
近代新歷史
蘇聯科學院歷史研究所編　杜克展譯　東北　讀書出版社　1949—年　再版　歷史叢刊　(m.)

011836425　D359.X56　1930
新著西洋近百年史
李泰棻編譯　謝觀校訂　上海　商務印書館　1930年　8版　(m.)

011831728　D118.1786　1947
中世世界史
E.A.柯斯銘斯基編輯　王易今譯　北京　開明書店　1947年　(m.)

011919484　D521.Z43　1925
歐戰發生史
章錫琛等編　東方雜志社編纂　上海　商務印書館　1925年　東方文庫　(m.)

011836804　D720.H83　1922
戰後之世界
黃郛著　上海　上海中華書局　1922年　再版

011929480　D521.M6　1933
世界大戰史講話
森五六著　國民政府軍政部　訓練總監部編譯處譯印　南京　國民政府軍政部訓練總監部編譯處　1933年　(m.)

011917226　D523.R7813　1931
戰時之正義
(英)羅素[B. Russell]著　鄭太樸譯　上海　商務印書館　1931年　初版　共學社羅素叢書　(m.)

011916838　D844.18　1948
論世界危機
非昔等著　上海　世界知識社　1948年　(m.)

004946251　2345　4423
蘇芬衝突與國際現勢
葉非木等著　香港　新中出版社　1940年　(m.)

004946254　2345　4918
第二次世界大戰始末記
葉雲笙主編　廣州　大光報　1946年　(m.)

004956070 2345 7943
南冠百感録出獄三周年紀念
陳奮澄著　吧城　時代印刷館　1948年

004946258 2345 8124
轉變中的世界
金仲華、喬木［冠華］、叔棣著　香港　進步出版社　1939年

004946257 2345 8276
第二次世界大戰畫史
鄭留主編　上海　永安公司　1946年（m.）

004946259 2345 8520
第二次世界大戰簡史
H. A. 第威特、R. W. 休格原著　王檢譯　上海　教育書店　1948年（m.）

004926361 2346 1834
時事新報每周國際彙編
項遠村編　上海　四社出版部　1934年

004926364 2346 3687
五十年來的世界
潘公展主編　重慶　勝利出版社　1945年（m.）

008630366 FC775
參戰實録
步翼鵬等編　1927年

004931292 2348 1314
世界大戰史
張乃燕著　濟南　1926年　再版

004926192 2348 2294
俘虜起居寫真
北京俘虜情報局編　北京　北京俘虜情報局　1919年（m.）

004926284 2348 3847
歐戰工作回憶録
顧杏卿著　長沙　商務印書館　1938年（m.）

004926367 2348 4240
兩次世界大戰
楊松著　上海　新知書店　1946年　社會科學讀本（m.）

004925801 2348 4412
第一次世界大戰簡史
李霽編譯　上海　新華書店發行　1949年（·m.）

011883773 D743.Z56 1947
二次世界大戰史論
周西村著　上海　中華書局印行　1947年　初版　新中華叢書（m.）

004926339 2348 4822
歐戰之教訓與中國之將來
黃郛著　上海　上海中華書局出版社　1918年（m.）

004931293 2348 7920
世界大戰史
陳叔諒撰述　上海　商務印書館　1928年　新時代史地叢書（m.）

004931296 2349 0550
二次世界大戰之教訓
威廉·齊夫著　周新譯　重慶　時代生活出版社　1943年　時代生活叢書（m.）

004931298 2349 0617 v.1-2
二次世界大戰歐洲戰史八卷
唐子長編　上海　永祥印書館　1946—47年　國防部軍事叢書（m.）

004931301　2349　1341
緬北行緬戰是怎樣打勝的[附各次重要戰役略圖]
裴克著　陳翰伯譯　重慶　美國新聞處　1945年

007709457　2349　1431
世界之紛亂
馮承鈞譯　上海　商務印書館　1930年（m.）

004931302　2349　1493
形勢比人還強
于懷著　重慶　新華日報　1943年（m.）

004926270　2349　1862
太平洋大戰秘史
聯合國統帥部發表　上海　改造日報館　1946年　（m.）

004931305　2349　2249
從戰爭到和平一九四五年的世界政治
喬木[喬冠華]著　上海　知識出版社　1946年

004931306　2349　2249.1
一九四〇第一季的國際從歷史的報復到報復的歷史
喬木[喬冠華]著　上海　新人出版社　1940年

004931308　2349　2312
和平之條件
卡爾著　王之珍譯　中山文化教育館編輯　上海　商務印書館　1946年　中山文庫　（m.）

008169879　MLC－C
論國際主義與民族主義
林平編　1949年　（m.）

004931309　2349　2392
第二次歐洲大戰史略第一集
吳光傑編譯　重慶　中華書局　1944年（m.）

004931310　2349　2392.4
太平洋戰爭之研究
吳光傑著　重慶　商務印書館　1943年　增訂本　（m.）

004931311　2349　2425
我控訴
特偉畫　廣州　藝群出版社　1942年（m.）

004931314　2349　2913
第二次世界大戰小史
徐弦著　香港　新中國書局　1949年　新中國百科小叢書　（m.）

004931318　2349　3002　v.1,3. FC6177
第二次世界大戰軍事參考資料
軍訓部軍學編譯處編　南京　軍用圖書社　1946年

004931320　2349　3218
第二次世界大戰日志表
馮石竹編　上海　經緯書局　1946年　世界小文庫　（m.）

004931322　2349　3532
遠東和平基礎
N. Peffer著　姚曾廙譯　中山文化教育館戰後世界建設研究會編　重慶　獨立出版社　1943年　戰後世界建設研究叢書

004931325　2349　4237
英美協調與國際的分惠
胡漢民著　新群社編　廣州　新群社　1935年

007709418　2349　4442
太平洋戰後的世界
李菊休著　成都　中西書局　1943 年（m.）

007578074　M 4800.8 8124.2
第二次大戰後世界政治參考地圖
金仲華編　朱育蓮繪　上海　世界知識出版社　1947 年　（m.）

004931326　2349　4646
世界大戰圖解
楊虹邨等編繪　南平　中華文化出版社　1945 年　（m.）

008592995　FC3119
關於戰後國際形勢中幾個基本問題的解釋
陸定一著　1947 年

004931328　2349　4768
慕尼克會議後的世界
世界知識社編　重慶　生活書店　1939年　世界知識叢書　（m.）

004931358　2349　4929
大東亞新列國
林德榮著　臺北　南方雜誌社　1944 年

004931370　2349　4940
大戰前夕
林希謙著　福州　改進出版社　1943 年　改進文庫　（m.）

004931371　2349　5657　2349　5657b
二次世界大戰簡史
曹未風編著　重慶　中外出版社　1945年　再版　（m.）

004931373　2349　6576
第二次歐戰前夜的英美法德意
時事問題研究會編　廣州　抗戰書店1942 年　戰爭中的世界叢書

004931374　2349　7252
太平洋的暴風雨
羊棗[周揚]著　桂林　國光出版社1943 年　二次大戰國際問題研究叢刊（m.）

004931375　2349　7261
馬歇爾報告書
(美)馬歇爾著　陸軍大學譯　南京　國防部新聞局　1947 年　國防部建設叢書（m.）

004931376　2349　7261.1
馬歇爾氏兩年度報告書
廣州　美國新聞處　1945 年

004931377　2349　7933
一九四二年的太平洋
陳祖潤編著　重慶　獨立出版社　1943年　（m.）

004931378　2349　7945
會師東京回憶
陳孝威著　黃興中編註　廣州　明快齋　1945 年　6 版　（m.）

008630454　FC6203
第二次大戰與中國
章乃器等講述　上海　青年協會書局1936 年　初版　（m.）

011882272　DS777.518.D5　1936
第二次大戰與中國
章乃器講述　上海　青年協會書局1936 年　初版　青年叢書　（m.）

004931379　2349　7945b
會師東京回憶
陳孝威著　黃興中編註　上海　天文臺出版社　1949 年　（m.）

004931380　2349　8607　　T　2349　8607
最後勝利是我們的太平洋戰爭總結算
美國新聞處編譯　重慶　美國新聞處
1945 年

004971026　2352　6710
史蘦
國民政府國史館籌備委員會編　香港
國民政府國史館籌備委員會　1942 年
（m.）

004971023　2358　1140
世界地理問答
毛起鵔編　上海　大東書局　1931 年
考試必攜百科常識問答叢書

004980891　2358　1379
地理研究法
張印堂編著　上海　正中書局　1947 年
1 版　史地叢刊　（m.）

004980896　2358　4290
世界地理
胡煥庸編著　重慶　正中書局　1942 年
（m.）

004980902　2358　5624
世界地理初步
曹伯韓撰　瀋陽　光華書店　1949 年
新青年學習叢書　（m.）

011890089　D844.S78　1947
戰後世界政治地理講話
劉思慕著　香港　南僑編譯社　1947 年
民主文庫時代知識類　（m.）

004980911　2360　4225
最新中外地名辭典
葛綏成編　上海　中華書局　1940 年
（m.）

004980395　2361　1228
中外地名辭典
丁詧盦、葛綏成編輯　上海　中華書局
1932 年　（m.）

004980914　2361　4227
最近中外地名更置錄
葛綏成編　上海　中華地理研究社
1932 年　（m.）

007307327　PL1483.P5　1927x
標準漢譯外國人名地名表
何崧齡、余祥森、夏粹若編　上海　商務
印書館　1927 年　3 版

004980480　2361　8934
標準漢譯外國人名地名表
何崧齡、余祥森、夏粹若編　上海　商務
印書館　1925 年　再版

007307320　PL1483.P5　1935x
標準漢譯外國人名地名表
何崧齡、余祥森、夏粹若編　何炳松等改
編　上海　商務印書館　1935 年　國難
後第 2 版

004980933　2367　1144
史地關係新論
非耳格林原著　滕柱譯　劉虎如校訂
上海　商務印書館　1931 年　地理叢書
（m.）

007807716　MLC–C
地理辨正析義
沙午峰撰　1930 年

004980932　2367　1182
地理學
王益崖著　上海　世界書局　1932 年
（m.）

005034149　2368　3218
西域南海史地考證譯叢
馮承鈞譯述　上海　商務印書館　1934年　（m.）

004803281　2368　4244
中國史乘中未詳諸國考證
希勒格著　馮承鈞譯　上海　商務印書館　1928年　（m.）

004803328　2368　4833
諸蕃志校註二卷
趙汝适撰　馮承鈞撰註　長沙　商務印書館　1940年　（m.）

008161904　Microfiche　C-0582　F13　TA　2370　12
地理志略
橫濱　福音印刷合資會社印　1915年改正8版　排印

008440288　2370　4225.1
地理叢談
葛綏成著　上海　中華書局　1948年初版　（m.）

011988628　G62.K67　1948
地理叢談
葛綏成著　上海　中華書局　1948年初版　（m.）

011929497　G630.R8　B712　1947
在世界之頂上
L. Brontman著　艾維章譯　上海　商務印書館　1947年　再版

011892130　GF33.F312　1937
地理與世界霸權
張富康譯　上海　商務印書館　1937年　漢譯世界名著

011983622　GB58.C5　1936
世界地理
敬之編　上海　李公樸　1936年　初版（m.）

011882837　G70.T55　1947
地理學新論及其研究途徑
田世英編著　上海　商務印書館　1947年　四川省立教育科學館叢書　（m.）

004990088　2375　0430.3
海錄註三卷
謝清高口述　楊炳南筆受　馮承鈞註釋　長沙　商務印書館　1938年　（m.）

004990304　2375　1158
海外雜筆
王搏今[示錫]著　上海　中華書局　1937年　初版　（m. w.）

004990305　2375　1158.1
海外二筆
王搏今[示錫]著　上海　中華書局　1936年　初版　（m. w.）

004990310　2375　2226
舊遊新感
鄒魯著　重慶　國民圖書出版社　1942年　初版　（m.）

004980972　2375　2226.13
環遊二十九國記
鄒魯著　上海　世界書局　1929年　（m.）

004980973　2375　2226.13b
二十九國遊記
鄒魯著　重慶　商務印書館　1947年　（m.）

004990328　2375　235
海外的感受
生活書店編譯所編輯　上海　生活書店

1933年　初版　海外通訊　（m.）

004989724　2375　2603
歐美透視環遊心影錄
詹文滸著　上海　世界書局　1938年　（m.）

004997526　2375　4043
我的探險生涯
斯文赫定著　孫仲寬譯　香港　西北科學考查團　1933年　（m.）

004990311　2375　4110
現代創作遊記選
姚乃麟編　上海　中央書店　1935年　新編文學讀本　（m. w.）

004997530　2375　4225
三十二國風土記
胡仲持撰　上海　開明書店　1947年　再版　開明青年叢書　（m. w.）

011563185　G440. H846　1933
世界一周之實地觀察
黃士謙著　上海　世界出版合作社發行　1933年　（m.）

004990288　2375　4282
新眼界
楊鍾健著　上海　商務印書館　1947年　初版　（m. w.）

004990181　2375　4810
當代遊記選
趙君豪編輯　上海　中國旅行社　1935年　初版　（m.）

004997309　2375　4889
倫敦去來
趙敏恒著　南京　南京新民報館　1946年　新民報文藝叢書　（m.）

005001596　2375　6343
遊集第一集
晨報社編　北京　晨報社　1923年　再版　晨報社叢書

007709420　2375　71.1
馬哥孛羅遊記本書卷一　第一冊
亨利玉爾英譯註　亨利考狄修訂　張星烺漢譯註　北京　燕京大學圖書館　1929年　（m.）

004997148　2375　71.33
馬可波羅行紀
A. J. H. Charignon［沙海昂］註　馮承鈞譯　中華教育文化基金董事會編譯委員會編　上海　商務印書館　1937年

004997515　2375　8024
太平洋巡示
金仲華著　上海　開明書店　1936年　開明青年叢書

004997517　2375　8626
東歸隨筆
曾仲鳴著　上海　開明書店　1931年

008081737　T　2380　273
利瑪竇坤輿萬國全圖
北平　禹貢學會　1936年

004997521　2380　273.3
考利瑪竇的世界地圖
洪業著　北平　燕京大學　1935年

004997553　2380　4225
實用中華新地圖
葛綏成、樓雲林編製　上海　中華書局　1940年

亞洲

007709507　2401　1302
亞洲文化論叢第三、四輯
北京　新亞洲學會　1944 年　（m.）

004997559　2414　1142
東洋史
王桐齡著　上海　商務印書館　1926 年 3 版　（m.）

004997560　2414　1304
遠東史
奚爾恩、張立志同編　上海　商務印書館　1935 年　（m.）

004997561　2414　3830
亞洲各國史地大綱
洪滌塵編著　南京　正中書局　1937 年（m.）

004997291　2414　4237
遠東問題與大亞細亞主義
胡漢民著　廣州　中興學會　1935 年 中興學會黃皮叢書　（m.）

007735721　FC3778　HX383.5.H75　1948　MLC－C
遠東民族革命問題
巴人著　香港　南海出版社　1948 年 社會科學小叢書　第 1 輯　（m.）

004997562　2414　5081
革命亞細亞的展望
中谷武世等著　牛山譯　北平　新亞洲書局　1931 年　東方問題研究會叢書（m.）

005034104　2414　6428
殊域周咨錄二十四卷
嚴從簡輯　北京　故宮博物院圖書館 1930 年

011911710　DS35.T38　1945
亞洲談藪
陶菊隱編譯　臺北　中華書局　1945 年（m.w.）

005001589　2432　7970
變革中的東方
陳原著　瀋陽　新中國書局　1949 年 青年學習叢書　（m.）

004997366　2434　3600
中國之旅行家
沙畹原著　馮承鈞譯述　上海　商務印書館　1926 年　（m.）

005001590　2438　3102
江亢虎南遊回想記
江亢虎著　上海　中華書局　1930 年 6 版　（m.）

中國

004980481　2455　24.3
廿四史傳目引得
梁啟雄編　上海　中華書局　1936 年（m.）

004980390　2455　24.3b
廿四史傳目引得
梁啟雄編　上海　中華書局　1940 年（m.）

004745212　2455　24c
百衲本二十四史
上海　商務印書館　1930—37 年　四部叢刊

004964252　2455　24c（01－30）
史記一百三十卷
司馬遷撰　上海　商務印書館　1930—

37年　四部叢刊　（m.）

004964253　2455　24c　(31-62)
漢書一百卷
班固撰　顏師古註　上海　商務印書館局　1930—37年　四部叢刊

004964254　2455　24c　(63-102)
後漢書一百二十卷
范曄撰　唐太子賢註　上海　商務印書館　1930—37年　四部叢刊　（m.）

004964255　2455　24c　(103-122)
三國志魏志三十卷　蜀志十五卷　吳志二十卷
陳壽撰　裴松之註　上海　商務印書館　1930—37年　四部叢刊　（m.）

004964257　2455　24c　(123-146)
晉書一百三十卷
唐太宗御撰　上海　商務印書館　1930—37年　四部叢刊　（m.）

004964258　2455　24c　(147-182)
宋書一百卷
沈約撰　上海　商務印書館局　1930—37年　四部叢刊

004964259　2455　24c　(183-196)
南齊書五十九卷
蕭子顯撰　上海　商務印書館　1930—37年　四部叢刊

004964260　2455　24c　(197-210)
梁書五十六卷
姚思廉撰　上海　商務印書館　1930—37年　四部叢刊

004964262　2455　24c　(211-218)
陳書三十六卷
姚思廉撰　上海　商務印書館　1930—

37年　四部叢刊

004964261　2455　24c　(219-268)
魏書一百一十四卷
魏收撰　上海　商務印書館　1930—37年　四部叢刊

004964263　2455　24c　(269-278)
北齊書五十卷
李百藥撰　上海　商務印書館　1930—37年　四部叢刊

004964264　2455　24c　(279-290)
周書五十卷
令狐德棻等撰　上海　商務印書館　1930—37年　四部叢刊

004964008　2455　24c　(291-310)
隋書八十五卷
魏徵撰　上海　商務印書館　1935年　四部叢刊

004964265　2455　24c　(311-330)
南史八十卷
李延壽撰　上海　商務印書館　1930—37年　四部叢刊

004964266　2455　24c　(331-362)
北史一百卷
李延壽撰　上海　商務印書館　1930—37年　四部叢刊

004964267　2455　24c　(363-398)　2620　7262d
舊唐書二百卷
劉昫撰　上海　商務印書館　1930—37年　四部叢刊

004964268　2455　24c　(399-438)
新唐書二百二十五卷
歐陽修撰　上海　商務印書館　1930—37年　四部叢刊　（m.）

004963887　2455　24c　(439－462)
舊五代史一百五十卷
薛居正等撰　上海　商務印書館局
1936年　四部叢刊

004964269　2455　24c　(463－476)
五代史記七十四卷
歐陽修撰　上海　商務印書館　1930—
37年　四部叢刊

004964270　2455　24c　(477－612)
宋史四百九十六卷
脫脫等修　上海　商務印書館　1930—
37年　四部叢刊

004964271　2455　24c　(613－628)
遼史一百一十六卷
脫脫等修　上海　商務印書館　1930—
37年　四部叢刊

004964272　2455　24c　(629－660)
金史一百三十五卷
脫脫等修　上海　商務印書館　1930—
37年　四部叢刊

004964273　2455　24c　(661－720)
元史二百一十卷
宋濂等修　上海　商務印書館　1930—
37年　四部叢刊

004964274　2455　24c　(721－820)
明史三百三十二卷
張廷玉等奉勅修　上海　商務印書館局
　1930—37年　四部叢刊

011516762　DS735. A2. E727　1946
二十五史人名索引
二十五史刊行委員會編　上海　開明書
店　1946年　再版　(m.)

004974720　2455　25　(0)
二十五史人名索引
二十五史刊行委員會編　上海　開明書
店　1935年　初版　(m.)

004974849　2455　25　(1－9)
二十五史
二十五史刊行委員會編　上海　開明書
店　1935年　(m.)

004975405　2455　25.3b
二十五史精華
香港　教育書店　193？年　(m.)

004980997　2455　3218
史地叢考
馮承鈞編譯　上海　商務印書館　1931
年　(m.)

011888659　2455　3218　vol.2
史地叢考續編
馮承鈞編譯　上海　商務印書館　1933
年　初版　史地小叢書　(m.)

004981000　2455　3454
江南史地叢考
森川光郎編輯　南京　江南史地學會
1942年　(m.)

　　　　2455　5642
中國內亂外禍歷史叢書
神州國光社　1936年

005005140　2455　5642　(1)
孤忠後錄一卷
祝純嘏撰　上海　神州國光社　1936年
　中國內亂外禍歷史叢書

005005138　2455　5642　(1)
國變難臣鈔一卷
(明)闕名編　上海　神州國光社　1936
年　中國內亂外禍歷史叢書

005005139 2455 5642 (1)
過江七事一卷
陳貞慧撰　上海　神州國光社　1936年
　中國內亂外禍歷史叢書

005001628 2455 5642 (1)
三朝野記七卷
李遜之撰　上海　神州國光社　1936年
　中國內亂外禍歷史叢書　（m.）

005005141 2455 5642 (1)
行在陽秋一卷
戴笠撰　上海　神州國光社　1936年
中國內亂外禍歷史叢書

005005145 2455 5642 (2)
嘉定屠城紀略一卷
朱子素撰　上海　神州國光社　1936年
　中國內亂外禍歷史叢書

005005143 2455 5642 (2)
鹿樵紀聞三卷
吳偉業撰　上海　神州國光社　1936年
　中國內亂外禍歷史叢書

005005142 2455 5642 (2)
幸存錄二卷
夏允彝撰　上海　神州國光社　1936年
　中國內亂外禍歷史叢書

005001631 2455 5642 (2)
續幸存錄一卷
夏完淳撰　上海　神州國光社　1936年
　中國內亂外禍歷史叢書

005005144 2455 5642 (2)
揚州十日記一卷
王秀楚撰　上海　神州國光社　1936年
　中國內亂外禍歷史叢書　（m.）

005005146 2455 5642 (3)
保定城守紀略一卷
戴名世撰　上海　神州國光社　1936年
　中國內亂外禍歷史叢書

005005158 2455 5642 (3)
東江始末一卷
柏起宗撰　上海　神州國光社　1936年
　中國內亂外禍歷史叢書

005005156 2455 5642 (3)
東南紀事十二卷
邵廷采撰　上海　神州國光社　1936年
　中國內亂外禍歷史叢書　（m.）

005005155 2455 5642 (3)
淮城紀事一卷
（明）闕名撰　上海　神州國光社　1936年　中國內亂外禍歷史叢書

005005153 2455 5642 (3)
江變紀略二卷
徐世溥撰　上海　神州國光社　1936年
　中國內亂外禍歷史叢書

005005157 2455 5642 (3)
江南聞見錄一卷
（清）闕名撰　上海　神州國光社　1936年　中國內亂外禍歷史叢書

005005151 2455 5642 (3)
江上遺聞一卷
沈濤撰　上海　神州國光社　1936年
中國內亂外禍歷史叢書

005005150 2455 5642 (3)
江陰城守後記一卷
許重熙撰　上海　神州國光社　1936年
　中國內亂外禍歷史叢書

005005149 2455 5642 (3)
江陰城守紀二卷
韓菼著　上海　神州國光社　1936年

中國內亂外禍歷史叢書

005005154　2455　5642　(3)
揚州變略一卷
(明)闕名撰　上海　神州國光社　1936年　中國內亂外禍歷史叢書

005005148　2455　5642　(3)
乙酉揚州城守紀略一卷
戴名世撰　上海　神州國光社　1936年　中國內亂外禍歷史叢書

005005147　2455　5642　(3)
榆林城守紀略一卷
戴名世撰　上海　神州國光社　1936年　中國內亂外禍歷史叢書

005005160　2455　5642　(4)
海東逸史十八卷
翁洲老民撰　上海　神州國光社　1936年　中國內亂外禍歷史叢書

005005162　2455　5642　(4)
三湘從事錄一卷
蒙正發撰　上海　神州國光社　1936年　中國內亂外禍歷史叢書　(m.)

005005159　2455　5642　(4)
纖言三卷
陸圻撰　上海　神州國光社　1936年　中國內亂外禍歷史叢書

005005163　2455　5642　(5)　2493　7115
東行初錄一卷　續錄一卷　三錄一卷
馬建忠撰　上海　神州國光社　1936年　中國內亂外禍歷史叢書

005005164　2455　5642　(5)　2493　7115
甲午戰事電報錄三卷
李鴻章等撰　(清)闕名輯　上海　神州國光社　1936年　中國內亂外禍歷史

叢書

005005165　2455　5642　(5)　2493　7115
馬關議和中日談話錄一卷
李鴻章等撰　(清)闕名輯　上海　神州國光社　1936年　中國內亂外禍歷史叢書

005005167　2455　5642　(6)
庚子國變記一卷
羅惇曧撰　上海　神州國光社　1936年　中國內亂外禍歷史叢書　(m.)

005005168　2455　5642　(6)
拳變餘聞一卷
羅惇曧撰　上海　神州國光社　1936年　中國內亂外禍歷史叢書

005005169　2455　5642　(6)
西巡回鑾始末記六卷
(清)闕名撰　上海　神州國光社　1936年　中國內亂外禍歷史叢書

005005178　2455　5642　(7)
查抄和坤家產清單一卷
闕名編　上海　神州國光社　1936年　中國內亂外禍歷史叢書

005005176　2455　5642　(7)
董心葵事記一卷
(明)闕名編　上海　神州國光社　1936年　中國內亂外禍歷史叢書

005005170　2455　5642　(7)
艮嶽記
張淏撰　上海　神州國光社　1936年　中國內亂外禍歷史叢書

005005177　2455　5642　(7)
殛珅志略一卷
(明)闕名編　上海　神州國光社　1936

年　中國內亂外禍歷史叢書

005005174　2455　5642　(7)
留青日札一卷
田藝蘅撰　上海　神州國光社　1936年
　中國內亂外禍歷史叢書

005005175　2455　5642　(7)
民抄董宦事實一卷
(明)闕名編　上海　神州國光社　1936
年　中國內亂外禍歷史叢書

005005171　2455　5642　(7)
明武宗外紀一卷
毛奇齡撰　上海　神州國光社　1936年
　中國內亂外禍歷史叢書　(m.)

005005173　2455　5642　(7)
鈐山堂書畫記一卷
文嘉撰　上海　神州國光社　1936年
中國內亂外禍歷史叢書

005005172　2455　5642　(7)
天水冰山錄一卷　附錄一卷
(明)闕名撰　周石林重輯　上海　神州國
光社　1936年　中國內亂外禍歷史叢書

005005181　2455　5642　(8)
弘光實錄鈔四卷
(清)古藏室史臣輯　上海　神州國光社
　1936年　中國內亂外禍歷史叢書

005005179　2455　5642　(8)
甲申傳信錄十卷
錢䫒編　上海　神州國光社　1936年
中國內亂外禍歷史叢書　(m.)

005005183　2455　5642　(9)
避戎夜話二卷
石茂良撰　上海　神州國光社　1936年
　中國內亂外禍歷史叢書　(m.)

005005182　2455　5642　(9)
大金弔伐錄四卷
(金)闕名撰　上海　神州國光社　1936
年　中國內亂外禍歷史叢書　(m.)

005005184　2455　5642　(9)
南渡錄四卷
辛棄疾撰　上海　神州國光社　1936年
　中國內亂外禍歷史叢書

005005185　2455　5642　(9)
平宋錄三卷
劉敏中撰　上海　神州國光社　1936年
　中國內亂外禍歷史叢書

005005189　2455　5642　(10)
北使紀略一卷
陳洪範撰　上海　神州國光社　1936年
　中國內亂外禍歷史叢書

005005188　2455　5642　(10)
崇禎長編二卷
(明)闕名撰　上海　神州國光社　1936
年　中國內亂外禍歷史叢書　(m.)

005005187　2455　5642　(10)
東陽兵變一卷
(明)闕名撰　上海　神州國光社　1936
年　中國內亂外禍歷史叢書

005005194　2455　5642　(10)
庚寅始安事略一卷
瞿元錫撰　上海　神州國光社　1936年
　中國內亂外禍歷史叢書

005005199　2455　5642　(10)
明亡述略二卷
瑣綠山人撰　上海　神州國光社　1936
年　中國內亂外禍歷史叢書

005005190　2455　5642　(10)
青燐屑二卷

應喜臣撰　上海　神州國光社　1936年
中國內亂外禍歷史叢書

005005196　2455　5642　（10）
求也錄一卷
鄧凱撰　上海　神州國光社　1936年
中國內亂外禍歷史叢書

005005186　2455　5642　（10）
全吳紀略一卷
楊廷樞撰　上海　神州國光社　1936年
中國內亂外禍歷史叢書

005005195　2455　5642　（10）
也是錄一卷
鄧凱撰　上海　神州國光社　1936年
中國內亂外禍歷史叢書

005005198　2455　5642　（10）
永曆紀年一卷
黃宗羲撰　上海　神州國光社　1936年
中國內亂外禍歷史叢書

005005191　2455　5642　（10）
浙東紀略二卷
徐方烈撰　上海　神州國光社　1936年
中國內亂外禍歷史叢書

005019168　2455　5642　（11）
俄羅斯進呈書籍記附目錄一卷
何秋濤撰記　（清）闕名譯目　上海　神州國光社　1936年　中國內亂外禍歷史叢書

005019167　2455　5642　（11）
俄羅斯佐領考一卷
俞正燮撰　上海　神州國光社　1936年
中國內亂外禍歷史叢書

005019162　2455　5642　（11）
奉使俄羅斯日記一名漠北日記一卷
張鵬翮撰　上海　神州國光社　1936年
中國內亂外禍歷史叢書　（m.）

005019165　2455　5642　（11）
尼布楚城考一卷
何秋濤撰　上海　神州國光社　1936年
中國內亂外禍歷史叢書

005019169　2455　5642　（11）
伊犁定約中俄談話錄一名金軺隨筆一卷
曾紀澤記　上海　神州國光社　1936年
中國內亂外禍歷史叢書

005019163　2455　5642　（11）
與俄羅斯國定界之碑一卷
徐元文撰　上海　神州國光社　1936年
中國內亂外禍歷史叢書

005019160　2455　5642　（12）
信及錄一卷
林則徐撰輯　上海　神州國光社　1936年　中國內亂外禍歷史叢書　（m.）

005019170　2455　5642　（12）
鴉片事略二卷
李圭撰　上海　神州國光社　1936年
中國內亂外禍歷史叢書

005019174　2455　5642　（13）
碧血錄一卷
黃煜撰　上海　神州國光社　1936年
中國內亂外禍歷史叢書

005019171　2455　5642　（13）
東林本末三卷
吳應箕撰　上海　神州國光社　1936年
中國內亂外禍歷史叢書

005019172　2455　5642　（13）
東林始末一卷
蔣平階撰　上海　神州國光社　1936年

中國內亂外禍歷史叢書　（m.）

005019176　2455　5642　（13）
復社紀略四卷
陸世儀撰　上海　神州國光社　1936 年
　中國內亂外禍歷史叢書

005019175　2455　5642　（13）
復社紀事一卷
吳偉業撰　上海　神州國光社　1936 年
　中國內亂外禍歷史叢書

005019178　2455　5642　（13）
宏光朝僞東宮僞后及黨禍紀略一卷
戴名世撰　上海　神州國光社　1936 年
　中國內亂外禍歷史叢書

005471653　2455　5642　（13）
汰存錄紀辨一卷
黃宗羲撰　上海　神州國光社　1936 年
　中國內亂外禍歷史叢書

005019173　2455　5642　（13）
熹朝忠節死臣列傳一卷
吳應箕撰　上海　神州國光社　1936 年
　中國內亂外禍歷史叢書

005019189　2455　5642　（14）
安龍紀事一卷
江之春撰　上海　神州國光社　1936 年
　中國內亂外禍歷史叢書

005019184　2455　5642　（14）
汴圍濕襟錄一卷
白愚撰　上海　神州國光社　1936 年
中國內亂外禍歷史叢書

005019195　2455　5642　（14）
定蜀記一卷
文震孟撰　上海　神州國光社　1936 年
　中國內亂外禍歷史叢書

005019188　2455　5642　（14）
倣指南錄一卷
康范生撰　上海　神州國光社　1936 年
　中國內亂外禍歷史叢書

005019193　2455　5642　（14）
攻渝紀事一卷
徐如珂撰　上海　神州國光社　1936 年
　中國內亂外禍歷史叢書

005019181　2455　5642　（14）
虎口餘生記一卷
邊大綬撰　上海　神州國光社　1936 年
　中國內亂外禍歷史叢書

005019185　2455　5642　（14）
客滇述一卷
顧山貞撰　上海　神州國光社　1936 年
　中國內亂外禍歷史叢書　（m.）

005019200　2455　5642　（14）
平回紀略一卷
（清）闕名撰　上海　神州國光社　1936 年　中國內亂外禍歷史叢書

005019199　2455　5642　（14）
平蜀紀事一卷
虞山遺民撰　上海　神州國光社　1936 年　中國內亂外禍歷史叢書

005019186　2455　5642　（14）
平吳事略一卷
南園嘯客撰　上海　神州國光社　1936 年　中國內亂外禍歷史叢書

005019179　2455　5642　（14）
守鄖紀略一卷
高斗樞撰　上海　神州國光社　1936 年
　中國內亂外禍歷史叢書

005019187　2455　5642　（14）
思文大紀八卷

（明）闕名撰　上海　神州國光社　1936年　中國内亂外禍歷史叢書

005019227　2455　5642　(15)
蜀碧四卷
彭遵泗撰　上海　神州國光社　1936年　中國内亂外禍歷史叢書

005019228　2455　5642　(15)
先撥志始二卷
文秉撰　上海　神州國光社　1936年　中國内亂外禍歷史叢書　(m.)

005019237　2455　5642　(16)
東倭考一卷
金安清撰　上海　神州國光社　1936年　中國内亂外禍歷史叢書

005019233　2455　5642　(16)
紀剿除徐海本末一卷
茅坤撰　上海　神州國光社　1936年　中國内亂外禍歷史叢書

005019229　2455　5642　(16)
嘉靖東南平倭通録一卷
徐學聚撰　上海　神州國光社　1936年　中國内亂外禍歷史叢書

005019232　2455　5642　(16)
金山倭變小志
玉壘山人撰　上海　神州國光社　1936年　中國内亂外禍歷史叢書

005019231　2455　5642　(16)
靖海紀略一卷
鄭茂撰　上海　神州國光社　1936年　中國内亂外禍歷史叢書　(m.)

005019235　2455　5642　(16)
日本犯華考一卷
殷都撰　上海　神州國光社　1936年　中國内亂外禍歷史叢書

005019230　2455　5642　(16)
倭變事略一卷
采九德撰　上海　神州國光社　1936年　中國内亂外禍歷史叢書　(m.)

005019234　2455　5642　(16)
倭情屯田議一卷
趙士楨撰　上海　神州國光社　1936年　中國内亂外禍歷史叢書

005019236　2455　5642　(16)
中東古今和戰端委考一卷
蔡爾康撰　上海　神州國光社　1936年　中國内亂外禍歷史叢書

005019238　2455　5642　(17)
烈皇小識八卷
文秉撰　上海　神州國光社　1936年　中國内亂外禍歷史叢書　(m.)

005019240　2455　5642　(17)
研堂見聞雜記一卷
王家禎撰　上海　神州國光社　1936年　中國内亂外禍歷史叢書

008493387　DS753.D66　1941x
東林始末
李季輯録　程演生、李季、王獨清主編　中國歷史研究社編輯　上海　神州國光社　1941年　中國歷代逸史叢書　(m.)

005001049　2455　6150.7
四史菁華録廣註
周宇澄註　上海　世界書局　1947年　再版

007796410　MLC – C
紀念日史料
1948年

011909939　GT4883.A2　C45　1928
近代革命紀念日
張廷休編　上海　民智書局　1928年
（m.）

004833364　2457　7240
中國歷史小辭典
周本齊編著　上海　新生命書局　1934年　（m.）

004926324　2458　0211
史日長編
高平子撰　南京　中央研究院天文研究所　1932年　國立中央研究院天文研究所專刊　第1號　（m.）

004922305　2458　0214c
歷代帝王年表不分卷
齊召南編　阮亨校　阮福續編　上海　商務印書館　1937年　國學基本叢書（m.）

004922302　2458　0430
日本投降後中國大事記
新華社編　北京　1949年

004922301　2458　0434
紀念節日手冊
謝海華編著　上海　獨立出版社　1948年

004922304　2458　0522
編年通載四卷
章衡撰　上海　涵芬樓　1936年　四部叢刊三編

004922306　2458　1397
歷代帝王疑年錄
張惟驤編　香港　小準寂幢　1926年

007459202　2458　2315
歷代皇帝諡諱生卒年及葬地列表
黎正甫編　香港　1939年

004922115　2458　2319
歷代方鎮年表五十六卷
吳廷燮輯　濟南　遼海書社印行　1935年

007709527　2458　2319（01）
漢季方鎮年表一卷
濟南　遼海書社印行　1935年　歷代方鎮年表

007709530　2458　2319（02）
三國方鎮年表一卷
濟南　遼海書社印行　1935年　歷代方鎮年表

007709533　2458　2319（03–04）
晉方鎮年表一卷
濟南　遼海書社印行　1935年　歷代方鎮年表

007709535　2458　2319（05–06）
東晉方鎮年表二卷
濟南　遼海書社印行　1935年　歷代方鎮年表

007709537　2458　2319（07–09）
宋齊梁陳方鎮年表四卷
濟南　遼海書社印行　1935年　歷代方鎮年表

007709539　2458　2319（10–11）
後魏方鎮年表二卷
濟南　遼海書社印行　1935年　歷代方鎮年表

007709541　2458　2319（12–14）
東西魏北齊周隋方鎮年表五卷
濟南　遼海書社印行　1935年　歷代方鎮年表

007709522　2458　2319　（15-22）
唐方鎮年表八卷
濟南　遼海書社印行　1935年　歷代方鎮年表

007709543　2458　2319　（23-24）
五季方鎮年表二卷
濟南　遼海書社印行　1935年　歷代方鎮年表

007709544　2458　2319　（25）
北宋方鎮年表一卷
濟南　遼海書社印行　1935年　歷代方鎮年表

007709546　2458　2319　（26-27）
北宋經撫年表二卷
濟南　遼海書社印行　1935年　歷代方鎮年表

007709548　2458　2319　（28-29）
南宋制撫年表二卷
濟南　遼海書社印行　1935年　歷代方鎮年表

007709549　2458　2319　（30）
遼方鎮年表一卷
濟南　遼海書社印行　1935年　歷代方鎮年表

007835845　2458　2319　（31）
金方鎮年表一卷
濟南　遼海書社印行　1935年　歷代方鎮年表

007709552　2458　2319　（32）
元行省丞相平章政事年表二卷　附元初行省年表
濟南　遼海書社印行　1935年　歷代方鎮年表

007459114　2458　3134
中國歷代年號索引
汪宏聲編　上海　開明書店　1936年（m.）

004922076　2458　3164
長術輯要十卷
汪曰楨撰　上海　中華書局　1934年　四部備要

004926369　2458　3164B
歷代長術輯要十卷　附古今推步諸術考二卷
汪曰楨撰　上海　商務印書館　1937年　國學基本叢書

004926371　2458　3932
中國歷史密達表
梁啟勳撰　上海　商務印書館　1929年（m.）

009113039　2458　4131
歷代年號通檢附羅馬字母拼音檢字
范迪瑞撰述　濟南　齊魯大學國學研究所　1912—49年　鉛印

004931114　2458　4247.7
歷代史表五十九卷
萬斯同撰　上海　中華書局　1934年　聚珍倣宋版　四部備要

004931363　2458　4247.7B
歷代史表五十九卷
萬斯同著　上海　商務印書館　1936年　國學基本叢書（m.）

004926090　2458　4262
中西對照歷代紀年圖表
萬國鼎編　上海　商務印書館　1933年（m.）

004989844　2458　4433
歷代紀元編卷上中下
李兆洛撰　上海　中華書局　1930年
四部備要　史部　（m.）

004956172　2458　4433.6
重校訂紀元編三卷
李兆洛編　羅振玉校訂　香港　東方學會　1925年

004990498　2458　4433b
歷代紀元編四卷
李兆洛撰　上海　商務印書館　1933年
　國學基本叢書　（m.）

004926307　2458　4844B
歷代帝王年表
齊召南編　上海　中華書局　1934年
聚珍倣宋版　四部備要

004926042　2458　5404
紀元通譜
史襄哉、夏雲奇編　上海　中華書局
1933年　（m.）

004926423　2458　6147
國史大事表
羅慕陶、陳大經合編　香港　拯成印務局　1937年

004926422　2458　6151
紀元以來朔閏考六卷
羅振玉校錄　香港　東方學會　1927年

004926308　2458　7154
歷代帝王廟諡年諱譜
上海　中華書局　1934年　聚珍倣宋版
　四部備要

004832516　2458　7242　（1929）　DS733.L46 1929
五十世紀中國歷年表
劉大白編　上海　商務印書館　1929年

初版　（m.）

004832878　2458　7242　（1933）
五十世紀中國歷年表
劉大白編　上海　商務印書館　1933年
　縮本初版　（m.）

004926091　2458　7247
晚殷長曆
劉朝陽著　成都　華西協合大學中國文化研究　1945年　（m.）

004926419　2458　7474
歷代統紀表十三卷
段長基述　上海　中華書局　1934年
四部備要

004926425　2458　7474B
歷代統紀表十三卷　附歷代疆域表三卷歷代沿革表三卷
段長基撰　段揖書編註　上海　商務印書館　1937年　國學基本叢書　（m.）

004832759　2458　7900
中國大事年表
陳慶麒編　上海　商務印書館　1935年
（m.）

004926099　2458　7902
中國歷代天災人禍表十卷
陳高傭主編　上海　上海國立暨南大學　1939年　國立暨南大學叢書之一

004926417　2458　7912
中國紀元通檢
陳子彝編　江蘇　省立蘇州圖書館
1932年　（m.）

004950614　2458　7941
二十史朔閏表附西曆回曆
陳垣撰　1926年　國立北京大學研究所

國學門叢書

007437029　CE37.H7　1994
兩千年中西曆對照表
薛仲三、歐陽頤仝編　長沙　商務印書館　1940年

004838140　2458　7941.2
中西回史日曆二十卷
陳垣撰　北平　1926年

004837777　2458　7943b
西周年代考
陳夢家著　重慶　商務印書館　1945年　（m.）

004956057　2458　8136
歷代建元考十卷
鍾淵映撰　上海　商務印書館　1937年　國學基本叢書　（m.）

007481825　2458　8234　DS733.C58　1936
近世中西史日對照表
鄭鶴聲編纂　南京　國立編譯館　1936年　（m.）

007709419　2459　1103F
中國歷朝統系圖
王亦鶴編纂　廣州　中華書局　1925年　（m.）

004956182　2459　3191B
廿一史四譜五十四卷
沈炳震撰　上海　商務印書館　1936年　國學基本叢書　（m.）

007690506　2459　8258
中國歷史參考圖譜
鄭振鐸編　上海　上海出版公司　1947—50年　（m.）

005140483　2460　0470
文史通義八卷
章學誠著　上海　中華書局　1927年　四部備要

005045978　2460　0470.2
文史通義
章學誠著　章錫琛選註　上海　商務印書館　1926年　（m.）

005045979　2460　0470.2B
文史通義
章學誠著　章錫琛選註　上海　商務印書館　1948年　5版　學生國學叢書　（m.）

007841249　2460　0470B
文史通義八卷　附校讎通義三卷
（清）章學誠著　上海　商務印書館　1934年　國學基本叢書　（m.）

005045974　2460　0470c
文史通義八卷　校讎通義三卷
章學誠著　香港　世界書局　1943年　（m.）

011882099　DS734.7.C77　1930
中國史學ABC
曹聚仁著　上海　世界書局　1930年　ABC叢書　（m.）

005141203　2460　2100
中國史學史
魏應麒著　上海　商務印書館　1947年　（m.）

005141232　2460　2100b
中國史學史
魏應麒著　長沙　商務印書館　1941年　初版　（m.）

005045998　2460　2452
劉知幾之史學
傅振倫撰　北平　景山書社　1931 年　（m.）

005046000　2460　2452.2
中國史學概要
傅振倫編　重慶　史學書局　1944 年　（m.）

004842259　2460　2936
廿五史論綱
徐浩著　上海　世界書局　1947 年　（m.）

008192394　MLC – C
中國歷史研究法
梁啟超著　上海　商務印書館　1922 年　初版　（m.）

005140593　2460　3934
中國歷史研究法
梁啟超著　王雲五主編　上海　商務印書館　1933 年　國學小叢書　（m.）

005046002　2460　4134
史學研究法
姚永樸撰　長沙　商務印書館　1939 年　再版　國學小叢書　（m.）

005140600　2460　4202
國史要義
柳詒徵著　上海　中華書局　1948 年　（m.）

005046006　2460　4439
史學纂要
蔣祖怡編　上海　正中書局　1946 年　國學彙纂叢書　（m.）

008627943　D16. R65815　1924　FC1930　FC – M2021
新史學
J. H. Robinson 著　何炳松譯　上海　商務印書館　1924 年　北京大學叢書　（m.）

005046007　2460　4522
中國歷史的翻案
華崗著　上海　作家書屋　1946 年　歷史研究叢刊

004842358　2460　5675
中國歷史論集
呂振羽等著　廈門　東方出版社　1945 年　（m.）

005046009　2460　6171
中國歷史散論
曉風著　上海　作家書屋　1947 年　（m.）

005140599　2460　7282.2
史通
劉虎如選註　上海　商務印書館　1928 年　學生國學叢書　（m.）

005045946　2460　7282.26c
史通削繁
劉知幾著　紀昀削　浦起龍註　上海　大東書局　1931 年　國學門徑叢書　（m.）

005045942　2460　7282.2B
史通
劉知幾撰　劉虎如選註　上海　商務印書館　1929 年　學生國學叢書　（m.）

005140811　2460　7282.6
史通評
呂思勉撰　上海　商務印書館　1934 年　（m.）

005140482　2460　7282B
史通通釋二十卷

劉知幾撰　浦起龍釋　方懋福、蔡焯、蔡龍孫參釋　上海　中華書局　1927年　四部備要

005141298　2460　7282C
史通二十卷　劄記一卷
劉知幾撰　上海　商務印書館　1929年　四部叢刊　(m.)

005140594　2460　7282D
史通通釋二十卷
劉知幾撰　浦起龍通釋　上海　世界書局　1936年　再版

005046015　2460　7282D
文史通義內篇五卷　外篇三卷　校讎通義三卷
章學誠撰　上海　世界書局　1936年　再版　(m.)

005140730　2460　7282E
史通通釋
劉知幾撰　浦起龍著　上海　商務印書館　1935年　國學基本叢書　(m.)

005045934　2460　7282F
史通
劉知幾撰　浦起龍註釋　曹聚仁校　上海　梁溪圖書館　1926年　(m.)

005045947　2460　7917
歷史之重演
陳登原著　上海　商務印書館　1937年　史地小叢書　(m.)

009258387　2460　8183
中國史學史
金毓黻著　上海　商務印書館　1946年　(m.)

005140831　2460　8222
史料與史學
翦伯贊著　上海　國際文化服務社　1946年　初版　(m.)

009263305　2468　0490
史學略說
章太炎講　王乘六、諸祖耿記　孫世揚校　蘇州　章氏國學講習會　1935—36年　(m.)

009258360　2469　1011
中國史學史概論
王玉璋著　重慶　商務印書館　1944年　(m.)

005170883　2469　2943　2469　2943A
中國史學通論
朱希祖著　重慶　獨立出版社　1943年　初版　(m.)

005201555　2469　3841
當代中國史學
顧頡剛撰　南京　勝利出版公司　1947年　當代中國學術叢書　(m.)

005159098　2469　4129
中國正史編纂法
董允輝著　上海　正中書局　1947年　(m.)

011825411　D13.L533　1935
史學通論
李則綱著　上海　商務印書館　1935年　史地小叢書　(m.)

005045950　2469　4231
史學通論
楊鴻烈撰　長沙　商務印書館　1939年　(m.)

011885902　D13.S55　1929
西洋史學史
紹特韋爾原著　何炳松、郭斌佳合譯
上海　商務印書館　1929年　西洋史學
叢書　（m.）

005159988　2469　4231.2　FC7753　Film　Mas　31714
歷史研究法
楊鴻烈著　長沙　商務印書館發行
1939年　初版　（m.）

005159363　2469　4996
中國歷史新研究法
蔡尚思著　上海　中華書局　1940年
（m.）

005045953　2469　6112
史學概要
羅元鯤編著　鄒興鉅、歐陽纓校　武昌
　亞新地學社　1931年　（m.）

005159341　2469　6662
歷史研究法
呂思勉著　上海　永祥印書館　1946年
青年知識文庫　第1輯　（m.）

011885996　D16.B5212　1937
史學方法論
陳韜譯　上海　商務印書館　1937年
漢譯世界名著　（m.）

005159406　2469　7142
史學方法大綱
陸懋德著　重慶　獨立出版社　1945年
（m.）

005159429　2469　8183
中國史學史
金毓黻著　重慶　商務印書館　1944年
（m.）

005159164　2470　0774
中國文化史
高森駒吉原著　李繼煌譯述　上海　商
務印書館　1927年　（m.）

005045963　2470　1278
中國文化史問答
丁留餘編　上海　大東書局　1931年
（m.）

005159459　2470　1314
明日之中國文化
張君勱［嘉森］著　長沙　商務印書館
1938年　（m.）

005045966　2470　1326
史微
張采田［爾田］著　濟南　1926年

005045968　2470　1633
中國文化與中國的兵
雷海宗撰　長沙　商務印書館　1940年
（m.）

011563046　DS730.J536　1948
西南邊疆民族論叢
江應樑著　廣州　珠海大學　1948年
（m.）

005045900　2470　2234
西南民族文化論叢
岑家梧著　廣州　嶺南大學西南社會經
濟研究所　1949年　嶺南大學西南社會
經濟研究所專刊

005045909　2470　2382
中國人文地理
吳美繼著　南京　新民　1929年　再版
（m.）

005171596　2470　2673
中國人文地理

白眉初著　北平　建設圖書館　1928 年　（m.）

005159564　2470　2903　FC8490　Film Mas 32026
中國思想對於歐洲文化之影響
朱謙之著　長沙　商務印書館　1940 年　（m.）

005045915　2470　3652
東亞文化之黎明
濱田耕作著　汪馥泉譯　上海　商務印書館　1943 年

005160009　2470　3802
中國文化史
顧康伯編　上海　泰東圖書局　1925 年　6 版

004853498　2470　4110
東西文化之一貫
范皕誨著　上海　青年協會書報部　1925 年　（m.）

005045916　2470　4202
中國文化史
柳詒徵編著　南京　鍾山書局　1932 年　（m.）

005159980　2470　4254
本國文化史大綱
楊東蓴編　上海　北新書局　1934 年　3 版　（m.）

005045918　2470　4420
中國文化史講話
李建文編　上海　世界書局　1941 年　（m.）

011875507　DS721.W3337　1936
中國文化史略
王德華編著　重慶　正中書局　1936 年　初版　正中文庫　第 1 輯　（m.）

005045919　2470　4909
我們的國家與人民
林語堂著　司馬蒼譯　上海　世界名著出版社　1938 年

005045921　2470　4909.1
新生的中國
林語堂著　王榮譯　上海　林氏出版社　1939 年　近代英文研究叢書　（m.）

005045929　2470　4931
民族文化建立論
蘇淵雷著　重慶　獨立出版社　1942 年　（m.）

005045930　2470　4931.1
民族文化論綱
蘇淵雷著　北培　黃中出版社　1944 年　訂正 1 版　缽水齋叢書　（m.）

005045931　2470　4942
中國人文小史
葉鋆生著　上海　華通書局　1934 年　（m.）

007841117　2470　5602
編纂中國文化史之研究
王雲五撰　上海　商務印書館　1937 年　（m.）

005072134　2470　5602.1
中國文化史叢書第一輯
王雲五、傅緯平主編　上海　商務印書館　1936—37 年

004858244　2470　5602.1　（1）
中國經學史
馬宗霍著　上海　商務印書館　1937 年　中國文化史叢書　（m.）

003565040　2470　5602.1　(2-3)
中國文字學史
胡樸安著　上海　商務印書館　1937年
　（m.）

003621088　2470　5602.1　(5)
中國算學史
李儼著　上海　商務印書館　1937年
　再版　（m.）

003570713　2470　5602.1　(6)
中國田賦史
陳登原著　上海　商務印書館　1936年
　初版　（m.）

003621295　2470　5602.1　(7)
中國度量衡史
吳承洛著　王雲五、傅緯平主編　上海
　商務印書館　1937年　（m.）

004858427　2470　5602.1　(8)
中國鹽政史
曾仰豐著　王雲五、傅緯平主編　上海
　商務印書館　1937年　中國文化史叢
　書　（m.）

003516761　2470　5602.1　(9)
中國醫學史
陳邦賢著　王雲五、傅緯平主編　上海
　商務印書館　1937年　初版　（m.）

003528413　2470　5602.1　(10-11)
中國法律思想史
楊鴻烈編著　上海　商務印書館　1936
　年　初版　（m.）

003616153　2470　5602.1　(12)
中國商業史
王孝通撰　上海　商務印書館　1936年
　初版　（m.）

005190432　2470　5602.1　(13)
中國政黨史
楊幼炯著　王雲五、傅緯平主編　上海
　商務印書館　1936年　（m.）

003616183　2470　5602.1　(14)
中國陶瓷史
吳仁敬、辛安潮著　上海　商務印書館
　1936年　初版　（m.）

003570644　2470　5602.1　(15)
中國交通史
白壽彝著　上海　商務印書館　1937年
　（m.）

003512105　2470　5602.1　(18)　FC8663　Film Mas 32930
中國南洋交通史
馮承鈞著　王雲五主編　傅緯平　上海
　商務印書館　1937年　（m.）

003570871　2470　5602.1　(19)
中國駢文史
劉麟生著　上海　商務印書館　1937年
　再版　（m.）

003616602　2470　5602.1　(20)
中國殖民史
李長傅著　上海　商務印書館　1937年
　初版　（m.）

003616118　2470　5602.1　(21)
中國考古學史
衛聚賢著　上海　商務印書館　1937年
　（m.）

004858441　2470　5602.1　(22)　FC5876　(1)
中國婚姻史
陳顧遠著　王雲五、傅緯平主編　上海
　商務印書館　1937年　中國文化史叢
　書　（m.）

003516763　2470　5602.1　(23-24)
中國民族史
林惠祥著　王雲五、傅緯平主編　上海　商務印書館　1936年　初版　(m.)

005190720　2470　5602.2　(1)
中國目錄學史
姚名達著　長沙　商務印書館　1938年　初版　(m.)

003172818　2470　5602.2　(2)
中國訓詁學史
胡樸安著　長沙　商務印書館　1939年　(m.)

003197162　1658.1　4914　2470　5602.2　(3)
中國倫理學史
蔡元培著　上海　商務印書館　1937年　初版　(m.)

003197137　2470　5602.2　(4-5)
中國音韻學史
張世祿著　長沙　商務印書館　1938年　初版　(m.)

003212029　2470　5602.2　(6)
中國道教史
傅勤家著　上海　商務印書館　1937年　(m.)

003196863　2470　5602.2　(7)
中國漁業史
李士豪、屈若騫著　上海　商務印書館　1937年　(m.)

003212028　2470　5602.2　(8-9)
中國稅制史
吳兆莘著　上海　商務印書館　1937年　(m.)

003320843　2470　5602.2　(10)　NA1540.1812　1937
中國建築史
伊東忠太原著　陳清泉譯補　上海　商務印書館　1937年　初版　(m.)

003197186　2470　5602.2　(11)
中國政治思想史
楊幼炯著　上海　商務印書館　1937年　(m.)

003216992　2470　5602.2　(12)
中國音樂史
田邊尚雄著　陳清泉譯　上海　商務印書館　1937年　(m.)

003172829　2470　5602.2　(13)
中國水利史
鄭肇經著　長沙　商務印書館　1939年　(m.)

003197040　2470　5602.2　(14-15)
中國韻文史
澤田總清原著　王鶴儀編譯　上海　商務印書館　1937年　(m.)

003216993　2470　5602.2　(16)
中國救荒史
鄧雲特著　上海　商務印書館　1937年　初版　(m.)

003221669　2470　5602.2　(17)
中國散文史
陳柱著　上海　商務印書館　1937年　初版　(m.)

003315130　2470　5602.2　(18-19)
中國教育思想史
任時先著　王雲五、傅緯平主編　上海　商務印書館　1937年　再版　(m.)

003221660　2470　5602.2　(20-21)
中國俗文學史
鄭振鐸著　長沙　商務印書館　1938年

（m.）

003221586　2470　5602.2　(22)
中國日本交通史
王輯五著　上海　商務印書館　1937年
　初版　（m.）

003314910　2470　5602.2　(24)
中國婦女生活史
陳東原著　王雲五、傅緯平主編　上海
　商務印書館　1937年　再版　（m.）

003320616　2470　5602.2　(25)
中國疆域沿革史
顧頡剛、史念海著　王雲五、傅緯平主編
　長沙　商務印書館　1938年　初版
（m.）

005046017　2470　7220
中華民族在一切民族革命鬥爭中的領導地位
周鯨文著　香港　時代批評社　1939年
　時代叢書

005072135　T　2470　7258
抗戰文化陣地的建立及其運動
劉中龢著　梅菉　廣南書局　1938年

005190751　2470　7284
中國史學之進化
周谷城著　香港　生活書店　1947年
（m.）

004858161　2470　7902
中國文化的出路
陳序經著　上海　商務印書館　1934年
（m.）

005046021　2470　7903
中國民族氣質與文化
陳文淵撰　福州　私立福建協和大學協

大學術社　1935年

005190255　2470　7932　FC7750　Film　Mas　31711
中國近世文化史
陳安仁著　上海　商務印書館　1936年
（m.）

005046023　2470　7932.5
中國文化演進史觀
陳安仁著　貴陽　文通書局　1942年
　再版　（m.）

004858352　2470　8244
中國文獻學概要
鄭鶴聲、鄭鶴春著　上海　商務印書館
　1937年　國學小叢書　（m.）

005208374　2470　8250
中西文化之關係
鄭壽麟著　上海　中華書局　1930年
　新文化叢書　（m.）

005072141　2470　8522.3
文化與教育
錢穆著　重慶　國民圖書出版社
1943年

005045990　2470　9214
中國文化小史
常乃德［燕生］著　上海　中華書局
1928年　新文化叢書　（m.）

005201396　2471　7932
中國上古中古文化史
陳安仁著　長沙　商務印書館　1938年
　初版　（m.）

005201132　2477　7932
明代學術思想
陳安仁著　長沙　商務印書館　1940年
　初版　（m.）

005200965　2478　2243　FC7749　Film　Mas　31710
近代中國啟蒙運動史
何干之著　上海　生活書店　1947年（m.）

005072165　2479　1381
中國文化運動的性質
張益弘著　重慶　時代思潮社　1939年（m.）

005208400　2479　1432
方生未死之間
沈雁冰[茅盾]著　南京　小雅出版社　1947年　（m.）

005208491　2479　1432b
方生未死之間
于潮著　福建永安　東南出版社　1945年　初版　（m.）

011911501　AC149.K4　1947
科學與軍事
丁瓚著　上海　文匯報館　1947年　初版　（m.）

011895079　AC150.F3　1934
老學蛻語四卷
范褘[范皕誨]著　上海　青年協會書局　1934年　初版　（m.）

011883824　AC149.S9　1946
中國戰時學術
孫本文等著　上海　正中書局　1946年　滬初版　中央文化運動委員會文化運動叢書　（m.）

005072169　2479　2320
抗戰建國的文化運動
侯外廬著　重慶　中山文化教育館　1939年　抗戰叢刊　（m.）

005072172　2479　3218
人民世紀的中國文化
馮石竹編　上海　經緯書局　1946年　世界小文庫　（m.）

008458281　MLC – C
心
小泉八雲著　楊維銓譯　1935年（m.w.）

005072190　2479　4233
一個日本人的中國觀
內山完造著　尤炳圻譯　上海　開明書店　1941年　5版　（m.）

005214719　2479　6673　（1）
全盤西化言論集
呂學海編　廣州　嶺南大學青年會　1934年　（m.）

005214077　2479　6673　（2）
全盤西化言論續集
馮恩榮編　廣州　嶺南大學學生自治會出版部　1935年　初版　（m.）

005208530　2479　7917
國名疏故
陳登原著　上海　商務印書館　1936年　初版　國學小叢書　（m.）

008583664　FC1283（N）
穆天子傳的研究
1928年　國立中山大學語言历史研究所周刊

005201495　2480　0203
中外文化交通史論叢第一輯
方豪著　重慶　獨立出版社　1944年（m.）

005208432　2480　1369
中西交通史料匯篇

張星烺著　北京　輔仁大學圖書館
1928 年　（m.）

005200878　2480　1369.1
歐化東漸史
張星烺撰述　上海　商務印書館　1934
年　新時代史地叢書　（m.）

004858479　2480　2233
中西交通史
向達編　上海　中華書局　1934 年
（m.）

005072198　2480　2434
外族侵略中國史
傅運森著　上海　商務印書館　1934 年
　百科小叢書　（m.）

005200886　2480　2924
中西文化交通史譯粹
朱傑勤譯　上海　中華書局　1939 年
歷史叢書　（m.）

005072210　2480　7774
唐宋元時代中西通商史
桑原騭藏原著　馮攸譯　上海　商務印
書館　1930 年　中外交通史料名著叢書

005201416　2480　8501
中國外交史
錢亦石著　上海　生活書店　1947 年
第 1 版　（m.）

005072211　2480　8640
中國外交史
曾友豪編　上海　商務印書館　1928 年
　再版　政法叢書　（m.）

005072077　2480　9323
中國外交關係略史
懷德[Frederick Whyte]著　王我孫譯

上海　商務印書館　1928 年　（m.）

005208534　2482　1774.4B
張騫西征考
桑原騭藏著　楊鍊譯　上海　商務印書
館　1935 年　再版　史地小叢書
（m.）

005208425　2484　2227
隋唐時代西域人華化考
桑原騭藏撰　何健民編　上海　中華書
局　1939 年　歷史叢書　（m.）

005072213　2484　2314
唐賈耽記邊州入四夷道里考實五卷
吳承志撰　南林　劉氏　1921 年　求恕
齋叢書

005208433　2485　0402
宋之外交
謝詒徵編　上海　大東書局代售　1935
年　（m.）

005208515　2485　7774
唐宋貿易港研究
桑原騭藏著　楊鍊譯　上海　商務印書
館　1935 年　初版　史地小叢書
（m.）

005072216　2486　4522
克拉維約東使記
克拉維約[Gonzalez de Clavijo]著　楊滌
新譯　重慶　商務印書館　1944 年　漢
譯世界名著　（m.）

005165017　2487　0224
福建市舶提舉司志一卷
高岐編輯　1939 年

005166286　2487　5232
明末清初灌輸西學之偉人

徐宗澤編著　上海　土山灣印書館發行
1926年　初版　聖教雜誌叢刊　（m.）

005170958　2488　0403　FC9618　Film Mas 35910
清代外交史料
故宮博物院編　北平　故宮博物院
1932—33年

003173003　2488　0404
籌辦夷務始末
文慶等奉勅纂輯　北京　故宮博物院
1923年

003172652　2488　0404b　2488　0404b1　2488　0404b2
　　2488　0404b3
籌辦夷務始末
文慶等奉勅纂輯　北京　故宮博物院
1929—30年

007841254　2488　1107
清季外交史料
王彥威撰　北平　外交史料編纂處
1932—35年

005178879　2488　1107　（148－159）
清季外交史料索引十二卷
王亮輯　北平　外交史料編纂處　1935
年　清季外交史料附刊

005184880　2488　1107　（159）
清光宣兩朝條約一覽表
王亮輯　北平　外交史料編纂處　1935
年　清季外交史料附刊

005072097　2488　1107.4
清季外交年鑒
王亮輯　北平　外交史料編纂處
1935年

003212027　2488　1107b
清季外交史料
王揆夫、王亮編　北平乃茲府關東甸七
號　外交史料編纂處　1935年　初版

005072098　2488　1121
不平等條約史
王紀元著　上海　亞細亞書局　1935年
　基本知識叢書　（m.）

003537845　2488　1150
上海租界問題三卷
王揖唐撰　上海　1919年

005165673　2488　1323
上海租界略史
F. L. Hawks Pott 著　岑德彰編譯　上海
　［1931年］　（m.）

005072103　2488　1413
上海租界問題
夏晉麟撰　上海　太平洋國際學會
1932年　（m.）

011933579　DS740.4.W28　1929
中國近代外交概要
王正廷著　外交研究社編　南京　外交
研究社　1929年　（m.）

005072106　2488　2426
中國痛史
傅幼圃著　上海　新華書局　1927年
（m.）

011903005　JV185.O73412　1931
近代世界殖民史略
大鹽龜雄著　王錫綸編譯　上海　中華
書局　1931年　（m.）

011894151　DS740.4.Y49　1915
亡國鑒附國恥錄
殷汝驪編纂　上海　泰東圖書局　1919
年　訂正4版　（m.）

005072108　2488　2946
帝國主義侵略中國小史
朱壽田編　上海　中華書局　1934年
常識叢書　（m.）

005165936　2488　2964
近百年外交失敗史
徐國楨編　上海　世界書局　1929年
（m.）

005072109　2488　3030
國恥史要
梁心編　上海　日新興地學社　1933年
（m.）

005171040　2488　3944
廣東十三行考
梁嘉彬著　全增祐校閱　南京　國立編
譯館　1937年　（m.）

005170951　2488　4342
清季各國照會目錄
張德澤編　北京　國立北平故宮博物院
文獻館　1935—36年　初版

005178836　2488　4413
近代中國外交史資料輯要上中卷
蔣廷黻編　上海　商務印書館　1931年
　初版

005072110　2488　4440
帝國主義侵略中國的經過
李聲玄著　桂林　文化供應社　1940年
　青年新知識叢刊

005072112　2488　4842
帝國主義侵略中國史
黃孝先著　上海　商務印書館　1928年
　新時代史地叢書　（m.）

005072113　2488　5648
新編國恥小史
曹增美編　上海　商務印書館　1929年
　再版　（m.）

005171102　2488　6135
國恥痛史
1920年

005072117　2488　6646
中國被侵略之領土與權利
路韋思著　上海　中國文化服務社
1936年　基本知識叢書

005072118　2488　6662
國恥小史
呂思勉編　上海　中華書局　1929年
通俗教育叢書　（m.）

011799522　DS740.5. H789　1937
抗戰與外交
胡愈之著　上海　生活書店　1937年
救亡文叢之四　（m.）

005072123　2488　7212
中國外交之路
周子亞編著　重慶　國民圖書出版社
1943年　（m.）

005072124　2488　7223
清季四十年之外交與海防
劉熊祥著　重慶　三友書店　1943年

005072128　2488　7241
對華門戶開放主義
陶彙曾[陶希聖]著　上海　商務印書館
　1935年　百科小叢書　（m.）

005072130　2488　7935
不平等條約淺說
陳濟成編　昆明　中華書局　1941年
初中學生文庫　（m.）

005171391　2488　8114
現代中國外交史
金兆梓著　王寵惠校訂　上海　商務印書館　1930年　新時代史地叢書（m.）

005170696　2488　8544
近代外禍史
阿英編校　柳亞子序　上海　潮鋒出版社　1948年　再版　（m.）

005096713　2488.8　1139
庚子京師褒卹錄四十卷
王守恂輯　濟南　1920年

005170848　2488.8　7915
義和團運動與辛丑和約
陳功甫編　上海　商務印書館　1931年（m.）

005171560　2489　0211
廣州武漢革命外交文獻
高承元編　上海　神州國光社　1933年

003537836　FC2751
廣州武漢時代革命外交文獻
高承元編　1930年

005096655　2489　0241
中國民族運動
高爾松、高爾柏著　上海　光華書局　1927年　（m.）

005170731　2489　0412
山東問題始末
譚天凱著　上海　商務印書館　1935年　初版　史地小叢書　（m.）

005171029　2489　0442
中國喪地史
謝彬編著　上海　中華書局　1927年　常識叢書　（m.）

005170775　2489　0639
帝國主義侵略中國痛史
唐守常著　上海　大東書局　1929年　7版　（m.）

005096658　2489　1170　FC5640　FC－M1279
各國待遇華僑苛例概要
王辟塵編　上海　商務印書館　1933年（m.）

005096659　2489　1312
平津至山海關各國駐兵問題之研究
香港　東北問題研究會　1932年（m.）

005171424　2489　1352
中華民國外交史上卷
張忠紱著　北京　國立北京大學出版組　1936年　（m.）

005170869　2489　1352B
中華民國外交史上卷
張忠紱著　重慶　正中書局　1943年（m.）

005096662　2489　1352c
中華民國外交史
張忠紱著　北平　國際法外交學會　1935年

005096663　2489　1904
中國存亡問題
孫文[逸仙]著　上海　民智書局　1928年　中山先生遺著　（m.）

005171195　2489　1929
中國與戰後世界
孫科著　上海　商務印書館　1944年（m.）

005109505　2489　200.16
外交部河南交涉署交涉節要

外交部河南交涉署編　濟南　1916 年

005109506　2489　200.24
外交部湖北交涉署交涉節要存民國五年七月份至十二月份
外交部湖北交涉署編　濟南　1917 年

005109507　2489　200.29
外交部浙江交涉署交涉節要存民國三年六月份、十月份
外交部浙江交涉署編　濟南　1914 年

005178881　2489　200.31
外交部福建交涉署交涉節要存民國二年九至十一月份　民國三年一至八月份　民國四年一至二月份、十二月份　民國五年一至二月份
外交部福建交涉署編　濟南　1913—16 年

005171455　2489　2414　FC7752　Film Mas　31713
近世中國外交史
吳君如著　上海　神州國光社　1933 年初版

005171427　2489　3103
國恥小史
沈文浚編纂　上海　中國圖書公司和記　1924 年

005096666　2489　3103.4
國恥小史續編
趙玉森編　上海　中國圖書公司　1924 年　（m.）

005171120　2489　3163
抗戰以來中國外交重要文獻
祖國社編　重慶　祖國社　1943 年（m.）

005096668　2489　3884　FC7751　Film Mas　31712
外交史[國民政府]第一集
洪鈞培編　上海　華通書局　1930 年初版

005096669　2489　4123
二十年來列強環伺下之東北問題
范任宇著　上海　民智書局　1932 年（m.）

005170619　2489　4133　FC7735　Film Mas　31764
中國最近八十年來的革命與外交
杜冰波著　上海　神州國光社　1933 年（m.）

005096672　2489　4227
近百年來中外關係
胡秋原撰　上海　中國文化服務社　1946 年　2 版　青年文庫　（m.）

005096673　2489　4421
改革中國政治外交對策
荊磐石撰　香港　中國問題研究會　1949 年　中國問題研究會政治外交叢書

005171602　2489　4446
國恥史
蔣恭晟撰　上海　中華書局　1928 年再版　史學叢書　（m.）

005096674　2489　4472
列強在中國之勢力
李長傅著　上海　大東書局　1928 年再版　（m.）

011982044　DS777.45.T35　1925
中國獨立運動的基點
戴季陶著　廣州　民智書局　1925 年（m.）

005171601　2489　4581
中國邊疆
華企雲著　上海　新亞細亞學會　1932

年　新亞細亞學會邊疆叢書　（m.）

005091348　FC5766　FC－M1272
中國外交年鑒民國二十二年一月至十二月
章進主編　朱家治編輯　中國外交年鑒社編　上海　生活書店　1934 年　初版　（m.）

005091337　2489　5620　（1934）　FC5766　FC－M1272
中國外交年鑒民國二十三年一月至十二月
章進主編　朱家治編輯　中國外交年鑒社編　上海　世界書局　1935 年　初版　（m.）

005091349　2489　5620　（1935）　FC5766　FC－M1272
中國外交年鑒民國二十四年一月至十二月
薛代强總編輯　章進副總編輯　胡慶育等編輯　上海　正中書局　1936 年　初版　（m.）

005178882　2489　5667
抗戰四年來的外交
中央黨部宣傳部編　重慶　重慶宣傳部　1941 年　（m.）

003537628　2489　5667.5
抗戰五周年中外紀念文獻選輯
中國國民黨中央執行委員會宣傳部編印　重慶　1942 年　（m.）

005096680　2489　616
國恥圖
上海　商務印書館　1931 年

005096683　2489　643
五卅痛史
晨報編輯處、清華學生會同編　北平　晨報館　1925 年　（m.）

009256775　2489　7202
中國近時外交史
劉彥著　上海　太平洋印刷公司印　1921 年　訂正增補 3 版　（m.）

007789389　FC5131　FC－M1116
最近三十年中國外交史
劉彥著　上海　太平洋書店　1930 年　（m.）

011797764　DS740.4.1589　1932
最近三十年中國外交史
劉彥著　上海　太平洋書店　1932 年　（m.）

004858919　2489　7202A
帝國主義壓迫中國史
劉彥著　上海　太平洋書店　1930 年　（m.）

005096686　2489　7222　FC5641　FC－M1280
解放運動中之對外問題
周鯁生著　上海　太平洋書店　1927 年　（m.）

005096687　2489　7274
最近太平洋問題二卷
劉馭萬編　香港　中國太平洋國際學會出版　1932 年　（m.）

005109508　2489　8582
五卅事件臨時增刊
錢智修編輯　香港　商務印書館　1925 年

009551531　2489.3　3794
邊防情報
1919 年　寫本

005096746　2490　4431
世界大戰我國應走的途徑
李宗吾著　濟南　1933 年

008481376　T　2490　5667
上海廣州慘殺事件畫報帝國主義之屠殺同胞之溅血
中國國民黨中央執行委員會宣傳部編輯　廣州　中國國民黨中央執行委員會宣傳部　1925年　（m.）

005096609　2491　1260
西域文明史概論
羽田亨著　錢稻孫譯　濟南　1931年

005171426　2491　2242
交廣印度兩道考二卷
伯希和著　馮承鈞譯　上海　商務印書館　1933年　再版　史地小叢書　（m.）

005170953　2491　4223
朝鮮迎接都監都廳儀軌明天啟元年
國立北平故宮博物院文獻館　北平　國立北平故宮博物院　1932年　文獻叢書

005096616　2491　4628
中國南海古代交通叢考
藤田豐八著　何健民譯　上海　商務印書館　1936年　漢譯世界名著　（m.）

005178840　2492　0481
中印歷代關係史略
許崇灝編　重慶　獨立出版社　1942年　初版　（m.）

005096617　2492　1494
中印緬道交通史
夏光南編著　上海　中華書局　1948年　歷史叢書　（m.）

005178792　2492.54　4407
越嶠書二十卷
李文鳳編　1940年

005178720　2492.55　1134
中緬關係史綱要
王婆楞編著　上海　正中書局　1945年　（m.）

005178756　2492.55　1134.1
中緬關係史
王婆楞著　長沙　商務印書館　1941年　（m.）

005178773　2492.55　1134B
中緬關係史綱要
王婆楞著　重慶　正中書局　1944年　（m.）

005096645　2492.55　7124
中緬界務問題
劉伯奎編著　上海　正中書局　1946年　（m.）

005096571　2493　0141
寄自火綫上的信
鹿地亙著　張令澳譯　重慶　五十年代出版社　1943年　（m.w.）

005096748　2493　0444
雪樓紀事
許世英著　濟南　1938年

005183864　2493　0472
日帝國主義與東三省
許興凱編　上海　崑崙書店　1930年　（m.）

005096576　2493　0824
征倭論
龔德柏著　南京　京華書局　1931年　（m.）

005096577　2493　0824.4
揭破日本的陰謀

龔德柏著　上海　上海太平洋書店　1929年　（m.）

005096579　2493　1110
日本侵略東北之新經濟政策
王一新著　香港　中華國風社　1932年　中華國風社叢書　（m.）

008627189　FC419
第五年之倭寇經濟侵略
中央調查統計局特種經濟調查處編　重慶　中央調查統計局　1943年

009567704　MLC–C
四年來之敵寇經濟侵略
中央調查統計局特種經濟調查處編　南京　中央調查統計局特種經濟調查處　1941年

005190580　2493　1114　FC5624　FC–M1115
最近之東北經濟與日本
王雨桐著　上海　新中國建設學會出版科　1933年　新中國建設學會叢書　（m.）

005096581　2493　1125
中日甲午戰爭之外交背景
王信忠撰　北平　國立清華大學　1937年　國立清華大學研究院畢業論文叢刊　（m.）

005184074　2493　1134
歷代征倭文獻考
王婆楞編著　重慶　正中書局　1943年　5版　（m.）

003630575　2493　1142
六十年來中國與日本
王芸生輯　天津　大公報出版部　1934年　初版　（m.）

008616942　FC3839
六十年來中國與日本
王芸生輯　天津　大公報社　1932—34年　（m.）

005096584　2493　1180
中日戰爭
王信忠撰述　傅運森校　上海　商務印書館　1929年　新時代史地叢書　（m.）

005096586　2493　1183
"一·二八"淞滬抗日周年紀念專刊
1933年　（m.）

005096588　2493　1313
遠東和平的先決條件
裴斐著　國際宣傳處譯　香港　正中書局　1941年　（m.）

005184778　2493　1314　FC5631　FC–M1160
山東問題彙刊
張一志編　北京　國立北京大學出版部　1921年　（m.）

005178869　2493　1356
天津事變
張拓編　1932年

005178875　2493　1382
倭制滿洲國
張餘生撰　周天步校　北京　東北問題研究會　1932年　（m.）

005178842　2493　1394
日本對滬投資
張肖梅著　中國國民經濟研究所編輯　上海　商務印書館　1937年　再版　中國國民經濟研究所叢書　（m.）

005096594　2493　2104
遭遇了支那間諜網

仇章著　曲江　圖騰出版社　1943年
（m.w.）

005096595　2493　2112
滿鐵事業的暴露
魏承先撰　上海　中華書店　1932年
東北研究叢書　（m.）

005096725　2493　2123
日本對華的宣傳政策
任白濤撰　長沙　商務印書館　1940年
（m.）

005178876　2493　2324
日本各方對於脫盟
蠹舟編　北京　東北問題研究會　1933年　（m.）

009563070　MLC-C
中日同盟
華北政務委員會總務廳情報局編印　北京　華北政務委員會總務廳情報局　1943年

005178766　2493　2324.1
明代倭寇犯華史略
吳重翰著　長沙　商務印書館　1939年（m.）

005255075　FC9652　Film Mas 35968
明季社黨研究
朱倓著　重慶　商務印書館　1945年（m.）

005178865　2493　2333
東北與日本之法的關係
吳瀚濤著　北平　東北問題研究會　1932年　初版　（m.）

005096730　2493　2356
魯案中日聯合委員會會議錄
中國外交部輯　北京　外交部　1922年

005096731　2493　2374
日本帝國主義對華經濟侵略
侯厚培、吳覺農著　上海　黎明書局　1931年　（m.）

005270858　2493　2382
魯案善後月報特刊
督辦魯案善後事宜公署秘書處編　北京　督辦魯案善後事宜公署　1922—23年（m.）

005096733　2493　2614　FC5642　FC-M1281
日本之新滿蒙政策 日本對華最近野心之暴露
山田武吉著　周佩嵐譯　上海　民智書局　1928年

005178714　2493　2631　FC5643　FC-M1282
中日問題與各家論見
儲安平編　上海　新月書店　1931年（m.）

005178874　2493　2913
日本的新滿蒙狂
徐羽冰著　天津　大公報館　1932年（m.）

005178695　2493　2923
日本侵略滿蒙之研究
朱偰編　上海　商務印書館　1929年（m.）

005096734　2493　2934
民四條約效力問題
徐淑希著　1912—34年

005096735　2493　2934.2
東北問題
徐淑希著　上海　中國太平洋國際學會

1932年　中國太平洋國際學會叢書（m.）

005096736　2493　2934.3
杭州會議中的滿洲問題
徐淑希著　1931—34年　（m.）

005096737　2493　2939
敵乎？友乎？中日關係的檢討
徐道鄰撰　南京　外交評論社　1935年（m.）

005109509　2493　2996
淞滬禦日戰史
徐怡、劉異編輯　香港　民族教育社出版　1932年　（m.）

005109510　2493　3104
淞滬戰事瑣聞
沈毅編輯　香港　民族教育社出版　1932年　（m.）

004858656　2493　3120　FC5644　FC–M1283
關東租界地之國際法地位
（美）窩爾德［C. Walter Young］原著　葉天倪譯　上海　中華書局　1936年　（m.）

005109511　2493　3123
日本人民對東北事件公論
沈叔之、吳覺農合編輯　上海　黎明書局　1932年

005109512　2493　3202　FC5645　FC–M1284
滿蒙論
室伏高信著　周威堂譯　上海　神州國光社　1932年　（m.）

005109513　2493　3212
滿鐵外交論
湯爾和譯述　上海　商務印書館　1930年　初版　東省叢刊　（m.）

005109514　2493　3214
中國文化輸入日本考
馮瑶林著　楊昌星等校　濟南　1947年（m.）

005178857　2493　3222
滿鐵問題
祁仍奚編　上海　商務印書館　1930年（m.）

005109515　2493　3246
二十一條東京外交秘史始末記
淵若筆記　濟南　1912年

005178775　2493　3292
清光緒朝中日交涉史料八十八卷
故宮博物院編　北平　故宮博物院1932年

005109516　2493　3292.2
清宣統朝中日交涉史料六卷
故宮博物院文獻委員會編　北平　故宮博物院　1933年

005109517　2493　3342
"一・二八"的一些紀念品
淞滬警備司令部編輯　上海　商務印書館　1933年　（m.）

005109518　2493　3493
濟南慘案
濟南慘案外交後援會編　上海　濟南慘案外交後援會　1928年　（m.）

005109519　2493　3662
戰時日本之外交
潘昂千撰　長沙　商務印書館　1938年　日本知識叢刊　（m.）

005109520　2493　3837
中日文化之交流
辻善之助編　俞義範譯　南京　國立編

譯館　1941年　（m.）

005109521　2139　2124　2493　3838
古代中日關係之研究
洪啟翔著　重慶　商務印書館　1944年（m.）

005109522　2493　3956
追悼中日陣亡將士死難民眾及祈禱平和大會紀念册
上海　追悼中日陣亡將士死難民眾及祈禱平和大會籌備會　1938年

004858862　2493　4157
上海事變與報告文學
南強編輯部編　上海　南強書局　1932年　（m.w.）

005178877　2493　4185
九一八事變後日本鐵蹄下之東北鐵路
西山撰　北京　東北問題研究會　1932年　（m.）

008580275　FC2949
最近重要事變宣傳大綱
中國共產黨撰　濟南　1931年

005109524　2493　421
萬曆三大征考
茅瑞徵撰　北平　燕京大學圖書館　1934年　燕京大學圖書館叢書

005109525　2493　4212
東北條約研究
胡昆、丁憲勳合編　上海　中華書局　1932年　東北研究叢書　（m.）

004858287　2493　4237
甲午以來中日軍事外交大事紀要
楊家駱著　重慶　商務印書館　1941年　（m.）

005109526　2493　4237.1
近世中日國際大事年表
楊家駱著　北碚　中山文化教育館　1941年　抗戰特刊　（m.）

005178777　2493　4239
中日問題
萬良炯著　上海　商務印書館　1937年　現代問題叢書

005112744　2493　4242
遠東的危機
史蒂生著　馬季廉譯　天津　大公報館　1936年　再版　（m.）

004858849　2493　4350
中日交通史
木宮泰彥著　陳捷譯　上海　商務印書館　1931年　初版　（m.）

005112745　2493　4424
二千年中日關係發展史
李季著　柳州　學用社　1938—40年

005112746　2493　4425
告日本國民書
葉懷英譯　上海　人生研究社　1933年　（m.）

005112747　2493　4437　FC5646　FC–M1285
日本侵略中國史
李温民撰　北平　東華書店　1932年　（m.）

005112748　2493　4445　FC5647　FC–M1286
日本外交
李執中撰　長沙　商務印書館　1938年　（m.）

005160077　2493　4451
蔣委員長駁斥近衞之聲明
蔣中正著　1938年

005112749　2493　4453
國聯報告書及其批評
李泰初、徐家錫編　廣州　晨報　1932年　晨報言論叢刊　（m.）

011933706　DS740.5.J3　L5　1932
日本帝國主義侵略中國史
李白英著　上海　大同書局　1932年　（m.）

005130459　2493　4471　FC5649　FC-M1287
日本帝國主義侵略中國史
蔣堅忍撰　上海　聯合書店　1930年　（m.）

005112750　2493　4486
古代中日關係之回溯
李毓田撰　長沙　商務印書館　1939年　日本知識叢刊　（m.）

005112751　2493　4495
日本侵略滿蒙史
支恒貴著　上海　世界書局　1927年　（m.）

005178863　2493　4680
中日問題講話
世界知識社編輯　上海　生活書店　1936年　初版　（m.）

005178867　2493　4821
東北問題與世界和平
趙泉天編著　重慶　南方印書館　1944年　（m.）

005112753　2493　4822
九一八以來之中日關係
賀嶽僧著　重慶　獨立出版社　1943年

005112755　2493　5027
中日國際史
史俊民著　北京　鳴報社　1919年　（m.）

005178854　2493　5048
暴日鐵蹄下之淞滬
抗敵老人編　上海　氣淵圖書館　1932年　初版　（m.）

005178868　2493　5143
東北熱河後援協會報告書
東北熱河後援協會編　香港　東北熱河後援協會　1933年　（m.）

005112757　2493　5152
東北事件
北平　燕大教職員抗日會　1932年　抗日叢刊

005112756　2493　5196
東三省果爲日本之生命綫耶
東北問題研究會　1929—32年

005160072　2493　5457
日本人之支那問題
中華書局編輯所譯　上海　中華書局　1919年　（m.）

005112758　2493　5457.1
二十年來之中日關係
中華書局編　上海　中華書局　1928年　學生叢書　（m.）

005112767　2493　5476
國際聯合會於一九三九年一月及五月所通過關於中日爭議之決議案
中華民國國民政府外交部編　濟南　1937年　白皮書

005160073　2493　5547
對日問題研究
中央大學社會科學研究會編　南京　南京書店　1932年　（m.）

003537636　2493　5590
外報輿論一斑
中國國民黨宣傳部編　重慶　中央黨部宣傳部　1941年　（m.）

005184470　2493　56
中日文化協會廣州分會工作狀況報告民國三十年十月
廣州　中日文化協會廣州分會總務組　1942年

005160071　2493　5603
中日交涉始末
1915年

008395506　MLC－C
山東懸案細目協定
1923—55年

005183486　2493　567
中日問題之真象參與國聯調查團中國代表提出之二十九種說帖　一九三二年四月至八月
顧維鈞編　南京　中華民國國民政府外交部　1933年

005112769　2493　5917
國難須知
東北問題研究會編　香港　東北問題研究會　1932年　（m.）

005112771　2493　6054
滿蒙問題
朝日新聞社編　黃倫芳譯　北平　佩文齋　1932年　（m.）

005112772　2493　6121
國聯行政院關於東案之決議附各項聲明
中華民國國民政府外交部　南京　外交部　1932年　（m.）

005112773　2493　6121.2
國聯行政院及大會關於中日事件之決議附中國申請書及各項聲明
中華民國國民政府外交部　南京　外交部　1932年

005112775　2493　6243
甲午戰前日本挑戰史
田保橋潔著　王仲廉譯　南京　南京書店　1932年　（m.）

005112776　2493　6526
日本侵略東北之工具南滿鐵路
北平　燕京大學教職員抗日會　1929—32年

005112777　2493　6531
日本併吞滿蒙之秘密計劃
香港　東北問題研究會　1931年　（m.）

005184781　2493　6537　FC5648　FC－M1288
日本軍閥藉口皇謨實行侵略政策之真相
東北問題研究會編　北京　東北問題研究會　1932年

005178696　2493　6540
國難記初集
國難記出版部編輯　北京　國難記出版部　1932年　初版

005112778　2493　6540.2
日本欺詐外交
香港　東北問題研究會　1929—33年　（m.）

005112779　2493　6581
辱國春秋存三卷
畢公天編著　上海　辱國春秋社　1915年

005112780　2493　6651
中日問題批判

呂振羽撰　北平　導群書店　1932 年

005124449　2493　7618
在中國四年
鹽見聖策著　香港　廣西日報社　1943 年　（m.）

007841256　2493　7202
歐戰期間中日交涉史
劉彥著　上海　全國商務印書館寄售　1921 年　3 版　（m.）

005124451　2493　7657
日本在南滿
屠哲隱撰　南京　南京書店　1932 年　（m.）

005184703　2493　7222
抗日戰爭逸話
周樂山著　上海　北新書局　1932 年　初版　（m.）

005184642　2493　7915　2493　7915b
日俄戰爭與遼東開放
陳功甫編　上海　商務印書館　1931 年　初版　中國歷史叢書　（m.）

005112781　2493　7230
東北與日本
周憲文編　上海　中華書局　1932 年　東北研究叢書　（m.）

005124452　2493　7921　FC5802　FC–M1289
日本勢力下二十年來的滿蒙
陳經撰　上海　華通書局　1931 年　（m.）

005112782　2493　7239
日本侵略中國外交秘史
陸奧宗光著　龔德柏譯　重慶　商務印書館　1944 年　（m.）

005184635　2493　7927
中日問題之研究預備將來決鬥的知識
陳紹賢著　上海　上海商務印書館　1935 年　（m.）

005191137　2493　7239A
日本侵略中國外交秘史
陸奧宗光著　龔德柏譯　上海　商務印書館　1929 年　（m.）

005190743　2493　7940
中日外交史
陳博文撰述　金曾澄校閱　上海　商務印書館　1928 年　初版　新時代史地叢書　（m.）

005112783　2493　7241
世界新形勢與中日問題
陶希聖著　重慶　南方印書館　1942 年　（m.）

005190602　2493　7963
從考古學上觀察中日古文之關係
原田淑人講　錢稻孫譯　北平　泉壽東文書藏　1933 年　泉壽譯叢

005112784　2493　7241.02
"新中央政權"是什麼？
陶希聖著　重慶　大公報　1940 年

005130456　2493　7971
[九一八後]國難痛史資料
陳覺著　香港　東北問題研究會　1932 年

005112785　2493　7260
西原借款真象
勝田主計著　龔德柏譯　上海　太平洋書店　1929 年

005190850　2493　7971.2
日本侵略東北史
陳覺著　上海　商務印書館　1933年
新時代史地叢書　（m.）

005190994　2493　7971.3
東北路礦森林問題
陳覺撰述　上海　商務印書館　1934年
初版　新時代史地叢書　（m.）

005130458　2493　7984
中華民國國民政府赴日答禮專使陳公博先生言論集
陳公博著　南京　宣傳部　1940年

005130462　2493　8193
日本田中侵略滿蒙積極政策奏稿與註釋
鍾悌之註　上海　日本研究社　1931年
（m.）

010277358　　MLC－C
日鮮浪人在中國各地非法行動
國難社編輯　香港　國難社　1937年
（m.）

005130463　2493　8272
從外交談判到民族戰爭
鄭學稼編著　漢口　抗戰出版社　1938年　（m.）

005160076　2493　8298　FC5650　FC－M1290
東北實地調查記
俞省羞著　上海　開明書店　1933年
（m.）

005130465　2493　8545
近代國難史叢鈔
阿英編校　香港　潮鋒出版社　1941年

005130466　2493　8607　　T　2493　8607
對日戰爭
美國新聞處編輯　重慶　美國新聞處

1945年

005191324　2493　8881
日本參謀本部滿蒙國防計劃意見書
北京　外交月報社發行　1932年
（m.）

011919861　DS740.5.J3　M3　1947
東行三錄
馬建忠　中國歷史研究社編　上海　神州國光社　1947年　3版　中國內亂外禍歷史叢書　（m.）

005130476　2493.8　2323
琉球與中國
吳壯達編著　上海　正中書局　1948年
（m.）

011938755　DS740.5.J3　L68　1933
最近中日外交史略
李季谷著　上海　開明書店　1933年
（m.）

009260012　2495　0232
中東鐵路與遠東問題
高良佐著　上海　太平洋書店　1930年
（m.）

004863961　2495　0234
中蘇文化之交流
郭沫若著　北京　生活・讀書・新知三聯書局　1949年　（m.w.）

011805716　DS793.M7　K55212　1930
庫倫條約之始末
王光祈譯　上海　中華書局　1930年
（m.）

005130490　2495　0484　FC8690　Film Mas　32739
中俄問題之全部研究
文公直撰　上海　益新書社　1929年

005130499　2495　1624
中東路問題
雷殷著　哈爾濱　國際協報館　1929 年
（m.）

005191323　2495　1924
中蘇關係
孫科著　上海　中華書局　1945 年
（m.）

005190532　2495　2614
動蕩中的中蘇關係
儲玉坤著　香港　大公報代辦部　1938 年　（m.）

009256670　2495　3520
最近十年中俄之交涉
遠東外交研究會　哈爾濱　遠東外交研究會　1923 年

005130526　2495　3993
撫東政略二卷
宋小濂、徐鼏霖編輯　1919—38 年

005191138　2495　5122
伊寧事變目擊紀實一個從血泊中逃出者的自述
中聯出版社編印　廣州　中聯出版社　1947 年

005130541　2495　5272
中俄關係與中東鐵路
上海　商務印書館　1933 年　東方文庫續編　（m.）

005130542　2495　544
中蘇友好同盟條約論文集
關東中蘇友好協會　大連　關東中蘇友好協會　1948 年　友誼叢書

005130548　2495　5667
中俄關於中東路之交涉史略
中國國民黨中央執行委員會宣傳部編
南京　中國國民黨中央執行委員會宣傳部　1929 年　（m.）

009259253　2495　5986
東省鐵路公司合同附中俄會訂條約　東省鐵路續訂合同
1920 年

011594447　2495　69
故宮俄文史料清康乾間俄國來文原檔
王之相、劉澤榮譯　北平　國立北平故宮博物院　1936 年　初版　（m.）

005130551　2495　7223
清季十年之聯俄政策
劉熊祥著　重慶　三友書店　1943 年
（m.）

005130552　2495　7224
新疆伊犁外交問題研究
劉伯奎著　重慶　獨立出版社　1943 年
（m.）

009256893　2495　7911
中俄關係述略
陳登元著　上海　商務印書館　1926 年　新智識叢書　（m.）

005141279　2495　7929
有清一代之中俄關係
陳復光撰　濟南　1947 年　國立雲南大學文法學院叢書乙類　（m.）

007455679　DS740.5.K6　K8　1937
使朝鮮錄
龔用卿撰　南京　陶風樓景印　1937 年

011930472　DS740.C4　1935
興中會革命史要
陳少白著　南京　建國月刊社　1935 年

建國叢書 （m.）

005190634　2495　7940
中俄外交史
陳博文撰述　王正延校閱　上海　商務印書館　1928 年　新時代史地叢書（m.）

011757337　DS740.5.R9　H643　1935
中俄外交史
何漢文著　上海　中華書局　1935 年　社會科學叢書　（m.）

007961609　2495　8051
籌辦中俄交涉事宜公署意見書
中俄交涉事宜公署審議處編　北京　外交部中俄會議辦事處　1924 年

009259040　2495　8647
中東路交涉史
曾志陵著　北平　北平建設圖書館　1931 年　（m.）

005148122　2496　044
西藏交涉略史
謝彬撰　上海　中華書局　1926 年（m.）

008438300　2496　0442
達衷集鴉片戰爭前中英交涉史料
許地山編　上海　商務印書館　1931 年（m.）

009256782　2496　1301
中英滇緬疆界問題
張誠孫著　北京　哈佛燕京學社　1937 年　（m.）

009260049　2496　3493
廣州沙基慘案調查委員會報告書
廣州沙基慘案調查委員會編　廣州　廣州沙基慘案調查委員會　1925 年

011883632　DS785.Y71　1934
英國侵略西藏史
孫煦初譯　上海　商務印書館　1934 年（m.）

009265963　2496　4022
英國議會訪華團實錄中英歷史關係之新頁
獨立出版社資料室編　重慶　獨立出版社　1943 年　（m.）

005148219　2496　5943
中英外交史
束世澂撰述　金兆梓校閱　上海　商務印書館　1933 年　初版　新時代史地叢書　（m.）

005148589　2496　7117
乾隆英使覲見記三卷
馬戛爾尼原著　劉半農[復]譯　高野侯校　上海　中華書局　1916 年　（m.w.）

005148583　2496　7964
英國政府刊佈中國革命藍皮書
陳國權譯述　鄧宗禹校勘　上海　青嶰堂　1912 年　（m.）

009259284　2496　8581
沙基痛史
錢益璋編　上海　獨立旬刊社　1925 年（m.）

004873788　2497　1221
中法越南關係始末附索引
邵循正著　北平　國立清華大學　1935 年　（m.）

008392569　2497　4342　2497　4343
清光緒朝中法交涉史料二十二卷
故宮博物院編　北平　故宮博物院

歷史科學類

1932—33 年

007961579　2497　5943
中法外交史
束世澂撰述　金兆梓校閱　上海　商務印書館　1928 年　初版　新時代史地叢書（m.）

009260086　2497　5943c
中法外交史
束世澂著　金兆梓校　上海　商務印書館　1929 年　初版　新時代史地叢書（m.）

009270192　2498　0472
二十二年來之膠州灣
謝開勳編　上海　中華書局　1920 年（m.）

005160018　2498　1139
三國干涉還遼秘聞
王光祈編譯　上海　1929 年　（m.）

005159457　2498　4446
中德外交史
蔣恭晟編　上海　中華書局　1929 年　史地叢書（m.）

005096676　2498　4581.1
雲南問題
華企雲撰　上海　大東書局　1931 年（m.）

011793642　DS740.4.C346　1917
外交新紀元
陳榮廣　王幾道編纂　上海　泰東圖書局　1917 年（m.）

005160050　2503　2000
中丹友好通商條約民國十七年十二月十二日在南京簽訂
中華民國國民政府外交部編　南京　1933 年　白皮書（m.）

005159204　2506　0430　E183.8.C5　W82　1949x
無可奈何的供狀評美國關於中國的白皮書
新華通訊社　香港　新民主出版社　1949 年　初版

005160052　2506　0433
美國退還庚子賠款餘額經過情形
章之汶等譯　趙叔愚校　上海　商務印書館　1925 年　中華教育改進社叢刊

005159810　2506　0604
中美外交史
唐慶增撰述　郭泰祺校閱　上海　商務印書館　1928 年　新時代史地叢書（m.）

005166350　2506　1190
美國與滿洲問題
王光祈譯　上海　中華書局　1929 年（m.）

005166358　2506　2403
美國對華政策
動力文叢委會編輯　上海　遠東社　1948 年

011805413　HF3120.D885　1933
美國對華商業
杜廷絢著　上海　商務印書館　1933 年　初版　萬有文庫　第1集（m.）

005170697　2506　4446
中美關係紀要
蔣恭晟著　上海　中華書局　1930 年（m.）

005166364　2506　4451
戰後中美文化關係論叢
李絜非等著　重慶　中美文化協會
1943年　中美文化協會叢書　(m.)

005166365　FC5132　FC-M1117
中美外交關係
李抱宏撰　長沙　商務印書館　1940年
　外交研究會外交叢書　(m.)

005171527　2506　4514
中美之間
梅碧華著　上海　新知書店　1948年
國際現勢叢書　(m.)

005170987　2506　5413
反"白皮書"學習材料
中共天津市委總學委會編印　天津　中
共天津市委總學委會　1949年

011896204　JN6531.136　1921
勞農政府與中國
張冥飛編　漢口　新文化共進社　1921
年　(m.)

007742910　DS754.18.R8　W38　1935x
李鴻章與俄國
維德著　西廠節譯　上海　東方書局
1935年　(m.)

008616928　FC2971
聯俄與仇俄問題討論集上
章進編　北京　北新書局　1927年
(m.)

011892466　DS775.8.Z468　1947
論中國對美蘇的外交關係
周鯨文著　香港　時代批評社　1947年
　　時代叢書　(m.)

011929816　DS775.7.M3　1947
馬敘倫言論集
馬敘倫撰　大連　大衆書店　1947年
再版

010277365　MLC-C
**中國愛司托尼亞友好條約民國二十六年
十二月二十一日訂於倫敦　民國二十八年一
月十日互換批准檔**
中華民國國民政府外交部編印　倫敦
中華民國國民政府外交部　1938年
(m.)

005171641　2506　8607
美國國務院對華文化援助
美國新聞處編譯　重慶　1945年
(m.)

005171642　2506　8983
美蘇遠東外交政策之比較
余錦源著　香港　南天文化出版社
1947年　再版　外交小叢書

010277409　MLC-C
**中國利比理亞國友好條約民國二十六年
十二月十一日訂於巴黎　民國三十年十月十
六日在葡京互換批准檔**
中華民國國民政府外交部編印　巴黎
中華民國國民政府外交部　1941年

005171644　2510　4254
中國歷代世紀歌
萬青藜編　張元濟增訂　上海　商務印
書館　1947年　(m.)

005171628　2510　7943
中國史
陳恭祿著　長沙　商務印書館　1940年
　初版　(m.)

005178887　2511　1273.08
史記書後二卷
許鍾璐撰　濟南　1932年

005178851　2511　1273.11
史記舊註平義
王駿圖、王駿觀合著　上海　正中書局　1947年　滬1版

005178891　2511　1273.15
太史公書義法
孫德謙撰　香港　四益宧　1925年

005178892　2511　1273.18
史記校二卷
王筠撰　北平　故宮博物院圖書館　1935年

005148578　2511　1273.23
史記探源八卷
崔適著　北京　大學出版部　1924年　3版

005148579　2511　1273.23　（1934）
史記探源八卷
崔適著　北京　大學出版部　1934年　4版

005159427　2511　1273.29
史記考索
朱東潤著　上海　開明書店　1948年　再版　開明文史叢刊　（m.）

005159768　2511　1273.32
史記會註考證
司馬遷撰　瀧川資言考證　東京　東方文化學院東京研究所　1932—34年

005154224　2511　1273.39
讀史管見三卷　女學言行纂三卷　四德篇一卷　附鄉俗居喪辟繆
裛猗女史李氏[梁李晚芳]著　北平　周氏師古堂　1937年

007841272　2511　1273.40
史記訂補八卷
李笠編　里安　李氏橫經室　1924年

005159308　2511　1273.43
史記菁華錄六卷
司馬遷原撰　姚祖恩摘錄　上海　商務印書館　1912年

005160059　2511　1273.46
史記通論
楊啟高纂述　香港　清山閣　1926年　（m.）

005166368　2511　1273.6　H887Lsl
史記十二諸侯年表考證
羅倬漢著　重慶　商務印書館　1943年　（m.）

005160063　2511　1273.72
史記識誤三卷
周尚木撰　濟南　1928年

005159642　2511　1273.74
史記紀年考三卷
劉坦編　長沙　商務印書館　1938年　再版

005178749　2511　1273B
史記
司馬遷撰　裴駰集解　司馬貞索引　張守節正義　上海　商務印書館　1927年　（m.）

005178642　2511　1273c
史記百文之部
顧頡剛、徐文珊點校　北京　國立北平研究院史學研究會　1936年　（m.）

005171663　2511　1273D
史記評點
司馬遷撰　方望溪評點　上海　交通書局　1918年

005171664　2511　1273E
史記
司馬遷撰　上海　商務印書館　1932年
　　國學基本叢書　（m.）

005178770　2511　1273F
古寫本史記殘卷
司馬遷撰　1918年

005171665　2511　1273G
史記一百三十卷
司馬遷撰　裴駰集解　香港　吳興劉氏嘉業堂　1919年

005178742　2511　1273i
史記一百三十卷
司馬遷　上海　商務印書館　1934年
國學基本叢書　（m.）

005178886　2511　1273o
史記二十卷
司馬遷撰　裴駰集解　司馬貞索隱　張守節正義　葉玉麟增批　上海　大達圖書供應社　1935年　再版　（m.）

005178769　2511　1304
正史概論
張立志著　長沙　商務印書館　1939年
　　國學小叢書　（m.）

005160066　2511　4519
史記附錄
華西協合大學中國文學系編　香港　華西協合大學哈佛燕京學社　1935年

005159611　Z3101.Y446x　vol.40
史記及註釋綜合引得
哈佛燕京學社引得編纂處　北平　哈佛燕京學社　1947年　引得　（m.）

011881518　DS748.28.Z48　1947
三國人物新論
祝秀俠著　上海　國際文化服務社
1947年　3版　（m.）

011883754　DS748.2.W36　1934
三國史略
王鍾麒編　上海　商務印書館　1934年
　　國難後第1版　史地小叢書　（m.）

011913754　DS748.S776　C4　1930
史漢研究
鄭鶴聲編　廣州　商務印書館　1930年
　　初版　（m.）

005166370　2512　0481
胡刻通鑒正文校宋記三十卷　附錄三卷
章鈺撰　香港　長洲章氏　1931年

009284668　2512　1142
增批歷史綱鑒補註六十九卷
王世貞、袁黃編撰　御撰資治通鑒綱目四卷　玄燁撰　上海　久敬齋　1914年　石印

007459115　2512　1279
資治通鑒二百九十四卷
司馬光著　上海　世界書局　1935年
　　初版　（m.）

005164898　2512　1279
資治通鑒二九四卷
司馬光撰　胡三省註　上海　上海大中書局　1926年

005171662　2512　1279.1
資治通鑒考異三十卷
司馬光著　上海　商務印書館　1929年
　　四部叢刊初編

005178791　2512　1279.12
資治通鑒讀法
王緇塵編　上海　世界書局　1935年

（m.）

005171653　2512　1279.13
通鑒學
張須撰　上海　開明書店　1948年　開明文史叢刊　（m.）

005178862　2512　1279.21
通鑒研究
崔萬秋著　上海　商務印書館　1934年初版　國學小叢書　（m.）

005178736　2512　1279.2B
通鑒目錄三十卷
司馬光奉勅編集　上海　中華書局　1927—36年

005190637　2512　1279.64
通鑒補正略
嚴衍著　上海　商務印書館　1935年　國學基本叢書　（m.）

005178772　2512　1279B
資治通鑒二百九十四卷
司馬光編著　上海　商務印書館　1929年　四部叢刊·史部

008551653　2512　1279c
資治通鑒二百九十四卷
司馬光奉勅編集　胡三省音註　上海　中華書局　1927—36年

005171649　2512　1279d.2
胡刻資治通鑒校字記四卷
熊羅宿撰　香港　豐城熊氏舊補史堂　1919年

005178744　2512　1279H
資治通鑒註二百九十四卷
司馬光編集　胡三省音註　上海　商務印書館　1917年

004900286　2512　2324
綱鑒易知錄
吳乘權等輯　上海　商務印書館　1916年

005178896　2512　2324B
[尺木堂]綱鑒易知錄一百〇七卷
吳乘權等輯　上海　錦章書局　1923年

005178899　2512　3203
通鑒輯覽
清高宗勅撰　上海　商務印書館　1912—27年

005184854　2512　4340
袁了凡王鳳洲綱鑒合編三十九卷
袁黃、王世貞撰　印鸞章修訂　上海　世界書局　1936年

011597045　2512　6531
續資治通鑒
畢沅編　上海　國學整理社　1935年初版　（m.）

007461136　R　2512　6531
續資治通鑒二百二十卷
畢沅編著　馮集梧整理　上海　世界書局影印發行　1935年　初版　（m.）

005189982　2512　6531B
續資治通鑒二百二十卷
畢沅撰　上海　大中書局　1926年

008390316　2512　6531c
續資治通鑒二百二十卷
畢沅編集　上海　中華書局　1927—36年

009284763　2512　7136
世史正綱
丘濬著　郭新、陸達節校　文昌　郭氏家塾　1936年

005190592　2513　4341C
通鑑紀事本末四十二卷
（宋）袁樞著　上海　商務印書館　1933
年　國學基本叢書　（m.）

005189901　2513　4425.7B
元史紀事本末二十七卷
陳邦瞻原編　臧懋循補輯　張溥論正
上海　商務印書館　1935年　再版　國
學基本叢書　（m.）

005191285　2513　4425.8B
明史紀事本末
谷應泰著　上海　商務印書館　1934年
　再版　國學基本叢書

007841274　2514　1153
讀通鑑論十六卷　附宋論十五卷
（清）王夫之著　上海　商務印書館
192?年　（m.）

005191366　2514　1153.2
船山史論評選
王夫之著　林紓評選　上海　商務印書
館　1920年

005190485　2514　1153.3
宋論十五卷
王夫之撰　上海　中華書局　1930年
四部備要

005190772　2514　1153.3B
宋論十五卷
王夫之著　上海　商務印書館　1936年
　國學基本叢書　（m.）

005190484　2514　1153B
讀通鑑論三十卷　卷末
王夫之撰　上海　中華書局　1927年
四部備要

005191379　2514　1637
中國共產黨攻擊陳獨秀等的反響
雷宇同編　廣州　新東書局　1938年

005191381　2514　2350
中國戰史研究第一集
黎東方著　重慶　勝利出版社　1944年
（m.）

005191307　2514　3167
中國歷代興亡鑒
汪嘯凡著　重慶　拔提書店　1944年
（m.）

005191384　2514　4106
讀史論略二卷
杜詔撰　上海　掃葉山房　1920年
（m.）

005201506　2514　4106.2
訂續讀史論略二卷
唐邦治編著　上海　大東書局　1929年
　思峴廬史學叢著

005201508　2514　4272
國史概論
葛陞綸編輯　上海　會文堂書局
1920年

005201509　2514　4324
鏡古錄四十卷
袁紹英、袁紹基輯　俞壽滄審定　北平
　周氏師古堂　1929年

005201511　2514　4466
四史評議十六卷
李景星撰　濟南　精藝印刷公司
1932年

009255242　2514　7259
史學述林
劉咸炘著　成都　1929年　推十書

歷史科學類

007960462　2514　8222
中國史論集
翦伯贊著　重慶　文風書局　1943年
（m.）

005208522　2514.9　524　FC7763　Film　Mas　31706
中國歷史之理論的分析
拉德克著　克仁譯　上海　辛墾書店
1933年　3版　（m.）

005208428　2515　1313
校史隨筆
張元濟著　上海　商務印書館　1938年

009256566　2515　2334
中國歷史研究法
吳澤編著　重慶　峨嵋出版社　1942年
初版　（m.）

002537006　Z3101.Y446x　Suppl　vol.2
諸史然疑校訂附引得
杭世駿撰　引得編纂處　北平　哈佛燕
京學社　1932年

005201518　2515　4433
五史評議十二卷　附呂氏春秋高註補正一卷
李寶洤著　武進　李祖年　1923年

005201519　2515　4844
二十四史輯要六十四卷
趙華基編　上海　中華書局　1928年

005226346　2515　5612
古史討論集
曹聚仁編　陶樂勤校訂　上海　梁溪圖
書館　1925年　國故學叢書　（m.）

005201520　2515　5612b
古史討論集
曹聚仁編　上海　時代書局　1937年
（m.）

005201524　2516　0428
中華通史
章嶔著　上海　商務印書館　1933年
（m.）

005201526　2516　0438
韻史二卷　附韻史補一卷
許遜翁著　朱玉岑補　上海　廣百宋齋
1925年

005201529　2516　0642
本國史表解
謝葦豐編著　上海　九州書局　1936年
初版　各科表解叢書　（m.）

005201530　2516　0643　FC4294　FC－M1808　TA　2516 0643
鑒史輯要六卷　附清史輯要
諸葛汝楫撰　橫濱　福音印刷合資會社
1914年

005201534　2516　1023
本國史參考書
王伯祥編纂　上海　商務印書館　1927
年　現代初中教科書　（m.）

007795041　2516　1047
宋遼金夏元史
北京　北京大學　193？年

005201535　2516　1119
中國歷代大事記
王理堂編　上海　大東書局　1926年
（m.）

005201542　2516　1142
中國史
王桐齡著　北京　文化學社　1927—29
年　（m.）

005201543　2516　1182
中國史

王益崖編輯　吳敬恒校正　上海　商務印書館　1931 年　（m.）

005208587　2516　1230A
中國通史講義
鄧之誠著　北平　1933 年

008388481　2516　1230b
中華二千年史
鄧之誠著　上海　商務印書館　1934 年（m.）

005208408　2516　1314
國史通略
張震南編　上海　中華書局　1930 年　史學叢書　（m.）

009256386　2516　1325
中國近百年史教程
張健甫著　香港　文化供應社　1947 年（m.）

009256558　2516　1482
中國古代史
夏曾佑著　上海　商務印書館　1935 年　再版　（m.）

005208520　2516　1633　FC703　FC－M217
中國通史選讀
雷海宗編　北京　國立清華大學　1934—35 年

005208593　2516　2156
史鑒節要七卷
鮑東里著　上海　文盛書局　1914 年

005208595　2516　2166b
龍虎集
任畢明編著　廣州　文建出版社　1946 年　中國古代縱橫術乙集

005226187　2516　2274　DS735.M547
中國通史綱要
繆鳳林編著　南京　鍾山書局　1932—33 年　初版　南京中國史學會叢書（m.）

005214296　2516　2274.2
中國通史要略
繆鳳林著　上海　商務印書館　1946—47 年

005214710　2516　2334
中國歷史簡編
吳澤編著　重慶　峨嵋出版社　1945 年（m.）

005208597　2516　2334a
中國歷史簡編
吳澤編著　長春　峨嵋出版社　1949 年　歷史叢書　（m.）

005214065　2516　2350　(1)
中國歷史通論遠古篇
黎東方著　重慶　商務印書館　1943 年（m.）

005214306　2516　2350　(2)
中國歷史通論春秋戰國篇
黎東方著　重慶　商務印書館　1944 年（m.）

005214683　2516　2643
中國歷史教程
佐野袈裟美著　劉惠之、劉希寧合譯　上海　讀書生活出版社　1939 年　3 版（m.）

005208598　2516　2900
初中本國史
朱翊新等編　上海　世界書局　1930 年（m.）

005208599　2516　2962
復興歷史教科書
徐映川編著　上海　商務印書館
1934—35 年　（m.）

004908680　2516　4103b
中國通史簡編
中國歷史研究會編輯　范文瀾主編　上海　新知書店　1947 年　（m.）

005208600　2516　4116
中國歷史講話
范子田編著　上海　珠林書店　1939 年　（m.）

005208603　2516　4236
讀史紀略四卷
蕭浚纂輯　靈石　楊氏澹静齋　1931 年

005208605　2516　4240
中國史綱
張蔭麟編著　重慶　青年書店　1941 年　（m.）

005208608　2516　4246
高中本國史復習指導
胡嘉編著　上海　現代教育研究社　1947 年　高中復習指導叢書

005208610　2516　4254
開明新編高級本國史
楊東蓴編　上海　開明書店　1947 年　（m.）

005208614　2516　4288
中國史講義
楊敏曾著　北京　北京大學出版部　1918 年

005220894　2516　4433
中國歷史
敬之編　上海　讀書生活出版社　1937 年　6 版　社會常識讀本　（m.）

005220899　2516　4454　FC7759　Film　Mas　31716
中國史綱卷一至卷二
李泰棻著　北京　武學書館　1924—27 年　（m.）

005226439　2516　4529
中國史話
韋休編　朱中翰校　上海　商務印書館　1934 年　（m.）

005220900　2516　4539
中國歷史課本
戴洪恒編纂　上海　商務印書館　1932 年　國難後第 2 版

005220901　2516　4814
本國史
趙玉森編　李石岑、陳鐸校　濟南　1925 年　4 版　（m.）

005220907　2516　4952.2　T　2516　4952.2
歷史地圖
葉蠖生著　香港　新華書店　1946 年

005220906　2516　4952A
中國歷史課本
葉蠖生編　上海　新華書店　1949 年　（m.）

011912353　DS730.L845　1936
中國民族演進史
呂思勉著　上海　中國文化服務社　1936 年　基本知識叢書

005226459　2516　4952B
中國歷史讀本
葉蠖生編　上海　海天出版社　1948 年　（m.）

005220913　2516　5644
中華人民史
曹松葉編　上海　商務印書館　1928—47年　史地小叢書　（m.）

005220921　2516　567
中國歷史要題解答
路明書店史地編輯部編　重慶　路明書店　1947年　（m.）

011884770　DS736.C4765　1948
中國歷史之轉變與動向
陳安仁著　廣州　新運印刷廠　1948年　新運出版社學術叢書

005220926　2516　5675
中國通史簡編
中國歷史研究會編著　香港　新華書店　1946年　（m.）

005220930　2516　6124
高中本國史
羅香林編著　臺北　正中書局　1949年

005220937　2516　6611
新體中國歷史
呂瑞廷、趙澂璧編　上海　商務印書館　1922年　（m.）

005226438　2516　6651B
簡明中國通史
呂振羽著　北平　生活書店　1945—49年　（m.）

005225821　2516　6662　FC7760　Film Mas 31717
白話本國史自修適用
呂思勉著　上海　商務印書館　1926年　（m.）

009256518　2516　6662.2
中國通史
呂思勉著　上海　開明書店　1940—47年　（m.）

005226560　2516　6662.3
古史家傳記文選
呂思勉選註　長沙　商務印書館　1938年　初版　中學國文補充讀本　（m.）

005220878　2516　7217
本國史
周予同著　上海　開明書店　1935年　3版　新標準初中教本　（m.）

005220881　2516　7217a
本國史
周予同撰　上海　開明書店　1947—48年　（m.）

005226392　2516　7284B
中國通史
周谷城著　桂林　開明書店　1941年　（m.）

005220885　2516　7927
綱鑒總論二卷
陳受頤撰　上海　廣益書局　1914年

005220886　2516　7933.
全史會通一名新二十六史　卷一至三
陳冠宇撰　上海　冠宇補習學校　1948年　國文講座叢書　（m.）

005226378　2516　8132
中國通史
金兆豐著　上海　中華書局　1937年　（m.）

005220890　2516　8183
中國史
中國國民黨中央宣傳部青年基本知識叢書編審委員會主編　金毓黻編　重慶　正中書局　1942年　（m.）

005231331　2516　8222A　（1）
中國史綱第一卷史前史　殷周史
翦伯贊著　上海　生活書店　1946年
再版　新中國大學叢書　（m.）

005231332　2516　8222B　（2）
中國史綱第二卷
翦伯贊著　重慶　大呼出版公司　1946年　（m.）

005226867　2516　8222C　（2）
中國史綱第二卷秦漢史
翦伯贊著　上海　大孚出版公司　1947年　3版　（m.）

005226871　2516　8522
國史大綱
錢穆著　長沙　商務印書館　1940年　第1版　（m.）

004900337　2517　0401d
中國史話
許立群著　上海　文華出版社　1947年　再版　（m.）

004900293　2517　0401e
中國史話
許立群編著　上海　野草出版社　1946年　（m.）

005231334　2517　1227
地理與中華民族之盛衰
丁山著　上海　大中國圖書局　1948年　（m.）

005231337　2517　1278
中國古代史問答
丁留餘編　上海　大東書局　1930年　（m.）

005237634　2517　2365
西陲史地研究
吳景敖編著　上海　中華書局　1948年　初版　新中華叢書

005237514　2517　2366
史事與人物
吳晗著　上海　生活書店　1948年　（m. w.）

005237636　2517　2528
稗史秘笈
姜俠魂輯　上海　交通圖書館　1917年　初版　名著小說一千種

005237511　2517　2547
中國的農民運動
解樹民著　上海　中華書局　1949年　大眾文化叢書　（m.）

005231342　2517　2972
五千年來中華民族愛國魂第一卷
徐用儀編　天津　大公報社出版部　1932年　（m.）

005237522　2517　3934
國史研究六篇附錄三篇
梁啟超著　上海　中華書局　1941年　再版　（m.）

005231344　2517　3952
中國農民革命運動史話
宋揚著　天津　讀者書店　1949年　（m.）

005231346　2517　4242
二千年間
蒲韌撰　上海　開明書店　1947年　3版　開明青年叢書　（m.）

005237535　2517　6124
歷史之認識甲集
羅香林著　重慶　獨立出版社　1944 年
（m.）

005237587　2518　0234
青銅時代
郭沫若著　重慶　文治出版社　1945 年
（m.）

005237588　2518　0234c
青銅時代
郭沫若著　上海　群益出版社　1946 年
（m.）

004925946　Z3101. Y446x　Suppl. vol. 1
讀史年表附引得
哈佛燕京學社引得編輯處編輯　北京
燕京大學圖書館　1931 年　（m.）

005190785　2518　0404
讀史諍言
章詒燕撰　上海　商務印書館　1935 年
　國學基本叢書　（m.）

005191215　2518　1162
古史新證
王國維撰　北平　來熏閣　1935 年

005190895　2518　1364
洙泗考信錄評誤
張昌圻著　上海　商務印書館　1931 年
　國學小叢書　（m.）

009260133　2518　2217
古史研究
衛聚賢著　上海　新月書店　1928 年
初版　（m.）

005196480　2518　2217.2
古史研究第二集
衛聚賢著　上海　商務印書館　1934 年
（m.）

005807816　2518　3847
古史辨
顧頡剛編　北平　樸社　1927 年　初版
（m.）

005654420　2518　4103
正史考略
范文瀾著　北平　文化書社　1931 年
初版　范文瀾所論　（m.）

005208581　2518　4488
越縵堂讀史札記三十卷
李慈銘撰　王重民輯　香港　國立北平
圖書館　1912—32 年

005190486　2518　4818B
廿二史劄記三十六卷　補遺
趙翼撰　上海　中華書局　1927 年　四
部備要

005196550　2518　4818C
廿二史劄記三十六卷
趙翼撰　上海　世界書局　1939 年　新
1 版

005191163　2519　1113
國立北平研究院史學研究會歷史組史部
書目稿
國立北平研究院史學研究會編　北平
國立北平研究院　1936 年

007461100　2519　4122
兩漢不列傳人名韻編
莊鼎彝纂錄　上海　商務印書館　1935
年　（m.）

005190774　2519　8244
中國史部目錄學
鄭鶴聲編　上海　商務印書館　1930 年

初版　（m.）

004916271　2520　1405.5
中國史前時期之研究
裴文中著　上海　商務印書館　1948年　初版　（m.）

005208573　2520　2350
先秦史
黎東方著　上海　商務印書館　1946年　復興叢書　（m.）

005208574　2520　4303
古史甄微
蒙文通編　上海　商務印書館　1933年　國學小叢書　（m.）

005214618　2520　6133.1
路史
羅泌纂　上海　中華書局　1933年　聚珍倣宋版　四部備要

009261916　2520　6662
先秦史
呂思勉著　上海　開明書店　1941年　（m.）

005208580　2520　7272B
繹史殘存八六卷
馬驌撰　上海　商務印書館　193?年　國學基本叢書　（m.）

005214560　2520.9　2993
中國古史的傳說時代
徐炳昶著　上海　中國文化服務社　1946年　滬1版　青年文庫　（m.）

005214558　2520.9　3847
三皇考
顧頡剛、楊向奎合著　北京　哈佛燕京社　1936年　（m.）

005208622　2520.9　3847.3
禪讓傳說起于墨家考
顧頡剛撰　北平　國立北平研究院　1936年

005214299　2520.9　6613
史前期中國社會研究
呂振羽著　北平　人文書店　1934年　（m.）

005208623　2521　1340
東漢前中國史綱
張蔭麟著　桂林　青年書店　1944年　（m.）

002536739　2521　3122
竹書紀年二卷
不知何人撰　沈約註　洪頤煊校　上海　中華書局　1927—36年

003639048　2521　3122.1
竹書紀年義證
雷學淇述　北京　修綆堂書店總代售　1937年

005213992　2523　4123
殷曆譜十四卷
董作賓著　四川李莊　中央研究院歷史語言研究所　1945年

005208629　2523　4123.2
殷商疑年
董作賓著　上海　商務印書館　1936年

005208630　2523　7949
破殷曆譜
陳楚光著　臺北　耻學齋　1949年

005214617　2524　1161
逸周書
孔晁註　上海　中華書局　1936年　四部備要

005208631　2524　1161B
逸周書十卷
孔晁註　上海　商務印書館　1929 年
四部叢刊

005226990　2524　1161C
逸周書校釋
朱右曾集訓校釋　香港　鄂官書處
1912 年

005214599　2524　1161E
逸周書集訓校釋十卷　逸文一卷
朱右曾著　上海　商務印書館　1940 年
　初版　國學基本叢書　（m.）

005226992　2524　4454
西周史徵
李泰棻撰　香港　許昌徐卓　1927 年
增校本

005230662　2525　0213
穆天子傳六卷
郭璞註　洪頤煊校　上海　中華書局
1930 年

005226997　2525　0213C
穆天子傳六卷
郭璞註　洪頤煊校　上海　商務印書館
　1937 年　國學基本叢書　（m.）

005226998　2525　0213D
穆天子傳六卷
郭璞註　濟南　山東省立圖書館　1934
年　海嶽樓祕笈叢刊

005226999　2525　0838　FC7761　Film Mas　31705
穆天子傳西征講疏四十卷
顧實編　上海　商務印書館　1934 年
（m.）

009261863　2526　0153
春秋史
童書業著　上海　開明書店　1946 年
齊魯大學國學研究所專著彙編　（m.）

009255044　2526　3186
國語詳註二十一卷
沈鎔輯註　王懋校訂　上海　文明書局
　1926 年　鉛印第 7 版

005227000　2526　4243
春秋大義述
楊樹達著　重慶　商務印書館　1943 年
（m.）

005292536　2526　4566
國語附劄記
韋昭解　湖北　崇文書局　1912 年

005227007　2526　4566.2
國語集解
徐元誥編　上海　中華書局　1930 年

007793980　2526　4566.28
國語韋解補正
左丘明撰　韋氏[昭]解　吳曾祺補正
朱元善校訂　上海　商務印書館　1923
年　13 版　（m.）

005227005　2526　4566.4
國語
韋昭解　葉玉麟選註　上海　商務印書
館　1934 年　再版　學生國學叢書
（m.）

005231132　2526　4566.43
國語國策精華
秦同培註譯　上海　國學整理社　1937
年　初版　（m.）

005231130　2526　4566.5B
國語精華
秦同培註譯　宋晶如增訂　上海　世界

書局　1948年　新2版　(m.)

005230663　2526　4566B
國語二十卷
左丘明撰　韋氏[昭]解　上海　中華書局　1927年

005231215　2526　4566C
國語
韋氏[昭]解　上海　商務印書館　1929年　(m.)

005230957　2526　4566D
國語
左丘明撰　韋昭註　上海　商務印書館　1935年　國學基本叢書　(m.)

005230997　2526　4566E
國語
左丘明作　韋昭解　上海　商務印書館　1931年　國學基本叢書　(m.)

009255050　2526　5974
國語評註讀本二冊
秦同培選輯　上海　世界書局　1924年　石印

005227008　2527　0202
戰國策
高誘註　姚宏校正　湖北　崇文書局　1912年　(m.)

005231270　2527　0202.08
戰國策
許嘯天點註　胡雲翼校閱　上海　群學社　1929年　(m.)

005231271　2527　0202.11
戰國策菁華
張廷華選輯　上海　大東書局　1930年

005237831　2527　0202.5
國策評註讀本
秦同培編輯　上海　世界書局　1929年

005243358　2527　0202.8
國策勘研
鍾鳳年著　北平　哈佛燕京學社　1936年　(m.)

005231136　2527　0202C
戰國策
劉向集錄　高誘註　上海　中華書局　1927年　四部備要

007794210　2527　0202d
戰國策
臧勵龢選註　王雲五、朱經農主編　上海　商務印書館　1933年　再版　學生國學叢書　(m.)

005237538　2527　0202E
戰國策補註
吳曾祺編纂　朱元善校訂　上海　商務印書館　1936年　2版

009264113　2527　0202f
白話譯解戰國策
葉玉麟譯　上海　廣益書局　1936年

005227009　2527　0202G
戰國策三三卷　附劄記三卷
高誘註　上海　商務印書館　1935年　國學基本叢書　(m.)

005227011　2527　0202H
戰國策
臧勵龢選註　上海　商務印書館　1934年　再版　學生國學叢書　(m.)

007906943　2527　0202k
戰國策附劄記
高誘註　葉玉麟譯　上海　大達圖書供

應社　1936 年　（m.）

002079839　2527　0202n
戰國策詳註
郭希汾輯註　王懋校訂　上海　中華書局　1924 年　9 版

005237833　2527　0262
戰國宰相表
齊思和著　北平　燕京大學歷史學會　1938 年

005237834　2527　1982
辯士舌
孫毓修編　上海　商務印書館　1927 年　中外歷史談

005237838　2527　3847
戰國秦漢間人的造偽與辨偽
顧頡剛撰　北平　燕京大學歷史學會　1935 年　（m.）

005237842　2528　1122
春秋後國語殘四卷
孔衍撰　羅振玉跋記　香港　上虞羅氏　1913 年

005249356　2528　4303
越絕書十五卷
袁康撰　上海　中華書局　1930 年　四部備要

005249502　2528　4303d
越絕書十五卷
袁康撰　上海　商務印書館　1937 年　（m.）

005249357　2528　4865
吳越春秋十卷
趙曄撰　上海　中華書局　1930 年　四部備要

004916639　2535　4433
秦漢史
李源澄著　上海　商務印書館　1947 年　（m.）

005265666　2535　535
秦漢史
香港　成都華西協和大學　1912—34 年

005248851　2535　6662
秦漢史
呂思勉著　上海　開明書店　1947 年　（m.）

011913677　DS747.5.L28　1946
秦漢史
勞貞一著　上海　中國文化服務社　1946 年　滬 1 版　（m.）

005249504　2536　7214
秦史綱要
馬元材撰　重慶　大道出版社　1945 年　（m.）

005270445　2540　3842
秦始皇帝
顧頡剛著　重慶　勝利出版社　1944 年　中國歷代名賢故事集　第 1 輯　（m.）

005249490　2540　6224
秦代初平南越考
鄂盧梭著　馮承鈞譯　中華教育文化基金董事會編委會編輯　上海　商務印書館　1934 年　（m.）

005249491　2540　7214
秦始皇帝傳
馬元材編著　長沙　商務印書館　1941 年　（m.）

005249492　2540　7911
秦始皇
陳醉雲編　重慶　中華書局　1943年
（m.）

005270804　2545　4221
兩漢博聞
楊侃編　上海　商務印書館　1937年
初版　國學基本叢書　（m.）

005249496　2545　4488
漢書札記七卷　後漢書劄記七卷　三國志劄記
李慈銘著　北平　國立北平圖書館
1929年　讀史札記

005249500　2550　1166.10
漢書食貨志四卷
班固撰　顏師古註　山田孝雄解説　東京　古典保存會　1928年

005243552　2550　1166.11
漢書正誤四十卷
王峻撰　日本　1938年

005243553　2550　1166.2
西漢書姓名韻
傅山編輯　傅眉壽等鈔校　太原　山西書局　1936年

005243555　2550　1166.231
漢書地理志水道圖説補正二卷
吳承志撰　香港　南林劉氏　1921年
求恕齋叢書

007841074　2550　1166.44
漢書補註補正六卷
楊樹達著　上海　商務印書館
1925年　再版　（m.）

007479028　Z3101.Y446x　vol.36
漢書及補註綜合引得
哈佛燕京大學圖書館引得編纂處　洪業等編　北京　哈佛燕京大學圖書館引得編纂處　1940年　（m.）

005249000　2550　1166.49B
百大名家著作漢書評註
班固撰　上海　掃葉山房　1923年

005243561　2550　1166.72
漢書疏證二七卷
（清）闕名撰　日本　吉川幸次郎等
1939年

005243564　2550　1166.724
漢書註校補五十六卷
周壽昌撰　上海　商務印書館　1937年
　國學基本叢書　（m.）

005265465　2550　1166B
前漢書一百卷
班固撰　顏師古註　上海　中華書局
1927年

005249498　2550　1166C
前漢書一百二十卷
班固撰　顏師古集註　香港　吳興劉氏嘉業堂　1920年

005249499　2550　1166E
漢書補註存八三卷
王先謙補註　上海　商務印書館　193？
年　國學基本叢書　（m.）

005249309　2550　1183
西漢年紀三十卷
王益之撰　上海　商務印書館　1937年
　國學基本叢書　（m.）

005243565　2550　3912
漢書人表考九卷
梁玉繩撰　上海　商務印書館　1937年

國學基本叢書　（m.）

005243567　2550　4133
前漢書
莊適選註　上海　商務印書館　1934年
　　學生國學叢書

005243568　2550　4291C
前漢紀三卷
荀悦撰　上海　商務印書館　1937年
國學基本叢書

005265671　2553　4255
漢武帝
胡哲敷編　重慶　中華書局　1943年
（m.）

005265672　2553　4805
漢武障塞考
黃麟書著　香港　珠海書院　1948—68年

009261698　2555　2303
後漢書補註續
侯康撰　上海　商務印書館　1937年
國學基本叢書（m.）

005265688　2555　4137
謝氏後漢書補逸五卷
姚之駰輯　孫志祖增輯　南京　國學圖書館　1931年

005270281　2555　4165
後漢書一百二十卷
范曄撰　唐太子賢註　上海　中華書局
　　1927年　（m.）

005275765　2555　4165.2
東漢書姓名韻
傅青主[山]著　太原　山西書局
1936年

005270496　2555　4165.45
范曄與其後漢書
戴蕃豫著　長沙　商務印書館　1941年
　　初版　國學小叢書　（m.）

005270704　2555　4165C
後漢書集解九十卷　附續志集解三十卷
王先謙集解　長沙　王氏校刊　1915年

005265695　2555　4165D
後漢書一百二十卷
范曄撰　李賢註　香港　吳興劉氏嘉業堂　1921年

005265699　2555　4165F
後漢書集解一百二十卷
范曄撰　王先謙集解　長沙　商務印書館　1930年　國學基本叢書（m.）

005265700　2555　4165G
後漢書
范曄撰　莊適選註　上海　商務印書館
　　1934年　學生國學叢書　（m.）

005270330　2555　4221
續後漢書九十卷
郝經撰　上海　商務印書館　1937年
國學基本叢書（m.）

005292302　2555　4248
續後漢書札記
郁松年撰　上海　商務印書館　1937年
　　國學基本叢書　（m.）

005265668　2555　4333C
後漢紀三卷
袁宏撰　上海　商務印書館　1937年
國學基本叢書

005270788　2555　4908
後漢食貨志長編

蘇誠鑒編著　上海　商務印書館　1947
年　初版　(m.)

005265669　2555　5349
後漢書補註二四卷
惠棟撰　上海　商務印書館　1937 年
國學基本叢書　(m.)

005276131　Z3101.Y446x　vol.41
後漢書及註釋綜合引得
哈佛燕京大學圖書館引得編纂處　洪業
等編　北平　哈佛燕京學社　1949 年
引得　(m.)

005270280　2555　7212
東觀漢記二十四卷
劉珍等撰　上海　中華書局　1933 年

005184870　2560　2238
三國時期國家的三種領民
何茲全撰　1934 年

005184193　2560　4813
三國志註補六十五卷
趙一清撰　北平　國立北京大學出版組
　1935 年　(m.)

005208548　Z3101.Y446x　vol.33
三國志及裴註綜合引得
哈佛燕京大學圖書館引得編纂處　洪業
等編　北平　燕京大學圖書館引得編纂
處　1938 年　引得　(m.)

005184873　2560　7182
三國新志
劉公任著　上海　世界書局　1947 年
(m.)

005191259　2560　7954.18
三國志
王鍾麒選註　上海　商務印書館　1933
年　學生國學叢書　(m.)

005184883　2560　7954a
三國志殘存三卷
陳壽撰　王樹柟、羅振玉、內藤虎考識題
記　日本　1930 年

003638643　2560　7954B
三國志
陳壽撰　裴松之註　上海　中華書局
1927—28 年　四部備要　(m.)

005184884　2560　7954C
三國志六十五卷
陳壽撰　吳興　劉氏嘉業堂　1928 年

005184885　2560　7954D
三國志附考證
陳壽著　上海　商務印書館　1936 年
國學基本叢書　(m.)

005184886　2560　7954F
三國志六十五卷
陳壽撰　上海　上海中華學藝社　1931
年　上海中華學藝社輯印古書　(m.)

005208412　2560　8112
校補三國疆域志
金兆豐著　上海　商務印書館　1935 年
初版　(m.)

005201504　2560　9.118
三國之鼎峙
王鍾麒編　上海　商務印書館　1931 年
　中國歷史叢書

005214619　2563　9213B
華陽國志十二卷
常璩撰　上海　中華書局　1934 年　四
部備要

005243542　2563　9213C
華陽國志十二卷
常璩撰　長沙　商務印書館　1938年
國學基本叢書　（m.）

005243544　2565　2393
魏略輯本二五卷
魚豢撰　張鵬一輯　陝西　文獻徵輯處　1924年　關隴叢書

005214454　2570　2904
東晉南北朝輿地表
徐文範撰　上海　商務印書館　1937年
初版　國學基本叢書　（m.）

005214316　2570　4284
九品中正與六朝門閥
楊筠如著　上海　商務印書館　1930年
（m.）

011895773　DS748.4.W24　1934
晉初史略
王鍾麒編　上海　商務印書館　1934年
史地小叢書　（m.）

011917302　DS748.4.W34　1931
晉之統一與八王之亂
王鍾麒編　上海　商務印書館　1931年
中國歷史叢書　（m.）

005214695　2570　6662
兩晉南北朝史
呂思勉著　上海　開明書店　1948年
初版　（m.）

005214016　2570　7232B
晉略六十五卷
周濟撰　上海　中華書局　1933年

008543873　2571　3202
晉書一百三十卷
上海　中華書局　1927—36年　四部備要

005214061　2571　3202D
晉書
房玄齡等撰　黃公渚選註　上海　商務印書館　1934年　學生國學叢書　（m.）

005243548　2571　3202e
晉書一百三十卷
唐太宗勅撰　何超音義　上海　大光書局　1936年　史學叢書　（m.）

005214813　2571　3202g
晉書斠註一百三十卷
吳士鑒、劉承幹仝註　濟南　1927年

008388504　2571　7232
晉略
周濟撰　上海　中華書局　1930年　聚珍倣宋版　四部備要

005214620　2578　2132
十六國春秋
崔鴻撰　上海　中華書局　1934年　四部備要

005213936　2578　3213
十六國春秋輯補一百卷
湯球撰　上海　商務印書館　1937年
再版　國學基本叢書　（m.）

005214815　2578　3804
十六國疆域志十六卷
洪亮吉撰　上海　商務印書館　1936年
國學基本叢書　（m.）

008389475　2580　4414b
北史一百卷
李延壽撰　上海　中華書局　1927—36年

008388461　2580　441b
南史八十卷
李延壽撰　上海　中華書局　1927—36年

006074695　2580　7248
南北史表
周嘉猷撰　上海　商務印書館　1935年　國學基本叢書　（m.）

005243526　2581　1127
五朝門第附高門世系婚姻表
王伊同著　重慶　金陵大學中國文化研究所　1943年　金陵大學中國文化研究所叢刊　（m.）

005258776　2582　3122B
宋書一百卷
沈約撰　上海　中華書局　1930年

005258774　2584　4216C
南齊書五十九卷
蕭子顯撰　上海　中華書局　1930年

008390340　2586　4160c
梁書五十六卷
姚思廉撰　上海　中華書局　1927—36年

008390329　2588　4160b
陳書三十六卷
姚思廉撰　上海　中華書局　1927—36年

008388470　2591　2124b
魏書一百一十四卷
魏收撰　上海　中華書局　1927—36年　四部備要

005237864　2591　6151
魏書宗室傳註十二卷　表一卷
羅振玉撰　濟南　1924年

008388464　2597　4414c
北齊書五十卷
李百藥撰　上海　中華書局　1927—36年　四部備要

008543947　2599　8424b
周書五十卷
令狐德棻等撰　上海　中華書局　1927—36年　四部備要

005275670　2600　4102
隋唐五代史上編
藍文徵著　上海　商務印書館　1947年　（m.）

005275554　2605　2124B
隋書八十五卷
魏徵等撰　上海　中華書局　1930年　四部備要

005276023　2605　7222
隋書律曆志十五等尺
馬衡撰　北京　1932年　（m.）

005276117　2620　2231
唐代長安與西域文明
向達著　北平　哈佛燕京社　1933年　（m.）

005276014　2620　7262.2
舊唐書二百卷
劉昫撰　上海　中華書局　1933年

008110264　T　2620　7262.4
唐書偶註
胡綏之著　濟南　1923年

004970780　2620　7872.2B　Z3101.Y446x　vol.16
新唐書宰相世系表引得
哈佛燕京大學圖書館引得編纂處　洪業等編　北京　哈佛燕京大學圖書館引得編纂處　1934年　引得　（m.）

005276232　2620　7872.6
新唐書
呂思勉選註　上海　商務印書館　1928
年　學生國學叢書　（m.）

005275556　2620　7872B
新唐書二百二十五卷
歐陽修撰　上海　中華書局　1934年
四部備要

005275307　2620.4　7939　　2620.4　7939b　FC8312　Film
Mas　32187
唐代政治史述論稿
陳寅恪著　重慶　商務印書館　1943年
　國立中央研究院歷史語言研究所專刊
　（m.）

005276233　2620.4　7939c
唐代政治史述論稿
陳寅恪著　桂林　1942年

005276118　2620.5　4248
唐代文獻叢考
萬斯年編譯　上海　開明書店　1947年
　再版　（m.）

005275494　2620.5　6124
唐代文化史研究
羅香林著　重慶　商務印書館　1944年
（m.）

005275962　2622　2217
薛仁貴征東考
衛聚賢著　重慶　説文社　1944年　初
版　（m.）

005276234　2622　4441
李世民
李旭編著　重慶　青年出版社　1945年
　乙種青年叢書　第1輯　（m.）

005276236　2628　2328
新唐書糾謬二卷
吳縝纂　上海　涵芬樓　1935年　四部
叢刊三編

005276013　2640　4471.2
舊五代史一百五十卷
薛居正等撰　上海　中華書局　1933年
　四部備要

005275730　2640　4471.7
舊五代史輯本發覆三卷
陳垣著　北平　輔仁大學　1937年

005276237　2640　4471C
舊五代史一百五十卷
薛居正等撰　邵晉涵輯　香港　吳興劉
氏嘉業堂　1925年

005276240　2640　7872.8
五代史
歐陽修撰　鄭雲齡選註　上海　商務印
書館　1928年　國學基本叢書　（m.）

005276012　2640　7872D
新五代史七十四卷
歐陽修撰　上海　中華書局　1934年
四部備要

005292463　2650　6653
九國志十二卷　附拾遺
路振撰　張唐英補　周夢棠編　上海
商務印書館　1937年　國學基本叢書
（m.）

005292465　2654　4142
吳越備史
范坰、林禹同著　上海　商務印書館
1934年　四部叢刊續編

005297527　2659　7134
南唐書十八卷

陸游撰　上海　中華書局　1927 年　四部備要

005292467　2659　7134B
南唐書註十八卷　附錄一卷
陸游撰　周在浚註　香港　吳興劉氏嘉業堂　1915 年

005296546　2659　7134C
陸氏南唐書十八卷　音釋一卷　附校勘記
陸游撰　上海　商務印書館　1922 年　四部叢刊續編

005296533　2659　7283c
馬氏南唐書三十卷
馬令撰　上海　商務印書館　1922 年　四部叢刊續編

005296876　2662　3193
三史同名錄
汪輝祖輯　上海　商務印書館　1937 年　初版　國學基本叢書　（m.）

005303796　2665　1192
宋史記凡例附跋
王惟儉著　鎮洋　王保譿溪山書屋　1922 年

005303797　2665　1337
宋代社會中心南遷史
張家駒著　廣州　協榮印書館　1944 年　（m.）

008443546　MLC–C
宋詞科考
聶崇岐撰　1939 年

009269814　2665　1608
宋史職官志考正
鄧廣銘撰　重慶　中央研究院　1943 年　初版　中央研究院歷史語言研究所集刊

005303212　2665　3217B
宋史紀事本末
陳邦瞻撰　上海　商務印書館　1935 年　國學基本叢書　（m.）

005303798　2665　4227
宋史新編二卷
柯維騏編　上海　大光書局　1936 年　（m.）

005319903　2665　4424
宋朝事實二十卷
李攸撰　上海　商務印書館　1935 年　（m.）

005302915　2665　4811
宋代太學生救國運動
黃現璠著　上海　商務印書館　1936 年　史地小叢書　（m.）

005319875　2665　7171B
宋史四百九十六卷
脫脫等修　上海　中華書局　1934 年　四部備要

005309004　2665　9631
北宋經撫年表二卷
吳廷燮編　濟南　1912 年

005319901　2665.2　7942　FC9651　Film Mas 35969
宋本皇朝編年綱目備要三十卷
陳均編　東京　靜嘉堂文庫　1936 年

005309006　2666　0491
宋本湘山野錄三卷
文瑩著　上海　有正書局　1917 年

005313720　2668　4441
太宗皇帝實錄二卷
李若水等修　上海　涵芬樓　1936 年

四部叢刊三編

005319876　2675　4422
靖康傳信錄三卷
李綱撰　上海　中華書局　1933年　四部備要

005313723　2675.4　7941
南渡
陳樹霖編　桂林　前導書局　1937年　港報叢書

005319966　2676　2233
楊麼事跡考證
鼎澧逸民撰　朱希祖考證　上海　商務印書館　1935年　史地小叢書　（m.）

005313726　2676　2341
中興小紀四十卷
熊克撰　上海　商務印書館　1937年　國學基本叢書　（m.）

003670283　2676　4432
建炎以來繫年要錄
李心傳撰　上海　商務印書館　1937年　國學基本叢書　（m.）

005319941　2676　7267
續宋中興編年資治通鑒十五卷
劉時舉編修　廣州　東方學會　1927年

007285937　2677　1422
論宋太祖收兵權
聶崇岐著　北平　燕京大學　1948年

005319995　2678　4241.2
偽齊錄校補二卷　校勘記二卷　附錄二卷
朱希祖撰　重慶　獨立出版社　1944年　（m.）

005325061　2685　7171.1
補遼史交聘表
張亮采編　三台　國立東北大學文科研究所　1943年

005324025　2685　7171.3
遼史源流考與遼史初校
馮家昇著　北平　哈佛燕京學社　1933年　燕京學報專號　（m.）

005331248　2685　7171.6
遼史校勘記八卷
羅繼祖撰　上虞　羅氏墨緣堂　1938年　願學齋叢刊

005324454　2685　7171C
遼史一百一十六卷
脫脫等修　上海　中華書局　1934年　四部備要

005331426　2687　4973.42　Z3101.C4795　1943x　vol.12
契丹國志通檢
巴黎大學北平漢學研究所編輯　北平　中法漢學研究所　1949年　巴黎大學北平漢學研究所通檢叢刊　（m.）

005331738　2687　4973B
契丹國志二十七卷
葉隆禮撰　上海　商務印書館　1937年　國學基本叢書

011937010　DS751.C51　C5　1948
契丹史論證稿
陳述著　北平　國立北平研究院史學研究所　1948年　（m.）

005331739　2688　4432
西遼史
布萊資須納德著　梁園東譯註　上海　商務印書館　1934年　史地小叢書　（m.）

005331740　2690　1228
大金弔伐錄二卷
上海　涵芬樓　1935 年　四部叢刊三編

005331742　2690　2134
遼金史事論文集第一冊
毛汶著　濟南　1935 年

005331427　2690　3046.53　Z3101.C4795　1943x　vol.11
大金國志通檢
巴黎大學北平漢學研究所編輯　北平　巴黎大學北平漢學研究所　1949 年　巴黎大學北平漢學研究所通檢叢刊　(m.)

005330515　2690　3046B
大金國志
宇文懋昭撰　上海　商務印書館　1936 年　國學基本叢書　(m.)

005331493　2690　7171.3
金史一百三十五卷
脫脫等修　上海　中華書局　1933 年　四部備要

005330612　2690　841　FC7762　Film　Mas　31704
遼金乣軍及金代兵制考
箭內亙著　陳捷、陳清泉譯述　上海　商務印書館　1932 年　(m.)

005331368　2695　1144　(1)
西夏研究第一輯
王靜如著　北平　國立中央研究院歷史語言研究所　1932 年　國立中央研究院歷史語言研究所單刊　甲種　(m.)

005331733　2695　1144　(3)
西夏研究第三輯
王靜如著　北平　國立中央研究院歷史語言研究所　1933 年　國立中央研究院歷史語言研究所單刊　甲種　(m.)

005331369　2695　1444　(2)
西夏研究第二輯
王靜如著　北平　國立中央研究院歷史語言研究所　1933 年　國立中央研究院歷史語言研究所單刊　甲種　(m.)

005450237　2695　2305
西夏書事四十二卷
吳廣成纂　北平　文奎堂　1935 年

005331142　2695　4580
西夏紀
戴錫章撰　1924 年

005331253　2695　6136
西夏文存一卷　外編一卷
1935 年

005190638　2700　1425.7
元朝秘史
陳彬龢選註　王雲五、朱經農編輯　上海　商務印書館　1933 年　國難第 1 版　學生國學叢書　(m.)

007887161　2700　1425b
元朝秘史十卷　續集二卷
上海　商務印書館　1936 年　四部叢刊　(m.)

005190599　2700　27.31
多桑蒙古史
馮承鈞譯　上海　商務印書館　1936 年　(m.)

005189725　2700　3882B
元史譯文證補三卷
洪鈞撰　上海　商務印書館　1937 年　初版　國學基本叢書　(m.)

005191093　2700　3933B
元史二百一十卷
宋濂等修　上海　中華書局　1934 年

四部備要

005191402　2700　4210
新元史二五七卷
柯劭忞著　天津　退耕堂　1922 年
（m.）

005191404　2700　4210.2
新元史考證五十八卷
柯劭忞撰　北京　北京大學研究院文史部　1935 年　柯劭忞先生遺著

005196634　2700　4406.3
元秘史補註十五卷
沈曾植註　北平　北平古學院　1945 年　敬躋堂叢書

005191343　2700　4462B
元史學
李思純撰　上海　中華書局　1926 年　史學叢書　（m.）

005196639　2700　4623.3
蒙古史略
格魯賽著　馮承鈞譯　上海　商務印書館　1934 年　再版　（m.）

005190355　2700　7272.4
譯史補六卷
柯劭忞撰　北京　國立北京大學研究院文史部　1935 年　柯劭忞先生遺著

005196640　2700　7632
蒙兀兒史記十六卷
屠寄纂　香港　毗陵屠氏結一宧　1934 年

008110243　FC10016　Film Mas 38291　TNC 2700 7632
蒙兀兒史記五十卷[原五十七卷]
屠寄纂　香港　武進屠氏　1912—49 年

005196641　2700　7941
元秘史譯音用字考
陳垣撰　北平　國立中央研究院歷史語言研究所　1934 年

005196642　2700　7983
蒙古逸史
陳籙筆譯　黃成垿口述　上海　商務印書館　1917 年　（m.）

005196539　2700　841.1　FC7771　Film Mas 31698
元代經略東北考
箭內亙著　陳捷、陳清泉譯　上海　商務印書館　1935 年　再版　（m.）

005298012　2700　841.12
元代蒙漢色目待遇考
箭內亙撰　陳捷等譯　上海　商務印書館　1932 年　（m.）

005276110　2700　841.4　FC7770　Film Mas 31699
蒙古史研究
箭內亙著　陳捷、陳清泉譯　上海　商務印書館　1932 年　初版　（m.）

005196643　2700　841　2700 841B
元朝怯薛及斡耳朵考
箭內亙著　陳捷、陳清泉譯　上海　商務印書館　1934 年

005196652　2701　1351
成吉思汗評傳
張振珮著　香港　中華書局　1943 年　（m.）

005196408　2701　3218
成吉思汗傳
馮承鈞著　上海　商務印書館　1947 年　4 版　（m.）

009674775　TMO　2701　437
蒙文蒙古源流

歷史科學類

1934年　鈔本

005196254　2701　7414
成吉思汗帝國史
巴克霍森・約阿喜謨著　林孟工譯　上海　中華書局　1940年　歷史叢書（m.）

005196661　2705　1696
元代征倭記
石榮暲編輯　北平　石氏蓉城仙館　1934年

005196636　2706　4461
帖木兒帝國
布哇著　馮承鈞譯　上海　商務印書館　1935年　漢譯世界名著（m.）

005196662　2713　4425
吳王張士誠載紀五卷
支偉成、任致遠編輯　上海　泰東圖書局　1932年

005195854　2718　4035　FC7772　Film Mas 31697
明清兩代軼聞大觀
李定夷編　上海　國華書局　1917年　初版

005200809　2720　1121　FC7769　Film Mas 31701
明本紀校註
王崇武著　上海　商務印書館　1948年　初版（m.）

005201533　2720　1184
明史考證攟逸四十二卷
王頌蔚編集　吳興　劉氏嘉業堂　1916年　嘉業堂叢書

005201295　2720　1311.4
明史纂修考
李晉華著　北平　哈佛燕京學社　1933年（m.）

005200850　2720　1311.5
明史本紀二十四卷
張廷玉等奉勅修　北平　故宮博物院　1932年

005201296　2720　1311.9
明史佛郎機呂宋和蘭意大里亞四傳註釋
張維華撰　北京　哈佛燕京學社　1934年（m.）

005201271　2720　1311a
明史三百三十二卷
張廷玉等奉勅修　上海　中華書局　1933年　四部備要

005201537　2720　2110
季明封爵表一卷
毛乃甫撰　香港　國學圖書館　1933年

005201538　2720　2319
明督撫年表五卷
吳廷燮編　1912—33年

005201422　2720　2422
明書
傅維鱗編纂　上海　商務印書館　1937年　初版　國學基本叢書（m.）

005201419　2720　4118
明史鈔略八卷
莊廷鑨撰　上海　商務印書館　1935年　初版　四部叢刊三編

005201553　2720　4122
罪惟錄一百二卷
查繼佐著　上海　商務印書館　1936年

005220908　2720　638
明實錄
香港　長樂梁鴻志　1940年

005214259　2720　7214
明史例案九卷
劉承幹纂　吳興　劉氏嘉業堂刊
1915 年

005298007　2720　7246
明宮史
劉若愚編　濟南　1915 年

005220869　2720　7720
明鑑八卷
印鸞章、李介人修訂　上海　世界書局
1936 年　（m.）

005275560　2720　7942
明紀六十卷
陳鶴纂　陳克家參訂　上海　中華書局
1927 年　四部備要　史部

005265656　2720.6　8237
皇明帝后紀略一卷
鄭汝璧撰　上海　蟬隱廬羅氏　1936 年

005265661　2258　0184　2720.7　1341
西園聞見錄一百七卷
張萱撰　北平　哈佛燕京學社　1940 年

005270851　2720.7　4206
夢言六卷
萍浪生著　上海　掃葉山房　1915 年

005270853　2720.7　4963
荷牖叢談四卷
林繭庵[時對]著　廣州　國立中山大學語言歷史研究所　1928 年　國立中山大學語言歷史學研究所史料叢刊

005270854　2720.7　6137
明季史料零拾
羅福頤校錄　旅順　庫籍整理處
1934 年

005297507　2720.7　7218
莊氏史案考
周延年著　1932 年　（m.）

005276078　2720.8　0464
晚明史籍考二十卷
謝國楨輯　北京　國立北平圖書館
1932 年

005285236　2721　0219
全邊略記十二卷
方孔照撰　北京　國立北平圖書館
1930 年

003621415　2721　0275B
明太祖革命武功記
方覺慧纂　重慶　國學書局　1940 年

005220870　2721　2366
由僧缽到皇權
吳晗編著　重慶　在創出版社　1944 年
　在創書林　（m.）

005226940　2721　2366C
朱元璋傳
吳晗撰　北京　新中國書局　1949 年
再版　傳記叢書　（m.）

005214064　2721　2366d
朱元璋傳
吳晗著　香港　傳記文學社　1949 年
（m.）

005214062　2722　4844B
建文年譜二卷
趙士喆著　上海　商務印書館　1935 年
（m.）

005214082　2723　1121
奉天靖難記註四十卷
王崇武著　上海　商務印書館　1948 年
國立中央研究院歷史語言研究所專刊

（m.）

005220872　2723　1121.6b
明靖難史事考證稿
王崇武著　國立中央研究院歷史語言研究所　1945 年　國立中央研究院歷史語言研究所專刊　（m.）

005220874　2725　2310
宣德別錄二卷
吳廷燮撰　香港　遼海書社　1917 年

009266449　2732　2396
嘉靖禦倭江浙主客軍考
黎光明著　北京　哈佛燕京社　1933 年（m.）

005220876　2732　2971
嘉靖東南平倭通錄一卷
徐學聚編　南京　國學圖書館　1932 年

005220877　2732　4433
明代禦倭軍制一卷
李遂撰　香港　蟬隱廬　1936 年

005213591　2732　7949
明代倭寇考略
陳懋恒著　北平　哈佛燕京學社　1934 年（m.）

005214684　2735　4248
明亡野史
楊越編　重慶　人文書店　1944 年　增訂再版　歷史叢刊　（m.）

006987052　2735　4433b
明亡野史
李遜之著　重慶　人文書店　1944 年（m.）

011917970　DS736.M534　1946
明武宗外紀

毛奇齡撰　中國歷史研究社編　上海　神州國光社　1947 年　3 版　中國內亂外禍歷史叢書　（m.）

008110271　T　2736　2932
甲乙記政錄一卷　續丙丁記政錄各一卷
徐肇台編　濟南　1939 年

005112476　2737　0234　2737　0234b
甲申三百年祭
郭沫若著　張家口　新華書店晉察冀分店　1945 年

005265519　2737　0404B
明季北略二十四卷
計六奇編輯　上海　商務印書館　1936 年　國學基本叢書

005265595　2737　1126
明季之政治與社會
王德昭著　重慶　獨立出版社　1942 年（m.）

005255076　2737　3381　(1)
召對紀實一卷
楊嗣昌撰　香港　西泠印社　1913 年　遯盦叢編　甲集

005255077　2737　3381　(2)
被難紀實一卷
楊山松撰　香港　西泠印社　1913 年　遯盦叢編　甲集

005255078　2737　3381　(3)
霜猨集一卷
周同谷撰　香港　西泠印社　1913 年　遯盦叢編　甲集

005255079　2737　3381　(4)
海外慟哭記一卷
香港　西泠印社　1913 年　遯盦叢編

甲集

005265521　2737　4216
平寇志十二卷
管葛山人［彭孫貽］輯　北平　北平圖書館　1931年

005255080　2737　4241
玉堂薈記四十卷
楊士聰著　香港　吳興劉氏　1915年　嘉業堂叢書

005255081　2737　4432
三垣筆記三卷　附識三卷
李清撰　香港　吳興劉氏　1927年　嘉業堂叢書

005255084　2737　6151　(1)
畢少保傳一卷　附錄
蔣平階撰　香港　滿日文化協會　1936年　明季遼事叢刊

005255082　2737　6151　(1)
陶元暉中丞遺集二卷　附錄一卷
陶朗先撰　香港　滿日文化協會　1936年　明季遼事叢刊

005255085　2737　6151　(2-5)
海運摘鈔八卷
闕名撰　香港　滿日文化協會　1936年　明季遼事叢刊

005255086　2737　6151　(6)
東江遺事二卷
吳騫撰　香港　滿日文化協會　1936年　明季遼事叢刊

005255095　2737　7744
安龍逸史二卷
屈大均撰　香港　吳興劉氏　1916年　嘉業堂叢書

005255096　2737.7　3194
流寇陷巢記原名沈存仲再生紀異錄
沈常述　上海　蟬隱廬　1936年

007668159　MLC－C
甲申三百年祭明末亡國史
郭沫若著　1945年　再版

005255097　2738　0316
廣州三日記
廣州　1912年

003924232　2738　0404.6
明季南略十八卷
計六奇編輯　上海　商務印書館　1936年　(m.)

005071389　2738　2174
痛史
樂天居士［孫毓修］編　商務印書館校訂　上海　商務印書館　1911—17年

005259502　2738　2231　(1:1-3)
烈皇小識八卷
文秉撰　上海　商務印書館　1912年　明季稗史初編

005259512　2738　2231　(1;5)
賜姓始末一卷
黃宗羲撰　上海　商務印書館　1912年　明季稗史初編

005259523　2738　2231　(2;3)
東林紀事本末論一卷
（清）闕名撰　上海　商務印書館　1925年　4版　明季稗史續編

005259522　2738　2231　(2;3)
東林事略一卷
（明）闕名撰　上海　商務印書館　1925年　4版　明季稗史續編

005259514　2738　2231　(1:5)
東明聞見錄一卷
瞿其美撰　上海　商務印書館　1912年　明季稗史初編

005259521　2738　2231　(2:3)
紀福王之立一卷
(明)闕名撰　上海　商務印書館　1925年　4版　明季稗史續編

005259505　2738　2231　(1:4)
嘉定屠城紀略一卷
闕名撰　上海　商務印書館　1912年　明季稗史初編

005259510　2738　2231　(1:5)
江南聞見錄一卷
(清)闕名撰　上海　商務印書館　1912年　明季稗史初編

005259513　2738　2231　(1:5)
兩廣紀略一卷
華復蠡編　上海　商務印書館　1912年　明季稗史初編

005259519　2738　2231　(2:2)
明季實錄一卷
顧炎武撰　上海　商務印書館　1925年　4版　明季稗史續編

005259518　2738　2231　(2:1)
明季遺聞
鄒漪輯　上海　商務印書館　1925年　4版　明季稗史續編

005259515　2738　2231　(1:6)
青燐屑二卷
應廷吉撰　上海　商務印書館　1912年　明季稗史初編

005259508　2738　2231　(1:4)
求野錄一卷
客溪樵隱編　上海　商務印書館　1912年　明季稗史初編

005259503　2738　2231　(1:3)
聖安本紀二卷
顧炎武撰　上海　商務印書館　1912年　明季稗史初編

005259520　2738　2231　(2:3)
蜀難敍略一卷
沈荀蔚撰　上海　商務印書館　1925年　4版　明季稗史續編

005259516　2738　2231　(1:6)
吳耿尚孔四王合傳一卷
(清)闕名撰　上海　商務印書館　1912年　明季稗史初編

005259504　2738　2231　(1:3)
行在陽秋二卷
劉湘客撰　上海　商務印書館　1912年　明季稗史初編

005259506　2738　2231　(1:4)
幸存錄二卷
夏允彝撰　上海　商務印書館　1912年　明季稗史初編

005259507　2738　2231　(1:4)
續幸存錄一卷
夏完淳撰　上海　商務印書館　1912年　明季稗史初編

005259517　2738　2231　(1:6)
揚州十日記一卷
王秀楚撰　上海　商務印書館　1912年　明季稗史初編

005259509　2738　2231　(1:5)
也是錄一卷
鄧凱撰　上海　商務印書館　1912年

明季稗史初編

005259511　2738　2231　(1:5)
粵遊見聞一卷
瞿其美記　上海　商務印書館　1912年
　明季稗史初編

005265456　2738　2231B
明季稗史初編
王雲五主編　上海　商務印書館　1936
年　初版　萬有文庫　(m.)

005259562　2738　3891　2738　3891 c.2
明季三朝野史四十卷
顧炎武輯　濟南　1912—30年

005259568　2738　4122
東山國語
查繼佐撰　上海　涵芬樓　1936年　四
部叢刊三編

005265602　2738　4231
南明野史三十卷　附錄一卷
三餘氏撰述　王鍾麒厘訂　上海　商務
印書館　1930年　初版

005265633　2738　4243
從征實錄
楊英撰　國立中央研究院歷史語言研究
所編　北平　國立中央研究院歷史語言
研究所　1931年　國立中央研究院歷史
語言研究所史料叢書

005265452　2738　4403
晚明民變
李文治編　上海　中華書局　1948年
國立中央研究院社會科學研究所叢刊
(m.)

009025295　2738　4439
薛諧孟先生筆記不分卷

薛寀撰　香港　薛弢　1939年　鉛印

005259524　2738　6565
明末野史
濟南　中華圖書館　1912年

005259525　2738　8258　(1)
小腆紀敘六卷
王源魯撰　上海　聖澤園　1944年　明
季史料叢書

005259527　2738　8258　(2-6)
爝火錄三十四卷
李天根撰　上海　聖澤園　1944年　明
季史料叢書

005265712　2738　8258　(7)
宮庭覿記一卷
憨融上人撰　上海　聖澤園　1944年
明季史料叢書

005259532　2738　8258　(7)
盧司馬殉忠實錄一卷
許德士撰　上海　聖澤園　1944年　明
季史料叢書

005259530　2738　8258　(7)
難遊錄一卷
張遴白撰　上海　聖澤園　1944年　明
季史料叢書

005259533　2738　8258　(7)
野獲一卷
楊光先撰　上海　聖澤園　1944年　明
季史料叢書

005259535　2738　8258　(8)
定思小紀一卷
劉尚友撰　上海　聖澤園　1944年　明
季史料叢書

005259539　2738　8258　（8）
東村記事一卷
宋徵輿撰　上海　聖澤園　1944年　明季史料叢書

005259534　2738　8258　（8）
甲申核真略一卷
楊仕聰撰　上海　聖澤園　1944年　明季史料叢書

005259536　2738　8258　（8）
蘇城記變一卷
（清）闕名撰　上海　聖澤園　1944年　明季史料叢書

005259537　2738　8258　（8）
愓齋見聞錄一卷
蘇濶撰　上海　聖澤園　1944年　明季史料叢書

005259546　2738　8258　（9）
桂林田海記一卷
雷亮功撰　上海　聖澤園　1944年　明季史料叢書

005259541　2738　8258　（9）
監國紀年一卷
（清）闕名撰　上海　聖澤園　1944年　明季史料叢書

005259544　2738　8258　（9）
劫灰錄六卷
珠江舊史撰　上海　聖澤園　1944年　明季史料叢書

005259545　2738　8258　（9）
兩粵新書一卷
方以智撰　上海　聖澤園　1944年　明季史料叢書

005259543　2738　8258　（9）
舟山紀略一卷
（清）闕名撰　上海　聖澤園　1944年　明季史料叢書

005259547　2738　8258　（10）
滇南外史一卷
（清）闕名撰　上海　聖澤園　1944年　明季史料叢書

005259548　2738　8258　（10）
交山平寇本末三卷
夏騶撰　上海　聖澤園　1944年　明季史料叢書

005265713　2738　8258　（10）
始安事略一卷
瞿元錫撰　上海　聖澤園　1944年　明季史料叢書

005259549　2738　8258　（10）
瑣聞錄一卷　別錄一卷
宋直方撰　上海　聖澤園　1944年　明季史料叢書

005259552　2739.1　7711
嘉興乙酉兵事記一卷
屈彊編著　上海　世界書局　1947年　世界集刊　（m.）

011919565　PL2765.U32　X525　1940
西流集
徐訏著　上海　夜窗書屋　1940年
（m. w.）

005275682　2741　352
清史稿五百三十六卷
趙爾巽、柯劭忞等撰　北京　清史館　1929年

009078682　2741　352.01
清史稿纂修體例議
常榮等撰　濟南　1914年　鉛印

005276124　2741　352B
清史稿五百三十四卷
趙爾巽等撰　北京　清史館　1927年

005276129　2741　352F
清史稿五百三十四卷
趙爾巽等編　香港　聯合書店　1942年（m.）

005270845　2742　0464.3
重編清鑒易知錄前編二卷　正編二十八卷
許國英原編　沈文浩重編　上海　大成書局　1931年

005276055　2742　0657
註釋清鑒輯覽二十八卷
文明書局編　上海　文明書局　1927年4版

005281401　2742　4418
綱鑒易知錄續編清鑒二卷
李豫曾編　上海　廣益書局　1936年

005270846　2742　7720
清鑒綱目十六卷　首一卷
印鸞章編　上海　世界書局　1936年（m.）

005270847　2743　2252
清代文讞紀略
歸靜先編　重慶　人文書店　1944年

003924486　2743　4834
清史紀事本末八十卷
黃鴻壽編　上海　文明書局　1925年

005276047　2744　2383
清史綱要
吳曾祺編　上海　商務印書館　1925年6版（m.）

005275771　2744　2412
清朝全史
稻葉巖吉著　但燾譯訂　姚漢章　張相纂校　上海　中華書局　1914年（m.）

011914640　DS757.S4　1931
近百年本國史
沈味之著　上海　世界書局　1931年（m.）

005270849　2744　3193
清史講義上册
汪榮寶、許國英編纂　上海　商務印書館　1913年（m.）

011831022　DS755.S665　1948
中國近百年史
宋雲彬著　香港　新知書店　1948年港版

005292261　2744　4212
清代通史
蕭一山著　上海　商務印書館　1927—28年（m.）

007480536　DS754.H63　1934x　vol.2
清代通史卷下講稿辨論集
蕭一山著　北京　中華印書局　1934年

005237542　2744　4212.2
清代史原名清史大綱
蕭一山著　重慶　商務印書館　1945年

007461137　2744　6441
清代徵獻類編
嚴懋功著　無錫　民生公司承印　1931年　曉霞書屋叢著

005231366　2744　7138
清史纂要
劉法曾編　上海　中華書局　1931年

8 版　（m.）

007975042　2744　7993
清史要略
陳懷編　北京　北京大學出版部　1925年　再版

011838080　DS754.C445　1931
清史要略
陳懷著　上海　中華書局　1931年（m.）

005231368　2744　8244　FC8303　Film Mas 32182
中國近世史
鄭鶴聲著　重慶　南方印書館　1944年（m.）

005231372　2745　0653
清皇室四譜四十卷
唐邦治輯　上海　聚珍倣宋印書局　1923年

008061252　2745　2076　FC6238　Film Mas C4090
愛新覺羅宗譜
金松喬等纂修　奉天　愛新覺羅修譜處　1937年（m.）

007632967　MLC – C
來室家乘二卷
楊鍾羲撰　1940年

007461299　2745　2362
清帝系后妃皇子皇女四考四卷　附年表一卷
吳昌綬撰　香港　1917年

005231101　2746　0456
[清秘史]十葉野聞上下冊
許指嚴著　上海　國華書局　1923年

007801321　MLC – C
清宮十三朝演義

上海　國民圖書公司　1926年（m.）

005231095　2746　1326
清列朝后妃傳稿二卷
張采田[爾田]撰次　香港　綠櫻花館平氏　1929年

009315355　2746　1326a
列朝后妃傳稿二卷
張孟劬撰　香港　綠櫻花館　1935年　鉛印再版

005231377　2746　1485
國朝宮史三六卷
于敏中等奉勅編　香港　東方學會　1925年

005231097　2746　1485.3
清宮史略
金梁輯　濟南　金梁　1933年（m.）

005230701　2746　1485C
清宮史續編一卷
慶桂等撰　北平　故宮博物院圖書館　1933年

005231379　2746　2989b
清代秘史初輯
徐益棠編　上海　鐵風出版社　1948年（m.）

005237860　2746　3342
清室外紀
濮蘭德・白克好司元著　陳冷汰、陳詒先譯述　上海　中華書局　1915年（m.w.）

009228776　2746　4207
滿夷猾夏始末記九編
楊敦頤編　上海　新中華圖書館　1912年　鉛印

005237645　2746　4291
清季野史
胡寄塵[懷琛]編　上海　廣益書局
1913 年　（m.）

005237544　2746　4952
清代史論
蔡郕著　上海　會文堂書局　1920 年

009247071　2746　6244b
滿清十三朝宮闈秘史
燕北老人著　上海　春明書店　1948 年
（m.）

005231380　2746　6412
前清歷代皇帝之東巡
園田一龜著　奉天盛京　時報社　1930
年　（m.）

005259556　2746　7121
滿清稗史
陸保璿輯　香港　新中國圖書局
1914 年

008088102　2746　7121　（01－02）
滿清興亡史四卷
漢史氏述　香港　新中國圖書局　1914
年　滿清稗史

008088103　2746　7121　（03）
滿清外史二卷
天嘏撰　香港　新中國圖書局　1914 年
　滿清稗史

008088107　2746　7121　（04）
奴才小史一卷
老吏撰　香港　新中國圖書局　1914 年
　滿清稗史

008088106　2746　7121　（04）
貪官污吏傳一卷
老吏撰　香港　新中國圖書局　1914 年
　滿清稗史

008088109　2746　7121　（05）
中國革命日記二卷
香港　新中國圖書局　1914 年　滿清
稗史

008088116　2746　7121　（06）
各省獨立史別裁一卷
曹榮撰　香港　新中國圖書局　1914 年
　滿清稗史

008088117　2746　7121　（07）
清末實錄一卷
香港　新中國圖書局　1914 年　滿清
稗史

008088118　2746　7121　（08）
戊壬錄二卷
宋玉卿編　香港　新中國圖書局　1914
年　滿清稗史

008088119　2746　7121　（09）
南北春秋二卷
天嘏編纂　香港　新中國圖書局　1914
年　滿清稗史

008088120　2746　7121　（10）
當代名人事略
香港　新中國圖書局　1914 年　滿清
稗史

008088121　2746　7121　（11）
黃花岡福建十傑紀實一卷
鄭烈撰　香港　新中國圖書局　1914 年
　滿清稗史

008088122　2746　7121　（12）
三江筆記二卷
三江遊客撰　香港　新中國圖書局
1914 年　滿清稗史

008088123　2746　7121　（13）
湘滇百事二卷
金城撰　香港　新中國圖書局　1914 年
　滿清稗史

008088124　2746　7121　（14）
所聞錄一卷
蘇民撰　香港　新中國圖書局　1914 年
　滿清稗史

008088125　2746　7121　（15）
新燕語二卷
雷震述　香港　新中國圖書局　1914 年
　滿清稗史

008088127　2746　7121　（16）
暗殺史一卷
一廣編　香港　新中國圖書局　1914 年
　滿清稗史

008088126　2746　7121　（16）
變異錄一卷
天瑕撰　香港　新中國圖書局　1914 年
　滿清稗史

008088128　2746　7121　（17－18）
清華集二卷
汪詩儂輯　香港　新中國圖書局　1914
年　滿清稗史

005231382　2746　8139
清帝外記
金梁輯　濟南　1934 年

005237830　2746　8139.4
四朝佚聞
金梁輯　北平　復東印刷局印　1936 年

005237637　2746　8448
清代野記三卷
坐觀老人編　上海　進步書局　1915 年
　初版　稗史叢書　（m.）

005086439　2746　9423
清朝野史大觀
小橫香室主人編　上海　中華書局
1917 年　3 版　（m.）

005937743　2747　8215
清史探微
鄭天挺著　南京　獨立出版社　1947 年
　現代學術叢書　（m.）

005275645　2748　0212
清內閣庫貯舊檔輯刊
方蘇生編　北京　國立北平故宮博物院
文獻館　1935 年　初版

005275684　2748　0464
清開國史料考六卷　補一卷
謝國楨輯　北平　國立北平圖書館
1931 年

005276074　2748　0464.3
清初史料四種附錄一種
謝國楨輯　北京　國立北平圖書館
1933 年

005359062　2748　1122
掌固零拾四卷
王嵩儒輯錄　北平　彝寶齋印書局
1936 年

005281402　2748　1316
清史稿纂修之經過
張爾田撰　王鍾翰錄　北平　燕京大學
歷史學會　1938 年

009673536　2748　2044
女真譯語二編
羅福成類次　旅順　上虞羅氏　1933 年

009673635　2748　3052
**盛京內務府順治年間檔册舊盛京內務府
檔案房原本**

新京　滿洲帝國國立中央圖書館籌備處
　1942年

005276226　2748　3273
大清歷朝實錄總目錄
滿洲國務院輯　濟南　滿洲國務院
1937年

005635161　2748　3274
大清歷朝實錄
新京　大滿洲帝國國務院　1937年

005298011　2748　3274.8
清太祖高皇帝實錄人地名索引
今西春秋、今西てい共編　東京　東洋
史研究會　1938年

005298010　2748　343
清太祖高皇帝實錄稿本三種
羅振玉校　香港　史料整理處　1933年

007909264　2748　4122
中國近百年史資料
左舜生選輯　上海　中華書局　1926年
（m.）

007909292　2748　4122b　(2)
中國近百年史資料續編
左舜生選輯　廣州　中華書局　1938年
再版　（m.）

008646028　2748　4342.1
文獻叢編
國立北平故宮博物院文獻館編輯　北平
　國立北平故宮博物院出版物發行所
1930年

005298018　2748　4342.2
清軍機處檔案目錄
故宮博物院文獻館編　北平　1927年

008576361　FC6208
隨手檔
故宮博物院文獻館補編　香港　中國第
一歷史檔案館　1931年

009272670　2748　4342.3
故宮博物院文獻館現存清代實錄總目
張國瑞編　北平　故宮博物院印行
1934年

005772795　2748　5513
明清史料
中央研究院歷史語言研究所　上海　商
務印書館　1930年

005276080　2748　5531
清理紅本紀四卷
奉寬撰　1937年

005313738　2748　5932　(1)
聖祖仁皇帝起居註二卷　聖祖親征朔漠日錄一卷　聖祖西巡日錄一卷
羅振玉校錄　庫籍整理處編　香港　庫
籍整理處　1935年　史料叢編　一集

005313739　2748　5932　(2-3)
雍正朝上諭檔四十卷
羅福頤校錄　庫籍整理處編　香港　庫
籍整理處　1935年　史料叢編　一集

005313741　2748　5932　(4)
高宗純皇帝起居註殘稿吏曹章奏
羅振玉校錄　庫籍整理處編　香港　庫
籍整理處　1935年　史料叢編　一集

005313743　2748　5932　(5)
江南民糧屯糧本色數目冊
羅福頤校錄　庫籍整理處編　香港　庫
籍整理處　1935年　史料叢編　一集

005313744　2748　5932　(5-6)
乾隆三年在京文職漢官俸米及職名黃冊

二卷
庫籍整理處編　香港　庫籍整理處
1935年　史料叢編　一集

005313746　2748　5932　(6)
奉天等省民數穀數彙總黃冊
庫籍整理處編　香港　庫籍整理處
1935年　史料叢編　一集

005313749　2748　5932　(7)
聖祖仁皇帝起居註
羅振玉校錄　庫籍整理處編　江南按察司審問土國寶臟案始擬文冊　羅福頤校錄　庫籍整理處編　香港　庫籍整理處　1935年　史料叢編　二集

005313751　2748　5932　(8)
江南總督洪承疇詳查舊額解南本折錢糧及酌定支用起解事宜冊
庫籍整理處編　香港　庫籍整理處
1935年　史料叢編　二集

005319990　2748　5932　(9)
光祿寺進康熙六十一年四月分內豬鴨果品等錢糧數目黃冊工部進乾隆三十年六月分用過銀錢數目黃冊　工部進乾隆四三年七月分用過雜項銀錢數目黃冊
庫籍整理處編　香港　庫籍整理處
1935年　史料叢編　二集

005319991　2748　5932　(10)
內閣典籍廳關支康熙二十八年秋冬二季俸米黃冊吏部進道光二十三年春夏二季在京文職漢官領過俸米及職名黃冊
庫籍整理處編　香港　庫籍整理處
1935年　史料叢編　二集

005319992　2748　5932　(11)
吏部進道光二三年秋冬二季在京文職漢官領過俸米及職名黃冊
庫籍整理處編　香港　庫籍整理處

1935年　史料叢編　二集

005319993　2748　5932　(12)
三朝實錄館館員功過等第冊
庫籍整理處編　田文端公行述　羅福頤校錄　庫籍整理處編　香港　庫籍整理處　1935年　史料叢編　二集

007491061　2748　6137
大庫舊檔整理處史料彙目甲編二卷　乙編二卷　丙編二卷　丁編二卷　戊編二卷　己編
羅福頤編　旅順　庫籍整理處　1934—35年

005276223　2748　6151
史料叢刊初編
羅振玉錄　香港　東方學會　1924年

005276133　2749　8132
清史大綱
金兆豐著　上海　開明書店　1935年初版　(m.)

005275832　2750　1141
三朝遼事實錄十七卷　首卷一卷
王在晉編　南京　江蘇省立國學圖書館影印　1931年

005276135　2750　1149.2
清朝前紀
孟森著　上海　商務印書館　1930年初版　(m.)

005276079　2750　1149.5
清初三大疑案考實
孟森撰　香港　北京大學　1935年

005275830　2750　1149　2750　1149b
明元清系通紀前編一卷　正編十五卷
孟森著　香港　北京大學　1934年序

005359131　2750　1444
剿奴議撮
于燕芳著　王應遴、陳繼儒校　南京
國立中央大學國學圖書館　1928 年

005275726　2750　3233　　TMA　2750　3233
滿洲實錄八卷
瀋陽　遼寧通志館　1930 年

005276042　2750　3243
清太祖努爾哈赤實錄
北平故宮博物院文獻館編輯　鄂爾泰、
張廷玉、徐本纂　北京　故宮博物院
1931 年

005276036　2750　3243.2
清太祖武皇帝努兒哈奇實錄
北平　故宮博物院　1932 年

005276225　2750　8139
滿洲老檔秘錄二編
金梁輯　北平　1929 年

005369310　2750　8139b
滿洲秘檔
金梁輯　北平　1933 年　（m.）

005275675　2770　4261
朝鮮國王來書崇德七、八年分
國立北平故宮博物院文獻館　北平　故
宮博物院文獻館　1933 年

005292395　2783　3214
文獻叢編增刊清三藩史料
北平故宮博物院編　北京　北平故宮博
物院　1932 年　5 輯

005281404　2784　3113
臺灣鄭氏始末六卷
沈雲撰　沈垚註　香港　吳興劉氏
1919 年　吳興叢書

005292319　2784　3235
清代官書記明臺灣鄭氏亡事四卷
朱希祖編　北京　國立中央研究院歷史
語言研究所　1930 年　史料叢書

005292396　2784　8932
明延平王臺灣海國紀
余宗信編著　上海　商務印書館　1937
年　初版　史地小叢書　（m.）

005298013　2800　4846
雍正時代之密奏政治清世宗治術之一端
黃培著　1912—27 年

005285434　2807　3243
名教罪人
清世宗勅撰　北平　故宮博物院　1930
年　文獻叢書

005302999　2819　2139B
聖武記十四卷
魏源撰　上海　中華書局　1930 年

003638701　2824　1114
清代文字獄檔
故宮博物院文獻館編　北平　國立北平
研究院　1931—34 年

005285436　2824　2901
莊史案輯論
朱襄廷著　廣州　國立中山大學語言歷
史學研究所　1928 年　國立中山大學語
言歷史學研究所史料叢刊　（m.）

005303580　2828　0456
南巡秘記
許指嚴著　上海　國華書局　1916—18
年　初版　（m.）

011914437　DS754.8.H787　1917　vol.1
南巡秘記正編
許指嚴著　包醒獨校訂　上海　國華書

局　1917 年　（m.）

011914450　DS754.8.H787　1917　vol.2
南巡秘記補編
許指嚴著　上海　國華書局　1917 年　（m.）

009324473　2828　0456.1
南巡秘記補編
許指嚴撰　上海　國華書局　1916 年　鉛印

005298015　2828　6612
乾隆帝東巡道里考
園田一龜著　茅乃文譯　北平　青梅書店　1933 年

005298014　2829　3240
清嘉慶三年太上皇起居註四十卷
香港　北京大學研究所　1912—30 年

005285445　2850　0240
中國近百年史綱要
高博彥編　北平　文化學社　1932 年　（m.）

005109304　2850　4212
中國近代史參考資料
楊鄧編　上海　讀書出版社　1947 年

005285446　2850　4243
中國近代史研究大綱上冊
楊松、鄧力群著　香港　中國出版社　1941 年

005285448　2850　4424
中國近代史
李鼎聲[平心]著　上海　光明書局　1949 年　勝利後 7 版　（m.）

005285449　2850　4535
中國近代史講話

韓啟農著　上海　新知書店　1947 年　再版　新知叢書　（m.）

005285450　2850　4535b
中國近代史講話
韓啟農著　張家口　新華書店晉察冀分店　1945 年　（m.）

005303108　2850　7493
中國近百年史
陳恭祿著　上海　商務印書館　1937 年　再版　（m.）

005285451　2850　7513
中國近代史研究綱要上編
歷史研究社編著　上海　新知書店　1946 年　（m.）

005285452　2850　7513B
中國近代史研究綱要上編
歷史研究社編　哈爾濱　光華書店　1948 年　歷史叢書　（m.）

005303267　2850　7944
中國近代史
陳恭祿著　上海　商務印書館　1935 年　（m.）

005303664　2850　7993
中國近百年史要
陳懷、孟沖著　上海　中華書局　1930 年　（m.）

003591553　2854　5658
欽定平定回疆剿捦逆裔方略
曹振鏞總裁　趙盛奎、何增元總纂　濟南　1930 年序

005292453　2860　0113
近百年本國史
施瑛編著　上海　日新出版社　1947 年

005231376　2860　0212　FC7755　Film　Mas　31718
近代中國史綱
郭廷以編　長沙　商務印書館　1940—41年　（m.）

005292455　2860　0423
中國近百年史問答
許伯遠著　上海　廣益書局　1931年（m.）

005292459　2860　1275
中國現代革命運動史
中國現代史研究委員會編著　香港　中國出版社　1940年　（m.）

005292460　2860　1275b
中國近百年史
現代歷史社編　香港　現代歷史社　1939年

005303263　2860　1275c
中國現代革命運動史
中國現代史研究委員會編著　香港　中國現代史研究委員會　1939年　（m.）

005303264　2860　1275d
中國現代革命運動史
中國現代史研究委員會編　香港　新民主出版社　1949年　港再版　新民主歷史叢書　（m.）

005302830　2860　1430
中國民主憲政運動史
趙一萍著　上海　進化書局　1946年　新1版　（m.）

005298026　2860　2222
中國近百年史
盧紹稷編　上海　中華書局　1935年　初中學生文庫　（m.）

005298028　2860　2921
《中國之命運》詳解
柴紹武編著　南平　總動員出版社　1943年　動員叢書

005298031　2860　3218
中國近代統一運動
浦乃鈞著　重慶　獨立出版社　1941年　統一叢書　（m.）

005303801　2860　4103
中國近代史上編第一分冊
范文瀾編著　上海　讀書出版社　1947年　（m.）

005302941　2860　4103b
中國近代史上編第一分冊
范文瀾著　北京　新華書店　1949年　訂正第1版　（m.）

005303803　2860　4217
中國近百年革命運動史
蒲西曆著　臺北　南華出版社　1947年

005364645　2860　4413.2
中國近代史
蔣廷黻著　長沙　商務印書館　1938年（m.）

005303806　2860　4413b
中國近代史大綱
蔣廷黻著　重慶　青年書店　1939年（m.）

005303810　2860　4417
中國近百年史概述
李天隨編著　臺北　臺灣新生報社　1946年　臺灣新生報社第6種叢書（m.）

005303712　2860　4485　FC7758　Film　Mas　31721
最近三十年中國政治史

歷史科學類

327

李劍農著　上海　太平洋書店　1930 年
（m.）

005303813　2860　4485.2
中國近百年政治史
李劍農著　上海　商務印書館　1947 年
（m.）

005302376　2860　4522
中國民族解放運動史
華崗著　上海　雞鳴書店　1940 年
（m.）

005303126　2860　4522b
中國民族解放運動史
華崗著　上海　讀書出版社　1947 年
（m.）

005303127　2860　4834
近百年史話
黃祖英、沈長洪、陳懷白編　蘇南　新華書店　1949 年　（m.）

005309007　2860　4846
百年來的祖國
黃藥眠著　香港　新中出版社　1947 年　我們的祖國小叢書　（m.）

008583412　FC746
中國革命運動史
中國現代史研究委員會編　香港　中國現代史研究委員會出版　1938 年

005331276　2860　5624
中國現代史讀本
曹伯韓著　上海　文化供應社　1949 年
（m.）

005309010　2860　5624.5
中國近百年史十講
曹伯韓著　香港　實驗書店　1946 年

005309012　2860　5624.5b
中國近百年史十講
曹伯韓著　桂林　華華書店　1942 年
（m.）

005309011　2860　5624.5c
中國近百年史十講
曹伯韓著　上海　樂群書店　1945 年
（m.）

005331249　2860　7240
中國近代政治發展史
周木齋著　上海　一般書店　1941 年　中國近代史叢書　（m.）

005313731　2860　8181
中國近百年史
曾金編　上海　經緯書局　1938 年　經緯百科叢書

005331058　2860.2　4485　FC7757　Film Mas　31720
中山出世後中國六十年大事記
李劍農編著　上海　上海太平洋書店　1929 年　增訂本　（m.）

005331311　2861　1444
鴉片戰爭史
武堉幹撰述　蔣尊簋校閱　上海　商務印書館　1931 年　新時代史地叢書　（m.）

011907017　DS757.5.W8　1929
鴉片戰爭史
武堉幹著　上海　商務印書館　1929 年
（m.）

011987271　DS759.C533　1946
金田之遊及其他
簡又文著　廣西省政府編　上海　商務印書館　1946 年　太平天國雜記

008389553　2861　3914
夷氛紀聞
梁廷枏著　1937年

007975044　2861　4141
鴉片戰爭史事考
姚薇元著　貴陽　文通書局　1942年
（m.）

005331553　2875　0200
太平天國革命故事
方育庚編　上海　中華書局　1945年
（m.）

005331313　2875　0212
太平天國史事日志
郭廷以著　上海　商務印書館　1946年
（m.）

005331725　2875　0474
太平天國史事論叢
謝興堯撰　上海　商務印書館　1935年
　史地小叢書　（m.）

005439228　2875　0474.4　(1)
洪楊遺事
謝興堯編　北京　瑤齋　1938年

005439227　2875　0474.4　(1)
太平天國史事論著題跋
謝興堯撰　北京　瑤齋　1938年

005439118　2875　0474.4　(2)
干王洪仁玕等口供
洪仁玕等著　北京　瑤齋　1938年

005439122　2875　0474.4　(2)
庚申避亂實錄
趙偉甫[烈文]撰　北京　瑤齋
1938年

005439121　2875　0474.4　(2)
癸丑中州罹兵紀略一卷
陳善鈞撰　北京　瑤齋　1938年

005439124　2875　0474.4　(2)
儉德齋隨筆
胡長齡撰　北京　瑤齋　1938年

005439119　2875　0474.4　(2)
金陵癸甲紀事略二卷
謝介鶴編　北京　瑤齋　1938年

005439123　2875　0474.4　(2)
越州紀略一卷
闕名撰　北京　瑤齋　1938年

005439120　2875　0474.4　(2)
粵逆陷寧始末記四十卷
陳錫麒撰　北京　瑤齋　1938年

005439233　2875　0474.4　(3)
金壇圍城紀事詩一卷
于桓著　北京　瑤齋　1938年

005439230　2875　0474.4　(3)
太平詩史一卷
謝興堯輯　北京　瑤齋　1938年

005439232　2875　0474.4　(3)
武川寇難詩草一卷　附討賊檄
何德潤撰　北京　瑤齋　1938年

005364442　2875　0474b
太平天國的社會政治思想
謝興堯編　上海　商務印書館　1935年
　再版　（m.）

005359539　2875　1183
太平天國革命史
王鍾麒撰述　何炳松校　上海　商務印
書館　1931年　新時代史地叢書　（m.）

005341485　2875　1316
太平天國革命史
張霄鳴撰　上海　神州國光社　1932 年　（m.）

005341496　2875　1327
賊情彙纂十二卷
張德堅纂　香港　國學圖書館　1932 年

008110513　T　2875　1327b
洪楊類纂史略十二卷　首一卷
張德堅撰　朱希祖、馬廉增註　濟南　1941 年

009370023　2875　1327c
賊情彙纂不分卷
張德堅撰　北平　廣業書社　1928 年　鉛印　明清珍本小説集　之二

011521416
石達開全集
1937 年　（m.）

005359196　2875　1637
石達開全集
錢書侯編　紹興　景鐘書店　1936 年　太平天國文獻　（m.）

007674816　MLC - C
石達開日記
石達開著　許指嚴編　上海　世界書局　1937 年　16 版　（m.）

005325050　2875　2101
太平天國
鮑賡生標點　上海　新文化書社　1936 年　（m.）

005331312　2875　2132
太平天國史料第一集
程演生徵集　北京　北京大學出版部　1926 年

008110516　2875　2142
蠻氛彙編
鄔西野叟手訂　石倉主人編　濟南　1941 年

005359689　2875　2323
太平天國史
吳繩海編　上海　中華書局　1935 年　中華百科叢書　（m.）

008110517　FC4516　FC‐M1830　T　2875　2708
粤匪雜錄
濟南　1941 年

005358308　2875　2903
太平天國革命文化史
朱謙之著　贛縣　中華正氣出版社發行　1944 年　初版　（m.）

005341487　2875　3184F
太平天國文書
沈兼士等編　北平　故宮博物院　1933 年

005359542　2875　3483
太平天國野史
淩善清編輯　上海　文明書局　1923 年　（m.）

008110518　16765　2875　3821.42　FC5283　Film　Mas　16765
英傑歸真
濟南　1935 年　黑格鈔本

005341501　2875　3828.4
洪秀全全傳
藕香室主人著　上海　世界書局　1921 年　（m.）

005376142　2875　3828.61
洪秀全
羅爾綱著　重慶　勝利出版社　1944 年　中國歷代名賢故事集　第 2 輯

（m.）

005359023　2875　4103.7
太平天國革命運動
范文瀾著　香港　新民主出版社　1948年　（m.）

008580226　FC2888
中華民族革命史
杜冰坡編　上海　北新書局　1930年（m.）

005657671　2875　4212.4A
太平天國叢書第一集
蕭一山輯　南京　國立編譯館　1936年

005439235　2875　4212.4A　（1）
太平詔書一卷
蕭一山輯　南京　國立編譯館　1936年
　太平天國叢書　第1集

005439238　2875　4212.4A　（1）
天父上帝言題皇詔一卷
蕭一山輯　南京　國立編譯館　1936年
　太平天國叢書　第1集

005439236　2875　4212.4A　（1）
天條書一卷
蕭一山輯　南京　國立編譯館　1936年
　太平天國叢書　第1集

005439237　2875　4212.4A　（1）
新舊遺詔聖書新舊樣本合一卷
蕭一山輯　南京　國立編譯館　1936年
　太平天國叢書　第1集

005439240　2875　4212.4A　（2）
太平軍目一卷
蕭一山輯　南京　國立編譯館　1936年
　太平天國叢書　第1集

005439239　2875　4212.4A　（2）
太平禮制一卷
蕭一山輯　南京　國立編譯館　1936年
　太平天國叢書　第1集

005439241　2875　4212.4A　（2）
太平條規一卷
蕭一山輯　南京　國立編譯館　1936年
　太平天國叢書　第1集

005439242　2875　4212.4A　（3）
太平天國癸好三年新曆一卷
蕭一山輯　南京　國立編譯館　1936年
　太平天國叢書　第1集

005439243　2875　4212.4A　（3）
太平天國辛酉拾壹年新曆一卷
蕭一山輯　南京　國立編譯館　1936年
　太平天國叢書　第1集

005439246　2875　4212.4A　（4）
太平救世歌一卷
蕭一山輯　南京　國立編譯館　1936年
　太平天國叢書　第1集

005439244　2875　4212.4A　（4）
天朝田畝制度一卷
蕭一山輯　南京　國立編譯館　1936年
　太平天國叢書　第1集

005439247　2875　4212.4A　（4）
幼學詩一卷
蕭一山輯　南京　國立編譯館　1936年
　太平天國叢書　第1集

005439245　2875　4212.4A　（4）
詔書蓋璽頒行論一卷
蕭一山輯　南京　國立編譯館　1936年
　太平天國叢書　第1集

005439248　2875　4212.4A　（5）
天情道理書一卷

蕭一山輯　南京　國立編譯館　1936年
太平天國叢書　第1集

005439249　2875　4212.4A　(6)
行軍總要一卷
蕭一山輯　南京　國立編譯館　1936年
太平天國叢書　第1集

005439250　2875　4212.4A　(6)
御製千字詔一卷
蕭一山輯　南京　國立編譯館　1936年
太平天國叢書　第1集

005439251　2875　4212.4A　(7)
天父詩五卷
蕭一山輯　南京　國立編譯館　1936年
太平天國叢書　第1集

005439253　2875　4212.4A　(8)
王長次兄親耳共證福音書一卷
蕭一山輯　南京　國立編譯館　1936年
太平天國叢書　第1集

005439252　2875　4212.4A　(8)
醒世文一卷
蕭一山輯　南京　國立編譯館　1936年
太平天國叢書　第1集

005439254　2875　4212.4A　(9)
欽定士階條例一卷
蕭一山輯　南京　國立編譯館　1936年
太平天國叢書　第1集

005439255　2875　4212.4A　(9)
幼主詔書一卷
蕭一山輯　南京　國立編譯館　1936年
太平天國叢書　第1集

005439256　2875　4212.4A　(10)
欽定英傑歸真一卷
蕭一山輯　南京　國立編譯館　1936年
太平天國叢書　第1集

008628083　Microfiche　C－552　E23
欽定英傑歸真
洪仁玕撰　金陵　出版者不詳　1935年

005331503　2875　4212F
太平天國詔諭
蕭一山輯　北京　國立北平研究院總辦事處出版課　1935年　政治史料叢編第1種

005359030　2875　4238
太平天國革命思潮
彭澤益著　上海　商務印書館　1946年初版　(m.)

005341508　2875　4427
李秀成供狀
李秀成述　福建　廈門大學噓風社　1935年　福建噓風社叢書

005359202　2875　4427B
李秀成供
李秀成述　曾國藩批記　濟南　北京大學　1936年序

005325052　2875　4520
太平天國起義記
韓文山著　簡又文譯　香港　燕京大學圖書館　1935年　燕京大學圖書館叢書

005348454　2875　6112　FC7773　Film Mas 31673
湘軍新志
羅爾綱撰　長沙　商務印書館　1939年　中央研究院社會科學研究所叢刊　(m.)

005331163　2875　6112.2　FC7774　Film Mas 31674
太平天國史綱
羅爾綱著　上海　商務印書館　1937年　(m.)

005331161　2865　6112.3　　2875　6112.3B　FC8196　Film Mas 32127
太平天國史叢考
羅爾綱編著　上海　正中書局　1943年（m.）

005331722　2875　6112.8
太平天國史考證集
羅爾綱著　上海　獨立出版社　1948年（m.）

005331190　2875　6121
太平天國詩文鈔
羅邕、沈祖基編　上海　商務印書館　1935年　3版

005353839　2875　6121A
太平天國文鈔
羅邕、沈祖基編輯　鮑賡生標點　上海　新文化書社　1935年（m.）

005341488　2875　7220
太平天國有趣文件十六種
劉復錄　北京　北新書局　1926年

005331728　2875　8270　(1)
太平天國雜記
簡又文撰　上海　商務印書館　1935年　史地小叢書（m.）

005330959　2875　8270　(2)
太平天國雜記金田之遊及其他　第二輯
簡又文著　廣西省政府編譯處主編　重慶　商務印書館　1944年（m.）

005359459　2875　8270.2　　2875　8270.2b
太平軍廣西首義史
簡又文著　廣西省政府編譯處主編　重慶　商務印書館　1944年（m.）

005348461　2875.03　2180
天京錄三卷
盧前著　金陵　征獻樓　1948年　太平天國叢刊

005359154　2877　6112
撚軍的運動戰
羅爾綱著　長沙　商務印書館　1939年（m.）

005348466　2878　2642
咸同滇變見聞錄
白壽彝校集　伊斯蘭文化學會編輯　重慶　商務印書館　1945年（m.）

005358564　2878　5611
騰越杜亂紀實
飯蘀老人著　上海　泰東圖書局　1916年　初版（m.）

005359014　2886　2344a　　2886　2344b
清宮二年記
德菱公主著　陳詒先、陳冷汰譯　上海　商務印書館　1937年（m.w.）

005359470　2887　8139
光宣小記
金梁著　1933年　初版（m.）

005359471　2888　2177
左文襄公征西史略
盧鳳閣編述　南京　陸軍大學　1947年

005393187　2889　3123
海軍實紀述戰上下篇
池仲佑編輯　北京　海軍部印刷所　1926年

005393188　2889　3214
追述戰勝法蘭西始末
馮子材著　濟南　1933年

005393197　2891　7347
甲午中日戰爭簡史

陸軍大學　南京　陸軍大學　1946年

005375926　2891　7914
中國最近三十年史
陳功甫編　上海　商務印書館　1934年
（m.）

003818137　2891.8　3808
臺灣戰紀
洪棄父著　黃德福標點　臺北　臺灣書店　1946年　臺1版

005393200　2893　0343.14
不幸而言中不聽則國亡
康有爲撰　上海　長興書局　1918年
（m.）

005375964　2893　2334
康有爲與梁啟超
吳澤著　上海　華夏書店　1948年　歷史人物再批判　（m.）

005393204　2893　3337
戊戌履霜錄四卷
退廬居士［胡思敬］著　南昌　1913年

005393202　2893　3934
戊戌政變記九卷
梁啟超著　193?年

005393207　2895　0664
庚子西行記事一卷
唐晏［震鈞］纂　香港　南林劉氏　1919年　永恕齋叢書

005381645　2895　1107
西巡大事記十一卷　卷首一卷
王彥威輯　王亮編　北平　1933年　清季外交史料

005405579　2895　121
瓦德西拳亂筆記
王光祈譯　上海　中華書局　1930年

005393210　2895　2333
庚子西狩叢談四卷
吳永口述　劉焜筆記　北京　廣華印刷局　1928年　（m.）

008438275　2895　2336
庚子義和團運動始末
吳宣易編著　上海　正中書局　1947年
（m.）

005375916　2895　2635
八國聯軍
儲褌編　上海　大衆書局　1936年

005393211　2895　4246
庚子剿辦拳匪電文錄
楊慕時輯　濟南　1915年

005405582　2895　4573
辛丑日記
華學瀾著　上海　商務印書館　1936年
（m.）

005376093　2895　5844
庚子使館被圍記
樸笛南・姆威爾原編　陳冷汰、陳詒先譯述　上海　中華書局　1916年
（m. w.）

005392758　2895　7953　2895　7953b
義和團運動史
陳捷撰述　何炳松校閱　上海　商務印書館　1931年　新時代史地叢書
（m.）

005405587　2899　2344
溥儀傳
德菱公主著　上海　良友圖書印刷公司　1932年　一角叢書　（m.）

005405590　2899　3212
宣統政紀
大連　遼海書社　1934 年

005405592　2899　4245
宣統帝大婚記
菊華撰　濟南　1922 年

005381598　2899　5944
滿宮殘照記
秦翰才著　上海　中國科學圖書儀器公司　1947 年　初版　（m.）

005348452　2903　1831.1
中華民國政治史
賈逸君著　北平　文化學社　1929 年（m.）

005348448　2903　5648
中國革命史
嘉義　蘭記書局　1946 年　（m.）

005348244　2903　6845
中國革命史
貝華編著　上海　光明書局　1939 年（m.）

005348451　2903　7915
中國革命史
陳功甫撰　上海　商務印書館　1930 年（m.）

005353847　2903　8344　　2903　8344b
中華民國建國史
鄭鶴聲編著　重慶　正中書局　1943 年（m.）

005353848　2903.2　4406
紀念節日史話
辜訓略編　曲江　中國文化事業局　1944 年　（m.）

008581554　FC3149
復辟詳志
張慼盦著　北京　1917 年　（m.）

005359569　2903.3　0464　FC753
民國十周紀事本末
許指嚴〔國英〕撰　上海　交通圖書館　1922 年　（m.）

005359638　2903.3　0484.2
中華民國革命全史
文公直著　上海　益新書社　1929 年（m.）

005364841　2903.3　1831
中華民國史
賈逸君撰　北平　文化學社　1930 年（m.）

005365113　2903.3　4822
二十年來的中國
賀嶽僧著　重慶　獨立出版社　1943 年
　二十年來各國興衰史叢書　（m.）

007718348　FC5179　FC－M1541
最近之五十年
申報館編　上海　申報館　1923 年　初版　（m.）

005368697　2903.4　3687
五十年來的中國
潘公展主編　重慶　勝利出版社　1945 年　（m.）

005369350　2903.4　6132
黑雲暴雨到明霞
羅家倫著　上海　商務印書館　1946 年　初版　（m.w.）

005381695　2903.7　2334
當代史剩
上海周報社編印　上海　上海周報社

1933年　（m.）

005381696　2903.7　2367
中華開國史
國民書局編輯　上海　國民書局　1926年　（m.）

005249176　2903.7　3122　FC739
現代史料
海天出版社編　上海　海天出版社　1933—35年

005405575　2905　0088
辛亥首義史跡
辛亥首義同志會主編　濟南　1946年　（m.）

005405487　2905　0214
辛亥革命史
郭真[高爾松]著　上海　北新書局　1929年　（m.）

005405578　2905　0232
中國革命史話
高良佐著　1945年

005387368　2905　1193
辛亥革命與列強態度
王光祈譯　上海　中華書局　1929年　（m.）

005405583　2905　2304
辛亥殉難記六卷　卷首一卷
吳自修[慶坻]撰　1921年

005397718　2905　2304
辛亥殉難記
吳子修[慶坻]撰錄　金息侯增訂　天津　1935年序　（m.）

005405584　2905　2313B
辛亥革命與袁世凱
黎乃涵[黎澍]著　上海　生活書店　1948年　青年自學叢書　（m.）

005422723　2905　3225.2a　T　2905　3225.2a
革命逸史
馮自由著　上海　商務印書館　1946—47年　初版　（m.）

011882193　DS773.52.Z436　1947
辛亥革命回憶錄
張奚若[述]　丕強[錄]　上海　生活書店　1947年　（m.）

005416716　2905　4122
辛亥革命史
左舜生編　上海　中華書局　1934年　中華百科叢書　（m.）

005405536　2905　4241
革命建國韻語
胡去非著　重慶　國民圖書出版社　1944年　初版　（m.）

005405556　2905　4268
辛亥革命北方實錄
胡鄂公著　上海　中華書局　1948年　初版　（m.）

005417160　2905　4461
中國的革命運動
蔣國珍著　湯彬華編輯　上海　世界書局　1927年　（m.）

005417161　2905　5573
中國革命運動與國防
中央陸軍軍官學校編　成都　黃埔出版社　1939年　黃埔季刊選輯

005417162　2905　5648
中國革命記
上海自由社編　上海　上海自由社

1912 年 （m.）

011906273　DS721.P712　1939
中國及其未完成的革命
普拉特著　蔣天佐譯　重慶　讀書生活出版社　1939 年　（m.）

005417165　2905　9222
辛壬春秋
尚秉和纂輯　廣州　歷史編輯社　1924 年

005433845　2905.1　3225
中華民國開國前革命史
馮自由著　上海　革命史編輯社　1928—30 年　（m.）

005416471　2905.1　3225b
中華民國開國前革命史
馮自由著　重慶　中國文化服務社　1944 年　初版　中國國民黨叢書（m.）

005433846　2905.1　7169
中華民國開國前革命文獻
陸曼炎編　香港　拔提書店　1937—45 年

005416547　2905.3　3225
華僑革命開國史
馮自由撰　上海　商務印書館　1947 年（m.）

011987034　DS732.N2519　1929
中華民族之國外發展
長野朗著　黃朝琴譯　上海　國立暨南大學南洋文化事業部　1929 年　初版　南洋叢書（m.）

005433848　2905.3　4841
南洋霹靂華僑革命史跡
黃警頑等編　上海　文華美術圖書公司

1933 年

005433842　2905.5　2226
廣州辛亥三月二十九日革命記
鄒魯撰書　長沙　商務印書館　1939 年

005444780　2905.5　4828
廣州三月二十九日革命史
鄒魯編　革命紀念會編輯　上海　民智書局　1926 年

005433843　2905.5　4828b
廣州三月二十九日革命史
鄒魯編　重慶　中國國民黨中央執行委員會宣傳部　1944 年

005422639　2905.5　6720
黃花岡烈士殉難記
國民編譯社編輯　1927 年　3 版

005422638　2905.7　1342
湖北革命知之錄
張難先[南軒]著　上海　商務印書館　1945 年　（m.）

009410527　T　2905.7　1342b
湖北革命知之錄
張難先[南軒]著　上海　商務印書館　1946 年　初版　（m.）

005439257　2905.7　5612
武昌革命真史
曹亞伯著　上海　中華書局　1930 年（m.）

005422523　2905.8　3317
西事彙略
迤西陸防各軍總司令部　迤西　迤西陸防各軍總司令部　1912 年

005426475　2906　7247　T　2906　7247
六君子傳

陶菊隱著　上海　中華書局　1948年
(m. w.)

005426673　2906.1　2643
袁世凱與中華民國
白蕉編著　上海　人文月刊社　1936年
(m.)

008580333　FC2988
袁前大總統略傳
高明鏡著　香港　順天時報社　1916年

005426490　2906.1　4804　T 2906.1　4804
袁氏盜國記
黃毅編述　上海　國民書社　1916年
增訂3版　(m.)

005445054　2906.1　7245
大中華民國史
馬大中著　北平　中華書局　1929年
(m.)

005433839　2906.1　7245b　FC7775　Film Mas 31675
袁氏當國史
馬震東［大中］編　北平　中華書局
1930年　(m.)

005445055　2906.2　7256
洪憲紀事詩本事簿註二卷
劉成禺著　重慶　京華印書館　1945年
(m.)

005433840　2906.3　0320
康梁徐討袁文附孫洪伊文
康有爲等著　山藩　世界日報　1916年

005258946　2906.3　0366
雲南首義擁護共和始末記
庾恩暘著　昆明　雲南圖書館　1917年
(m.)

005433841　2906.3　1041
軍務院考實附兩廣都司令部考實
兩廣都司令部參謀廳編纂　上海　商務印書館　1916年　(m.)

005445056　2906.3　1230　FC9553　Film Mas 35992
護國軍紀實
鄧之誠著　北平　燕京大學歷史學會
1935年　(m.)

005433852　T 2906.3　4432
民四雲南首義再造共和節略
李鴻綸著　上海　協記華新印刷廠
1943年

005445058　2906.6　3382
甲子清室密謀復辟文證
清室善後委員會　北京　清室善後委員會　1929年　故宮叢刊　(m.)

005445059　2906.6　7243
癸亥政變記略
劉楚湘輯　上海　泰東圖書局　1924年

005445061　2906.7　0425　FC9557　Film Mas 36011
庚申粵人驅賊始末記
譚微中輯　廣州　1920年

005445062　2906.7　2346
江浙兩軍大戰史
上海世界和平社編輯　上海　世界和平社　1924年

005433658　2906.7　3065
奉直戰史
上海宏文圖書館編　上海　上海宏文圖書館　1925年　(m.)

008580515　FC3102
我所知道的國民軍與國民黨合作史
馬伯援著　1931年

005445064　2906.7　3074
奉直大戰史
寄塵居士編著　上海　上海唯一圖書館
　1922 年

005445065　T　2906.7　4418
李烈鈞出巡記
民權出版部編輯　上海　民權出版部
　1926 年　（m.）

005445066　T　2906.7　5820
善後會議史
費保彥編　北京　明星晚報社　1925 年
　（m.）

005433748　2906.7　6520
湘軍援鄂戰史
國史編輯社編　上海　神州書局　1921
年　（m.）

005445068　T　2906.7　6573
國民軍甲子革命
國民軍革命紀念委員會編　香港　國民
軍革命紀念委員會　1936 年

005445069　2906.7　7157　FC9554　Film Mas　36015
奉直二次新戰史
民強書局編輯　上海　民強書局
　1926 年

005438995　2907　1643
"五四"卅周年紀念專輯
"五四"卅周年紀念專輯編委員會編　新
華書店　1949 年　第 1 版

005445072　2907　2134
五四運動史
包遵彭著　南京　青年出版社　1946 年
　再版　（m.）

005444647　2907　7904
五四運動之史的評價
陳端志著　上海　生活書店總經售
　1936 年　（m.）

005461357　2907.5　4238
民國十五年中國學生運動概況
楊家銘著　上海　光華書局　1927 年

005489319　2908　6748
赤禍錄第一至□集
國民革命軍總司令部政治訓練部編
1927 年

005454652　2908.5　4527　FC9596　Film Mas　35935
中國獨立運動的基點
戴季陶［傳賢］撰　廣州　民智書局
　1925 年　（m.）

005461360　2908.5　5034
五卅兇手之供狀
洛黎史密斯著　上海　1926 年

005461361　T　2908.5　7292
五卅血案實錄
劉懷仁等編輯　上海　上海學生聯合會
　　1925 年　上海學生聯合會五卅叢書
（m.）

005461363　2909　0484
國民革命北伐成功史
史地研究社徵集　文公直主編　上海
新光書店　1929 年　（m.）

008166673　MLC - C
國民政府之統一廣東政策與反革命勢力
1925 年　（m.）

005387501　2909　1342
中國國民革命史略
張梓生著　上海　商務印書館　1937 年
　中學國文補充讀本　（m.）

005461366　2909　1446
涿州戰紀
夏壽田述　1929年

008630956　FC6062
有關北伐抗戰軍事史料六
192?—3?年

005461367　2909　7854
北伐行軍日記
歐振華著述　廣州　光東印務局
1931年

005454288　2909　8632
第四軍紀實
第四軍紀實編纂委員會編　廣州　懷遠
文化事業服務社　1949年

005471705　2910　1308　FC8480　Film　Mas　32029
中國革命論
張韶舞著　杭州　中央航空學校政治訓
練處　1934年　中央航空學校政治叢書
（m.）

005471706　2910　8612
國難文存
曾琦著　1933年

005536132　2910.1　8446
算舊賬
老朽編輯　汪精衛著　上海　泰東圖書
局　1928年

005471707　2910.2　0323
兩年來責任內閣制下行政院長汪兆銘之總結算
廣州先導社編輯　廣州　廣州先導社
1934年

005471708　2910.2　5520
民國二十二年之建設
中國國民黨中央統計處編　南京　中央
統計處　1934年　（m.）

005471709　2910.2　5520.2
民國二十三年之建設
中國國民黨中央統計處編　南京　1935
年　（m.）

005461083　2910.2　5602
十年來的中國
中國文化建設協會編　長沙　商務印書
館　1938年　再版　（m.）

005471704　2910.3　1092
兩廣叛亂內幕
南京　1936年

008580323　FC2979
擴大的中共中央四中全會告中國工農紅軍書
中國共產黨中央委員會四中全會撰
1931年

005577483　2911.3　7094
爲堅決執行優待紅軍條例切實檢查優待紅軍工作命令第18號
閩贛省革命會　黎川　黎川縣革命委員
翻印　1933年

008580338　FC2991
由於工農紅軍衝破第三次"圍剿"及革命危機逐漸成熟而產生的黨的緊急任務中央決議案
1931年

005555661　2911.4　6134
剿赤紀要
羅爲雄編　趙一肩校　南京　1932年

005555668　2911.4　8144
剿匪畫冊
國民革命軍第29軍川陝邊區剿匪督辦

公署　濟南　1933 年

005555675　T　2911.8　4206
西行漫記
愛特伽・斯諾著　王厂青等譯　上海
復社　1938 年　（m.w.）

006618322　2911.8　4206.1
長征 25000 里
愛特伽・斯諾著　史家康等譯　上海
新流書店　1949 年　（m.）

005555677　T　2911.8　4207
續西行漫記
Nym Wales 著　胡仲持等譯　香港　復
興書局　19?? 年　（m.w.）

009820035　2911.8　4207b
續西行漫記
威爾斯著　胡仲持等譯　香港　復興書
屋　1939—76 年　（m.w.）

005555679　2911.8　4477
剿匪紀實
薛岳著　濟南　1936 年

005577482　2912　3191
擁護臨時中央政府對日宣戰動員的決議案江西全省第一次工農兵蘇維埃大會
江西全省工農兵蘇維埃大會　1932 年

008569228　FC3264
中央政治局關於國民會議問題決議案
中國共產黨中央政治局　延安　該局
1931 年

005555682　T　2913　2983
九一八國難紀念集
徐善宏主編　上海　東方日報館出版部
　1933 年

005559255　2913　4283
東北事變之國際觀
胡愈之著　上海　良友圖書印刷公司
1932 年　一角叢書

005555634　2913　5667
萬寶山事件及朝鮮排華慘案
南京　中國國民黨中央執行委員會宣傳
部　1931 年　（m.）

005559240　2913　6174
瀋陽事件
羅隆基著　上海　良友圖書印刷公司
1931 年　一角叢書　（m.）

005559241　T　2913　6522
日本侵佔東北真相畫刊
良友圖書印刷公司編輯部編輯　上海
良友圖書印刷公司　1931 年

005559258　2913.2　4345
"九・一八"十一周年紀念日之聲明
史蒂生　蒙藏委員會編譯室　香港　蒙
藏委員會　1942 年　抗战小叢刊

005559242　2913.2　6716
國際聯盟調查團報告書
上海　上海明社　1932 年　（m.）

005559243　T・2913.3　2210
上海抗日血戰史
何天言編　上海　現代書局　1932 年
（m.）

005254968　2913.3　244
淞滬中日血戰初集
愛華編訂　香港　聚珍印務書樓
1932 年

005559244　2913.3　2639
淞滬抗日之血痕
詹寶光編輯　上海　文華美術圖書公司

1932年　（m.）

005555436　2913.3　3326
淞滬和戰紀事
1932年　（m.）

005555531　T 2913.3　3913
淞滬禦日血戰大畫史
上海　文華美術圖書公司　1932年（m.）

005559245　2913.3　4028
淞滬戰鬥詳報
蔡廷鍇、蔣光鼐、戴戟合著　193？年

005559246　2913.3　4046
松滬血戰經過
莫克明編輯　上海　中國國際宣傳社　1932年　國難刊物

005559247　2913.3　4059
十九路軍殺賊記
夢蝶編　三藩市　世界日報　1932年（m.）

005555640　2913.3　6407
十九路軍抗日戰史第一、二集
戰地新聞社編　上海　戰地新聞社　1932年　（m.）

005555618　2913.3　8264
松滬血戰回憶錄
翁照垣述　羅吟圃記　上海　申報月刊社　1933年　初版　申報月刊社叢書

005559250　2913.4　0478
長城察北的抗戰
辛質著　上海　黑白叢書社　1937年（m.）

005563215　2913.4　2246
榆關抗日戰史
何柱國著　上海　中國國際宣傳社　1934年　（m.）

005563219　T 2913.4　4801
察哈爾抗日實錄
趙謹三纂輯　濟南　1933年　馮煥章先生叢書　（m.）

005422445　2916　136
抗日民族統一戰綫的分析與批判
張國燾著　廣州　統一出版社　1940年

005426821　2916　3229
國共合作的未來
馮傑著　上海　今日問題研究社　1937年　（m.）

008563845　FC1682
論國共合作
馬健撰　香港　北社　1949年　（m.）

008600832　FC1064(N)
田錦、保定、宜、元氏、正德、樂亭等共產黨地方或特支組織每周報告表各一份 1926
1926年

008580246　FC2923
中國共產黨致中國國民黨書
中國共產黨中央委員會　延安　1936年

008569173　FC3258
中國國民黨肅清共產黨之緣起及經過
上海　1927年

005539788　2916.2　1147
"一二・九"與青年
華中新華書店編印　1948年

005426822　2916.2　1243
"一二・九"：劃時代的青年史詩
上海　學習出版社　1947年　學習叢書

005433849　2916.3　2284
雙十二與民族革命
何鏡華編著　香港　時代批評社　1941
年　再版　（m.）

005433851　2916.3　4274
中國的新生
勃脫蘭著　林淡秋譯　上海　譯報圖書
部　1938年

007975049　2916.3　4382.2
蔣委員長西安半月記蔣夫人西安事變回
憶錄
蔣中正、蔣宋美齡　上海　正中書局
1946年　滬1版

005426251　2916.3　7212
增補訂正蔣委員長西安蒙難記
劉百川編　上海　汗血書局　1937年
8版

005433854　2917　0213
八年抗戰
高天著　香港　新中出版社　1946年
我們的祖國小叢書　（m.）

005445083　2917　0589
廣東全省高中以上員生戰時鄉村服務參
考資料彙編
廣東全省高中以上員生戰時鄉村服務指
導委員會　香港　廣東全省高中以上員
生戰時鄉村服務指導委員會　1938年

005433856　2917　0595
廣東省抗戰經過概要
廣州　1941—50年

005433857　2917　0686
論目前時局
香港　時事研究社　1941年　（m.）

005433858　2917　0824.3
空軍足以摧毀日本論
龔德柏著　重慶　商務印書館　1943年
（m.）

005426790　2917　1324
遠東新形勢
藹・夏逖卡斯著　仲持、賓符、梅益合譯
上海　上海遠東出版社　1940年　（m.）

005433859　2917　2013
中國的抗戰日本侵華大事記第二集
白水編撰　上海　密勒氏評論報　1938
年　（m.）

005433860　2917　2112
中國抗戰軍事發展史
盧豫冬著　上海　一般書店　1941年
中國近代史叢書　（m.）

005433701　2917　2208.1
八年抗戰之經過
何應欽編著　南京　1946年　（m.）

008627234　FC732(N)
抗戰以來敵寇誘降與國民黨反動派妥協
投降活動的一筆總賬
上海　華東新華書店　1949年　（m.）

005445085　2917　2208.2
三年來之抗戰經過
何應欽著　重慶　中訓團印刷所　1940
年　（m.）

005445086　2917　2208.3
五年來之抗戰經過
何應欽著　重慶　勝利出版社　1942年
　抗戰叢書　（m.）

003537648　FC2321
海軍抗戰事跡
1941年　（m.）

005445088　2917　2208.5
何上將抗戰期間軍事報告
何應欽著　濟南　1948年　（m.）

011763395　DS777.53.L465　1938
抗日戰略論
平心著　漢口　光明書局　1938年　民族解放叢書　（m.）

011931747　DS777.53.K89　1948
抗日戰術經驗談
關麟徵講　成都　拔提書店　1948年初版　（m.）

011735543　U102.L654　1937
民族解放戰爭的戰略和戰術
淩青著　上海　上海雜志　1937年　新軍事學叢書　（m.）

005539354　2917　2384
六個月來的抗戰
虞念菱編　漢口　全民出版社　1938年　（m.）

005445090　2917　2437
抗戰的經驗與教訓
千家駒、胡愈之、張鐵生編　重慶　生活書店　1939年

005445091　2917　2472
還我河山
傅學仁著　上海　光復出版社　1945年　（m.）

005433650　2917　2636
我國對日抗戰史
朱翊新主編　上海　大東書局　1948年　新兒童基本文庫　（m.）

011908045　DS777.53.L485　1945
中日八年戰爭回顧
廖子東著　興寧[廣東]　時事日報社　1945年　（m.）

005444569　2917　2643
驅逐日本強盜出中國
魯傑編　漢口　大時代書店　1938年初版　（m.）

005254489　2917　2911
抗戰中的西北
徐盈著　上海　生活書店　1938年　（m.w.）

005445093　2917　2914
抗戰志略
朱子爽著　南京　國民圖書出版社　1947年　再版

005445094　2917　2922
中國抗日大戰紀
徐嵩齡著　廣州　明正出版社　1947年

003537626　2917　3107
學生從軍紀實
軍事委員會軍政部兵役署役政司編　1945年　（m.）

005445095　2917　3213
不忘國仇問答
馮玉祥編　漢口　三户圖書社　1938年　增訂再版　（m.）

005445096　T　2917　3213.3
[馮副委員長]抗戰十問圖說
馮玉祥編　濟南　1939年　（m.）

005445097　T　2917　3213.5
抗日的偉大民眾
馮玉祥編　漢口　三户圖書社　1938年　（m.）

005445098　T　2917　3213.56
抗戰哲學

馮玉祥著　桂林　三户圖書社　1943 年　（m.）

005433789　2917　3214
中國抗戰史
馮子超編　康丹校　上海　正氣書局　1946 年　再版　（m.）

005539784　2917　3232
中國抗戰史
海外流動宣傳團編　廣州　海外流動宣傳團駐粵總辦事處　1947 年　（m.）

005445100　T　2917　3526
抗戰四年
軍[事]委[員]會政治部編　濟南　1941 年　（m.）

005445101　T　2917　3526.6
日寇暴行實錄
軍事委員會政治部編印　濟南　1938 年　（m.）

005445102　2917　3526.7
民族之血
軍事委員會政治部編　武昌　1938 年　（m.）

005445110　2917　4022
抗戰文獻
獨立出版社輯　重慶　獨立出版社　1928 年　戰時綜合叢書　（m.）

005445114　2917　4121
蘆溝橋事變以來中日戰爭史料搜輯計劃書
姚從吾撰　濟南　1939 年

005433651　2917　4204
八年抗戰史料圖解
楊應彬[楊石]編繪　廣州　聯美書店

1947 年　（m.）

005405572　2917　4464
續和戰問題之討論
南華日報社編輯部編輯　香港　南華日報社　1939 年　南華日報社叢書（m.）

005397133　2917　4484
民眾動員論
李公樸著　上海　生活書店　1938 年　救亡文叢　（m.）

005397448　2917　453
中國對日戰事損失之估計 [1937—1943]
韓啟桐編著　上海　中華書局　1946 年　國立中央研究院社會科學研究所叢刊

005405574　2917　4534
敵軍戰場日記
韓澤編　上海　群眾圖書公司　1946 年

008581617　FC3826
從國際形勢觀察中國抗戰前途
陳獨秀著　廣州　亞東圖書館　1938 年　（m.）

007778952　FC495(N)
獨秀叢著清樣本
陳獨秀著　1948 年

008630490　FC483
告全黨同志書
陳獨秀撰　1929 年

003537635　2917　4680
各國作家論析兩年來的中日戰爭
世界知識社編　重慶　生活書店　1939 年　世界知識叢書　（m.）

008598266　FC1004(N)
緊急時期中的中國共產黨

陳獨秀著　1928年

008592775　FC2906
九一八以來國內政治形勢的演變
時事問題研究會編　1941年　抗戰的中國叢刊

008581684　FC3825
我們斷然有救
陳獨秀著　廣州　亞東圖書館　1938年

008563823　FC1709
我們今後怎樣工作
1926年

008616961　FC3828
我們現在爲什麼爭鬥
人民周刊社編印　廣州　人民周刊社　1926年

005405576　2917　4802
抗戰建國與復興民族
黃文山著　香港　更生評論社　1938年（m.）

005397876　2917　4822
中國全面抗戰大事記
華美晚報編　上海　美商華美出版公司　1938年　初版　（m.）

005417176　2917　4851
遷都重慶
趙授承編　上海　大成出版公司　1948年　中華民國歷史小叢書　（m.）

003537634　2917　5612　FC8219　Film Mas 32108
中國抗戰畫史
曹聚仁、舒宗僑編著　上海　聯合畫報社　1947年　（m.）

005417177　2917　5659
功罪是非錄九一八以來國民黨對內對外政策的歷史真相
抗戰史料編刊社　廣州　抗戰史料編刊社　1943年

005417178　2917　566
中日戰爭與國際
夏衍編　上海　抗戰出版社　1937年　抗戰小叢書　（m.）

005405538　T　2917　5667
抗戰第六周年紀念册
中國國民黨中央執行委員會宣傳部編　重慶　中國國民黨中央執行委員會宣傳部　1943年　（m.）

003537643　2917　5667（1944）　T　2917　5667（1944）
抗戰第七周年紀念册
中國國民黨中央執行委員會宣傳部編　1944年　（m.）

007975050　2917　5667.1
抗戰六年來之宣傳戰
中國國民黨中央執行委員會宣傳部　臺北　中國國民黨中央執行委員會宣傳部　1943年　抗戰建國六周年紀念叢刊（m.）

005417179　T　2917　5667.11
抗戰英雄題名錄第一集
中國國民黨中央執行委員會宣傳部編著　重慶　中國國民黨中央執行委員會宣傳部　1943年　抗戰建國六周年紀念叢刊　（m.）

003537627　2917　5667.14
三十年度抗戰建國工作實績
中國國民黨中央執行委員會宣傳部編　1942年　（m.）

005417167　T　2917　5667.2
四年來敵我情勢之比較

中國國民黨中央執行委員會宣傳部編印　重慶　1941年　抗戰第四周年紀念小叢書　（m.）

005417181　2917　5935
中國抗戰史講話
朱澤甫著　哈爾濱　光華書店　1948年再版　青年學習叢書　（m.）

005405366　T　2917　6170
八年抗戰經過概要
陳誠著　南京　1946年

005438880　2917　6721
戰鬥的兩年
現代中國周刊社編　上海　現代中國周刊社　1939年　現代中國叢書　（m.）

005417183　T　2917　6722
抗戰第一年
國民出版社編　重慶　1938年

005405363　2917　7141
抗戰外史
劉貫一著　濟南　膠東通訊社　1947年增訂版　（m.）

007801604　MLC－C
中國抗戰史演義一百回
杜惜冰著　上海　東方書店　1946年（m.）

005417184　2917　7945
抗戰軍事記略
陳孝威編著　貴陽　天文臺半周評論社貴陽分社　1940年　（m.）

005405547　2917　8296
抗戰叢刊第一至六輯
鄭光昭編　長沙　商務印書館　1938—39年　再版　（m.）

005405484　2917　8521
救亡手册
錢俊瑞、姜君辰等編　漢口　生活書店　1938年　（m.）

005417186　2917　8521.1
我國救亡運動史
錢俊瑞、姜君辰等編　漢口　生活書店　1939年

005417058　2917.1　4343
蘆溝橋之戰
田風著　上海　上海雜志公司　1937年初版　抗戰報告文學選輯（n.w.）

005417194　2917.2　1126.2
血戰南口記
王德昭編　河南　三一出版社　1941—46年　第三十一集團軍抗戰史話　（m.）

005405543　2917.2　6356
瞻回東戰場
范長江、羅平等著　漢口　生活書店　1938年　初版　（m.w.）

005405365　DS777.51.Y36　1938　T　2917.25　4221
滬戰實錄
楊紀編著　長沙　商務印書館　1938年（m.）

005438881　T　2917.25　4455
十九路軍抗日血戰史
朱伯康、華振中編　上海　神州國光社　1947年

005417168　2917.27　1126
台兒莊大會戰
王德昭編著　河南　三一出版社　1942年　第三十一集團軍抗戰史話　（m.）

005417170　2917.3　1029
湘北會戰

香港天文臺半周評論社編輯　香港　香港天文臺半周評論社　1940年

005524635　2917.3　2343.2
薛伯陵將軍指揮之德安萬家嶺大捷回憶
吳逸志編述　香港　中興書店　1940年

005148402　2917.3　2367
抗戰三年香港國民日報周年紀念冊
國民日報社編　香港　該社　1940年（m.）

005450556　T　2917.3　4222
湘北大捷紀實
楊先凱編　重慶　獨立出版社　1940年　初版　（m.）

005417171　2917.3　4234
湘北大捷
胡定芬等編著　長沙　中國抗戰史料社　1940年　中國抗戰史料叢書　（m.）

005417172　T　2917.3　4400
崑崙關血戰記
李誠毅編　廣西全縣　蘇報社　1940年（m.）

005417173　T　2917.3　5373
第二期抗戰之敵我形勢
中央陸軍軍官學校黃埔季刊編輯委員會　成都　黃埔出版社　1939年　黃埔季刊選輯

005417174　T　2917.3　7221
揚子前綫
阿特麗著　石梅林譯　上海　慧星書社　1940年　（m.）

005417175　2917.3　7332
長沙會戰紀實
國民政府軍事委員會第九戰區司令長官司令部編譯組編纂　香港　中興書店　1940年　再版　（m.）

005426806　2917.4　4931
四十七天衡陽保衛戰
蔡汝霖著　上海　中華書局　1946年　新中華叢書　（m.）

005426807　T　2917.5　1381
瞻回印緬戰塲
張公雅著　廣州　玩文齋　1946年（m.）

005417106　2917.5　1947
緬甸蕩寇志
孫克剛著　上海　時代圖書公司　1946年　再版　抗戰史料　（m.）

005416786　2917.5　1947b
緬甸蕩寇志抗戰史料
孫克剛著　廣州　國際圖書出版社　1946年　（m.）

005417134　T　2917.5　2284
印緬遠征畫史新一軍戰鬥寫真
何鐵華、孫克剛編著　上海　時代書局　1947年　（m.）

005426808　2917.5　3174
緬戰隨軍回憶錄
江肇基著　昆明　昆明掃蕩報　1945年

005417133　2917.5　4502
我們怎樣打進緬甸隨孫立人將軍遠征紀實
戴廣德著　貴陽　中共日報　1945年　貴陽中共日報叢書(m. w.)

005426809　2917.5　4853
緬北戰區戰車部隊後方勤務
趙振宇編　濟南　1944年　（m.）

005426810　2917.5　4914
緬甸遠征記
蘇一華著　香港　194？年

005387373　2917.5　6146
印緬之征戰戰鬥紀實
羅古著　南京　讀者之友社　1945年初版　（m.）

005426811　2917.5　8607
怒江戰役述要
美國新聞處編　重慶　1945年

005422683　T　2917.68　1135
西北遊擊戰
何其芳著　重慶　大公報出版部　1939年　初版　（m.）

005417059　T　2917.68　1330
粵戰七年
雲實誠著　廣州　前鋒報社　1946年初版　（m.）

005417057　T　2917.68　1691
魯北煙塵
石光著　漢口　上海雜志公司　1938年　初版　戰地報告叢刊　（m.）

005386836　2917.68　3562
遊擊戰爭
朱德等著　香港　東方出版社　1938年　（m.）

005416323　2917.68　7212
松花江上的風雲
周而復著　香港　神州圖書公司　1947年　初版

009256315　2917.7　2916
國共摩擦問題
徐孤星、陳于逸主編　廣州　國際文化編譯社　1941年

009478731　FC9368　FC2282
民初國共問題資料 no.1—100
192？年

009256040　2917.7　4236
國共問題
楊浚明編　香港　國家社會報　1941年　國家社會報小叢書

001357499　2917.7　5620
抗戰的新形勢與新策略
周恩來、王明等著　張憶敏編輯　漢口　天馬書店總經售　1938年

008627175　FC487
目前中國黨的組織問題
周恩來撰　1949年

008607016　FC493　FC－M4719
少山報告
周恩來註　1931年　中共三中全會材料

008580284　FC2953
在三全擴大會中關於傳達國際決議的報告
周恩來撰　濟南　1931年

005416599　2917.7　7922
全國總抗戰和保證抗戰的勝利
王明著　上海　南華出版社　1938年初版　（m.）

005426816　2917.7　7922.4
救中國人民的關鍵
王明著　蘇聯　1937年

005454763　2917.7　7922.6
日寇侵略的新階段與中國人民鬥爭的新時期
陳紹禹著　1937年

008580347　FC3000
彭德懷同志在北方黨的高級幹部會議上的報告提綱
彭德懷著　1940 年

005577440　T　2917.72　4229
三年來的抗戰
彭德懷著　香港　解放社　1940 年

005426818　DS777.53.P384　1940　T　2917.72　4229b
三年抗戰與八路軍
彭德懷著　香港　八路軍軍政雜誌社　1940 年　（m.）

005422680　T　2917.72　7966
西戰場速寫
陳思明編　上海　生生書店　1938 年初版　（m.w.）

005426820　T　2917.8　3123
今日之磨擦問題
進步社輯　重慶　團結書店　1940 年

005325094　T　2917.9　0220
間諜和漢奸
席徵庸編著　長沙　中華平民教育促進會　1937 年　農民抗戰叢書

005324911　2917.9　0234
羽書集
郭沫若著　上海　群益出版社　1947 年初版　（m.w.）

009256024　2917.9　0234.5
抗戰與覺悟
郭沫若著　上海　大時代出版社　1937 年　初版　抗戰小文庫（m.w.）

008580453　FC3058
黨的群眾路綫問題
劉少奇著　冀魯豫區黨委編　香港　冀魯豫區黨委印　1947 年

005325095　2917.9　0240
敵我在宣傳戰綫上
文化教育研究會　1941 年　文化教育叢書（m.）

008592774　FC2905
清算黨內的孟塞維主義思想爲黨的二十二周年紀念而作
劉少奇撰　1943 年

005324927　2917.9　0243
烽煙萬里由塞北到孤島
郭根著　美商好華圖書公司主編　上海　好華圖書公司　1939 年　（m.）

005331746　2917.9　0322
黑船到了東京聯合國受降見聞
文匯出版社編輯　廣州　1945 年

005325097　2917.9　1142
時局論叢
王芃生著　1945 年　（m.）

005331749　2917.9　1259
重慶・東京・河內
現代史料研究會編輯　香港　慈石出版公司　1939 年　現代史料叢書

005325099　2917.9　131
全國將領抗日談
張雲濤編輯　廣州　華光出版社　1938 年　（m.）

005325100　FC9475　Film Mas 35873　T　2917.9　1313
晉察冀的控訴
晉察冀軍區政治部編輯　香港　晉察冀軍區政治部　1946 年　晉察冀書報叢刊（m.）

005324934　2917.9　1330.1
粵戰場
雲寶誠著　曲江　大公報曲江分館

1943年　初版　（m. w.）

005325102　2917.9　1364
焦土抗戰
珠江日報社叢書部編纂　廣西　珠江日報社　1937年　珠江日報叢書　（m.）

005331587　2917.9　1546
日本兵的自白
尹若編著　漢口　大眾出版社　1938年　初版　（m.）

005324094　2917.9　1942
抗建七講
孫哲生［孫科］著　重慶　中山文化教育館　1941年

005325104　2917.9　2064
國民黨反動派對日妥協投降總賬
解放日報社編著　香港　時論出版社　1946年

005325107　T　2917.9　2263
抗戰以來
韜奮著　上海　韜奮出版社　1947年　3版　（m.）

005324666　T　2917.9　2263b
抗戰以來
韜奮著　香港　華商報館　1941年　初版　（m.）

005325109　T　2917.9　3889
劫後回憶錄
洪錦棠編著　廣州　榴連出版社　1946年

005324994　T　2917.9　4000
中國見聞錄
愛特伽·斯諾著　星光編譯社譯　香港　星光編譯社　1941年　初版　（m.）

005325113　2917.9　4813
八年抗戰回憶錄
黃強著　高雄　黃強　1948年

005348455　2917.9　4840
英美報章雜志論中國
新長城社編著　大連　大眾書店　1947年　（m.）

005331764　2917.9　5247
國立中山大學戰地服務團工作第一年
國立中山大學戰地服務團出版委員會編　香港　國立中山大學戰地服務團駐港辦事處　1939年　（m.）

005325125　T　2917.9　56
日本法西斯八年來在邊區的暴行
中國解放區臨時救濟委員會晉察冀邊區分編　1946年　（m.）

005324916　2917.9　5612
大江南綫
曹聚仁著　上海　復興出版社　1945年　初版　（m. w.）

005325126　2917.9　5626
南京的虐殺
曹白、東平等著　以羣選編　上海　作家書屋　1946年　抗戰以來報告文學選集（w.）

005324280　2917.9　5628
抗戰將領訪問記
郭沫若等著　香港　戰時出版社　1937年　戰時小叢刊（w.）

005331681　2917.5　5665　2917.9　5665
國立北平圖書館國立西南聯合大學合組中日戰事史料徵輯會工作報告
昆明　國立北平圖書館國立西南聯合大學合組中日戰事史料徵輯會　1939年

005331745　T　2917.9　6421
外人目睹中之日軍暴行
田伯烈編著　楊明譯　漢口　國民出版社　1938年　（m.）

005331747　2917.9　6765
國際視綫下的中日戰爭
國際時事研究會編　上海　一般書店　1937年　國際時事小叢書　（m.）

005331748　2917.9　7217
隨軍三月
1938年

005331151　T　2917.9　7919
血潮彙刊抗日十九路戰軍七十八師績第一集
陳靈谷、丘東平編輯　廣州　商務印書館總代理　1932年

005330631　2917.9　8136
日本侵華之間諜史
鶴鳴著　漢口　華中圖書公司　1938年（m.）

005331325　2918　4245
戰難和亦不易
胡蘭成著　上海　中華日報館　1940年　中華日報叢書　（m.）

005331321　2918.2　2173
中華民國維新政府成立初周紀念冊
中華民國維新政府行政院宣傳局編　鍾任壽、寧振銳校訂　上海　上海木村印刷所　1939年　（m.）

008583667　FC1290
和平反共建國文獻
南京　（僞）國民政府　1941年

008354544　DS777.53.A16　1941x
和平反共建國文獻國民政府還都周年紀念冊
宣傳部編輯　南京　宣傳部　1941年

005331751　2918.7　7910
日本鐵蹄下的東北農民
陳正謨編著　南京　中山文化教育館　1938年　抗戰叢刊

005331478　T　2919　1365
抗戰中的中國政治
延安時事問題研究會編　延安　新華書店　1940年　抗戰的中國叢刊

005331755　2919　2313
中國之抗戰
吳一心編　上海　中華書局　1948年　中華文庫　（m.）

005331153　2919　4413
從七七到八一五
李石涵撰　新華社編　漢口　新華書店　1949年　3版增訂本　（m.）

005324282　2919　5627
最後勝利
中國復興協會編　重慶　中國復興協會　1938年　初版

005331520　FC1305　T　2919　6576
抗戰中的中國經濟
時事問題研究會編　延安　抗戰書店　1940年　初版　（m.）

005330674　FC1304　T　2919　6576.5
抗戰中的中國教育與文化
時事問題研究會編　延安　抗戰書店　1940年　抗戰的中國叢刊　（m.）

005331756　2919　8124
中國前瞻與後顧
金仲華等著　重慶　十日文摘社　1938

年　瞭望叢書

005331757　2919.7　4894c
延安歸來
黃炎培著　東北書店　1946 年　（m.）

009410794　T　2919.7　4894d
延安歸來
黃炎培著　山東　山東新華書店　1945 年　（m.w.）

001358855　T　2919.7　8151
延安見聞錄
金東平著　重慶　獨立出版社　1945 年　（m.）

005331586　T　2919.8　4484b
華北敵後——晉察冀
李公樸著　山西　山西太行文化出版社　1940 年　初版　（w.）

005331758　2920　5662
抗日戰爭最後勝利
臺北　新青年書局　1945 年　（m.）

005331760　2920.2　4804
日本投降的經過
黃文英編著　重慶　中國復興文化社　1945 年　勝利叢書　（m.）

005331761　2920.2　6471
南京受降記
嚴問天等編著　貴陽　四人出版社　1945 年　（m.）

005331322　2920.2　7321
中國戰區中國陸軍總司令部受降報告書
中國陸軍總司令部編　南京　中國陸軍總司令部　1946 年　（m.）

005331323　2920.2　7321.1　76G 16007
中國戰區中國陸軍總司令部處理日本投降文件彙編
中國陸軍總司令部編　南京　中國陸軍總司令部　1945 年

005340870　2921　4000
戰後新中國
教育部編　上海　中華書局　1946 年　初版　（m.）

005348407　2921.2　0814
偉大的二·二二青年愛國運動
顏武編　重慶　光芒出版社　1946 年　（m.）

005340727　2921.2　1122
一二·一民主運動紀念集
于再先生紀念委員會編輯　上海　鎮華出版社　1946 年　第 1 版

005340853　2921.2　1303
雲南內幕
張文實著　廣州　昆明觀察出版社　1949 年　再版

005348408　T　2921.2　4205
一二·一的回憶
胡麟著　香港　海虹出版社　1949 年

005340531　T　2921.2　4622
愛用國貨慘案真相
怒吼出版社編　上海　怒吼出版社　1947 年　（m.）

005341222　T　2921.2　5247
血債"五·卅一"紀念手冊
國立中山大學學生工作委員會三編　廣州　國立中山大學學生工作委員會　1947 年　（m.w.）

005348409　T　2922　0243
什麼人應負戰爭責任 日本投降以來大事

月表
新華[通訊]社編　上海　新華書店
1949年

005340934　2922　0838
新籌安會
華北新華書店編　香港　華北新華書店
1947年　時事學習文件　（m.）

005341308　2922　6446
一九四六至一九四九國共內戰大事月表
新民主出版社編　香港　未名書屋
1949年

005348414　2922　6701
綏靖區總體戰之研究
國防部政工局編　南京　1948年　總體戰叢書　（m.）

005340906　2922　7212
東北橫斷面
周而復著　廣州　今日出版社　1946年
（m. w.）

005353286　2922　7916　HN673.5.C45
向炮口要飯吃全國學生反內戰反饑餓運動紀實
陳雷編著　上海　滬濱書店　1947年

005353402　2922　8776
人民反戰運動
廣州　和平社編輯發行　1946年
（m.）

005353836　2922.5　4213
中國民主之路
蕭聰編　香港　現代史料社　1946年
中國現代史料叢刊　（m.）

005353349　2922.6　0464
新中國的曙光
新華日報館編　廣州　中國出版社
1946年　（m.）

005359255　2928　1133.1
論剿共戰爭
王道著　左營　海軍軍官學校訓導處
1949年　剿匪問題研究叢書

005387496　2940　7169
辛亥開國史
陸曼炎編著　重慶　名山出版公司
1945年　（m.）

011977781　DS773.K87　1912
中國革命紀事本末
郭孝成編　上海　商務印書館　1912年
（m.）

009268598　DS774.I7　1947x
中國革命史
Harold R. Isaacs著　劉海生譯　上海
嚮導書局　1947年

008592730　FC2873
共和關鍵錄
觀渡廬編　上海　著易堂書局　1912年
（m.）

008578999　FC2025
革命債券種類表
黃伯耀編　南京　中國國民黨中央執行委員會革命債務調查委員會　1935年

005387146　2970　0484
最近三十年中國軍事史
文公直著　上海　太平洋書店　1930年
（m.）

011988889　DS774.W43　1935
中華民國革命史卷上
萍水文郎[文公直]著　上海　新文化書

社局　1935 年　（m.）

007980626　2970　8681
中華民國開國史
谷鍾秀著　上海　泰東圖書局　1926 年
　5 版

005386936　2970.3　1316
歷史回憶
張西曼著　姚雪垠主編　上海　東方印
書社　1949 年　初版　現代史料叢刊
（m.）

006503422　DS777.2.Y89　C48　1917x
中華民國再造史
游悔原編　上海　民權出版部　1917 年
　（m.）

009552283　2975.4　6118
壬子邊事管見
羅廷欽撰　北京　法輪印字局　1913 年

005387500　2980　0453
陳炯明叛國史
謝盛之、魯直之、李睡仙編　福州　新福
建報經售　1922 年　（m.）

008580533　FC3141(N)
北京慘案真相
上海　中華民國學生聯合會總會印行
1926 年

008563844　FC1683
漢口慘殺案
高爾松、高爾柏撰　香港　青年政宣會
　1925 年

008563843　FC1684
沙基慘案紀念大會特刊
國民黨上海特別市黨宣傳部　上海　國
民黨上海特別市黨宣傳部　1927 年

008580395　FC3026
學生救國全史
潘公展編輯　上海　泰東圖書局
1919 年

008687840　FC722
國共合作清黨運動及工農運動文鈔
194？年

008616966　FC2997
本校清黨言論集
中央軍事政治學校政治部宣傳科編印
廣州　中央軍事政治學校政治部宣傳科
　　1927 年　黃埔小叢書

008563841　FC1688
清黨叢書
國民黨廣西執委會宣傳部　香港　國民
黨廣西執委會宣傳部　1927 年

008627178　FC779
清黨運動概論
上海　中山書店　1927 年　（m.）

008580365　FC3011
論北伐
上海嚮導周報社編輯　上海　嚮導周報
社　1926 年　嚮導叢書

008627010　FC768
三年來的國民革命軍—名國民革命軍戰史
蔣中正［介石］撰述　上海　光明書局
1929 年

008627153　FC781
赤色檔案
黎民魂編著　北京　1928 年

008223256　MLC–C
論中國之命運
艾思奇、范文瀾著　香港　曉明社
　1946 年

008580439　FC3053
當前的緊急任務
魯中大眾日報社編　香港　新華書店
1945 年

008580437　FC3054
黨國大事討論集
太原平社編輯　濟南　1930 年　（m.）

005471710　FC8102　Film Mas　32015
廣州事變與上海會議
廣州平社編輯　廣州　廣州平社　1928 年　（m.）

007439643　KNN440.F4　1946x
從法律之外到法律之內
費青著　上海　生活書店　1946 年　初版　（m.）

011811575　JF441.D664　1926
代議立法與直接立法
董修甲著　上海　商務印書館　1926 年　初版　百科小叢書　（m.）

011892474　K230.C481　F3　1920
通俗法制經濟
瞿鉞著　吉林　吉長日報社　1920 年　（m.）

004336875　CHIN　906　CHA　K355.Z436　1934
現代法制概論
章淵若編　上海　商務印書館　1934 年　（m.）

011912185　JF55.5.C4　C4　1936
戰後各國新憲法之研究
儲玉坤編著　南京　正中書局　1936 年　初版　社會科學叢刊

008592973　FC3061
討蔣文電彙編第二集
濟南　1931 年

008580392　FC3024
紅軍讀本第一冊
中國工農紅軍方面軍政治部編　1936 年

007519514　FC4297
紅色文獻
廣州　解放社　1938 年　（m.）

008580253　FC2930
政治課材料
中國工農紅軍一方面軍一軍團政治部編
1936 年

007560931　FC349(N)
中國革命基本問題
薛暮橋著　香港　南海出版社　1948 年　增訂本　（m.）

011911760　DS775.T8512　1930
中國革命問題
托洛茨基著　楊笑湛譯　香港　中國革命問題研究會　1930 年

008630612　FC1746
中國革命問題
托洛次基著　克全校譯　香港　春燕出版社　1947 年　新旗叢書

008580227　FC2895
中共不法行爲及破壞抗戰事實紀要
廣東　中心出版社　1941 年

008581567　FC3167
反對五次"圍剿"運動的報告大綱
瑞金　中國共產黨　1933 年

011908842　PL2744.P6　K3　1928
抗争
鄭伯奇著　上海　創造社出版部　1928 年　初版　（m.w.）

009414302　T　2989　6345
日軍在中國東北虐殺民衆慘狀
1931—32 年

007801289　MLC – C
震動世界的八百壯士
上海　時事研究社　1937 年　（m.）

008579034　FC2047
抗日救亡言論集
張學良、楊虎城著　西安　抗日聯軍臨
時西北軍事委員會　1936 年

005392721　2991　0416
民衆基本論
章乃器著　廣州　上海雜志公司　1937
年　（m.）

003537642　FC2741
國民精神總動員運動
三民主義青年團中央團部編　1941 年
（m.）

005387503　2991　2135
論抗日戰爭的現勢及其教訓與勝利的關
鍵毛澤東與梅傑・堡脫蘭談話
毛澤東著　濟南　高原出版社　1937 年

009418951　T　2991　2343
紅軍競賽宣傳單 1 張
香港　中國抗日紅軍鎮西政治部
1937—45 年　油印

003537632　FC2319
政府抗敵的準備
沈思編　上海　準備書局　1937 年
（m.）

009541640　MLC – C
政府抗敵的準備
沈思編　上海　準備書局　1937 年
（m.）

007490548　FC8991　Film　Mas　34388　T　2991　3961
察哈爾抗日同盟軍四周年紀念冊
察哈爾抗日同盟軍四周年紀念會　香港
　該會　1937 年　（m.）

008616986　FC3039
皖南事變的真相及蘇北事變的真相
陳毅著　延安　1944 年

008580477　FC3070
新四軍事件真相
廣東中心出版社編　廣東　中心出版社
印　1941 年　（m.）

008580242　FC2918
站在抗戰的立塲上對於新四軍事件講幾
句公道話
濟南　1941 年

009418932　T　2991　5632
抗日宣傳單 3 張
中國抗日紅軍鎮西政治部編刋　香港
中國抗日紅軍鎮西政治部　1937—45
年　油印

007822876　MLC – C
反迫害反扶日
香港　中國文化社　1948 年

008630491　FC485　FC – M4720
何孟雄意見書
何孟雄著　上海　1931 年

008627157　FC778
江蘇政治狀況與黨的任務和策略
鏡松著　上海　中華書局　1929 年　新
文化叢書

008581600　FC3195
目前形勢的分析
香港　理論與實踐社　1936 年

009293655　T　2991　5640
目前政治形勢與黨的任務決議 15 頁　附抗日救國宣言
中國共產黨中央政治局編　香港　中國共產黨中央政治局　1935 年　複寫紙謄寫本

008592716　FC2863
宋任窮同志六月十五日在中央局黨校關於政治工作的報告
香港　晉冀魯豫軍區政治部印　1947 年

008576444　FC484
我們的政治意見書
陳獨秀撰　濟南　1929 年

008592773　FC2894
中央關於江蘇省委工作的決議
濟南　1931 年

009418936　T　2991　5640.1
中國共產黨中央給中國國民黨三中全會電 1 頁
中國共產黨中央委員會　香港　中國共產黨中央委員會　1937 年　油印

011919453　DS777.535.C6　1947
晉察冀行
周而復著　佳木斯　東北書店　1947 年　初版　(m.)

011987168　PL2772.O53　S3　1931
少年先鋒
高沐鴻著　北平　震東印書館　1931 年　初版　(m.w.)

008630622　FC741
論戰爭
李發才　廣州　前衛出版社　1940 年

003537640　FC2739
三年後之中國
挽沉等編　廣州　中美出版社　1939 年　(m.)

011910050　PL2602.I5　1937
打回老家去
易揚著　張庚編著　上海　戲劇出版社　1936 年　初版　(m.w.)

003537633　FC2740
抗戰第八周年紀念册宣傳部
1945 年　(m.)

008568046　FC2343
勝利的三年
江西省上饒　前綫日報社出版　1940 年　(m.)

005392352　FC355
抗日戰爭之意義
陳獨秀著　上海　分售處五洲書報社　1937 年　再版　(m.)

011882688　DS777.5315.L46　1948
抗戰回憶錄
李先良　青島　乾坤出版社　1948 年　(m.w.)

008580430　FC3047
山東膠東軍區山東省膠東區行政公署聯合公佈令
國民革命軍第十八集團軍山東省膠東軍區　香港　國民革命軍第十八集團軍山東省膠東軍區　1947 年

008580428　FC3046
山東省膠東區行政公署致南海專署函
山東省膠東區行政公署　山東省膠東區行政公署　1946 年

008580337　FC2990
優待抗屬條例摘要

山東省膠東區行政公署　香港　山東省
膠東區行政公署　1946年

011986732　DS777.53.K8　1938
中國抗戰形勢圖解
顧鳳城編著　魯少飛、糜文煥繪圖　漢
口　光明書局　1938年　初版　（m.）

011793627　UG432.C5　G448　1938
長期抗戰中的國防計劃
葛扶南編譯　上海　南華　1938年
（m.）

008580378　FC3018
**山東軍區及山東省政府命令聯字第六號
撤銷各級復員委員會所有復員工作歸各級政
府民政部門負責處理**
1946年

008580379　FC3019
**山東省政府(及)山東軍區公佈之各種條
例綱要辦法彙編第一輯**
山東省膠東區行政公署編　香港　山東
省膠東區行政公署印　1945年

008580244　FC2920
國際輿論初集
北京　啟化書店　1944年

007696192　MLC－C
廣東受降紀述
軍事委員會委員長廣州行營參謀處編
廣州　該處　1946年　（m.）

008580346　FC2999
**評國民黨十一中全會及三屆二次國民參
政會**
濟南　中國共產黨淮南區黨委會
1942年

011982034　DS777.5313.C3　1938
我相信中國
張申府著　漢口　上海雜誌公司　1938
年　初版　救亡文存（m.）

008583416　FC752
上饒集中營
香港　華東新華書局　1949年

011920303　PL2512.H7　1947
新生青年文選第三輯
徐蔚南主編　上海　日新出版社　1947
年　再版　（m.w.）

009563095　MLC－C
國府還都第二年國民政府施政概況
宣傳部編印　南京　宣傳部　1942年
（m.）

008630373　FC1299
汪精衛賣國密約傀儡登場第一炮
青年社編輯　青年社　1945年

009567531　MLC－C
中日事變解決的根本途徑
中國公論社　北京　中國公論社　1943
年　中國公論叢書　（m.）

007728227　MLC－C
論新政協
香港　自由世界出版社　1948年　自由
叢刊　（m.）

008580476　FC3069
新時期的路標
毛澤東、朱德等著　香港　冀魯豫書店
出版　1945年　（m.）

008593013　FC3197
目前時局指南
冀晉日報社編輯　1946年　時論選輯

008581605　FC3198
南海復員委員會致縣復員委員會關於退役的空白公函
南海　南海復員委員會　1947年

008627241　FC2048
食糧增產問題研究
天津特別市政府宣傳處編　天津　1944年

008580355　FC3004
平東縣優軍工作情況彙報
平東縣[政府]民政科　平東　平東縣政府民政科　1946年

008580243　FC2919
趨吉避凶集
上海心學研究院　香港　上海心學研究院　1946年

007886642　MLC – C
將革命進行到底
上海　新華書店　1949年　（m.）

008580319　FC2975
劉伯承部千軍萬馬橫渡黃河揭開大反攻光榮序幕新華社冀魯豫前綫三、七、十二日電
1948年

008580258　FC2933
全國大反攻形勢圖之一、三
中國人民解放軍野戰大軍政治部　香港　中國人民解放軍野戰大軍政治部　1947年

008580416　FC3038
人民解放軍大舉反攻漫畫
中國人民解放軍　膠東　新華書店印　1947年　（m.）

008580523　FC3107
王司令員在後勤會議上的總結報告
1948年

008581720　FC3894
中國巨大變化的一年 1946—1947
東北日報社編　香港　東北書店發行　1947年　（m.）

008592968　FC3017
山東內戰標語共八條
1947年

008583850　FC2917
情況通報目前敵之企圖及其兵力部署 No. 6
山東省膠東區行政公署前綫辦事處　掖縣　山東省膠東區行政公署前綫辦事處　1945年

008592964　FC2994
濟南小組的障礙
泰安　競美書局　民國間

008580483　FC3073
新年獻詞
中國共產黨蘇皖第二分區人民報社編　香港　中國共產黨蘇皖第二分區人民報社印　1947年　幹部時事學習材料

008580273　FC2948
艱苦奮鬥迎接光明
濟南　中國人民解放軍山東軍區渤海軍區政治部翻印　1947年　幹部時事學習材料　（m.）

008580370　FC3013
論馬列主義決定策略的幾個基本原則
中國人民抗日軍政大學一分校政治處編印　香港　山東軍區政治部出版　1936年

008581587　FC3180
消滅麻痺傾向撲滅特務匪徒
濟南　中國人民解放軍華東軍區兼第三野戰軍政治部　1949年　幹部學習活葉文選

008580266　FC2943
欺騙必須揭穿
香港　自由世界出版社　1948年

007706875　MLC－C
正義的呼聲
陳瑾昆等　東北書店編　濟南　東北書店　1948年　（m.w.）

008579157　FC726（N）
戰局在開始變動
東北日報社　香港　東北書局　1947年　時論選集　（m.）

008580322　FC2978
國民黨的綏靖政策
香港　冀魯豫區黨委員會社會部印　1947年

008579022　FC2039
肅清特務土匪鞏固革命秩序
中國人民解放軍華東區兼第三野戰軍政治部　香港　中國人民解放軍華東區兼第三野戰軍政治部　1949年

008627151　FC788
時論選集
于琪編　上海　智新印書局　1937年　初版

008580321　FC2977
路只有一條
李岱青等　香港　自由世界出版社　1947年　自由叢刊

005387484　FC374
關於城市政策的幾個文獻
華北新華書店　邯鄲　華北新華書店　1949年　（m.）

008580236　FC2910
制止內戰保衛和平
膠東新華書店編輯　1945年　時事類編

008580268　FC2945
膠東建塔委員會辦事處通知調查烈士統計數字
香港　膠東建塔委員會辦事處　1947年

008581561　FC3160
發奮努力支持戰争迎接全國革命高潮
魯中支前司令部政治部編　1947年

008581575　FC3174
反對內戰保衛和平保衛解放區
香港　山東省濟南區黨委員會宣傳部　1946年

005387508　3006　1346
人地學論叢第一集
張其昀著　南京　鍾山書局　1932年　（m.）

005392647　3006　3365
浙江圖書館叢書第一、二集
丁謙撰　杭州　浙江圖書館　1915年

005405564　3006　4174（1;5）
成吉思汗陵寢辨證書四十卷
張慰西撰　香港　中國地學會　1921年　初版　地學叢書　乙編

005405565　3006　4174（1;6）
成吉思汗陵寢之旁證一卷
張慰西撰　香港　中國地學會　1921年　初版　地學叢書　乙編

005405563　3006　4174　(1:4)
成吉思汗園寢發見記一卷
張慰西撰　香港　中國地學會　1921年初版　地學叢書　乙編

005411881　3006　4174　(1:7)
濼口黃河橋古爲雒山淤湖說一卷
蔣智由撰　香港　中國地學會　1921年初版　地學叢書　乙編

005405561　3006　4174　(1:2)
西遊錄今註一卷
耶律楚材著　張慰西註　香港　中國地學會　1921年初版　地學叢書　乙編

005405562　3006　4174　(1:3)
湛然居士年譜一卷
張慰西註　香港　中國地學會　1921年初版　地學叢書　乙編

005405560　3006　4174　(1:1)
中國地圖學考原一卷
陶懋立撰　香港　中國地學會　1921年初版　地學叢書　乙編

007462290　3008　1102　(1)
中國地學論文索引
王庸、茅乃文編　北平　國立北平圖書館　1934年　初版　(m.)

007462371　3008　1102　(2)
中國地學論文索引續編
王庸、茅乃文編　北平　國立北平師範大學　1936年　初版　(m.)

005392720　3008　1104
國立北京大學圖書館方志目
(國立)北京大學圖書館編　北京　國立北京大學出版組　1933年

005387507　3008　1142
國立北平圖書館中文輿圖目錄
王庸、茅乃文合編　北平　國立北平圖書館　1933年

005938143　3008　1142.2
國立北平圖書館中文輿圖目錄續編
王庸、茅乃文同編　北平　國立北平圖書館　1937年

007490879　3008　1165
國立北平圖書館方志目錄
國立北平圖書館　北京　國立北平圖書館印行　1933年

007491068　3008　1321
隴右方志錄
張維纂　北平　大北印書局　1934年

005387437　3008　2944
中國地方志備徵目
朱士嘉編　北平　燕京大學圖書館　1931年　(m.)

005387015　3008　2944.1
中國地方志綜錄
朱士嘉撰　上海　商務印書館　1935年初版

007491006　3008　2944.2
中國地方志綜錄補編
朱士嘉著　北平　燕京大學歷史學會　1938年

005411886　3008　4262
金陵大學圖書館方志目
萬國鼎、儲瑞棠同編　香港　金陵大學圖書館　1933年　(m.)

005386995　3008　4342
故宮方志目
故宮博物院圖書館編　北京　故宮博物院圖書館　1931年

005387509　3008　4342.2
故宮方志目續編
故宮博物院圖書館編　北京　故宮博物院圖書館　1934 年

007490848　3008　6132
方志考稿甲集
瞿宣穎著　北平　天春書社　1930 年初版

007491074　3008　6542
中國地方志目錄
日本大使館特別調查班　上海　日本大使館特別調查班　1942 年

005411732　3008　8147
金陵大學圖書館中文地理書目
農業圖書研究部編　南京　金陵大學圖書館　1929 年　金陵大學圖書館叢刊　（m.）

005411409　3009　1346
中國人地關係概論
張其昀著　上海　大東書局　1947 年初版　史地叢刊　（m.）

005411887　3012　0481
中華民國各地經緯度及古名
高木公三郎編　上海　三通書局　1941 年　（m.）

005411699　3012　1392
華英中國地名表
張慎伯編　上海　中華書局　1941 年　4 版　初中學生文庫　（m.）

005439224　3012　4235
實用中國地名檢查表
葛啟揚編　濟南　1934 年

005439099　3012　4433B
歷代地理志韻編今釋二卷
李兆洛輯　上海　中華書局　1930 年　四部備要

005439135　3012　4433c
歷代地理志韻編今釋二卷
李兆洛著　上海　商務印書館　1935 年　國學基本叢書　（m.）

005438289　3012　5648　（1930）
中國古今地名大辭典
臧勵龢編　陸爾奎、方毅校訂　上海　商務印書館　1930 年　萬有文庫　（m.）

007438017　3012　7282
中國地名大辭典
劉鈞仁著　北平　國立北平研究院出版部　1930 年　初版　（m.）

005438752　3014　4492
中華民國省縣地名三彙
李炳衛、牛傅岩等主編　北平　北平民社　1935 年　精裝　（m.）

007491076　3014　5565
重慶各圖書館所藏西南問題聯合書目
國立中央圖書館籌備處　重慶　該館　1939 年

005439260　3015　4225
鄉土地理研究法
葛綏成編　上海　中華書局　1939 年　（m.）

005461377　3018　0430　FC5654　FC-M1319
章實齋方志論文集
張樹棻纂輯　里安　倣古印書局　1934 年　（m.）

005461102　3018　4454
方志學
李泰棻著　上海　商務印書館　1935 年

（m.）

005461341　3019　2206
方志序例
鄒慶時著　長沙　商務印書館　1940年
（m.）

005461378　3019　2284
中國地理概論
何敏求、陳爾壽、程潞編著　廣州　正中書局　1946年　（m.）

005461021　3019　5081
中國人生地理
盛敘功編　上海　中華書局　1936年
中華百科叢書　（m.）

005461126　3019　8131　（1）
中國地理通論第一集
金祖孟編著　上海　中華書局　1945年
中華少年叢書　（m.）

005461267　3020　0140
歷代疆域形勢一覽圖附說
童世亨著　上海　商務印書館　1926年
（m.）

005471179　3020　0153
中國疆域沿革略
童書業著　上海　開明書店　1947年
再版　開明文史叢刊　（m.）

005471781　3020　2926
中國歷代統一之地理觀
徐俊鳴著　廣州　中山大學地理系
1947年　（m.）

005471569　3020　3832.04
方輿紀要輯要十五卷
辛鍾靈輯註　上海　正中書局　1947年
滬1版　國學叢刊　（m.）

012051726
長江流域六省交通詳圖附粵漢鐵路圖
1938年　（m.）

007655602　MLC－C
中國歷代疆域戰爭合圖精訂附說
亞新地學社編　武昌　亞新地學社
1925年　（m.）

005489114　3020　7232
中國沿革地理淺說
劉麟生編　上海　商務印書館　1931年
初版　（m.）

005489233　3020　7474
歷代沿革表三卷
段長基編輯　上海　中華書局　1936年
四部備要

005494100　3024　4445B
元和郡縣圖志附闕卷逸文考證四十卷
李吉甫撰　上海　商務印書館　1937年
國學基本叢書　（m.）

005494291　3025　1144a
元豐九域志十卷
王存等奉勅撰　上海　商務印書館
1937年　國學基本叢書　（m.）

005494101　3025　7870B
輿地廣記三十八卷　附劄記二卷
歐陽忞撰　長沙　商務印書館　1939年
國學基本叢書　（m.）

005524521　3028　0432
方輿考證一卷
許鴻槃撰　香港　濟寧潘氏華鑒閣
1918—32年

005504120　3028　3832.11
顧氏讀史方輿紀要京省序詳註
疏達註釋　上海　商務印書館　1933年

再版　國學小叢書　（m.）

005494294　3028　3832C
讀史方輿紀要一百三十卷
顧祖禹輯著　上海　商務印書館　1936
年　國學基本叢書　（m.）

009265825　3028　3891.2
續天下郡國利病書山東之部
侯仁之撰　北京　哈佛燕京學社
1941 年

005504267　3028　3891c
天下郡國利病書
顧炎武撰　上海　涵芬樓　1936 年

007462383　3028　4012
嘉慶一統志表
上海　商務印書館　1935 年　初版

008627865　FC5107　Film　Mas　32284
清代地理沿革表
趙泉澄著　上海　開明書店　1941 年
（m.）

003180798　3028.4　40
嘉慶重修一統志
上海　商務印書館　1934 年　初版

005454765　3030　0422
中國抗戰地理
許卓山著　廈門　光明書局　1928 年
民族解放叢書

005450282　3030　1127
中國政治地理
王維屏著　上海　大中國圖書局　1947
年　初版　（m.）

005453917　3030　1182
近編中華地理分志
王金紱編　北京　求知學社　1924 年

　　西北大學叢書

005445060　3030　1278
中國地理問答
丁留餘編　上海　大東書局　1931 年
（m.）

005445063　3030　1346
中國地理大綱
張其昀著　上海　商務印書館　1935 年
　2 版　百科小叢書　（m.）

005450636　3030　1987
中國之都市
內政部方域司編纂　傅角今主編　上海
　大中國圖書局發行　1948 年　內政部
方域叢刊　（m.）

005445070　3030　2188
中國地理大綱
任美鍔編著　重慶　正中書局　1944 年
　教育部青年基本知識叢書　（m.）

005471711　3030　2673.54
中華民國省區全志
白眉初著　北京　北京師範大學史地系
　1924 年　（m.）

005461355　3030　2926
高中戰後新中國地理
徐俊鳴編著　廣州　國立中山大學地理
學會　1949 年　再版

005445077　3030　4539.2
中國地理課本
戴洪恒編　上海　商務印書館　1932 年

008230031　DS706.T73
我們的中國
曹松葉編　昆明　中華書局發行所
1939 年　（m.）

005445078　3030　4836
中國地理新講
賀湄撰　上海　永年書局　1947年　少年叢書

005445079　3030　4836B
中國地理新講
賀湄著　桂林　實學書局　1946年（m.）

007909643　3030　4934
中國境界變遷大勢考
蘇演存編纂　上海　商務印書館　1916年　（m.）

005445080　3030　564
中國地理新志
葛綏成等編　上海　中華書局　1935年（m.）

009041554　3030　6640
今縣釋名六卷
呂釋斌著　北京　呂氏　1931年　鉛印

005445082　3030　7979
中國地理基礎教程
陳原著　重慶　文化供應社　1942年（m.）

007981767　3030　8234
中華地理全志
孔廷章撰　上海　中華書局　1918年　4版　（m.）

005454753　3032　4225
中國近代邊疆沿革考
葛綏成編著　上海　中華書局　1934年（m.）

005461376　3033　1082
中華民國疆域沿革錄
王念倫編輯　北平　五典書局　1935年

005461370　3033　1221
現行行政區劃一覽表
上海　商務印書館　1930年

005461372　3033　1224
近代中國地理沿革志
丁紹桓編　上海　中華書局　1946年　4版　初中學生文庫　（m.）

005471712　3033　2313
近六十年全國郡縣增建志要二卷
吳承湜編　濟南　1936年　吳氏天隱廬叢著　（m.）

005461251　3033　2428
重劃中國省區論
傅角今著　上海　商務印書館　1948年　初版　內政部方域叢書　（m.）

005471713　3033　4101
全國行政區劃表
中國內務部職方司編　濟南　1918年　第5次修正

005471714　3033　4210
現行行政區域一覽表
中國內務部編　濟南　1912年

005454641　3033　4214
中華民國行政區域簡表
內政部編　上海　商務印書館　1947年　第11版　（m.）

005461176　3033　4290
縮小省區草案
胡煥庸擬　重慶　京華印書館　1945年（m.）

005471715　3033　4410
中國區域地理
葛勒石著　諶亞達譯　上海　正中書局　1947年　（m.）

005471717　3033　5026
中藏界務意見書
史悠明擬　濟南　1915 年

005461100　3034　0224
中國邊疆問題十講
方秋葦著　上海　引擎出版社　1937 年
　引擎叢書　（m.）

005461298　3034　0274
邊疆問題論文集
高長柱編著　上海　正中書局　1948 年
（m.）

005461137　3034　2937
邊疆問題與邊疆工作
朱家驊著　中央組織部邊疆語文編譯委
員會編譯　香港　中央組織部邊疆語文
編譯委員會　1942 年　初版　（m.）

005466440　3034　3273
國防地理新論
沙學浚著　上海　商務印書館　1946 年
（m.）

005466156　3034　4290
國防地理
胡煥庸著　重慶　青年書店　1944 年
（m.）

005461287　3034　4433
邊疆社會工作
李安宅著　重慶　中華書局　1944 年
社會行政叢書　（m.）

005461212　3034　4842
邊疆政教之研究
黃奮生著　上海　商務印書館　1947 年
　初版　中國邊疆學會叢書　（m.）

005471730　3034　5241
中國的邊疆四十卷
賴德懋爾著　趙敏求譯　上海　正中書
局　1946 年　（m.）

005466448　3034　7264
中國邊疆問題講話
姚思慕著　上海　生活書店　1937 年
（m.）

005471732　3034　7292
滇緬南段未定界調查報告書
周光倬編　南京　漢文正楷印書局南京
分局印　1935 年

005498730　3034　8248
鄭開陽雜著十一卷
鄭若曾撰　南京　國學圖書館陶風樓
1932 年

005471745　3034.4　1163.1
中國長城沿革考
王國良編　上海　商務印書館　1931 年
（m.）

005499222　3035　1125
靈峰志四卷　附補遺
周慶雲輯　香港　夢坡室　1912 年

005471754　3035　1141.9
五台山
張元濟、莊俞合編　上海　商務印書館
　1925 年　3 版　中國名勝　（m.）

005471759　3035　1341.9
雲臺山
蔣維喬編　上海　商務印書館　1924 年
　中國名勝　（m.）

005499220　3035　1361.9
天目山
莊俞編　高夢旦等校　上海　商務印書

館 1925年 再版 中國名勝 （m.）

005514556　3035　1453.9
武夷山
蔣希名編 上海 商務印書館 1924年 再版 中國名勝 （m.）

005499226
西山第一集
莊俞編 上海 商務印書館 1926年 3版 （m.）

005524687　3035　1627.9
西山第二集
蔣維喬編 上海 商務印書館 1922年 再版 中國名勝 （m.）

005524698　3035　2127.9
盤山第二集
上海 商務印書館 1920年 中國名勝 （m.）

005499228　3035　2127.9
盤山第一集
蔣維喬編 上海 商務印書館 1922年 再版 （m.）

005498190　3035　2183.9
雞公山指南
徐珂著 上海 商務印書館 1922年 （m.）

005499231　3035　2227.9
衡山
袁希濤、蔣維喬合編 上海 商務印書館 1924年 3版 中國名勝

005499232　3035　2327.9
虞山
莊俞、朱亮等合編 上海 商務印書館 1916年 再版 中國名勝 （m.）

005514558　3035　2627.9
香山風景
香山慈幼院編 濟南 1922年 （m.）

005504252　3035　2927.9
嶗山志八卷
黃宗昌撰 黃坦續 香港 即墨黃氏 1916年

005599283　3035　4314.9
莫干山
商務印書館編譯所編 上海 商務印書館 1925年 再版 中國名勝

005599284　3035　4314.911
莫干山指南
徐珂著 上海 商務印書館 1922年 再版 （m.）

005471535　3035　4314.92
莫干山導遊
趙君豪編 上海 中國旅行社 1937年 再版 （m.）

005504256　3035　4332.9
大房山
蔣維喬編 上海 商務印書館 1924年 再版 中國名勝 （m.）

005504257　3035　4527.9
華山
張登九編 上海 商務印書館 1924年 再版 中國名勝 （m.）

005503984　3035　4827.9
黃山
黃炎培、呂頤壽編纂 上海 商務印書館 1917年 3版 中國名勝 （m.）

005466350　3035　5327.915
泰山指南
胡君復編 上海 商務印書館 1926年

再版　（m.）

005471777　3035　5327.93
泰山
黃炎培、莊俞合編　上海　商務印書館　1924 年　3 版　中國名勝　（m.）

005599330　3035　6134.2
羅浮指南一卷
陳伯陶撰　香港　道童圖書館　1912—49 年

005548385　3035　7142.9
雁蕩山
蔣希名編　上海　商務印書館　1917—24 年　再版　（m.）

005489322　3035　867.85B
[重修]南海普陀山志二十卷
秦耀曾編輯　南海普陀山　佛經流通處　1915 年

005524651　3035　9127.9
恒山
蔣維喬編　上海　商務印書館　1921 年　再版　中國名勝　（m.）

005524652　3035　9227.9
勞山
吳曾慇、劉永植合編　上海　商務印書館　1926 年　中國名勝

009025255　3035.14　210.9
上方山志十卷　補遺
溥儒述　香港　釋清池等　1927—30 年

005489328　3035.15　532.74
泰山小史
蕭協中著　趙新儒註　泰安　泰山趙氏校刊　1932 年

009315496　3035.15　532.84
岱巖訪古日記
黃易撰　杭州　西泠印社　1921 年　活字本　遜盦金石叢書

005595044　3035.15　532.92
曲阜泰山遊記
倪錫英著　上海　中華書局　1931 年　（m.w.）

005471183　3035.23　257.88c　DS793.O5　H82　1936
新版峨山圖志
黃綬芙、譚鍾嶽原著　俞子丹重繪　費爾樸譯　成都　日新印刷工業社　1936 年　華西大學哈佛燕京學社叢書

005504234　3035.23　257.9
峨眉風光
黃大受著　上海　中國文化服務社　1947 年　（m.w.）

005504235　3035.23　257.91
峨眉山
重慶中國銀行編輯　重慶　中國銀行總管理處經濟研究室　1935 年　四川旅行叢刊　（m.）

005504237　3035.23　257.92
峨眉山志八卷　首一卷
蔣超原纂　許止淨、印光重修　上海　國光印書局　1934 年

005514517　3035.25　422.9
南嶽導遊
南嶽管理局編輯　上海　中國旅行社　1934 年　（m.）

005504238　3035.26　012.2
廬山新導遊
牯嶺　廬山管理局　1935 年

005498977　3035.26　012.4
廬山遊記
胡適著　上海　新月書店　1928 年　初版　（m.w.）

007980628　3035.26　012.49
廬山
黃炎培、呂頤壽編　上海　商務印書館　1925 年　6 版　中國名勝　（m.）

005504240　3035.26　012.93
廬山外乘
吳宗慈編撰　牯嶺　中華書局　1933 年　（m.）

005504241　3035.26　012.930
廬山小乘
吳宗慈編　牯嶺　中華書局　1933 年　（m.）

005498983　3035.26　012.931
廬山志
吳宗慈撰　上海　生活書店　1933 年

005514495　3035.26　012.943
匡廬紀遊草
姚洪淦、孫漱石、顧景炎著　吳興　1929 年

005514519　3035.26　012.95
匡廬紀遊
朱偰撰　上海　商務印書館　1935 年　史地小叢書　（m.）

005493423　3035.26　012.971
廬山指南
陳雲章、陳夏常撰　上海　商務印書館　1925 年　增訂 4 版　（m.）

008082055　T　3035.27　1343
太平山水詩畫
蕭雲從撰　大阪　蜻蛉社　1931 年　襄古堂藏版

005514501　3035.27　171.9
琅琊山志八卷
章心培、釋達修編纂　滁縣　琅琊山寺　1929 年

005599285　3035.27　368.9
冶父山志六卷
陳詩重編　濟南　1936 年

005514502　3035.27　414.9
九華山志八卷　卷首一卷
德森編輯　上海　佛學書局　1938 年

005514503　3035.27　414.91
九華指南
姜孝維著　濟南　1925 年　（m.）

009281012　3035.27　482
黃山叢刊
蘇宗仁編　北平　百一硯齋　1937 年

005615818　3035.27　482　（1）
黃山圖
雲莊繪　蘇宗仁編　北平　百一硯齋　1937 年　黃山叢刊

005615817　3035.27　482　（1）
黃山圖經一卷
（宋）闕名撰　蘇宗仁編　北平　百一硯齋　1937 年　黃山叢刊

005615819　3035.27　482　（2）
黃山圖
宏仁繪　蘇宗仁編　北平　百一硯齋　1937 年　黃山叢刊

005615820　3035.27　482　（3）
黃山領要錄二卷
汪洪度撰　蘇宗仁編　北平　百一硯齋　1937 年　黃山叢刊

005615822　3035.27　482　(4)
黃海山花圖詠
宋犖校　蘇宗仁編　北平　百一硯齋
1937年　黃山叢刊

005615825　3035.27　482　(4)
黃山賦
海岳撰　蘇宗仁編　北平　百一硯齋
1937年　黃山叢刊

005615826　3035.27　482　(4)
黃山史概
陳鼎撰　蘇宗仁編　北平　百一硯齋
1937年　黃山叢刊

005615821　3035.27　482　(4)
黃山松石譜
閔麟嗣撰　蘇宗仁編　北平　百一硯齋
　1937年　黃山叢刊

005615824　3035.27　482　(4)
黃山行六頌
吳士權撰　蘇宗仁編　北平　百一硯齋
　1937年　黃山叢刊

005615823　3035.27　482　(4)
卉箋一卷
吳菘撰　蘇宗仁編　北平　百一硯齋
1937年　黃山叢刊

005504243　3035.27　482.9
黃山攬勝集
許世英著　上海　良友圖書印刷公司
1934年　(m.)

005498715　3035.27　482.92
黃山攬勝集
徐英[徐澄宇]、陳家慶同撰　上海　中
華書局　1937年　(m.)

005503567　3035.28　217.9
虎邱山小志附分日遊玩蘇州次序記
陸璿卿著　蘇州　文新印刷公司
1925年

005514505　3035.28　232.9
虞山遊覽指南
潘慶年編輯　上海　中西書局　1934年
（m.）

009247458　3035.28　314.9
江南蘇州府報恩講寺志不分卷
敏曦集　1932—49年

005599287　3035.28　567.89
招隱山志十二卷
繆潛纂輯　濟南　1923年

005514506　3035.28　892.94
佘山小志
張叔通等編輯　于小蓮繪圖　松江　峰
泖編纂社　1937年　增訂再版

005577309　3035.29　1326.9
天台山
蔣維喬編纂　上海　商務印書館
1923—24年　再版　中國名勝　(m.)

005504245　3035.29　1326.92
天台山指南
徐瑋著　上海　商務印書館　1934年
（m.）

005498940　3035.29　1326.97
天台山遊覽志
陳甲林編　上海　中華書局　1937年
（m.）

005503988　3035.29　427.9
南雁蕩山志十三卷　卷首
周喟編撰　里安　戴詠古齋　1918年

005599288　3035.29　431.9
莫干山志十三卷
周慶雲輯　濟南　1927年

009247211　3035.29　591.88
東天目山志十二卷
松華輯稿　陳兆元編類　杭州　杭州文粹書局　1914年　鉛印

008082283　3035.29　8342
乍浦九山補志十二卷　九山遊草一卷
李確編輯　香港　平湖里人集貲重刊本　1926年

009262356　3035.29　867.9
普陀洛迦新志十二卷
許止淨述　王亨彥輯　上海　國光印書局　1924年　鉛印　（m.）

009215807　3035.30　172.7
雪峰志十卷
徐燉纂輯　上海　佛學書局　1911—58年

005514531　3035.32　522.9
青山禪院大觀
林大魁著　廣州　弘法舍　1927年

005514532　3035.34　216.9
雞足山志補四卷
趙藩、李根源輯　京師[北京]　京華印書局　1913年

005514548　3035.34　710.88
盤龍山紀要四卷
方秉孝撰　濟南　1918年

005514534　3035.36　8669
蒙古山脈志三卷
谷思慎撰　19??年

005514535　3035.39　4757.94
喜馬拉雅
杜道周著　上海　中華書局　1949年　（m.）

005598739　3037　4210
中國河渠水利工程書目
茅乃文編　北平　國立北平圖書館　1935年　（m.）

005494134　3037　7988
水經注四十卷
桑欽撰　酈道元註　戴震校　上海　中華書局　1930年　四部備要

005499205　3037　7988.12
水經注正誤五卷
丁謙纂述　香港　南林劉氏　1920年　求恕齋叢書

005493582　3037　7988.21
水經注異聞錄二卷
任松如[啟珊]編　上海　啟智書局　1934年　（m.）

005499203　3037　7988C
水經注
酈道元著　上海　商務印書館　1933年　國學基本叢書　（m.）

005499204　3037　7988E
水經注四十卷
酈道元註　戴震校　上海　世界書局　1936年　（m.）

005494013　Z3101.Y446x　vol.17 pt.1-2
水經注引得
鄭德坤編　哈佛燕京學社引得編纂處校訂　北平　哈佛燕京學社　1934年　引得　（m.）

005514521　3037.9　0504
河工器具圖説四十卷
麟慶纂輯　上海　商務印書館　1937 年
　國學基本叢書

005514524　3038　2963
寶山海塘圖説二卷　卷首一卷
朱日宣著　上海　時中印刷所代印
1921 年

005599293　3038　3611
福建水利分局第一期報告書
濟南　1915 年

011744812　3038.817　238.3
豫河三志十二卷　卷首　卷末
陳汝珍、戴湄川編　開明印刷局
1932 年

005598655　3039　2162
河源紀略三十五卷卷首
紀昀、吳省蘭　北京　故宮博物院圖書館　1931 年

005599299　3039　2831.9
峽江灘險志三卷
劉聲元編　北京　和濟印刷局　1920 年

005519819　3039　4111
華北之水文第一期卷上
華北政務委員會建設總署水利局編　北平　華北政務委員會建設總署水利局
1940 年　水文氣象測驗報告　（m.）

008630423　FC5494　（1）
民國二十二年至二十四年　全國水文報告
水利處編　南京　全國經濟委員會
1937 年　水利專刊

005599302　3039　4405
雲南水道考五卷
李誠撰　吳興　劉氏嘉業堂　1916 年
　嘉業堂叢書

005539600　3039　4456　FC5494　（1）　FC－M1353
中國水利問題
李書田等著　上海　商務印書館　1937
年　現代問題叢書　（m.）

005519821　3039　8623
水道查勘報告彙編
全國經濟委員會　南京　經濟部　1939
年　經濟部刊物　（m.）

005524291　3039.1　1954　FC5494　（4）
揚子江之水利
孫輔世著　長沙　商務印書館　1939 年
　（m.）

008630429　FC5494　（6）
長江：三峽水利工程計劃
行政院　新聞局　南京　行政院新聞局
　1947 年

008630407　FC5494　（4）
充實揚子江水利工作及擴充組織與經費之意見
南京市　1935 年

008438302　3039.1　8108　FC5494　（4）
揚子江水利考
鍾歆著　上海　商務印書館　1936 年
　初版　（m.）

008630446　FC5494　（10）
黃河視察日記
王應榆著　南京　新亞細亞學會　1934
年　初版　新亞細亞學會水利叢書
（m.）

005540231　3039.2　1199　FC5494　(11)
治黃芻議
王炳燽編擬　濟南　1922年

005543697　3039.2　1384　FC5494　(11)
黃河水患之控制
張含英著　長沙　藝文研究會　1938年（m.）

008630431　FC5494　(14)
治河論叢
張含英著　上海　國立編譯館　1936年初版（m.）

005540232　3039.2　1922
河徙及其影響
孫幾伊著　南京　金陵大學中國文化研究所　1935年　金陵大學中國文化研究所叢刊

008169850　MLC－C
洛水汾河及沁河歷史研究
華北綜合調查研究所　1944年

008575092　FC5494　(15)
黃河年表
沈怡等著　香港　軍事委員會資源委員會　1935年（m.）

008630453　FC5494　(8)
歷代黃河變遷圖考
南京水利調查委員會　南京　南京水利調查委員會　1936年

008630424　FC5494　(2)
修防瑣志二十六卷
李世祿撰　南京　中國水利工程學會　1937年　中國水利珍本叢書　第2輯（m.）

005580521　3039.2　4534
黃泛區的損害與善後救濟
韓啟桐、南鐘萬著　行政院善後救濟總署編纂委員會、中央研究院社會研究所編　廣州　行政院善後救濟總署　1948年　行政院善後救濟總署叢書（m.）

008630451　FC5494　(10)
黃河水災救濟委員會報告
上海　中華書局　1935年

008442223　MLC－C
上海各慈善團體籌募黃河水災急賑聯合會徵信錄
1934年

005550803　3039.2　4832.9
黃河志
胡煥庸編　黃河志編纂會編輯　上海　國立編譯館　1936年（m.）

008630432　FC5494　(14)
恩格斯治導黃河試驗報告彙編
全國經濟委員會水利處編　南京　全國經濟委員會　1936年　初版　水利專刊

008630433　FC5494　(2)
河防通議、至正河防記合刻
沙克什、歐陽玄撰　南京　中國水利工程學會　1935年　中國水利珍本叢書　第1輯

008630364　FC5494　(2)
河防一覽
潘季訓撰　南京　中國水利工程學會　1936年　初版　中國水利珍本叢書　第1輯（m.）

008630450　FC5494　(14)
黃河：花園口合龍紀念冊
黃河堵口復堤工程局　上海　黃河堵口復堤工程局　1947年

008630444　FC5494　(14)
黃河堵口工程
行政院　新聞局　南京　行政院新聞局
　1947年　(m.)

008630427　FC5494　(2)
問水集六卷
劉天和著　南京　中國水利工程學會
　1936年　再版　中國水利珍本叢書　第
　1輯　(m.)

009259367　3039.2　8623
豫冀魯三省黃河圖
全國經濟委員會水利處制　南京　全國
經濟委員會水利處　1936年　(m.)

005544150　3039.4　3243
河北省南運河下游疏浚委員會報告書附錄
河北省南運河下游疏浚委員會文牘股編
　　香港　河北省南運河下游疏浚委員會
　　1936年

005580719　3039.4　4423
膠萊運河中國沿海航運之樞紐
李秀潔著　長沙　商務印書館　1938年
　禹貢學會叢書

005540110　3039.4　5483
中國的運河
史念海著　重慶　史學書局　1944年
　初版　(m.)

005539728　3039.4　8136
唐宋帝國與運河
全漢昇著　重慶　商務印書館　1944年
　初版　國立中央研究院歷史語言研究
　所專刊　(m.)

005543682　3039.4　8136A
唐宋帝國與運河
全漢昇著　上海　商務印書館　1946年
　(m.)

008575107　FC5494　(17)
淮系年表全編
武同舉撰　臺灣　文海出版社　1928年
　中國水利要籍叢編

009215797　3039.6　1477
淮系年表全編四冊
武同舉編撰　濟南　1928年　鉛印

008630438　FC5494　(18)
導淮工程計劃
導淮委員會編　南京　導淮委員會
1931年　(m.)

008630439　FC5494　(18)
導淮工程計劃　附編
導淮委員會編　南京　導淮委員會
1931年

008630448　FC5494　(18)
導淮入海水道楊莊活動壩模型試驗報告書
全國經濟委員會中央水工試驗所編　南
京　全國經濟委員會　1936年　(m.)

008630442　FC5494　(18)
導淮之根本問題
楊杜宇　上海　新亞西亞月刊社　1931
年　(m.)

005548391　3039.6　3921
淮河流域地理與導淮問題
宗受于撰　南京　鍾山書局　1933年
　(m.)

008630362　FC5494　(18)
建設委員會整理導淮圖案報告

建設委員會編　上海　商務印書館
1929 年　（m.）

005548392　3039.6　3949
說淮
宋希尚著　南京　京華印書館　1929 年
（m.）

008630414　FC5494　（17）
兩淮水利
胡煥庸編　上海　正中書局　1947 年
初版　（m.）

008630416　FC5494　（17）
兩淮水利鹽墾實錄
胡煥庸編訂　李旭旦等記述　南京　國
立中央大學地理學系　1934 年

008630422　FC5494　（1）
水利建設報告
孔祥熙撰　南京　全國經濟委員會
1937 年　（m.）

009013390　3039.714　4862
直隸五河圖說一卷
黃國俊撰　濟南　1916 年　鉛印

005555659　3039.814　3100
河工討論會議事錄
河工討論會編　濟南　1917 年

005555667　3039.816　5113
整理水道改良土壤彙刊
河南省整理水道改良土壤委員會編　開
封　1935 年　（m.）

005548057　3039.817　238
豫河志二十八卷
吳篔孫撰　1930 年

005555669　3039.817　238.2　FC5869
豫河續志二卷

王榮摺纂輯　河南　河南河務局
1926 年

005555671　3039.817　5643
晉省四河測量工作報告
中國華洋義賑救災總會編　北平　山西
省水利工程委員會　1934 年

005555674　3039.817　5643.1
晉省水電測量及初步計劃報告
中國華洋義賑救災總會編　北平　山西
省水利工程委員會　1934 年

005555676　3039.818　4434
後涇渠志三卷
蔣湘南著　濟南　1925 年　涇陽文獻
叢書

005555678　3039.823　4231
川江圖說集成
楊寶珊編輯考訂　重慶　中西書局
1923 年

008630430　FC5494　（9）
黃河富源之利用
崔士傑撰　1935 年

005550790　3039.823　4674
嘉陵江志
馬以愚著　上海　商務印書館　1947 年
上海初版　（m.）

005555680　3039.823　4931
四川綦江船閘模型試驗報告書
經濟部中央水工試驗所編　重慶　經濟
部中央水工試驗所　1940 年　（m.）

008630418　FC5494　（1）
中國沿海及內河航路標識總冊
上海總稅務司公署統計科譯印　上海
上海總稅務司　1935 年　（m.）

005555688　3039.826　3112
江西水利局報告書
江西水利局編　南昌　1928年　（m.）

005563279　3039.829　4921
調查浙西水道報告書
林保元、汪胡楨、蕭開瀛撰　杭州　太湖流域水利工程處　1928年　報告　（m.）

005563280　3039.832　0533
二十年來廣東治河彙刊
廣東治河委員會編　廣州　廣東治河委員會　1936年

005563282　3039.832　4333
民國十五年度韓江治河處報告書
韓江治河處編　1927年

005563284　3039.9　0925
京畿水災善後紀實[民國六年]二二卷
督辦京畿一帶水災河工善後事宜處編譯股編　濟南　1918年

005563286　3039.9　1165
水利圖書目錄
國立北平圖書館編　北平　國立北平圖書館　1935年

008630408　FC5494　（1）
中國歷代水利述要
張念祖編輯　天津　華北水利委員會　1932年　初版　（m.）

007961671　3039.9　1384
歷代治河方略述要
張含英著　重慶　商務印書館　1945年　（m.）

008630409　FC5494　（1）
歷代治河方略述要
張含英著　上海　商務印書館　1946年　上海初版　（m.）

005563311　3039.9　2342
熊希齡呈請查辦京東河道案件書
熊希齡撰　濟南　1925年

009260752　3039.9　3112
縣水利建設
劉振東主編　沈百先編　重慶　中央政治學校研究部　1941年　三民主義縣政建設叢書　（m.）

005615858　3039.9　3326
導淮工程計劃釋疑
導淮委員會　濟南　1933年　（m.）

005563317　3039.9　4112
永定河治本計劃
華北水利委員會編輯　濟南　1933年

005577450　3039.9　4112.1
華北水利委員會二十年來工作概況
華北水利委員會　天津　華北水利委員會　1947年　（m.）

005563318　3039.9　4149
固始水利紀實
桂林撰　香港　惜陰書屋　1918年

005566999　3039.9　5333
疏浚惠濟河記
濟南　1923年

005567003　3039.9　5920
民國江南水利志十卷　卷首一卷　卷末一卷
秦綬章等編輯　濟南　1922年

005577455　3040　0313
玄武湖志八卷
夏仁虎纂　濟南　1932年

005569387　3040　1632.34
西湖叢話

凌善清編輯　上海　大東書局　1929 年
　　初版　（m.）

005577430　3040　1632.91
西湖新志
胡祥翰輯　濟南　1926 年　再版

005573968　3040　1632.92
西湖志二十四卷
何振岱等編　香港　福建水利局
1916 年

011887508　DS797.88.W475 S58 1929
西湖百景
舒新城攝著　上海　中華書局　1929 年
　（m.）

005573967　3040　1632.931
西湖古今談
沈風人著　上海　大東書局　1948 年
　（m.）

005577433　3040　1632.956
西子湖
中國旅行社編輯　上海　中國旅行社
1929 年　（m.）

005577434　3040　1632.97
西湖名勝快覽
杭州　六藝書局　1933 年　6 版　（m.）

005577436　3040　1632.972
西湖快覽
劉再蘇編輯　上海　世界書局　1926 年
　　再版　（m.）

005599332　3040　1632.98
西湖風景畫第一集
商務印書館編譯所編輯　上海　商務印
書館　1926 年　11 版　（m.）

005577075　3040　1632.99
西湖
黃炎培、呂頤壽、莊俞編　上海　商務印
書館　1923—25 年　6 版　中國名勝
　（m.）

008548295　3040　1632.99a
西湖
黃炎培、呂頤壽編　上海　商務印書館
　　1915 年　中國名勝　（m.）

005611709　3040　422.9　FC8230　Film Mas 32137
蕭山湘湖志八卷　外編一卷　續志一卷
周易藻編　濟南　1927 年

005581050　3041　0175.9
中國風景第二集
商務印書館編譯所編輯　上海　商務印
書館　1924 年　4 版

005577112　3041　1128
續天下名山勝景記
琴石山人編輯　上海　會文堂新記書局
　　1928 年　3 版

005577369　3041　2284
淪陷區名勝
何鐵華攝作　香港　中國書店　1939 年
　　名勝影集

005254937　3041　2923
汗漫集
朱偰著　上海　正中書局　1947 年　滬
1 版　（m.w.）

005581053　3041　7134
華北古跡古物綜錄
興亞宗教協會編　北京　新民印書館
1942 年　（m.）

005584707　3042　1034
西湖寺院題韻沿革考

姚悔盦編　上海　佛學書局　1934 年
（m.）

005584709　3042　134
雲棲志十卷
項士元撰　濟南　1934 年

005580633　3042　1432.2
大同雲岡石窟寺記
白志謙編　上海　中華書局　1936 年

005611743　3042　1432.9b
山西大同武州山石窟寺記
釋力宏輯刊　大同鎮　1922 年

005611715　3042　1716
鄧尉聖恩寺志一八卷
周永年編輯　濟南　1930 年

005584712　3042　2914
保存保聖寺唐塑緣起及其計劃
教育部保存用直唐塑委員會編　蘇州
1929 年

009271129　3042　3327
寒山寺志三卷
葉昌熾　吳縣　潘氏　1922 年

005611719　3042　4223
洛陽伽藍記五卷
楊衒之撰　香港　武進董氏　1912—
32 年

005611721　3042　4223.3
洛陽伽藍記鉤沈五卷
楊衒之撰　唐晏註　上海　中國書局
192? 年

005611720　3042　4223B
洛陽伽藍記五卷
楊衒之撰　上海　涵芬樓　1936 年　四
部叢刊三編

005611649　3042　4223c
荊楚歲時記
宗懍著　上海　中華書局　1934 年　聚
珍倣宋版　四部備要

005584563　3042　4346
金陵大報恩寺塔志
張惠衣著輯　北京　國立北平研究院史
學研究會　1937 年　（m.）

011987252　BQ6344.C48　1933
廈門南普陀寺志
虞愚、寄塵合編　廈門　南普陀寺
1933 年　（m.）

005587342　3042　5626.9
曹溪通志八卷
馬元、真樸重修　濟南　1932 年

009261614　3042　7411
開元寺志
潘曾沂著　香港　1922 年

005611722　3042　8671.9
普陀山
袁希濤、蔣維喬等合編　上海　商務印書
館　1925 年　5 版　中國名勝　（m.）

005611723　3042　8671.915
普陀山指南
胡去非著　上海　商務印書館　1926 年
（m.）

005587343　3042　8671.919
普陀勝跡
印光、真達編纂　上海　商務印書館
1930 年　（m.）

005587345　3042　9144.9
光孝寺志十二卷　卷首一卷
何惇、顧光修撰　香港　廣東省立編印
局　1935 年

005587346　3043　4809
杜氏家祠落成紀念冊
杜余慶堂編　上海　杜余慶堂　1932年

005611617　3044　0847
六朝陵墓調查報告
中央古物保管委員會　南京　中央古物保管委員會　1935年　中央古物保管委員會調查報告　（m.）

005587348　3044　2499
總理陵園小志
傅煥光編輯　南京　總理陵園管理委員會永豐社　1933年　（m.）

005587349　3044　2910
歷代陵寢備考五十卷　歷代宗廟附考八卷
朱孔陽[彰]輯　上海　申報館　1937年

005611724　3044　2923　FC7778　Film Mas 31677
建康蘭陵六朝陵墓圖考
朱偰撰　上海　商務印書館　1936年　史地小叢書　（m.）

005587350　3044　3217
易縣清西陵
劉敦楨著　北平　中國營造學社　1935年

010242512　T　3044　3217.1
西陵各陵陵基地圖
文物研究會繪　濟南　1912—49年　石印

005587351　3044　3257
東陵于役日記
徐填著　濟南　1928年

005587352　3044　487.2
黃陵志
黎錦熙撰　陝西中部縣　1944年

005587353　3044　5276
中山陵園大觀
齊公衡編　上海　良友圖書印刷公司　1930年　（m.）

005587354　3044　6257
明孝陵志七卷
王煥鑣著　濟南　1933年

005587355　3044　6417
明十三陵小樂部
凌啟鴻著　北京　雲巢書屋　1924年　楫民譯著叢書

009406369　3044　7023
十三陵始末記
劉仁甫編輯　香港　同益印書局　1915年　鉛印

005611725　3045　1546a
三輔黃圖六卷
上海　涵芬樓　1935年　四部叢刊三編

005587196　3045　2923
元大都宮殿圖考
朱偰著　上海　商務印書館　1936年　初版　故都紀念集　（m.）

005586890　3045　2923.1
北京宮闕圖說
朱偰著　長沙　商務印書館　1938年　初版　故都紀念集　（m.）

005586964　3045　2923.6
明清兩代宮苑建置沿革圖考
朱偰著　上海　商務印書館　1947年　初版　（m.）

005611618　3045　6862.7　AC360　Y84
圓明園歐式宮殿殘跡
滕固編輯　上海　商務印書館　1933年　初版　上海美術專門學校叢書　（m.）

005611665　3045　7484
元大都宮苑圖考
闞鐸編　香港　中國營造學社　1930年

005587243　3045　7946
民十三之故宮
陳萬里攝影　上海　開明書店　1928年
（m.）

005595158　3046　3630
滄浪亭新志八卷
蔣瀚澄［鏡寰］輯　沈載華校　蘇州　蘇州美術館經售　1929年

005595164　3046　3914
宋臺圖詠
蘇澤東輯錄　東莞　福文堂　1922年

005611534　3048　0262F
圓明園圖四十葉
程演生　高野侯鑒定　上海　中華書局　1928年　初版

005599335　3048　1627
西山名勝圖說
周氏著　北京　厚記　1914年

009508213　TMA　3048　2224
御製避暑山莊圖詠
武進　涉園　1930年

005599337　3048　2233
圓明園遺物與文獻
向達著　北京　中國營造學社　1931年

005611729　3048　3366.9
避暑山莊
傅增湘、袁希濤合編　上海　商務印書館　1925年　3版　中國名勝　（m.）

005611600　3048　3839
勺園圖錄考

洪業撰　引得編纂處　北平　引得編纂處　1933年　引得　（m.）

005611656　3048　666.70
同治重修圓明園史料
中國營造學社編　北京　中國營造學社　1933年　（m.）

005611730　3048　6873
圓明園東長春園圖
香港　東三省博物館　1931年

005599336　3048　726.2
頤和園導遊
朱竹坪編輯　北京　頤和匯事務所　1947年　（m.）

009025314　3048　7826
頤和園簡明圖說
北平市管理頤和園事務所編　北京　北平市管理頤和園事務所　1935年

002987722　3048　7932　Chi－Jap　Library　3048.7932
圓明園考
程演生編輯　上海　中華書局　1928年

009031585　3049　3632
浦口湯泉小志一卷　附錄
龔心銘輯　香港　龔氏　1925年　鉛印

005611746　3049　4143
藏霞集三卷
朱德章集著　朱汝珍編輯　清遠縣　藏霞古洞　1915年

009031715　3049　6284
星巖今志六卷
黎傑輯　廣州　水仙莾　1936年　鉛印

005543526　3050　0175
增訂中國旅行指南
商務印書館編譯所編　上海　商務印書

館　1926年　13版

005544314　3050　0175B
中國旅行指南
商務印書館編譯所編　上海　商務印書館　1921年　增訂9版　（m.）

011895389　DS710.X54　1923
全國一周
謝彬著　上海　商務印書館　1923年　百科小叢書　（m.）

005548188　3050　0449
冰心遊記
冰心女士著　上海　北新書局　1935年　2版　（w.）

005548395　3050　0451
壬申南北漫遊日記
謝慧霖著　重慶　中西鉛石印局　1932年

005548038　3047　0540　3050　0540
中國戰後建都問題
新中華雜誌社編　重慶　中華書局　1944年　新中華叢書　（m.）

005548400　3050　0841.9
廣九鐵路旅行指南
廣九鐵路管理局編　廣州　廣九鐵路管理局　1922年　重刊　（m.）

005548401　3050　0924.9
京綏鐵路旅行指南
京綏鐵路管理局編譯課編　香港　京綏鐵路管理局　1922年　（m.）

005548402　3050　0933.9
京漢鐵路旅行指南
京漢鐵路管理局總務處編查課編　香港　京漢鐵路管理局　1923年

005548313　3050　1104
關洛紀行
王斌著　重慶　商務印書館　1945年　重慶初版　（m.w.）

005548405　3050　1133
漫遊志異二卷
王瀛洲編輯　吳綺緣校正　上海　交通圖書館　1918年　（m.）

005548076　3050　1182
西北之地文與人文
王金紱編　上海　商務印書館　1935年　初版　史地小叢書　（m.）

011895172　DS710.H858　1933
短篇遊記
謝彬著　上海　啟智書局　1934年　（m.）

005550784　3050　1330
京滬平津行
雲實誠著　廣州　前鋒報社　1947年　（m.w.）

011885950　D921.S48　1945
漫遊日記
舒新城著　上海　中華書局　1945年　初版　（m.w.）

011981904　DS710.C456　1933
南邊風情記
張篷舟作　上海　文華美術圖書公司　1933年　（m.）

009817865　DS708.T53　1936
天下名山遊記
吳秋士選編　上海　中央書店　1936年　國學珍本文庫　第1集　（m.）

005551046　3050　1346
西北問題

張其昀、任美鍔、盧温甫著　桂林　科學
書店　1943 年　（m.）

005551047　3050　1351
從總裁指示論西北建設
張聿飛著　重慶　現代評壇社　1943 年
　　抗建叢刊　（m.）

005555541　3050　2292
西南旅行雜寫
向尚等著　上海　中華書局　1937 年
（m.）

005555620　3050　2350
錦繡河山
生活書店編譯所編　上海　生活書店
1933 年　初版　國內通訊(w.）

011930425　DS710.S54　1937
錦繡河山
生活書店編譯所編輯　上海　生活書店
　　1937 年　（w.）

005555613　3050　2362
伏園遊記
孫伏園著　上海　北新書局　1926 年
　　初版　（m.w.）

005555619　3050　2922
西北散記
李昂著　成都　勝利出版社四川分社
1943 年　（m.w.）

005555612　3050　2924
北遊鱗爪
徐舜英著　廣州　廣東省立廣州女子師
範學校　1935 年　女師叢書　（m.）

005555540　3050　2933
徐霞客遊記
徐宏祖撰　丁文江編　上海　商務印書
館　1928 年　（m.）

009266736　3050　2933 Suppl.
徐霞客遊記附圖
聞齊、趙志新同編　濟南　1929 年

005555737　3050　2933B
徐霞客遊記
徐宏祖著　劉虎如選註　上海　商務印
書館　1934 年　國難後第 1 版　學生國
學叢書　（m.）

005555738　3050　2933C
徐霞客遊記一卷
徐宏祖撰　上海　商務印書館　1935 年
　　再版　國學基本叢書　（m.）

005555614　3050　2975
我們的西北
朱斅春編著　重慶　國民圖書出版社
1943 年　（m.）

005555741　3050　3132.9
滬寧滬杭甬鐵路旅行指南第二期
滬寧滬杭甬鐵路管理局編　香港　滬寧
滬杭甬鐵路管理局　1919 年　（m.）

005555742　3050　3132.9（3）
滬寧滬杭甬鐵路旅行指南第三期
滬寧滬杭甬鐵路編查課編輯　香港　滬
寧滬杭甬鐵路管理局　1922 年　（m.）

005559107　3050　3173
西北行
茅盾等著　桂林　中國旅行社　1943—
44 年　旅行雜誌叢刊　（m.w.）

005559271　3050　3332.9
道清鐵路旅行指南
道清鐵路監督局編查課編　北京
1922 年

005559307　3050　3342
祖國紀行
連士升著　新加坡　南洋報社　1948 年 3 版　南洋商報叢書　（w.）

005559164　3050　3642
戰時西南報告文學
潘世徵著　長春　前進報社　1946 年 2 版　（m.w.）

005559308　3050　4000
戰後新中國
教育部編　南京　教育部　1946 年 （m.）

005559121　3050　4131.1
由香港到新疆
薩空了著　香港　新民主出版社　1946 年　（m.w.）

005558704　3050　4133
隴蜀之遊
莊澤宣著　上海　上海中華書局　1937 年　（m.w.）

005559156　3050　4173　FC7776　Film　Mas　31676
塞上行
范長江著　上海　大公報館　1937 年 6 版　（m.w.）

005559229　3050　4182
我一遊記
莊俞著　上海　商務印書館　1936 年 （m.）

005559165　3050　4221
戰時西南
楊紀著　上海　百新書局　1946 年　初版　（m.w.）

005559311　3050　4235A
達夫遊記
郁達夫著　上海　上海雜志公司　1948 年

007794202　MLC－C
海南島漫遊記
黃衣青撰　上海　商務印書館　1947 年 初版

005563084　3050　4243
古今名人遊記選
楊蔭深、黃逸之選註　長沙　商務印書館　1939 年　再版　中學國文補充讀本 （m.）

005563323　3050　4373
恐高寒齋遊記
袁勵準著　濟南　宛平袁氏恐高寒齋 1921—35 年

005563090　3050　4901
西北叢編
林競著　上海　神州國光社　1931 年 （m.）

005569492　3050　4944.9
株萍鐵路旅行指南第二期
株萍鐵路管理局編　香港　株萍鐵路管理局　1919 年　（m.）

005405472　3050　5457
新遊記彙刊五十卷
中華書局編輯　上海　中華書局　1932 年　（m.）

005569211　T　3050　5462
中華景象全國攝影總集
伍聯德主編　趙家璧編　陸上之英文編輯　梁得所等攝影　上海　良友圖書印刷有限公司　1934 年　（m.）

005580444　3050　6234
全國都會商埠旅行指南
喻守真編　上海　中華書局　1926年再版

005581034　3050　7270
西北剪影
周開慶著　成都　中西書局　1943年（m.w.）

005581037　3050　7901
仰逋居遊記
陳詵撰　濟南　1925年

005581000　3050　7922
西行豔異記
陳重生著　上海　上海時報館　1930年

011918502　PN6065.C6　Y3　1939
揚子江之秋及其他
（日）尾崎士郎著　林煥平譯　香港　民革出版社　1939年　初版

011913306　PN6071.T3　Y8　1947
遊記選
葛琴選註　香港　香港文化供應社發行　1947年　港1版　中學略讀文庫　（m.）

005581044　3050　8405
遊記選
姜亮夫編　上海　北新書局　1934年（m.）

005581046　3050　8632
回國觀光心影集
曾福順、吳拔萃記述　南京　藝新印書館　1937年　（m.）

005580676　3050　9203
古今遊記叢鈔四十八卷
勞亦安編輯　上海　中華書局　1924年（m.）

005591431　3051　0232
西北隨軺記
高良佐編著　邵元冲審定　1936年（m.）

005591301　3051　1213
西北攬勝
邵元冲主編　許師慎攝影　南京　正中書局　1936年　（m.）

005591432　3051　1312
戰後首都之研究
張君俊著　西安　國都研究會　1944年（m.）

005591315　3051　2644
北國行
魯莽著　重慶　文風書局　1943年　初版　（m.w.）

005591235　3051　2993
徐旭生西遊日記
徐旭生著　北京　中國學術團體協會西北科學考查團理事會　1930年　（m.）

005591440　3051　4198
請看今日之華北
莊炎編　廣州　自由出版總社　1949年　建國叢書

005591433　3051　4224
灤陽錄二卷　附燕台再遊錄一卷
柳得恭著　香港　遼海書社　1934年

005591374　3051　4801
趙望雲西北旅行畫記
趙望雲撰　成都　東方書社　1943年

005591435　3051　7224
京綏鐵路沿綫風景
劉先覲攝影說明　石晉昌編輯　劉炳恩鑒定　香港　京綏鐵路管理局編譯課

歷史科學類

1925年　（m.）

005591436　3051　8169
我們的華北
金曼輝著　上海　雜志無限公司　1937年　（m.）

005591230　3052　0222
東北地方沿革及其民族
方德修著　上海　開明書店　1948年　初版　（m.）

005591438　3052　0291
統籌滿洲方略一名東省安危關係全國論
方光著　北京　直隸官書局　1913年　（m.）

005591441　3052　0331
東北文獻叢譚第一集
卞宗孟編　北平　民友書局　1934年　行健叢書　（m.）

005591265　3052　0434
東北地理
許逸超　南京　正中書局　1935年　（m.）

011986700　DS783.7.C45　1932
東北與列強
陳叔兌編　上海　中華書局　1932年　東北研究叢書　（m.）

005591276　3052　0464
清初流人開發東北史
謝國楨撰　上海　開明書店　1948年　初版　開明文史叢刊　（m.）

005955524　3052　0664
渤海國志四十卷
唐晏纂　香港　南林劉氏求恕齋　1919年　求恕齋叢書

003919913　3052　1143
東三省之實況
王慕寧編譯　上海　中華書局　1932年　（m.）

005594695　3052　1144
滿洲問題
王勤堉撰述　上海　商務印書館　1931年　新時代史地叢書　（m.）

005595155　3052　1147
東北地理總論
王華隆著　香港　最新地學社　1933年　王氏地學叢書　（m.）

005595045　3052　1157
新東北指南
王惠民主編　上海　商務印書館　1946年　國立東北大學文科研究所叢刊　（m.）

005595156　3052　1356
東北系與東北民衆
張拓著　天津　大公報　1933年

005595157　3052　1494
東北地理與民族生存之關係
武尚權著　重慶　獨立出版社　1944年　東北叢書　（m.）

005594848　3052　2177
東北要覽
盧鳳閣輯　南京　陸軍大學　1947年

005595159　3052　2201
東北現狀
何新吾、徐正學編輯　南京　東北研究社　1933年　（m.）

005594530　3052　2382
東北縣治紀要
熊知白編著　北平　立達書局　1933年

初版 （m.）

005051017　3052　2428
東北新省區之劃定［附東北地理志］
傅角今著　南京　行政院新聞局
1947 年

005594679　3052　2448
東北史綱初稿　第一卷：古代之東北
傅斯年等編　北平　國立中央研究院歷史語言研究所　1932 年　（m.）

005595161　3052　2926
東北新六省地理
徐俊鳴著　廣州　國立中山大學地理學會　1949 年

005595162　3052　2941
渤海疆域考二卷
徐相雨輯　香港　南林劉氏　1925 年
求恕齋叢書

005594393　3052　2965
東三省紀略
徐曦編　上海　商務印書館　1926 年
4 版　（m.）

005595163　3052　3164
渤海史考
津田左右吉撰　陳清泉譯　長沙　商務印書館　1939 年　（m.）

005109414　3052　3212
北滿概觀
哈爾濱滿鐵事務所編　湯爾和譯　上海　商務印書館　1937 年　初版　（m.）

009260777　3052　3221
東北抗日聯軍十四年苦鬥簡史
馮仲雲著　香港　青年出版社　194？年

005595117　3052　3362
滿洲國民之總意
滿洲國外交部編　長春　滿洲國外交部　1932 年　（m.）

005595172　3052　3672
瀋陽遊覽指南
瀋陽市社會局第四科編輯　瀋陽　瀋陽市社會局第四科　1946 年

005614893　3052　3747
淪陷七周年的東北
胡愈之、杜重遠等執筆　國新社編　廣州　生活書店　1938 年　（m.）

008232356　DS782.3.K8　1934x
劫後東北的一斑
顧青海著　上海　商務印書館　1934 年　（m.w.）

005594792　3052　3935
東北九省
宋家泰編　上海　中華書局　1948 年
中華文庫　（m.）

005595173　3052　4117
滿蒙問題講話
藍孕歐編　南京　南京書店　1932 年　（m.）

005594555　3052　4121
東北風土小志
董秋水著　香港　時代批評社　1948 年　初版　時代叢書人文組　（m.）

005594522　3052　4132
近百年來之東北
董啟俊編　南京　正中書局　1946 年　初版　（m.）

005599363　3052　4149
國際競爭中之滿洲

克萊德著　張明煒譯　上海　華通書局　1930年　(m.)

005595174　3052　4239
東北問題
萬良炯著　上海　商務印書館　1937年　現代問題叢書　(m.)

005595176　3052　4321
東三省古跡遺聞續編
菊池貞二編纂　奉天　盛京時報社　1927年　(m.)

005598711　3052　4373
東省刮目論
藤岡啟著　湯爾和譯　上海　商務印書館　1930年　初版　東省叢刊　(m.)

005599343　3052　4451
東北小史
李絜非著　重慶　中國文化服務社　1942年　史地教育叢刊　(m.)

005599346　3052　4581
滿洲與蒙古
華企雲著　上海　黎明書店　1932年　再版　(m.)

005599347　3052　4810
遊塵瑣記
趙君豪著　上海　申報館　1934年　(m. w.)

005599348　3052　4841
東北問題之透視
革命真理出版社編　香港　革命真理出版社　1946年　革命真理叢刊　(m.)

005598464　3052　4851.3
滿蒙問題
華企雲編著　上海　大東書局　1929年　(m.)

005599349　3052　5147
東北要覽
國立東北大學文科研究所編　三台　國立東北大學　1944年　(m.)

011831628　DS783.7.W367　1983
東北問題
王雲五、李聖五主編　上海　商務印書館　1933年　東方文庫續編　(m.)

005599360　3052　5188
東北年鑒 1931
瀋陽　東北大化社　1931年　第1版　(m.)

005599350　3052　5917
中國發展東北之努力
東北問題研究會編　香港　東北問題研究會　1931—32年　(m.)

005599351　3052　6172
滿洲國大系
國務院總務廳情報處輯　新京　1933年

005599352　3052　6333
滿洲現狀
野澤源之丞原著　徐煥奎譯　上海　商務印書館　1929年　(m.)

005599353　3052　6484
還我河山
時敏編　廣州　中國自強學社　1934年　(m.)

005598404　3052　6605
帝俄侵略滿洲史
羅曼諾夫著　民耿譯　上海　商務印書館　1937年　初版

005599354　3052　7180
東北問題
學習知識社編　香港　學習知識社
1946 年　（m.）

005598752　3052　7204
東北現勢
馬毅編著　重慶　獨立出版社　1944 年
（m.）

005598760　3052　7247
東三省概論
周志驊編　上海　商務印書館　1931 年
（m.）

005599086　3052　8183
東北通史上編
金毓黻著　重慶　五十年代出版社
1943 年　再版　（m.）

005599355　3052　8184
渤海國志長編二十卷
金毓黻撰集　1934 年

011919357　DS793.H4　L56　1914
龍江舊聞錄
林傳甲著　黃文燦編　香港　私立奎垣
學校　1914 年　初版　（m.）

009146455　3052　8184.1
渤海國志長編要刪一卷
金毓黻撰　濟南　1932 年　鉛印

006971309　DS783.7.S25　1932x
**暴日侵略世界陰謀之大陸政策包辦滿洲
偽國爲其開幕劇**
佐藤清勝原著　傅旡退編譯　上海　中
華學藝社　1932 年　暴日侵華排外之自
供錄

005599356　3053　2911
遼寧隨筆
朱乃一纂輯　瀋陽　寸心日月樓
1929 年

005599357　3053　3332.4
北陵志略
苗文華編輯　遼寧　遼寧省城北陵公園
管理處　1929 年　（m.）

005599358　3053　4274
瀋故四十卷
楊同桂撰　大連　右文閣遼海書社
1934 年　遼海叢書　第 1 集

005615799　3054　2148
增訂吉林地理紀要二卷
魏聲龢編著　吉林　吉東印刷社　1931
年　再版

005643141　3055　2184
龍城舊聞四十卷
魏毓蘭編輯　香港　黑龍江報社　1919
年　黑龍江報千號增刊

005643146　3055　5586
黑龍江一名江省民物志
中東鐵路局商業部原編　湯爾和譯述
上海　商務印書館　1933 年　東省叢刊
（m.）

008616939　FC3912
冀東行
方思著　香港　新生出版社　1948 年
初版　（m.w.）

009153985　3056　0386
燕楚遊驂錄二十卷　甲編
京漢鐵路管理局編輯　濟南　1912—49
年　鉛印

005650769　3056　1009.9
北京宮苑名勝

商務印書館編譯所編輯　上海　商務印書館　1924 年　4 版　（m.）

005619235　3056　1109.04
清宮述聞六卷
章唐容、王藹人編著　北平　故宮博物院　1941 年

005650695　3056　1109.102
北京景觀
北京特別市公署社會局觀光科編　北京　北京特別市公署　1939 年　（m.）

011919575　DS795.15.C48　1934
燕京訪古錄
張次溪著　北平　中華印書局　1934 年　京津風土叢書

008497663　MLC - C
舊京遺事一卷
史玄著　1929 年

005650681　3056　1109.13　FC5681　FC-M1350
天橋一覽
張次溪、趙羨漁編　北京　中華印書局　1936 年　初版　（m.）

005650706　3056　1109.19
北京乎
孫福熙著　上海　開明書店　1927 年　初版　（m.w.）

008106836　FC10024
長安客話八卷
蔣一葵撰　香港　燕京大學圖書館　民國間

005606546　3056　1109.44
舊京瑣記十卷
枝巢子［夏仁虎］撰　1928—31 年

005606549　3056　1109.5
北京繁昌記第一卷
中野江漢撰　王朝佑譯　1922 年　（m.）

005646541　FC9778　Film Mas 36890 T　3056　1109.64
最新北平市指南
田蘊瑾編　北平　自強書局　1936 年

005646398　3056　1109.69
北平夜話
味橄［錢歌川］著　重慶　中華書局　1944 年　初版　（m.w.）

005646542　3056　1109.78
京師城內河道溝渠圖說
興亞院華北聯絡部調查所編　北京　建設總署　1941 年　（m.）

009146862　3056　1109.9
北京指南
中華圖書館編輯部　上海　中華圖書館　1916 年　鉛印　（m.）

005646559　3056　1109.903
新北京
擷華編輯社編　北京　擷華書局　1914 年

005645754　3056　1109.915
增訂實用北京指南
商務印書館編譯所編　上海　商務印書館　1926 年　增訂 4 版

005646013　T　3056　1114
舊都文物略
北平市政府秘書處編著　湯用彬纂輯　北京　北平市政府第一科　1935 年　（m.）

005646365　3056　1114.043
北平廟宇通檢二卷

許道齡編　北平　國立北平研究院總辦事處出版課　1936年

005646548　3056　1114.1
北平天橋志
張江裁編　北平　國立北平研究院總辦事處出版課　1936年　（m.）

005646550　3056　1114.11
北平指南
北平民社編　北平　北平民社　1929年（m.）

005646551　3056　1114.110
北平市統計覽要附各項工程攝影
北平市政府秘書處第一科編統計股編輯　北平　北平市政府秘書處第一科編纂股　1936年　（m.）

005646560　3056　1114.13
北平史跡叢書
張江裁輯　北平　國立北平研究院史學研究會　1937年

005646555　3056　1114.132
北平歲時志十二卷
張江裁撰　北平　國立北平研究院史學研究會　1936年

005646556　3056　1114.3
都市叢談
逆旅過客編輯　梅花館主校正　北京　1940年

005646561　3056　1114.43
燕都風土叢書
張江裁輯　香港　東莞張氏燕歸來　1928年

005606062　3056　1114.7
北平旅行指南一卷
馬芷庠編　北京　經濟新聞社　1936年 3版　（m.）

005661107　3056　1114.70
北平一顧
陶亢德編　上海　宇宙風社　1939年（m.w.）

005657544　3056　1114.73　FC5680　FC－M1349
燕都叢考
陳宗蕃編　北平　陳宅　1930—35年（m.）

006642144　3056　1114.7A　FC5658　FC－M1324
北平旅行指南
馬芷庠編　北平　經濟新聞社　1935年 初版　（m.）

005661108　3056　1114.8　FC9688　Film Mas 36852
簡明北平遊覽指南
金文華編　濟南　1933年　4版

005661109　3056　1114.89
故都變遷記略
余榮昌編　北平　余榮昌　1941年

005657935　3056　1138
河北省正定縣事情
陳佩編　北平　新民會中央指導部　1939年　地方事情調查資料　（m.）

005623706　3056　1145
北戴河海濱導遊
北寧鐵路管理局編輯　上海　中國旅行社　1935年　（m.）

005623707　3056　1145.2
北戴河指南
徐珂著　上海　商務印書館　1922年 再版　（m.）

005623708　3056　1145.8
北戴河海濱志略
管洛聲編纂　濟南　1925年　（m.）

005623709　3056　1324
京師五城坊巷衙衕集
張爵纂　香港　南林劉氏求恕齊　1922年　求恕齊叢書

005623710　3056　1332
燕京紀遊一卷
張肇崧撰　濟南　1914年

007803755　MLC – C
天津遊覽志附最近天津詳圖
香港　中華印書局　1936年　初版　（m.）

009277552　3056　1335.29
敬鄉筆述八卷
徐士鑾撰　天津　徐氏濠園　1932年

005626842　3056　1360
張家口收復記
楊先義編　香港　人民出版社　1947年　（m.）

005626850　3056　1859
冀東防共自治政府成立周年紀念專刊
段汝耕編　通縣　冀東防共自治政府　1936年

005631768　3056　2913.9
河北省徐水縣事情
卞乾孫編輯　北平　新民會中央指導部　1938年　地方事情調查資料　（m.）

005631769　3056　2922
京師坊巷志十卷
朱一新、繆荃孫仝撰　京師坊巷志考正一卷　劉承幹撰　香港　南林劉氏求恕齋　1918年

005631744　3056　3114.9
河北省宛平縣事情
卞乾孫編　北京　新民會中央指導部出版部　1939年　地方事情調查資料　（m.）

005631770　3056　3241.9
河北省清苑縣事情
卞乾孫編輯　北平　新民會中央指導部　1938年　地方事情調查資料　（m.）

005631743　3056　3322.9
河北省良鄉縣事情
卞乾孫編　良鄉縣　新民會中央指導部出版部　1939年　地方事情調查資料　（m.）

005631630　3056　3363
三海見聞志
適園主人[張鈞衡]編　北平　京城印書局印　1930年　（m.）

005405466　3056　3869.4
定縣社會概況調查
李景漢編　北平　中華平民教育促進會　1933年

005631771　3056　3941
天津志略
宋蘊璞輯　濟南　1931年　（m.）

005631705　3056　4493.9
直隸風土調查錄
直隸省視學編纂　上海　商務印書館　1915年　（m.）

005631773　3056　4493.94
直隸名勝
商務印書館編譯所編輯　濟南　商務印書館　1920年　3版　（m.）

005635180　3056　6132
北京歷史風土叢書第一輯
瞿宣穎撰　北京　廣業書社　1925年序
　再版

005634897　3056　6132.5
北平史表長編
瞿宣穎著　國立北平研究院史學研究會
編　北平　國立北平研究院出版部
1934年

005635582　3057　0.275
山東古跡名勝大觀第一集
山東省政府秘書處編輯　濟南　山東省
政府　1933年　（m.）

009013307　3057　1168
曲阜聖跡古跡擇要略考一卷
孔昭曾著　曲阜　曲阜鴻記印刷局
1938年　石印

005635583　3057　1304
山東文化史研究甲編附孔子弟子表　山東兩漢經師表
張立志撰　濟南　齊魯大學國學研究所
　1939年

005635584　3057　1329
滋陽曲阜泰山遊行心影錄
張紹堂著　濟南　1937年

005635585　3057　1332
魯鄒聖跡記附登泰山詩
張兆松著　北京　北京共和印刷局
1916年

005635586　3057　2153
考察濟寧、菏澤、鄒平、定縣日程
仇鼇、孫慕迦著　南京　縣市行政講習
所　1937年

005635587　3057　2269
山東鄒縣地理志
張丕矩編　鄒縣　1917年

008580317　FC2974
魯中區抗日民主政權建設七年來的基本總結及今後基本任務 1945年7月馬主任在魯中區第一屆參議會上的施政報告
馬一著　香港　魯中行政公署　1945年

005635589　3057　2948
威海問題
朱世全著　上海　商務印書館　1931年
　（m.）

005635590　3057　3242.4
濟南指南
葉春墀編輯　濟南　商務印書館　1919
年　再版　（m.）

008616941　FC3095
山東人民的新生
宿士平編　山東臨沂　山東新華書店
1946年　（m.）

009118541　3057　4352
曲阜遊覽指南不分卷
袁書鼎編錄　曲阜　會文堂　1935年

005635366　3057　4818
開闢龍口商埠紀事
趙琪、蔣邦彥編　龍口　龍口商埠興築
公司　1920年　（m.）

005635071　3057　4834
山東
黃澤蒼編　上海　中華書局　1935年
（m.）

011919573　DS793.S4　C514　1925
山東省一瞥
陳博文編　上海　商務印書館　1925年

(m.)

005635591　3057　5222.1
德人青島談
鄧欣廉、阮繩祖合譯　上海　新學會社
　1919 年　(m.)

005635592　3057　5222.2
青島指南
魏鏡編　青島　平原書店　1933 年
(m.)

007648174　3057　5222.5
青島港務輯覽
青島市港務局　香港　青島市港務局
　1933 年　(m.)

008580526　FC3111
東海區一年來政權工作總結報告
山東文登縣膠東區東海專員公署編　香
港　山東文登縣膠東區東海專員公署印
　1941 年

007959549　3057　6025
科學的山東
國立山東大學化學社編輯　青島　國立
山東大學化學社　1935 年　初版　國立
山東大學化學社叢書　(m.)

005643111　3057　7940
山東省
陳博文編　上海　商務印書館　1933 年
　國難後第 1 版　(m.)

005643112　3057　8221
煙臺要覽初集
鄭重編　香港　煙臺要覽編纂局
1923 年

005643113　3058　1114C
幽蘭居士東京夢華錄十卷

孟元老撰　東京　靜嘉堂文庫　1941 年

005643114　3058　1114e
東京夢華錄十卷　如夢錄
孟元老撰　開封　河南省立圖書館
1921 年

009013885　3058　3497
河南省區縣沿革簡表
濟南　1912—49 年　石印

005643117　3058　3672.2
洛陽遊記
倪錫英著　上海　中華書局　1935 年
(m. w.)

005643118　3058　4433
汴京遺跡志二十四卷
李濂撰　1922 年　三怡堂叢書

009260831　3058　8217
中原的蠻族
T. K. 口述　鄭飛卿筆記　上海　開明書
店　1927 年　初版　(m.)

005643120　T　3059　1313
晉察冀區復員工作文件集
晉察冀邊區復員委員會編　濟南
1946 年

005643121　3059　2216.9
山西省各縣管道表
濟南　1919 年

005643122　3059　2716
山西省各縣名勝古跡古物調查表
山西省政府編　濟南　1931 年

005646177　3059　3242.2
濟南
倪錫英著　上海　中華書局　1936 年
都市地理小叢書　(m. w.)

005643123　3059　3634
潞郡舊聞
靳榮藩撰　濟南　高洪　1924 年

005643124　3059　3832
增廣山西洪洞古大槐樹志二卷
景大啟原編　柴汝楨等增編　洪洞　積祥齋石印局　1931 年

005643125　3059　4379.2
太原指南
山西民社編　北京　山西民社　1936 年　再版　（m.）

005643126　3059　4720
進步山西
太原綏靖公署駐渝辦事處編輯　重慶　大公報　1945 年　（m.）

005643005　3059　7212　3059　7212b
解放區晉察冀行
周而復著　上海　上海書報雜志聯合發行所　1949 年　再版　（m.）

005661113　3059　9269
忻縣古跡名勝詩文錄
陳敬棠編　忻縣　陳氏　1936 年

005660965　3060　1126
陝北之行
王仲明編　重慶　獨立出版社　1944 年　初版　（m.）

005661114　3060　1434.07
延安風光
新民書店編輯　香港　新民書店　1949 年　再版

005671920　3060　1434.4
延安一月
趙超構著　上海　教育書店　1946 年　再版　（m.）

005660811　3060　1434　3060　1434b
延安訪問記
陳學昭著　香港　北極書店　1940 年　初版　（m.）

005661115　3060　1609
西京
倪錫英著　韓非木校　上海　中華書局　1939 年　再版　都市地理小叢書　（m. w.）

005661116　3060　1609.1
西京遊覽指南
王蔭樵撰　天津　大公報西安分館　1936 年　（m.）

005660804　3060　1634
新西安
王望編　上海　中華書局　1940 年　（m.）

005660964　3060　2129　FC344
陝北輪廓畫
崔允常著　桂林　新中國出版社　1939 年　初版　（m.）

005661120　3060　2443
秦遊日錄附登太華記
傅增湘撰　天津　大公報館　1932 年

005660967　3060　2989
抗大歸來
徐舒懷著　漢口　求是出版社　1938 年　初版　（m.）

005665474　3060　3634
秦輶日記一卷
潘祖蔭撰　香港　吳氏　1914 年

005665477　3060　3845
西行記
顧執中著　上海　商務印書館　1934 年

（m.w.）

005665479　3060　4249.4
榆林事記
楊卓林撰　香港　青邑楊氏　1918 年

005665400　3060　4433
陝北風光
丁玲著　佳木斯　東北書店　1948 年初版　文學戰綫創作叢書　（m.w.）

005665481　3060　4443
陝北印象記
李藜初著　延安　解放社　1937 年（w.）

011911770　DS777.488.H78　A3　1934
西北視察日記隨赴新疆宣慰途中
薛桂輪著　上海　申報館　1934 年　初版　申報叢書

005665482　3060　5622
延綏攬勝
曹穎僧輯著　重慶　史學書局　1945 年　中國邊疆學會叢刊　（m.）

005619757　3060　6031
關中勝跡圖志三十卷
畢沅纂　西安　西京日報社　1934 年（m.）

005619327　3060　6214
西北壯遊
易君左著　臺北　新希望周刊社　1949 年　新希望周刊叢書

008616981　FC2983
延安內幕
齊世傑著　重慶　華嚴出版社　1943 年

008630486　FC776
生活在延安
魯平編　西安　新華書社　1938 年（m.）

005671911　FC345
陝北鳥瞰
馬季鈴等著　成都　稟志書局　1941 年（m.）

005619766　3061　1140
甘肅省西南部邊區考察記
王志文編著　蘭州　甘肅省銀行經濟研究室　1942 年　（m.）

005619307　3061　1356
到西北來
張揚明著　上海　商務印書館　1937 年（m.w.）

005619767　3061　2941
西北建設論
徐旭著　上海　中華書局　1945 年　再版　（m.）

005619568　3061　2941b
西北建設論
徐旭著　重慶　中華書局　1944 年　渝初版　（m.）

005619328　3061　4173　　T　3061　4173
中國的西北角
范長江著　天津　大公報館　1938 年（m.w.）

005619772　3061　4232.08
憶蘭州
許元方著　香港　中國國貨實業服務社　1941 年　（m.）

005619773　3061　6271
河西見聞記
明駝著　1934 年　（m.w.）

005619774　3061　7203
西行見聞記
劉文海著　上海　南京書店　1933年
(m.)

005619569　3061　7913
甘肅之氣候
陳正祥著　重慶　國立中央大學地理系　1943年　國立中央大學理科研究所地理學部專刊　(m.)

011920216　DS793.K2　C44　1933
甘肅省
陳博文著　上海　商務印書館　1933年　國難後第1版

005619611　3062　1126
中原歸來
王德昭著　重慶　獨立出版社　1943年　初版　(m.w.)

005619692　3062　4810
西南印象
趙君豪編輯　上海　1939年　(m.w.)

011895114　DS710　H756　1940
西南攬勝
中國旅行社編輯　上海　該社　1940年　增訂再版　(m.)

005619735　3062　5486
中國公路旅行指南
中華全國道路建設協會編　上海　中華全國道路建設協會　1936年　(m.)

005619237　3062　7901
贛皖湘鄂視察記
陳賡雅著　上海　申報月刊社　1934年　申報月刊社叢書　(m.)

005619010　3063　0641
赴康日記
唐柯三著　南京　新亞細亞學會　1934年　初版　新亞細亞學會邊疆叢書　(m.)

005635190　3063　1124
西康之神秘水道記
瓦特著　楊慶鵬譯　南京　蒙藏委員會　1933年　邊政叢書　(m.)

008598249　FC873(N)
從武漢到井崗山
1927年

008598248　FC870(N)
從西昌壩子到安順場等
文彬撰　陝北保安　1936年

005635639　3063　1666.2
西昌之行
魯儒林著　重慶　商務印書館　1946年　3版　文史雜志社叢書　(m.)

005635291　3063　2111
西康札記
任乃強著　上海　新亞細亞月刊社　1932年　再版　(m.)

005635243　3063　2111.2　Ve　J41　h
西康圖經
任乃強著　南京　新亞細亞學會出版科　1933—35年　初版　新亞細亞學會邊疆叢書　(m.)

005635640　3063　4222
西康社會之鳥瞰
柯象峰編著　重慶　正中書局　1944年　5版　史地叢刊　(m.)

005635282　3063　4224
西康紀要
楊仲華編　上海　商務印書館　1937年

(m.)

005660824　3063　4240
西康疆域溯古錄
胡吉廬著　上海　商務印書館　1928年初版　(m.)

005642798　3063　4408
西康綜覽
李亦人編著　左永澤、郭宇屏校訂　上海　正中書局　1947年　(m.)

005643139　3063　4411
西康地質調查旅行記
李承三著　重慶　正中書局　1941年　新民族叢書　(m.)

005642871　3063　4534
西康
梅心如撰　南京　正中書局　1934年初版　(m.)

005642934　3063　4871
西康紀事詩本事註
賀覺非著　香港　戌聲出版社　1940年初版　戌聲叢刊　(m.)

005642810　3063　7923
西康問題
陳重爲著　上海　中華書局　1936年再版　史地叢書　(m.)

005643140　3063　7946
西康沿革考
陳志明撰　南京　拔提書店　1933年　(m.)

005642413　3063　8334
西康之實況
翁之藏編　上海　民智書局　1930年初版　(m.)

005577484　3064　0212
今之重慶
高爾德著　鄧樹勳譯　上海　大美印刷公司　1941年

005563233　3064　0.2364　3064　0236
蜀西北紀行
吳景洲著　重慶　中華書局　1944年　(m.w.)

005563230　3064　0242
新都年鑒
新都年鑒編纂委員會編　新都　1935年　(m.)

007801848　MLC-C
今日的新西南
白水著　上海　言行出版社　1939年初版　(m.)

005563236　3064　0429
四川地理
胡煥庸編著　重慶　正中書局　1938年　史地叢刊　(m.)

005558939　3064　0465
抗戰八年重慶花絮
許晚成著　上海　上海龍文書店　1946年　(m.)

011884202　DS793.S8　C44　1936
川遊漫記
陳友琴著　南京　正中書局　1936年3版　(m.w.)

005563241　3064　0489
蜀道
黃炎培撰　上海　開明書店　1948年4版　(w.)

005563249　3064　1348
遊蜀草三卷

張壽鏞著　上海　1938 年

009314708　3064　1363
蜀中紀遊不分卷
張目寒著　1944—49 年　鉛印

005559002　3064　2104
新重慶
陸思紅編　昆明　中華書局　1939 年
（m.）

005562922　3064　2104.2　FC5659　FC－M1326
新都見聞錄
吳濟生著　上海　光明書局　1940 年
（m.）

005559161　3064　2104.3
頻遭空襲的戰時首都
江人著　重慶　辛光書店　1941 年　初版　（m.）

007825560　MLC－C
一九二八重慶劃條與現水問題論集
重慶　重慶商餘互助社　1928 年　初版

005563252　3064　2104.9
重慶要覽
重慶市政府編　重慶　1945 年　（m.）

005562917　3064　2923
入蜀記
朱偰著　長沙　商務印書館　1938 年　初版　（m.）

005563089　3064　3213.9
川西南記遊
馮玉祥著　臺北　三戶圖書社　1944 年　初版　（m.w.）

005577487　3064　3218
蜀行漫記
馮石竹編　上海　經緯書局　1946 年

滬 4 版　（m.）

005577462　3064　3654
川康遊蹤
潘泰封編輯　易君左等著　桂林　中國旅行社　1943 年　旅行雜誌叢刊
（m.w.）

005577464　3064　3914
蜀道散記
梁乙真著　上海　商務印書館　1946 年
（m.w.）

005577466　3064　4225
四川之行
葛綏成著　上海　中華書局　1934 年　新中華叢書文藝彙刊　（m.w.）

003537832　FC2760
四川戈老會改善之商榷
1940 年

005577467　3064　4232
四川歷史
柳定生編　南京　鍾山書局　1942 年　國立浙江大學史地教育叢書　（m.）

005562841　3064　4414
四川
樓雲林編　上海　中華書局　1941 年
（m.）

005577470　3064　4526
馮副委員長青峨遊記
華愛國編　桂林　三戶圖書社　1942 年

005577475　3064　5242
新成都
周芷穎編著　成都　復興書局　1943 年
（m.）

005562915　3064　5242.3
蓉灌紀行
馮玉祥著　桂林　三戶圖書社　1944年初版　（m.w.）

005577449　3064　5672B
蜀中名勝記三卷
曹學佺撰　上海　商務印書館　1937年再版　國學基本叢書　（m.）

009031633　3064　6241
中華民國四川地理學第一編
香港　教育司售書處　1912—49年

005577453　3064　6449b
川陝鄂邊防記
嚴如熤著　南昌　國民政府軍事委員會委員長南昌行營　1934年　（m.）

005577454　3064　7222
四川省
周傳儒編　上海　商務印書館　1933年國難後第1版　（m.）

005577422　3064　7946
川湘紀行
陳萬里著　重慶　商務印書館　1944年（m.w.）

005566770　3064　8204
蜀遊心影
舒新城著　上海　中華書局　1936年初版　（m.）

011930579　DS793.S8　C525　1926
四川省一瞥
周傳儒編著　上海　商務印書館　1926年　初版　少年史地叢書　（m.）

005566539　3064　8272
四川新地志
鄭勵儉著　上海　正中書局　1947年（m.）

005566540　3064　8665
大涼山夷區考察記
曾昭掄著　上海　求真社　1947年（m.）

008169711　MLC-C
倮情述論
嶺光電著　成都　開明書店　1943年（m.）

005577423　3065　0245.9
楚方城考
張維華撰　濟南　齊魯大學　1935年

005577424　3065　1433.7
武漢指南
周榮亞等編著　漢口　新中華日報社　1933年　（m.）

005577425　3065　2142
湖北省
劉振東主編　程其保、王鏡清編輯　重慶　中央政治學校研究部　1940年　全國鄉土教材叢刊　第1輯　（m.）

005577427　3065　3199
黃州赤壁集十二卷　附卷首　附錄
汪燊纂輯　香港　黃岡汪氏　1932年

008454736　MLC-C
蘇東坡前後赤壁賦
蘇軾著、書　下中彌三郎編輯　1934年

005580727　3065　336.1
漢口大水記1931
謝蒨茂編　漢口　江漢印書館　1931年（m.）

005577437　3065　7940
湖北省

陳博文編　上海　商務印書館　1933 年
　（m.）

008084555　FC5030　FC－M391　T　3066　2284
湖南鏟共彙編
何鍵編　濟南　1928 年

005577438　3066　2428
湖南地理志
傅角今編著　武昌　武昌亞新地學社
1933 年　（m.）

005577439　3066　3120
湘西
沈從文撰　長沙　商務印書館　1939 年
　文史叢書　（m.w.）

007791117　MLC－C
湘西一名沅水流域識小錄
沈從文撰　香港　開明書店　1946 年
　改訂 3 版　（m.w.）

005577443　3066　4011　FC8453　Film Mas 32511
湖南的西北角
李震一著　長沙　宇宙書局　1947 年
　（m.）

005577447　3066　7332.3
第三次長沙會戰記實
第九戰區司令長官部編　香港　第九戰
區司令長官部　1942 年

005569202　3066　8204
故鄉
舒新城著　上海　中華書局　1934 年
　（m.w.）

005577418　3067　2934
遊客話江西
各省實幹政治研究會編　上海　汗血書
店　1937 年　（m.）

005577421　3067　7229
江西省
周傑編　上海　商務印書館　1933 年
國難後第 1 版　（m.）

005577397　3068　2975
江南前綫
朱民威著　重慶　獨立出版社　1939 年
　5 版

005577398　3068　4241
安徽省
胡去非撰　嚴新農編　上海　商務印書
館　1933 年　國難後第 1 版　（m.）

007801645　MLC－C
浙江省
徐寶山編　上海　商務印書館　1933 年
　（m.）

005584714　3069　0465
上海指南
許晚成編輯　黃警頑校訂　上海　國光
書店　1933—45 年　（m.）

005577401　3069　0756
京鎮蘇錫遊覽指南
陳日章編　上海　世界輿地學社　1932
年　（m.）

009262023　3069　1136
宋平江城坊考五卷　卷首　附錄　補遺
王謇撰　蘇州　蘇州基督教青年會
1925 年

005574005　3069　1149　FC5679　FC－M1348
江蘇省鄉土志
王培棠著　長沙　商務印書館　1938 年
　初版　（m.）

005574010　3069　2135.13
上海門徑

歷史科學類

401

王定九編　上海　中央書店　1932 年
（m.）

008378170　3069　2135.21
大上海都市計劃總圖草案報告書
上海市都市計劃委員會編　上海　上海市都市計劃委員會　1946 年　（m.）

005577406　3069　2135.22
大上海都市計劃總圖草案報告書二稿
上海市都市計劃委員會編　上海　上海市都市計劃委員會　1948 年　（m.）

005577407　3069　2135.23
上海市都市計劃委員會會議紀錄初集
上海市都市計劃委員會編　上海　上海市都市計劃委員會　1946 年　（m.）

005577409　3069　2135.234　3069　2135.234a
民國二十二年編上海市統計
上海市地方協會編輯　上海　1933 年

005577410　3069　2135.29
上海在太平天國時代
徐蔚南編　上海　通志館　1935 年

005573919　3069　2135.31
上海俗語圖説正　二集
汪仲賢撰述　許曉霞繪圖　蘇州　力行出版社　1948 年　（m.）

011882039　Pl.1940.88　N5　1949
蘇州話詩經
倪海曙著　上海　方言出版社　1949 年　初版　（m.）

011901451　Pl.1940.N54　C5　1936
甬諺名謂箍記
陳訓正著　浙江　浙江省立圖書館印行所　1936 年　初版　（m.）

005573932　3069　2135.31b
上海俗語圖説
汪仲賢著述　許曉霞繪圖　上海　社會出版社　1935 年　初版　（m.）

005577411　3069　2135.4　FC5820　FC－M1087
上海的學藝團體
胡懷琛編　上海　通志館　1935 年　（m.）

005577412　3069　2135.41
上海閒話
姚公鶴著　惲樹珏校　上海　商務印書館　1926 年　3 版　（m.w.）

005577416　3069　2135.43
上海嚮導
蕭劍青編　上海　經緯書局　1937 年　經緯百科叢書

005577491　3069　2135.44　FC5661　FC－M1328
上海鱗爪及續集
郁慕俠著　上海　滬報館　1933—35 年　（m.）

005573972　3069　2135.54
申報上海市民手冊
申報館編　上海　申報館　1946 年　（m.）

005577282　FC6072　FC－M4755
上海黑幕彙編
錢生可編　上海　偵探研究會　1933 年　醒世社會小説

005577415　3069　2135.56
上海黑幕一千種
春明書店編著　上海　春明書店　1937 年

005577313　3069　2135.78
炮火下的上海

陳公博編　上海　中正出版社　1937年
　　初版　（m.）

005581017　3069　2135.851
青紅幫之黑幕
錢生可編　上海　錢生可黑幕發行所
1919年

006633533　3069　2135.9
上海市大觀
周世勳編　朱順麟攝影　李啟宇翻譯
上海　美術圖書公司　1933年　（m.）

002211079　3069　2135.915　（1926）
上海指南
商務印書館編譯所編　上海　商務印書
館　1926年　22版

005581027　3069　2135.916
上海風景
商務印書館照相製版部攝　上海　商務
印書館　1922—25年　再版

005581019　3069　2135.93
新上海
唐幼峰編　上海　上海印書館　1931年
（m.）

005577114　3069　2135.94　3069　2135.94b
上海市自治志
1915年

005581020　3069　2135.95
上海的將來
新中華雜志社編　上海　中華書局
1934年　新中華副刊　（m.）

005581021　3069　2135.96
上海港之將來
趙增珏著　上海　商務印書館　1949年
（m.）

005577073　3069　2135.961
上海研究資料
上海通社編　上海　中華書局　1936年
（m.）

005577074　3069　2135.962　FC2212　FC–M527
上海研究資料續集
上海通社編　上海　中華書局　1939年
（m.）

005581023　3069　2683
江蘇省一瞥
詹念祖編　上海　商務印書館　1931年
（m.）

005576890　3069　4209
實用首都指南
林震編纂　上海　商務印書館　1930年
　　初版

005580888　3069　4209.02
南京印象
郭沫若著　上海　群益出版社　1946年
（m.w.）

005580624　3069　4209.2
金陵古跡名勝影集
朱偰編　上海　商務印書館　1936年
　　初版　（m.）

005580413　3069　4209.20
金陵古跡圖考
朱偰著　上海　商務印書館　1936年
　　初版　（m.）

005598758　3069　4209.21
南京
倪錫英著　上海　中華書局　1936年
都市地理小叢書　（m.w.）

005584719　3069　4209.29
新南京志

徐壽卿編　南京　共和書局　1928 年
（m.）

005580971　3069　4209.40
新南京
南京市政府秘書處編輯　南京　1933 年
（m.）

005584726　3069　4209.7
最新首都指南
周漢章編　上海　民智書局　1931 年

005584727　3069　4209.84
首都計劃
國都設計技術專員辦事處編　南京　國都設計技術專員辦事處　1929 年　（m.）

005584756　3069　4209.85
新都勝景
錢少雲攝　上海　美術印書館　1930 年

005584732　3069　4233
南通實業教育慈善風景附參觀指南
南通友益俱樂部編輯　南通　南通友益俱樂部　1920 年　（m.）

005584734　3069　4233.1　FC8454　Film Mas 32507
二十年來之南通
南通　南通自治會　1938 年　（m.）

011982624　DS793.C486 I3 1934
閒話揚州
易君左著　上海　上海中華書局　1934 年　（m.w.）

005580625　3069　4472　FC5662　FC－M1329
江蘇
李長傅著　上海　中華書局　1936 年
（m.）

005584745　3069　4773
白下瑣言八卷　續言二卷

甘熙著　香港　江寧甘氏　1926 年

005580499　3069　4841
江蘇省鑒
趙如珩編　上海　新中國建設學會　1935 年　初版　新中國建設學會叢書
（m.）

005584748　3069　4932.2
蘇州指南
朱揖文原著　范煙橋重修　蘇州　文新印刷公司　1928 年　5 版　（m.）

011893884
無錫風景
1920 年　（m.）

005591382　3069　5459　FC5663　FC－M1330
江蘇兵災調查紀實
婁東、傅煥光等編輯　過探先等調查　上海　江蘇兵災各縣善後聯合會　1924 年　（m.）

005584587　3069　732
金陵古今圖考
陳沂撰　南京　中社　1929 年

008573624　FC5445
吳西諸山遊記不分卷
李根源撰　濟南　1926 年

009066189　3069　7902
鐘南淮北區域志三卷
陳詒紱編輯　陳作霖鑒定　香港　王吉源　1917 年　石印

005591383　3069　7921
江蘇兵事紀略二卷
陳作霖著　濟南　江寧龔肇新　1920 年

005584642　3069　830
洪武京城圖志

禮部撰　南京　中社　1929 年

005591385　3069.23　0341
出賣上海灘
Ernest O. Hauser 著　越裔譯　上海　大地出版社　1941 年　（m.）

005591386　3069.23　0341c
百年來的上海演變
Ernest O. Hauser 著　越裔譯　香港　世界文化出版社　1946 年　（m.）

005577413　FC5660　FC－M1327
大上海指南
柳培潛編　上海　中華書局　1936 年　（m.）

005591387　3069.23　2300
上海新新股份有限公司年結册民國十二年至十五年
上海新新股份有限公司　上海　1926 年

009837374　MLC－C
石叻吉隆聯安祥丁卯年總結册
濟南　1927 年

005591424　3069.23　4530
上海年鑒
華東通訊社編纂　周鈺宏編　上海　華東通訊社　1947 年　（m.）

005591390　3069.23　6106
上海躉售輸出輸入物價指數之國幣基價
財政部國定稅則委員會編　上海　財政部國定稅則委員會　1934 年　經濟統計叢刊

005591391　3069.23　6106.78
歷年上海物價指數彙刊
財政部國定稅則委員會編　上海　財政部國定稅則委員會　1934 年　經濟統計叢刊　（m.）

005591393　3070　0.2217
吳越文化論叢
衛聚賢撰　上海　江蘇研究社　1937 年

005683265　3070　1346
浙江省史地紀要
張其昀編　上海　商務印書館　1925 年　（m.）

005584579　3070　2232
乍浦遊簡寄雲的信
徐蔚南著　上海　開明書店　1934 年　初版

005591394　3070　2327
象山萬無割並之理由附案牘
象山　象山人民　1912 年

005683266　3070　2378.9
吳興掌故集十七卷
徐獻忠輯　吳興　劉氏嘉業堂　1914 年　吳興叢書

005591396　3070　2932
浙江省一瞥
徐寶山編　上海　商務印書館　1931 年　（m.）

005591400　3070　4132.01
一年來之杭州社會
杭州市政府社會局編　杭州　杭州市政府社會局　1939 年

005591423　3070　4132.1
新杭州導遊
石克士著　杭州　新新印刷公司　1934 年　（m.）

005591402　3070　4132.2
湖上故事

倪遠甫重編　上海　協和印書局
1928 年

005591403　3070　4132.24
杭州
倪錫英著　上海　中華書局　1936 年
都市地理小叢書　(m.w.)

005591404　3070　4132.5
杭州導遊
中國旅行社編輯　上海　中國旅行社
1947 年　增訂 3 版　(m.)

005586978　3070　4236
屐痕處處
郁達夫著　上海　復興書局　1934 年
(m.)

005587064　3070　4894
之東
黃炎培著　上海　生活書店　1934 年
(m.)

005591406　3070　8145
雙龍紀勝四卷　卷首一卷
黃維時撰　香港　金華黃氏　1933 年

009066252　3070　8994
錢塘紀遊詩一卷
余光黃撰　香港　余氏　1935 年　鉛印

005591408　3071　0002
旅行手冊
麒麟旅行社編輯　廣州灣　麒麟旅行社
　1944 年

005587030　3071　7270
今日之華南
周開慶著　上海　光明書局　1937 年
(m.)

005587341　3071　7913
開發西南與抗戰建國
陳正祥編著　香港　獨立出版社
1938—41 年　(m.)

005587310　3071　8527
西南三千五百里
錢能欣著　長沙　商務印書館　1939 年
(m.w.)

011908904　DS799.5.T35　1946
臺灣史綱
湯子炳編著　臺北　劉濤　1946 年　初版　(m.)

011888489　DS799.5.L52　1948
臺灣史
李震明編著　上海　中華書局　1948 年
初版　(m.)

005591413　3072　0241　FC5664　FC–M1331
星洲日報四周年紀念刊新福建
傅無悶編輯　新加坡　星州日報
1933 年

005591415　3072　0477
廈門要覽
廈門市政府統計室編　廈門　風行印刷社　1946 年　(m.)

005591416　3072　0477.2
廈門大觀
吳雅純編輯　廈門　新綠書店　1947 年
(m.)

005591419　3072　3101
五年來之福建統計事業
福建省政府秘書處統計室編　福州　福建省政府秘書處統計室　1939 年　閩政叢刊　(m.)

005591421　3072　3163
鷺江名勝詩鈔
江煦編輯　濟南　1948 年　菽莊叢書

005591342　3072　7181
福建省
盛敘功編　上海　商務印書館　1933 年　第 1 版　（m.）

007790931　MLC－C
福建省一瞥
盛敘功編輯　上海　商務印書館　1928 年　再版　（m.）

005599312　3072　7932
福建文獻研究講義大綱
陳易園講述　1938 年

005599319　3072　8219
建設新福建
鄭天忱著　香港　中華出版社　1949 年

005599320　3072　8244
福州旅行指南
鄭拔駕著　上海　商務印書館　1934 年　（m.）

011893685　DS793.F8　C44　1930
閩南遊記
陳萬里著　上海　開明書店　1930 年　（m. w.）

005599324　3072.8　0113
靖海紀事二卷
施琅撰　1912—61 年

005611765　3072.8　0403
臺灣光復
謝康編　上海　大成出版公司　1948 年　中華民國歷史小叢書　（m.）

005611766　3072.8　0422
文山導遊
文山風景區建設委員會編輯　臺北新店　文山風景區建設委員會　1948 年　（m.）

007812439　MLC－C
玉泉山名勝錄
吳質生撰　北平　斌興印書局　1931 年　（m.）

005611751　3072.8　2354
臺灣指南
臺灣省行政長官公署宣傳委員會編　臺北　臺灣省行政長官公署宣傳委員會　1946 年　（m.）

005611752　3072.8　2354.4
臺灣概況
臺灣省行政長官公署宣傳委員會編　臺北　臺灣省行政長官公署宣傳委員會　1946 年　新臺灣建設叢書　（m.）

005606407　3072.8　2913　3072.8　2913（1948）
今日的臺灣
徐子爲、潘公昭合著　上海　中國科學圖書儀器公司　1946 年　初版　（m.）

005619338　3072.8　3102　T　3072.8　3102
臺遊追紀
江亢虎著　上海　中華書局發行　1935 年　（m. w.）

005611759　3072.8　3141
爲臺灣説話
江慕雲著　上海　三五記者聯誼會　1948 年　（m.）

003399068　3072.8　3348
臺灣通史
連橫著　上海　商務印書館　1947 年

003754239　3072.8　3348c
臺灣通史三十六卷
連雅堂著　臺北　臺灣通史社　1920—21年　（m.）

007624105　J　3470　4302
臺灣文化史說
臺北　臺灣文化三百年記年會　1930—31年

005611762　3072.8　3380
臺灣革命史
漢人［黃玉齋］編著　上海　泰東圖書局　1929年　（m.）

005611598　3072.8　3380b
臺灣革命史
漢人編著　屏東市　新民書局　1945年

008880105　3072.8　3380c　DS895.F75　H3
臺灣革命史
漢人編著　屏東市　新民書局　1925年

005615784　3072.8　3935
臺灣地理
宋家泰編　上海　正中書局　1946年　（m.）

005619333　3072.8　4145
憤怒的臺灣
莊嘉農著　香港　智源書局　1949年　（m.）

005615785　3072.8　4216
臺灣近世史
彭子明撰　福州　福州鳴社　1929年　（m.）

005611674　3072.8　4242
臺灣概覽
柯台山編著　上海　正中書局　1946年　滬1版　（m.）

008378234　3072.8　4273
日本帝國主義下之臺灣
矢內原忠雄著　楊開渠譯　1930年　（m.）

005615786　3072.8　4290
臺灣與琉球
胡煥庸著　重慶　京華印書館　1945年　（m.）

005611699　3072.8　442
臺灣紀行
李純青撰　臺北　李純青　1946年

005615340　3072.8　4451　3072.8　4451b
臺灣
李絜非著　重慶　商務印書館　1945年　（m.）

005619730　3072.8　4929
五十年來之臺灣
林穆光著　福州　改進出版社　1946年　改進文庫

008917452　FC8807　（1）　Film　Mas　C5266
臺灣一九四八年至一九五二年剪報資料一
1948年

008917497　FC8807　（2）　Film　Mas　C5266
臺灣一九四八年至一九五二年剪報資料二
1948年

009253961　3072.8　4942
臺灣二月革命
林木順編　1948年

005626840　3072.8　7188
臺灣史
馬鋭籌著　1949 年

005626843　3072.8　7303　FC5665　FC‐M1332
臺灣考察報告
陳文濤編輯　1935 年　（m.）

007981742　3072.8　7939
臺灣抗日史
陳漢光著　廣州　守堅藏書室　1948 年

005626854　3072.8　8272
臺灣研究
鄭鳳仙、黃敦涵著　廣州　臺灣研究社
　1945 年

009567525　　MLC‐C
美帝國主義在中國
湯良禮著　上海　中華日報社　1944 年
（m.）

005635610　3072.8　9264
臺灣問題
光明日報資料室編　上海　新華書店
1949 年　新華時事叢刊

006733376　DS799.823.T44　1947x
臺灣暴動事件紀實
臺灣省行政長官公署新聞室編　臺北
臺灣省行政長官公署新聞室　1947 年
（m.）

005635611　3072.8　9706
臺灣事變內幕記
唐賢龍著　南京　中國新聞社出版部
1947 年　（m.）

003980340　3072.8　9714
臺灣事變真相與內幕
勁雨編　上海　建設書店　1947 年
（m.）

005623284　3072.8　9748
二二八事變始末記
黃存厚輯　國防部新聞局掃蕩周報社編
　臺中　掃蕩周報社　1947 年　（m.）

006901895　3073　0.085　A7046　K98　FC5666　FC‐M1333
廣東文物
廣東文物展覽會編　香港　中國文化協
進會　1941 年　（m.）

009171936　3073　0.085B　A6278　G913
廣東文物特輯
廣東文獻館主編　廣州　廣東省文獻委
員會　1949 年

007493569　3073　0.446
廣東研究參考資料敘錄史地篇初編
李景新撰　廣州　嶺南大學圖書館
1937 年

008131357　T　3073　0525
廣東稗史散記
濟南　1912—49 年

008583852　FC3838　(1‐3)
廣東年鑑 1941 年
廣東年鑑編纂委員會　曲江　廣東省政
府秘書處　1942 年

007580732　FC2268(N)　FC5154　FC‐M1166
廣東全省地方紀要附圖
廣東省民政廳編　廣州　1934 年　（m.）

005639349　3073　0832.02
新廣州名勝風景
郭文芳編　廣州　中華電版印務公司
1924 年　再版　（m.）

005631745　3073　0832.04
廣州指南
廣州市政府編　廣州　廣州市政府
1934 年　初版　（m.）

005639352　3073　0832.1
穗港旅行手冊
鄧超主編　張江美、于紹年助編　香港　中港旅行社　1948年　（m.）

005631619　3073　0832.21
廣州
倪錫英著　上海　中華書局　1938年　（m.w.）

005639230　3073　0832.23
血淚交流話廣州
香港中國晚報編　香港　中國出版股份有限公司　1939年　再版　中晚叢書

005639354　3073　0832.25
新廣州遊覽指南
生活廣告社編纂　廣州　生活廣告社　1936年　（m.）

007685955　　MLC–C
廣州城坊志
黃佛頤纂　六脈渠圖說　陳坤　廣州　1948年　廣東叢書　第3集

005635450　3073　0832.33
廣州大觀
廖淑倫主編　廣州　天南出版社　1948年　（m.）

005639362　3073　0832.44
新廣州手冊
李能主編　徐碩朋等編輯　廣州　良支廣告社　1946年

005639363　3073　0832.5
廣州淪陷一年實錄
中國國民黨中央執行委員會粵閩區宣傳專員辦事處調查　廣州　1939年　調查資料　（m.）

005639367　3073　1312　FC5667　FC–M1334
調查西沙群島報告書
沈鵬飛編　濟南　1928年

005635069　3073　2324
廣州內幕
吳健著　廣州　1946年

005639371　3073　2343　FC5668　FC–M1335
廣東扣械潮四卷
香港華字日報編輯　香港　華字日報　1924年　（m.）

005635451　3073　2631.03
香港淪陷記十八天的戰爭
唐海著　上海　新新出版社　1946年　再版　（w.）

005639372　3073　2631.12
香港潮僑通覽
王齡著　香港　中央印務館　1949年

005639374　3073　2631.22
香港如何應變
何建章、甘天聽編著　香港　華僑日報社　1949年　（m.）

005639378　3073　2631.24
嚴重的香港
殷楊編輯　上海　光華出版社　1938年　光華戰時叢書

005639383　3073　2631.348
港九剪影
安平、林興炯主編　香港　港九文化出版公司　1949年

005639388　3073　2631.45
港僑須知
戴東培編　香港　永英廣告社　1933年　（m.）

005639389　3073　2631.451
香港東方的馬爾太
李史翼、陳湜編　上海　華通書局
　1930年

005643128　3073　2631.7
香港指南
陳公哲編　長沙　商務印書館　1938年
　再版　（m.）

005639197　3073　2631.77
香港導遊—名香港通
屠雲甫、江叔良編　上海　中國旅行社
　1940年　初版　（m.）

009274147　3073　2631.79
百年商業
陳大同、陳文元編輯　香港　光明文化
事業公司　1941年

005683272　3073　3232
澳門小姐失事始末記
海外流動宣傳團編輯部編　澳門　海外
流動宣傳團駐澳臨時辦事處　1948年

005643133　3073　3377
澳門遊覽指南
何翼雲、黎子雲編　蕭潤生等校　澳門
　何超龍　1939年

005638748　3073　3377.2
澳門地理
何大章、繆鴻基合著　廣州　廣東省立
文理學院出版組　1946年　初版
（m.）

007340659　DS796.M2　Y8　1941x
澳門指南
俞永濟編著　澳門　商務印書館澳門支
館　1941年　初版　（m.）

005643135　3073　3377.7
澳門
陳沂輯　澳門　保地社　1916年

005643134　3073　3377.74
澳門考略附旅澳日記
劉萬章作　廣州　廣東省立第一女子中
學　1929年

005643136　3073　3542.02
海南心影
廖遜我著　廣州　廣東文化事業公司
1947年

005638962　3073　3542.04
瓊崖志略
許崇灝編著　香港　正中書局　1947年
　初版　（m.）

008377185　3073　3542.11
瓊崖散憶
天爾編　香港　溟南堂　1941年　初版

005650776　3073　3542.13
瓊崖海寇海防實錄瓊崖黎患實錄
瓊崖　瓊崖臨時政府　1941年

005654141　3073　3542.4
海南島之現狀
李待琛編譯　上海　世界書局　1947年
　再版　（m.）

005654518　3073　3542.42　FC8412　Film　Mas　32229
調查瓊崖實業報告書
彭程萬、殷汝驪編　廣州　東雅印務公
司　1920年

005642687　3073　3542.44
海南島之產業
林纘春編著　瓊崖　瓊崖農業研究會
1946年　瓊崖農業研究會叢書　（m.）

歷史科學類

005642796　3073　3542.6
海南島旅行記
田曙嵐著　上海　中華書局　1936年
（m.w.）

005642795　3073　3542.7
瓊崖
陳獻榮著　上海　商務印書館　1933年
　史地小叢書　（m.）

005650779　3073　3542.79　FC5670　FC–M1337
海南島新志
陳植編著　上海　商務印書館　1949年
　（m.）

005650644　3073　3542.9
海南島志二十七卷　附錄四
陳銘樞纂　曾騫編　上海　神州國光社
　1933年　（m.）

005650780　3073　3718.3　FC8413　Film　Mas　32230
潮梅現象
謝雪影著　汕頭　時事通訊社　1935年
　（m.）

005650781　3073　3834
潮汕大事記潮州文獻彙編
洪波編　香港　潮州圖書公司　1948年
　潮州古今文獻叢書

005650783　3073　4127
台山糧荒救濟會辦事處糧食作物種籽蕃
殖場实施計劃大綱
台山糧荒救濟會編　台山　台山糧荒救
　濟會　1944年

005650784　3073　4127.2
台山糧荒救濟會徵信錄
台山糧荒救濟會編　台山　台山糧荒救
　濟會　1944年

005650782　3073　4127.4
台山糧荒救濟會辦事處及放賑會議錄
台山糧荒救濟會編　台山　台山糧荒救
　濟會　1944年

005650785　3073　4203
台山廣海剿匪記
台山　廣海救亡同志會　1927年
　（m.）

005650786　3073　4203.1
廣海剿匪辦事處進支數目征信錄
香港　奇新生記　1927年

005642552　3073　4254
廣東人民與文化
楊成志著　Pingshek　國立中山大學研
　究院文科研究所　1943年　（m.）

005642636　3073　4329
廣東及香港地理提要
袁仲耀編　香港　勵志社　1935年
　初版

005654521　3073　4894　FC5671　FC–M1338
一歲之廣州市
黃炎培編　上海　商務印書館　1922年
　（m.）

005654522　3073　5332.3
惠州圍城戰畫筆記
梁鏡球總編纂　陳煒庵、曾威林校訂
　澳門　興華印務局　1925年

005654525　3073　7920
南越遊記三卷
陳徽言撰　香港　雲南圖書館　1914年

011987468　DS793.H3　H35　1948
海南島
許公武譯　南京　新中國出版社　1948
　年　初版　邊疆叢書　（m.）

008616971　FC3914
瓊崖孤島上的鬥爭
林盈著　香港　新民主出版社　1947年
（m.）

011910543　DS793.H3　C44　1947
海南島地理
陳正祥編著　上海　正中書局　1947年
（m.）

005635299　3073.8　2312　FC5669　FC－M1336
香港百年史
黎晉偉主編　香港　南中編譯出版社
1948年　（m.）

005577468　3073.9　8231　FC5672　FC－M1339
南海諸島地理志略
鄭資約編著　上海　商務印書館　1947年　內政部方域叢書　（m.）

005577472　3074　0.4843　FC5674　FC－M1341
中國建設與廣西建設
黃旭初著　南寧　建設書店　1939年　建設文庫　（m.）

005577473　3074　0.5801
廣西一覽
賴彥于主編　南寧　1936年

005584725　3074　0110
廣西建設集評
濟南　1935年

005577476　3074　0293　FC5673　FC－M1340
廣西
方光漢編　上海　中華書局　1941年　再版　分省地志　（m.）

011521696　DS793.K6　G823　1939
廣西
方光漢編　上海　中華書局　1939年　分省地志　（m.）

008741066　DS793.K7　V2512　1936x
西南異動始末之回想
威達著　廣州　國民印務公司　1936年
（m.）

005577477　3074　2322
抗戰後方的新廣西
虞伯舜編著　漢口　建國書店　1938年
（m.）

005577478　3074　2343
廣西邊務沿革史
吳慇編　濟南　1938年　（m.）

005577479　3074　3134
廣西指南
沈永椿編　香港　商務印書館　1939年
（m.）

005573922　3074　3134A
廣西指南
沈永椿編　長沙　商務印書館　1940年
（m.）

005573975　3074　4149.3
受難的人民桂林疏散記
洛文著　上海　聯益出版社　1946年
初版　（m.）

005639237　3074　4232.94
回到第一次收復的名城—名劫後還鄉記
韋燕章著　桂林　文化供應社　1941年
初版　（m.w.）

005584729　3074　4432　FC8103　Film Mas 32016
廣西之建設
李宗仁等著　桂林　建設書店　1939年　廣西建設研究會叢書　（m.）

005577488　3074　4942
桂遊半月記
葉恭綽等著　上海　中國旅行社　1932

年　(m.)

005577489　3074　5247
國立中山大學廣西瑤山採集隊採集日程
中山大學廣西瑤山採集隊　廣州　國立中山大學生物學室　1929 年

005577126　3074　6062
廣西旅行記
田曙嵐撰　上海　中華書局　1935 年 (m. w.)

005577492　3074　6748
蒞桂中外名人演講集
國民革命軍第四集團軍總政訓處編　上海　中華書局　1936 年

005577494　3074　7913
廣西地理
陳正祥編　上海　正中書局　1946 年 (m.)

005577496　3075　0.2151
滇雲歷年傳十二卷
倪蛻輯　香港　雲南圖書館　1914 年　雲南叢書

005577497　3075　0.424
滇南本草三卷
蘭茂撰　香港　雲南圖書館　1914 年　雲南叢書

005577498　3075　0.481
滇南山水綱目二卷
趙元祚撰　香港　雲南圖書館　1914 年　雲南叢書

005573848　3075　0149
元代雲南史地叢考
夏光南著　上海　中華書局　1935 年 (m.)

005577499　3075　0154
雲南溫泉志補四卷
童振藻撰　昆明　淮安童氏　1919 年　木硯齋叢書

005573969　3075　0233
旅塵餘記
高寒著　上海　文通書局　1948 年　初版 (m. w.)

005574011　3075　0442
雲南遊記
謝彬著　上海　中華書局　1924 年 (m.)

005577500　3075　1144
到雲南去
鳴鳴出版社編輯　上海　鳴鳴出版社　1939 年 (m.)

005577501　FC5148　FC – M1152
雲南外交問題
張鳳岐著　上海　商務印書館　1937 年 (m.)

005573974　3075　1382
邊荒
張鏡秋編著　上海　正中書局　1946 年　初版 (m. w.)

005574021　3075　2243
烏蒙紀年四卷
蕭瑞麟輯　1938 年

005573923　3075　2683
雲南省
詹念祖編　上海　商務印書館　1933 年　國難後第 1 版　少年史地叢書 (m.)

005573914　3075　2989
非常時期之雲南邊疆
徐益棠編　雷震等主編　上海　中華書

局　1937年　再版　（m.）

011937576　DS777.5315.P3　1946
戰時西南報告文學
潘世徵著　上海　華夏文化事業社
1946年　初版　（m.w.）

005577505　3075　4231
滇緬公路
斯密司撰　陶亢德等譯　上海　亢德書
房　1941年　天下事叢書（m.w.）

005577506　3075　4344
滇繹四卷
袁嘉穀撰　石屏　東陸大學　1923年
東陸大學叢書

005577507　3075　4843
滇南名勝圖
趙鶴清繪　雲南　崇文石印局　1915年

005574025　3075　6162
昆明導遊
中國旅行社編輯　上海　中國旅行社
1941年　再版　旅行叢書　（m.）

005577509　3075　6194
蒼洱之間
羅莘田[常培]著　南京　獨立出版社
1947年　　（m.w.）

005584730　3075　6421
雲南邊疆地理
嚴德一著　重慶　商務印書館　1946年
　邊疆政教叢書　（m.）

005580530　3075　7918　FC9443　Film Mas　35879
滇邊散憶
陳碧笙著　長沙　商務印書館　1941年
　禹貢學會叢書　（m.）

005584731　3075　7919
滇邊經營論
陳碧笙著　1938年　（m.）

005694300　3075　8212
滇遊一月記
鄭子健著　廣州　中華書局　1938年
再版　（m.w.）

005584733　3075　8503
遊滇紀事
錢文選撰　香港　廣德錢氏　1930年

005580939　3075　8665
邊區行滇康道上
曾昭掄著　桂林　文友書店　1943年
（m.）

005584738　3076　3493
咸同貴州軍事史
淩惕安編著　上海　中華書局　1932年

005584740　3076　4419
黔滇道上
李霖燦著　重慶　大公報館　1940年
（m.）

005580399　3076　4421
車里
李拂一撰　上海　商務印書館　1933年
（m.）

011916536　DS793.Y81　J565　1933
車里
李拂一著　上海　商務印書館　1933年
　初版　史地小叢書　（m.）

005584741　3076　4428
黔滇川旅行記
薛紹銘著　上海　中華書局　1937年
（m.w.）

005584744　3076　6405
貴州省
嚴新農編　上海　商務印書館　1933 年
（m.）

008592956　FC2986
袁世凱之禍黔
劉世傑著　濟南　1912 年

011983349　DS737.C495　1936
中國今日之邊疆問題
淩純聲等著　外交評論社主編　南京　正中書局　1936 年　再版　外交叢書（m.）

005580630　3077　4842
蒙藏新志
黃奮生編著　上海　中華書局　1938 年（m.）

005580674　3078　0240
蒙古與中國
高博彥撰　北京　1927 年　（m.）

005580687　3078　0244
蒙古概況與內蒙自治運動
方範九著　上海　商務印書館　1934 年　初版　（m.）

005584758　3078　0442
蒙古問題
謝彬著　上海　商務印書館　1930 年（m.）

005581048　3078　1144
蒙古問題
王勤堉撰　上海　商務印書館　1930 年（m.）

005599307　3078　1162
蒙古史料四種
王國維編著　北京　清華研究院　1926 年

005599309　3078　1165.2
國立北平圖書館輿圖版畫展覽目錄
國立北平圖書館編　北平　國立北平圖書館　1935 年　（m.）

005587357　3078　1322B
蒙古遊牧記十六卷
張穆撰　長沙　商務印書館　1938 年　國學基本叢書　（m.）

007981992　3078　2227
蒙古概觀
何健民撰　上海　民智書局　1932 年（m.）

007981996　3078　2436
蒙古鑒
卓宏謀編　北京　北京東城十二條王駙馬胡同卓宅　1923 年　3 版　（m.）

005580965　3078　2561　3078　2561b　1933 printing.
東蒙古遼代舊城探考記
牟里著　馮承鈞譯　上海　商務印書館　1930 年　初版　尚志學會叢書　（m.）

005599314　3078　2914
黑韃事略一卷
徐霆撰　香港　東方學會　1926 年

005599316　3078　3128
蒙古源流
汪睿昌譯註　北京　蒙文書社　1927 年

005599311　3078　3472
蒙藏院調查內蒙沿邊統計報告書
蒙藏院總務廳統計科編　北京　蒙藏院總務廳統計科　1919 年

005580879　3078　4035
瀚海盆地

葉良輔編著　上海　正中書局　1948 年初版　（m.）

009676135　3078　4347
蒙文白話報
北京　蒙藏院辦報處　1915 年

005580718　3078　4433.5
蒙古源流箋證八卷
小徹辰薩囊台吉撰　沈曾植箋證　張爾田　校補　1932 年　屠守齊校補本

008630959　FC6063
蒙藏資料
192？—3？年

005580629　3078　7233
蒙藏狀況回部新疆附
馬福祥編輯　南京　蒙藏委員會　1931 年　（m.）

005580777　3078　7241
內外蒙古考察日記
馬鶴天著　南京　新亞細亞學會　1932 年　新亞細亞學會邊疆叢書

007710791　MLC - C
蒙古與新六省
王雲五、李聖五主編　上海　商務印書館　1933 年　（m.）

005580931　3078.1　0423
漠南蒙古地理
許崇灝編　上海　正中書局　1947 年滬 1 版　中國邊疆學會叢書　（m.）

005599318　3078.1　0491
內蒙之今昔
譚惕吾著　上海　商務印書館　1935 年　內政研究會邊政叢書　（m.）

005599321　3078.1　3450
新生的內蒙
遼南書店編　濟南　遼南書店　1948 年　（m.）

011984860　DS777.5314. H725　1938
西綫風雲
范長江編　漢口　范長江　1933 年　初版　（m.w.）

005599322　3078.1　4213
蒙古新地理
蕭晉安著　上海　中華書局　1941 年　（m.）

005599327　3078.1　4842
百靈廟巡禮
黃奮生著　上海　商務印書館　1935 年　史地小叢書　（m.）

005591249　3078.1　4842.2
內蒙盟旗自治運動紀實
黃奮生編　上海　中華書局　1935 年　（m.）

005615797　3078.1　7925
內蒙自治史料輯要
陳健夫編輯　南京　拔提書店　1934 年　（m.）

005615798　3078.2　1494
熱河新志
武尚權著述　重慶　東北四省抗敵協會　1943 年　東北四省抗敵協會叢書　（m.）

005615800　3078.3　1614
西盟會議始末記
西盟王公招待處編輯　濟南　1913 年　（m.）

005615802　3078.3　2392
綏遠省各縣鄉村調查紀實第一集

濟南　1934 年

005615803　3078.3　4243
綏遠省分縣調查概要
楊增之等編　香港　綏遠民眾教育館　1934 年　（m.）

005615804　3078.4　3413
察南特殊事情彙集
察南政廳資料科編輯　香港　察南政廳資料科　1942 年　（m.）

005591267　3078.4　7948
宣化盆地
陳增敏著　長沙　商務印書館　1938 年　禹貢學會叢書　（m.）

011986397　DS793.N5　Y4　1947
寧夏紀要
葉祖灝編著　南京　正論出版社　1947 年　初版　（m.）

005615418　3078.5　2421
寧夏省考察記
傅作霖編著　南京　正中書局　1935 年　（m.）

005606130　3078.6　1182
現代外蒙之概觀
王金紱編　上海　商務印書館　1936 年　初版　新時代史地叢書　（m.）

005606372　3078.6　2411
從舊世界到新世界的外蒙
傅于琛著　上海　生活書店　1938 年　再版　世界知識叢書

005615808　3078.6　2673
外蒙始末紀要
白眉初編　北平　北平建設圖書館　1930 年　（m.）

005615810　3078.6　3686
今日的外蒙
潘公昭［潘朗］著　上海　中國科學圖書儀器公司　1947 年　（m.）

005615811　3078.6　4231
國防前綫外蒙古
楊寶琛編譯　上海　戰時讀物編譯社　1938 年　（m.）

005606074　3078.6　4451
外蒙之現勢
吉村忠三著　李祖偉譯　上海　商務印書館　1937 年　新時代史地叢書　（m.）

005619590　3078.6　7224
外蒙古
劉虎如編纂　上海　商務印書館　1933 年　（m.）

011884840　DS793.M7　C58　1918
自治外蒙古
屈燨著　上海　商務印書館　1918 年　（m.）

005615813　3078.6　7923
外蒙近世史
陳崇祖編　濟南　1926 年　再版

005615814　3078.6　7923B
外蒙近世史
陳崇祖編　上海　商務印書館　1922 年

005615687　3078.6　7983
止室筆記
陳籙著　1917 年　（m.）

005611559　3079　0402D
大唐西域記十二卷
玄奘著　辯機撰　上海　商務印書館　1934 年　國學基本叢書　（m.）

005643099　3079　1154
西北史地　唐代西北史料　清代史學書錄　南北朝高僧傳
北京　北京大學　1912—49 年

005654151　3079　1182
西北地理
王金綬編　北平　立達書局　1932 年（m.）

005678558　3079　1220
西遊錄
耶律楚材撰　上虞　羅氏　1927 年

005615474　3079　1353　3079　1353B
西北
戴季陶等著　張振之編輯　上海　新亞細亞學會　1931 年　（m.）

005619742　3079　2204
康居粟特考
白鳥庫吉著　傅勤家譯　上海　商務印書館　1936 年　史地小叢書　（m.）

005638929　3079　2204.1
塞外史地論文譯叢
白鳥庫吉原著　王古魯譯述　長沙　商務印書館　1940 年　（m.）

005619743　3079　2943
西域三種
徐松撰　北平　文奎堂　1912—49 年

004720071　3079　3218
西域地名
馮承鈞編　1930 年序　（m.）

005683274　3079　3311　(1)
西域遺聞一卷
陳克繩撰　北平　禹貢學會　1937 年　邊疆叢書甲集

005683197　3079　3311　(2-3)
哈密志五十一卷
鍾方編纂　北平　禹貢學會　1937 年　邊疆叢書

005683275　3079　3311　(4)
科布多政務總冊一卷
富俊輯　北平　禹貢學會　1937 年　邊疆叢書甲集

005683277　3079　3311　(6)
敦煌雜鈔二卷
常鈞撰　北平　禹貢學會　1937 年　邊疆叢書甲集

005683278　3079　3311　(7)
敦煌隨筆二卷
常鈞撰　北平　禹貢學會　1937 年　邊疆叢書甲集

005619744　3079　3943
北征日記
宋大業撰　吳豐培校訂　濟南　吳江吳氏　1942 年　邊疆叢書續編

005619746　3079　4049
長春真人西遊記二卷
李志常述　上海　商務印書館　1937 年　國學基本叢書　（m.）

005678492　3079　4449
長春真人西遊記
李志常述　上海　中華書局　1934 年　聚珍仿宋版　四部備要

005615761　3079　4214
建設西北甘青寧三省芻議
楊勁支著　南京　京華印書館　1932 年　西北叢書

005678471　3079　4282
西北的剖面
楊鍾健著　北京　地質圖書館　1932 年
（m.w.）

005615674　3079　4628
西域研究
藤田豐八著　楊鍊譯　上海　商務印書館　1937 年　初版　漢譯世界名著（m.）

005631695　3079　4732
邊人芻言
格桑澤仁著　南京　格桑澤仁先生追悼會　1946 年　（m.）

005563128　3050　4822　3079　4822
西北史綱青年讀物
賀嶽僧著　陸曼炎校訂　重慶　文信書局　1943 年　初版　（m.）

005619009　FC341
陝甘調查記
陳言著　北京　北方雜志社　1936—37 年　初版　北方雜志叢書　（m.）

005619752　3079　4913
西北
蔡君啟著　上海　生活・讀書・新知三聯書店　1949 年　新中國百科小叢書（m.）

005678493　3079　7474
歷代疆域表三卷
段長基編輯　上海　中華書局　1934 年　聚珍倣宋版　四部備要

005611583　3079　7907
西北視察記
陳賡雅著　上海　申報館　1937 年（m.）

005611552　3079　7913
西北區域地理
陳正祥著　重慶　商務印書館　1945 年（m.）

005611544　3079　7913B
西北區域地理
陳正祥著　上海　商務印書館　1946 年（m.）

005615312　3079　8230
西北遊牧藏區之社會調查
俞湘文著　上海　商務印書館　1947 年（m.）

005615473　3079　8671　FC5622　FC–M1111
中國經營西域史
曾問吾著　上海　商務印書館　1936 年（m.）

005654131　3079.1　0176
新疆與回族
李國幹、楊大震、問天著　上海　商務印書館　1933 年　東方文庫續編　（m.）

008131358　T　3079.1　0194
新疆省地理報告表
濟南　1916 年

005619312　3079.1　0423
新疆志略
許崇灝編著　重慶　正中書局　1944 年（m.）

005619310　3079.1　0442　FC5655　FC–M1321
新疆遊記
謝彬著　上海　中華書局　1927 年　6 版　新世紀叢書　（m.）

005691049　3079.1　1171
河海崑崙錄四十卷
裴景福著　上海　文明書局　1938 年

005619288　3079.1　1330B
新疆之經濟
張之毅著　上海　中華書局　1946年
　再版　（m.）

005619340　3079.1　2140
新疆之水利
倪超編著　上海　商務印書館　1948年
　邊疆政教叢書　（m.）

005626449　3079.1　2151
盛世才如何統治新疆
魏中天著　香港　海外通訊社　1947年
　初版

005623701　3079.1　2182
新疆見聞
盧冀野著　南京　中央日報社　1947年
　（m.）

005619518　3079.1　2312
新疆風雲
黎晉偉編輯　香港　海外書店　1947年
　忠報叢書

005618981　3079.1　2321
新疆概觀
吳紹璘編　南京　仁聲印書局　1933年
　（m.）

005619166　3079.1　2343
新疆紀遊附蘇聯遊記
吳藹宸著　上海　商務印書館　1935年
　（m.）

005619542　3079.1　2941
新疆內幕
徐蘇靈著　重慶　亞洲圖書社　1945年
　（m.）

005654136　3079.1　3133
新疆風物
汪永澤編著　重慶　文信書局　1943年
　（m.）

005623703　3079.1　3142
新疆古城探險記
漢丁薩維著　夏雨譯　上海　東南出版
　社　1940年　（m.）

011906202　DS793.S62　F425　1934
新疆視察記
馮有真著　上海　世界書局　1934年
　（m.）

005619262　3079.1　3830　FC5676　FC－M1343
新疆史地大綱
洪滌塵編著　重慶　正中書局　1939年
　（m.）

005626323　3079.1　4123
盛世才與新新疆
杜重遠著　廣州　生活書店　1938年
　（m.）

005631787　3079.1　4342　（1－2）
撫新紀程二卷
袁大化撰　香港　商務印書館天津分廠
　1911—23年

005619140　3079.1　4410
新疆經營論
蔣君章編著　重慶　正中書局　1939年
　3版　史地叢刊　（m.）

005619607　3079.1　4433
新疆研究
李寰著　中國邊政學會主編　重慶　安
　慶印書局　1944年　邊疆政教叢書
　（m.）

歷史科學類

005623704　3079.1　4581　FC5677　FC－M1344
新疆問題
華企雲編著　上海　大東書局　1931年
（m.）

005626791　3079.1　4833
天山之麓
黃汲清著　重慶　獨立出版社　1945年
地學叢書　（m.w.）

005631777　3079.1　6312
新疆沙漠遊記
黑丁［Sven Anders Hedin］著　綺紋譯
長沙　商務印書館　1939年　再版　漢
譯世界名著　（m.）

005631776　3079.1　7250
新疆變亂記略專輯
周東郊編　上海　觀察週刊社　1946年

005626738　3079.1　7913
塔里木盆地
陳正祥著　重慶　國立中央大學地理系
　1944年　國立中央大學研究院理科研
究所地理學部叢刊　（m.）

005623333　3079.1　7923
新疆鳥瞰
陳紀瀅著　長沙　商務印書館　1941年
　初版　（m.）

005623111　3079.1　7923b
新疆鳥瞰
陳紀瀅著　重慶　建中出版社　1943年
　再版　（m.）

005631778　3079.1　7940
新疆史地及社會
陳希豪著　上海　正中書局　1947年
（m.）

005623326　3079.1　8921
新疆之戀
余航著　南京　獨立出版社　1947年
（m.w.）

005631605　3079.5　0423
青海志略
許崇灝編　重慶　商務印書館　1943年
（m.）

005631791　3079.5　2922
西藏六十年大事記
朱繡編　濟南　1925年　（m.）

005631640　3079.5　2993
拉薩見聞記
朱少逸著　上海　商務印書館發行
1947年　初版　（m.w.）

005683280　3079.5　3845
到青海去
顧執中、陸詒著　上海　商務印書館
1934年　（m.w.）

005635629　3079.5　4244
青海風土記
楊希堯著　林競校　南京　新亞細亞學
會　1933年　再版　（m.）

011887749　DS785.B412　1930
西藏外交文件
王光祈譯　上海　中華書局　1930年
（m.）

005635631　3079.5　7224
青海西康兩省
劉虎如編　上海　商務印書館　1933年
　國難後第1版　（m.）

009229484　3079.5　724
竺國紀遊四卷
周藹聯撰　江安　傅氏　1913年　鉛活

字本

005635632　3079.5　7241
玉樹調查記二卷
周希武撰　濟南　1920年

005631603　3079.5　7241.1
甘青藏邊區考察記
中國邊疆學會主編　上海　商務印書館
　1947年　中國邊疆學會叢書　（m.）

005631736　3079.5　7754
青海
周振鶴編　長沙　商務印書館　1938年
　史地小叢書　（m.）

005654513　3079.7　1136
西藏王統記
王沂暖譯　上海　商務印書館　1949年

005626450　3079.7　1144
西藏問題
王勤堉撰述　壽景偉校閱　上海　商務
印書館　1929年　初版　新時代史地叢
書　（m.）

005626792　3079.7　2073
西藏始末紀要
白眉初著　北平　北平建設圖書館
1930年　（m.）

005623236　3079.7　2131
西藏日記二卷
允禮撰　北平　禹貢學會　1937年　邊
　疆叢書甲集

005626476　3079.7　2170
西藏政教合一制
行政院新聞局編　臺北　行政院新聞局
　1947年

005635635　3079.7　3384
現代西藏
法尊著　重慶　漢藏教理院　1937年
世界佛學苑漢藏教理院叢書　（m.）

005635637　3079.7　3384b
現代西藏
法尊著　成都　東方書社　1943年
（m.）

005626350　3079.7　3830
西藏史地大綱
洪滌塵編　南京　正中書局　1936年
初版　史地叢刊　（m.）

005639340　3079.7　4402
旅藏二十年
麥克唐納著　孫梅生、黃次書譯　張守
義等校　上海　商務印書館　1936年
（m.）

005639344　3079.7　4464
遊藏紀程
李國柱編　香港　新疆官報局　1918年

005639346　3079.7　4468
籌藏政策
李明榘著　香港　桃源李氏　1915年
（m.）

005654514　3079.7　4581
西藏問題
華企雲撰　上海　大東書局　1930年
（m.）

005678497　3079.7　4612
西藏之過去與現在
柏爾原著　宮廷璋譯述　上海　商務印
　書館　1930年　初版　地理叢書　（m.）

005639350　3079.7　4612.1
西藏志
柏爾著　董之學、傅勤家譯　長沙　商務印書館　1940年　再版　(m.)

005661104　3079.7　4612B
西藏史
柏爾[Bell]著　宮廷璋譯　上海　商務印書館　1931—47年　史地小叢書　(m.)

005631780　3079.7　7173　(1-2)　FC9292　Film　Mas　35718
西藏交涉紀要
陸興祺編　香港　蒙藏委員會　1947年　邊疆問題參考資料

005623214　3079.7　7237
西藏政教史略
劉家駒著　南京　中國邊疆學會　1948年　(m.)

005683282　3079.7　7267
康藏軺征
劉曼卿著　上海　商務印書館　1933年　(m.)

005678322　3079.7　7447
西藏奇異志
段克興著　上海　商務印書館　1934年　史地小叢書　(m.)

005654515　3079.7　7925
西藏問題
陳健夫著　上海　商務印書館　1937年　現代問題叢書　(m.)

005631782　3079.7　8466
西藏風俗志
汪今鸞譯　上海　商務印書館　1933年　史地小叢書　(m.)

005643100　3080　0140.4
袖珍中華新輿圖
童世亨著　上海　商務印書館　1920年　(m.)

009201036　3080　0140.49
七省沿海形勝全圖
童世亨著　上海　商務印書館　1926年　再版

005653935　3080　0140.5
中國形勢一覽圖附說中學適用
童世亨著　上海　商務印書館　1926年　(m.)

008726867　3080　1047　(1930)
大中華民國分省圖
亞新地學社制

008726718　3080　1047.1　G7820　1944.Y3
中國形勢詳圖
亞新地學社編　再版

008726717　3080　1153
實用中華掛圖
世界輿地學社編

005643104　3080　1165
國立北平圖書館特藏清內閣大庫新購輿圖目錄
(國立)北平圖書館編　香港　國立北平圖書館　1932年

008726802　3080　1304
遠東歷史略圖
奚爾恩、張立志編纂　上海　商務印書館　1926年

005643106　3080　2004
外交部地圖目錄分編、續編
外交部外政司編　香港　外交部印書處　1912年

005643109　3080　4046　G2305.N45　1934
內府地圖
北平　北平民社　1934 年

005639155　3080　4294
中華民國最新分省地圖
楊景雄、李慶成繪製　邱祖謀、盛敍功、葛尚德說明　上海　寰澄出版社　1946 年　增訂版

005642742　3080　4342
清內務府造辦處輿圖房圖目初編
國立故宮博物院文獻館編印　北京　國立北平故宮博物院文獻館　1936 年

005654516　3080　4704
地質調查所圖書館地圖目錄甲編
劉季辰編　北平　地質調查所圖書館　1928 年

005646072　3080　5440
中國分省圖
中華教育文化基金董事會編譯委員會編輯　劉季辰、李慶長繪製　曾世英、方俊校補　上海　商務印書館　1934 年

008726794　3080　7661
中等學校適用現代本國地圖
屠思聰、王振編纂　上海　輿地學社　1939 年

005650619　3080　772
中華析類分省圖
亞新地學社制　歐陽纓編　鄒興鉅校閱　武昌　亞新地學社　1933 年　3 版　(m.)

008724730　3080　7984
中國新地圖
陳鐸編纂　(m.)

005650794　3080　8043
中國分省新地圖
金擎宇編纂　上海　亞光輿地學社　1948 年　增訂再版

005650795　3080　8143
中國分省分縣明細圖
鍾吉宇、鄭鑒、徐知耕編繪　上海　新宇輿地學社　1940 年

005653941　3080.4　1102
中國地理圖籍叢考
王庸編　上海　商務印書館　1947 年　(m.)

010203893　T　3080.8　4741
乾隆十三排銅板地圖
北平　故宮博物館　1931 年　影印

008726726　3080.9　0140.3
中華大地圖
童世亨制

008726719　3080.9　0433
新中國大地圖甲種
章啟宇編制　王成組、盧村禾校閱　(m.)

005654156　3080.9　1203　G2305.T502　1933
中國分省新圖
丁文江、翁文灝、曾世英編纂　上海　申報館　1933 年　(m.)

005650722　3080.9　1203.5　3080.9　1203.5b　G2305.T54 1934x
中華民國新地圖
丁文江、翁文灝、曾世英編纂　上海　上海申報館　1934 年　(m.)

007462275　3080.9　1203b
中國分省新圖
丁文江、翁文灝、曾世英編纂　曾世英、

方俊增訂　上海　申報館　1948 年　戰後訂正第 5 版　（m.）

005654511　3080.9　1242
復興中國新地圖
邵越崇編著　上海　復興輿地學社　1949 年　解放新版

005701686　3080.9　3847
最新中國新地圖
洪懋熙編　上海　東方輿地學社　1948 年

005716038　3080.9　4969
中華省市地方新圖
蘇甲榮編　上海　日新輿地學社　1939 年

005701689　3080.9　6054
最新中華形勢一覽圖
上海　東方輿地學社　1932 年　（m.）

008725775　3080.9　7984
中國政區都市圖
陳鐸編纂

005701690　3080.9　8143
中國地理教科圖
金擎宇編　上海　亞光輿地學社　1946 年　增訂再版　（m.）

008726724　3081　4210
東北九省行政區域圖
內政部方域司編製

009406201　T　3081　4421
熱察綏三區旗縣新圖
1912—49 年

008724699　3082　0140
東三省明細全圖
童世亨編

008725807　3082　1332
東北富源圖
張鴻編　趙雲忠繪

009406749　3082　3306
滿洲帝國地圖
香港　滿洲事情案內所　1941—43 年

008724734　3082　4969
百萬分一東三省全圖
蘇甲榮制

008726714　3082　5917
中國東北現勢圖

008724707　3086　0140
直隸省京兆地方明細全圖
童世亨編

008724636　3086　0423
河北省圖
許仰安編

009406694　3086　1100
北京地圖
民國間

009406758　3086　1106
北平市最新詳細全圖
北京　北平文雅社　1933 年

008084367　FC5838　FC–M3546　T　3086　1109.83
乾隆京城全圖
興亞院華北連絡部政務局調查所編纂
北京　興亞院華北連絡部政務局調查所　1940 年　調查資料

008726711　3086　1114.4
新測實用北平都市全圖
蘇甲榮撰

008726712　3086　1147
華英對照熱河全省榆關平津全圖
王華隆制

009406744　3086　6010
最新北京全圖
北京　輿地測繪處　1925 年

009406772　3086　6013
最新天津地圖
香港　輿地測繪處　1932 年

008724696　3087　0217
山東省明細全圖
商務印書館編譯所編

008726716　3087　0423
山東省圖
許仰安編

009406175　T　3087　5242
青島地番一覽圖
青島民政署編製　1912—49 年

008724643　3088　5654
河南分縣詳圖
中國史地圖表編纂社編

008724644　3088　5654.1
河南分縣詳圖
中國史地圖表編纂社編

008724639　3090　5654
陝西分縣詳圖
中國史地圖表編纂社編

008724638　3094　5654
四川分縣詳圖
中國史地圖表編纂社編　金立煌、金立輝編

008724700　3095　0175
湖北省明細全圖
商務印書館編譯所編

008724723　3095　3166
最新宜昌街市全圖
宜昌廣益書局制

008724702　3096　0175
湖南省明細全圖
商務印書館編譯所編

008724645　3096　5654
湖南分縣詳圖
中國史地圖表編纂社編

008724704　3097　0140
江西福建省明細全圖
童世亨編

008724727　3099　0175
江蘇省明細全圖
商務印書館編譯所編

009260719　3099　2135.4　FC9689　Film　Mas　35850
上海商埠交通圖
李卓吾製圖　上海　中國城市製圖社
1929 年　（m.）

009255588　3099　2135.5　FC9687　Film　Mas　36851
上海市街道詳圖
中國史地圖表編纂社編　上海　亞光輿地學社　1947 年

009406755　3099　2304
上海新地圖
杉江房造編製　上海　上海日本堂書店
　　1928 年

009259429　3099　4209.4
新南京地圖
蘇甲榮制　上海　日新興地學社

歷史科學類

1932 年

008725809　3099　4969
京滬滬杭甬鐵路地域全圖

008724716　3099　5654
蘇浙皖三省明細圖
中國史地圖表編纂社編　劉思源編

008724646　3099　5654.1
江蘇分縣詳圖
中國史地圖表編纂社編

008724694　3100　0175
浙江省明細全圖
商務印書館編譯所編

008726713　3100　0432
江南浙江沿海圖
許寶生編　（m.）

009267819　3100　3933b
修訂浙江全省輿圖並水路道里記
宗源瀚等編　徐則恂修　杭州　武林印書館　1915 年

008724642　3100　5654
浙江分縣詳圖
中國史地圖表編纂社編

009406217　T　3100　8728
普陀山全圖
1875—49 年　石印

009406129　T　3102　0702
廈門市街圖
1912—49 年

009406147　T　3102　0740
廈門城市全圖
廈門　全閩新日報社　1919 年

009406778　3102　3123
福建泉州開元寺平面圖
泉州　民國間

009406285　3103　0340
廣州城市及其馬路全圖
香港　書籍行遠安堂　1922 年

008724693　3103　0374
袖珍廣東分縣明細圖
新宇輿地學社編

009406179　T　3107.1　4440
蒙古地方明細圖
武漢　武昌亞新地學社　1936 年

009406644　3107.1　7263
南部蒙疆略圖
關恩肇繪　蒙古　蒙古聯合自治政府治安部　1940 年

009406254　3107.1　7263.1
蒙疆地圖
關恩肇繪　蒙古　蒙古聯合自治政府治安部　1940 年

009406264　3107.1　7263.2
蒙疆烏蘭察布盟等地圖
關恩肇繪　蒙古　蒙古聯合自治政府治安部　1940 年

007876035　3107.3　1322　FC5656　FC－M1322
綏乘十一卷
張鼎彝編輯　上海　泰東圖書局　1921 年　（m.）

007876038　3107.3　2451
綏蒙輯要
1930 年

008725783　3108　3839
新疆實業郵電鹽產電綫道里圖

193？年

008726800　3109　1308
西藏地方詳圖
張庚金編　葛綏成校訂　上海　中華書局　1939年

008716909　3110　2387.1　FC8755　Film　Mas　32939
方志今議
黎錦熙撰　長沙　商務印書館　1940年（m.）

006737956　DS706.5.S5　1941x
方志通義
壽鵬飛撰　濟南　1941年　得天廬存稿

007981713　3110　2452　FC7454　FC－M4519
中國方志學通論
傅振倫著　上海　商務印書館　1935年初版（m.）

007981834　3114　4441　FC7530　Film　Mas　31394
東北的黑暗與光明
李杜著　歷史資料供應社編選　上海歷史資料供應社　1946年　初版（m.）

011920105　DS783.7.T798　1970
東北的黑暗與光明
李杜著　歷史資料供應社編選　上海歷史資料供應社　1946年　再版（m.）

007987408　3116　0.7
全遼志六卷
陳絳纂　滿洲　文教部　1934年

007982957　3116　0.71
遼東志九卷
畢恭等修　東京　前田氏　1912年　尊經閣叢書

003221692　3116　0.9　FC7468　Film　Mas　C4988
奉天通志二百六十卷　卷首一卷
王樹柟編纂　1934年

007994402　3118　0274.9　FC7482　Film　Mas　31380
新民縣志十八卷
張博惠編纂　濟南　1926年

009272850　3118　1188.9
北鎮縣志六卷
呂中清編纂　1933年

008988945　3118　2127
盤山廳志一卷
楊紹宗纂修　濟南　1912—49年
鈔本

007994346　3118　2450.9
綏中縣志十八卷　卷首
范炳勳總纂修　路文卿、席文彙、李蔭棠編輯　綏中　1929年

008627866　3118　2624.9　FC7479　Film　Mas　31386
岫巖縣志
劉景文總裁　郝玉璞總編輯　岫巖縣　1928年

007994404　3118　2824.9　FC7477　Film　Mas　31384
復縣志略
程廷恒編纂　濟南　1920年

007994348　3118　3122.9
寬甸縣志略
陶牧編輯　吳鐵修校　寬甸　1915年

008016725　3118　3321.9
通化縣志四卷
李鎮華修　香港　1934年

007994405　3118　3350.9　FC7475　Film　Mas　31364
遼中縣志二十九卷　卷首一卷
李植嘉編纂　1930年

007994406　3118　3372.9　FC7474　Film　Mas　31363
遼陽縣志四十卷　卷首一卷
白永貞編纂　濟南　1928年

007994391　3118　3459.9
安東縣志八卷
于雲峰編纂　濟南　1931年

007994525　3118　3501.9　FC7480　Film　Mas　31378
海龍縣志
白永貞纂　濟南　1913年

007994343　3118　3501.91
海龍縣志二十二卷
王春鵬編修　海龍　1936年

007995464　3118　3545.9
海城縣志六卷
戚星巖等纂　陳蔭翹等修　1937年

007994377　3118　3672.9
瀋陽縣志十五卷
曾有翼編纂　濟南　1917年

007994378　3118　4010.9　FC7484　Film　Mas　31382
蓋平縣志十六卷　卷首一卷　卷末一卷
王郁雲編纂　1930年

007994379　3118　4132.9　FC7478　Film　Mas　31385
莊河縣志十八卷　卷首一卷　卷末一卷
楊維繙編纂　濟南　1934年

009031660　3118　4162
蓋平縣鄉土志二卷
崔正峰、郭春藻編輯　蓋平縣　蓋平教養工廠　1920年　石印

007994380　3118　5343
撫松縣志五卷　卷首一卷
車煥文編纂　濟南　1930年

007994381　3118　5430.9
輯安縣志
張拱垣編纂　1931年

007994341　3118　5921.9
東豐縣志四卷
李耦總編纂　艾蔭滋總調查　東豐　1931年

007994382　3118　6060.94　FC7488　Film　Mas　31370
奉天昌圖縣志
續文金編纂　濟南　1916年

007995638　3118　7145.9　FC7476　Film　Mas　31365
鳳城縣志十六卷　卷首一卷
蔣齡益纂　濟南　1921年

007995640　3118　7479.9　FC7470　Film　Mas　31389
開原縣志六卷
趙家幹纂　濟南　1917年

007994386　3118　7809.9　FC7483　Film　Mas　31381
興京縣志十五卷
蘇民編纂　1925年

007994342　3118　7845.9　FC7487　Film　Mas　31371
興城縣志十五卷
楊蔭芳纂修、趙述、楊蔭芬協修　興城　1927年

007994340　3118　8216.9　FC7485　Film　Mas　31383
錦西縣志六卷
郭逵總編纂　王中立、沈文林分纂　錦西　1929年

007994344　3118　8269.9　FC7486　Film　Mas　31361
錦縣志略二十四卷
陸善格、朱顯廷編輯　錦縣　1920年

007994445　3118　8528.9　FC7473　Film　Mas　31392
鐵嶺縣志二十卷
張嗣良纂　黃世芳修　濟南　1931年重修

007994387　3118　8569.9　FC7467　Film　Mas　31387
義縣志二十卷
王子笙編纂　1931 年

007994388　3118　8859.9　FC9628　Film　Mas　35945
鎮東縣志五卷
周渭賢編纂　1927 年

007995642　3118　9323.9　FC7471　Film　Mas　31390
懷德縣志十六卷　續志十二卷
孫雲章纂　濟南　1934 年

007994403　3119　2427.9
雙山縣鄉土志
牛爾裕編　濟南　1924 年

007994389　3119　5434.9
輯安縣鄉土志
吳光國編纂　濟南　1915 年

007995643　3120　4649.9　FC9024　Film　Mas　34447
吉林新志二卷
劉爽編　濟南　1934 年

007995644　3120　4926　FC9025　Film　Mas　34462
大中華吉林地理志
林傳甲撰　吉林　吉東印刷社　1921 年

007994390　3122　0211.9　FC9027　Film　Mas　34459
吉林方正縣志
楊步墀編纂　1919 年　（m.）

007994410　3122　0445.9　FC9019　Film　Mas　34470
雙城縣志十五卷
張矗銘編纂　1926 年

007994385　3122　1932.9　FC9020　Film　Mas　34472
珠河縣志二十卷　卷首一卷
宋景文編纂　濟南　1929 年

007995645　3122　2342.9　FC9022　Film　Mas　34469
依蘭縣志
楊步墀纂　濟南　1921 年

007995486　3122　2944　FC7489　FC－M4500　Film　Mas　31377
棃樹縣志
范大全編纂　1934 年

007994347　3122　3069.9　FC8923　Film　Mas　34422
賓縣縣志四卷
朱衣點總纂　鄭蕙馨、王克泰編輯　賓縣　1929 年

007994345　3122　3234.9
寧安縣志四卷
梅文昭總纂　魏聲龢、單友軒協纂　寧安　1924 年

007994408　3122　4520.94　FC9026　Film　Mas　34460
樺川縣志六卷
朱衣點編纂　濟南　1928 年

007995646　3122　4522.9　FC9021　Film　Mas　34471
樺甸縣志十卷　卷首一卷　卷末一卷
陳鐵梅纂　濟南　1932 年

007995647　3123　2472.9　FC8922　Film　Mas　34423
雙陽縣鄉土志不分卷
吳榮桂纂　1915 年

007994532　3124　0024　FC9023　Film　Mas　34450
黑龍江鄉土錄不分卷
郭克興編　濟南　1926 年

007994375　3124　610.9
黑龍江通志綱要
金梁編纂　1925 年

007994407　3124　921
黑龍江志稿六十二卷　卷首一卷　地圖一卷
張伯英編纂　濟南　1932 年

007995648 3125 6422.9 FC9029 Film Mas 34455
呼倫貝爾[黑龍江]志略
張家璠修　濟南　1924 年

007994409 3125 6442.9 FC9030 Film Mas 34452
呼蘭府志十二卷
黃維翰編　濟南　1915 年

007995649 3126 0141.9 FC9028 Film Mas 34461
望奎縣志四卷
張玉書纂　濟南　1919 年

007995650 3126 0232.94 FC9032 Film Mas 34463
訥河縣志十二卷
丛紹卿撰　濟南　1932 年

007995651 3126 1415.9 FC9031 Film Mas 34464
璦琿縣志十四卷
徐希廉撰　濟南　1921 年

009268175 3126 6442.9
呼蘭縣志八卷
柯寅編輯　廖飛鵬修　哈爾濱　新華印書館　1930 年

007994533 3128 0.9 FC7556 Film Mas 31441
河北通志縣治草表
陳鐵卿撰　濟南　1932 年

007995652 3128 0.9B FC7557 Film Mas 31439
河北省治市縣沿革志略不分卷
戴書紳撰　濟南　1937 年

007994534 3128 4926.9 FC7615 Film Mas 31602
大中華直隸省地理志
林傳甲總纂　北京　武學書館　1920 年（m.）

007994535 3129 4050.9 FC7642 Film Mas 31615
大中華京兆地理志
林傳甲編　北京　武學書局　1919 年（m.）

007453724 3134 0035.9 FC7638 Film Mas 31486
交河縣志十卷　卷首一卷
苗毓芳編纂　濟南　1916 年

007453942 3134 0042.9 FC7265 Film Mas 31139
望都縣志十二卷　卷首一卷
崔蓮峰編纂　濟南　1934 年

007453940 3134 0232.9 FC7447 Film Mas 31290
新河縣志
傅振倫編纂　1929 年

007479201 3134 0245.9
新城縣志二十四卷
王樹枏等纂　香港　縣政府　1935 年

007453943 3134 0272.9
高陽縣志十卷
李曉泠編纂　1931 年

007453974 3134 0413.86
慶雲縣志三卷　首末各一卷
崔光笏纂　戴綱孫修　香港　1934 年重印

007453947 3134 0413.9 FC7636 Film Mas 31493
慶雲縣志四卷
劉鴻逵編纂　慶雲　慶雲藏拙堂　1914 年

007453946 3134 043.9
文安縣志十二卷　卷首一卷　卷終一卷
李蘭增編纂　天津　源泰印字館　1922 年

007453945 3134 0839.9 FC7646 Film Mas 31620
廣宗縣志十六卷　卷首一卷　卷末一卷
韓敏修編纂　香港　廣宗文獻委員會　1933 年

007561087 3134 1132.9 (1-6)
三河縣新志十六卷

吳寶銘編纂　濟南　1935 年

007455714　3134　1132.9　(7－8)
三河縣志十六卷
陳咏輯　濟南　1935 年

007455676　3134　1174.9　FC7261　Film　Mas　31149
元氏縣志十六卷　附敘錄一卷
李林奎總編纂　王允中編纂　元氏
1931 年

007455677　3134　1269.9
霸縣志五卷
章鈺總纂　陳瀛等纂修　霸縣　1919 年

007455716　3134　1269.91　FC7571　Film　Mas　31436
霸縣新志八卷
劉崇本編纂　1934 年

007455698　3134　1335.81
天津衛志四卷
馮允京等纂　薛柱斗修　1934 年

007455893　3134　1335.9
天津縣新志二十八卷
高彤皆等纂　香港　1931 年

008217456　3134　1335.9b
天津縣新志
高彤皆撰　香港　1930 年

007455911　3134　1427.9　FC7341　Film　Mas　31261
平山縣志料集十六卷
金潤璧修　香港　縣志料徵集處
1931 年

007455719　3134　1486.9　FC7320　Film　Mas　31224
平谷縣志六卷
王兆元編纂　1934 年

007455718　3134　1669.9　FC7619　Film　Mas　31489
晉縣志料二卷

宿慶斌編纂　晉縣　修志局　1934 年

007455720　3134　1869.918　FC7617　Film　Mas　31491
冀縣志二十卷
王樹枏編纂　濟南　1929 年

007456697　3134　2032.9　FC7445　Film　Mas　31288
香河縣志十卷
陳式湛編纂　濟南　1936 年

007456706　3134　2101.9　FC7330　Film　Mas　31265
盧龍縣志二十四卷　卷首一卷
胡應麟編纂　1931 年

007456695　3134　2121.9　FC7565　Film　Mas　31462
任縣志八卷
劉書旗編纂　1915 年

007456700　3134　213.88
豐潤縣志四卷
牛昶煦編纂　濟南　1921 年

007456805　3134　2134.9　FC7639　Film　Mas　31485
雞澤縣志二十六卷
劉國昌纂　李澤遠等修　香港　1942 年

007456647　3134　2369.9　FC7433　Film　Mas　31308
獻縣志二十卷　卷首一卷　附詩文要錄三卷
張鼎彝總纂　陳葆泉編輯　獻縣
1925 年

007456807　3134　2885.81
順義縣志五卷
黃成章等修　湯銘鼎校　香港　財政部
印刷局　1915 年

007456698　3134　2885.9
順義縣志十六卷
楊得馨編纂　濟南　1933 年

007456702　3134　2913.9　FC7438　Film　Mas　31299
徐水縣新志十二卷　卷末一卷
劉鴻書編纂　1932 年

007456704　3134　3069.9　FC7318　Film　Mas　31238
定縣志二十二卷　卷首一卷
賈恩紱編纂　定縣　魁星閣　1934 年

007456811　3134　3169.82　FC7322　Film　Mas　31230
完縣志十卷
田瑗等纂　朱懋德修　香港　1912—49 年

007456699　3134　3169.9　FC7333　Film　Mas　31223
完縣新志九卷　文徵二卷
彭作楨編纂　濟南　1934 年

007456648　3134　3216.9　FC7570　Film　Mas　31474
寧晉縣志十一卷
張震科總編輯　范瑞卿編輯　寧晉　1929 年

008576316　FC6205
民國宣漢縣志十六卷
汪承烈修　鄧方達等纂　濟南　1912—49 年

007457596　3134　3221.9　FC7626　Film　Mas　31604
清豐縣志十卷　卷首一卷
胡魁鳳編纂　1914 年

007457597　3134　3227.9
房山縣志八卷
王邦屏編纂　濟南　1928 年

007457598　3134　3231.9　FC7629　Film　Mas　31482
清河縣志十七卷　卷首一卷
趙鼎銘編纂　天津　文竹齋　1934 年

007457540　3134　3241.9
清苑縣志六卷
姚壽昌纂　金良驥修　1934 年

007457601　3134　3245.9
滿城縣志略十六卷　卷首一卷
陳昌源編纂　香港　協成印刷局　1931 年

007457772　3134　332.9　v.1–12
通州志十卷　卷首一卷　卷末一卷
王維珍纂　高建勳等修　陳鏡清補修　香港　1941 年

007457782　3134　332.9　v.13–16　FC7324　Film　Mas　31232
通縣志要十卷
徐白纂　金士堅修　濟南　1941 年

007457583　3134　3322.9
良鄉縣志八卷
呂植編纂　1924 年

007457584　3134　3334.9　FC7621　Film　Mas　31499
遷安縣志二十二卷　卷首一卷
王維賢編纂　1931 年

007457564　3134　3369.9
涿縣志八編　十八卷
周存培等纂　宋大章等修　北平　京城印書局　1936 年

007457797　3134　3438.7　(1)　FC7346　Film　Mas　31256
東安縣志殘存卷二至六
馮泰運纂　鄭之成修　濟南　1936 年　安次縣舊志四種合刊

007457796　3134　3438.7　(2–4)　FC7346　Film　Mas　31256
東安縣志十卷
張墀纂　王士美修　濟南　1936 年　安次縣舊志四種合刊

007457798　3134　3438.7　(5–8)　FC7346　Film　Mas　31256
東安縣志二十二卷

李光昭纂修　濟南　1936年　安次縣舊志四種合刊

007457799　3134　3438.7　(9-12)　FC7346　Film Mas 31256
安次縣志十二卷
劉鍾英、馬鍾琇纂　熊濟熙修　濟南　1936年　安次縣舊志四種合刊

007457518　3134　3438.9　FC7350　Film Mas 31228
安次縣志十二卷
劉鍾英、馬鍾琇總纂　安次　1914年

007457522　3134　3669.9
滄縣志十六卷　卷首一卷
張坪總纂　李奉璋分纂　滄縣　滄縣志書局　1933年

007457586　3134　3713.9
密雲縣志八卷　卷首一卷
宗慶煦編纂　香港　1914年

007457590　3134　3934.87
深澤縣志十卷
王肇晉編纂　濟南　建設局　1936年

007457517　3134　3969.94　FC7567　Film Mas 31459
灤縣志十八卷
焦樹森、李運隆、吳湘浦編纂　灤縣　1937年

007457516　3134　4022.9　FC7562　Film Mas 31472
柏鄉縣志十卷　卷首一卷
魏永弼編輯　柏鄉　1932年

007457602　3134　4045　FC7347　Film Mas 31247
藁城縣志嘉靖志十卷　康熙志十二卷　光緒志續補十一卷　續修民國志十二卷
任傳藻編纂　濟南　1933年

007457588　3134　4169.9
雄縣新志
劉崇本編纂　1929年

007457783　3134　4236.7　FC7451　Film Mas 31293
嘉靖南宮縣志五卷
葉恒嵩撰次　香港　南宮邢氏求己齋　1912—49年

007457543　3134　4236.9
南宮縣志二十六卷
賈恩紱等纂　黃容惠修　南宮　1936年

007457521　3134　4244.9
南皮縣志十四卷　卷首一卷
劉樹鑫總纂　張焜齊編次　南皮　1933年

007457523　3134　4262.9
邯鄲縣志十七卷　卷首一卷　卷末一卷
王琴堂總纂　李世昌等分纂　邯鄲？　1933年

007457524　3134　4326.9　FC7260　Film Mas 3148
大名縣志三十卷　卷首一卷
洪家祿等纂修　大名？　1934年

007479048　3134　5030.9　FC7623　Film Mas 31480
成安縣志十六卷　卷首一卷
張永和編纂　1931年

007479192　3134　5062.89
東明縣續志四卷
李曾裕纂　周保琛修　香港　192？年

007480694　3134　5062.9　FC7338　Film Mas 31236
東明縣新志二十二卷　卷首一卷
穆祥仲纂　任傳藻修　香港　1933年

007480695　FC7312　Film Mas 31244　T 3134　5069.81
威縣志十六卷
李之棟纂修　香港　1912—49年

007482292　3134　5069.9
重修威縣志二十卷　卷末一卷
尚希賓編纂　北平　京津印書局
1929 年

007480595　3134　5269.9
青縣志十六卷　卷首一卷
鄭清寰編纂　濟南　1931 年

007480530　3134　5535.9
静海縣志十二卷
高毓浤總纂　劉新桂、邊守靖副總纂
静海　静海縣志書局　1934 年

007480597　3134　5571.9　FC7634　Film　Mas　31495
井陘縣志料十六編
傅汝鳳編纂　濟南　1934 年

007480599　3134　5901
束鹿五志合刊
沈樂善編纂　濟南　1937 年

007480601　3134　5913.9　FC7348　Film　Mas　31246
棗強縣志料八卷
張宗載編纂　1931 年

007481861　3134　6069.9
景縣志十四卷
張汝漪總纂　王郁文纂訂　景縣？
1932 年

007482088　3134　6614.88
[光緒]昌平州志十八卷
繆荃孫、劉萬源等纂　吳履福等修　香港　1939 年

007481940　3134　6623.9　FC7610　Film　Mas　31488
昌黎縣志十二卷
張鵬翱編纂　1933 年

007481943　3134　6634.9　FC7560　Film　Mas　31477
固安文獻志二十卷
賈廷琳編纂　濟南　1927 年

007481944　3134　6634.94　FC7453　Film　Mas　31295
固安縣志四卷　卷首一卷　卷末一卷
王尚義編纂　濟南　1942 年

007481866　3134　7127.9
鹽山新志三十卷
賈思紱纂　鹽山？　1916 年

007481946　3134　7642.9　FC7326　Film　Mas　31269
臨榆縣志二十四卷　卷首一卷
高澤畬等編纂　濟南　1929 年

007482113　3134　7645.81　FC6230　Film　Mas　28884
臨城縣志八卷
喬巳百纂　楊寬修　香港　1914 年

007481930　3134　8341.9　FC7315　Film　Mas　31241
重修無極縣志二十卷
耿之光編纂　1936 年

007481931　3134　9319.9　FC7429　Film　Mas　31305
懷柔縣志八卷
吳景果編纂　濟南　1935 年

007482015　3135　1335.9
天津市概要
天津市市志編纂處編　天津　天津市政府　1934 年

007482282　3138　2759.89
山東通志二百卷　卷首四卷　補遺一卷
孫葆田編纂　濟南　1915 年　（m.）

007482229　2　3139　3232.9
濟寧直隸州續志二十四卷　卷首一卷　卷末一卷
唐烜、徐金銘總纂　濟寧　1927 年

007482556　3139　4030.7
萊州府志八卷

趙耀等纂　龍文明修　青島　東萊趙氏
永厚堂　1939 年

007482300　3140　0032.9　FC6538　Film　Mas　30451
重修商河縣志十五卷　卷首一卷
王錫恩編纂　濟南　1936 年

008627868　3140　0232.9
齊河縣志三十四卷　卷首一卷
閻廷獻編纂　濟南　1933 年

007482237　3140　0237.9　FC6666　Film　Mas　30489
高密縣志十六卷　卷首一卷
王照青總纂　閻金聲、李紹武分纂　高密？　1935 年

007461097　3140　0245.9
新城縣志二十六卷　卷首一卷
王寀廷總纂　陳長舉、宋敬臣分纂　新城　1933 年

007462472　3140　0411.88　FC6480　Film　Mas　30419
文登縣志十四卷　卷首一卷
李祖年等修　香港　1922 年

007462295　3140　0881.9　FC6489　Film　Mas　30403
續修廣饒縣志二十八卷　卷首一卷
王文彬督修　王寅山總纂　廣饒縣　廣饒縣志局　1935 年

007482012　3140　1404.9　FC6455　Film　Mas　30299
續平度縣志
丁世平等修　尚慶翰等纂　1936 年

007462481　3140　1435.839　FC6672　Film　Mas　30482
夏津縣志前編十卷　卷首一卷　續編十卷　卷首一卷
梁大鯤纂修　方學成修　許宗海等纂
謝錫文修　香港　1934 年

007462298　3140　1479.9　FC6515　Film　Mas　30449
續修平原縣志十二卷　卷首一卷
趙祥俊、張元鈞總纂　平原　1936 年

007462335　3140　1621.9
霑化縣志八卷　卷首一卷
于清泮編纂　1936 年

007462487　3140　2210.9　FC6691　Film　Mas　30502
鄒平縣志十八卷　卷首一卷
趙仁山等纂　欒鍾垚等修　香港
1914 年

007481949　3140　2235.9
利津縣續志九卷　文徵續編五卷
蓋爾佶編纂　1935 年

007462339　3140　2310.9　FC6477　Film　Mas　30406
德平縣續志十二卷　卷首一卷
嚴綏之編纂　濟南　1935 年

007462340　3140　2332.9
德縣志十六卷
董瑤林編纂　濟南　1935 年

007462294　3140　2514.9　FC6507　Film　Mas　30423
牟平縣志十卷　卷首一卷
宋憲章督修　于清泮總纂　牟平縣
1936 年

007462297　3140　316.85
冠縣志十卷
梁永康纂修　王懷增增修　香港
1933 年

007462501　3140　316.9　FC6483　Film　Mas　30418
冠縣志十卷　卷首一卷
陳熙雍等纂　侯光陸修　香港　1934 年

007480529　3140　3214.9　FC6532　Film　Mas　30463
清平縣志九卷　卷首一卷
張樹梅總纂　王貴笙分纂　濟南　文雅齋　1936 年

007480525　3140　3232.9
濟寧縣志四卷　卷首一卷
潘潔泉修　濟寧　1927 年

007480589　3140　3272.9　FC6686　Film　Mas　30500
濟陽縣志二十卷　卷首一卷
王嗣鋆編纂　1934 年

007480604　3140　3627.9　FC6527　Film　Mas　30466
福山縣志稿十卷　鬢門錄一卷　民國志引一卷
蕭鴻藻編纂　煙臺　福裕東書局　1931 年

007481864　3140　4110.9　FC6655　Film　Mas　30470
茌平縣志十二卷　卷首一卷
周之楨總纂　孫朝棟等分纂　濟南　五三美術印刷社　1935 年

007481934　3140　4145.85
觀城縣志十卷　卷首一卷
孫觀編纂　濟南　逢源閣書店　1933 年

007481935　3140　416.9　FC6665　Film　Mas　30483
范縣縣志六卷
余文鳳編纂　1935 年

007482280　FC－M3766
朝城縣舊志十卷　續志二卷　鄉土志一卷
趙昶纂修　朝城？　勸學所　1920 年

007683948　3140　4245.81（1－4）　FC－M3766　Film　Mas　30509
朝城縣志十卷
趙昶等纂　祖植桐修　香港　1920 年

007482485　3140　4245.81（5－6）　FC6684
朝城縣續志二卷
賈銘恩纂　杜子楸修　香港　1920 年

007482484　3140　4245.81（7）　FC6684
朝城縣鄉土志一卷
吳玉書纂修　香港　1920 年

007481860　3140　4427.9
續修博山縣志十五卷　卷首一卷
張新曾總纂　徐寶田、王鳳藻分纂　博山三元堂書店印　1937 年

007482126　3140　4478.9　FC6533　Film　Mas　30464
重修博興縣志十七卷　卷首一卷
張元鈞等纂　張其丙修　香港　1936 年

007482235　3140　4669.9　FC6658　Film　Mas　30495
重修莒縣志七十七卷　卷首一卷
盧少泉、牛介眉督修、莊陔蘭總纂　莒縣新成印務局　1936 年

007482303　3140　4972.9　FC6491　Film　Mas　30401
萊陽縣志三卷　卷首一卷　卷末一卷
王丕煦編纂　1935 年

007482306　3140　5245.9　FC6531　Film　Mas　30467
青城續修縣志四卷
趙梓湘編纂　1935 年

007482492　3140　5334.7　FC6543　Film　Mas　30425
泰安州志四卷
任弘烈纂修　王度補輯　香港　1936 年

007482308　3140　5334.9
重修泰安縣志十四卷
孟昭章編纂　濟南　1929 年

007482495　3140　5469.94　FC6457　Film　Mas　30289
掖縣四續志六卷　卷首一卷
劉錦堂等纂　劉國斌修　香港　1935 年

007482287　3140　5491.9　FC9632　Film　Mas　35942
壽光縣志十六卷　卷首一卷
鄒允中編纂　濟南　1936 年

007482233　3140　5624.9　FC6660　Film　Mas　30491
曲阜縣志八卷
李經野總纂　孔昭曾分纂　濟南　同志印刷所　1934 年

007479206　3140　5914.9　FC6522　Film　Mas　30434
東平縣志十七卷　附輿圖
劉靖宇等纂　張志熙等修　香港
1936年

007479216　3140　6020.9　FC6683　Film　Mas　30506
昌樂縣續志三十八卷
趙文琴等纂　王金嶽等修　香港
1934年

007479047　3140　6069.9　FC6537　Film　Mas　30452
單縣志二十四卷　卷首一卷
李經野編纂　1929年

007480709　3140　6369.9　FC6663　Film　Mas　30485
恩縣志十四卷　卷首一卷
曹明詳纂　張遵孟修　香港　1942年

007480711　3140　714.93
歷城縣志五十四卷
毛承霖等纂修　香港　歷城縣志局
1924年

007480608　3140　7226.9　FC6486　Film　Mas　30417
陽信縣志八卷
勞乃宣編纂　濟南　1926年

007480528　3140　7232.9　FC6654　Film　Mas　30471
增修膠志五十五卷　卷首一卷
匡超總纂　黃象冕、王金鑒分纂　膠縣
　大同印刷社排印　1931年

007480609　3140　7234.9　FC6960　Film　Mas　30687
膠澳志十二卷
袁榮叜編纂　1928年

007480723　3140　7244.9　FC6487　Film　Mas　30404
陽穀縣志十六卷
杭雲龍等纂　王時來修　孔廣海續纂
香港　1942年

008560077　3140　7269.83　FC6245　Film　Mas　29704
邱縣志八卷
靳淵然編纂　濟南　逢源閣書店
1933年

007480593　3140　7332.9　FC6680　Film　Mas　30504
長清縣志十六卷　卷首一卷　卷末一卷
王連儒編纂　濟南　1935年

007482119　3140　7369.9　FC6523　Film　Mas　30422
滕縣續志五卷
高熙喆原纂　生克昭補輯　北京　滕縣
生克昭　1941—44年

007482121　3140　7469.85b
陵縣志二十二卷　卷首一卷
李圖纂　沈淮修　香港　1936年

007481961　3140　7469.9
陵縣續志四卷　卷首一卷
劉蔭岐編纂　1935年

007481939　3140　7532.83　FC6478　Film　Mas　30407
威海衛志十卷　卷首一卷
畢懋第編纂　1929年

007481938　3140　763.9　FC6504　Film　Mas　30426
臨沂縣志十四卷
王景祜編纂　1917年

007481962　3140　7632.9　FC6458　Film　Mas　30286
臨清縣志
張樹梅編纂　1934年

007481865　3140　7661.9
臨邑縣新志四卷　卷首一卷
崔公甫監修　王孟戍總纂　臨邑縣
1936年

007482232　3140　8343.9
續修無棣縣志二十四卷　卷首一卷　卷末一卷

歷史科學類

張方墀纂修　劉子翔副纂　無棣　山東商務印刷所　1925年

007499230　3143　3242.82　(1-40)
河南通志八十卷
孫灝等纂　田文鏡等修　1914年

007499242　3143　3242.82　(41-64)
續河南通志八十卷　首卷四卷
阿思哈編纂　濟南　河南教育司　1914年

007477895　3145　0213.9　FC7004　Film Mas 30804
商水縣志二十五卷　卷首一卷
施景舜編纂　濟南　1918年

007477819　3145　0222.9　FC6999　Film Mas 30821
新鄉縣續志六卷
田芸生總編　杜常立分編　新鄉　1923年

007477818　3145　0230.83　FC7001　Film Mas 30818
新安縣志十四卷　卷首一卷
邱峨主修　新安　1914年

007478095　3145　0466.9
許昌縣志二十卷
張庭馥等纂　王秀文等修　香港　1923年

007477894　3145　1127.9　FC6998　Film Mas 30823
確山縣志二十四卷
張縉璜編纂　濟南　1931年

007477900　3145　1169.9　FC7109　Film Mas 30909
孟縣志十卷　卷首一卷
阮藩儕編纂　濟南　1932年

007477815　3145　1172.9
重修正陽縣志八卷　卷首一卷　卷末一卷
魏松聲、陳全三總纂　正陽？　1936年

007479181　3145　1434.94　FC7093　Film Mas 30919
武安縣志十八卷　卷首一卷　附志四卷
李繩武等纂　杜濟美等修　香港　1940年

007486727　3145　1461.9
夏邑縣志九卷　卷首一卷
趙倜鑒定　黎德芬纂修　夏邑縣　1920年

007490343　3145　1472.9
續武陟縣志二十四卷
史延壽編纂　濟南　1931年

007490341　3145　15.7　FC7058　Film Mas 30837
鞏縣志八卷
周泗等編纂　香港　經川圖書館　1935年

007490243　3145　15.9
鞏縣志二十六卷
劉鎮華鑒定　劉蓮青、張仲友纂修兼總校　鞏縣　1937年

007490339　3145　1614.9
西平縣志四十卷　卷首一卷　卷末一卷　附編八卷
陳銘鑒編纂　北平　文華齋　1934年

007491117　3145　1645.9　FC7113　Film Mas 30878
西華縣續志十四卷　卷首一卷　附後記
張嘉謀等纂　仇曾祐等修　香港　1938年

007490894　3145　2214.9　FC7003　Film Mas 30807
修武縣志十六卷
焦封桐編纂　濟南　1931年

007493625　T 3145　2540.83
儀封縣志十二卷　首末各一卷
紀黃中撰　香港　1935年

007490813　3145　2672.9
重修信陽縣志三十一卷　卷首一卷
陳善同編輯　漢口　洪興印書館刊印
1936 年

007490816　3145　3113.9
汜水縣志十二卷
趙東階總修　趙國先、張登雲協修　上海　世界書局刊印　1928 年

007490898　3145　3172.9
淮陽縣志八卷　文徵二卷
朱撰卿編纂　濟南　1934 年

007493632　3145　3172.9B　FC7102　Film Mas 30886
淮陽縣志二十卷　卷首一卷
朱撰卿纂　香港　1916 年

007493635　3145　3176.9　FC7067　Film Mas 30836
宜陽縣志十卷
王鳳翔纂　香港　1918 年

007490812　3145　323.9　FC7120　Film Mas 30882
澠池縣志二十卷　卷首一卷
陸紹治總纂　楊堃等纂修　澠池　1928 年

007493640　3145　3269.9
滑縣志二十卷　卷首一卷
王蒲園纂　香港　1930 年

007493642　3145　3273.9　FC6991　Film Mas 30816
河陰縣志十七卷
蔣藩纂　香港　1924 年

007494937　3145　3369.9　FC7107　Film Mas 30905
密縣志二十卷
呂林鍾纂　香港　1924 年

007495602　3145　346.9　FC6997　Film Mas 30826
汲縣今志
魏青鏗纂　香港　1935 年　（m.）

007491200　3145　3472.84B
安陽縣志二十八卷　卷首一卷　金石錄十二卷
武穆淳編纂　1933 年

007491197　3145　3472.9
續安陽縣志十六卷　卷首一卷　金石錄一卷　甲骨文一卷
王幼僑編纂　1933 年

007491199　3145　3632.9
洛寧縣志八卷
王鳳翔編纂　1917 年

007493421　3145　3672.83
洛陽縣志二十四卷　卷首
龔崧林等纂修　汪堅總修　1924 年

007493424　3145　3672.9
洛陽古今談
李健人撰述　唐季涵校閱　洛陽　史學研究社　1936 年　（m.）

007495560　3145　3899　FC7408　Film Mas 31354
河朔古跡圖識
顧燮光撰　上海　合衆圖書館　1943 年

007495564　3145　4245.9　FC7063　Film Mas 30848
考城縣志十四卷
李盛謨纂　香港　1941 年

007495570　3145　4277.81　FC7124　Film Mas 30915
蘭陽縣志八卷
王旦纂　香港　1912—49 年

007493445　3145　4303.9　FC7085　Film Mas 30901
太康縣志十二卷　卷首一卷
劉盼遂纂　1933 年

007479065　3145　4303.931　FC7084　Film Mas 30899
太康縣續修縣志十二卷　卷首一卷
謝延祉編纂　濟南　1942 年

007478986　3145　4969.9
重修林縣志十八卷　卷首一卷
李見荃纂修　李芳階編輯　林縣
1932年

007478985　3145　5025.9
續修中牟縣志
熊紹龍編纂　蕭德馨主纂　中牟　明德堂　1935年

007479062　3145　7214.9　FC7092　Film　Mas　30914
陽武縣志六卷
耿愔編纂　1936年

007478983　3145　7245.9　FC7091　Film　Mas　30913
鄢城縣志三十卷
開封？　1934年

007479063　3145　7342.9　FC7010　Film　Mas　30822
長葛縣志十卷　卷首一卷　卷末一卷
劉盼遂撰　1930年

007479064　3145　7422.9
新修閿鄉縣志二十四卷　卷首一卷
韓嘉會編纂　濟南　1932年

007482096　3145　8269.9　FC7070　Film　Mas　30862
鄭縣志十八卷　卷首一卷
劉瑞璘纂　周秉彝修　香港　1916年

007480527　3145　9127.9
光山縣志約稿四卷
晏兆平編　光山　謙記商務印刷所　1936年

007480625　3145　997.9
續滎陽縣志十二卷
盧以治等纂修　張沂[炘]等輯　香港　河南商務印刷所　191？年

007481969　3145　0225.9　FC7503　Film　Mas　31419
新絳縣志十卷　卷首一卷
楊兆泰編纂　濟南　1928年

007481974　3150　0341.9　FC7497　Film　Mas　31427
重修襄垣縣志八卷
王維新編纂　1928年

007482527　3150　1071.9　FC6870　Film　Mas　30579
平陸縣續志二卷　首末各一卷
沈承恩等纂　劉鴻逵修　香港　1914年

007481973　3150　1116.9　FC6874　Film　Mas　30583
靈石縣志十二卷
耿步蟾編纂　濟南　1934年

007482530　3150　1139.84　FC7367　Film　Mas　31335
五寨縣志二卷
朱青選原纂　侯毓材校　香港　1931年

007482538　3150　1422.83　FC7375　Film　Mas　31315
武鄉縣志四卷　卷首一卷
史傳遠纂　白鶴修　香港　1912—49年

007481867　3150　1422.9　FC7377　Film　Mas　31313
武鄉新志四卷　卷首一卷
郝世楨總輯　魏培樫編輯　武鄉？　1929年

007481863　3150　1845.9　FC7400　Film　Mas　31347
翼城縣志三十八卷　卷首一卷
馬繼楨、邢翽桐督修　吉廷彥、馬毓琛編纂　翼城　1929年

007482331　3150　2232.9　FC7514　Film　Mas　31413
鄉寧縣志十六卷　卷首一卷
吳庚編纂　1917年

007482234　3150　2272.8　FC6871　Film　Mas　30588
偏關志二卷
李從心鑒定　卞永康增修　偏關縣　1915年

007482333　3150　2322.9　FC7384　Film　Mas　31342
續補虞鄉縣新志十卷
徐貫之編纂　1920 年

007482335　3150　2628.9　FC7395　Film　Mas　31316
和順縣志十卷
王玉汝編纂　濟南　1914 年

007482230　3150　2725.9　FC6857　Film　Mas　30597
解縣志十四卷　卷首一卷
曲乃銳總編輯　袁履泰、楊學洛分編輯　解縣　國光石印館　1920 年

007487028　3150　3222.81　FC6864　Film　Mas　30600
寧鄉縣志十卷
呂履恒纂修　香港　1912—49 年

007482577　3150　3329.9　FC7393　Film　Mas　31318
永和縣志十六卷　卷首一卷
段金成編纂　濟南　1930 年

007482575　3150　3339.9
沁源縣志八卷
陰國垣編纂　1933 年

007482328　3150　3461.9　FC7390　Film　Mas　31337
安邑志續七卷　卷首一卷
張承熊編纂　濟南　1922 年

007482236　3150　3832.9
洪洞縣志十八卷　卷首一卷　卷末一卷
韓垌總纂　李琴聲分纂　上海　商務印書館　1917 年

007486831　3150　4223.9　FC7371　Film　Mas　31331
萬泉縣志八卷　卷首一卷　卷終一卷
馮文瑞編纂　1918 年

007486837　3150　4386.9　FC7519　Film　Mas　31423
太谷縣志八卷　外編一卷
胡萬凝編纂　濟南　1931 年

007488425　3150　4672.9　FC7397　Film　Mas　31350
重修昔陽縣志六卷　卷首一卷
李光宇總纂　李書鼎分纂　昔陽縣　1915 年

007488823　3150　5176.9　FC7373　Film　Mas　31329
屯留縣[山西]志補記
李安唐纂　香港　1934 年

009480879　3150　5633.9　FC9630　Film　Mas　35943
曲沃縣志三十卷
仇汝功纂修　梁恩覃協修　太原　達名閣　1928 年

007488570　3150　7422.9
陵川縣志十卷
楊謙編纂　1933 年

007488568　3150　7446.9　FC7369　Film　Mas　31333
聞喜縣志二十五卷
楊𩣑田編纂　濟南　1918 年

007488781　3150　7616.9
臨晉縣志十六卷　附錄一卷
趙意空等纂修　俞家驥等主修　臨晉　1923 年　民國刊

007488571　3150　7632.9　FC6924　Film　Mas　30645
臨汾縣志六卷　卷首一卷
張其昌編纂　濟南　1933 年

007490541　3150　7632.94　FC6923　Film　Mas　30640
臨汾縣[山西]志續編八卷　卷首一卷　卷末一卷
潘如海等纂修　香港　1921 年

007490239　3150　7669.9　FC7029　Film　Mas　30806
臨縣志二十卷　卷首一卷
胡宗虞總裁　吳命新總纂　臨縣　1917 年

歷史科學類

007490544　3150　7772.9　FC7392　Film　Mas　31319
嶽陽縣志十六卷
王哲之等纂　李鍾珩修　香港　1915年

007490240　3150　8229.9　FC6851　Film　Mas　30564
介休縣志二十卷
張賡麟、黃庭槐督修　董重總纂　介休縣　1930年

007490338　3150　8232.9　FC6865　Film　Mas　30582
馬邑縣志四卷　續藝文一卷
陳廷章編纂　1918年

007490353　3150　8632.94　FC6850　Film　Mas　30566
合河政紀二卷
石榮暲編　陽新　蓉城仙館　1934年

007490238　3150　9932.9　FC6878　Film　Mas　30593
榮河縣志二十四卷　卷首一卷
張柳星、范茂松總修　榮河?　1936年

007490244　3153　7316.9　FC8758　Film　Mas　C5269
陝西續通志稿二百二十四卷
吳廷錫等編纂　西安　1934年

007490891　3154　7334.5B
宋著長安志二十卷　圖三卷
宋敏求編纂　1931年

007491103　3155　1123.9　FC8611　Film　Mas　33008
醴泉縣[陝西]志稿十四卷
曹驤觀等纂　張道芷等修　香港　1935年

007487090　3155　2427.9
岐山縣志十卷
白岫雲等纂　興平田惟均修　香港　1935年

007487098　3155　2972.9　FC9177　Film　Mas　34700
紫陽縣志六卷　卷首一卷
陳振紀等纂　楊家駒修　香港　1925年

007488800　3155　3172.89
涇陽縣志十六卷　首末各一卷
周斯億纂　劉懋官修　香港　1914年

007488822　3155　3431.9　FC8902　Film　Mas　34345
安塞縣志十二卷　卷首一卷
郭超群纂　楊元煥修　香港　1925年

007488493　3155　3620.9　FC8637　Film　Mas　33016
洛川縣志二十六卷
黎錦熙等纂　余正東修　廣州　洛川縣政府　1944年

007488423　3155　4171.9　FC8894　Film　Mas　34310
重修盩厔縣志八卷
任肇新、路孝愉編輯　周志　1925年

007488561　3155　4282.9　FC9163　Film　Mas　34686
續修南鄭縣志七卷
郭鳳洲編纂　濟南　1921年

007488422　3155　4469.9
陝西葭縣志五卷
趙思明、張德華撰次　葭縣　1933年

007488424　3155　4573.83　FC8616　Film　Mas　32996
華陰縣志二十二卷　卷首一卷
李天秀纂輯　西安　藝林印書社代印　1928年

007488874　3155　4827.85　FC9587　Film　Mas　35979
懷遠縣志四卷
蘇其照原纂　何丙勳增纂　香港　1928年

007488565　3155　5002.84
中部縣志四卷　卷首一卷
張永清編纂　濟南　1935年

007490331　3155　7236.9　FC8635　Film　Mas　32998
同官縣志三十卷
黎錦熙編纂　同官　縣政府　1944年

007490617　3155　7814.9　FC8628　Film　Mas　33005
興平縣志八卷
張元際等纂　王廷珪修　香港　1923年

007453751　3156　0.9
鄉土志叢編第一集
燕京大學圖書館編　北京　燕京大學圖書館　1937年

007453743　3156　0.9　(01)
鄠縣鄉土志三卷
燕京大學圖書館編　北京　燕京大學圖書館　1937年　鄉土志叢編

007453742　3156　0.9　(02)
甘泉縣鄉土志
燕京大學圖書館編　北京　燕京大學圖書館　1937年　鄉土志叢編

007453741　3156　0.9　(03)
宜川縣鄉土志
燕京大學圖書館編　北京　燕京大學圖書館　1937年　鄉土志叢編

007453746　3156　0.9　(04)
岐山縣鄉土志三卷
燕京大學圖書館編　北京　燕京大學圖書館　1937年　鄉土志叢編

007453747　3156　0.9　(05)
城固縣鄉土志
燕京大學圖書館編　北京　燕京大學圖書館　1937年　鄉土志叢編

007453748　3156　0.9　(06)
寧羌州鄉土志
燕京大學圖書館編　北京　燕京大學圖書館　1937年　鄉土志叢編

007453749　3156　0.9　(07)
神木鄉土志四卷
燕京大學圖書館編　北京　燕京大學圖書館　1937年　鄉土志叢編

007453750　3156　0.9　(08)
朝邑縣鄉土志
燕京大學圖書館編　北京　燕京大學圖書館　1937年　鄉土志叢編

007453744　3156　0.9　(09)
華州鄉土志
燕京大學圖書館編　北京　燕京大學圖書館　1937年　鄉土志叢編

007453745　3156　0.9　(10)
中部縣鄉土志
燕京大學圖書館編　北京　燕京大學圖書館　1937年　鄉土志叢編

007453703　3160　0241.9　FC8959　Film　Mas　34402
高臺縣志八卷　卷首一卷
徐家瑞、錢昌緒等纂　1921年

007455702　3160　2042.88　FC8944　Film　Mas　34417
重修皋蘭縣志三十卷　卷首　卷末
張國常纂修　劉爾炘補闕　1917年

010009372　MLC－C
重修鎮安縣志
滕仲黃編纂　鎮安縣　鎮安縣檔案館　1929年　1版

007456649　3160　8879.9　FC5857　FC－M4541
重修鎮原縣志二十卷
錢史彤監修　焦國理總纂　蘭州　俊華印書館排印　1935年

007456830　3173　2429.9　FC5657　FC－M1323
西康建省記
傅嵩烋著　陳棟樑重刊　南京　中華印刷公司　1932年　(m.)

007456715　3178　9.086　FC7222　Film　Mas　34215
四川郡縣志十二卷

龔煦春撰　香港　古美堂　1935年

007458559　3179　3632.9
涪陵縣續修涪州志二十七卷　卷首一卷　附民國紀事一卷
劉湘主修　施紀雲總纂　重慶　德新公司代印　1928年

007457720　3179　5242.81　FC7221　Film Mas 31214
成都府志八卷
何如偉等纂　佟世雍修　香港　1940年

007457739　3180　0235.85　FC7298　Film Mas 31157
新津縣志四十卷
葉芳模纂　陳霱學修　香港　1912—49年

007457519　3180　0242.9
新都縣志六篇
陳習刪總裁、閔昌術纂修　新都縣　1929年

007457525　3180　0834.88　FC7169　Film Mas 31051
廣安縣志四十三卷　卷首一卷
周克堃撰　廣安？　1927年

007457573　FC7169
廣安縣志四十三卷　卷首一卷
周克堃撰　廣安？　1927年

007457750　3180　1120.9　FC7216　Film Mas 31110
北川縣志八卷　卷首一卷
黃尚毅等修　香港　1932年

007457562　3180　1134.9　FC7208　Film Mas 31095
雅安縣志六卷
余良選纂　胡思培修　1928年

007457568　3180　1141.9
三台縣志二十六卷
張樹勳等纂　林志茂、甘梯雲等修　三台　新民印刷公司代印　1931年

007457755　3180　1229.9　FC7290　Film Mas 31166
邛崍縣志四卷　卷首一卷
寧湘纂　羅金元修　香港　1922年

007457520　3180　1372.9
雲陽縣志四十四卷
朱世鏞董修　劉貞安總纂　雲陽　1935年

007458692　3180　1472.9　FC7207　Film Mas 31093
武勝縣新志十二卷
孫國藩等纂　羅興志修　香港　1931年

007458708　3180　1666.9　FC7185　Film Mas 31134
西昌縣志[四川]十二卷　卷首一卷
傅光遜纂　楊肇基續纂　楊露修　香港　1942年

007458715　3180　2031.9　FC7179　Film Mas 31119
雙流縣志四卷　附卷首一卷
劉咸滎等纂　劉佶等修　香港　1921年

007458561　3180　2242.9　FC7288　Film Mas 31163
重修酆都縣志十四卷
郎承詵、余樹堂總纂　劉培德分纂　重慶　新文化社　1927年

007458728　3180　2272.9
綿陽縣志十卷　卷首一卷
崔映棠等纂　蒲殿欽修　香港　1932年

007458582　3180　2282.9
綿竹縣志十八卷
黃尚毅等纂　王佐、文顯謨等修　1920年序

007458602　3180　2402.9
重修什邡縣志十卷
王文照編纂　濟南　1929年

007458605　3180　2432.9　FC7239　Film Mas 31220
犍爲縣志十四卷

羅綬香、印煥門總纂　犍為縣　犍為縣署　1937年

007458991　3180　2438.88
射洪縣志十八卷　卷首一卷
張尚滺等纂　謝廷鈞等修　香港　1936年

007458969　3180　2533.9　FC5863（N）　FC7274　Film Mas 31172
峨邊縣志四卷　卷首一卷
李仙根纂修　李宗鍠修　香港　大昌公司代印　1915年

007458852　3180　2576.89
峨眉縣續志十卷
朱榮邦纂　李錦成修　趙明松補刊　1935年

007458839　3180　2627.9
名山縣新志十六卷
胡存琮等纂輯　樂山？　通俗圖書館　1930年

007458864　3180　2904.9
崇慶縣志十二卷
羅元黼編纂　濟南　1926年

007458867　3180　2911.9
樂至縣志又續四卷　卷首一卷
蔣德勳編纂　香港　慈善會　1929年

007458858　3180　2927.9
樂山縣志十二卷
黃鎔等纂　唐受潘修　成都　美利利印刷公司　1934年

007458840　3180　2934.9
崇寧縣志八卷
陳邦倬總纂　崇寧　1924年

007479203　3180　3111.85
江北廳志八卷　卷首一卷
宋煊等纂　福珠朗阿修　1912—37年

007461111　3180　3131.9
溫江縣志十二卷　卷首
曾學傳總纂　張驥等修　溫江　修志局　1921年

007461114　3180　3134.9　FC7227　Film Mas 31197
江安縣志四卷
陳天錫總纂　嚴希慎修　瀘縣　牖群書局　1923年

007461094　3180　3135.9
江津縣志十六卷　卷首一卷
程德音監修　宋嘉俊總纂　江津縣　1924年

008191627　3180　3138.84　FC7301　Film Mas 31154
宜賓縣志五十四卷　卷首一卷
王時任纂　劉元熙修　香港　1932年

007461278　3180　3169.9　FC7240　Film Mas 31221
灌縣志十八卷　附灌志文徵十四卷　又附灌志掌故四卷
羅駿聲等纂　葉大鏘等修　香港　1932年

007461282　3180　3269.9
瀘縣志八卷
高覲光等纂　王祿昌等修　香港　1938年

007458868　3180　3332.9　FC7355　Film Mas 31251
遂寧新志八卷
王戀昭編纂　遂寧縣　教育局　1929年

007458930　3180　3334.88　FC7247　Film Mas 31190
蓬安縣志十五卷
方旭纂修　香港　1935年

007458932　3180　3369.9
達縣志二十卷　卷首卷末一卷
吳德準等纂　達縣　1933 年

007459009　3180　3469.9　FC7235　Film　Mas　31209
安縣志六十卷　續一卷
劉公旭等纂　陳紹欽續纂　香港
1938 年

007459100　3180　3628.9
富順縣志十七卷　卷首
盧慶家等纂　彭文治等修　1931 年

006317358　3180　3850.9
資中縣續修資州志十卷　卷首一卷
資中縣　1929 年

007459096　3180　4201.9　FC7189　Film　Mas　31130
南充縣志十六卷
王荃善等纂　李良俊修　1929 年

008576305　FC6204
民國閬中縣志三十卷
岳永武修　鄭鐘靈等纂　濟南　1912—
49 年

008576334　FC6206
民國渠縣志六十六卷
楊維中等修　鍾正懋等纂　郭奎銓續纂
　濟南　1912—49 年

008633366　Microfiche　C-1074
民國重修大足縣志九卷　卷首一卷
陳習刪編纂　重慶　中國學典館北泉分館　1945 年

007459111　3180　4220.9
南川縣志十四卷　卷首一卷
韋麟書編纂　濟南　明明印刷局
1926 年

007459141　3180　4231.9
內江縣志十二卷
曾慶昌纂修　香港　1925 年

007459108　3180　4232.9　FC7269　Film　Mas　31145
南江縣志四編
岳永武編纂　香港　聚昌公司　1922 年

007461236　3180　4233.9
南溪縣志六卷
鍾朝煦纂　南溪　1937 年

007461239　3180　4239.9　FC7197　Film　Mas　31127
萬源縣志十卷
賀維翰等纂　劉子敬修　香港　1932 年

007461125　3180　4336.9
松潘縣志八卷　卷首一卷
徐湘編纂　濟南　1924 年

007461095　3180　4361.9
大邑縣志十四卷
1929 年

007461301　3180　4382.9
[續修]大竹縣志十六卷
陳步武等纂　鄭國翰修　香港　1928 年

007461096　3180　4572.9
華陽縣志三十六卷　卷首一卷
樊學圃修　曾鑒纂　華陽？　1934 年

007461312　3180　4639.9　FC7170　Film　Mas　31123
古宋縣志十一卷
王致和纂修　古宋　清宴慈善會
1935 年

007461316　3180　5031.9　FC7283　Film　Mas　31182
中江縣志二十四卷
陳品全纂　蘇洪寬修　香港　1930 年

007462319　3180　6671.9
昭覺縣志稿四卷　卷首一卷
徐懷璋纂　1920 年

007462507　3180　7132.9　FC7276　Film　Mas　31171
巴中縣志四編
余震等纂　馬傳芝等修　香港　1927 年

007462409　3180　7169.9
巴縣志二十三卷　附文徵
王鑒清　監修　朱之洪協修　向楚編纂
　巴縣　巴縣文獻委員會　1939 年

007463590　3180　7344.9　FC7242　Film　Mas　31198
長壽縣志十二卷　卷首一卷
李鼎禧等纂　湯化培修　香港　1928 年

007463456　3180　7424.9　FC7210　Film　Mas　31092
丹棱縣志八卷　卷首一卷
羅春霖編纂　濟南　1923 年

007463596　3180　7533.88
威遠縣志三編四卷
吳容等纂　吳曾輝修　香港　1937 年

007463597　3180　7627.9
眉山縣志十五卷
郭慶琳纂修　香港　1923 年

007463420　3180　8090.9
金堂縣續志十卷　卷首一卷
曾茂林纂　王暨英修　1921 年

007463414　3180　8232.9
劍閣縣續志十卷
張政總纂　李積貞分纂　劍閣？
1927 年

007463429　3180　8272.9
簡陽縣續志十卷　卷首一卷　卷末一卷
汪金相纂　李青廷修　附簡陽縣詩文存二卷　廣州　大中印務局　1931 年

007463632　3180　8272.916　FC7237　Film　Mas　C4980
簡陽縣志二十四卷　卷首一卷　卷末一卷
　附詩文存八卷又詩文存續二卷
胡忠閬等纂　汪金相等修　香港　四川官印刷局　1927 年

007464618　3180　8433.9
敘永縣志八卷
宋曙纂　賴佐唐修　香港　1933 年

007464439　3180　8631.9b
合江縣志六卷
王玉璋、劉天錫　重慶　啟文印刷公司
　1929 年

007464452　3180　9321.9
榮經縣志二十卷
張趙才等纂　賀澤修　1929 年

007464451　3180　9929.9
榮縣志十五卷　敘錄一卷
趙熙、虞兆清等纂　廖世英修　1929 年

007461294　3183　1043b　FC6881　Film　Mas　30609
方志學發微湖北通志條議
王葆心著　武昌　安雅月刊社　1935—36 年

003211879　3183　3211.9
湖北通志一百七十二卷　卷首一卷　卷末一卷
張仲炘總纂　楊承禧等纂　濟南
1921 年

007461086　3183　3211.9B
湖北通志一百七十二卷　首末各一卷
楊承禧纂修　上海　商務印書館　1934 年　精裝　（m.）

007462485　3185　0945.89
麻城縣志前編十五卷　卷首一卷
余晉芳等纂　鄭重修　香港　1935 年

007462486 3185 0945.9
麻城縣志續編十五卷　首末各一卷
余晉芳等纂　鄭重修　香港　1935 年

007462489 3185 1372.9 FC6916 Film Mas 30650
天門縣志二十四卷　卷首一卷
章鑣等纂　胡翼修　香港　1922 年

007462296 3185 1460.9
夏口縣志二十二卷　卷首一卷　附補遺一卷
呂寅東總纂　李哲遹協纂　夏口？
1920 年

007463611 3185 3166.9 FC6892 Film Mas 30620
宜昌縣志三十一卷
屈德澤等纂　趙錢公修　香港　1931 年

007463617 3185 3272.7 FC6898 Film Mas 30623
沔陽州志十八卷
童承敘纂修　香港　沔陽盧氏慎始基齋印行　1926 年

007464440 3185 5972.9 FC6904 Film Mas 30624
棗陽縣志三十四卷　卷首一卷
王榮先等編纂　武昌　正信印務館
1923 年

007465007 3190 2227.7 FC7150 Film Mas 31074
衡山縣志六卷
何紀纂　劉熙修　周鏗續修　香港
1924 年

007466741 3190 3445.9 FC7133 Film Mas 31072
汝城縣志三十五卷　卷首一卷　卷末一卷
范大湜等纂　陳必聞修　香港　1932 年

007466933 3190 8322.9 FC7048 Film Mas 30860
慈利縣志二十卷　卷首一卷
1923 年

007468612 3191 1174.9 FC7129 Film Mas 31080
醴陵鄉土志
傅熊湘編　香港　醴泉小學商社
1926 年

007468613 3191 3328.9 FC7141 Film Mas 31087
永順縣風土志
劉正學撰　香港　1923 年

007469636 3195 017.93 FC6643 Film Mas C4903
廬陵縣志二十八卷　卷首一卷　卷末一卷
王補編纂　香港　聚珍齋　1920 年

007464438 3195 3272.9 FC6649 Film Mas 30252
寧岡縣志六卷　附後志四卷
1937 年

007464853 3195 4251.93
南豐縣志三十六卷　卷首一卷
包發鷺總修　趙惟仁總纂　南豐　摘華刷印公司　1924 年

007464904 3195 4266.88
南昌縣志六十卷　卷首一卷　文徵二四卷　詩徵五卷　紀事十四卷
魏元曠編纂　濟南　1919 年

007465038 3195 4303.9 FC6549 Film Mas 30277
大庾縣志十六卷
劉人俊纂　吳寶炬修　香港　1923 年

007465044 3195 4422.9 FC6472 Film Mas 30414
昭萍志略十二卷　卷首一卷　卷末一卷
劉洪闢等纂輯　香港　1935 年

007465069 3198 2918.85
皖省志略四卷　附錄一卷
朱雲錦輯　香港　1921 年

007466742 3198 3425.9 FC6228 Film Mas C4086
安徽通志稿不分卷
安徽通志館纂輯　香港　1934 年

007466751　3199　3065.84　FC6339　Film　Mas　C4865
寧國府志三十六卷　附卷首卷末各一卷
洪亮吉等纂　魯銓等修　香港　1919 年

007466762　3200　0123.84
旌德縣志十卷　附補遺二卷
趙良㯋纂　陳柄德修　香港　1925 年

007466763　3200　0123.85
旌德縣續志十卷
胡承珙纂　王椿林修　香港　1925 年

007467036　FC6327　T　3200　1643.83
石埭縣續志四卷
石瑶燦纂修　香港　1934 年

007467037　3200　1643.94　FC6328　Film　Mas　29778
石埭［安徽］備志彙編五卷
陳惟壬纂輯　香港　1941 年

007467035　3200　1643.94b　FC6327　Film　Mas　29779
石埭縣志八卷　續志四卷
周體元纂　姚子莊修　香港　1935 年

007467040　3200　2069.85　FC6309　Film　Mas　28896
巢縣志二十卷　卷首一卷
舒夢齡纂修　香港　1912—49 年

007467062　3200　3169.85
涇縣志安徽
洪亮吉主纂　阮文藻續　香港　1914 年

007466959　3200　3272.9
渦陽風土記十六卷　卷首一卷
黃佩蘭、王佩箴總纂　馬敦仁等分纂
1924 年

007467065　3200　3272.93
渦陽縣志略不分卷
朱國衡等纂　香港　1936 年

007466931　3200　3627.9　FC6295　Film　Mas　28894
潛山縣志三十卷　卷首一卷
劉廷鳳總纂　葛南纂修　1920 年

007467074　3200　3669.9　FC6319　Film　Mas　29781
泗縣志略
魯佩章纂修　香港　1936 年

007467084　3200　4274.9　FC6342　Film　Mas　C-870
［重修］南陵縣志五十卷
徐乃昌主纂　香港　1924 年

007466934　3200　4322.9
英山縣志十四卷　卷首一卷
徐錦主修　胡鑒瑩等纂修　英山？　毛
青雲堂　1920 年

007467089　3200　4332.84　FC6299　Film　Mas　28898
蕪湖縣志二十四卷　卷首一卷
陳春華等纂　梁啟讓修　香港　1913 年

007466932　3200　4332.9　FC6297　Film　Mas　28899
蕪湖縣志六十卷
余誼密總裁　鮑寔纂修　1919 年

007466989　3200　4337.9　FC6334　Film　Mas　29768
太湖縣志四十卷　卷首一卷　卷末一卷
李英編纂　濟南　1922 年

007467095　3200　4345.9　FC6298　Film　Mas　28897
［重修］蒙城縣志十二卷
于振江等纂　汪篪修　香港　1915 年

007467114　3200　7172.9　FC6311　Film　Mas　29780
鳳陽縣［安徽］志略
易季和纂修　香港　1936 年

007466576　3200　8144.9　FC6310　Film　Mas　29776
全椒縣志十六卷
張其浚監修　江克讓等纂修　1920 年

007466659　3200　8718.9
歙縣志十六卷
許承堯編纂　濟南　1937年

007466577　3200　933.89
懷寧縣志三十四卷　卷首一卷
朱之英等總纂　胡遠浚等分纂　1915年

007466572　3202　0.9
首都志十六卷
王煥鑣編纂　南京　正中書局　1935年
（m.）

007466657　3203　2498　FC5651　FC-M1309
江蘇六十一縣志二卷
殷惟龢編　上海　商務印書局　1936年
初版

007467073　3204　4331.7　FC6600　Film　Mas　30209
雲間[江蘇]雜識二卷
李紹文撰　香港　上海縣修志局
1936年

007468643　3205　0234.9　FC6586　Film　Mas　30227
高淳縣志二十八卷　首末各一卷
吳壽寬纂　劉春堂修　香港　1934年

007468489　3205　0842.9　FC6779
贛榆縣續志四卷
1924年

007468647　3205　0886.9
六合縣續志稿十八卷　卷首一卷
汪昇遠等纂　鄭耀烈修　香港　1920年

007468656　3205　2135.7　FC6240　Film　Mas　28883
上海縣志八卷
高企纂　鄭洛書修　香港　上海傳真社
1932年

007468497　3205　2135.7B
弘治上海志八卷
唐錦編纂　昆明　中華書局　1940年

007469326　3205　2135.9　FC6702　Film　Mas　30017
上海縣志二十卷
姚文枏等纂修　香港　上海縣政府
1936年

007469239　3205　2232.9
川沙縣志二十四卷　卷首一卷
黃炎培編纂　香港　國光書局　1937年

007469229　3205　2369.9
吳縣志八十卷
曹允源編纂　濟南　文新公司　1933年

007469230　3205　2432.9　FC6594　Film　Mas　30229
阜寧縣新志二十卷　卷首一卷　卷末一卷
周龍章分纂　濟南　1934年

007469363　3205　277.9　FC6605　Film　Mas　30211
山陽縣志十六卷
段朝端纂　邱沅修　香港　1921年

010111112　3205　7634
民國江都縣續志稿鈔
濟南　1912—45年　綠格鈔本

007469784　3205　3142.91　FC6716　Film　Mas　30019
江都縣續志三十卷　卷首一卷
桂邦傑等纂　錢祥保等修　香港
1937年

008567047　FC2258
江都續志甘泉續志不分卷
趙邦彥等修　1912—49年

007469614　3205　3142.92
江都縣新志十二卷　卷末一卷
陳懋森編纂　1935年

007469789　3205　3173.9　FC6712　Film　Mas　30023
江陰縣續志二十八卷　附江陰近事錄三卷

附圖三十六幅
繆荃孫纂　陳思修　香港　1921年

007469582　3205　3178.89
光宣宜荆續志十二卷　卷首一卷
周志靖總纂　蔣兆蘭等協纂　1921年

007469616　3205　3232.86
江蘇清河縣志二十四卷　卷首一卷　附編二卷
魯一同編纂　濟南　1919年

007469799　3205　3232.9　FC6580　Film Mas 30205
續纂清河縣志十六卷
范冕等纂　劉檋壽等修　香港　1925年

007469804　3205　3269.9　FC6577　Film Mas 30210
沛縣志十六卷　附新志一卷
趙錫蕃纂　于書雲修　上海　商務印書館　1920年

007469805　3205　327.88
南匯縣志二十二卷
張文虎等修　香港　1927年

007469618　3205　363.94　FC6709　Film Mas 30027
宿遷縣志二十卷
馮煦編纂　宿遷　1935年

007468618　3205　3803.9
寶應縣志三十二卷　卷首一卷
馮煦纂　戴邦楨修　周敦禮增修　香港　1934年

007468513　3205　3827.9
寶山縣續志十七卷　卷首一卷　卷末一卷
錢淦編纂　濟南　1921年

009024816　3205　3888.9
錫金續識小錄六卷
竇鎮編輯　濟南　竇氏　1925年　木活字本

007468637　3205　4271.9
南匯縣續志二十二卷　卷首一卷
秦錫田纂　嚴偉修　香港　1929年

007468515　3205　4386.9
太倉州志二十八卷　卷首一卷　卷末一卷　鎮洋縣志十一卷　卷末一卷　附錄一卷
王祖畬編纂　濟南　1919年

007468644　3205　4386.91　FC6753
乙亥志稿江蘇太倉四卷
唐文治、王保譿等修纂　香港　1935年

007468518　3205　4638.9　FC6612　Film Mas 30224
嘉定縣續志十五卷　卷首一卷　卷末一卷　附卷一卷　圖説一卷
陳傳德編纂　濟南　1930年

007468663　3205　4723.9
甘泉縣續志二十九卷　卷首一卷
錢祥保等纂　趙邦彥修　香港　1937年

007469200　3205　6132.81　FC6773
睢寧縣舊志
葛之莫鑒定　陳哲彙纂　張聯斗等修輯　1929年

007469416　3205　7145.9　FC6761
鹽城縣志十四卷　卷首一卷
胡應庚等纂　林懿均修　香港　1936年

007469197　3205　7332.84
嘉慶瓜洲志八卷　卷首一卷
吳耆德、王養度總纂訂　馮錦編　瓜洲　于凝暉堂　1923年

007469198　3205　7332.9　FC6593　Film Mas 30230
瓜洲續志二十八卷　卷首一卷
于樹滋編輯　瓜洲　于凝暉堂　1927年

007469745　3205　7428.88B
丹徒縣志摭餘二十一卷

李恩綬纂　李丙榮續輯　香港　1917年

007469583　3205　7428.9　FC6603　Film Mas 30214
續丹徒縣志二十卷　卷首一卷
高覲昌等纂修　1930年

007491139　3205　8127.7　FC6713　Film Mas 30029
金山衛志六卷
夏有文修　上海　傳真社　1932年

007469581　3205　8127.83
金山縣志二十卷　卷首一卷
常琬總裁　焦以敬纂輯　1929年

007469751　3205　8141.9
金壇縣志十二卷　卷首一卷
馮煦等纂修　香港　1926年

007469623　3205　8227.9
銅山縣圖志廿一篇七十六卷
王嘉詵編纂　濟南　1926年

007469765　3206　0429.9　FC6545　Film Mas 30281
章練志八卷
高如圭原纂　萬以增重輯　香港　1918年

007469587　3206　1133.9　FC6766
王家營志六卷
張震南撰　揚州　勝業印刷所　1933年

007469625　3206　1341.9　FC6546　Film Mas 30267
重輯張堰志十二卷　卷首一卷　卷末一卷
姚裕廉編纂　濟南　1919年

007469777　3206　1441.84　FC6756
干巷志六卷
朱棟撰　香港　1933年

007469779　3206　1831.85
璜涇縣志八卷
施若霖纂　香港　1912—49年　璜水叢書

008579039　FC4934
上海縣志八卷
唐錦纂修　上海　中華書局　1940年

007469781　3206　2124.83　FC6780
虎阜志十卷　卷首一卷
陸肇域編輯　任兆麟纂正　香港　1925年

007469584　3206　2931.84　FC6574　Film Mas 30099
朱涇志十卷
朱棟纂　1916年

007469627　3206　3132.9　FC6706　Film Mas 30028
江灣里志十五卷　卷首一卷
張寶鑒編纂　1924年

007469592　3206　3345.9
法華鄉志八卷　卷首一卷　卷末一卷
王鍾撰　胡人鳳續輯　1922年

007469631　3206　4414
棲霞新志
陳邦賢編　上海　商務印書局　1934年　初版　史地小叢書（m.）

007469586　3206　4843.9　FC6672
黃埭志四卷
程錦熙編輯　蘇州　振新書社代印　1922年

007469588　3206　4938
木瀆小志六卷　卷首一卷
張郁文輯　蘇州　利蘇印書社　1928年

007469589　3206　4945.9
相城小志六卷　卷首一卷
陶惟坻總纂　沈惟驥協纂　1930年

007469585　3206　5032.9　FC6708　Film Mas 30041
盛湖志十四卷　卷首一卷　卷末一卷補四卷
仲廷機輯　1924年

007469796　3206　5446.84　FC6783
婁塘志九卷
陳曦編　香港　1936年

007469800　3206　6102.85　FC6598　Film Mas 30218
[元和]唯亭志二十卷　卷首一卷　卷末一卷
沈藻采等纂　香港　1934年

007469591　3206　7232.9
寶山縣月浦里志十五卷　卷首一卷
陳應康總纂　郭永芬等分纂　南京　國華印書館　1933年

007469806　3206　7261.84　FC6765
同里志二十四卷
周之楨纂輯　香港　1917年

008190724　3206　7432.9　FC6755
開沙志二卷
王錫極纂輯　丁時霈增修　王之瑚續纂　香港　1912—49年

007469624　3206　9136.9　FC4936
光福志十二卷　卷首一卷　補編一卷
徐傅編纂　濟南　1929年

007469590　3208　0.9
浙江新志二卷
姜卿雲編　杭州　正中書局　1936年　第1版

007469601　3208　3231.83B
浙江通志二百八十卷　卷首三卷
沈翼機等纂　嵇曾筠等修　上海　商務印書館　1934年　（m.）

008570211　FC2396
重修浙江通志初稿財務略第二章田賦
浙江省通會館　杭州　1948年

007472198　3209　2030.88　FC9016　Film Mas C=880
[光緒]台州府志一百卷
王舟瑤纂　王佩瑤校　香港　台州旅杭同鄉會　1926年

007472046　3209　2030.9　PN4748.B9　R36　1994
台州府志一百四十卷　卷首一卷
黃巖編纂　濟南　1936年

007471984　3209　4132.9
杭州府志一百七十八卷　卷首八卷　校勘記十六卷
吳慶坻總纂　齊耀珊修　杭州　1922—26年

007491087　3210　0134.89　FC6949　Film Mas 30655
龍游縣志初稿
余紹宋纂　香港　1923年

007469640　3210　0134.9
龍游縣志四十卷　卷首一卷　卷末一卷
余紹宋撰　北京　京城印書局　1925年

007469641　3210　0210.9
新登縣志二十一卷　卷首一卷
張子榮編纂　濟南　1922年

007469642　3210　0260.9
新昌縣志二十卷　沃洲詩存一卷　沃洲文存一卷
陳畬編纂　1919年

007469635　3210　1023.9
建德縣志十五卷　卷首一卷　志附二卷
王韌編纂　金華　朱集成堂　1919年

007469647　3210　1072.9
平陽縣志九十八卷　卷首一卷

符璋編纂　濟南　1925年

007469646　3210　1113.9　FC6435　Film Mas 30007
麗水縣志十四卷
孫壽芝編纂　濟南　1926年

007472209　3210　1403.81　FC6374　Film Mas 29800
武康縣志八卷
馮聖澤纂修　香港　1912—49年

007472228　3210　2213.7
萬曆秀水縣志十卷
李培、黃洪憲等纂修　香港　1925年

007472239　3210　2332.81　(1－8)　FC6402　Film Mas 29929
德清縣志十卷
陳後方等纂　侯元棐修　濟南　1912年

007472241　3210　2332.81　(9－12)　FC6403　Film Mas 29924
德清縣續志十卷
徐養原等纂　周紹濂等修　濟南　1912年

007472242　3210　2332.9
德清縣新志十四卷
程森纂　吳翯皋修　香港　1931年

008084556　T　3210　2378.5
〔嘉泰〕吳興志二卷
談鑰纂修　香港　吳興劉氏　1914年

007472248　3210　2378.5B
嘉泰吳興志
談鑰撰　香港　劉氏嘉業堂　1914年
吳興叢書

007472249　3210　2378.7
吳興備志三十二卷
董斯張彙編　香港　南林劉氏　1914年
　吳興叢書

007472250　3210　2678.9
紹興縣志資料第一輯
紹興縣修志委員會輯　香港　紹興縣修志委員會　1937—39年

007472254　3210　2773.83B　FC6365　Film Mas 29918
山陰縣志校記一卷
李慈銘撰　香港　1930年

007472016　3210　2773.9
嘉慶山陰縣志三十卷　卷首一卷
朱文翰編纂　紹興縣　修志委員會　1936年

007473468　3210　2932.7　FC6418　Film Mas 30012
樂清縣志七卷
侯一元纂　胡用賓修　香港　1918年

007473470　3210　2932.88
樂清縣志十六卷　卷首一卷
陳坤纂　李登雲等修　香港　1912年

008579081　FC4950
金華縣志十卷
凌堯倫修　胡誦纂　濟南　1912—49年

008579077　FC4949
龍游縣志十卷
萬廷謙修　鍾相業纂　濟南　1923年

007472053　3210　2969.9　FC6424　Film Mas 30010
嵊縣志三十二卷　卷首一卷
丁謙編纂　濟南　1934年

007472020　3210　3131.88　FC6697　Film Mas 30044
光緒浦江縣志十五卷　卷首一卷　卷之上一卷　卷之下一卷
李業編纂　濟南　1916年

007471968　3210　3233.9　FC6394　Film Mas 29798
湯溪縣志二十卷

丁燮主修　戴鴻熙總纂　1931年

007471967　3210　3334.83
遂安縣志十卷　卷首一卷
1928年

007710474　3210　3530.9　FC8764　Film　Mas　C5263
海寧州志稿四十一卷　卷首一卷　卷末一卷
朱錫恩總纂　孫鳳藻經理　杭州
1922年

007472027　3210　3835.9
定海縣志十六卷　卷首一卷
陳訓正編纂　1924年

007473265　3210　4227.9
蕭山縣志稿三十三卷　卷首一卷　卷末一卷
彭延慶修　楊鍾羲等纂　1935年

007474589　3210　4260
南田縣志三十五卷
厲家禎纂　香港　華達印刷公司
1930年

007473302　3210　4260.9
南田縣志三十五卷　卷首一卷
呂耀鈴編纂　濟南　1930年

007473264　3210　4269.9
鄞縣通志
廣州　鄞縣通志館　1937年

007474599　3210　4372.9　FC6409　Film　Mas　29902
松陽縣志十四卷　首末各一卷
高煥然等纂　呂耀鈴修　香港　1925年

007473263　3210　4460.9
壽昌縣志十卷　卷首一卷
陳煥修　李飪纂　1930年

007474600　3210　4678.9
嘉興新志上下編
嘉興新志編纂委員會編纂　香港　嘉興建設委員會　1929年　(m.)

007475510　3210　5972.85　FC6401　Film　Mas　29799
東陽縣志二十七卷　卷首一卷
王恩注等纂　党金衡修　香港　1914年

008086994　3210　6621.85　FC6367　Film　Mas　29912
昌化縣志二十卷
王兆吉纂　于尚齡修　清道光三年修刊　濟南　1912—49年

007474442　3210　6621.9
昌化縣志十八卷　卷首一卷
陳培珽編纂　浙江　1924年

007475520　3210　7635.9　FC8233　Film　Mas　C5134
臨海縣志四十二卷　卷首一卷
何奏簧纂　張寅等修　香港　1935年

007474444　3210　8145.88　FC6433　Film　Mas　30002
光緒金華縣志十六卷　卷首一卷　殉難姓名錄一卷
鄧鍾玉編纂　金華縣　1915年

007475784　3210　8626.5　FC6442　Film　Mas　30005
嘉泰會稽志二十卷
1926年

007475531　3210　8626.81B
康熙會稽縣志二十八卷　卷首一卷
董欽德等纂　王元臣修　香港　紹興縣修志委員會　1936年

007475533　3210　8835.9　FC8231　Film　Mas　C5133
鎮海縣志四十五卷　新志備稿二卷
王榮商　楊敏曾纂　香港　1931年

007475853　3210　894.84　FC6241　Film　Mas　28886
餘杭縣志四十卷

歷史科學類

崔應榴編纂　1919年

007475536　3211　0271.9　FC6373　Film Mas 29901
新塍鎮志二十六卷　卷首一卷
朱士楷等纂輯　香港　1923年

007475359　3211　0886.9
餘姚六倉志四十四卷　卷首一卷　卷尾一卷
楊積芳編纂　1920年

007475939　3211　2252.9
烏青鎮志四十四卷
董世寧原修　盧學溥續修　1934年

007475298　3211　2449.9
雙林鎮志三十二卷　卷首一卷
上海　商務印書館　1917年

007475945　3211　2727.9　FC6366　Film Mas 29906
岱山鎮志二十卷
湯濬撰　定海　一某軒　1927年

007475964　3211　3371.9　FC6364　Film Mas 29917
濮院志三十卷
夏辛銘纂輯　香港　1927年

007475363　3211　3413
澉水志
羅叔韶編纂　1935年

007475967　3211　3413　(1)
澉水志八卷
常棠纂　香港　澉川吳氏　1936年　澉水志

007475968　3211　3413　(2)
澉水續志九卷
董穀纂　香港　澉川吳氏　1936年　澉水志

007475969　3211　3413　(3–5)
澉水新志十二卷
方溶纂　香港　澉川吳氏　1936年　澉水志

007475970　3211　3413　(6)
澉志補錄不分卷
程煦元纂　香港　澉川吳氏　1936年　澉水志

007475975　3211　3882.84　FC6431　Film Mas 29936
寶前兩溪志略十二卷
吳玉樹輯　香港　吳興劉氏　1922年　吳興叢書

007475977　3211　4234.9　FC9438　Film Mas C5770
南潯志六十卷　卷首一卷
周慶雲纂修　香港　1922年

007475364　3211　456.9　FC6406　Film Mas 29925
梅里備志八卷　卷首一卷
余霖徵輯　香港　閱滄樓　1922年

007475980　3211　6642.9　FC6421　Film Mas 30006
路橋志略六卷
楊晨編　楊紹翰增補　香港　1935年

007475299　3211　8249.9　FC6370　Film Mas 29922
竹林八圩志十二卷　卷首一卷
1932年

007475365　3211　9239.88　FC6379　Film Mas 29927
剡源鄉志二十四卷　卷首一卷
趙霈濤纂　香港　曲草堂　1916年

007491089　FC6294　Film Mas 29730　T 3222　0.721
福建通志政事略
劉建韶撰　1920—40年

007475983　3222　0.9　FC6213　Film Mas C4092
福建通志六百一十一卷
陳衍、沈瑜慶纂修　香港　1942年

007472265　3224　0124.9
龍巖縣志三十七卷　卷首一卷
杜翰生等纂　馬鯤鳴等修　香港
1920 年

007472279　3224　1214.94　FC6271　Film　Mas　29707
邵武縣志三十七卷　卷首一卷
朱書田等編　秦振夫修　香港　1937 年

007472059　3224　1312.84　FC6286　Film　Mas　29728
雲霄廳志二十一卷
薛凝度編纂　濟南　1935 年

007472061　3224　1426.94
政和縣志三十五卷　卷首一卷　卷末一卷
李熙編纂　濟南　1919 年

007472060　3224　1432.9
霞浦縣志四十卷　卷首一卷
徐友梧編纂　濟南　1929 年

007472291　3224　1433.9
建寧縣志二十八卷　卷首一卷　卷末一卷
范毓桂纂　錢江修　吳海清補修　香港
　1919 年

007472062　3224　1434.9
平潭縣志三十四卷
黃履思編纂　1923 年

007472063　3224　1471.9
建甌縣志三十七卷　卷首一卷
蔡振堅編纂　1929 年

007471969　3224　1472.9　FC6273　Film　Mas　29712
建陽縣志十二卷
1929 年

007490627　3224　3231.85　FC6253　Film　Mas　29736
清流縣志十卷　卷首一卷
雷可升纂　喬有豫修　194？年

007474604　3224　3269.94　FC6257　Film　Mas　29735
沙縣志十二卷
羅克涵纂　梁伯蔭修　香港　1928 年

007474619　3224　3353.9
永泰縣志十二卷
王紹沂等纂　董秉清等修　香港
1922 年

007474622　3224　3356.9　FC6266　Film　Mas　29714
永春縣志二十八卷
鄭翹松等纂修　香港　1930 年

007474455　3224　3414.85　FC6225　Film　Mas　28888
漳平縣志十卷　卷首一卷　補編一卷
蔡世鈸編纂　濟南　1935 年

007474456　3224　4214.9　FC6265　Film　Mas　29744
南平縣志二十四卷
蔡建賢編纂　1928 年

007475370　3224　7223.9　FC6279　Film　Mas　29746
閩侯縣志一百十六卷
陳衍編纂　1933 年

007475368　3224　7234.9
同安縣志四十二卷　卷之首一卷
吳錫璜編纂　濟南　1929 年

007475526　3224　7241.83
馬巷廳志十八卷　卷首一卷
萬友正纂修　香港　1934 年

007475297　3224　7329.9　FC6260　Film　Mas　29719
長樂縣志三十卷　卷首一卷
1917 年

007490631　FC6250　Film　Mas　29752　T　3224　7331.83
閩清縣志十卷　卷首一卷
姚循義纂修　194？年

007475371　3224　7353.83　FC9359　Film　Mas 35815
長泰縣志十二卷　卷首一卷
張懋建編纂　濟南　謝梅年　1932 年

007475541　3224　8177.91　FC6268　Film　Mas 29748
金門縣志二十四卷　文徵二卷
左樹夔修　劉敬輯文徵　金門　金門文獻委員會　1922 年

007475753　3226　4380
臺灣全志八種　一百一十二卷
鈴村串宇輯　臺北　臺灣經世新報社　1922 年　（m.）

007475957　3226　4380　（1-2）
臺灣府志二十六卷
黃佾纂　余文儀等修　臺北　臺灣經世新報社　1922 年　臺灣全志

007475958　3226　4380　（2）
諸羅縣志十二卷
陳夢林纂　周鍾瑄修　臺北　臺灣經世新報社　1922 年　臺灣全志

007475959　3226　4380　（3）
淡水廳志十六卷
陳培桂纂修　臺北　臺灣經世新報社　1922 年　臺灣全志

007475960　3226　4380　（4）
鳳山縣志十二卷
王瑛曾纂修　臺北　臺灣經世新報社　1922 年　臺灣全志

007475963　3226　4380　（5）
噶瑪蘭廳志八卷
陳淑均纂修　李祺生補修　臺北　臺灣經世新報社　1922 年　臺灣全志

007475971　3226　4380　（6）
澎湖廳志十四卷
林豪纂　潘文鳳修　臺北　臺灣經世新報社　1922 年　臺灣全志

007475973　3226　4380　（7）
彰化縣志十二卷
周璽纂修　潘文鳳修　臺北　臺灣經世新報社　1922 年　臺灣全志

007475974　3226　4380　（8）
臺灣縣志八卷
謝金鑾纂　薛志亮修　臺北　臺灣經世新報社　1922 年　臺灣全志

007475854　3226　7249
臺灣郡縣建置志
周蔭棠編著　臺灣　正中書局　1944 年　初版　（m.）

007475873　3226　8224
臺灣新志
鄭伯彬編著　上海　中華書局　1947 年　再版　（m.）

007595243　3229　1432.88
瓊州府志四十四卷　卷首一卷　附圖一卷
明誼修　張嶽崧纂　海口　海南書局　1912—30 年

007473356　3229　3232.9　FC6797　Film　Mas 30512
潮州府志略
潘載和著　汕頭　文藝書店　1934 年　（m.）

007473355　3229　3232.938　FC6798　Film　Mas 30538
潮州志
饒宗頤纂　汕頭　潮州修志館　1949 年

007473499　3229　5332.7　FC6970　Film　Mas 30667
惠州府志二十一卷
楊起元等纂　林國相等修　龍國祿補修　美國　哈佛大學漢和圖書館　1941 年

007473318　3230　0177.9
龍門縣志二十卷　卷首一卷
鄔慶時編纂　廣州　漢元樓　1936 年

007473359　3230　0232.88B
新寧縣志
何福海、鄭守昌主修　林國賡、黃榮熙總纂　濟南　1921 年　（m.）

007474573　3230　0262.88　FC6696　Film Mas 30473
高明縣志十六卷　卷首一卷
區爲梁等纂　鄒兆麟等修　香港 1933 年

007474465　3230　1113.84
三水縣志十六卷　卷首一卷
李友榕編纂　三水縣　心簡齋　1923 年

007474623　3230　1127.9　FC6803　Film Mas 30533
靈山縣志二十二卷
劉運熙等纂　劉墩修　香港　1914 年

007474632　3230　2121.9　FC6818　Film Mas 30544
仁化縣志八卷
譚鳳儀等纂　何炯璋修　香港　1933 年

007474469　3230　2627.9　FC6965　Film Mas 30669
香山縣志續編十六卷　卷首一卷　卷末一卷
汪文炳編纂　濟南　1923 年

007475502　3230　2627.9b　FC6966　Film Mas 30668
香山縣志二十二卷　卷首一卷
汪文炳等纂　厲式金修　香港　1923 年

007475505　3230　2662.9　FC6963　Film Mas 30671
番禺縣續志四十四卷
丁仁長等總纂　1931 年

007475296　3230　2669.9　FC6793　Film Mas 30516
儋縣志十八卷　卷首一卷
1935 年

007475377　3230　2823.9　FC6790　Film Mas 30524
順德縣續志二十四卷　附郭志刊誤二卷
周朝槐編纂　濟南　1929 年

007475373　3230　2966.9
樂昌縣志二十三卷　卷首一卷
周承烈編纂　1931 年

007475994　3230　4169.9　FC6967　Film Mas 30692
花縣志十三卷
利璋等纂　孔昭度等修　香港　1924 年

007476000　3230　4323.9
英德縣續志十七卷　首末各一卷
淩鶴書等纂　鄧士芬修　香港　1931 年

007475866　3230　4333.9　FC6812　Film Mas 30537
赤溪縣志八卷　卷首一卷
賴際熙編纂　濟南　1920 年

007478051　3230　4645.89　FC5861(N)
增城縣志三十一卷　卷首一卷
賴際熙纂　王思章修　香港　1921 年

007477920　3230　5363.9　FC6802　Film Mas 30518
感恩縣志二十卷　卷首一卷
盧宗棠編纂　海口　海南書局　1931 年

007477916　3230　6138.9　FC6830　Film Mas 30556
羅定志十卷
馬呈圖編纂　廣州　大中工業社　1935 年

007478108　3230　6314.9
恩平縣志二十五卷　卷首一卷
桂坫纂　余丕承修　香港　1934 年

007478112　3230　6314.9b　FC6820　Film Mas 30543
恩平縣志補遺六卷　附錄一卷
聶崇一輯　香港　1929 年

歷史科學類

007477915　3230　7214.9
開平縣志四十五卷　卷首一卷　勘誤一卷
余榮謀編纂　1933年

007478057　3230　7231.9
陽江志三十九卷　卷首一卷
梁觀喜等纂　梁培忠等修　香港
1925年

007478060　3230　7329.85
長樂縣志十卷
温訓等纂　侯坤元修　香港　1912—
49年

007475868　3230　7832.86　FC6971　Film　Mas　30660
興寧縣志十二卷
譚史編纂　興寧縣　興寧書店　1929年

007478065　3231　0127.9　FC6826　Film　Mas　30548
龍山鄉志十五卷
温肅等纂　香港　1930年

007475782　3231　2227.9
佛山忠義鄉志十九卷　卷首一卷
1923年

007475798　3231　3233
潮連鄉志
盧子駿[湘父]編輯　九龍　林瑞英印務
局印　1946年

007989795　3236　1949
廣西通志稿
廣西省通志館編　濟南　1949年

007476057　3238　0172.85
龍勝廳志不分卷
周誠之著　1936年　影印

007476055　3238　1431.9　FC7598　Film　Mas　31633
武宣縣志八編
1934年

007479209　3238　2136.9
雒容縣志二卷
唐本心纂　藏進巧修　香港　1934年

007477918　3238　2149.9
上林縣志十六卷
黃誠沅編纂　廣西　上林縣圖書館
1934年

007479217　3238　3331.9
遷江縣志
劉宗堯等纂　黎祥品修　香港　1935年

007926823　3238　4232.83　FC7591　Film　Mas　31639
柳州縣志十卷　卷首一卷
吳光昇纂　舒啟修　香港　柳州教育局
1932年

007479226　3238　4345.88
恭城縣志四卷
陸履中等纂　陶塼修　香港　1926年

007477924　3238　4680.9
賀縣志十卷
梁培煐編纂　1934年

007477919　3238　5080.9
貴縣志十八卷
梁崇鼎編纂　濟南　1934年

007477925　3238　6614.9
昭平縣志八卷
李樹枏編纂　濟南　1934年

007479234　3238　7030.84　FC7584　Film　Mas　31651
興業縣志十卷
彭焜基纂　蘇勒通修　香港　1912—
49年

007479236　3238　7122.9　FC7590　Film　Mas　31625
陸川縣志二十四卷
呂浚堃纂　古濟勳修　香港　1935年

007479237　3238　7134.9　FC7589　Film　Mas　31626
隆安縣志六卷　卷首一卷
黃誠沅等纂　陽壽祺修　香港　1913 年

007479075　3238　8127.9
鍾山縣志十六卷
潘寶疆編纂　濟南　1933 年

007479076　3238　9329.9　FC7593　Film　Mas　31640
懷集縣志十卷　勘誤表一卷
周贊元編纂　濟南　1916 年

007488788　3245　1442.9　FC8927　Film　Mas　34430
平壩縣志十八類　不分卷
陳楷等纂　陳廷棻修　貴陽　文通書局　1932 年

007488789　3245　2472.9　FC8926　Film　Mas　34437
綏陽縣志八卷　附大事表
李培枝纂　胡仁修　香港　1928 年

007488489　3248　0.7　FC7601　Film　Mas　31645
雲南通志十七卷
李元陽纂　鄒應龍修　昆明　龍氏靈源別墅　1934 年

007488648　3248　0.9　FC7602　Film　Mas　31642
雲南省地志
雲南學會徵刊　廣州　該會　1921— 年
（m.）

007488819　3248　1342.851
雲南備徵志二十一卷
王崧纂輯　香港　雲南圖書館　1914 年

007490207　3248　1434　FC5653　FC – M1311
雲南邊地問題研究
雲南省立昆華民眾教育館編　昆明　雲南省立昆華民眾教育館　1933 年　（m.）

007490384　3248　4240
滇越遊記
胡嘉編著　長沙　商務印書館　1940 年
（m.w.）

007490282　3250　0174.9　FC7526　Film　Mas　31410
龍陵縣志十六卷　卷首一卷
寸開泰總纂　張鑒安修　修名專校刊　1917 年跋

007490263　3250　0214.9
新平縣志八卷　卷首一卷[二十四類]
馬太元編纂　吳永立、王志高修　昆明　金蘭石印館代印　1933 年

007490277　3250　1131.9
元江志稿三十卷　卷首一卷　卷末一卷
劉達武等纂　黃元直主修　昆明　開智印刷有限公司　1922 年

007490272　3250　2262.88　FC7603　Film　Mas　31637
續修嵩明州志八卷
王沂淵纂　胡緒昌修　1926 年

007490264　3250　3133.9
宜良縣志十卷
許實纂　王槐榮等修　昆明　雲南官印局代印　1921 年

007490269　3250　3175.9
宣威縣志十二卷
繆果章纂　陳其棟修　昆明　雲南開智印刷公司　1934 年序

007490616　3250　3366.88
永昌府志六十六卷　卷首一卷
劉毓珂纂修　香港　1936 年

007490851　3250　4311.9　FC7523　Film　Mas　31404
大理縣志稿三十二卷　卷首
周宗麟等纂　張培爵等修　周宗洛總校　1917 年序

007490852　3250　4321.9　FC7521　Film　Mas　31406
蒙化志稿二十六卷
梁友檍編輯　李春曦等修　昆明　雲南崇文書館　1920年序

007490854　3250　6633.9
昭通縣志十二卷
楊履乾編輯　符廷銓修　1924年序

007491064　3250　6633.9A
［民國］昭通縣志稿九卷
楊履乾、包鳴泉同纂　盧金錫修　香港　1936年

007493416　3250　7211.9
邱北縣志十四卷　卷末一卷
繆雲章編纂　徐孝喆修　1926年　傳鈔本

007493477　3251　6162.94
昆明市志
雲南昆明市政公所總務課編纂　昆明昆明市政公所總務課　1924年　（m.）

007493614　3262　6124
河套圖志原六卷　存二卷
張鵬一著　在山草堂　1917年

007496434　3263　0.83
熱河志一百二十卷
（清）和坤等纂修　大連　右文閣［即遼海書社］　1934年　重排印本

007493616　3265　2402.9　FC8993　Film　Mas　34386
阜新縣志六卷
賈如誼等纂　張遇春修　香港　1935年

007493432　3265　4272.9
朝陽縣志三十六卷
孫慶璋纂　周鐵錚修　1930年

007493618　3265　4916.9　FC8994　Film　Mas　34385
林西縣志五卷
徐致軒纂　蘇紹泉修　香港　1929年

007486765　3267　218.88　FC6730　Film　Mas　30048
豐鎮廳志八卷　卷首一卷　卷末一卷
麻麗五等纂　德溥修　1916年

007486768　3267　2224.9　FC8995　Film　Mas　34384
歸綏縣志
鄭裕孚總纂　鄭植昌修　1935年序

007486785　3267　7632.9　FC6452　Film　Mas　29947
臨河縣志三卷
王文墀纂　呂咸等修　1931年

007486773　3268　0.9　FC8960　Film　Mas　34401
察哈爾省通志二十八卷　卷首一卷
梁建章纂　宋哲元修　張家口　察哈爾省通志館　1935年

007490551　3269　1004.88　FC8965　Film　Mas　34396
延慶州志十二卷　附卷首末各一卷
張惇德纂　何道增等修　香港　1921年

007486858　3270　1311.9
張北縣志八卷　卷首一卷
許聞詩編纂　1935年

007486856　3270　2932.913　FC9012　Film　Mas　34391
集寧縣志四卷
楊葆初編纂　1924年

007486859　3270　3021.9
宣化縣新志十八卷　卷首一卷
郭維城編纂　1922年

007486728　3270　4281.9　FC8963　Film　Mas　34398
萬全縣志十二卷　卷首一卷　附張家口概況
1933年

007486863　T　3270　7279.9
陽原縣志十八卷
李泰棻編纂　1935年

007486864　3271　8202.9　FC6732　Film Mas 30050
朔方道志三十一卷　卷首一卷
王之臣編纂　1926年

007488497　3275　0.8423
回疆通志十二卷
和寧撰　1925年

007490630　3275　0.84B
西陲總統事略十二卷　綏服紀略圖詩一卷
松筠等奉勅撰　祁韻士撰　香港
1912—49年

007488584　3275　0.89
重校訂新疆圖志百十六卷
王樹枏編纂　天津　1923年

007490632　3275　0.9　FC6736　Film Mas 30047
新疆建置志四卷
宋伯魯著　北京　同和印字局　1914年

007488490　3290　0.8821B
衛藏通志十六卷　卷首一卷　後敘一卷
不著纂修人　附校字記　袁昶校輯　上海　商務印書館　1937年　(m.)

007490651　3290　0.926
西藏通覽
山縣君原著　陸軍部譯　香港　陸軍部　1913年　(m.)

009222933　3290　1344
爐藏道里新記一卷
張其勤撰　上海　蟬隱廬　1938年　石印

007490635　3290　2324　FC6741　Film Mas 30039
清代西藏史料叢刊第一集
吳豐培輯　上海　商務印書館　1937年　(m.)

011987004　DS754.4.A2　T55　1948
清代駐藏大臣考
丁實存著　南京　蒙藏委員會　1948年　邊疆叢書

日本

007491098　3305　8221
日本一鑒
鄭舜功纂輯　香港　1939年

007491099　3305　8221 (1)
絕島新編四卷
香港　1939年　日本一鑒

007491101　3305　8221 (2-4)
窮河話海九卷
香港　1939年　日本一鑒

007491106　3305　8221 (5)
桴海圖經三卷
香港　1939年　日本一鑒

007490637　3309　6213　FC7779　Film Mas 31678
日本歷史教程
早川二郎著　張蔭桐譯　桂林　文化供應社　1943年　(m.)

007488582　3314　1644　FC7780　Film Mas 31679
日本文化史概論
西村真次著　徐碧暉譯　上海　商務印書館　1936年　初版　日本研究會叢書　(m.)

007488519　3314　4527B
日本論
戴季陶[傳賢]著　上海　民智書局

1928年 （m.）

007490653　3316.83　7913
美日經濟關係之研究
陳玉祥、鄭德如編著　重慶　正中書局　1943年　時代叢書　（m.）

007488542　3317.5　4446
幕府時代之日本外交
李馨畹著　長沙　商務印書館　1939年初版　（m.）

007488611　3317.8　3213
日本對在華外人的暴行
馮玉祥編　桂林　三戶圖書印刷社　1938年

007488394　3318.64　1154
張鼓峰事件鳥瞰
王中樞編　長沙　商務印書館　1938年　（m.）

007488766　3318.64　1343
二十六年來的日蘇關係
張友漁著　桂林　國光出版社　1942年　（m.）

008580504　FC3094
亞細亞民族第一次大會始末記
黃攻素筆述　上海　亞細亞民族大同盟本部出版　1926年　（m.）

007490643　3318.64　4486
德義日防共集團論
李毓田撰　長沙　商務印書館　1938年

007491122　3318.64　7221
日蘇關係論
周伊武撰　長沙　商務印書館　1938年　（m.）

011907547　DA47.9.J3　Z436　1931
英日同盟
張忠紱著　上海　新月書店　1931年　（m.）

007491123　3318.78　7221
最近之英日外交
周伊武撰　長沙　商務印書館　1938年　（m.）

007496603　3318.80　1164　v.2　v.3
日美戰爭
北平晨報編輯處　北平　北平晨報社　1932年　北晨叢書　（m.）

007491128　3318.80　3254
美國不足懼
池崎忠孝撰　北平晨報編輯處譯　香港　北平晨報社　1933年　4版

007491131　3318.83　7221
美日關係論
周伊武著　日本問題研究會編輯　長沙　商務印書館　1939年　（m.）

007491134　3318.84　7213
日本軍人眼中之日美危機
匝胤瑳次原著　楊敬慈譯述　天津　大公報館　1932年　（m.）

007490399　3319　6662
日俄戰爭
朱經農校　上海　商務印書館　1929年　新時代史地叢書　（m.）

007490227　3320　0400
日本內幕
James A. B. Scherer著　蔣學楷譯　廣州　商務印書館　1939年　（m.）

011912351　DS835.G72　1933
日本歷史大綱

哥温著　陳彬龢譯　上海　商務印書館
　1933年　（m.）

007490389　3321　2095
日本史一部軍閥專政史
卜少夫著　長沙　商務印書館　1939年
　國際時事問題叢書

011937220　DS835.W36　1942
日本歷史概説
王迅中著　重慶　正中書局　1942年
中國人文科學社叢刊　（m.）

007490670　3321　4250
日本歷史講話
E.茹科夫原著　胡明翻譯　桂林　耕耘
出版社　1943年　（m.）

011883505　DS835.C51　1929
日本全史
陳恭祿編　上海　中華書局　1929年
史學叢書　（m.）

011893638　DS806.Z468　1944
日本概觀
周幼海著　上海　新生命社　1944年
（m.）

011883485　HX412.Z45　1930
日本社會運動史
周曙山撰　上海　民智書局　1930年
初版　（m.）

011911974　DS871.K812　1947
日本近代史
胡錫年譯　上海　正中書局　1947年
初版　（m.）

007379038　3380　7894
日本現代史
陳鐸撰述　傅運森校　上海　商務印書
館　1931年　新時代史地叢書　（m.）

007491045　3381　0141
明治維新與昭和維新
（日）鹿地亙著　重慶　國民圖書出版社
　1944年　（m.）

007491140　3381　2248
日本維新史
何茲全著　重慶　獨立出版社　1942年
　（m.）

011888873　DS777.53.L75　1937
中日實力的對比
凌青著　上海　上海雜志公司　1937年
　當代青年叢書　第1輯　（m.）

007491143　3381　4791
日本民權發達史
植原悦二郎撰　上海　商務印書館
1933年　國難後第1版　（m.）

007490985　3381　4791B
日本民權發達史
植原悦二郎著　黄文中譯　上海　商務
印書館　1925年　歷史叢書　（m.）

007728232　MLC－C
日本赤十字社發達史
川俣馨一著　東京　日本赤十字社發達
史發行所　1917年

007493578　3385　6262
日俄戰紀
上海　商務印書館　1916—34年

007493579　3385　7941
最近之日本
陳懋烈編　上海　中華書局　1926年
（m.）

歷史科學類

011881687　DS517.C44　1934
日俄戰爭史
陳功甫編纂　上海　商務印書館　1934年　國難後第1版　史地小叢書　（m.）

007493508　3388　4445　FC8307　Film Mas 32178
二十年來的日本
李執中著　重慶　獨立出版社　1942年　二十年來各國興衰史叢書　（m.）

007493580　3390　0484
日本之實況
文公直著　上海　民智書局出版　1932年　（m.）

007493646　3391　1213
落日記
丁斐之撰　長沙　建國文化社　1946年　文建叢書時事類

007494990　3391　2317
戰時日本全貌
吳斐丹、劉思慕主編　香港　香港日本研究社　1940年　（m.）

007494991　3391　2542
日本還能支持多久？
諾愛爾拜勃著　鄔侶梅譯　桂林　良友復興圖書印刷公司　1943年　雙鵝叢書

007494789　3391　3122
日本侵華領袖人物
汪馥泉著　國際編譯社編輯　長沙　商務印書館　1938年　國際時事問題叢書　（m.）

007494992　3391　3213
倭寇內部的危機
馮玉祥編　桂林　三戶圖書社　1938年　再版　（m.）

005808137　3391　4174
日本在華的賭博
Freda Utley著　吳道存、毛起森譯　長沙　商務印書館　1939年　（m.）

007494718　3391　4840
清算日本
大公報文藝編輯部編輯　重慶　大公報館出版部　1939年　綜合文藝叢刊　（m.）

007494993　3391　6574
控訴日本軍閥的罪惡
（日）田中隆吉著　上海　亞東協會　1948年　再版　（m.）

011802951　DS888.5.L534　1939
日本春秋
李純青著　重慶　大公報館　1939年　（m.）

011882135　DS888.5.Z446　1936
日本之軍部政黨與財閥
家禾[鄭學稼]著　上海　光夏書店　1936年　（m.）

007495567　3392　5667
抗戰六年來之日寇
中國國民黨中央執行委員會宣傳部編　重慶　1943年　抗戰建國六周年紀念叢刊　（m.）

007495524　3393　0141
日本當前之危機
鹿地亙著　重慶　國民圖書出版社　1943年　（m.）

007495571　3393　4349
日本南進政策的前瞻
樊芾棠著　西安　奮鬥出版社　1941年　奮鬥叢書　（m.）

011914820　DS889.W6　1948
日本的謎底
1948 年

011914753　DS889.M792　1946
旋風二十年日本解禁內幕
森正藏著　吳靖文譯　上海　神州國光社　1946 年　（m.）

007495578　3394　8482
二次大戰中的日本政治
第十八集團軍總政治部日本問題研究室編　廣州　新華書店　1945 年　（m.）

007495623　3395　4284
戰後之日本
楊公權編　永安　中華出版社　1944 年　再版　（m.）

011836573　DS740.5.J3　R52　1948
日本問題全面論
李純青等著　上海　東亞書社　1948 年　（m.）

007495522　3395　6343
戰後日本問題
劉思慕著　上海　士林書店　1948 年　（m.）

007495500　3408　2244
日本國力的剖視
鄔翰芳編　重慶　建設印刷廠印　1943 年　（m.）

011896733　HC462.C46　1931
日本經濟概況
趙蘭坪著　上海　黎明書局　1931 年　（m.）

007495634　3408　4232
如此日本
楊寧生著　重慶　商務印書館　1943 年　（m.）

007495635　3408　7913
日本地理研究
陳正祥編著　重慶　正中書局　1943 年　（m.）

007495520　3408.8　2244
日本地理新志
鄔翰芳編　香港　中華書局　1941 年　（m.）

007497051　3408.8　4290
日本地志
胡煥庸編著　重慶　京華印書館　1945 年　（m.）

007495636　3409.4　1142
我之日本觀
王朝佑著　香港　直隸書局　1930 年　（m.）

007495521　3409.4　6413
日本印象記
嚴露清作　上海　群眾圖書公司　1929 年　（m.）

011805366　DS821.X556　1924
日本民族性研究
謝晉青著　東方雜誌社編　上海　商務印書館　1924 年　初版　東方文庫　（m.）

011916627　DS821.L69　1929
日本生活
李宗武編著　上海　世界書局　1929 年

007495637　3409.4　9028
日本與日本人
（日）小泉八雲著　上海　商務印書館　1930 年　（m.）

007496599　3409.9　0572
廣東學生赴日考察團報告書
廣州　1924 年

011913556　3409.9　1142
日本視察記附日本東北旅行記
王桐齡著　北京　文化學社　1928 年
（m.）

007496663　3409.9　3146
湖北赴日視察團報告書
湖北赴日視察團　香港　湖北赴日視察團　1924 年

007509578　3409.9　4246
友邦大日本
東京　中央宣撫小委員會　1925—45? 年

007496554　3409.9　4894
黃海環遊記
黃炎培著　上海　生活書店　1932 年（m. w.）

007496497　3409.9　6684
瀛洲訪詩記
呂美蓀著　青島　華昌大　1936 年　初版　（m.）

011831662　DS811.T36　1936
日本管窺
陶亢德編輯　上海　宇宙風社　1936 年　初版　宇宙叢書　（m.）

007496674　3409.9　8665
東行日記
曾昭掄著　天津　大公報出版部　1936 年　（m.）

011895076　DS810.W322　1934
東遊紀略
王揖唐著　天津　天津大公報社經售　1934 年　（m.）

007496994　3468　2170
琉球
行政院新聞局編　南京　行政院新聞局　1947 年　（m.）

007496995　3468　2428
琉球地理志略
傅角今、鄭勵儉編著　傅角今主編　上海　商務印書館　1948 年　內政部方域叢書　（m.）

007499376　3470　4144
華荷經營臺灣史料
姚柟撰　新嘉坡　南洋書局　1948 年

高麗

007499217　3480　4894
朝鮮
黃炎培著　上海　商務印書館　1929 年　（m.）

007499442　3480.3　4252
海東諸國紀不分卷
申叔舟撰　廣州　朝鮮史學會　1933 年

007499338　3482　1110
韓國
王子毅編著　重慶　商務印書館　1945 年　（m.）

007499198　3482　4955
朝鮮通史
陳清泉譯　上海　商務印書館　1934 年　精裝　（m.）

007500542　3486　1023
三國遺事五卷
京城　朝鮮史學會　1929 年

007500544　3486　2941
宣和奉使高麗圖經
今西龍撰　京城　近澤書店　1932年
朝鮮學叢書

007500545　3486　2941B
宣和奉使高麗圖經四十卷
（宋）徐兢著　上海　商務印書館　1937年　國學基本叢書　（m.）

005014463　3487　4237
李朝實錄檢查表
楊維新編　北平　國立北平圖書館　1933年

007500478　3488　3906
經略復國要編十四卷　附二卷
宋應昌撰　南京　國學圖書館　1930年

007500454　3488　4242　3488　4242B
朝鮮革命紀
葛赤峰著　重慶　商務印書館　1945年（m.）

007500606　3488　7285
朝鮮革命史話
馬義編著　重慶　自由東方社　1944年（m.）

007494975　3490　4225
朝鮮和臺灣
葛綏成編　上海　中華書局　1945年　再版　（m.）

007494914　3490　4290
朝鮮地理
胡煥庸著　重慶　京華印書館　1945年（m.）

007535935　Film Mas 35163　FK2200 K　3494.7　8135
濟州島實記
金斗奉著　大阪　濟州實跡研究社　1934年

其他亞洲諸國

007494902　3500　1260
中央亞細亞的文化
張宏英譯　長沙　商務印書館　1941年　史地小叢書　（m.）

011930679　DK753.Z46　1943
西伯利亞開發史
周傳儒編著　上海　正中書局　1943年（m.）

007494859　3500　7306
蘇維埃遠東
曉歌譯　重慶　中外出版社　1945年（m.）

007494870　3501　0512
庫頁島志略四十卷
石榮暲編　陽新　蓉城仙館　1935年

007494850　3501　5085
從東北到庶聯
戈公振著　上海　生活書店　1936年　再版　（m.）

011884252　DS511.Q47　1937
南洋概況
邱致中編著　臺北　正中書局　1937年（m.）

007496407　3509　0259
南洋論
高事恒著　上海　南洋經濟研究所　1948年　初版　（m.）

007496550　3509　0481
佛羅利氏航海記

許雲樵譯註　新嘉坡　南洋書局　1947年　南洋研究叢書

007496660　3509　1145
南洋風土見聞錄
王志成著　劉虎如校　上海　商務印書館　1931 年　（m. w.）

007496662　3509　1320
東南亞洲之現在與將來
張伯謹著　重慶　青年書店　1941 年（m.）

007496582　3509　1332
東西洋考中之針路
張禮千著　新加坡　南洋書局　1947 年　南洋研究叢書

007496451　3509　1332.1
中南半島原名倭寇侵略中之南洋上編
張禮千著　上海　商務印書館　1947 年

007496664　3509　1332.1A
倭寇侵略中之南洋上編
張禮千著　香港　商務印書館　1943 年（m.）

002175214　3509　1394
東西洋考
張燮著　上海　商務印書館　1937 年再版（m.）

007496671　3509　2211
南洋群島一瞥
何爾玉、蕭友玉編著　上海　商務印書館　1935 年（m.）

007462399　3509　2232
南洋貿易指南
自修周刊社編輯　上海　自修周刊社　1940 年（m.）

011825919　DS753.6.C48　P412　1935
鄭和下西洋考
伯希和著　馮承鈞譯　上海　商務印書館　1935 年（m.）

007496486　3509　2420
鄭和下西洋考
伯希和著　馮承鈞譯述　臺北　臺灣商務印書館　1934 年

007496525　3509　2440.4
十七世紀南洋群島航海記兩種
Fryke & Schweitzer 著　黃素封、姚枏譯　上海　商務印書館　1935 年（m.）

007496449　3509　3175
南洋地理
沈厥成、劉士木編著　趙慎一校　上海　商務印書館　1938 年（m.）

007497076　3509　3920
南洋旅行漫記
梁紹文著　上海　中華書局　1933 年 9 版（m. w.）

007496983　3509　4144
古代南海史地叢考
姚枏、許鈺著　中國南洋學會主編　重慶　商務印書館　1944 年（m.）

007137098　3509　4144.2　3509　4144.2A
戰後南洋經濟問題
姚枏著　重慶　商務印書館　1945 年初版　中央銀行經濟研究處叢書（m.）

007497081　3509　4214
南洋叢談
藤山雷太著　馮攸譯　上海　商務印書館　1930 年（m.）

007497082　3509　4222
大戰中的太平洋
力行出版社編　洛陽　力行出版社
1941年

007497006　3509　4436
南洋印度之產業
李裕編　上海　中華書局　1946年
（m.）

007497083　3509　4472
南洋地理
李長傅著　昆明　中華書局　1940年
（m.）

007497084　3509　4472.1
南洋史綱要
李長傅編撰　長沙　商務印書館　1938年　（m.）

007501591　3509　4481
新嘉坡風土記
李鍾珏著　新嘉坡　南洋書局有限公司　1947年　初版　南洋珍本文獻

007497085　3509　4906
中南半島經濟地理
蔡文星著　重慶　國民圖書出版社　1943年　（m.）

007497088　3509　5812
崑崙及南海古代航行考
費瑯著　馮承鈞譯　上海　商務印書館　1930年　（m.）

007497012　3509　5826.3
星槎勝覽校註
馮承鈞校註　長沙　商務印書館　1939年　再版　史地小叢書　（m.）

007497176　3509　6104
長夏的南洋
羅靖華著　上海　中華書局　1934年
（m.）

007497038　3509　6442
太平洋諸島概觀
嚴懋德編譯　上海　世界書局　1946年
（m.）

007501638　3509　6454
南洋經濟地理
嚴青萍撰　重慶　正中書局　1943年
3版　（m.）

007497177　3509　6524
南洋貿易論
單嚴基編著　潘文安校訂　上海　申報館　1943年　（m.）

007496957　3509　7232
南洋風雨又名誰能繞著圓桌走到天堂?
馬寧著　桂林　椰風出版社　1943年
初版

007497183　3509　7913
南洋地理
陳正祥編　重慶　獨立出版社　1944年
（m.）

007497184　3509　7943
南洋生活
陳枚安編著　上海　世界書局　1933年
再版　（m.）

007496970　3509　7944
南洋與東南洋群島志略
陳壽彭編著　上海　正中書局　1946年
（m.）

011934918　DS508.C56　1941
南洋導遊
中國旅行社編輯　上海　1941年　旅行

叢書　（m.）

009898808　MLC－C
南洋服務須知
黃警頑、李邦棟編　上海　上海職業指導所附設海外職業介紹部　1930 年（m.）

007496986　3509　8222
南洋三月記
鄭健廬著　上海　中華書局　1935 年（m.）

007497185　3509　8475
日本委任統治島的社會組織
矢內原忠雄著　朱偉文譯　上海　國立暨南大學海外文化事業部　1936 年（m.）

007496848　3511　0133
菲列賓研究
施良編著　上海　正中書局　1947 年（m.）

007496989　3511　1191
菲島瓊崖印象記
王少平著　黃家駒校　香港　省吾寄廬　1939 年

007497187　3511　2244
菲律賓考察記
鄔翰芳著　上海　商務印本　1925 年（m.）

007499204　3511　4854
菲律賓與華僑
黃哲真著　1949 年

007499244　3511　4863
菲律濱岷里拉中華商會三十周年紀念刊
黃曉滄編著　Manila　中華商會出版部　1936 年

007499371　3511　8274
菲律賓
鄭民編著　上海　商務印書館　1927 年再版　（m.）

007495576　3520　0423
動盪中的荷屬東印度
許維漢著　西安　奮鬥出版社　1940 年（m.）

007495580　3520　3218
瀛涯勝覽校註
馮承鈞撰　上海　商務印書館　1935 年　史地小叢書　（m.）

011919966　PL2751.P4　Y4　1941
椰子集
秦佩珩著　上海　南強書屋　1941 年初版　（m. w.）

007493475　3520　7943
南冠百感錄集中營生活紀實
陳奮澄著　吧城　吧城時代印刷館　1948 年

007495582　3521　0127
爪哇一瞥
上海　商務印書館　1933 年　國難後 1 版（m.）

007493491　3521　1122
印尼社會發展概觀
王任叔著　上海　生活書店　1948 年　新世紀叢刊

007493533　3521　1122.1
群島之國印尼
王任叔著　香港　新中國書局　1949 年

新中國百科小叢書

007495585　3521　2342
爪哇與東印度群島
上海　商務印書館　1920—33？年
（m.）

007495586　3521　2577
自由印尼
香港　民生印務局　1949年

007495587　3521　3175
荷屬東印度地理
沈厥成編　長沙　商務印書館　1939年　4版　（m.）

011901283　DS668.F412　1936
菲律賓史
李長傅編譯　上海　商務印書館　1936年　初版　史地小叢書　（m.）

007494900　3521　4250
荷屬東印度見聞雜記
布拉文[布朗]著　呂金錄譯　上海　商務印書館　1931年　（m.）

011883537　DS635.S45　1939
荷屬東印度歷史
沈厥成著　劉士木校　長沙　商務印書館　1939年　少年史地叢書　（m.）

011929724　DS644.C49　1947
印尼民族運動
陳盛智著　1947年　海疆學術資料館叢書

007494863　3521　4834
荷屬馬來西亞
黃澤蒼編　上海　商務印書館　1930年　（m.）

007494864　3521　4854
科學的南洋荷屬東印度編
黃素封編著　上海　商務印書館　1934年

007495593　3521　4854.4
南天樂園
黃素封著　長沙　商務印書館　1938年　再版改訂本　（m.）

007095597　3521　6124
羅芳伯所建婆羅洲坤甸蘭芳大總制考
羅香林著　上海　商務印書館　1941年　（m.）

007495597　3521　7124
荷屬南洋史地補充讀本
劉虎如撰　上海　商務印書館　1927年　（m.）

007494862　3521　7133
荷屬東印度概況
費振東譯　長沙　商務印書館　1938年　（m.）

007494848　3521　7136
東印度與華僑經濟發展史
丘守愚編著　臺北　正中書局　1947年　初版　（m.）

007494857　3530　1332
麻六甲史
張禮千著　新加坡　鄭成快先生紀念委員會　1941年　初版　南洋歷史叢書

007495599　3530　1332.1
馬來亞歷史概要
張禮千撰　長沙　商務印書館　1939年　（m.）

007494899　3530　3866b
檳榔嶼開闢史

顧因明、王旦華譯　上海　商務印書館
1936 年　史地小叢書　（m.）

007494772　3530　4142.9
檳榔嶼志略
姚枬、張禮千著　上海　商務印書館
1947 年　（m.）

007495604　3530　4846
南洋
黃栩園編　上海　中華書局　1927 年
4 版　常識叢書　（m.）

007495516　3530　4940
檳榔嶼大觀
葉苔痕、吳允德編　梹城　新賓書局
1949 年

007495607　3530　5100
蘇門答剌古國考
費琅著　馮承鈞譯　上海　商務印書館
1928 年　史地小叢書　（m.）

007495525　3530　5100b
蘇門答剌古國考
馮承鈞譯　上海　商務印書館　1931 年
（m.）

007495496　3530　7136
二十世紀之南洋
丘守愚著　上海　商務印書館　1934 年
初版　（m.）

007495517　3530　7234
馬來亞印象記
周寒梅著　重慶　文信書局　1943 年
南洋問題研究叢書　（m.）

007495555　3531　1332
英屬馬來亞地理
張禮千編著　長沙　商務印書館　1939
年　再版　（m.）

007495628　3531　2983
英屬馬來半島
朱鏡宙著　上海　大東書局　1932 年
再版　（m.）

007495632　3531　3214
馬來群島遊記
上海　商務印書館　1933 年　（m.）

007495633　3531　3941
南洋英屬海峽殖民地志略
宋蘊璞著　香港　南洋蘊興公司　1930
年　（m.）

007496618　3531　4621
世界紅十字會星洲分會成立十二周年紀念冊
新嘉坡　該會　1948 年

007495639　3531　4813
馬來鴻雪錄上冊
黃強著　上海　商務印書館　1928 年
（m.）

007496586　3531　7224
馬來人及其文化
劉伯奎著　重慶　商務印書館　1944 年
（m.）

007496613　3531　7268
馬來半島之橡皮事業
周國鈞編著　上海　國立暨南大學
1927 年

007496542　3536　0440
新嘉坡廈門公會拾周年紀念特刊
新嘉坡廈門公會　新嘉坡　該公會
1947 年

009540999　3536　2417
星洲日報二周年紀念刊
傅無悶編　新加坡　1931年　（m.）

007496630　3536　3612
新嘉坡指南
潘醒儂撰　新嘉坡　南洋出版社
1932年

007496514　3536　7241
星洲十年星洲日報社十周年紀念特刊
星洲日報社編纂　關楚璞主編　新嘉坡
　　星洲日報社　1940年　初版

007496454　3540　0481
北大年史
許雲樵著　新嘉坡　南洋編譯所
1946年

007496539　3540　1115
暹羅現代史
曼谷日日郵報著　王又申譯、林中川校
上海　商務印書館　1932年　新時代史
地叢書　（m.）

007496540　3540　2200　（1-2）
暹羅史
陳禮頌譯　中國南洋學會主編　上海
　商務印書館　1947年　（m.）

007496538　3540　2245
中國與暹羅
嵇翥青編著　上海　商務印書館　1924
年　（m.）

007496867　3540　3449
暹羅王鄭昭傳
Luang Wijit Watkan 著　許雲樵譯　上海
　　商務印書館　1936年　初版　史地小
　叢書　（m.）

007497073　3540　3642
暹羅古代史
共丕耶達嗎鑾拉查奴帕講　王又申譯
上海　商務印書館　1935年　史地小叢
書　（m.）

007496982　3540　4906　DS577.T87　1946x
泰國近代史略
蔡文星編著　上海　正中書局　1946年
　時事月報社叢書　（m.）

007497074　3540　4906.1
泰國
蔡文星編著　重慶　正中書局　1943年
　（m.）

011930248　DS563.5.Y3　1931
暹羅
山口武著　陳清泉譯　上海　商務印書
館　1931年　3版　（m.）

007496853　3540　7902
暹羅與中國
陳序經著　香港　商務印書館　1941年
　（m.）

007496910　3542　4201
暹羅雜記
楊文瑛著　上海　商務印書館　1937年
　（m.）

007497106　3542　9941.5
泰國風土志
棠花撰　香港　中原報社　1944年

007496895　3544　0250
大南一統志
東京　印度支那研究會　1941年

007496978　3544　2315　3544　2315B
郡縣時代之安南
黎正甫著　上海　商務印書館　1945年

歷史科學類

（m.）

007496940　3544　2923
越南受降日記
朱偰著　上海　商務印書館　1946年初版　（m.w.）

007495605　3544　4404
越南雜記
李文雄著　堤岸　1948年

007495608　3544　4803
越南史要三卷
黃高啟撰　1914年

007495609　3544　5280
越南民族運動史
揚義旂撰　上海　民族史地研究會　1945年　（m.）

007495610　3544　5510
越南問題
中央電訊社調查處編　南京　中央電訊社　1940年　中央電訊社叢書　（m.）

007495551　3544　6142　3544　6142b
新越南
羅斯著　移模譯　上海　時代出版社　1948年　（m.）

007495613　3544　7446
占婆史
上海　商務印書館　1933年　（m.）

007496533　3545　4580　3545　4580B
越南新志
梅公毅著　上海　中華書局　1945年　新亞細亞學會叢書　（m.）

007496532　3545　4834
越南
黃澤蒼編　上海　商務印書館　1934年

史地小叢書　（m.）

007496627　3547　1332
緬甸
以沛著　上海　生活・讀書・新知上海聯合發行所　1949年　新中國百科小叢書　（m.）

007496561　3547　6200
緬甸史
姚枬譯註　中國南洋學會主編　上海　商務印書館　1947年　（m.）

007496640　3547　7238
新緬甸與中國
劉達人撰　仰光　1941年　4版

007496634　3548　1314.2
緬甸鳥瞰
張正藩編著　南京　正中書局　1936年　（m.）

007496636　3548　4410
緬甸地理
蔣君章著　重慶　建設出版社　1944年　（m.）

007496638　3548　8648
錦繡緬甸
曾克念著　仰光　南洋書局　1940年　（m.）

007496511　3548　8665
緬邊日記
曾昭掄著　上海　文化生活出版社　1941年　初版　文化生活叢刊　（m.w.）

007496644　3550　0907
印度歷史故事
糜文開著　上海　商務印書館　1948年　（m.）

007496526　3550　1314
印度復國運動
張君勱著　重慶　商務印書館　1942年
　（m.）

007496645　3550　1462
印度古代文化
（日）武田豐四郎著　上海　商務印書館
　1936年　史地小叢書　（m.）

007496558　3550　2233
印度現代史
何炳松校　上海　商務印書館　1929年
　新時代史地叢書　（m.）

007496651　3550　2964
印度的偉大
朱國楨編　桂林　文獻出版社　1943年
　（m.）

011911673　DR417.L79　1929
新土耳其
柳克述編　上海　商務印書館　1929年
　（m.）

007496652　3550　4244
大時代中的印度
麥朝樞、黃中廑著　廣州　黃圖出版社
　1942年　今日的世界叢書　（m.）

007496973　3551　4421
印度古佛國遊記
李俊承著　長沙　商務印書館　1940年
　（m.）

011883471　DS448.C45　1947
印度概況
金念祖編著　重慶　正中書局　1947年
　（m.）

007497152　3559　7913
西部亞洲地理
陳正祥編著　香港　正中書局　1943年
　（m.）

007496905　3567　0474　FC9291　Film　Mas　35703
尼泊爾新志
章熙林著　上海　商務印書館　1947年
　（m.）

007496988　3568　2264
古代東方
何甲斯著　曹儀孔譯　上海　商務印書
館　1931年　（m.）

007497018　3570　5774
西南亞細亞文化史
中原與茂九郎、杉勇著　楊鍊譯　上海
　商務印書館　1936年　史地小叢書
　（m.）

009434122　FC9736　Film　Mas　35279　TA　3581　7441
巴勒斯聽歷史地理學三卷
斯密史原著　萬卓志[Wilder]譯　上海
　上海廣學會　1928年　增版

008161908　Microfiche　C-0627　F58　TA　3587　82
帕勒斯廳歷史地理學
斯密甫著　萬放習譯　楊堅芳校　上海
　廣學會　1914年

008161909　Microfiche　C-0627　F59　TA　3587　82B
帕勒斯廳歷史地理學
斯密史著　上海　廣學會　1928年
增版

007499410　3590　3310
新土耳其建國史
邊理庭編著　重慶　獨立出版社　1942
年　（m.）

歐洲

007499267　3600　1280
今日之歐洲
鄧公玄編　上海　商務印書館　1935 年
（m.）

007499284　3600　7222
近代歐洲外交史
周鯁生編　上海　商務印書館　1927 年
（m.）

007499266　3600　7920
近世歐洲革命史
陳叔諒撰　上海　商務印書館　1929 年
新時代史地叢書　（m.）

007499426　3601　1348
遊歐獵奇印象
張若谷著　上海　中華書局　1939 年
（m. w.）

006795618　D921.S48　1937x
歐行觀感錄
沙鷗著　上海　中華書局　1937 年
（m. w.）

007898588　3601　4431
歐遊散記
李漢魂著　廣州　力行出版社　1949 年
（m.）

007499280　3601　4431b
歐遊散記
李漢魂著　廣州　力行出版社　1949 年
（m.）

011937051　T105.H85　1937
歐洲考察記初編
蕭冠英著　廣州　國立中山大學　1937 年　（m.）

011920295　D921.Z5　1934
遊歐通訊
莊澤宣著　上海　生活書局　1934 年
初版　（m.）

007499161　3601　4444
海行雜記
巴金著　上海　開明書店　1949 年　10 版　（m. w.）

011890310　PL2765.H72　P3　1937
巴黎遊記
徐霞村著　上海　大光書局　1937 年
（m.）

007499256　3601　7291
歐遊漫憶
小默著　上海　生活書店　1935 年　初版　創作文庫　（m. w.）

007499437　3603　2263
萍蹤寄語三集
鄒韜奮著　上海　生活書店　1937—39 年　（m.）

007499271　3603　3670
歐遊追憶錄
褚民誼著　上海　中國旅行社　1932 年
（m.）

007500546　3603　4126
戰後歐遊見聞記
莊啟著　上海　商務印書館　1926 年
（m.）

007500486　3603　7231
歐遊隨筆
劉海粟撰　上海　中華書局　1935 年
（m. w.）

007500479　3603　7247
歐美談片
陶菊隱編譯　昆明　中華書局　1941年
　初版　（m.）

007500488　3603　7247.7
歐洲談藪
陶菊隱編著　上海　中華書局　1941年
　（m.）

007500487　3603　7247.73
歐洲五强內幕
陶菊隱編著　上海　中華書局　1941年
　（m.）

007500475　3603　8258
歐行日記
鄭振鐸作　上海　良友圖書印刷公司
1934年　初版　良友文學叢書　（m.w.）

007500518　3608　3542
近代歐洲政治社會史
海斯[赫士]著　曹紹濂譯　上海　國立
編譯館　1935年　（m.）

011911666　D363.C4　1933
近代歐洲政治史
周鯁生編　上海　商務印書館　1933年
　（m.）

007500500　3608　7248
新民主國家論
陶大鏞著　上海　世界知識出版社
1948年　世界知識叢書　（m.）

011937842　DR589.T68　1928
土耳其革命史
程中行[程滄波]編譯　上海　民智書局
　1928年　（m.）

007506893　3610　7435
土耳其恢復國權之經過
南京　外交部條約司　1926年　（m.）

011930226　DS44.H83　1934
近東問題
華林一　陸人驥編　上海　商務印書館
　1930年　新時代史地叢書　（m.）

007506772　3630　7760
希臘文化東漸史
楊鍊譯　長沙　商務印書館　1940年
史地小叢書　（m.）

007506738　3640　0234
蘇聯紀行
郭沫若著　上海　中蘇文化協會研究委
員會　1946年　上海初版　中蘇文化協
會研究委員會研究叢書　（m.w.）

007506866　3640　1173
二十年來的蘇聯
王覺源著　重慶　獨立出版社　1942年
　（m.）

007506865　3640　1287
地底下的俄羅斯
上海　民智書局　1929年　（m.w.）

011883401　DK263.P65　1938
俄國革命全史
博克老夫斯基、石川一郎著　潘既聞譯
　上海　上海心弦　1938年

011914750　DK265.17.C45　1937
蘇聯政治講話
張慶泰著　香港　華南圖書社　1937年
　初版　（m.）

011918914　DK267.Z436　1933
史泰林治下之蘇俄
張君勱著　北京　再生雜誌社　1933年
　（m.）

007506863　3640　1383
蘇俄積極建設論
張毓賓著　北平　震東印書館　1931年

007506761　3640　1484
三十年來的蘇聯
米哈伊洛夫等著　上海　新華書店　1948年

007506861　3640　2183
失敗了的俄國革命
盧劍波撰　上海　出版合作社　1927年（m.）

011913543　DR48.S5　1949
東南歐新民主國家史綱
石嘯沖著　上海　棠棣出版社　1949年　初版　（m.）

011894395　DK40.V412　1937
俄國史
佛那次基［弗那次基］著　周新譯　上海　商務印書館　1937年　漢譯世界名著（m.）

007505395　3640　2230
俄國史
何漢文著　長沙　商務印書館　1939年（m.）

011883092　DK40.W8　1937
蘇聯建國史
吳清友編　上海　商務印書館　1937年　新時代史地叢書　（m.）

007438351　DK265.Y21　1946x
蘇聯建國史
楊幼炯編著　上海　正中書局　1946年（m.）

011912205　DK40.G664　1940
蘇聯建國史
公直著　上海　世界書局　1940年（m.）

007505369　3640　2342
十月革命
吳蘭編　香港　文工出版社　1949年　蘇聯學習叢刊

011808204　D727.X536　1939
歐洲大戰的軍事準備
蕭劍青編著　上海　合衆書店　1939年（m.）

008570626　FC5239
歐洲同盟會紀實不分卷
朱和中撰　濟南　1912—49年

007505364　3640　2383
蘇德戰史蘇聯怎樣戰敗德國
焦敏之著　上海　光明書局　1947年

007505393　3640　2447
戰後蘇聯印象記
賓符譯　上海　世界知識社　1949年　世界知識叢書　（m.w.）

007505498　3640　2535
蘇俄革命慘史
自由叢書社　上海　自由書店　1928年（m.）

007505267　3640　3102
江亢虎新俄遊記
江亢虎著　上海　商務印書館　1925年

011981770　DK246.S54　1937
二十年的蘇聯
沈志遠、張仲實編著　上海　生活書店　1937年　（m.）

007505251　3640　3173
雜談蘇聯

茅盾[沈雁冰]著　上海　致用書店　1949 年　（m.w.）

007505360　3640　3173c
蘇聯見聞錄
茅盾著　曹靖華主編　中蘇文化協會編譯委員會編　上海　開明書店發行　1949 年　平 1 版　中蘇文協文藝叢書　（m.）

007505496　3640　3466
蘇聯新地理
密克哈羅夫著　譚俊譯　長沙　商務印書館　1938 年　蘇聯小叢書　（m.）

007503227　3640　4135
蘇聯之成敗與中國抗戰
吳克堅、潘梓年等著　香港　創造文粹社　1941 年　再版　創造文粹　（m.）

011883566　DK266.C44　1931
俄國現代史
查良鑒撰述　上海　商務印書館　1931 年　新時代史地叢書　（m.）

007503465　3640　4213
蘇俄的東方侵略
赤俄研究叢書社　上海　光陸印書局　1931 年　（m.）

007503464　3640　4274
蘇俄外交秘幕
楊曆樵撰　天津　大公報社　1932 年　（m.）

007503453　3640　4283
蘇聯革命與中國抗戰
胡愈之編　上海　生活書店　1938 年　（m.）

007503273　3640　4283.4
莫斯科印象記
胡愈之著　上海　新生命書局　1933 年　（m.w.）

007528330　3640　4421
革命後之俄羅斯
李待琛、劉寶書編　上海　太平洋書店　1928 年　再版　（m.）

011723287　DK266.1325　1926
勞農俄國研究
李達編譯　上海　商務印書館印行　1926 年　4 版　（m.）

007503344　3640　4630
蘇俄評論
世界室主人著　上海　新月書店　1927 年　（m.）

007503361　3640　5006
戰時蘇聯遊記
史諾著　孫承佩譯　上海　中外出版社　1945 年　5 版　（m.）

011912935　DK266.V412　1934
俄國革命史
魯學瀛譯　上海　商務印書館　1934 年　再版　史地小叢書　（m.）

011884224　DK263.J55　1931
俄國革命史
金兆梓撰述　上海　商務印書館　1931 年　國難後第 1 版　新時代史地叢書　（m.）

011901707　DK266.R12　1939
蘇聯內戰史
S.拉比諾維契著　胡明譯　香港　讀書生活出版社　1939 年　（m.）

007503425　3640　5422
俄國史
婁壯行編　上海　中華書局　1933 年　(m.)

007503338　3640　5683
蘇俄視察記
曹谷冰著　天津　大公報館出版部　1931 年　(m.)

007503401　3640　6748
最近之蘇俄
國民革命軍總司令部秘書處編譯　香港　國民革命軍總司令部秘書處　1927 年　(m.)

007502896　3640　720
美麗的黑海遊蘇漫憶
黃藥眠著　香港　文化供應社　1946 年　(m.)

011903402　DK266.Q253　1924
蘇維埃俄羅斯
錢江春編輯　上海　商務印書館　1924 年　(m.)

007503117　3640　8626
蘇俄之簡要報告
曾繩點著　上海　暨南大學反俄大會　1929 年　(m.)

009257271　3645　4846
柬埔寨志略
黃雄略編著　上海　正中書局　1947 年　初版　(m.)

007503098　3690　2729
匈牙利叛國案
新華書店編　北京　新華書店　1949 年　新華時事叢刊

007503093　3700　2650
德國經濟與戰爭之關係
德國東方通信社編輯　柏林　德國東方通信社　1915 年

007503084　3700　3218
納粹統治下之德意志
浦乃鈞著　彭榮仁譯　重慶　獨立出版社　1942 年　(m.)

007503092　3700　4271.2
納粹德國之解剖
森川覺三著　吳心文譯　重慶　獨立出版社　1943 年　(m.)

011880601　DG551.M2612　1936
近代意大利史
朱基俊譯　上海　商務印書館　1936 年　(m.)

007526299　3710　1343
德國現代史
張世祿著　上海　商務印書館　1929 年　新時代史地叢書　(m.)

011913340　JS4881.S43　1937
法國地方政制
沈乃正編著　上海　商務印書館　1937 年　初版　(m.)

011824380　JN2919.B48　1913
法國公民教育
華南圭譯述　廣州　商務印書館　1912 年　2 版　(m.)

011896752　JN2451.D8　1913
法國憲政通詮
(法)狄驥[L. Duguit]編著　唐樹森譯　上海　神州編譯社　1913 年　初版　(m.)

007497091　3740　5215
法蘭西的悲劇
拉柴列甫著　國際宣傳處譯　香港　正中書局　1942 年　（m.w.）

007497121　3740　7246
法蘭西內戰
卡爾・馬克思著　吳黎平、劉雲合譯　1938 年　馬克思恩格斯叢書　（m.）

007496972　3740　8114
法國現代史
金兆梓撰述　上海　商務印書館　1928 年　新時代史地叢書　（m.）

007496576　3747　8120
拿破侖本紀
林紓、魏易譯　上海　商務印書館　1933 年　（m.）

011883390　DC203.L6312　1925
拿破侖本紀
林紓、魏易譯　上海　商務印書館　1925 年　6 版　（m.）

011890048　DC203.N1212　1931
拿破侖日記
伍光建譯　上海　商務印書館　1931 年　（m.）

007496594　3749　5619
法國失敗史—名二十年來之法國
曹元愷撰　重慶　獨立出版社　1942 年　（m.）

007496595　3750　4137
意大利大觀
董之學著　上海　良友圖書公司　1934 年　（m.）

007496373　3780　2631
英人、法人、中國人
儲安平著　上海　觀察社　1948 年

007496522　3789　1111
戰時英國
王雲五著　重慶　商務印書館　1945 年　（m.）

011807241　DD61.R544　1939
論德國民族性
黎耳[瑞爾]著　楊丙辰譯　長沙　商務印書館　1939 年　中德文化叢書　（m.）

007496600　3789　4680
英國人論
（英）包爾得溫等著　戴鎦齡譯　重慶　中國文化服務社　1943 年　青年文庫　（m.）

007496414　3790　1111B
訪英日記
王雲五著　上海　商務印書館　1945 年　上海初版　（m.w.）

007496441　3790　2631
英國采風錄
儲安平著　上海　觀察社　1948 年　（m.w.）

011919576　DA566.9.M33　A2712　1924
英國一瞥
顧彭年譯　上海　商務印書館　1931 年　少年史地叢書　（m.）

007496574　3790　4101
訪英簡筆
杭立武著　上海　中華書局　1945 年　（m.）

011881540　DA16.R4712　1935
英國發展史綱
Howard Robinson 著　胡哲敷、江兆虎合

編　上海　中華書局　1934年　（m.）

011891265　HD6664.P312　1930
英國工會運動史
衛布著　陳建民譯　上海　商務印書館　1930年　漢譯世界名著　（m.）

011837707　HD6664.C465　1927
英國勞動組合論
胡善恒譯　上海　商務印書館　1933年　2版　共學社社會經濟叢書　（m.）

011902065　DA32.T74912　1933
英國史
錢端升譯　上海　商務印書館　1933年　（m.）

007496523　3790　4861
英國現代史
賀昌群撰述　徐志摩校閲　上海　商務印書館　1928年　新時代史地叢書　（m.）

007496423　3791　5843
重訪英倫
費孝通著　上海　大公報館　1947年　大公報叢書　（m.）

美洲

007500603　3831　2903
哥崙布前一千年中國僧人發現美洲説
朱謙之撰　廣州　國立中山大學研究院文科研究所　1945年

007500494　3839　0314
美國史
劉尊棋、陳先澤譯　重慶　中外出版社　1945年　（m.）

011881505　E178.1.B3612　1935
美國史
俾耳德、巴格力著　魏野疇譯　上海　商務印書館　1935年　國難後第1版　大學叢書　（m.）

007500530　3839　1315
戰後美國
張一中編著　瀋陽　東北書店　1949年　（m.）

007500615　3839　2244B1
萍蹤憶語
韜奮著　上海　生活書店　1945年　1版　（m.w.）

007500621　3839　3685
認識美國
洛羊著　香港　洪流出版社　1947年　（m.）

007500626　3839　4544
美國在太平洋的任務
美國新聞處　重慶　美國新聞處　1945年

007500629　3839　4943
閒話美國
林志遠著　臺北　1946年　（m.）

007500501　3839　5060
美國往何處去？
戈明等執筆　長春　新中國書局　1949年　（m.）

011932024　HC103.H74　1938
美國經濟史
熊大經編著　長沙　商務印書館　1938年　（m.）

007500492　3839　5843
美國人的性格

費孝通著　上海　生活書店　1947 年
初版　（m.）

011830541　HC105.I83　1936
美國社會經濟史
豬谷善一著　張定夫譯　上海　商務印書館發行　1936 年　初版　各國社會經濟史叢書　（m.）

011807835　HC103.G512　1947
美國實業發展史
John George Glover, William Bouck Cornell 著　中國計劃建設學會譯　上海　商務印書館　1947 年　（m.）

011830523　HC106.C37　1928
美國現今的經濟革命
嘉惠爾編纂　陳長蘅譯述　上海　商務印書館　1928 年　中國經濟學社叢書　（m.）

011811555　HF1455.P7512　1948
美國與戰後世界
普列列特著　陳原譯　上海　世界知識社　1948 年　世界知識叢書　（m.）

011930541　E169.02.M45　1941
美國生活
陶亢德編輯　上海　亢德書房　1941 年　（m.）

011895474　E169.02.W8　1936
美國遊記
伍莊著　三藩市　世界日報社　1936 年　初版　夢蝶叢書

007501637　3839　7989
認識美國
陳劍恒著　重慶　商務印書館　1945 年　（m.）

007501527　3840　1182
蔣夫人美加行紀
孔令偉編述　香港　中農印刷所印　1944 年　（m.）

007501360　3840　1182.1
蔣夫人遊美紀念冊
中央主辦美洲國民日報編輯　三藩市國民日報印　1943 年　（m.）

007501644　3840　1346
旅美見聞錄
張其昀著　上海　商務印書館　1947 年　（m.）

011891107　E169.X536　1947
遊美指南
蕭立坤撰　上海　中華書局　1947 年　增訂 3 版　（m.）

011911702　E169.H882　1929
遊美心痕
謝扶雅著　上海　世界書局　1929 年　（m.）

007501714　3840　2114
美國視察記
伍廷芳著　陳政譯述　上海　中華書局　1915 年　（m.）

007501716　3840　2121
今日之美國
任重編譯　重慶　讀書出版社　1946 年　3 版　（m.）

008449277　MLC－C
高爾基論美國
高爾基著　荒蕪譯　1949 年

007501719　3840　3872
遊美印象記
愛倫堡等著　廣州　華北新華書店

歷史科學類

1949 年 （m.）

007502927　3840　5843
初訪美國
費孝通著　重慶　美國新聞處　1945 年

008084253　T　3840　5843
初訪美國
費孝通著　上海　生活書店　1946 年初版　（m.w.）

007502900　3840　5843.8
人情與邦交
費孝通著　昆明　自由論壇社　1945 年初版　自由叢書　（m.w.）

007503062　3840　6422
旅美鱗爪
嚴仁穎著　天津　大公報館　1947 年（m.）

007502931　3840　7247
美國談藪
陶菊隱著　上海　中華書局　1941 年（m.）

007512915　3842　1622
[新譯]紐約風土記
1911—34 年

007502974　3850　2903
扶桑國考證
朱謙之著　上海　商務印書館　1940 年史地小叢書

011883787　F2223.A79　1934
拉丁亞美利加史
朝日胤一原著　葛綏成譯述　上海　商務印書館　1934 年　新時代史地叢書

011801738　F1438.T25
中南美洲談藪
陶菊隱編譯　上海　中華書局　1940 年（m.）

非洲

007497171　3903　7247
非澳兩洲談藪
陶菊隱撰　上海　中華書局　1945 年再版　（m.）

011914781　DT378.F3512　1936
戰爭前夜的阿比西尼亞
陳彬龢譯　上海　商務印書館　1936 年（m.）

007496956　3910　7208
蔚藍色的地中海
劉方矩著　上海　文通書局　1948 年初版　（m.w.）

海洋洲及兩極

007497241　3950　7681
澳洲建國史
駱介子著　上海　商務印書館　1946 年（m.）

006027822　3970　1442
太平洋島嶼志要
于大千編譯　重慶　讀書出版社　1944 年　初版　（m.）

007497225　3970　2188
太平洋國際地理
任美鍔著　遵義　國立浙江大學史地教育研究室　1942 年　史地教育叢刊（m.）

社會科學類

總錄

007497247　4002　7500.2
玀猓標本圖說
盧作孚採集　林惠祥編述　南京　國立中央研究院社會科學研究所　1931年　國立中央研究院社會科學研究所集刊（m.）

007497246　4002　7500.2　FC8518　Film　Mas　32554
畝的差異無錫二十二村稻田的一百七十三種大小不同的畝
陳翰笙著　上海　1929年　社會科學研究所集刊　（m.）

007497214　4002　7500.2
難民的東北流亡
陳翰笙、張輔良、廖凱聲、徐戀均等撰　上海　國立中央研究院社會科學研究所　1930年　國立中央研究院社會科學研究所集刊　（m.）

007497251　4002　7500.2
統計表中之上海
羅志如著　南京　中央研究院　1932年（m.）

007511808　4002　7500.2
國立中央研究院社會科學研究所集刊第一號
1929—31年

007511809　4002　7500.2
國立中央研究院社會科學研究所集刊第二號
1929—31年

007511810　4002　7500.2
國立中央研究院社會科學研究所集刊第三號
1929—31年

007497202　4003　1950
現代社會科學趨勢
孫本文編　上海　商務印書館　1948年（m.）

007497213　4003　3827
社會科學論文選集
平心［李平心］著　上海　生活書店　1936年　初版　（m.）

007497255　4004　0214
中國社會科學名著介紹
高爾柏、龔彬等著　上海　世界書局　1931 年

011808448　H62.C353　1946
社會科學研究法
平心著　大連　大衆書店　1946 年（m.）

007497207　4005　3143
社會科學基礎講座
沈志遠著　香港　智源書局　1947 年（m.）

011977270　BF199.K8　1929
行爲學的基礎
郭任遠著　上海　商務印書館　1929 年　初版　（m.）

007497256　4006　1124
社會運動辭典
王偉模撰　上海　明日書店　1932 年

011799075　H49.C6.C446　1929
社會問題辭典
陳緩綵編　上海　民智書局　1929 年　初版　（m.）

007497257　4006　7246
新名詞學習辭典
周如暉編　上海　星潮出版社　1949 年

007499372　4008　2967
社會科學名著題解
徐嗣同編　上海　中華書局　1932 年

007499187　4009　1237
社會科學常識講話
鄧初民著　上海　文化供應社　1949 年　3 版　（m.）

011902084　HM66.K83　1928
社會科學概論
郭任遠著　上海　商務印書館　1928 年（m.）

011914018　HB501.S582　1949
社會科學概論
陳伯達等著　大連　大連新華書店　1949 年　初版　增訂本　青年知識叢書（m.）

008443250　MLC–C
社會科學概論選讀
燕京大學法學院編　北平　燕京大學法學院　1938 年

011901599　H83.S54　1939
婦女社會科學常識讀本
沈志遠著　重慶　生活書店　1939 年　婦女生活叢書　（m.）

007499255　4009　5624
通俗社會科學二十講
曹伯韓著　廣州　讀書生活出版社　1938 年　4 版　（m.）

007499321　4009　6122
社會科學概論
瞿秋白著　天津　聯合出版社　1949 年（m.）

007499181　4009　6122b
社會科學概論
瞿秋白著　香港　群益出版社　1949 年（m.）

007499238　4009　7931
新社會哲學論
陳啟天著　上海　商務印書館　1946 年　滬增訂 1 版　中國文化研究所叢書（m.）

007954158　B5231. A3　1937x
葉青哲學批判
艾生著　上海　思想出版社　1937 年
（m.）

007499383　4010　1262
新學制社會教科書
丁曉先編輯　上海　商務印書館
1926—27 年　（m.）

007915385　4010　2142
社會學科之教材與教學法
程其保編　長沙　商務印書館　1939 年
（m.）

007499387　4010　4430
新學制公民教科書
李澤彰編　上海　商務印書館　1924—26 年　（m.）

007499412　4012　0241
社會科學大辭典
高爾柏撰　上海　世界　1934 年　4 版

007499423　4012　8915
法律政治經濟大辭典
余正東主編　上海　長城書局　1940 年
再版　（m.）

011829559　B809. 8. S8588　1933
新主義辭典
孫志曾編　上海　光華書局　1933 年
（m.）

007499282　4019　7905
社會調查與統計學
陳毅夫著　上海　商務印書館　1947 年
（m.）

統計

011895606　HA29. 5. C5　A38　1933
高級統計學
艾偉著　上海　商務印書館　1933 年
（m.）

011906526　HA29. K512　1935
統計方法
寧恩承譯　上海　商務印書館　1935 年
經濟叢書　（m.）

011918861　HA29. B7712　1938
統計學原理
李植泉譯　長沙　商務印書館　1938 年
漢譯世界名著　（m.）

011824352　HA29. 5. C5　S58　1932
應用統計
壽景偉著　上海　商務印書館　1932 年
第 1 版　百科小叢書　（m.）

007503063　4020　4446
人口動態統計方法
李蕃著　南京　正中書局　1935 年
（m.）

007502861　4023　7974
統計論叢
陳長蘅編　上海　黎明書局　1934 年
中國統計學叢書　（m.）

007832162　MLC – C
中央統計聯合會統計演講集
香港　中華書局　1941 年　再版
（m.）

007502910　4026　1211
漢譯統計名詞
王仲武編纂　上海　商務印書館　1930 年　（m.）

007503114　4026　2910
統計與測驗名詞英漢對照表
朱君毅編　上海　中華書局　1933年
（m.）

007503089　4029　0637
指數之編制與應用
唐啟賢著　上海　中華書局　1939年
（m.）

007503099　4029　7244
統計學概論
周夒撰　上海　民智書局　1931年
（m.）

007502937　4030　1181
經濟統計摘要
王毓霖編　北平　友聯中西印字館
1935年　（m.）

007502874　4030　3022
關於統計各種法規摘要
國民政府主計處統計局編　南京　正中書局　1933年　初版（m.）

007502936　4030　3022.1
各機關彙送全國統計總報告材料應用表格
主計處統計局編　南京　主計處統計局　1933年　（m.）

007503106　4030　3242
湖南全省地方自治籌備處調查報告
湖南全省地方自治籌備處　香港
1930—31年　（m.）

007503107　4030　3242　（1）
中華民國十八年湖南全省戶口統計
香港　1930年　湖南全省地方自治籌備處調查報告

007503108　4030　3242　（2）
中華民國十八年湖南全省農礦工商統計概要
香港　1930年　湖南全省地方自治籌備處調查報告

007806571　4030　3242　（3）
中華民國十八年湖南全省教育統計
香港　1930年　湖南全省地方自治籌備處調查報告

007503110　4030　3242　（4）
中華民國十八年湖南全省賦稅國防警察司法統計概要
香港　1930年　湖南全省地方自治籌備處調查報告

007502817　4030　3242.1
湖南各縣調查筆記
曾繼梧編　湖南　曾氏　1931年

010231948
返鄉登記證存根　山西晉城縣　解放前後人口歸原籍的紀錄　民國38年　無介紹信
1949年

007503122　4030　3242.2
湖南省人口統計
湖南省政府秘書處　香港　該處
1932—33年

008627182　FC346
陝北省蘇延安等七縣人口調查統計一覽表
延安　1936年

007503398　4030　4102
民國十七年各省市戶口調查統計報告
內政部統計司編　南京　內政部總務司發行　1931年　（m.）

007503241　4030　5520　(1-2)
國民政府奠都南京以來主要事業之進步
第二回　截至民國二十三年底止
中央統計處編　南京　正中書局　1935年　(m.)

007503300　4030　6144
生命表編制法
羅志如著　上海　商務印書館　1934年　初版　國立中央研究院社會科學研究所叢刊　(m.)

007503347　4030　6710
中國人口問題之統計分析
國民政府主計處統計局編　重慶　正中書局　1944年　國內問題統計叢書　(m.)

007503436　4030　6710.5
中央政府公務統計方案綱目
國民政府主計處統計局編　重慶　1941年　(m.)

007503358　4030　6710.8
公務統計方案之意義及其擬訂程式
國民政府主計處統計局編　南京　國民政府主計處統計局　1942年

007503373　4030　6710b
中國人口問題之統計分析
國民政府主計處統計局編　上海　正中書局　1948年　國內問題統計叢書　(m.)

007503450　4030.1　4391
臺灣省社會事業統計
臺灣省政府社會處編　臺北　1945年

007503449　4030.2　5620
中國統計學社概況
中國統計學社第十二屆理事會　重慶　該社　1943年

007503463　4030.8　6102
十年來之財務統計
財政部統計處編　重慶　中央信託局印製處　1943年　(m.)

007503466　4030.9　2936
人口統計新論
朱祖晦著　武昌　大華印刷公司　1934年　(m.)

007503498　4031.4　3197
河北民政統計
河北省民政廳編　保定　河北省民政廳　1930年　(m.)

008580293　FC2962
萊西南縣民政科簡單總結上半年優軍工作
萊西南縣政府民政科　香港　萊西南縣政府民政科　1946年

008580299　FC2965
萊西院上區支持前綫的經驗介紹
香港　中共南海地委翻印　1946年

007503471　4031.7　1221
山西省第七次人口統計民國十三年分
晉綏總司令部統計局　太原　晉綏總司令部統計局　1927年

007503475　4031.7　2197
山西省第一次政治統計總務之部
山西省長公署統計處　太原　山西省長公署統計處　1922年

007503480　4031.7　7244
開封社會統計概要二十年度
香港　河南省政府秘書處　1933年　(m.)

007503481　4031.8　7191
陝西建設統計彙刊第二期
西安　陝西省建設廳　1932 年　（m.）

007699016　MLC－C
湖北省統計年鑒
湖北省政府編　武漢　湖北省政府
1945 年　（m.）

008976280　T 4032.8　2747
吳縣勘災會調查表
濟南　1931 年　稿本

008603271　FC9076　Film Mas 34652
吳縣勘災會調查表
彭味初撰　濟南　1931 年

007503487　4032.9　3391.2
浙江省二十二年度行政統計
浙江省政府　杭州　浙江省政府　1936
年　（m.）

007503489　4032.9　3391.3
浙江省建設事業統計圖表第一集
杭州　浙江省建設廳第六科　1930 年
（m.）

011753159　4033.1　3191
各縣市最近簡要統計
福建省政府統計室編　福州　福建省政
府　1946 年　（m.）

007503353　4033.1　3191.2
福建省統計提要三十四年輯
福建省政府統計室編　福州　福建省政
府統計室　1946 年　（m.）

007964600　MLC－C
安徽全省戶籍第一次調查報告書
安徽　安徽民政廳戶籍登記處　1929 年

008129771　4033.18　4377　（2）
臺灣居民生命表第二回　民國二十五至二
十九年
臺灣省政府統計處編　臺北　臺灣省政
府統計處　1947 年　（m.）

007503618　4033.18　4392
臺灣現況參考資料
臺灣省行政長官公署宣傳委員會編　臺
北　1946 年

007503595　4033.18　4392.1
臺灣統計地圖
臺灣省行政長官公署統計室編　臺北
臺灣省行政長官公署統計室　1946 年
（m.）

007503545　4033.18　4392.4　HA1707.F6
臺灣省五十一年來統計提要
臺灣省行政長官公署統計室　臺北
1946 年　（m.）

009246609　4033.2　2631.23
戶口事務便覽
香港佔領地總督部民治部編　香港　該
部　1942 年

007503629　4033.2　5027.4
中山縣統計計劃大綱
黃秉鏞主編　廣東中山縣　中山縣政府
統計股　1930 年　（m.）

007503630　4033.3　0191　FC7782　Film Mas 31681
廣西統計叢書
廣西統計局編　南寧　廣西印刷廠印
193？年

007542164　FC5167　FC－M1205
嘉興縣農村調查
馮紫崗編　嘉興縣　嘉興縣政府　1936
年　國立浙江大學叢刊　（m.）

007631984　5719　3563.9
糧食
武漢人民藝術出版社編輯　上海　上海雜志公司　1949 年　（m. w.）

006674351　HD9086. C53　H6　1935x
民國二十三年河北省棉產概況
王又民編　廣州　實業部正定棉業試驗場　1935 年

011909184　HD930. N35　G36　1935
南京市之地價與地價稅
高信著　南京　正中書局　1935 年　初版　中央政治學校地政學院研究報告（m.）

011917951　HD1491. C6. W3　1929
農業合作 ABC
王世穎著　上海　ABC 叢書社　1928 年　ABC 叢書　（m.）

007545009　FC5149　FC – M1154
山東舊濟南道屬農村經濟調查
黃孝方編著　香港　山東鄉村建設研究院　1933 年　（m.）

007542083　FC7218 . Film　Mas　31194
四川農村經濟
呂平登編著　上海　商務印書館　1936 年　第 1 版　社會經濟調查所叢書（m.）

011823430　HD9046. C63　Z44　1935
浙江糧食調查
社會經濟調查所編　上海　社會經濟調查所　1935 年　糧食調查叢刊　（m.）

007633683　MLC – C
浙江省二十九年擴種冬作總報告
浙江省農業改進所編　香港　1940 年

007503631　4033.3　0191　（4）
廣西省志書概況
廣西統計局編　南寧　廣西印刷廠印　193？年　廣西統計叢書

007503632　4033.3　0191　（7）
古今廣西旅桂人名鑒
廣西統計局編　南寧　廣西印刷廠印　193？年　廣西統計叢書

007503633　4033.3　0191　（8）
廣西省各縣出入境大宗貨物概況
廣西統計局編　南寧　廣西印刷廠印　193？年　廣西統計叢書

007503634　4033.3　0191　（9）
廣西各縣地方財政統計
廣西統計局編　南寧　廣西印刷廠印　193？年　廣西統計叢書

007503635　4033.3　0191　（10）
民國二十二年廣西省進出口貿易概況
廣西統計局編　南寧　廣西印刷廠印　193？年　廣西統計叢書

007503636　4033.3　0191　（11）
廣西統計數字提要
廣西統計局編　南寧　廣西印刷廠印　193？年　廣西統計叢書

007503637　4033.3　0191　（12）
廣西農林
廣西統計局編　南寧　廣西印刷廠印　193？年　廣西統計叢書

008072748　HJ6330. A6　1939x
中華民國海關出口稅稅則自中華民國二十三年六月二十一日施行
上海　上海總稅務司署統計科　1939 年（m.）

007835345　MLC – C
中華民國海關出口稅稅則
上海　上海總稅務司署統計科　1946 年　（m.）

008451353　MLC – C
沱江流域蔗糖業調查報告
四川甘蔗試驗場編　1938 年　（m.）

007843448　FC5143　FC – M1141
廣東農業概況調查報告
廣東省地方農林試驗場調查科　廣州　廣東大學農科學院　1925 年

007503597　4035　6710
貴州省統計資料彙編
國民政府主計處統計局編　濟南　國民政府主計處統計局　1942 年　（m.）

007503639　4043　3368
滿洲國官吏錄
滿洲國國務院總務廳編　大連　滿洲日報社印刷所印　1933 年　（m.）

007503596　4060　6547
各國統計一覽
日本內閣統計局編　翁擢秀譯　上海　商務印書館　1930 年　（m.）

社會

011885847　HM62.C5　C45
社會學要旨
常乃德［燕生］著　上海　中華書局　1924 年　11 版　青年叢書　（m.）

011918144　HM62.C5　K95　1930
社會之解剖
匡亞明著　上海　光華書局　1930 年　（m.）

011888401　HN8.E47　1922
社會問題改造的分析
愛爾烏德著　王造時譯　上海　商務印書館　1922 年　（m.）

011826223　HN17.T36　1927
社會問題
陶孟和編輯　上海　商務印書館　1927 年　（m.）

007509232　HN17.S54　1949
社會問題
沈志遠著　上海　生活・讀書・新知聯合發行所　1949 年　滬初版　（m.）

007499431　4102　5638
中國社會服務事業協進會會務概況
中國社會服務事業協進會　香港　該會　1943 年

007499433　4103　2387
從社會學到社會問題
孫本文等著　上海　中華書局　1935 年　（m.）

007499179　4103　3102
社會問題講演錄
江亢虎主講　高維昌編記　上海　商務印書館　1925 年　再版　東南大學叢書　（m.）

007499277　4103　7272
孟和文存三卷
陶孟和著　上海　亞東圖書館　1925 年　（m.w.）

008256945　4103　7857
建設碎金
民智書局編輯　上海　民智書局　1927 年　初版　（m.）

007499452　4105　0248　FC8703　Film　Mas　32750
社會問題大綱
郭真著　上海　平凡書局　1930年　再版　（m.）

007499453　4105　1122
社會學教程
王伯倫著　上海　神州國光社　1946年　再版　（m.）

011808140　H62.W364　1949
社會學教程
王伯倫著　上海　神州國光社　1949年　再版　（m.）

011901486　HM19.F34
社會學綱要
馮品蘭編　上海　商務印書館　1939年（m.）

011912299　HM585.S658　1935
當代社會學學說
黃文山譯　上海　商務印書館　1935年　漢譯世界名著　（m.）

007500539　4105　3914
社會學方法論
上海　商務印書館　1926年　再版（m.）

007500540　4105　4423
怎樣研究社會科學
李季達編　上海　文化編譯社　1937年　萬有小叢書

011805664　HM62.C5　S585　1929
社會問題大要
施復亮編　上海　南強書局　1929年　新社會科學叢書　（m.）

011931351　HM62.C5　L53　1930
現代社會學
李達著　上海　崑崙書店　1930年　11版　（m.）

007500426　4105　4444
政治經濟學
薛暮橋著　廣州　新華書店　1949年（m.）

007898675　4105　4444b
政治經濟學
薛暮橋著　冀東　新華書局　1949年（m.）

007500531　4106　4860
英漢政治法律商業教育辭典
趙明高撰　瀋陽　北陵新華印書局　1930年　初版

007500550　4107　1147
社會學問答
毛起鵬撰　上海　大東　1931年（m.）

007500553　4107　4463
實地社會調查方法
李景漢著　北平　星雲堂書店　1933年（m.）

011895697　HM19.I2　1921
社會學史要
易家鉞[君左]著　上海　商務印書館　1922年　4版　共學社通俗叢書（m.）

007500463　4109　0253
社會問題總覽
高畠素之原著　李達譯　上海　中華書局　1933年　11版　新文化叢書　（m.）

011801854　HM61.Z45
社會問題大綱

張琴撫講授　郭逸樵筆記　上海　樂華圖書公司　1932 年

011930129　HN15.K75　1930
社會問題大綱
柯柏年編　上海　南強書局　1930 年（m.）

007500505　4109　1950
社會學原理
孫本文著　上海　商務印書館　1946 年 1 版 （m.）

011892052　HM62.C5　H83　1928
社會學概論
許德珩編　上海　商務印書館　1928 年（m.）

011896243　HM62.C5　C55　1930
社會學概論
陳翊林［啟天］著　上海　中華書局　1930 年　社會叢書 （m.）

007500585　4109　2140
社會學概論
（美）鮑格度［E. S. Bogardus］著　上海　商務印書館　1930 年　10 版 （m.）

007500423　4109　2142
社會學
毛起鵕編著　中國國民黨中央宣傳部青年基本知識叢書編審委員會主編　重慶　正中書局　1943 年 （m.）

011735598　HM578.R8　B643　1929
社會意識學大綱
波格達諾夫著　陳望道、施存統合譯　上海　大江書鋪　1929 年 （m.）

011888884　HN17.H312　1932
社會政策新原理
周憲文譯　上海　中華書局　1932 年（m.）

011901956　HM106.S44　1930
社會進化論
胡一貫、文聖律編　廣州　中央陸軍軍官學校政治訓練處　1930 年　再版 （m.）

007500523　4109　4426
社會工作導論
蔣旨昂著　上海　商務印書館　1946 年（m.）

011597001　HM51.E412　1933
社會學及現代社會問題
愛爾烏德著　趙作雄譯　上海　商務印書館發行　1933 年　國難後第 2 版　世界叢書 （m.）

007500503　4109　7230
社會問題與社會政策
周憲文編　上海　中華書局　1934 年　中華百科叢書 （m.）

007500605　4109　7904
現代社會科學講話
陳端志編　上海　生活書店　1934 年（m.）

007500608　4109　8417
社會學入門
姜君辰著　桂林　文化供應社　1942 年（m.）

007500491　4110　0420
文化與政治中國社會建設汛論之一
許仕廉著　北京　樸社　1929 年　凡社叢書 （m.）

007500616　4110　1330
社會科學與歷史方法
張宗文撰　上海　大東　1930年　（m.）

007500521　4110　1950
社會思想
孫本文著　上海　商務印書館　1946年　復興叢書　（m.）

011917958　HM19.B612　1937
社會思想史
徐卓英、顧潤卿譯　上海　商務印書館　1937年　中山文庫　（m.）

011895281　JC11.B53　1921
政治思想與經濟狀況勃拉克講演
Dora Black著　李小峰記　傅銅校　北京　北京大學新知書社　1921年　初版　（m.）

011836743　JA81.P65　1931
政治學史概論
波拉克原著　張景琨譯述　上海　商務印書館　1931年　正法叢書　（m.）

011908176　HM101.S863　1927
社會學上之文化論
孫本文著　北京　樸社　1927年　（m.）

011837904　HM101.S86　1929
社會的文化基礎
孫本文著　上海　世界書局　1929年　（m.）

007500504　4110　2211
社會學綱要
劉天予編　上海　中華書局　1940年　中華百科叢書　（m.）

011560842　HM101.Z587　1948
文化社會學
朱謙之著　廣州　中國社會學社廣東分社　1948年　（m.）

007500622　4110　2904
社會學原理
朱亦松著　上海　商務印書館　1928年　（m.）

007500627　4110　4232
克魯泡特金學說概要
自由叢書社　上海　自由書店　1928年

007500632　4110　4232.2
國家論及其他
上海　自由書店　1928年

007500508　4110　4232.3
麵包略取
克魯泡特金著　李芾甘譯　上海　自由書店　1928年　（m.）

007500633　4110　4232.4
近世科學和安那其主義
上海　自由書店　1928年　（m.）

011895152　BJ315.F8　1928
近代倫理思想小史
（日）藤井健治郎著　潘大道譯　上海　商務印書館　1928年　初版　（m.）

007501502　4110　4232.5
人生哲學其起源及其發展
（俄）克魯泡特金［P. A. Kropotkin］著　芾甘［巴金］譯　上海　自由書店　1928—29年　初版　（m.）

011939132　BJ71.L413　1937
西洋道德史
（英）勒基［W. E. H. Lecky］著　陳德英譯　上海　商務印書館　1937年　初版　漢譯世界名著　（m.）

011981163　BJ78.J3　M5　1925
西洋倫理學史
（日）三浦藤作著　謝晉青譯　上海　商務印書館　1925年　初版　（m.）

011908816　BJ78.J3　Y67　1920
西洋倫理學史
吉田靜致著　楊昌濟譯　北京　北京大學出版部　1920年　再版　（m.）

011910029　HB83.C45　1933　120
近代歐洲經濟學說
趙蘭坪編　上海　商務印書館　1933年　經濟叢書　（m.）

007501668　4110　4232.6
田園工廠手工場
（俄）克魯泡特金［Kropotkin］著　上海　自由書店　1929年　（m.）

007501669　4110　4232.7
獄中與逃獄
（俄）克魯泡特金著　廣州　美洲平社　1927年　（m.）

007501503　4110　425.4
蒲魯東底人生哲學
（俄）［克魯泡特金］［P. A. Kropotkin］著　芾甘［巴金］譯　上海　自由書店　1929年　初版　自由小叢書　（m.）

007501608　4110　4331
群學肄言
斯賓塞著　嚴復譯　上海　商務印書館　1926年　14版　（m.）

011908185　HM62.C5　L56　1933
現代社會學理論大綱
李聖悅著　上海　光華書局　1933年　4版

007501690　4110　4623.11
時的福音
廣東　民鐘社　1927年　（m.）

011933596　CB19.H77　1949
文化學及其在科學體系中的位置
黃文山撰　廣州　嶺南大學西南社會經濟研究所　1949年　嶺南大學西南社會經濟研究所專刊　乙集

011723319　HM216.N513　1935
個人道德與社會改造
R. Niebuhr著　楊繽譯述　上海　青年協會書局　1935年　初版

011911990　HM19.Y44　1933
近代各國社會學思想史
葉法無著　上海　大陸書局　1933年　（m.）

011823584　HM19.W35　1940
社會學小史
魏重慶編著　上海　商務印書館　1940年　（m.）

011884622　BT738.H812　1921
托爾斯泰之社會學說
徐松石編譯　上海　廣學會　1921年　（m.）

007501709　4110　6159.1
社會改造之原理
余家菊譯　北京　晨報社　1920年

007501710　4110　7143.2
巴枯寧學說
愛爾次巴赫撰　上海　自由書店　1927年

007501391　4110　8204
世界各國新社會政策
鄭斌著　楊杏佛校　上海　商務印書館

1928年　萬有文庫　第1集　（m.）

007501473　4110　9242
生物史觀與社會
常燕生著　上海　大陸書局　1933年
（m.）

007501505　4111　5624
精神文化講話
曹伯韓著　上海　開明書店　1945年
初版　開明青年叢書　（m.）

007501504　4120　1322
生物學的人生觀
哈特〔C. A. Herter〕著　張修爵譯　上海
　商務印書館　1924年　初版　尚志學
會叢書　（m.）

007501722　4120　2362
革命心理
黎朋原著　杜師業重譯　上海　商務印
書館　1918年　（m.）

002343573　4120　6133
民族性與教育
莊澤宣、陳學恂著　長沙　商務印書館
　1938年　初版　（m.）

011723299　HM251.L894　1925
社會心理學新論
陸志韋編纂　上海　商務印書館發行
1925年　再版　（m.）

011893809　HM251.R7313　1931
心理的改造
（美）魯濱孫〔J. H. Robinson〕著　宋桂煌
譯　上海　商務印書館　1931年　初版
　（m.）

011911614　HM263.B5513　1945
宣傳心理研究
華特〔A. White〕著　薩空了編譯　上海
　耕耘出版社　1945年　（m.）

011890479　DS777.53.P76　L45　1938
戰時宣傳技術講話
雷乙鳴著　漢口　建國書店　1938年
（m.）

007501725　4127　2372
群衆心理
黎朋原著　吳旭初、杜師業重譯　上海
　商務印書館　1928年　尚志學會叢書
　（m.）

011901435　HM291.C52　1939
謠言的心理
陳雪屏著　長沙　商務印書館　1939年
　藝文叢書　（m.）

008084557　4127　7073
**關於貫徹華中第一次群衆工作會議決議
的指示　五地委關於目前群衆運動的
指示**
1946年

008580271　FC2947
**奸匪華中地委於民三十七年十二月三十
日指示黨政軍五大任務**
濟南　中國共產黨華中區地方委員會
1948年

008581607　FC3199
南海地委半年來工作總結
梁岐山著　香港　南海地方委員會
1947年

008084560　4127　7913
鞏固黨與戰區的群衆工作
陳雲著　1939年

社會科學類

007501573　4129　1114
人類社會研究
王斐蓀著　上海　中華書局　1937年
（m.）

007501744　4129　1216
世界社會運動史
石川三四郎原著　大西伍一縮編　北平　北平青春書店　1930年

007501572　4129　1237
社會進化史綱
鄧初民著　上海　言行出版社　1940年

011918485　HM106.T46　1949
社會進化史綱
鄧初民著　上海　神州國光社　1949年　3版　（m.）

011930603　HM106.C48　1947
生物史觀淺説
常燕生著　上海　中國人文研究所　1947年　國家主義叢書

011836838　HN8.D46　1945
社會史簡明教程
鄧初民著　上海　生活書店　1947年　（m.）

011912339　H51.S54　1949
社會形態發展史
沈志遠著　上海　生活・讀書・新知聯合發行所　1949年　再版　社會科學基礎讀本　（m.）

011829507　JC336.T342　1933
社會制度發展史
高橋清吾著　潘念之譯　上海　大江書鋪　1933年　（m.）

011902002　HX40.H68　1946
蘇聯歷史學界諸論争解答
侯外廬著　郭沫若主編　上海　建國書店　1946年　中蘇文化協會研究委員會研究叢書　（m.）

007502783　4129　4174
資本主義前的社會
杜民著　上海　生活・讀書・新知上海聯合發行所　1949年

011888389　HN8.H836　1929
社會進化
黄淩霜著　上海　世界書局　1929年　社會學叢書　（m.）

011824942　HN8.W36　1930
社會進化史
王子雲譯編　上海　崑崙書店　1930年　（m.）

011906249　HN8.L78　1935
社會進化史
劉炳藜編　上海　中華書局　1935年　中華百科叢書　（m.）

011913744　HN8.H83　1933
社會進化史
黄菩生著　上海　商務印書館　1933年　初版　新時代史地叢書　（m.）

007503041　4129　6213
古代社會史
早川二郎著　謝艾群、楊慕馮譯　桂林　耕耘出版社　1942年　（m.）

011563167　D20.J536　1948
古代世界史綱
焦敏之編著　上海　棠棣出版社　1948年　初版　（m.）

007503045　4129　8116
社會史話

金雷著　上海　永祥印書館　1947 年再版　青年知識文庫　第 1 輯　（m.）

007500410　4130　0214
中國社會思想概觀
郭真著　上海　光華書局　1930 年　社會科學叢書　（m.）

011824860　HQ684.K36 1946
中國家族社會之演變
高達觀編著　社會部研究室主編　上海　正中書局　1946 年　社會行政叢書（m.）

007500578　4130　0241
社會運動全史
高希聖著　上海　平凡書局　1930 年 3 版　（m.）

007500447　4130　1136　FC5108　FC-M1058
中國問題的分析
王造時著　上海　商務印書館　1935 年初版　（m.）

007500583　4130　1237
中國社會史教程
鄧初民著　香港　文化供應社　1942 年（m.）

007500412　4130　1339
中國社會發展史綱
張軍光著　上海　中華書局　1935 年（m.）

007500587　4130　1533
中國原始社會
尹達著　香港　作者出版社　1943 年（m.）

007501685　4130　1634
社會調查概要
雷澄林編　1933 年　（m.）

007501693　4130　1940
中國社會之研究
孫本文講　廣州　中央訓練團黨政高級訓練班　1943 年　（m.）

007501695　4130　2121
中國社會思想史
程伯群編著　吳敬恒校訂　上海　世界書局　1937 年　（m.）

007501697　4130　2236
中國社會政策
何海鳴著　北京　又新日報社　1920 年再版　（m.）

007501522　4130　2243
中國社會性質問題論戰
何干之著　上海　生活書店　1939 年（m.）

007501598　4130　2243（2）
中國社會史問題論戰
何干之著　上海　生活書店　1937 年（m.）

007501415　4130　2320　FC7783　Film Mas 31682
中國古代社會史
侯外廬著　中國學術研究所編　上海　新知書店　1948 年

007501707　4130　2320.2
中國古典社會史論
侯外廬著　重慶　五十年代出版社　1943 年　（m.）

007501474　4130　2322
中國社會史研究
熊得山著　上海　崑崙書店　1929 年（m.）

008607010　FC2921　FC－M4707
中國革命與中共的任務國際代表在中國黨第六次大會上的政治報告
1929年

007502893　FC7784
中國革命與中國社會各階級上集
朱新繁著　上海　上海聯合書店　1930年　初版　（m.）

007501471　4130　2922　FC4484　Film Mas 31683
中國革命與中國社會各階級
朱佩我[其華]著　上海　上海聯合書店　1930年　（m.）

007501381　4130　4228
中國社會生活的發展與訓練
楊繽編　上海　青年協會書局　1937年　初版　（m.）

004821526　4130　4402
中國古代社會新研
李玄伯[宗侗]著　北京　來熏閣書店　1941年

007501435　4130　4424
中國社會史論戰批判
李季著　上海　神州國光社　1936年　（m.）

007501396　4130　4445　FC7785　Film Mas 31684
蛻變中的中國社會
李樹青著　上海　商務印書館　1947年　（m.）

007501370　4130　5638
中國社會發展史概述
書店編輯委員會編　天津　讀者書店　1949年　社會發展史學習叢書

007501533　4130　5672
中國歷代社會研究

駒井和愛等著　楊鍊譯　上海　商務印書館　1935年　初版　史地小叢書　（m.）

011937212　HN673.L6　1937
我們的社會
羅敦偉編著　上海　正中書局　1937年　中國青年叢書　（m.）

011981297　B125.K8　1934
古代法學文選
曹辛漢編　上海　法學書局　1934年　（m.）

007501400　4130　6173　FC9563　Film Mas 36006
中國法律與中國社會
瞿同祖著　上海　商務印書館　1947年　（m.）

007501424　4130　6173.1
中國封建社會
瞿同祖著　上海　商務印書館　1937年　（m.）

007503030　4130　6651
中國原始社會史
呂振羽著　桂林　耕耘出版社　1943年　增訂版　（m.）

007501726　4130　6651.6
中國社會史綱
呂振羽著　上海　耕耘出版社　1947年　增訂本　（m.）

007502766　4130　7241.1
中國社會之史的分析
陶希聖著　上海　新生命書局　1931年　7版　（m.）

007916890　4130　7241.5　FC7786　Film Mas 31691
中國社會現象拾零

陶希聖著　上海　新生命書局　1931 年
（m.）

007502795　4130　7284.2
中國社會之結構
周谷城著　上海　新生命書局　1930 年
（m.）

007502829　4130　7284A
中國政治史
周谷城著　重慶　中華書局　1944 年
（m.）

008579009　FC2031
關於確定階級成份出身問題
中國人民解放軍膠東軍區政治部組織部
　　香港　中國人民解放軍膠東軍區政治
部組織部　1946 年

007502899　4130　7630
中國社會組織
長野朗著　朱家清譯　上海　光明書局
　　1934 年　（m.）

007502790　4130　8215
中國原始社會研究
鄭子田撰　上海　永祥印書館　1945 年
　　青年知識文庫　第 1 輯　（m.）

007503046　4130　9463
歐美之社會與日本之社會
（日）小林照郎著　北京　內務部編譯處
　　1920 年　（m.）

007502920　4130.1　2334
中國社會史大系中國原始社會史
吳澤著　桂林　文化供應社　1943 年

011831615　HN733.T365　1929
中國封建社會史
陶希聖著　上海　南強書局　1929 年

初版　新社會科學叢書　（m.）

011892567　HN673.J48　1947
中國古代社會史
姜蘊剛著　上海　商務印書館　1947 年
（m.）

007503077　4130.2　4366
曹操的社會改革
蒙思明著　南京　國立中央大學
1943 年

007502824　4130.4　4811
唐代社會概略
黃現璠著　上海　商務印書館　1936 年
（m.）

007502972　4130.85　2922
中國近代社會史解剖
朱其華著　上海　新新出版社　1933 年
（m.）

007502785　4130.9　1353
目前中國社會的病態
張振之著　上海　民智書局　1929 年
（m.）

008580391　FC3023
華北革命史
孫嘉會著　北平　素友學社　1930 年
（m.）

011913542　4130.9　2122
中國的建設問題與人的訓練
盧作孚著　上海　生活書店　1934 年
（m.）

009031624　4130.9　2149
中華民國的國土演說十六章　附圖
倪菊裳著　上海　上海國民教育實進會
　　1912—20 年

007502863　4130.9　5131
現中國的兩種社會
東北軍政大學政治部編　瀋陽　東北新華書店　1949年　（m.）

007961601　FC2757
中國社會之變化一名現代中國社會變遷概論
周谷城著　上海　新生命書局　1931年　（m.）

008616984　FC2758
中國社會之現狀
周谷城著　上海　新生命書局　1933年　中國社會問題研究叢書　（m.）

007503333　4131　0234
中國古代社會研究
郭沫若著　上海　上海現代書局　1931年　第4版　（m.）

007503485　4131　0242
中國民族的病源及治療法
高槐川著　上海　民智書局　1929年　（m.）

007503360　4131　0271
社會的解剖
廖覺著　上海　時代書局　1949年　初版　時代百科小叢書

007503486　4131　1114
東北的社會組織
王正雄編　上海　中華書局　1932年　（m.）

007503242　4131　195
現代中國社會問題
孫本文著　重慶　商務印書館　1943年　（m.）

007503239　4131　195B
現代中國社會問題
孫本文著　上海　商務印書館　1947年　上海再版　（m.）

007503488　4131　2648
社會調查沈家行實況
白克令撰　上海　商務印書館　1924年　（m.）

007503325　4131　3210
中國社會發展史
沙發諾夫著　李俚人譯　上海　新生命書局發行　1933年　再版

007503490　4131　4214
中國社會的解剖
楊一帆編　香港　君中書社　1932年　（m.）

008598265　FC1003（N）
中國問題國際評論社特刊
莫斯科　中山大學國際評論社發行　1927年

007503491　4131　4233
中國問題
胡適等著　上海　新月書店　1932年　（m.）

007503492　4131　4352
東蒙風俗談
松本雋撰　上海　商務印書館　1928年　（m.）

007503277　4131　7241.3
中國問題之回顧與展望
陶希聖編　上海　新生命書局　1930年　（m.）

007503279　4131　9222
歷代社會狀況史二十卷　甲編

尚秉和編　192?年

007699002　MLC－C
邊區的水利事業
中國共產黨西北中央局調查研究室編
1944年　陝甘寧邊區生產運動叢書

007685625　4131.01　5640
邊區二流子的改造
中國共產黨西北中央局調查研究室編
1944年

007503372　4131.1　8584
東北五十年來社會之變遷
錢公來著　1939年

004744695　2219.4　0107　4132　4727
兩廣瑤山調查
龐新民著　上海　中華書局　1935年
（m.）

007503495　4132.2　2184
西康詭異錄
任筱莊撰　成都　四川日報社　193?年　（m.）

007505511　4132.6　0829
贛縣七鯉鄉社會調查
李柳溪編著　贛縣　江西省地方行政幹部訓練團　1941年　地方政治叢書（m.）

007505253　4133　2364
劫後災黎
吳景超著　上海　商務印書館　1947年（m.）

007505514　4133.2　2842
沙南疍民調查
嶺南大學社會研究所　廣州　私立嶺南大學　1934年

007505194　4133.3　1175
廣西省象縣東南鄉花籃瑤社會組織
王同惠著　費孝通編寫　南寧　商務印書館　1936年

007505396　4136.6　2549
蒙古社會制度史
瑞永譯　厚和　蒙古文化館　1939年（m.）

007505342　4149　1334
社會黑幕
裴遠萍編著　上海　琳琅書店　1940年初版　（m.）

009406377　T　4149.83　7902
美國文化觀
陳序經著　1946年　謄清稿本

007503330　4150　0410
禮規綱要
文正方選輯　香港　課餘編譯社
1941年

007503348　4150　1144
新疆禮俗志新疆小正
王樹枏著　香港　聚珍倣宋印書局
1918年

007503267　4150　1302　4150　1302b
中國風俗史
張亮采編　上海　商務印書館　1926年（m.）

007503472　4150　2111
中國奇俗記
盧正編　上海　世界書局　1932年

007503473　4150　2270
全國風俗大觀
上海　新華書局　1922年　（m.）

007503474　4150　2392
歐美禮俗
吳光傑著　上海　商務印書館　1948 年（m.）

009097018　4150　3632
金陵歲時記一卷
潘宗鼎輯　濟南　潘氏　1929 年　鉛印鳳臺山館著書

008454879　MLC–C
續瓊花集
潘宗鼎編輯　1928 年

007503477　4150　3833
清嘉錄
顧祿著　魏志誠標點　上海　大達圖書供應社　1934 年　文學筆記叢書（m.）

011986985　DS595.K95　1928
馬來半島土人之生活
顧因明編輯　上海　國立暨南大學　1928 年　南洋叢書（m.）

007503479　4150　4153
雲南風俗改良會彙刊
童振海編輯　香港　昆明市政府公所社會課　1926 年

007505271　4150　4241　FC9561　Film Mas 36009
中華全國風俗志
胡樸安編　上海　廣益書局　1923 年（m.）

007505421　4150　4418
古中國的跳舞與神秘故事 附法國漢學小史
格蘭奈著　李璜譯述　上海　中華書局　1933 年（m.）

007505203　4150　4431
北平風俗類徵
李家瑞編纂　上海　商務印書館　1937 年（m.）

007505323　4150　7214
風俗改革叢刊
風俗改革委員會編　廣州　廣州特別市黨部宣傳部印　1930 年　宣傳叢書（m.）

007505234　4150　7254
蘇州風俗
周振鶴著　廣州　國立中山大學語言歷史研究所　1928 年（m.）

007505562　4150　7965.1
中國禮俗研究分類研究
陳果夫著　重慶　中央訓練團黨政高級訓練班　1943 年（m.）

007506595　4155　3670
花甲同慶
褚民誼撰　1939 年（m.）

007506875　4155　3670.1
花甲同慶
褚民誼著　濟南　1939 年（m.）

007506739　4156　4243　FC7788　Film Mas 31693
漢代婚喪禮俗考
楊樹達著　上海　商務印書館　1934 年　再版（m.）

007506877　4157　1441
三國時代薄葬考
于世琦撰　青島　聽濤樓　1933 年

009542939　4158　8142
重訂滿洲祭神祭天典禮
金九經編校　香港　薑園精舍　1935 年

007506880　T　4160　1004　FC7787　Film　Mas　31692
舊曆過年風俗專號
北京京西農民社　北京　京西農民社
1927 年

007506884　4160　4243
歲時令節
楊蔭深編著　廣州　世界書局　1946 年
（m.）

007506575　FC5175　FC－M1291
新年風俗志
婁子匡編　上海　商務印書館　1935 年
（m.）

007507845　4164　0523
生活紀錄
讀書生活社編　上海　讀書生活出版社
　1936 年　初版　（m.w.）

007508016　4165　4215
新社會的知識份子
柯伐列夫著　樊英譯　上海　上海雜誌
公司　1949 年　現實小叢書

007507846　4166　4144
農民的新生活
范苑聲著　南京　正中書局　1934 年
初版　新生活叢書　（m.）

011984165　BJ1668.C5　J4　1947
風雲集
任畢明著　廣州　文建出版社　1947 年
（m.）

011902747　BH39.Z455　1926
美的社會組織法
張競生著　中國印書局　1926 年　第 1
版　審美叢書　（m.）

007507903　4170　1961
春秋時代之世族
孫曜著　上海　中華書局　1931 年
（m.）

008583851　FC3730
家庭研究第一卷彙刊
家庭研究社編　上海　泰東圖書局
1920 年

007508025　4170　3621
家族的研究
王榮佳譯　上海　商務印書館　1934 年
（m.）

008630534　FC5876　（3）
家族制度 ABC
高希聖［爾柏］著　上海　ABC 叢書社
　1929 年　ABC 叢書　（m.）

007507737　4170　3632　FC5876（1）
新社會的戀愛婚姻與家庭
潘朗著　香港　智源書局　1949 年

008625896　FC5876　（2）
中國之家庭問題
潘光旦著　上海　新月書店　1939 年
（m.）

007507836　4170　3696　FC5876　（2）
中國之家庭問題
潘光旦著　上海　新月書店　1928 年
（m.）

007508026　4170　4111
家庭社會學
范迪瑞撰　濟南　齊魯大學　1934 年

007507855　4170　4122　FC5876　(14)
中國婦女大事年表
姚舜生著　上海　女子書店　1932 年
（m.）

008625929　FC5876　(6)
中國婦女經濟問題
1929 年　(m.)

007507835　FC5876(2)　FC－M1059
中國家庭改造問題
麥惠庭著　上海　商務印書館　1930 年　(m.)

008630614　FC5876　(2)
中國家庭改造問題
麥惠庭著　上海　商務印書館　1935 年　國難後第 3 版　(m.)

007507843　4170　4333
中國古代氏姓制度研究
袁業裕編　上海　商務印書館　1936 年　初版　國學小叢書

007507749　4170　4437　FC5876　(2)
中國過渡時代的家庭
李兆民著　上海　廣學會　1925 年　(m.)

008626006　FC5876　(15)
婦女年鑒第一回
梅生編輯　香港　新文化書社印刷發行　1924 年　(m.)

008626007　FC5876　(15)
婦女年鑒第二回
梅生編　抱恨生、陳有揆校　香港　新文化書社印刷發行　1925 年　(m.)

007508032　4170　5034
中國家庭狀況調查表
史邁士作　朱永昌、張訓華譯　成都　金陵大學社會學系　1940 年

007508033　4170　5442　FC5876　(3)
家庭問題討論集
中華基督教女青年會全國協會編輯部　上海　中華基督教女青年會全國協會　1928 年　再版　(m.)

008625904　FC5876　(4)
婦女界之覺醒
古楳著　上海　中華書局　1936 年　現代中國及其教育　第 2 編

007509056　FC5177　FC－M1369
生育制度
費孝通著　上海　商務印書館　1947 年　(m.)

007508785　4170　6238
中國家庭問題
易家鉞[君左]、羅敦偉合著　上海　泰東圖書局　1926 年　(m.)

007508972　4170　6238.1
西洋家族制度
易家鉞[君左]著　上海　商務印書館　1931 年　3 版　共學社社會叢書

011981719　HQ743.119　1933
家庭問題
易家鉞[君左]著　上海　商務印書館　1933 年　共學社時代叢書　(m.)

007508910　4170　7241
婚姻與家族
陶希聖著　上海　商務印書館　1934 年　初版　百科小叢書　(m.)

007509060　4170.3　2228
民國豔史
修竹鄉人著　上海　掃葉山房　1914 年

007505543　4172　1116
一般問題
孟君撰　香港　萬里出版社　1949 年

008625894　FC5876　（2）
戀愛・結婚・家庭
李雪荔著　南京　中國婦女建國學會
1947 年　（m.）

007505387　4172　1474
新戀愛觀與新家庭觀
斐民著　上海　時代書局　1949 年　時代百科小叢書

009370041　4172　2338
色迷寶笈不分卷
新華編輯社　上海　新華書局　1922 年　鉛印

007507981　4172　4117
思無邪小記
姚靈犀著　廣州　天津書局　1941 年　（m.）

009370038　4172　6488
男女節欲金鑒二卷
新華編輯社　上海　新華書局　1922 年　鉛印

007507926　4172　6913　FC5876　（2）
戀愛新論
景雲著　香港　青年知識社　1949 年　（m.）

007507911　4174　0420
中國離婚的研究
譚紉就著　上海　中華基督教女青年會全國協會　1932 年　（m.）

011987556　KNN542.H8　1931
婚姻法之近代化
（日）栗生武夫著　胡長清譯　南京　法律評論社　1931 年　初版　法律評論社叢書　（m.）

007507998　4174　1233
夫妻之間
邵瀟容著　重慶　中國文化服務社
1944 年　（m.）

011892383　HQ684.L8　1926
婚姻訓
盧壽籛著　上海　中華書局　1926 年　5 版　女學叢書　（m.）

011914494　KNN540　S5　1947
婚姻・子女・繼承
沙千里著　上海　生活書店　1947 年　修訂版　（m.）

011985168　HQ1001.K85　1929
結婚論 ABC
郭真著　上海　ABC 叢書社　1929 年　（m.）

008625893　FC5876　（1）
近代戀愛名論
任白濤輯譯　上海　亞東圖書館　1927 年　（m.）

007508009　4174　3603
青年婚姻指導
潘文安、陸伯羽著　上海　大東書局
1931 年　（m.）

008454881　MLC – C
人類婚姻史
Edward Westermarck 著　王亞南譯
1930 年　（m.）

007508809　4174　6102　FC8729　Film　Mas　32955
中國之婚姻問題
羅敦偉著　上海　大東書局　1931 年　（m.）

007508819　4174　6603
中國婚姻制度小史

呂誠之著　上海　龍虎書店　1935 年
通俗本

008630616　FC5876　(6)
中國婦女問題
郭箴一著　上海　商務印書館　1937 年
　初版　現代問題叢書　(m.)

008630620　FC5876　(12)
新運婦女指導委員會四周年紀念專號
新運婦女指導委員會編　濟南　新運婦女指導委員會　1942 年

008625978　FC5876　(12)
新運婦女指導委員會工作八年
新運婦女指導委員會會長蔣介石、指導長宋美齡　1946 年　(m.)

007509039　4176　0328　FC5876　(12)
新運婦女指導委員會十周年紀念特刊
新運婦女指導委員會　南京　1948 年

008625960　FC5876　(11)
關於女人
男士[冰心]著　香港　開明書店發行　1946 年　增訂 2 版　開明文學新刊　(m.)

007509048　4176　1244
抗戰與婦女
邵森隸撰　重慶　獨立出版社　193? 年　(m.)

008625935　FC5876　(9)
中國婦女奮鬥史話
梁占梅先生編著　重慶　建中出版社發行　1943 年　(m.)

008625934　FC5876　(9)
中國婦女史話
李雪荔著　香港　新婦女社印行　1947 年　(m.)

007508814　4176　1324
延安的女性
寶爾丁等著　香港　中西圖書社　1946 年

007508766　4176　1332
婦女專冊
張寄岫編　上海　商務印書館　1937 年　初版　(m.)

007509050　T　4176　1822
中華婦女纏足考中華婦女活動史附錄之一
賈伸撰　北京　慈祥工廠　1925 年

007509475　4176　2350
非常時期之婦女
吳成編　上海　中華書局　1937 年　再版　(m.)

011911768　HQ1768.B66　1931
婦女解放新論
蒲士著　劉英士譯　新月書店　1931 年　(m.)

011914826　DS727.F83　1935
婦女的新生活
葉楚傖主編　傅巖著　南京　正中書局　1935 年　新生活叢書　(m.)

004760313　4176　2642
婦女問題新講
魯婦編著　香港　新民主出版社　1949 年　初版　新民主知識叢書　(m.)

011831621　HQ1767.Y35　1927
婦女運動概論
楊之華著　上海　亞東圖書館　1927 年　(m.)

008449239　HX546.B3812　1929　MLC－C
婦人與社會
倍倍爾著　沈端先譯　上海　開明書店發行　1929年　3版　婦女問題研究叢書　（m.）

008458279　MLC－C
新婦女生活講話
柯侖泰著　李文泉譯　1939年　（m.）

008625924　FC5876（6）
婦女問題的本質
堺利彥著　呂一鳴譯　上海　北新書局發行　1940年

008625969　FC5876（12）
婦女運動ABC
湯彬華著　香港　世界書局印行　1929年　再版　ABC叢書

008630515　FC5876（8）
婦女之過去與將來
李漢俊編譯　上海　商務印書館　1927年　（m.）

008630513　FC5876（3）
女權論辯
聶紺弩編　桂林　白虹書店　1943年　（m.）

008630603　FC5876（13）
新生活與婦女解放
陳衡哲著　葉楚傖主編　南京　正中書局　1934年　新生活叢書　（m.）

007509477　T　4176　2916
神州女子新史正編　續編
徐天嘯撰　上海　神州圖書局　1916年

007509479　4176　3828
女性群像
顧綏人撰　上海　千秋出版社　1940年

008640638　MLC－C
中國電影明星大觀
陳嘉震編　上海　藝聲出版社　民國間

007509390　4176　4115　FC5876（6）
婦女問題講話
杜君慧著　香港　新中國書局　1949年

007509480　T　4176　4117　FC5129　FC－M110I
采菲錄四集
姚靈犀編　天津　天津書局　1938年（m.w.）

008625926　FC5876（6）
婦女論
叔本華著　張慰慈譯　香港　神州國光出版社　1930年　（m.）

007509481　4176　4321
婦女解放史
樊仲雲著　上海　新生命書局　1945—49年　（m.）

011829334　HQ1236.X53　1929
各國婦女參政運動史
夏承堯編　上海　啟智書局　1929年（m.）

007509484　4176　4421　(1926)　FC5621　FC－M1110
中國婦女問題討論集正集
梅生編輯　上海　新文化書社　1926年（m.）

007509361　4176　4423
戰時婦女手冊
婦女生活社編　重慶　生活書店　1939年　（m.）

007508843　FC5876(8)　GR470.H8　1933
婦女風俗史話
王雲五、李聖五主編　上海　商務印書館　1933年　（m.）

008106714　MLC－C
現代婦女問題叢談
陳碧雲著　上海　亞東圖書館　1937 年
　生活指導叢書　（m.）

007814842　FC5621　FC－M1110
中國婦女問題討論集正續集
上海　新文化書社　1929 年　（m.）

008625930　FC5876　（7）
女性問題研究集
梅生編輯　鮑根生、陳有揆校訂　香港
　新文化書社印行　1928 年

007509410　4176　4683
婦女參政運動
森口繁治著　劉絜敖譯述　上海　商務
印書館　1932 年　初版　新時代史地叢
書　（m.）

007509492　4176　4834
中國新女性
黃寄萍著　上海　地球出版社　1937—
45 年

007509437　4176　4876
中國婦女在法律上之地位
趙鳳喈著　上海　商務印書館　1929 年
　社會研究叢刊

007509051　FC6070　FC－M4748
婦女問題講話
奧ムソオ撰　上海　太平洋　1929 年
（m.）

008625927　FC5876　（6）
婦女問題講話
杜君慧著　香港　新中國書局刊行
1919 年

008630530　FC5876　（11）
給姊妹們
葉舟著　上海　光明書局　1949 年
（m.）

008625861　FC5876　（13）
中國解放區的婦女翻身運動
香港　東北書店　1947 年　（m.）

007898487　4176　564.1　FC5876　（12）　HQ1767.C46　1949x
中國婦女第一次全國代表大會
中國婦女全國代表大會　香港　新民主
出版社　1949 年

007884039　4176　5644.1　FC5876　（12）
中國婦女第一次全國代表大會重要文獻
中華全國民主婦女聯合會宣傳教育部編
　北京　新華書店　1949 年　（m.）

007511762　4176　5644.4
南潯綫慰勞特刊
中國婦女慰勞會香港分會　廣州　該會
　1938 年

007511764　4176　5644.5
中國婦女慰勞自衛抗戰將士廣東分會工作概況
中國婦女慰勞自衛抗戰將士廣東分會
廣州　該會　1941 年

007511766　4176　5667
婦女問題重要言論集
中國國民黨宣傳部　南京　國民黨中央
宣傳部　1929 年

011831815　HQ1216.H565　1930
婦女問題十講
本間久雄著　章錫琛翻譯　上海　開明
書店　1930 年　5 版　婦女問題叢書
第 1 種　（m.）

008625980　FC5876　(12)
婦女運動文獻
羅瓊編　香港　東北書店印行　1949年　(m.)

008630369　FC5876　(12)
婦女運動文獻
香港　新民主出版社　1949年　初版　(m.)

011984916　HD6053.Y5　1926
婦女職業問題
易家鉞著　上海　泰東圖書局　1926年　4版　家庭研究社叢書　(m.)

008630368　FC5876　(6)
婦女職業問題
易家鉞著　上海　泰東圖書局　1922年　初版　家庭研究社叢書　(m.)

007511558　4176　7106
中國婦女運動
劉王立明著　上海　商務印書館　1934年　(m.)

007511770　4176　7247
現代女性
陶菊隱編譯　上海　中華書局　1945年　再版　(m.)

008630465　FC5876　(11)
給女人們
馬國亮著　上海　良友圖書印刷公司　1931年　初版　(m.w.)

007511562　4176　7260
再給女人們
馬國亮著　上海　良友圖書印刷公司　1933年　初版　(m.w.)

008630617　FC5876　(14)
日本婦女運動考察紀略
陳維編輯　上海　商務印書館　1928年　初版　現代婦女叢書　(m.)

007511645　4176　7921　FC5876　(14)
日本婦女運動考察紀略
陳維編輯　上海　商務印書館　1927年　現代婦女叢書　(m.)

007511443　4176　7957
中國婦女生活史
陳東原著　上海　商務印書館　1928年　初版　(m.)

011911665　HQ1122.J56　1933
婦女問題
金仲華著　上海　商務印書館　1933年　初版　萬有文庫　(m.)

011932972　HQ1227.C6　J56　1934
婦女問題的各方面
金仲華著　上海　開明書店　1934年　初版　婦女問題研究會叢書　(m.)

007511570　4176　8670　FC5876　(13)
馬恩列斯論婦女解放
全國民主婦女聯合會籌備委員會編　香港　新民主出版社　1949年　再版　(m.)

008630532　FC5876　(13)
中國解放區農村婦女翻身運動素描
全國民主婦女聯合會籌備委員會編　上海　新華書店　1949年　婦運叢書　(m.)

008630378　FC5876　(12)
國民黨統治區民主婦女運動
全國民主婦女聯合會籌備委員會編　上海　新華書店　1949年　(m.)

007989976　4180　0546
廣東女界聯合會戰時婦女服務團特刊
廣東女界聯合會戰時婦女服務團　廣州　1937—63 年

008563819　FC1701
六年來廣東團務
三民主義青年團廣東支團部　香港　文化印刷服務社　1946 年

007511789　4180　5476
中華民國學生聯合會總會第七屆全國代表大會宣言及議決案
中華民國學生聯合會總會　上海　中華民國學生聯合會總會　1925 年　（m.）

009426080　4180　6262
哈佛燕京圖書館藏社團資料
1921—29 年

009293556
燕京大學代哈佛大學購書收據
燕京大學　1928—30 年

008580505　FC3095
五卅後之上海學生
上海學生聯合會編輯　上海　上海學生聯合會出版　1925 年

008580469　FC3066
燈塔全國學聯成立一周年
全國學生聯合會宣傳部政治宣傳組　香港　全國學生聯合會宣傳部政治宣傳組　1947 年

011907628　PL2262.2.W366　1934
文藝家的新生活
王平陵著　南京　正中書局　1934 年　初版　新生活叢書　（m.）

011907642　BJ1638.C5　H8　1934
兒童的新生活
胡叔異著　葉楚傖主編　南京　正中書局　1934 年　初版　新生活叢書　（m.）

011919499　DS777.488.C5.A5　1937
蔣委員長新生活運動講演集
蔣中正撰　濟南　新生活運動促進總會　1937 年　新運叢書　（m.）

007511646　4181　0114
天地會研究
薛澄清譯　長沙　商務印書館　1940 年　（m.）

007511708　4181　1308
金不換
張贇、朱傑集稿　南寧　桂南印刷廠　1947 年　中國幫會史料叢刊

007511601　4181　1997
家理寶鑒
孫悅民著　瀋陽　中國三理協會遼寧省總會　1946 年　（m.）

008627093　FC1321
中國的幫會
衛聚賢撰　重慶　說文社　1949 年　（m.）

008627091　FC1319
中國秘密社會史
平山周著　上海　商務印書館　1934 年　（m.）

008564776　FC1727
中國秘密社會史
商務編譯所　上海　商務編譯所　1922 年　4 版

007511474　4181　2919
洪門志

朱琳編　上海　中華書局　1947年
（m.）

007511482　4181　3354
道遺指南
192? 年

003997945　4181　4212　FC8405　Film Mas 32223
近代秘密社會史料六卷
蕭一山撰　北平　國立北平研究院
1935年　國立北平研究院史學研究會社
會史料叢編

011985187　HS294.C433　1929
革命與宗教
張振之著　上海　民智書局　1929年
（m.）

008616909　FC3252（N）
現在華北秘密宗教
李世瑜著　成都　華西協合大學中國文
化研究所　1948年

007511560　4181　4529
洪門史
戴魏光編　1947年　初版　（m.）

007512870　4181　6112　FC8401　Film Mas 32238
天地會文獻錄
羅爾綱編　重慶　正中書局　1943年
（m.）

011521525　HS295.H8　L86　1942
天地會文獻錄
羅爾綱編著　九龍　實用書局　1942年

007511496　4181　6112B
天地會文獻錄
羅爾綱編著　廉泉校對　上海　正中書
局　1947年　（m.）

007512781　4181　6650
洪門新典範
呂中編　1944年

007512640　4181　7211
幫會三百年革命史
劉聯珂著　澳門　留園出版社　1941年
（m.）

008627160　FC1320
中國幫會三百年革命史
劉聯珂著　1940年

007513962　4181　7262
男女三十六黨秘史
陶嘯秋撰　上海　世界書局　1926年
6版

007513674　4181　8128
廣州黑社會秘記最近十年黑社會大寫實
鍾重金著　廣州　光明圖書社　1949年

007513966　4182　3052
洞庭東山會館落成報告全書
許穎池撰　1915年

009898505　MLC－C
福建會館教育叢刊
福建會館教育司　新加坡　新加坡福建
會館　1930年

009898303　MLC－C
新嘉坡福建會館改組後第一屆議案及帳目報告
新嘉坡福建會館　新加坡　1931年

009837142　MLC－C
新嘉坡福建會館章程
1937年

007513661　4182　3823
同鄉組織之研究

社會部研究室主編　寳季良編　上海
正中書局　1946 年　滬 1 版　社會行政
叢書　（m.）

007513976　4184　9249
省躬草堂同門錄
順德　馮爲記承刊　1937 年

007513813　4186　2117
廣東漁村筆記
程一岳著　潮州　中華書局總經理
1946 年　初版

007513980　4186　2333
香港永安有限公司廿五周年紀念錄[由前清光緒三十三年至中華民國二十一年]
香港永安公司　香港　天星印務局
1933 年

007513991　4186　5610
中國建設協會成立紀念專刊
中國建設協會　上海　中國建設協會
1929 年　（m.）

007514002　4186　9738
榮譽軍人職業協導會工作報告
榮譽軍人職業協導會編　重慶　1941 年
（m.）

007505528　4187　0780
新民會新綱領簡釋
中華民國新民會中央總會　廣州
1942 年

007505530　4187　0780.1
新民會中央總會會務概況
中華民國新民會中央總會　廣州
1943 年

011916562　DG571.X536　1933
法西斯蒂及其政治
蕭文哲著　上海　神州國光社　1933 年
（m.）

011806371　DG571.X536　1935
法西斯意大利政治制度
蕭文哲著　上海　商務印書館　1935 年
（m.）

011884239　DG571.S35　M2　1934
法西斯主義的研究
Herbert W. Schneider［and］Shepard B.
Clough 著　胡貽穀譯　上海　商務印書
館　1934 年　社會科學小叢書　（m.）

007506900　4187　4237
論所謂法西斯蒂
胡漢民著　廣州　民智書局　1935 年
（m.）

007506757　4187　4242
看！政學系
翰斯編　香港　華南出版社　1947 年

007506737　4187　4680　FC7941　Film　Mas　31850
出獄前後
章乃器著　漢口　上海雜志公司　1937
年　初版　（m.w.）

003997839　4187　4680.3
七人之獄
沙千里著　上海　生活書店　1937 年
初版　（m.w.）

007506903　4187　7240
粵劇救亡服務團長征三月
粵劇救亡服務團　香港　粵劇救亡服務
團　1940 年

007506818　4189　2134.1
中國共產黨青年運動史論
包遵彭著　南京　拔提書局　1947 年

再版　時代叢书

011916888　HS3269.L58　1935
女童子軍教育法
劉澄清編　上海　商務印書館　1935年　初版　（m.）

007506686　4189　2307
中國學生運動的當前任務
上海市學生聯合會編　上海　新華書店　1949年

007513868　4189　9234
學校風潮的研究
常道直、余家菊合著　上海　商務印書館　1925年　教育叢著　（m.）

007506664　4190　4240
城鄉關係問題
楊奎章著　九龍　中原出版社　1949年

007506908　4190　4815
蘇聯的城鄉關係
柯錫列夫著　潘朗譯　香港　大衆圖書公司　1949年

007506748　4196　0133
鄉村社會學綱要
童潤之編著　重慶　正中書局　1941年　（m.）

007506910　4196　0328
婦女鄉村服務
新運總會婦女指導委員會鄉村服務組　重慶　該會　1944年　（m.）

007506940　4196　0418　(1)
鄉村建設實驗第一集
章元善、許仕廉編　上海　中華書局　1936年　再版　（m.）

007506941　4196　0418　(2-3)
鄉村建設實驗第二集及三集
章元善、許仕廉編　廣州　中華書局　1938年　再版　（m.）

007506732　4196　0493
全國鄉村建設運動概況第一輯
許瑩漣、李兢西、段繼李編述　鄒平　山東鄉村建設研究院出版股售　1935年　（m.）

008606977　FC3394　FC-M144
農村自衛研究
王怡柯著　香港　河南村治學院同學會　1932年　（m.）

007506587　4196　1340
農村社會調查方法
張世文著　上海　商務印書館　1947年　上海初版　（m.）

011903018　HN29.F36　1927
社會調查方法
樊弘著　香港　中華教育文化基金董事會社會調查部　1927年　社會研究叢刊　（m.）

007506665　4196　1386
農村社會調查
張錫昌編　上海　黎明書局　1935年　（m.）

007506804　4196　1941
一個新農村
孫吉元、孫嘉猷主編　江恒源校訂　上海　中華農村促進社　1931年　新農村建設叢書　（m.）

007506631　4196　2126
僑樂村
僑務委員會編輯　南京　僑務委員會

1935 年 （m.）

007506765　4196　2324
到農村去
吳紹荃著　上海　生活書店　1947 年
（m.）

011918035　HD865.K35　1938
抗戰與鄉村工作
薛暮橋等著　漢口　生活書店　1938 年
　救亡文藝　（m.）

007506763　4196　2437
中國的鄉村建設
千家駒著　香港　大眾文化社　1936 年
（m.）

007507765　4196　2524.2
山東鄉村建設研究院及鄒平實驗區概況
山東鄉村建設研究院出版股編　鄒平　山東鄉村建設研究院出版股　1936 年

007507997　4196　3142
日本的新農村
（日）江阪佐太郎著　上海　商務印書館　1935 年　（m.）

007507860　4196　3223
農村社會學大綱中國農村社會研究
馮和法著　上海　黎明書局　1932 年
（m.）

011809745　HT151.C54　Q589　1934
實用都市社會學
邱致中著　上海　有志書屋　1934 年
　都市社會學叢書　（m.）

007508001　4196　3281
鄉村社會調查大綱
馮銳著　北平　中華平民教育促進會　1934 年　再版　（m.）

007508002　4196　3824
農村社會學
顧復編纂　上海　商務印書館　1933 年
　國難後第 2 版　（m.）

007507870　4196　3933
鄉村建設大意
梁漱溟講　鄒平　鄉村書店　1936 年
（m.）

007508007　4196　4152
中國農村復興問題
董成勳編著　上海　世界書局　1935 年
（m.）

003537654　4196　4463
北平郊外之鄉村家庭
李景漢著　上海　商務印書館　1929 年
　社會研究叢刊　（m.）

003537651　4196　5327
戰時鄉村建設論
農山著　江西上饒　戰地圖書出版社　1942 年　（m.）

007507844　T　4196　5843
鄉土中國
費孝通著　上海　觀察社　1948 年　觀察叢書　（m. w.）

007519526　4196　5843.1
鄉土重建
費孝通著　上海　觀察社　1948 年　再版　（m.）

007519600　T　4196　5843.1
鄉土重建
費孝通著　上海　觀察社　1949 年　4 版　（m.）

007507909　4196　6710
調查鄉村建設紀要

國民政府軍事委員會委員長行營湖北地方政務研究會調查團編述　武昌　湖北地方政務研究會　1935 年　（m.）

003537650　4196　7902
鄉村建設運動
陳序經著　上海　大東書局　1946 年（m.）

007507760　4200　4133
中國奴隸社會史
董家遵著　廣州　中國社會學社廣州分社　1948 年　（m.）

007519767　4200　4202
元代奴隸考
有高巖撰　上海　光華書局　1933 年（m.）

007508023　4200　4296
封建社會是什麼
楊榮國著　桂林　文化供應社　1941 年　青年新知識叢刊　（m.）

007507837　4200　4366
元代社會階級制度
蒙思明著　北平　哈佛燕京學社　1938 年　（m.）

007507789　4200　6603
中國階級制度小史
呂誠之著　上海　龍虎書店　1935 年　通俗本增訂版

007509065　4200　7444
奴隸制度史
（英）殷格蘭姆[J. K. Ingram]著　上海　新生命書局　1931 年　（m.）

007508769　4200　8525
中國社會經濟史上的奴隸制問題

錢健夫著　上海　商務印書館　1948 年　初版　（m.）

011757359　HV40. Y468　1946
現代社會事業
言心哲著　上海　商務印書館　1946 年　上海初版　（m.）

011912892　HN16. C5　1933
社會政策
朱亦松著　上海　商務印書館　1933 年　初版　萬有文庫　第 1 集　（m.）

011902776　HD7091. H825　1920
社會政策
胡鈞著　上海　商務印書館　1920 年（m.）

007509076　4210　4822
救饑彙編附救饑果報　救急良方
樵西灌灌老人編輯　廣州　蔚興印刷場承印　1937 年

007509081　4210　7239
社會事業與社會行政
馬宗榮著　貴陽　交通書局　1942 年　社會福利施設叢書　（m.）

007509084　4212　0591
廣東賑濟
廣東省政府秘書處編譯室主編　廣東省　廣東省政府秘書處第二科　1940 年（m.）

008580496　FC3085
五龍縣救濟委員會春荒救濟工作總結
五龍縣善後救濟委員會　香港　五龍縣善後救濟委員會　1946 年

008592975　FC3084
五龍縣善後救濟委員會安置難民工作彙報

1946年

007497117　4214　1340
天津地方協會報告書
香港　1934年　（m.）

007509090　4214　1746
賑災彙刊
豫陝甘賑災委員會　香港　1928年（m.）

011799158　JK421.W4512　1940
行政學概論
劉世傳譯　上海　商務印書館　1940年（m.）

011888550　JF1358.R88　1934
行政學總論
蠟山政道著　黃昌源譯　上海　中華書局　1934年　（m.）

007509094　4214　232.2
香港保良公局徵信錄癸酉年三月十四日至甲戌年二月二十六日止
香港保良公局　香港　保良公局　1934年

007509096　4214　2323
善後救濟總署上海儲運局業務綱要
善後救濟總署上海儲運局　上海　善後救濟總署上海儲運局　1947年

007509098　4214　3211
湖北分署工作報告自卅四年十一月至卅五年七月
善後救濟總署湖北分署　香港　該署　1946年　（m.）

007509263　4214　6710
國民政府救濟水災委員會報告書
上海　中華書局　1933年序　（m.）

007509495　4216　3832
社會福利統計民國三十三年度、三十四年度
社會部統計處編　重慶　1944—45年（m.）

007509260　4216　4393
社會福利與社會救濟民國三十八年臺灣省政紀要
社會處編　臺北　社會處　1949年

007509552　4216　7931
歐美軍事善後救濟政策
陳凌雲著　上海　商務印書館　1937年（m.）

009377852　4219　0233
新生活掛圖
新生活運動促進總會審定　上海　商務印書館　1937年

007509342　4219　0233.1
新生活運動須知
新生活叢書社編　南京　新生活叢書社　1935年　新生活叢書　（m.）

007509324　4219　0233.2
民國二十三年新生活運動總報告
新生活運動促進總會編　南昌　新生活運動促進總會　1935年

007509504　4219　0233.3
生活軍事化生產化藝術化初步推行方案
新生活運動促進總會　南昌　新生活運動促進總會　1935年　（m.）

007509505　4219　2170
厲行節約消費
南京　行政院新聞局　1947年　（m.）

007509510　4219　2302
新生活運動宣傳綱要
上海新生活運動促進會籌備會　上海　三民圖書公司　1936年

007509518　4219　3138
新生活與民族復興
汪精衛撰　南京　正中書局　1937年4版

007509520　4219　3813
新生活初步
洪子良撰　上海　新生活書社　1934年

007709469　4219　4451
新生活運動綱要附新生活須知
蔣中正[介石]著　國民政府軍事委員會委員長南昌行營編　上海　中華書局　1936年　（m.）

007509414　4219　4451.8
會長歷屆新運紀念訓詞彙編
蔣介石講　重慶　1940年

007509524　4219　4452
暑假期間對於救國最有效的工作是甚麼
蔣介石撰　南昌　新生活運動促進總會　1937年

008580534　FC3142（N）
西北各界救國聯合會爲擁護張楊兩將軍救國主張宣言
西安　該會宣傳部印　1936年

007509536　4219　5573
新生活叢書
中央陸軍軍官學校廣州分校新生活勞動服務團編　廣州　該團　1937年

007509538　4219　5667
新生活運動要義
中國國民黨中央執行委員會訓練委員會編　廣州　1939年　訓練叢書　（m.）

011907874　DS727.S58　1935
新生活與舊社會
束世澂著　葉楚傖主編　南京　正中書局　1935年　新生活叢書　（m.）

011910813　DS727.C435　1935
新生活與政治改革
章淵若著　葉楚傖主編　南京　正中書局　1935年　新生活叢書　（m.）

007509237　4219　6844　FC5164　FC－M1195
新生活論叢
貝警華編　蔣中正等執筆　上海　青年出版社　1936年　（m.）

007509546　4219　7905
新生活與民生史觀
陳立夫著　南京　正中書局　1937年5版　（m.）

007509547　4219　8402
首都新生活運動概況
首都新生活運動促進會編　南京　1935年　（m.）

007511765　4220　0589
廣東全省水災緊急救濟委員會會刊
廣東全省水災緊急救濟委員會會刊編輯委員會　廣州　廣東全省水災緊急救濟委員會　1948年

007511767　4220　1012
兩廣水災籌賑會勸募委員會工作報告
兩廣水災籌賑會勸募委員會　上海　兩廣水災籌賑會勸募委員會　1948年

007511778　4220　4222
社會救濟
柯象峰編　上海　正中書局　1946年

（m.）

007511459　4220　7211
失業人及貧民救濟政策
馬君武著　上海　商務印書館　1929 年初版　百科小叢書　（m.）

007511790　4220　7326
閩澳各界籌賑兩廣水災委員會徵信錄
閩澳各界籌賑兩廣水災委員會　澳門　閩澳各界籌賑兩廣水災委員會　1947 年

011917356　HV800.C62　N3　1934
南京貧兒調查南京第一貧兒教養院二二〇貧兒之分析
言心哲著　南京　國立中央大學出版組　1934 年　（m.）

007511796　4222　4301
杭州市公安局感化習藝所特刊
杭州市政府公安局第三區警察正署　杭州　該所管理部　1928 年

008454911　MLC－C
國民政府救濟水災委員會察勘各區工程備覽
1932 年

007826727　MLC－C
全國慈幼領袖會議實錄
上海　全國慈幼領袖會議　1934 年　（m.）

007593899　FC5152　FC－M1162
陝西民政概況
香港　陝西省民政廳　1940 年　（m.）

011943018　MLC－C
辛壬揚子水災賑務報告
中國華洋義賑救災總會　香港　中國華洋義賑救災總會　1932 年　中國華洋義賑救災總會叢刊　戊種　（m.）

007511800　4222　6620
中國婦女慰勞自衛抗戰將士總會戰時兒童保育會規程
戰時兒童保育會　漢口　戰時兒童保育會　194? 年

007511672　4222　6670
戰時兒童保育會六周年紀念刊
漢口　戰時兒童保育會　1944 年　（m.）

007511802　4222　7215
戰時兒童救濟工作之理論與實踐
馬北拱著　重慶　戰時兒童救濟協會　1940 年　（m.）

007512694　4224　3853
青年事業修養講話
實夫著　上海　致用書店　1943 年　初版　（m.）

007512758　4224　4285
今日青年之出路與成功
蕭劍青、朱紹之編輯　上海　大方書局　1937 年　青年必讀書　（m.）

007505389　4224　7652
今日青年事業與成功
駱青編著　上海　博文書店　1939 年　（m.）

007505540　4229　5042
國民共濟策
北京　內務部　1919 年　（m.）

008165365　Microfiche　C－0666　H11　TA　4229.8　80
牲畜罷工記
上海　協和書局　1917 年

007505545　4230　1403
三姑六婆罪惡史

大陸圖書公司　上海　大陸圖書公司　1922 年

007505546　4230　1403　(1)
尼姑罪惡史
上海　大陸圖書公司　1922 年　三姑六婆罪惡史

007505547　4230　1403　(2)
道姑罪惡史
上海　大陸圖書公司　1922 年　三姑六婆罪惡史

007505548　4230　1403　(3)
卦姑罪惡史
上海　大陸圖書公司　1922 年　三姑六婆罪惡史

007505549　4230　1403　(4)
牙婆罪惡史
上海　大陸圖書公司　1922 年　三姑六婆罪惡史

007505550　4230　1403　(5)
媒婆罪惡史
上海　大陸圖書公司　1922 年　三姑六婆罪惡史

007505551　4230　1403　(6)
師婆罪惡史
上海　大陸圖書公司　1922 年　三姑六婆罪惡史

007505335　4230　1403　(7)
虔婆罪惡史
大陸圖書公司編輯　上海　大陸圖書公司　1922 年　初版　三姑六婆罪惡史　(m.)

007505553　4230　1403　(8)
藥婆罪惡史
上海　大陸圖書公司　1922 年　三姑六婆罪惡史

007505554　4230　1403　(9)
穩婆罪惡史
上海　大陸圖書公司　1922 年　三姑六婆罪惡史

007505352　4230　2211
中國盜匪問題之研究
何西亞撰　上海　泰東圖書局　1925 年

007505328　4231　1462
中國禁煙法令變遷史
于恩德編著　上海　中華書局　1934 年　(m.)

007505559　4231　3191
福建省禁煙概況
福建省政府編　永安　1939 年　(m.)

007505311　4231　4104
內政法規禁煙類
內政部編　南京　內政部　1947 年　(m.)

007505564　4231　4428
煙禁問題
李仲公、程維嘉編著　重慶　正中書局　1941 年　憲政小叢書　(m.)

007505343　4231　4441
鴉片事略二卷
李圭撰　北京　北平圖書館　1931 年

007505566　4231　4451
蔣主席禁煙言論集
蔣中正著　南京　內政部禁煙委員會　1948 年　(m.)

008627891　FC2759
中國社會問題之理論與實際

傅築夫著　天津　百城書局　1932 年（m.）

007505568　4231　4984　FC4553
禁煙公報
南京　禁煙委員會總務處　1930 年

007505436　4231　6139
毒品問題
羅運炎著　上海　商務印書館　1936 年　現代文題叢書　（m.）

007505190　4231　7202
鴉片之今昔
陶亢德編輯　上海　宇宙風社　1937 年（m.）

007505195　4233.10　1154
中國娼妓史
王書奴著　上海　生活書店　1935 年　再版　（m.）

007505572　4233.28　2241
秦淮廣紀三卷
繆荃孫撰　上海　商務印書館　1924 年

007505184　4233.28　8993
板橋雜記
余曼翁[余懷]著　陸隨庵標點　周夢蝶校閱　上海　大達圖書供應社　1934 年　再版　（m.）

007506883　4240　4484
犯罪學
李劍華著　上海　會文堂新記書局　1936 年　法學叢書　（m.）

007506701　4266　0133
違警罰法概論
龍澤洲著　上海　中華書局　1948 年　初版　（m.）

007506697　4266　0234
中國警察法上册
郭宗弗編著　重慶　警學編譯社　1947 年　初版　（m.）

007703749　MLC－C
日本特務機關在中國
謝遠達編著　廣州　新華日報館　1939 年　（m.）

008627494　FC1892
廣東警務狀況
廣東民政廳　廣州　廣東民政廳　1928 年　初版　廣東民政民政廳公報特刊（m.）

007497118　4266　1132
鐵路警察大意
王祖岐編　北京　内務部編譯處　1920 年　（m.）

007506898　4266　1233
警察效用
邵清淮撰　廣州　1932 年　（m.）

007506597　4266　1234
警政人員心理測驗
丁祖蔭著　上海　商務印書館　1946 年　上海初版　人事心理研究社叢書（m.）

007506899　4266　1365
警察實務綱要
張恩書編　上海　中華書局　1931 年（m.）

007506901　4266　2123
省縣警衛
任卓宣編著　上海　大東書局　1948 年　地方行政實務叢書

007506902　4266　2134
指紋法
伍冰壺撰　香港　伍廣益金山莊
1919 年

011929513　HV6074. Y8　1947
指紋學
俞叔平著　上海　遠東圖書股份有限公司　1947 年　初版　（m.）

007506904　4266　2141　FC8704　Film Mas　32724
現行保安制度
程懋型編　上海　中華書局　1936 年　再版　（m.）

007506767　4266　2170
警政
行政院新聞局編　南京　行政院新聞局　1947 年　（m.）

007506741　T　4266　2200
中國特務內幕
何文龍著　香港　風雨書屋　1947 年　（m.）

007506945　4266　2232
刑事警察違警罰法　行政執行法
師連舫等著　重慶　中央訓練委員會內政部印行　1941 年

007506651　4266　2234
現代警察研究
鄺裕坤著　南京　內政部警察總署印行　1947 年　（m.）

007506698　4266　2343.1
上海市警察局法規彙編第一輯
上海市警察局編　上海　上海市警察局　1947 年　（m.）

007506702　4266　3101
現行違警罰法釋義
汪文璣編釋　上海　商務印書館　1936 年　初版　（m.）

007506914　4266　3270
消防彙編
京師員警廳消防處編　香港　1919 年

011908975　KNN3003. C58　1936
違警罰法
丘漢平編著　上海　商務印書館　1935 年　2 版　實用法律叢書　（m.）

004336761　4266　4104　CHIN　479　F35
中國警察行政
內政部警政司編　上海　商務印書館　1935 年　警察叢書　（m.）

007506700　4266　4104.1
警政法規彙編
內政部員警總署編　南京　中國警政出版社　1947 年　初版　警政叢書　（m.）

007488526　KNX1870. J4　1913x
人事訴訟非訟事件問題義解
日本普文學會著　共和法政學會編譯　上海　共和法政學會　1913 年

011805629　KNX26. R533　1913
日本法規大全解字
錢恂、董鴻禕編　上海　商務印書館　1913 年　19 版　（m.）

007506926　4266　4119
日本警政考察記
姚琮編著　上海　大東　1931 年　（m.）

011916533　KNX540. U512　1913
日本民法要義親族編
梅謙次郎著　陳與燊譯述　上海　商務

印書館　1913年　（m.）

011913647　KNX500.U5　1922
日本民法要義總則編
（日）梅謙次郎編著　孟森譯　上海　商務印書館　1922年　4版　（m.）

011917343　KNX640.U6　1913
日本民法要義物權編
梅謙次郎著　陳承澤、陳時夏譯述　上海　商務印書館　1913年　3版　（m.）

011911953　KNX770.U512　1913
日本民法要義相續編
梅謙次郎原著　金泯瀾譯述　上海　商務印書館　1913年　3版　（m.）

004568487　JAPAN　380O　F31　KNX3800.O434　1931
日本刑法改正案評論
岡田朝太郎著　胡長清譯　上海　上海法學編譯社　1931年　法學叢書　（m.）

007506703　4266　4215
違警罰法通詮
靳鞏著　上海　大東書局　1929年　（m.）

007506770　4266　4234.7
日本對於殖民地之警察設施
胡福相著　重慶　中國文化服務社福建社　1945年　（m.）

007506950　4266　4425
國際情報內幕
李紹忠編譯　南京　政經編譯社　1945年　（m.）

007506951　4266　4441.1
怎樣辦理警衛
李士珍編著　上海　正中書局　1947年　憲政小叢書　（m.）

007506769　4266　4441　4266　4441A
警察行政研究
李士珍著　重慶　商務印書館　1942年　行政效率叢書　（m.）

011918369　JX4270.C6　C45　1935
中國外事警察
趙炳坤編纂　內政部警政司主編　上海　商務印書館　1935年　初版　警察叢書　（m.）

007507820　4266　4958
新違警罰法釋義
林振鏞著　上海　商務印書館　1946年　滬初版　（m.）

007507978　4266　5443
中華警察學術研究社第四屆年會特刊
中華警察學術研究社編輯股　重慶　該社　1944年　（m.）

007507818　4266　5543.1
警察法各論中央警官學校教材
中央警官學校研究部編　香港　中央警官學校　1947年　初版　（m.）

011916446　K3400.C4　1932
現代行政法總論
朱采真編著　上海　世界書局　1932年　（m.）

007507819　4266　5543.2
通行警察法規彙編
中央警官學校編審處、中華警察學術研究社合編　上海　中華警察學術研究社　1946年　初版　（m.）

007507979　4266　5543.4
警察實務勤務執行
中央警官學校編　1936—49年

007507983　4266　5623
警察學問答
曹無逸編著　上海　大東　1931年（m.）

008580461　FC3063
特務批判中國法西斯特務往那裏去
黃楫清、陳公恕、羅儀等著　香港　華中新華書店　1946年

007507733　4266　7104
中國警政概況
內政部警察總署編　南京　中國警政出版社發行　1947年　再版　警政叢書（m.）

007507807　4266　7241
中國都市交通警察
劉垚、談鳳池編纂　內政部警政司主編　上海　商務印書館　1935年　初版　警察叢書（m.）

008564817　FC2861
國民黨交通警察初步調查
香港　膠東軍區司令部政治部印　1946年

007507989　4266　7819
戰時警察行政
陝西省地方行政乾部訓練團　香港　陝西省地方行政乾部訓練團　1942年

008627833　FC2156　FC–M2020
中國的警察
陳允文撰　上海　商務印書館　1935年　再版　市政叢書（m.）

007507993　4266　7920.2
警察常識
陳允文編著　長沙　商務印書館　1940年　再版（m.）

004353446　4266　8234　CHIN　979　CHE
警察法總論
鄭宗楷著　上海　商務印書館　1946年　增訂1版（m.）

011936810　UB270.T7　1936
國際情報史
曾虛白、沈壽宇合編　上海　新中國建設學會　1936年　3版　新中國建設學會叢書（m.）

007507874　4266　8920
現代警察行政
余秀豪著　上海　中華書局　1948年　初版（m.）

007507731　4266　8920.2
警察學大綱
余秀豪著　重慶　商務印書館　1946年　重慶初版（m.）

007507940　4268　0262
敵偽國特聞見記
羅儀著　香港　新華書店　1949年

007507873　4268　1346
二次大戰香港華人特務警察隊特刊
二次大戰香港華人特務警察隊編　香港　二次大戰香港華人特務警察隊　1949年

007511661　4268　7943
藍衣社內幕
陳恭澍著　上海　國民新聞圖書印刷公司　1943年　國民新聞叢書（m.）

011918973　KNN4824.S8　1935
獄務大全

孫雄輯　上海　商務印書館　1935年
初版　（m.）

007507732　4270　1941
獄務大全
孫雄編纂　上海　商務印書館　1936年
再版　（m.）

007507823　4270　2924
中國新舊監獄比較錄
朱紫垣編　北京　共和印刷局　1916年
初版　（m.）

007508043　4270　4221
監獄法論
芮佳瑞編　長沙　商務印書館　1941年
新時代法學叢書　（m.）

011938367　HV8669.S8　1936
監獄學
孫雄編著　上海　商務印書館　1936年
初版　（m.）

011807601　HV8669.L555　1936
監獄學
李劍華著　上海　中華書局　1936年
初版　（m.）

011920229　KNN440.F34　1933　vol.37
監獄學
趙琛著　上海　法學編譯社　1933年
叢書本　法學叢書　（m.）

007164769　HV8874.S5　1926x
教誨淺說
邵振璣編　濟南　司法部　1926年
（m.）

001450526　HV9960.K6　P3516　1939x　KOR　997　PAK
秋官志
朴一源撰　京城府　朝鮮總督府中樞院
1939年

007507774　4270　7413
監獄改良
南京　行政院新聞局　1947年　（m.）

007508028　4270　7996
以佛法感化管理刑事人犯之建議
陳照撰　北平　中央刻經院　1935年

007507734　4275　7187
感化教育
陸人驥著　上海　商務印書館　1931年
初版　萬有文庫　第1集　（m.）

011824921　HN15.G35　1926
國際社會運動小史
高爾松撰　上海　光華書局　1926年

007507849　4280　0583
社會主義討論集
新青年社編輯部編　廣州　新青年社總
發行所　1922年　初版　新青年叢書
（m.）

011930111　HX86.L17　1933
社會主義之思潮及運動
列德萊著　李季譯　陶孟和校　上海
商務印書館　1933年　4版　世界叢書
（m.）

007507847　4280　1354
民主主義與社會主義
張東蓀著　上海　觀察社　1948年　初
版　（m.）

011723402　4280　1354b
民主主義與社會主義
張東蓀著　上海　觀察社　1949年　5
版　（m.）

007508046　4280　2112b
社會鬥爭通史五卷
Max Beer 原著　葉啟芳譯　上海　神州國光社　1947年　世界歷史名著叢刊　（m.）

011596478　HM19.E412　1947
社會哲學史
瞿菊農［世英］譯　上海　商務印書館　1947年　（m.）

011836893　HM19.S445　1934
社會主義新史
沈嗣莊編著　上海　青年協會書局　1934年　再版　青年叢書　（m.）

007508783　4280　3225
社會主義與中國
馮自由著　香港　社會主義研究所　1920年　（m.）

007509053　4280　4213
什麼是社會主義
萬瑞蓮著　香港　大眾讀物編譯社　1939年

007509063　4280　5663
中國國家社會黨宣言
香港　該黨　1938年　（m.）

007509075　4280　7282
現社會病態及其治法
閻錫山講　臺北　1948年

007508768　4288　4344
社會主義史
趙蘭坪著　上海　商務印書館　1930年　初版　萬有文庫　第1集　（m.）

008578975　FC2022
告日本社會主義者
陳獨秀著　昆明　亞東圖書館　1938年

007508767　4288　4543
各國社會主義運動史
華超著　上海　商務印書館　1931年　初版　萬有文庫　第1集　（m.）

007508940　4288　7223
世界各國無產政黨史
吳敬恒校　上海　商務印書館　1929年　新時代史地叢書　（m.）

007509102　4288　7262
現代日本社會運動家及思想家略傳
周曙山編　上海　民智書局　1931年　（m.）

007508877　4290　2142
唯物史觀批判
毛起鷁編　重慶　獨立出版社　1942年　初版　（m.）

007509104　4290　2321
科學歷史觀教程
吳黎平、艾思奇著　香港　辰光書店　1941年　增訂3版　（m.）

011907916　HX314.B8412　1930
歷史的唯物論
布哈林著　梅根、依凡譯　上海　普益出版社　1930年　初版　（m.）

011901358　B809.8.B6　1930
史的唯物論概說
（德）波洽特［J. Borchardt］著　汪馥泉譯　上海　神州國光社　1930年　初版　社會科學名著叢刊　（m.）

011916449　D16.9.B812　1930
唯物史觀
布哈林著　陶伯譯　上海　泰東圖書局　1930年　再版　（m.）

011886472　D16.9.P5x　1930
唯物史觀的根本問題
（俄）普列漢諾夫[G. V. Plekhanov]著　劉侃元譯　上海　春秋書店　1930年　初版　（m.）

011892437　B809.8.G65　1930
唯物史觀的哲學
（蘇）哥列夫[B. L. Goreff]著　屈章譯　上海　明日書店　1930年　初版　科學的社會科學叢書　（m.）

011892061　D16.9.G65　1921
唯物史觀解說
（荷）郭泰[H. Gorter]著　李達譯　上海　中華書局　1921年　初版　新文化叢書　（m.）

007508743　4290　2363
唯物史觀精義
吳恩裕著　上海　觀察社　1948年　初版　（m.）

011916674　D16.9.L5　1923
唯物史觀淺釋
劉宜之著　向警予校　1923年　（m.）

011890848　BJ1388.L5　1932
史的唯物論之倫理哲學
劉劍橫著　上海　亞東圖書館　1932年　初版　（m.）

007508880　4290　4237
唯物史觀與倫理之研究
胡漢民著　上海　民智書局　1927年　初版　（m.）

007509111　4290　7448
鮑羅庭之罪惡
廣州　平社　1928年

011737160　PL2452.P364　1924
哲學問題
潘公展述　上海　商務印書館　1924年　初版　東方文庫　（m.）

007509474　4290.03　3143
社會科學基礎讀本六種
沈志遠撰　北京　生活・讀書・新知三聯書店　1949年　再版

007509306　4290.03　3143　(1)
社會科學底哲學基礎
沈志遠著　北京　生活・讀書・新知三聯書店　1949年　再版　社會科學基礎讀本　（m.）

007509314　4290.03　3143　(4)
資本主義經濟之剖視
沈志遠著　上海　生活・讀書・新知三聯書店　1949年　滬初版　社會科學基礎讀本　（m.）

007509476　4290.03　3143　(5)
新政治學底基本問題
沈志遠著　北京　生活・讀書・新知三聯書店　1949年　社會科學基礎讀本　（m.）

011903562　HD2321.H6　1930
近代資本主義進化論
霍布孫著　傅子東譯　上海　商務印書館　1930年　（m.）

008087003　4290.03　4030
幹部必讀
解放社編　北京　解放社　1949年

008086708　4290.03　4030　(1)　MLC-C
社會發展簡史
解放社編　廣州　解放社　1949年　再版　（m.）

008086723　4290.03　4030　(2)
共產黨宣言
馬克思、恩格斯合著　上海　解放社
1949年　幹部必讀　(m.)

007518451　4290.03　4030　(3)　4290.13　0608
帝國主義是資本主義底最高階段
列寧著　唯真校譯　北京　解放社
1949年

007518441　4290.03　4030　(3)　4290.13　4008.4
共產主義運動中的"左派"幼稚病
列寧著　北京　解放社　1949年　幹部必讀

008086699　4290.03　4030　(3)
國家與革命馬克思主義關於國家的學説與無產階級在革命中的任務
列寧著　蒼木校譯　北京　解放社
1949年　再版　幹部必讀　(m.)

008087906　4290.03　4030　(4)
蘇聯共產黨(布)歷史簡要讀本
聯共(布)中央特設委員會編　北京　解放社　1949年

008088029　4290.03　4030　(5)
論社會主義經濟建設上册
列寧、史達林著　北京　解放社　1949年　幹部必讀

008088030　4290.03　4030　(6)
論社會主義經濟建設下册
列寧、史達林著　北京　解放社　1949年　幹部必讀

008086700　4290.03　4030　(9)
社會主義從空想到科學的發展
恩格斯著　博古[秦邦憲]校譯　上海
新華書店發行　1949年　(m.)

007509270　4290.03　5474
唯物史觀研究
中華學藝社編輯　上海　商務印書館
1933年　國難後第1版　學藝彙刊
(m.)

007509272　4290.03　6774
國民反共智識叢書
葉青、張鐵君著　1947—50年

007509569　4290.09　0156
新民主政治讀本
童哲撰　九龍　學生書店　1949年

007509271　4290.09　1104
論政黨
翟放著　廣州　中馬出版社　1946年
(m.)

008592749　FC2878
共產主義與共產黨講授提綱
1946年

008627161　FC1326
共產主義與中國
徐江編著　上海　進化出版社　1941年

007509688　4290.09　2544
共產主義與祖國
何歌譯　上海　時代出版社　1949年

008592737　FC2875
共產黨陰謀計劃及偵查須知
1929年

007509663　4290.09　5140
論從社會主義到共產主義的過渡
青山譯　香港　生活·讀書·新知三聯書店　1949年

007509693　4290.09　5144
社會經濟形態

（蘇）拉蘇莫夫斯基[Razumovsky]著　香港　蘇北新華書店　1949年　(m.)

011916689　HB180.C5　L547　1929
生產論
李權時著　上海　東南書店　1928年初版　經濟叢書　(m.)

007511572　4290.09　7963.2
論無產階級的政黨
陳昌浩著　香港　南海出版社　1948年初版　社會科學小叢書

008563828　FC1063　FC1713
無產階級政黨之建設
羅亦農撰　1926年

011912271　B824.K6　1949
個人與人民群衆在歷史上的作用
康士坦丁諾夫著　劉水譯　大連　新中國書局　1949年　初版　社會科學小譯叢　(m.)

011929483　D16.9.A5　1929
觀念形態論
青野季吉著　若俊譯　上海　南强書局　1929年　初版　(m.)

007508878　4290.1　0441
進步思想論
（蘇）康斯坦丁諾夫著　楊慕之譯　北京　中外出版社　1949年　初版　(m.)

007508816　4290.1　1237.1
階級論
鄧初民著　香港　大千印刷公司　1948年　(m.)

008580412　FC3036
人的階級性
劉少奇著　香港　西北人民出版社　1941年

011913513　D16.9.L5　1949
社會的政治建築社會學大綱第4篇
李達著　香港　新華書店　1949年　(m.)

007509070　4290.1　1268
政治經濟學
列昂節夫著　延安　解放社　1944年　(m.)

007509307　4290.1　2320
新哲學教程
侯外廬、羅克汀著　上海　新知書店　1947年　初版　(m.)

007509302　4290.1　2321
社會科學概論
吳黎平、楊松編著　廣州　新華書店　1949年　(m.)

011826247　BD431.S582x　1924
新中學人生哲學
舒新城著　上海　中華書局　1924年初版　(m.)

007509554　4290.1　2321.1
論民主革命
吳黎平著　香港　雞鳴書店　1946年　3版　(m.)

007511811　4290.1　3182
社會科學概論
社會科學研究會　香港　解放社　1940年　增訂再版　(m.)

007511812　T　4290.1　3182B
社會科學概論
社會科學研究會　張家口　新華書店晉察冀分店　1945年　增訂再版

007511815　T　4290.1　4008
共產主義常識
香港　解放社　194? 年

011906284　HX314.S87　1949
社會主義之理論與實踐
J.斯特拉齊著　潘梓年等譯　上海　上海雜誌公司　1949 年

008617052　FC3759
社會主義之理論與實踐[全譯本]
J.斯特拉齊[史特其]著　潘梓年、漢夫、征農合譯　上海　平明出版社　1940 年

007511822　4290.1　4421
什麼是階級
蔣仁撰　大連　大眾書店　1948 年　再版　(m.)

007511543　4290.1　4443
西洋哲學史簡編
(蘇)薛格洛夫著　王子野譯　香港　新華書店　1943 年　初版　(m.)

011597020　B74.K364　1935
歐洲思想史
(日)金子馬治著　胡雪譯　上海　商務印書館　1935 年　初版　社會科學小叢書　(m.)

011984140　B79.W413　1935
歐洲哲學史
威伯爾[Alfred Weber]著　徐炳昶[旭生]譯　北平　樸社　1935 年　初版　中法大學叢書　(m.)

011917954　B74.H66　1933
西洋哲學
洪濤著　上海　廣益書局　1933 年　初版　廣益文化叢書　(m.)

011804288　B72.X547　1928
西洋哲學 ABC
謝頌羔著　上海　世界書局　1928 年　初版　ABC 叢書　(m.)

011912086　B99.C6　W3　1924
西洋哲學概論
王平陵編譯　上海　泰東圖書局　1924 年　初版　(m.)

011908882　B74.C4　1941
西洋哲學講話
詹文滸著　上海　世界書局　1941 年　初版　(m.)

011892043　B82.U4164　1922
西洋哲學史綱要
張秉潔、陶德怡譯　北京　哲學社　1922 年　哲學社叢書　(m.)

007511819　4290.1　4443B
西洋哲學史簡編
(蘇)薛格洛夫著　上海　新華書店　1949 年　(m.)

011901796　B99.C52　L4　1947
哲學淺說
李石岑著　上海　商務印書館　1947 年　第 3 版　新中學文庫　(m.)

007511824　T　4290.1　4464.1A
大眾哲學
艾思奇著　重慶　讀書出版社　1941 年　第 22 版

007511825　4290.1　4464.1B
大眾哲學
艾思奇著　廣州　1938 年　(m.)

007511541　4290.1　4464.5
哲學選輯
艾思奇編　重慶　解放社　1939年　初版　（m.）

007511829　4290.1　4520　（1946）
社會發展史綱
華崗著　1946年　生活版　（m.）

007511830　T　4290.1　5622
戰略與策略
中國出版社　香港　中國出版社　1939年　再版

007511831　4290.1　6344A
社會發展史略
延安　解放社　1943年　（m.）

007511603　4290.1　6344B
社會發展史略
恩格斯等著　何錫麟譯　大連　新中國書局　1949年　幹部學習叢書　（m.）

007797145　MLC－C
社會發展史略
張家口　新華書店晉察冀分店　1946年　（m.）

007511495　4290.1　7248
社會主義思想史
陶大鏞著　香港　生活・讀書・新知三聯書店　1949年　（m.）

011933538　HX40.L2912　1936
共產主義的批評
H. J. Laski著　黃肇年譯　上海　商務印書館發行　1936年　再版　社會科學小叢書　（m.）

011885673　HX44.Y19　1933
社會主義講話
山川均著　徐懋庸譯　上海　生活書店　1933年　（m.）

008447285　MLC－C
社會主義入門
馬克斯、恩格斯著　1938年

007517311　T　4290.1　7248b
社會主義思想史
陶大鏞著　上海　士林書店　1949年　再版　（m.）

007512744　4290.1　7614
馬列恩斯論經濟問題
馬克思等著　香港　新民主出版社　1948年

007512890　4290.11　1232
論馬克思恩格斯及馬克思主義
列寧著　唯真譯校　北京　解放社　1949年　（m.）

007512669　4290.11　1232b
論馬克思恩格斯及馬克思主義
列寧著　唯真譯校　莫斯科　外國文書籍出版局　1949年　（m.）

007512895　4290.11　1328b
哥達綱領批判
馬克思著　何思敬、徐冰合譯　1939年　馬克思恩格斯叢書　（m.）

007512916　T　4290.11　2113
馬克思經濟學批評
毛一波著　上海　出版合作社　1927年　（m.）

007512690　T　4290.11　2358
馬克思的哲學
吳惠人著　北平　人文書店　1935年　初版　（m.）

007512728　4290.11　2363
馬克思的政治思想
吳恩裕著　上海　商務印書館　1945年
　　上海初版　（m.）

007512754　T　4290.11　2434
馬克思主義政治學教程
傅宇芳著　上海　長城書店　1932年
（m.）

007512917　4290.11　2535
馬克思主義的破產
自由叢書社　上海　自由書店　1928年
　　（m.）

011810123　HB501.W364　1947
大衆資本論
王右銘著　上海　生活書店　1947年
勝利後第1版　（m.）

011757309　HB3714.T365　1935
古典學派的恐慌學說
陳敦常譯　上海　商務印書館　1935年
　　社會科學小叢書　（m.）

008458339　MLC-C
瓦爾加批判
依・拉甫捷夫等著　1949年　（m.）

011920305　HB501.T8　1947
資本主義經濟的危機
自由世界出版社　香港　新民主出版社
　　1947年　自由叢刊

011811228　HB501.K393　1928
資本主義經濟學之史的發展
林植夫譯　上海　商務印書館　1928年
　　經濟叢書　（m.）

011811407　HB501.Z534　1947
資本主義世界新形勢
張鐵生等著譯　香港　新中出版社
1947年　理實叢刊　（m.）

007512927　4290.11　3850.4
資本論補遺勘誤
馬克思著　彭迪先譯　郭大力校　讀書
出版社　1940年

007512929　4290.11　3850.51
研習資本論入門
沈志遠著　重慶　生活書店　1940年
（m.）

007512933　T　4290.11　4093
共產黨宣言
馬克思、恩格斯著　博古譯　廣州　解
放社　1946年　（m.）

007513790　T　4290.11　4093.52
共產黨宣言
馬克思、恩格斯著　成傲吾、徐冰譯　香
港　中國出版社　1949年　馬列主義理
論叢書　（m.）

007514030　4290.11　4244　FC3779
馬克思主義與民族問題
史達林著　唯真譯　上海　新華書店
1949年　（m.）

007513723　T　4290.11　4288
論馬克思主義
胡鈍俞著　重慶　勝利出版社　1941年
　　再版

011910179　HX86.B6313　1931
唯物史觀之批評的研究
Mandell. M. Bober著　劉天予譯　上海
　　大東書局　1931年　初版　（m.）

007513719　4290.11　4461
馬克思及其地租論
李顯承著　重慶　獨立出版社　1942年

（m.）

011810051　HX40.M28752　1929
馬克思經濟學説的發展
河西太一郎等著　薩孟武等譯　上海　新生命書局　1929年　（m.）

007514044　4290.11　4476
馬恩列斯毛論農民土地問題
土地問題研究會　蘇南　新華書店　1949年

008603285　FC1048（N）
馬克思與恩格斯論無產階級革命中之農民
包樸夫撰　1927年

007514049　4290.11　5105
[馬克思主義]哲學唯物論
契耳諾夫撰　上海　曙光出版社　1949年

007514050　4290.11　5143
馬克思的生平
波爾·拉發格、威廉·李卜克内西著　趙冬垠譯　上海　新中出版社　1947年　（m.）

011892366　B809.8.H83　1930
唯物史觀研究
華漢著　上海　現代書局　1930—31年　初版　（m.）

011919850　B809.8.L7　1930
馬克思主義評論之評論
羅敦偉著　上海　大東書局　1930年　（m.）

007512893　4290.11　7236
戰時各國馬克斯主義者是怎樣的
周之鳴撰　重慶　獨立出版社　1943年

再版

007513726　4290.11　7246.1
卡爾·馬克思
列寧著　博古譯　延安　解放社　1943年　校正本

007513960　4290.11　7246b
卡爾·馬克斯人·思想家·革命者
恩格斯等著　何封等譯　上海　讀書出版社　1947年

004178554　4290.11　7252
馬克思主義與文藝
周揚編　廣州　解放社　1944年　初版　（m.）

007513964　4290.12　2418
從猿到人
恩格斯著　曹葆華、于光遠合譯　廣州　東北新華書店　1949年　（m.）

011902150　QH366.C45　1930
人類天演史
張作人著　上海　商務印書館　1930年　初版　民鐸叢書　（m.）

011912136　QE756.C6　Z48　1948
我們的祖先
朱洗著　上海　文化生活出版社　1948年　再版　現代生物學叢書　（m.）

011881666　DD89.H3412　1935
德國史綱
哈勒爾著　魏以新譯　上海　商務印書館　1935年　初版　（m.）

007515197　4290.12　2657A
德國農民戰爭
延安　新華書店　1945年

007515199　4290.12　2657B
德國農民戰爭
香港　解放社　1949 年　再版　(m.)

007515060　4290.12　2657C
德國農民戰爭
恩格斯著　錢亦石譯　上海　生活書店
　1947 年　世界學術名著譯叢　(m.)

007515203　4290.12　3808
社會主義從空想到科學的發展
恩格斯著　博古校譯　延安　解放社
1943 年　校正本　(m.)

007514954　4290.12　3808.2
社會主義從空想到科學的發展
恩格斯著　吳黎平譯　香港　新中國書局　1949 年　港 1 版　馬列主義理論叢書　(m.)

007516497　4290.12　6344b
恩格斯傳
古斯達夫·梅爾著　郭大力編譯　上海
　讀書出版社　1947 年　(m.)

007516499　4290.12　7440
反杜林論
香港　生活·讀書·新知三聯書店
1949 年

007516501　4290.12　9242
勞動在從猿到人轉變過程中的作用
北京　人民出版社　1948 年

008617051　FC3771
馬恩通信選集
馬克思、恩格斯撰　柯柏年等譯　上海
　新華書店　1949 年　(m.)

007518711　T　4290.13　0608.1
資本主義底最高階段帝國主義
列寧著　香港　解放社　1943 年

007518625　4290.13　0702
論民族自決權
北京　解放社　1949 年　(m.)

007518446　4290.13　1303
列寧文選兩卷集
莫斯科　外國文書籍出版局　1949 年
(m.)

007518719　4290.13　1332.2
列寧選集
廣州　解放社　1938 年　再版　(m.)

007908242　4290.13　2280
列寧選集
何錫麟等譯　張仲實校　延安　解放社
　1942—46 年　(m.)

007518726　4290.13　3123
進一步退兩步
延安　解放社　1945 年

007518733　T　4290.13　3870A
在民主革命中社會民主黨的兩個策略
延安　解放社　1943 年　(m.)

007518736　4290.13　3870B
社會民主黨在民主革命中的兩個策略
莫斯科　外國文書籍出版局　1949 年

007885493　4290.13　3870c
在民主革命中社會民主黨的兩個策略
香港　解放社　1943 年　(m.)

007518737　4290.13　4008
共產主義運動中的"左派"幼稚病
列寧著　廣州　解放社　1943 年

007518740　4290.13　4225
列寧主義初步
香港　北國圖書公司　1932 年　(m.)

007518480　4290.13　4244.1
關於列寧主義底基礎
史達林著　延安　解放社出版　1943年

008603281　FC1044(N)
論農村中的工作
史達林　蘇聯　外國工人出版社
1933年

007518483　4290.13　4244.2
關於列寧主義底問題
史達林著　延安　解放社　1943年

007518482　4290.13　4244.21
列寧主義問題
J. Stalin著　王唯真譯校　莫斯科　外國文書籍出版局　1948年　(m.)

007520091　4290.14　0062
辯證唯物主義與歷史唯物主義
史達林著　唯真譯校　莫斯科　外國文書籍出版局　1949年　(m.)

008580531　FC3756
無政府主義還是社會主義
史達林著　曹葆華譯　香港　解放社
1949年

008598269　FC1013(N)
馬爾居林同志的信史大林同志的答復
莫斯科　1927年

008049810　MLC-C
十月教訓
托洛茨基著　唐威譯　香港　十月書店
　1946年

007520077　4290.14　2433　DS775.S735　1949x
史大林論中國革命問題
上海　時代出版社　1949年

008458292　MLC-C
史大林與中國革命
托洛茨基　1947年

007523590　4290.14　4444
論中國革命
史達林著　中蘇友好協會總會編　北京
新華書店　1949年

007523301　4290.2　1135
唯物辯證法批判
王冠青著　重慶　勝利出版社　1943年
初版　(m.)

007523594　4290.2　1215
無產階級之哲學——唯物論
漢口　新青年社　1927年

007523598　4290.2　1315
辯證法唯物論教程
(蘇)西洛可夫等著　上海　筆耕堂書店
　1933年　再版　(m.)

011987507　B809.8.W415　1934
唯物辯證法論戰上下卷
張東蓀編　北平　民友書局　1934年
(m.)

011902079　B809.8.C4　1930
唯物辯證法入門
朱明著　上海　文藝書局　1930年
(m.)

007524737　4290.2　4221
辯證法唯物論入門
胡繩著　上海　新知書店　1947年　3版　(m.)

011914467　B809.8.R46　1936
《費爾巴哈論綱》研究
葉青著　上海　辛墾書店　1936年　初版　(m.)

011902755　B809.8.M326　1939
辯證法經典
馬克思[K. Marx]著　高語罕編譯　上海
　亞東圖書館　1939年　3版　(m.)

011811591　B809.7.L544　1938
辯證法之理論的研究
李衡之譯　上海　言行出版社　1938年
　(m.)

011882163　B809.8.L525　1932
辯證法還是實驗主義？
李季著　上海　神州國光社　1932年
初版　(m.)

007524473　4290.2　4440a　T 4290.2　4440a
辯證唯物論與歷史唯物論基本問題
博古[秦邦憲]編譯　延安　解放社
1941—43年　初版　(m.)

007524471　4290.2　4463.5
哲學研究提綱
艾思奇著　香港　辰光書店　1940年
初版　(m.)

007524472　4290.2　4814
社會哲學概論
趙一萍著　上海　生活書店　1933年
初版　(m.)

011891140　Q175.J5813　1934
近代思想導論
(英)嬌德[C. Joad]著　蕭贛譯　上海
　商務印書館　1934年　初版　漢譯世
界名著　(m.)

011824987　Q175.W362　1920
科學方法論
王星拱編　北京　北京大學出版部
1920年　初版　(m.)

011810134　Q175.L865　1948
自然哲學概論
羅克汀著　上海　生活書店　1948年
初版　學習與研究叢刊　(m.)

007525533　4290.2　6441
唯物辯證法
(蘇)羅森塔爾著　岳光譯　香港　讀書
出版社　1947年　初版　(m.)

007525544　4290.2　7224.5
哲學的學習與運用
馬特著　香港　新中國書局　1949年
(m.)

011909999　H61.C435　1932
社會科學研究方法論
陳豹隱[啟修]講述　徐萬鈞、雷季尚筆
記　北平　好望書店　1932年　(m.)

007525532　4290.2　9910
辯證法唯物論
(蘇)米丁著　王劍秋[沈志遠]譯　上
海　生活·讀書·新知三聯書店　1947
年　初版　(m.)

007525534　4290.2　9910.5
辯證唯物論與歷史唯物論研究提綱
(蘇)米丁著　曹葆華譯　上海　解放社
　1949年　初版　(m.)

011913295　B809.8.A3　1938
現代哲學讀本
艾思奇著　上海　一般書店　1937年
初版　新青年百科叢書　第1輯
(m.)

011916853　BD41.A425　1936
新哲學論集
艾思奇著　上海　讀者書房　1936年
初版　叢書月刊　(m.)

011803624　B3216.D6　H3213　1929
辯證法唯物論
（德）狄慈根［J. Dietzgen］著　柯柏年譯
　　上海　聯合書店　1929 年　初版
　　（m.）

011914030　B809.8.L5　1939
辯證法唯物論
李仲融著　桂林　石火出版社　1939 年
　　初版　（m.）

011787809　B3218.Z7　F454　1924
杜里舒及其學說
費鴻年著　上海　商務印書館　1924 年
　　初版　學藝彙刊　（m.）

011837423　B809.8.M58　1936
新哲學大綱
（蘇）米丁著　艾思奇、鄭易里譯　上海
　　讀書出版社　1936 年　初版　（m.）

011802964　B809.8.A367　1938
馬克思列寧主義的理論基礎
阿朵拉茨基著　柯雪飛譯　香港　播種
出版社　1938 年　（m.）

011892373　B809.8.C53　1936
通俗唯物論講話
陳唯實著　上海　大眾文化出版社
1936 年　初版　（m.）

011881973　B99.C62.K3　1930
唯物論綱要
（日）河上肇著　周拱生譯　上海　樂華
圖書公司　1930 年　初版　（m.）

011892153　B809.8.C4　1930
無產階級底哲學
張如心著　上海　光華書局　1930 年
　　初版　（m.）

011903608　B809.8.N3　1937
現代唯物論
（日）永田廣志著　施復亮［存統］、鍾復
光譯　上海　進化書局　1937 年　初版
　　唯物論全書　（m.）

007525531　4290.2　9930
新哲學大綱
（蘇）米丁著　艾思奇、鄭易里譯　上海
　　生活・讀書・新知三聯書店　1949 年
　　初版　（m.）

011892444　B809.8.H835　1940
新哲學談話
黃特著　上海　新人社　1940 年　初版
　　（m.）

007526250　4290.3　8616
論一元論歷史觀之發展
普列漢諾夫著　博古譯　延安　解放社
1945 年　（m.）

007526252　4290.3　8616.2b
論個人在歷史上的作用
普列漢諾夫著　唯真校譯　莫斯科　外
國文書籍出版局　1948 年　（m.）

007526253　4290.39　1123
三民主義與共產主義
王稼祥等著　廣州　自修出版社　1939
年　（m.）

007826642　MLC-C
三民主義與共產主義
陳伯達撰　香港　時事研究會　1946 年
　　初版

007528394　4290.39　7212
三民主義與共產主義
陶百川著　重慶　血路出版社　1940 年
　　（m.）

007528072　4290.4　3807
爲無產階級政黨的革命路綫而鬥爭
香港　新民主出版社　1949 年

007528412　4290.43　4321
共產國際史略
袁伯琪著　重慶　獨立出版社　1943 年
（m.）

008598286　FC1001(N)
第三國際決議案
莫斯科　1927 年

007528413　4290.43　6404
共產國際第七次大會的總結
（蘇）曼努意斯基著　香港　解放社
1944 年

008627162　FC783
共產國際對中國革命決議案
上海　民志書店　1930 年

007528421　4290.43　7211
第三國際與蘇聯外交
周子亞著　重慶　正論社　1943 年
（m.）

007529632　4290.431　5344
從資本主義到社會主義的道路
上海　先鋒出版社　1939 年

007528307　4290.44　0465
共產黨情報局會議三大決議一九四九年
十一月公佈
新華時事叢刊社譯　北京　新華書店
1949 年　新華時事叢刊

007529447　4290.47　2414
爲加強世界工聯而鬥爭
時代出版社編輯　上海　時代社　1949
年　（m.）

007530759　4290.8　5640
十月革命卅二周年紀念文集
中共天津市委總學委員會　天津　中共
天津市委總學委員會　1949 年

007511585　4291　2044
列寧和史大林是蘇維埃國家底偉大組
織者
維辛斯基著　上海　新華書店　1949 年

007511769　4291　2427
爭執的問題
1949 年

007511514　4291　3125b
進一步提高黨的工作水準
廣州　華中新華書店　1949 年　初版

007511681　4291.03　0372
論軍隊紀律
佳木斯　東北書店　1948 年　幹部學習
參考材料　（m.）

007511716　4291.03　1232
論布爾什維克成功的基本條件
正報出版社編印　香港　新民主出版社
　　1949 年　增訂本　（m.）

007512876　4291.11　6655
史大林與文化
上海　時代出版社　1949 年　再版

008581675　FC3762
史大林與文化
羅果托夫著　賀依譯　上海　時代書報
出版社　1948 年　（m.）

008616968　FC3757
史大林最近言論集
濟南　新民主　1946 年

008580472　FC3068
托洛斯基主義反革命的資産階級的先鋒
秦邦憲撰　香港　國民革命軍第八路軍
　　1932 年

007512877　4291.11　6705
論文學藝術與哲學諸問題
廣州　時代出版社　1949 年　再版

011901874　PN56. M35　I2　1930
唯物史觀的文學論
（法）伊科維茲［m. Ickowicz］著　樊仲雲
　　譯　上海　新生命書局　1930 年　初版
　　（m.）

011826197　PN56. M35　I252　1948
唯物史觀的文學論
伊可維支著　江思譯　上海　作家書屋
　　1948 年　再版　（m.）

011760795　HX531. W469　1930
文學方法論者普列哈諾夫
（蘇）耶考蕪萊夫著　何畏譯　上海　春
　　秋書店　1930 年　初版　（m.）

011933232　PN56. M35　I2　1931
藝術科學論
（法）伊科微支［m. Ickowicz］著　沈起予
　　譯　上海　現代書局　1931 年　初版
　　（m.）

007512880　4291.12　1142
論蘇維埃的民主
吉林　光華書店　1949 年　3 版　（m.）

011738273　DK266. H975　1935
蘇聯政府與政治
胡慶育著　上海　世界書局　1935 年
　　（m.）

007512906　4291.2　1121
蘇聯黨争文獻
王季平、陳幻編　上海　新生命書局
　　1933 年　（m.）

007512920　4291.2　1745
聯共（布）黨史簡明教程
聯共（布）中央特設委員會編　莫斯科
　　外國文書籍出版局　1948 年

007553013　4291.2　5034
蘇聯講話上冊
戈寶權著　香港　解放社　1940 年
　　（m.）

011916212　DK28. C51　1948
蘇俄地理基礎
焦敏之著　上海　上海雜志公司　1948
　　年　1 版　自我教育叢書　（m.）

007553016　4291.2　5034B
蘇聯講話上冊
戈寶權著　香港　新華書店冀察分店印
　　1946 年　（m.）

007514037　4291.3　1232
六年隨從列寧列寧底汽車夫之回憶
斯基爾原著　張家口　新華書店晉察冀
　　分店　1946 年

007514039　4291.3　1232.1　T　4291.3　1232.1
列寧在一九一八年
林淡秋撰　張家口　新華書店　1945 年
　　（m.）

007514045　4291.3　1232.2
列寧故事
張家口　新華書店　1946 年　（m.）

007514047　4291.3　1232.3
列寧
張家口　新華書店　1946 年

007514973　4291.3　1232.4　　T　4291.3　1232.4
伊里奇快醒了
曹靖華譯　廣州　大衆文藝出版社
1946 年　大衆文藝讀物　（m.）

007515161　4291.3　1232.7
列寧傳
托羅茨基著　韓起譯　南京　國際譯報
社　1933 年　國際人物傳記叢書　（m.）

007515181　4291.3　1241
文件
張家口　新華書店　1946 年　（m.）

007515099　4291.3　2410　　T　4291.3　2410
新時代底曙光
M. 左琴科著　曹葆華譯　張家口　新
華書店晉察冀分店　1946 年

007515194　4291.3　4225
鼓風爐旁四十年
張家口　新華書店　1946 年　（m.w.）

007515210　4291.3　4225c
鼓風爐旁四十年
香港　東北書店　1942 年　（m.w.）

007515212　4291.3　4244.1
史大林傳略
亞歷山大洛夫等合編　唯真譯　莫斯科
　外國文書籍出版局　1949 年　（m.）

007515214　4291.3　4244.1b
史大林傳略
米丁等編著　唯真譯　天津　知識書店
　1949 年　（m.）

007516340　4291.3　4244.6
史大林
吳蘭編　香港　文化出版社　1949 年
蘇聯學習叢書

007516516　4291.53　4145
蘇聯共青團團章及關於修改匯章的報告
水夫譯　上海　時代出版社總經售
1949 年

007516534　4291.57　3880
新五年計劃的生產戰士
寶人編譯　北京　新華書店　1949 年
（m.）

007516550　4291.67　1241
錶
張家口　新華書店　1946 年　（m.）

007516551　4291.67　1415
虹
廣州　韜奮書店　1943 年　（m.）

007518655　4291.67　1415A
虹
張家口　新華書店　1945 年　（m.w.）

007518668　4291.67　1415.1
蘇聯紅軍英雄故事第一輯
張家口　新華書店　1946 年　（m.）

007518671　4291.67　1640
日日夜夜長篇小說　1943 年
莫斯科　外國文書籍出版局　1949 年
（m.）

007518682　4291.67　2144
前綫
（蘇）科爾內楚克著　香港　新華書店
1944 年　（m.w.）

007518602　4291.67　2144B
前綫
蕭三譯　上海　新華書店　1949 年
（m.w.）

007519759　4291.67　3435
目擊記
（蘇）潘菲洛夫著　張家口　新華書店晉察冀分店　1946 年　（m.w.）

007519761　4291.67　3615
戰鬥員阿列克賽・顧里珂夫
香港　晉冀魯豫軍區政治部　1947 年

007519779　4291.67　4114B
運油船
（蘇）克雷莫夫著　香港　新中國書局　1949 年　（m.）

007519808　4291.67　4646
人民是不朽的
格羅斯曼著　香港　晉冀魯豫軍區政治部　1945 年　（m.w.）

007519809　4291.67　5114
勇敢的人們
香港　晉冀魯豫軍區政治部　1947 年　（m.w.）

007519582　4291.67　6122　4291.67　6122B
海上述林
瞿秋白譯　魯迅編　北京　生活・讀書・新知三聯書店　1949 年

007519812　4291.67　7204
鐵流
周文編　張家口　新華書店　1945 年　（m.）

007519701　4291.67　7442
蘇沃羅夫元帥
Yi. 巴克梯利夫、A. 拉佐莫夫斯基合著　瞿白音譯　張家口　新華書店　1945 年　（m.w.）

007519840　4291.71　4218
全蘇擁護和平大會
南致善撰　北京　新華書店　1949 年
新華時事叢刊

007520188　4291.72　3280
歐洲的二十年第二次世界大戰的前期與蘇聯致力和平的奮鬥
波將金著　延安　新華書店　1944 年　（m.）

007520221　4291.72　6132
蘇俄侵略的技術
羅家倫撰　廣州　長風出版社　1946—52 年

007520207　4291.74　3122
蘇聯的遠東紅軍
汪馥泉著　長沙　商務印書館　1938 年　（m.）

007520211　4291.74　4444
論戰略反攻
（蘇）塔林斯基著　長春　東北書店　1949 年　（m.）

007520218　T　4291.74　5656
蘇聯步兵戰鬥條令第二部
中國抗日軍政大學　延安　抗大合作社　1938 年

007520123　4291.75　2430
蘇聯戰時經濟
達克譯　香港　生活・讀書・新知三聯書店　1949 年　（m.）

011980108　LA831.82.K8　1927
蘇俄新教育
顧樹森編　上海　中華書局　1927 年
歐遊叢刊　（m.）

011913282　LA836.S54　1933
蘇俄新教育概觀

史美煊編纂　上海　商務印書館　1933
年　初版　師範小叢書　（m.）

011882660　LA832.P5312　1936
蘇聯的科學與教育
尚仲衣譯　上海　商務印書館　1936 年
　（m.）

007520266　4291.81　2334
戰後蘇聯教育新動向
吳清友著　上海　耕耘出版社　1949 年
　2 版　（m.）

007522188　4292　4094
共產黨在中國
廣州　華嚴出版社　1943 年　良友文學
叢書　（m.）

007521906　4292　7439
中國共產黨之觀察
殷海光編著　上海　獨立出版社
1948 年

008145083　FC3900　MLC-C
幹部學習
中共中央東北局宣傳部　1948 年　第
1 版

008563840　FC1690
陳獨秀先生講演錄
中國青團廣東執委會編　廣州　丁葡圖
書社　1923 年　（m.）

008581598　FC3193(N)
民族野心
陳獨秀撰　廣州　亞東圖書館　1938 年
　（m.）

008580520　FC3104
我對於抗戰的意見
陳獨秀撰　香港　亞東圖書館　1938 年
　（m.）

008581894　FC2956
怎樣使有錢者出錢有力者出力
陳獨秀著　上海　亞東圖書館　1937 年
　（m.）

008084561　4292.01　9223
黨的生活創刊號發刊詞
張雲逸著　香港　黨的生活編委會
194？年

007508773　4292.03　1464
一九四七年以來中國共產黨重要文件集
香港　新民主出版社　1949 年　初版
（m.）

007508988　4292.03　4421
中國人民大勝利
李伯球編　香港　中華論壇社　1948 年
　中華論壇叢刊

007509047　4292.03　4702
赤匪文件彙編
南昌　軍事委員會委員長南昌行營
1933 年

005603448　4292.03　4703　FC2935　JQ1519.A5　C42923　1335x
赤匪反動文件彙編
陳誠編　濟南　1935 年

007529693　4292.03　5648
中國革命新形勢
香港　前哨出版社　1947 年　（m.）

007542140　T　4292.06　5553
新民主手冊
耕耘著　上海　上海正義編譯社
1947 年

007531951　4292.1　0408
中國革命問題
譚計全著　南京　新中國出版社　1948年　革命建國叢書　（m.）

008630503　FC867(N)
柏山發言
李立三著　1930年　三中全會材料

008591805　FC1700
中國革命問題概觀
彭光欽撰　濟南　1926年

008627232　FC1726
中國革命問題論文集
香港　新青年社　1926年　新青年社叢書　（m.）

007516523　FC48(N)
中國革命問題與反對派
李立三著　上海　民志書局　1929年　革命叢書

009422673　T　4292.1　1110
從陝北歸來
麗亞著　1935—49年　手稿本

007531957　4292.1　1131
中國革命問題
北社　香港　北社　1941年　（m.）

007497122　4292.1　1262
兩條路綫底鬥争
1931—67年

007531917　4292.1　1330
論無產階級與知識份子
張遐著　天津　知識書店　1949年

007885670　4292.1　1650
論思想
毛澤東等著　群衆書店編　北平　群衆書店　1949年　（m.）

007531968　4292.1　2030
目前形勢和我們的任務
解放社編　廣州　新華書店　1949年　標準本　（m.）

007531673　T　4292.1　2030b
目前形勢和我們的任務 1947年以來中國共產黨重要檔集
毛澤東等著　香港　新民主出版社　1949年　再版　（m.）

007531727　4292.1　2162
統一戰綫諸問題
香港　自由世界出版社　1948年　（m.）

011826990　DS777.53.L5775　1937
中國在統一中
劉群著　香港　新生出版社　1937年　（m.）

008581888　FC2899
中國革命的根本問題
彭述之撰　香港　中國共產黨　1928年

001504355　4292.1　4273
如何貫徹東北全黨的轉變？
大連　大連東北書店　1949年

007538862　4292.1　4299
毛澤東思想初學入門
天津　讀者書店　1949年　3版

007526056　4292.1　5045
論思想
車載著　香港　新中國書局　1949年　新中國青年文庫　（m.）

007528405　4292.1　5526
中共中央通過關於反對黨内機會主義與

托洛茨基主義反對派的決議 1929 年 10 月 5 日
中國共產黨中央委員會　1929 年

008580421　FC3040
上海九一——九七示威之意義和教訓及今後工作之路綫
上海　中國共產黨江蘇省執行委員會印　1929 年

008627237　FC488　JQ1519.A5　Q55　1928
中國革命中之爭論問題
瞿秋白著　濟南　中國共產黨　1928 年

008598287　FC1002(N)
中國革命最近的嚴重局勢之由來
鄧演達報告　莫斯科　1927 年

007528432　4292.1　7112
陳獨秀與所謂託派問題
尼司編　廣州　新中國出版社　1938 年（m.）

008084563　4292.1　7998
加強黨對各級政權的領導
陳少敏著　香港　黨的生活編委會　1941 年

007529491　4292.1　8521
中國革命的戰略與策略
錢俊瑞著　廣州　中國出版社　1941 年　中國問題小叢書　（m.）

007871795　4292.1　9953
中國革命
米夫著　廣州　蘇聯外國工人出版社　1933 年

007520029　T　4292.11　1371
改造學習
香港　紅棉出版社　1941 年　整風文叢

007513838　4292.11　1422
將革命進行到底 1949 年新年獻辭
正報出版社編　香港　正報出版社　1949 年　（m.）

008084564　T　4292.11　2134a
毛澤東選集五卷
毛澤東著　渤海　新華書店　1947 年（m.）

007513839　4292.11　2135　FC8267　Film Mas　32152
論聯合政府 1945 年 4 月 24 日在中國共產黨第七次全國代表大會上的報告
毛澤東著　張家口　新華書店晉察冀分店　1945 年　（m.）

008580248　FC2926
中國共產黨政策
毛澤東著　香港　淮南出版社　1945 年

007516215　4292.11　2135.562d　DS778.M3　A584　1949x　FC8229　Film Mas　32138
中國革命與中國共產黨
毛澤東著　香港　新民主出版社　1949 年　（m.）

007516490　4292.11　2135.562g
中國革命與中國共產黨一九三九年十二月十五日
毛澤東著　蘭州　西北新華書店　1949 年　（m.）

007515152　4292.11　2135.01
新民主主義政治經濟文化
毛澤東著　新廣東出版社　1949 年

008581565　FC3165
中國共產黨的政策毛澤東同志論聯合政府第四部分
毛澤東著　魯中　新華書店　1943 年

008579013　FC2034
勝利的指南讀毛澤東同志論聯合政府
1945年

007170219　DS777.55.M285　1949x
論人民民主專政
毛澤東著　北京　解放社　1949年

007884575　4292.11　2135.08b
論人民民主專政
毛澤東著　大連　新華書店　1949年

007514032　FC9313　Film Mas 35719　T　4292.11　2135.1
論持久戰
毛澤東著　張家口　新華書店晉察冀分店　1945年　（m.）

007513844　T　4292.11　2135.13
湖南農民運動考察報告一九二七年三月
毛澤東著　上海　解放社　1949年

010297805　T　4292.11　2135.13b
湖南農民運動考察報告
毛澤東撰　香港　華中新華書店　1949年

007514986　4292.11　2135.14
一九四七年鬥爭任務與前途
毛澤東、朱德等著　廣州　正報社　1947年

007514033　FC9314　Film Mas 35759　T　4292.11　2135.1b
論持久戰
毛澤東著　廣州　解放社　1944年（m.）

007514034　FC9269　Film Mas 35744　T　4292.11　2135.1c
論持久戰
毛澤東著　廣州　膠東聯合社　1944年（m.）

007514035　FC9270　Film Mas 35793　T　4292.11　2135.1e
論持久戰
毛澤東著　重慶　新華日報館　1939年　新群叢書（m.）

007513870　T　4292.11　2135.1f
論持久戰
毛澤東著　漢口　新華日報館　1938年　第2版　新群叢書（m.）

007513692　4292.11　2135.1g
論持久戰
毛澤東著　香港　新民主出版社　1948年（m.）

008648735　T　4292.11　2135.1h
論持久戰
毛澤東著　臨沂　山東新華書店　1946年

007515075　4292.11　2135.2　FC9311　Film Mas 35770
論新階段
毛澤東著　香港　解放社　1944年（m.）

008627156　FC777
組織起來陝甘寧晉綏邊區關於生產運動的文獻
香港　中共晉綏分局　1944年

007515162　4292.11　2135.2b　FC9324　Film Mas 35761
論新階段
毛澤東著　重慶　新華日報館　1938年（m.）

007515163　4292.11　2135.2c
抗戰期中中共政策之蛻變
毛澤東著　陽明山　革命實踐研究院　1945—72年

007515164　FC9315　Film Mas 35758　T　4292.11　2135.2d
論新階段

毛澤東著　廣州　膠東聯合社　1944 年

007514991　4292.11　2135.2e
論新階段
毛澤東著　香港　新民主出版社
1948 年

007515081　4292.11　2135.3
怎樣分析階級
毛澤東等著　香港　中國出版社　1948年　解放叢書　第1輯　（m.）

007515190　FC9392　Film Mas 35822　T 4292.11　2135.4
一九四五年的任務
毛澤東撰　香港　1944 年

007516332　4292.11　2135.562　DS778.M3　C5432　1948x
中國革命與中國共產黨
毛澤東著　香港　正報社　1948 年　初版　（m.）

007516485　4292.11　2135.562b　T 4292.11　2135.562b
中國革命與中國共產黨
毛澤東著　延安　解放社　1944 年　（m.）

007516335　FC9340　Film Mas 35817　T 4292.11　2135.562c
中國革命與中國共產黨
毛澤東著　張家口　新華書店晉察冀分店　1945 年　（m.）

001593334　4292.11　2135.563
抗戰必勝論
毛澤東著　何其昌編　廣州　華光出版社　1937 年　（m.）

007516356　FC8228　Film Mas 32139　T 4292.11　2135.6
經濟問題與財政問題
毛澤東著　張家口　新華書店　1946 年

001493822　4292.11　2135.632
毛澤東最近的抗戰主張
向愚編　濟南　戰時出版社　1938 年
中國共產黨領袖抗戰言論

007516348　FC8227　Film Mas 32140　T 4292 11　2135 6b
經濟問題與財政問題
毛澤東著　上海　和衆出版社　1946 年

007520219　4292.11　2135.6c
經濟問題與財政問題
毛澤東著　延安　解放社　1944 年　再版　（m.）

007516236　4292.11　2135.6D
經濟問題與財政問題
毛澤東著　香港　新民主出版社　1949 年　3 版　（m.）

007518479　4292.11　2135.721　T 4292.11　2135.721
抗日遊擊戰爭的一般問題
毛澤東著　抗日戰爭研究會編　廣州　解放社　1938 年　初版　抗日戰爭叢書　（m.）

007518501　4292.11　2135.74　FC9339　Film Mas 35821　U43.C6　M362　1949x
中國革命戰爭的戰略問題
毛澤東著　香港　新民主出版社　1949 年　再版　（m.）

007518687　4292.11　2135.74c
中國革命戰爭的戰略問題
毛澤東著　大連　大衆書店　1948 年　（m.）

003535494　4292.11　2135.76
中國共產黨紅軍第四軍第九次代表大會決議案 1927 年 12 月閩西古田會議
毛澤東撰　香港　新民主出版社　1949 年　再版

007518709　4292.11　2135.80
目前形勢和我們的任務 1947 年 12 月 25 日在中共中央會議上的報告
香港　正報社圖書部　1948 年　（m.）

007513760　T　4292.11　2135.91d
毛澤東選集卷二
毛澤東著　廣州　晉察冀日報社編印 1945 年　（m.）

007695835　DS778.M3　A25　1948x　T　4292.11　2135.91e
毛澤東選集
毛澤東著　哈爾濱　東北書店　1948 年　（m.）

007515073　T　4292.11　2135.91f
毛澤東選集五卷
毛澤東著　大連　大眾書店　1947 年 （m.）

004760555　4292.11　2135.93
遊擊戰爭的戰略問題
毛澤東著　香港　新民主出版社 1949 年

007514001　FC9318　Film　Mas　35757　T　4292.11　2135a
論聯合政府
毛澤東著　香港　膠東大眾報社　1945 年　3 版　（m.）

007514003　4292.11　2135B　FC9312　Film　Mas　35771
論聯合政府
毛澤東著　延安　解放社　1945 年 （m.）

007514004　4292.11　2135C　FC9411　Film　Mas　35842
論聯合政府
毛澤東著　北京　新華書店　1946 年 （m.）

007513808　4292.11　2135D　FC9435　Film　Mas　33400
論聯合政府 1945 年 4 月 24 日在中國共產黨第七次全國代表大會上的報告
毛澤東著　上海　華東新華書店　1949 年　第 3 版　（m.）

007513807　4292.11　2135E　FC9418　Film　Mas　35849
論聯合政府
毛澤東著　上海　新華書店　1949 年 （m.）

007513681　4292.11　2135h
論聯合政府
毛澤東著　香港　新民主出版社　1949 年　5 版　（m.）

007516493　FC195
毛澤東選集續集
毛澤東著　中國共產黨晉察冀中央局編 廣州　晉察冀新華書店　1947 年

008627169　FC1309
抗日民族統一戰綫指南
解放社編　延安　解放社　1940 年 （m.）

007516350　4292.11　4421
人民民主專政的理論與實踐
李勉主編　九龍　團結出版社　1949 年 人民民主論集

007516185　4292.11　4984
葉劍英抗戰言論集
葉劍英著　重慶　新華日報　1940 年 初版

007516465　4292.11　5150
論群眾路綫
東北書店　長春　東北書店　1949 年 （m.）

008223257　MLC－C
論聯合政府問答

學習出版社編　香港　學習出版社
1949年　學習小叢書

001358856　4292.11　7264.8
周恩來鄧穎超最近言論集
周恩來、鄧穎超著　廣州　離騷出版社
　1938年

008580358　FC3006
論群衆觀點
列寧等[大川、高崗、蕭黎玉]著　香港
冀南書店　1946年

007517302　4292.11　7294.01
論群衆路綫
劉少奇等著　香港　新民主出版社
1949年

008627165　FC772
群衆工作手册
東北日報社編　佳木斯　東北書店
1947年　土改工作參考資料　（m.）

008592958　FC2989
有事和群衆商量
香港　冀魯豫書店　1947年　（m.）

007517328　4292.11　7294.1
中國共產黨與共產黨員
劉少奇等著　香港　紅棉出版社　1948
年　（m.）

007517390　4292.11　7294.3b
論黨
劉少奇著　大連　大衆書店　1947年
（m.）

007517340　4292.11　7294.4
關於修改黨章的報告
劉少奇著　香港　中國出版社　1949年

007517485　4292.11　7294.4B
關於修改黨章的報告
劉少奇著　香港　山東新華書店　1949
年　5版

007517277　4292.11　7294.6
論黨內鬥爭
劉少奇著　香港　正報社　1947年

007517232　4292.11　7922　FC1312　FC1689
陳紹禹[王明]救國言論選集
陳紹禹著　漢口　中國出版社　1938年

007517332　4292.11　7922.2
新形勢與新政策
陳紹禹[王明]著　1936年

007517386　4292.11　7922.5
中國現狀與中共任務
王明、康生編　莫斯科　蘇聯外國工人
出版社　1934年

007517392　4292.11　7923.2
論黨與個人
陳伯達等著　廣州　新潮社　1947年
（m.）

007517503　4292.12　0291
新民主主義的革命與前途
方耀、丁宗恩、列禦寇著　廣州　北社
1940年

007517233　4292.12　0430
新民主主義與中國經濟
許滌新著　香港　新潮社　1948年

007517385　4292.12　0877
論人民民主專政學習參考材料
天津　讀者書店　1949年　（m.）

007519501　4292.12　1237
中國政治問題講話

鄧初民著　香港　智源書局　1949年
3版　（m.）

007885487　4292.12　2135
新民主主義論
毛澤東著　膠東　新華書店　1940年
（m.）

007519669　4292.12　2135.02　FC9246　Film Mas 35796
新民主主義工商政策
毛澤東等著　香港　新民主出版社
1949年　增訂本

007519623　4292.12　2135A　FC9251　Film Mas 35786
新民主主義論
毛澤東著　廣州　新民書店　1940年
（m.）

007519575　4292.12　2135B　FC9250　Film Mas 35787　T 4292.12　2135b
新民主主義論
毛澤東著　張家口　新華書店晉察分店
　1945年　（m.）

008395495　DS777.53.M2528　1949
新民主主義論
毛澤東著　1949年　（m.）

007695948　HX418.5.M3　1949x
新民主主義論
毛澤東著　瀋陽　東北書店　1949年
6版　（m.）

007519574　4292.12　2135C
新民主主義論
毛澤東著　廣州　解放社　1940年
（m.）

007519622　FC9249　Film Mas 35781　T 4292.12　2135d
新民主主義論
毛澤東著　香港　解放社　1943年
（m.）

007655255　MLC – C
改造我們的學習
毛澤東撰　北京　解放社　1949年
（m.）

007519629　4292.12　2135E　FC9248　Film Mas 35780
新民主主義論
毛澤東著　上海　新華書店　1949年
（m.）

007519506　4292.12　2135G
新民主主義論
毛澤東著　香港　新民主出版社　1949年　港7版　（m.）

007519762　4292.12　2135h
新民主主義論
毛澤東著　大連　新華書店　1949年
（m.）

007519764　4292.12　2135i
新民主主義論
毛澤東著　西安　西北新華書店　1949年　（m.）

009248427　4292.12　2343
新民主主義學習問答
吳蘭編　香港　初步書店　1949年
初版

007519738　4292.12　3216
新民主主義問答三百條
湯建勳撰　香港　民華出版社　1949年

007519772　4292.12　3983
新民主主義哲學論
宋無撰　上海　新人出版社　1941年

007519723　4292.12　4421
新民主主義本質論
李勉著　廣州　團結出版社　1949年

007477938　4292.12　7294　FC9252　Film　Mas　35797
HC427.9.L59　1949x
新民主主義城市政策
劉少奇等著　香港　新民主出版社
1949年　初版　（m.）

007519533　4292.12　7782
新民主主義研究初步
屈舒著　九龍　南方書店　1949年

007519557　4292.13　4964
三大憲章學習手冊
葉明華編　上海　實用出版社　1949年

007519717　4292.13　4964.1
三大憲章學習問答
葉明華編　上海　實用出版社　1949年

008376913　4292.13　5640
中國共產黨黨章及關於修改黨章的報告
北京　新華書店　1949年　（m.）

007519796　4292.13　5640　（1945）d
中國共產黨黨章一九四五年六月十一日中國共產黨第七次代表大會通過
中國共產黨　大連　東北書店　1949年
　（m.）

007519718　4292.13　5640　（1945）
中國共產黨黨章一九四五年六月十一日中國共產黨第七次全國代表大會通過
中國共產黨　北京　新華書店　1949年
　（m.）

007519795　4292.13　5640　（1945）c
中國共產黨黨章及關於修改黨章的報告
劉少奇著　北京　群眾書店　1949年
（m.）

008581553　FC3148
中國共產黨黨章教材
文儀、石瀾編　太嶽　新華書店　1947年　（m.）

008592680　FC2851
黨章教材
香港　政治部印　1946年

007519946　4292.13　5640.5
中國共產黨黨章教材
中［國］共［產黨］中央華北局黨校教務處編　香港　新民主出版社　1949年
（m.）

008084565　4292.15　8221
從反高鬥爭說到工農幹部布爾什維克化問題
鄭位三講　1943年

011920392　HX40.G86　1930
國際運動發達史
高希聖著　上海　光華書局　1930年
（m.）

007508732　FC361
論共產黨
廣州　群眾出版社　1941年

007515023　4292.2　1162
英勇奮鬥十七年
香港　真理出版社　1940年　（m.）

007515184　T　4292.2　1240
瓊崖共產黨史略稿本
1938—55年

007515186　4292.2　1251
中國職工運動簡史
鄧中夏著　香港　解放社　1943年
（m.）

007514922　4292.2　1251B
中國職工運動簡史
鄧中夏遺著　上海　新華書店　1949年
（m.）

008087900　FC351
一個工人的供狀及其他
194？年

007515127　4292.2　1384
中國的新西北
張劍萍編　上海　戰時讀物編譯社
1937年　（m.w.）

007514925　4292.2　1471
十年來的中國共產黨
平凡編輯　上海　南華出版社　1938年
（m.）

007420606　4292.2　3345
毛澤東領導政治鬥爭錄
心韋編著　廣州　紅星文獻社　194？年

007516455　4292.2　4174
中國革命
堯開著　莫斯科　蘇聯外國工人出版社
　　1932年

009419871　4292.2　4756
有關中國共產黨文獻
1940—90年

007516220　4292.2　4823
中國共產黨之發展及其沒落
黃偉涵著　上海　學術研究社　1935年

007516212　4292.2　5476
中共問題提要
余仲華編　廣州　統一出版社　1944年
（m.）

008591809　FC1724
中國共產黨五年來之政治主張
中共　香港　嚮導周報社印行　1926年
（m.）

007517502　4292.2　7922　FC9543　Film　Mas　35993
十三年來的中國共產黨—名中共布林塞維主義化的道路和列寧主義在中國的勝利
王明[陳紹禹]著　蘇聯　蘇聯外國工人出版社　1935年

002615897　4292.2　7922.5
托派在中國
陳紹禹、徐特立等著　金華　新中國出版社　1939年

007517517　4292.2　8022
中國共產黨史略
公論出版社編著　重慶　1941年

007518650　4292.2　8735
孫文與共產黨
公民叢書社　上海　公民叢書社　1924年　再版　（m.）

007633533　MLC－C
中國革命
國際評論社　1927年

007519521　4292.22　4522
一九二五年至一九二七年的中國大革命史
華崗編著　上海　春耕書店　1932年
（m.）

008316599　FC5043　FC－M504　T　4292.23　0129
中共延安時代史料
施樂採輯　1930—40年

007519520　4292.23　0371
從江西到四川行軍記八路軍光榮的過去
廉臣著　香港　民生出版社發行　1937年　（m.w.）

009480677　FC9387
地方武裝、人民武裝建設參考資料
濟南　遼東軍區司令部政治部　194？年

008630500　FC3088
武裝暴動
香港　共學社　1929 年

007520183　4292.23　2064　　T　4292.23　2064
從"九・一八"到"七・七"事變
解放日報編　漢口　新華書店　1949 年

007520199　4292.23　2418
從九一八到七七
長春　東北書店　1949 年　再版

011884779　DS784.C45　1939
淪陷八年的東北
時代批評社編輯　周鯨文主編　香港　時代批評社　1939 年　（m.）

007520063　FC1325
紅色舞臺
李昂撰　北平　勝利出版社　1946 年　再版　（m.）

008563846　FC1680
新中國論
王明著　香港　中國出版社　1938 年　（m.）

007520005　T　4292.23　2985
從江西到陝北二萬五千里長征記第八路軍紅軍時代的史實
朱笠夫編著　上海　抗戰出版社　1937 年　再版　抗戰叢書

007522182　4292.23　4062
南廣縣各區文化部長聯席會議
1932 年

007522184　4292.23　4067
共產國際執委致中共中央委員會的信論國民黨改組派和中國共產黨的任務
共產國際執行委員會書　1929 年

008627159　FC765
廣州公社
羅佐夫斯基等著　香港　無產階級書店　1930 年

008627294　FC782
蘇維埃中國
莫斯科　蘇聯外國工人出版社　1933 年

007522035　FC359
共匪最近之重要議決案
廣州市公安局編印　廣州　廣州市公安局懲教場印刊　1928 年

007522087　4292.23　4971
共黨與西北
庸夫編譯　上海　大眾出版社　1938 年　（m.）

007522040　FC357
共匪重要文件彙編三十七年第一集
中聯出版社編　南京　中聯出版社　1948 年

008600834　FC551–FC571
石叟資料室共匪資料
1934 年

008604852　FC572
石叟資料室共匪資料目錄
1934 年

007522198　4292.23　5427
擴大紅軍問題決議案
中央局著　安遠　□集團軍第二師政治部翻印　1932 年

007522200　4292.23　544
中華蘇維埃共和國的選舉細則
延安　中華蘇維埃共和國中央執行委員

會 1931年

007522203　4292.23　5441
中央局給各級黨部的信·關於反A.B團及其他反革命派別的鬥爭問題
中蘇區中央局　香港　中華工農紅軍第三集團軍第二師政治部翻印　1932年

008581551　FC3143(N)
粉碎五次"圍剿"爲蘇維埃中國而鬥爭
中國共產黨中央委員會編　香港　中華書店　1933年

008627273　FC2027
關於執行改變富農策略給各級共產黨與蘇維埃的指示
中國共產黨西北中央局　延安　中華蘇維埃人民共和國中央政府西北辦事處　1936年

006227710　FC1052(N)　FC196
廣東第二次全省農民代表大會會塲日刊
第三號至第六號　民國十五年五月四日至五月七日
廣州　東升印務局　19??年

008603284　FC1047(N)
廣東省農民協會第一次代表大會議決案及宣言
廣東　省農民協會執行委員會印行　1925年

008564816　FC2860
國民會議與蘇維埃
香港　中共左派反對派中央宣傳部　1934年　政治問題討論集

008592658　FC2035
蘇維埃政府法令
瑞金　民國間

008563834　FC1720
肅反
北方革命書報出版委員會　香港　北方革命書報出版委員會　1932年

008627320　FC787
只有蘇維埃能夠救中國
毛澤東撰　莫斯科　外國工人出版社　1934年

008569210　FC3261
中國蘇維埃政權底經濟政策
陳紹禹[王明]撰　莫斯科　外國工人出版社　1935年

007522204　4292.23　5442
中華蘇維埃共和國第二次全國代表大會文獻
延安　人民委員會　1934年

008592769　FC2890
中華蘇維埃共和國國家政治保衛局湘鄂贛省分局佈告第二號
1932年

008592770　FC2891
中華蘇維埃共和國臨時中央政府西北辦事處佈告
延安　1935年

008592767　FC2889
中華蘇維埃共和國湘鄂贛省蘇維埃政府佈告第一號
1932年

008592772　FC2892
中華蘇維埃人民共和國中央政府駐西北辦事處佈告處理食鹽布正等鞏固蘇區金融的具體辦法
1936年

007522207　4292.23　554
中央蘇區反帝大同盟章程
中央革命軍事委員會總政治部編
1931 年

011520919　T　4292.23　6240
三年遊擊戰爭
野草著　香港　正報社　1948 年　初版

008579031　FC2045
開展愛國民主統戰進行全民遊擊戰爭
第二地方委員會宣傳部　香港　第二地方委員會宣傳部　1946 年

007524744　4292.23　6244
三年遊擊戰爭新四軍二支隊前身奮鬥史
野草著　大連　新中國書局　1949 年　光華叢刊　（m.w.）

008630619　FC1045(N)
中國的遊擊隊
每日譯報社編輯部編譯　上海　英商每日譯報社　1938 年

008096863　FC5012　FC－M324　Film Mas 36857　T　4292.23　6748
紅軍長征記
國民革命軍第十八團軍總政治部宣傳部編　延安　1942 年　黨內參考材料

007523333　4292.23　7245
長征故事
香港　新民主出版社　1949 年　初版（m.）

007523236　4292.23　7269
長征回憶片斷
廣州　中原新華書店　1949 年

007523592　4292.23　7655
人民委員會爲杭武工作給閩西的一封信
中華蘇維埃共和國人民委員會書　延安　中華蘇維埃共和國臨時政府印
1932 年

008580277　FC2950
在反日運動中我們的出路是什麼
紹新編　上海　上海時代圖書社　1932 年　（m.）

007523312　4292.23　7992
海陸豐赤禍記
陳小白編　廣州　海陸豐同鄉會　1932 年

007568432　FC491
第六次大會後中國共產黨的政治工作第一集
上海　民治書局　1929 年

007523605　4292.23　9235
英勇壯士二萬五千里長征
勞達夫撰　香港　新生書店　1946 年

007523332　T　4292.24　0134
晉察冀邊區印象記
周立波著　漢口　讀書生活出版社　1938 年　（m.w.）

008579026　FC2042
時時刻刻爲老百姓興利除弊領導方法與作風
高崗著　香港　冀魯豫書店　1945 年（m.）

001357494　FC337
陝甘寧邊區實錄
齊禮編　延安　解放社　1939 年

007523152　4292.24　0231
陝甘寧邊區實錄簡稱邊區實錄
齊禮總編　延安　解放社　1939 年

001357359　T　4292.24　0450
中國敵後抗日民主根據地概況
延安　新華社　1944 年

007523611　4292.24　0464
在困難中前進
新華日報社　廣州　離騷出版社　1938 年　（m.）

008627890　FC770
晉冀魯豫邊區政府法令彙編
香港　1942 年

008592962　FC2993
晉冀魯豫原曲自覺團結運動的經驗
民國間　土地问题参考资料

008580359　FC3008
論黨的布林塞維克化十二條彭德懷同志六月十五日於北局黨校地委同志整風學習會上的發言
香港　蘇中二地委翻印　1944 年

007523613　T　4292.24　1123
中國共產黨與革命戰爭
王稼祥著　延安　新華書店　1941 年　（m.）

007524424　T　4292.24　1302
陝北歸來答客問
張文伯著　重慶　讀者之友社　1945 年　（m.）

001580111　4292.24　1326
抗戰五周年紀念冊
延安　延安各界紀念抗戰五周年籌備會　1942 年

007524651　T　4292.24　1381
中共問題評議
張鐵君撰　重慶　正論出版社　1943 年　（m.）

007698705　MLC – C
邊區的移民工作
中共西北中央局調查研究室編　1944 年　陝甘寧邊區生產運動叢書　（m.）

007524748　T　4292.24　1430
敵後抗日根據地介紹
廣州　大衆報社　194？年

008616972　FC2941
加緊準備今冬舉行的三個大會
陝甘寧邊區政府辦公廳編　濟南　陝甘寧邊區政府辦公廳　1944 年　邊政讀物　（m.）

007698746　MLC – C
陝北的群衆動員
楊實編　漢口　揚子江出版社　1938 年　初版　實踐文庫　（m.）

007698747　DS777.53.1.854　1938　MLC – C
陝甘寧邊區的民衆運動
魯芒著　漢口　漢口大衆出版社　1938 年　初版　抗戰動員叢刊　（m.）

007593711　FC338
陝甘寧邊區第一屆參議會實錄
邊區政府編　1939 年　（m.）

001357497　4292.24　1452
震驚中外的皖南慘變面面觀
編譯出版社編輯　廣州　世界出版社　1941 年

001919674　4292.24　1491
抗日模範根據地晉冀察邊區
聶榮臻著　延安　八路軍軍政雜志社　1939 年

007525550　4292.24　2135
相持階段中的形勢與任務
進步出版社編輯　廣州　進步出版社

1940 年

007524529　4292.24　2215
聯合國文獻第 1 集
香港　解放社　1946 年

008627944　FC1310　FC-M4711
抗大動態
艾思奇等著　動員社編　漢口　動員社
1937 年　（m.）

008580260　FC2934
全力準備大反攻
香港　新民主報社　1947 年　時論叢刊

008580290　FC2959
總動員與總崩潰
青島　建國書店翻印　1947 年

007524450　4292.24　2439
抗戰以來托派罪行的總結
微沫著　廣州　新知書店　1939 年

007524493　4292.24　2641
血戰在晉冀魯豫邊區
山東　山東新華書局　1948 年

007524495　T　4292.24　2821
塞外血淚
秋生編　少言插圖　香港　呂梁文化教育出版社　1946 年　初版　（m.）

007524511　T　4292.24　2923
論解放區戰場 1945 年 4 月 25 日在中國共產黨第 7 次全國代表大會上所作的抗戰軍事報告
朱德著　張家口　新華書店　1945 年　（m.）

007524727　T　4292.24　2923b
論解放區戰場
朱德著　膠東　大眾報社　1945 年
（m.）

007524449　T　4292.24　2923c
論解放區戰場 1945 年 4 月 25 日朱德同志在中國共產黨第 7 次全國代表大會上的軍事報告
朱德著　解放社　1945 年　（m.）

008581552　FC3145
北方遊擊戰爭的戰略
張聞天著　上海　南華出版社　1938 年
（m.）

008170869　MLC-C
抗日遊擊戰爭
朱德著　重慶　新華日報館　1939 年
（m.）

007524728　T　4292.24　2923d
論解放區戰場
朱德著　上海　新華書店　1949 年
（m.）

008630398　FC1042（N）
論抗日遊擊戰爭
朱德著　延安　解放社　1938 年　初版
抗日戰爭叢書　（m.）

011913392　UA837.C41　1939
新軍言論集
集納出版社編　香港　1939 年　集納叢書　（m.）

008616983　FC3034
一九四三年留守兵團生產建設
八路軍留守兵團政治部編　1944 年
（m.）

007524419　T　4292.24　2923f
論解放區戰場
朱德著　香港　中國出版社　1947 年

(m.)

008581755　FC3920
劉少奇同志給晉綏同志書
劉少奇著　1947年　幹部大會參考材料

008617055　FC3907
整頓隊伍
安東日報社編　安東　安東日報社
1947年　幹部學習材料

011914412　PR5818.D312　1932
獄中記
王爾德著　張聞天、汪馥泉譯　上海
商務印書館發行　1932年　第1版　文學研究會叢書　(m.)

007488612　DS777.53.F72　1946x
中國解放區見聞
福爾曼著　朱進譯　重慶　重慶學術社
　1946年　(m.)

008580228　FC2896
中國解放區實錄
董必武撰　三藩市　合作出版社
1946年

002421836　4292.24　4274
華北前綫
勃脫蘭原著　伍叔民譯　上海　棠棣社
　1939年　(m.w.)

008592969　FC3022
中國共產黨第五次全國代表大會宣言1927
漢口　1927年

008630538　FC3175
中國共產黨對目前時局宣言
中國共產黨中央委員會　香港　中央委員會　1930年

008563847　FC1679
中國共產黨對於廣東時局宣言
中共廣東區委會　香港　中共廣東區委會　1925年

007523355　FC1717　FC490
中國共產黨第六次全國大會議決案
中國共產黨全國大會　1928年

008598267　FC1008(N)
國際代表在中國共產黨第六次全國代表大會上的報告和結論
莫斯科　1928年

007524599　T　4292.24　4386
團結的大會勝利的大會 中共七大文獻之四
大智編　張家口　新華　1945年
(m.)

008626989　FC350
中國共產黨的六中全會文件
廣州　新華日報館　1939年　(m.)

008630528　FC1049(N)
中國共產黨第七次全國代表大會文獻
中國共產黨全國代表大會　香港　解放社　1945年　(m.)

008593003　FC3154
中國共產黨第七次全國代表大會原始材料彙編
1945年

007524381　4292.24　4415
草莊頭據點的覆滅附楊會崖的伏擊
晉綏軍區司令部政治部　香港　晉綏軍區司令部政治部編印　1944年

007524480　4292.24　4486
談解放區的政治與軍事
李普撰　香港　拂曉社　1946年

008580399　FC3028
雄崖區王村區九、十兩月份對頑反特政治攻勢簡單總結
即東縣政府　即東　即東縣政府　1946 年

001493827　4292.24　4534
西北特區的戰時總動員
韓濤編輯　上海　時代史料保存社　1938 年　初版　（m.）

001920003　4292.24　4984
中共抗戰一般情況的介紹
葉劍英著　香港　解放社　1944 年　（m.）

007524734　T　4292.24　4984b
中共抗戰一般情況的介紹
膠東　新華書店　1945 年　（m.）

007524513　4292.24　5046
新中國的雛型
G.史坦因著　伊吾譯　香港　生產出版社　1947 年　（w.）

001938197　4292.24　5324
隨軍漫記
A. Smedley 等著　田漢譯　上海　上海出版社　1946 年　（m.w.）

007524740　4292.24　564
中國共產黨抗戰文獻
廣州　紅棉出版社　1946 年　（m.）

008096664　T　4292.24　5640
抗戰以來重要文件彙集 1937—1942
中央委員會書記處編　延安　中央委員會書記處　1942 年

007524421　4292.24　5640
中國共產黨對中華民族的貢獻
廣州　遼東建國書社　194？年

007525570　4292.24　6134
蘇北真相
羅賓孫著　廣州　理想出版社　1947 年

007525568　4292.24　6765
統一戰綫下的中國共產黨
香港　一般書店總經售　1938 年

001593333　4292.24　7106
前綫巡禮
陸詒著　漢口　大路書店　1938 年　初版　（m.w.）

007525480　4292.24　7173
一年來陝北共黨之動態
劉學海著　1942 年

011904752　DS777.5365.C6　1948
南下記
周立波著　哈爾濱　光華書店　1948 年　初版　（m.w.）

007525746　4292.24　7216　FC8251　Film Mas 32163
蘇日協定後的中國共產黨
劉一鶚撰　重慶　勝利出版社　1941 年

007525468　4292.24　7235
保衛華北的遊擊戰
劉清揚、陳北鷗合著　漢口　生活書店　1938 年　（m.）

001357560　4292.24　7264
"七七"四年
周恩來著　重慶　新時代出版社　1941 年　初版

007593604　FC335
陝甘寧邊區鄉選總結

陝甘寧邊區政府民政廳編　延安　1941年　（m.）

007594960　FC334
陝甘寧邊區簡政實施綱要
延安　大衆日報社　1943年

007525752　4292.24　7921
四年來的中國共產黨
陳重撰　廣州　大公出版社　1941年

007525753　4292.24　7925
晉察冀邊區的內幕
陳允中撰　重慶　求是出版社　1941年

007525458　DS777.53.C383　1939　4292.24　7993
模範抗日根據地冀察晉邊區
陳克寒著　重慶　新華日報館編輯及發行　1939年

007525425　T　4292.24　8482.1
磨擦從何而來
國民革命軍第十八集團軍[總]政治部編　香港　國民革命軍第十八集團軍政治部　1940年

008580509　FC3099
溫典祥班和張緒友排
國民革命軍第十八集團軍膠東軍區政治部前綫報社編　香港　國民革命軍第十八集團軍膠東軍區政治部前綫報社印　1946年　前綫叢書

007525761　T　4292.24　8482.2
中國解放區戰場上的民兵
國民革命軍第十八集團軍總政治部宣傳部　香港　1945年

007525562　4292.24　8720
人民解放軍抗戰簡史
時事研究會　濟南　時事研究會　1946年　（m.）

007525630　T　4292.25　0243
一二·一慘案特輯
延安　1945年

007525767　4292.25　0243.1
和平民主新階段的指針
新華通訊社　香港　1946年　（m.）

007525769　T　4292.25　0243.2
和平民主的道路
新華通訊社　1945—49年

007525774　4292.25　0334
慶祝濟南解放的偉大勝利
1948—67年　（m.）

007525776　T　4292.25　0450
爭取全面抵抗的勝利
新華書店　香港　該店　1946年　（m.）

007525569　4292.25　0464
停戰文獻
新華日報社　1946年　（m.）

007525777　T　4292.25　0724
六月以來國共談判重要文獻
延安　1946年　（m.）

007525644　4292.25　1143
在變動中
香港　正報社　1948年　時事研究小叢書

007525779　4292.25　1313.1
時事教育參考文件一九四五年八月至一九四六年二月
晉察冀軍區政治部　香港　該部　1946年

008580267　FC2944
即東反僞頑鬥爭形勢報告

即東縣政府　濟南　即東縣政府　1946 年

008580265　FC2942
起來制止內戰挽救危亡各方通函件第二冊
大衆日報社編　延安　1943 年

007525580　4292.25　1316
爲制止內戰而鬥争
晉察冀日報社編　濟南　晉察冀日報社　1945 年

008581555　FC3150
把祖國推向獨立、自由、解放
上海聖約翰大學學生會編　上海　聖約翰大學學生會印　1948 年

007525782　4292.25　1316.1
爲獨立和平民主而鬥争
晉察冀日報社　香港　該社　1946 年（m.）

007525784　T　4292.25　1405
東北人民應該走什麽道路
于毅夫撰　香港　新嫩江出版社　1946 年

007525785　T　4292.25　1560
我們的主張
群衆雜志社　香港　該社　1946 年

007525556　4292.25　1814
攻無不克
華山著　東北日報副刊部編　佳木斯　東北書店　1948 年　初版（m.w.）

007525788　T　4292.25　2030
中國問題文獻
解放社　香港　1946 年　（m.）

008581722　FC3896
日本投降後的中國共產黨

統一出版社編　1947 年

007525574　4292.25　2215　FC8304　Film　Mas　32181　T　4292.25　2215
中國問題文獻第一集
向羣編　香港　大衆文化合作社　1946 年　（m.）

007525795　4292.25　2579
心言
牟原撰　哈爾濱　1946 年

007525796　T　4292.25　2630
"東北問題"宣傳大綱
愛國通訊社　香港　該社　1946 年

006633147　4292.25　3251　DS784.W39　1946x
爲東北的和平民主而鬥争第一輯
廣州　大衆文化合作社　1946 年

007525807　4292.25　4320
中國革命常識講話
袁似瑶著　北平　新中國書局　1949 年　青年學習叢書　（m.）

007525571　4292.25　4362
蘭州戰役第一輯
第一野戰軍政治部編印　廣州　第一野戰軍政治部　1949 年

007525535　T　4292.25　5122
一年來之中共
中聯出版社編　廣州　中聯出版社　1947 年

001594564　T　4292.25　5170
論戰局
東北民主聯軍總政治部　廣州　東北民主聯軍總政治部　1946 年

008579008　FC2030
關於新解放區大量發展黨的問題

中國共產黨華東中央局　香港　中國共產黨華東中央局　1946年

007526048　4292.25　568
中國人民解放戰爭三年戰績1946年7月—1949年6月
中國人民解放軍總部編　濟南　中國人民解放軍總部　1949年

007525952　4292.25　5687
中國人民解放軍入城政策
漢口　新華書店　1949年　（m.）

007823810　T　4292.25　6256
團結抗戰反對內戰
1940年　第1版

007525918　T　4292.25　6409
國共談判真相
重慶　新華書店　1944年

007526243　T　4292.25　6502
時事文獻選集
聯政宣傳部　香港　聯政宣傳部　1946年

007526244　4292.25　7221
歷史的暴風雨
劉白羽著　漢口　武漢人民藝術出版社　1949年　人民藝術叢刊　（m.w.）

007526032　4292.25　7233
南征散記
馬寒冰著　哈爾濱　東北書店　1947年　9版　（m.w.）

007526246　4292.25　7480
中共反受降行動之批判
聞谷音撰　香港　大公出版社　1946年

007525955　T　4292.25　8641
挺進大別山
曾克著　北京　新華書店　1949年　（m.）

007526249　4292.25　8720
人民解放戰爭兩周年的總結和第三年的任務
上海　新華書店　1949年　（m.）

007526034　4292.25　8720b
人民解放戰爭兩周年的總結和第三年的任務新華社社論另附錄七篇
正報社編印　香港　正報社圖書部　1948年　初版　（m.）

007526254　4292.25　8863
秋季戰役攻勢之銅版照片十二幅
八路軍山東膠東軍區司令部政治部編　廣州　1945年

007526257　4292.25　8863.1
敵人不投降堅決消滅他
十八集團軍山東膠東軍區政治部　1946年

007526281　4292.25　9495
怪報怪事
明華、南山等著　香港　初步書店總經售　1948年

007525927　4292.26　0432
新中國的誕生
許滌新等著　三藩市　綠原書店　1949年

007526261　T　4292.26　0464
將革命進行到底
新華日報資料室　香港　華中新華書店　1949年　（m.）

007526002　4292.26　1405
紅區時論特輯（1）
浩然[夏康農]編　廣州　生路出版社　1938年

007526270　4292.26　2091
從魔掌到自由三個匪共幹部脱黨後的報導
H.S.R.著　臺北　臺灣省新聞處翻印
　1949 年

007886677　4292.26　2503
將革命進行到底
解放社編　廣州　東北新華書店　1949
年　(m.)

007528437　4292.26　3321
匪區真象
海軍總司令部政工處編　廣州
194?年

008627480　FC769
兩年以來托派罪行的總結
微沫著　桂林　新知書店　1939 年　再
版　(m.)

008580252　FC2929
陳獨秀先生辯訴狀
陳獨秀撰　濟南　1933 年　(m.)

007987907　4292.3　0813
政治協商會人物志
194?年

007523373　T　4292.3　1213
英雄傳
陳學昭等著　張家口　新華書店
1945?年　(w.)

007523331　T　4292.3　1213a
英雄傳第二集
陳學昭著　香港　東北書店　1946 年
初版　(m.w.)

007523558　T　4292.3　1313
追悼"四・八"遇難烈士
晉察冀邊區暨張市各界追悼"四・八"遇
難烈士籌委會　延安　晉察冀邊區暨張

市各界追悼"四・八"遇難烈士籌委會
1946 年

011932856　DS796.S2　H7　1938
今日之上海
夏衍著　漢口　現實出版社　1938 年
初版　(m.w.)

011931218　DS777.5315.L5　1938
軍民之間
李輝英著　漢口　上海雜志公司　1938
年　初版　戰地報告叢刊　(m.w.)

011911880　DS777.5194.S4　1930
抗戰中的女戰士
沈茲九著　廣州　戰時出版社　193?
年　戰時小叢刊(w.)

011930563　DS777.533.A35　S8　1938
空中英雄
孫桐崗等著述　乘風編　漢口　自強出
版社　1938 年　初版　(m.)

011930115　PL2614.K3　1945
雷老婆
高朗亭、李立等著　香港　新華書店
1945 年　再版　(m.)

011890571　DS777.5314.F3　1938
蘆溝橋到漳河
范長江、小方等著　漢口　生活書店
1938 年　初版　(m.)

011561812　DS777.5314.X795　1938
魯閩風雲
徐盈著　漢口　生活書店　1938 年　初
版　(m.w.)

011917012　D767.6.H8　1946
緬北之戰
黃仁宇著　上海　大東書局　1946 年

初版　(m.)

008616940　FC3917
人民與戰爭
劉白羽著　佳木斯　東北書店　1947年　初版　(m.w.)

007523564　4292.3　1444
石老太太
楊重野著　香港　東北日報　194?年

011916479　DS777.5313.W46　1939
文藝通訊
張葉舟編　上海　國際出版社　1939年　初版　(m.w.)

011981667　DS777.5315.S4　1938
西綫隨征記
舒群著　漢口　上海雜志公司　1938年　初版　戰地生活叢刊　(m.w.)

011913054　DS777.5315.H7　1938
血寫的故事
夏衍著　上海　黎明書局　1938年　初版　(m.w.)

011910863　DS777.5314.Z435　1939
戰鬥中的一年
何家槐編　衡陽　第八集團軍總司令部戰地服務隊　1939年　初版　(m.w.)

008169852　MLC-C
中日空軍血戰記
中國出版公司編印　1937年　(m.)

007523361　T　4292.3　2135
毛澤東印象
齊文編　北京　人民出版社　1946年

007523568　T　4292.3　2135.04
毛澤東印象記
徐之楨撰　哈爾濱　東北書店　1948年

3版　(m.)

007523365　FC9302　Film　Mas　35724　T　4292.3　2135.1
毛澤東故事
蕭三等　廣州　東北書店　1946年

007523600　FC3971(N)　FC9277　Film　Mas　35745　T　4292.3　2135.13
中國人民偉大領袖毛主席近影集
晉察冀軍區政治部晉察冀畫報社　香港　晉察冀軍區政治部晉察冀畫報社　1945年

007523200　4292.3　2135.134　FC9421　Film　Mas　35852
毛澤東論
張如心著　香港　新民主出版社　1949年　(m.)

007523589　FC9425　Film　Mas　35856　T　4292.3　2135.1b
毛澤東故事選
蕭三撰　張家口　晉察冀分店　1945年

007523370　4292.3　2135.31　FC9303　Film　Mas　35762
毛澤東的思想及作風
張如心著　佳木斯　東北書店　1946年　(m.)

007519805　4292.3　2135.4
毛澤東的思想
香港　光華書屋　1947年　(m.)

007519626　4292.3　2135.41　FC9424　Film　Mas　35855
毛澤東的青年時代
蕭三著　香港　新民主出版社　1949年　初版

007519519　4292.3　2135.42　FC9301　Film　Mas　35723
毛澤東同志兒童時代青年時代與初期革命活動
蕭三撰　廣州　新華書店　1949年　華中版

007519517　T　4292.3　2135.50
毛澤東自傳附中國共產黨年表
愛德迦・史諾筆　方霖譯　香港　新民主出版社　1949年　毛澤東研究叢書（m.w.）

007520078　4292.3　2135.7
東方紅
陳天河編　香港　平原出版社　1949年
（m.w.）

007519948　4292.3　2135.9　FC9232　Film　Mas　35725
毛澤東在重慶
愛潑斯坦等著　上海　合衆出版社　1946年　（m.）

007520059　4292.3　2291.4b
女共產黨員
李伯釗著　北平　解放報　1949年
（m.w.）

011985855　DS777.488.C5　A4　1938
蔣委員長書信集
蔣中正著　上海　建國書店　1938年再版　（m.）

007520080　4292.3　2310
吳玉章同志革命故事
何其芳著　香港　新中國書局　1949年　北方文叢　（m.）

007520164　4292.3　2334
吳滿有
艾青著　香港　福嵐籹印書局　1945年
（w.）

007520159　4292.3　2334.1
吳滿有鼓詞
王尊三作　香港　晉察冀邊區教育陣地社　1946年　群衆讀物

007521914　4292.3　3513
人民將領群像
海雲編　澳門　春秋書店　1947年

007522115　4292.3　4228
勞動英雄胡順義
羽山作　晉察冀邊區行政委員會編輯委員會編輯　香港　晉察冀邊區教育陣地社　1946年　（m.w.）

007521984　4292.3　4460
中共六烈士小傳
李明等著　香港　新中國書局　1949年

006802479　4292.3　4505b　JQ1519.A5　C5189　1949x
中國共產黨烈士傳
華應申編　香港　新民主出版社
1949年

007348157　PL2922.T8　S8　1946x
隨軍散記
沙汀著　上海　知識出版社　1946年
（m.w.）

007522237　4292.3　7003
韜奮的死及其他
民主文叢出版社　香港　該社　1946年

007521911　4292.3　8914
王若飛、葉挺、秦邦憲、鄧發榮哀錄
余耳編　香港　新力出版社　1946年

009262988　4292.4　5455
中共中央文件
中共中央組織部編　濟南　中共中央組織部　1932—33年

007523535　4292.4　7064
關於黨的組織工作給各級黨部及突擊隊的一封信
閩贛戰地委員會　1939年

007523233　4292.4　8770.5
人民民主專政重要文獻
九龍　南方書店　1949年

007523543　4292.4　9210
黨的建設
1931—67年

007523566　4292.42　6.03
中共中央三中全會材料
1930—67年

008099419　4292.48　0414
淮南上幹會議的任務及總結
譚震林講　1943年

008592999　FC3152
新階段
1942年

007522006　4292.5　2181
青年修養
程今吾編著　香港　新華書店　1949年　初版　（m.）

008580525　FC3110
冬學綜合教材
魯中文［學工作者］協［會］編　香港　魯中文學工作者協會印　1945年

007521975　4292.5　2647
怎樣做調查研究工作
白韜著　香港　新中國書局　1949年　港再版　（m.）

007522189　4292.5　2911
論民主與修養
徐醒著　香港　建華出版社　1947年　（m.）

007522030　4292.5　3174
思想教育與工作方法
江陵著　香港　海洋書屋　1948年　萬人叢書　（m.）

007521904　4292.5　4008
共產主義的人生觀
杭州　學習出版社　1949年　（m.）

008592757　FC2882
關於共產黨員氣節問題
香港　膠東區黨委宣傳部印　1946年

011811687　Q175.W275　1946
科學方法漫談
汪敬熙著　上海　商務印書館　1946年　滬3版　（m.）

011894184　BD61.M713　M6　1934
認識之方法
（美）蒙塔求［W. P. Montague］著　施友忠譯　上海　商務印書館　1934年　（m.）

011932077　BF441.H8x　1949
思想方法和讀書方法
胡繩著　北平　中外出版社　1949年　（m.）

007521879　4292.5　4221
思想方法和讀書方法
胡繩著　上海　耕耘出版社　1946年　（m.）

007825548　MLC-C
論學習問題
濤聲輯　天津　天津讀者書店印行　1949年　初版　（m.）

007522074　4292.5　4464
論學習的態度
艾思奇等著　上海　新知識出版社　1948年

007522195　4292.5　4464.2
思想方法上的革命
艾思奇、吳黎平著　香港　北方出版社
　1946 年

007523305　4292.5　4812
進入新社會之前
黃雨編著　香港　南國書店　1949 年
（m.）

008581737　FC3913
黨員基本知識
中共冀魯豫區黨委宣傳部編　香港　中共冀魯豫區黨委宣傳部印　1947 年

008579172　FC731（N）
關於學習問題給淮北區黨委的信
劉子久著　香港　解放社出版　1944 年
（m.）

007523202　4292.5　6454
思想指南
毛澤東等著　廣州　北方出版社　1949 年　（m.）

007523350　4292.5　8828
鋼鐵的煉成
蘇北出版社編輯　濟南　蘇北出版社　1946 年　（m.）

008580455　FC3059
黨員教材
中國人民解放軍第七兵團政治部編　香港　中國人民解放軍第七兵團政治部印　1949 年

008580457　FC3060
黨員教材
中國人民解放軍華東野戰軍政治部編　香港　中國人民解放軍華東野戰軍政治部印　1947 年

007523371　4292.52　0472
整頓三風[二十二個文件]
文風出版社編　香港　文風出版社　1946 年

009480418　FC9385
整頓三風[二十二種文件]
濟南　冀魯豫軍區教七旅政治部　194？年　烽火文選　第 2 集

008579002　FC2026
關於幾個問題的意見
任弼時著　香港　中共山東分局第三區黨委翻印　1949 年

007524490　4292.52　2314
任務
侯干城著　上海　海燕書店　1949 年新 1 版　（m.w.）

007524508　4292.52　2422　FC8265　Film　Mas　32172
反黨八股
毛澤東等著　香港　紅棉出版社　194？年　整風文叢

009248398　4292.52　2652
延安新文字獄記詳
白揚采編　江西泰和　尖兵半月刊社　1943 年　（m.）

007187460　JQ1519.A5　C4753　1949x
整風文獻
香港　新民主出版社　1949 年　增訂初版　（m.）

007524738　4292.52　2703
整風文獻
解放社編　張家口　新華書店晉察冀分店　1946 年　訂正本　（m.）

007707848　MLC–C
整頓三風文獻

毛澤東、劉少奇等著　解放社編　延安
　　解放社　1942 年　（m.）

009480374　FC9384
整風參考文選
香港　華北新華書店　1943 年　（m.）

007704071　MLC – C
整風參考文選
廣州　冀魯豫書店　1943 年　（m.）

007524464　4292.52　2703c
整風文獻
解放社編　上海　新華書店　1949 年
訂正本　（m.）

007524476　4292.52　2703e
整風文獻
解放社編　瀋陽　東北書店　1949 年
2 版　（m.）

007721314　MLC – C
整風文件
廣州　新華書店　1943 年　增訂 4 版
（m.）

007710788　MLC – C
整政問題
林伯渠撰　延安　中國共產黨西北局
1943 年　高幹會文獻

008456429　MLC – C
中共三整風運動之面面觀
廣州　統一出版社　1942 年

008627132　FC1324
修養指南
劉少奇著　遼北　東北書店　1948 年

007524515　4292.52　3174
一個共產黨員的改造
江陵著　香港　中國出版社　1948 年

新社會小叢書

007525704　4292.52　4535
人民代表會講座
中共遼東省委宣傳部　遼東　東北新華
書店　1949 年

008581734　FC3909
當前職工運動的幾個文獻
晉察冀邊區總工會編　香港　晉察冀邊
區總工會印　1946 年

008169881　MLC – C
論領導方法
1948 年

007525706　4292.52　5150
職工運動文獻
東北書店　瀋陽　東北書店　1949 年
（m.）

008580238　FC2913
職工運動問題的報告與結論
濟南　1930 年　三中全會材料

008580237　FC2912
職工運動議決案
中國共產黨中央委員會三中全會撰　濟
南　1930 年

008581621　FC3830
被壓迫國的無產階級應不應領導愛國運動
中國共產黨左派反對派編　上海
1931 年

008627564　FC1591
論共產黨員的修養
香港　人民出版社　1949 年

007526165　4292.52　7294
論共產黨員的修養[第二部份]
劉少奇撰　香港　華北新華書店
1946年

007525590　4292.52　7294B
論共產黨員的修養
劉少奇著　張家口　新華書店晉察冀分店　1946年　（m.）

008376725　4292.52　7294c
論共產黨員的修養
劉少奇著　1949年

008592733　FC2874
共產黨員的修養
劉少奇著　華北邢臺　華北新華書店
1946年

007525463　4292.52　7294D
論共產黨員的修養一九三九年八月七日在延安馬列學院的講演
劉少奇著　香港　新民主出版社　1949年　港3版

007525450　4292.53　0270
中國新民主主義青年團
香港　新民主出版社　1949年　初版

007528341　4292.53　2625
告時代青年
柳湜等編著　廣州　怒吼出版社　1938年　（m.）

007526040　4292.53　4471
青年團在農村
中國新民主主義青年團蘇南區工作委員會編　蘇州　蘇南新華書店　1949年

007521932　4292.53　5607.09
中國新民主主義青年團工作綱領
中國共產主義青年團編　瀋陽　東北新華書店　1949年

007523203　4292.53　564.01
中國新民主主義青年團第一次全國代表大會文獻
共青團全國代表大會　漢口　新華書店　1949年　華中版　（m.）

007523548　4292.53　5658.1
全國青年團結起來在毛澤東旗幟下前進
中國青年社　香港　中國青年社
1949年

007523377　4292.53　5672
中國學生大團結
劉白羽等撰　香港　新民主出版社
1949年　（m.）

007523185　4292.53　5672.5
中國學生的當前任務
北京　東北書店　1949年　初版
（m.）

007524687　4292.53　7122
一串新鑰匙少年學習問題研究之二
陳維德撰　哈爾濱　光華書店　1948年
（m.）

007524691　T　4292.54　0430
識字課本
辛安亭編　香港　華北新華書店
194?年

008581881　FC3937
文化翻身 no.16
文化翻身社編　山東　新華書店出版
1948年

011931834
重訂三字經
章炳麟重訂　上海　漢文正楷印書局

1934 年 （m.）

007524618　T　4292.54　0430.1
衛生課本
辛安亭編著　延安　新華書店　1946 年
（m.）

007524693　T　4292.54　1121
高小算術第三冊
霍得元編　香港　華北新華書店　1946
年　（m.）

007524695　T　4292.54　1312
工人課本
晉察冀邊區總工會　香港　該會　1945
年　（m.）

007524696　T　4292.54　1313
時事教材
晉察冀邊區各界抗日救國聯合會　廣州
1945 年

007524699　T　4292.54　1362
高小史地第三冊
張思俊編　香港　華北新華書店　1946
年　（m.）

007524701　T　4292.54　1947
民主建設講話
孫蔚民撰　香港　華中新華書店
1946 年

007524710　T　4292.54　2126
小突擊員
崔允明撰　廣州　國家聯合出版部遠東
分部　1931 年

007524717　T　4292.54　2594
婦女識字課本第一冊
香港　渤海新華書店　194? 年　（m.）

007524467　T　4292.54　4103
中級國文選
范文瀾編　香港　華北新華書店
1942—45 年　（m.）

007524719　T　4292.54　4213
高小國語第三冊
蕭雲撰　香港　華北新華書店　1946 年
（m.）

011981706　PL1115.C4　1938
戰時兒童國語選
楊晉豪編　廣州　戰時兒童教育社
1938 年　初版　戰時兒童叢刊　（m.）

007524720　T　4292.54　5260
中級國文讀本第一冊
香港　八路軍總政治部　1942 年

008678496　T　4292.54　7222
初小國語
劉御編著　陳叔亮繪圖　陝甘寧邊區教
育廳審定　延安　新華書店　1946 年
（m.）

007524623　T　4292.54　7433
中等國文
陝甘寧邊區教育廳編　廣州　新華書店
1946 年　（m.）

007524752　T　4292.54　7433.1
算術課本
廣州　新華書店　1945—46 年　（m.）

007524755　4292.54　8748
圖畫手冊
管藝美術研究室　廣州　新華書店
194? 年

007524765　4292.55　0452
大衆讀本
謝青撰　香港　新民主出版社　1949 年

008625918　FC5876　(5)
婦女民眾學校用婦女讀本
秦柳芳、茅仲英編　俞慶棠、甘導伯校
香港　江蘇省立教育學院工人教育實驗
區出版　1933年　5版

007525647　4292.55　1643
牲口病的治法
群眾報社編　194？年　日用小叢書

007525707　4292.55　4432
婦女和小孩的衛生常識
李潤生編著　廣州　韜奮書店　1945年
　（m.）

007525709　T　4292.55　4445
預防出水出斑病
李志中撰　香港　新華書店　1944年

007525731　4292.55　4453
創傷治療原則
李振湘編著　香港　蘇中軍區衛生部
1944年　（m.）

007525726　4292.55　7433
怎樣養娃
陝甘寧邊區民政廳　香港　新華書店
1944年

007525739　T　4292.56　1313
農民課本
晉察冀邊區農會　香港　該會　1945年

007525595　4292.56　2641
怎樣建設農村新文化
白桃等著　香港　紅棉出版社　1949年
　新教育叢書　（m.）

007525641　T　4292.56　4124
繪圖莊稼雜字陝甘寧邊區冬學課本
董純才編著　香港　新華書店　1944年

011909196　PL1115.H7　1937
鄉農的書
楊效春編　山東鄒平　鄉村書店　1937
年　4版　（m.）

007525771　4292.56　5435
農村支部如何領導群眾生產
中共遼東省委宣傳部　東北　新華書店
遼東分店　1949年

007531960　4292.56　6129
幻燈電影
香港　該局　1943年

007525587　4292.56　7904
怎樣動員農民大眾
陳毅著　上海　上海雜誌公司　1937年
　（m.）

007526206　4292.57　1318
中國工人運動的經驗教訓和任務
工人出版社編　北京　1949年

007526286　4292.57　1802
工運的新任務
香港　工人文化社　1948年

007526319　4292.57　2030
中國職工運動的當前任務
解放社編　上海　新華書店　1949年
（m.）

007528192　4292.57　4813
中國職工運動文獻
趙一波著　上海　十年出版社　1946年

007528369　4292.57　4873
問題在那裏？
趙熙撰　北京　天下圖書公司　1949年
　第1版　大眾文藝叢書

007528110　4292.57　5486.3　FC5876　(14)
新社會的新女性
中華全國民主[中華人民共和國全國]婦女聯合會籌備委員會編　上海　新華書店　1949年　婦運叢書

007530695　4292.59　0464　DS777.6. X56　1949x
論知識份子
新華日報資料室編輯　無錫　蘇南新華書店　1949年　(m.)

007530452　4292.59　1422
關於知識份子的改造
正報出版社編　香港　正報出版社　1949年　(m.)

007530577　4292.59　1424
關於知識份子
聶紺弩著　上海　潮鋒出版社　1948年　初版　文學者叢刊(w.)

007528022　4292.63　0220
蔣黨真相三十年見聞雜記之一
翊勳著　廣州　南洋出版社　1949年　(m.)

007528385　4292.63　0227
解答一個疑問
高崇民著　香港　東北書店　1946年　(m.)

011896295　PL2747.C5　S4　1916
身外身
蔣景緘著　上海　進步書局　1916年　再版　(m.)

007528149　4292.63　0341
新官塲現形記六回
司馬相世著　香港　文林書局　1946年　初版　(m.)

007528179　4292.63　0430
中國法西斯派的陰謀與我們鬥爭的任務
重慶　1946年　國共停戰協議及政治協商會議重要文獻

007528387　4292.63　0450
蔣軍必敗
新華書店　香港　華北該店　1946年　(m.)

011930634　PL2778.A5　C5　1938
街頭劇創作集
光未然著　漢口　揚子江出版社　1938年　初版　(m.w.)

007528166　4292.63　0450.1
盟邦人士的諍言
香港　新華書店　1944年　時事叢刊　(m.)

007528393　4292.63　1122
他山石
王仁勉編　香港　時代出版社　1943年　(m.)

007528114　4292.63　2064
蔣介石的諾言與自白
解放日報編著　廣州　大衆書店　1945年　初版　(m.)

007528269　4292.63　2064.2
駁蔣介石
解放日報編　張家口　晉察冀日報社　1945年　(m.)

007528168　4292.63　2504
破產的政治理論
解放日報社　延安　解放日報社　1946年　(m.)

007528084　4292.63　2671
鋼鐵的隊伍

魯風著　香港　揚子出版社　1947年
蘇北解放區實錄（w.）

007529448　4292.63　2671.8
人民翻身記
魯風著　香港　揚子出版社　1947年

007529326　DS777.47.M4 1938　T　4292.63　2942
隨軍西行見聞錄
夢秋編著　上海　生活出版社　1938年
（m.）

007529433　T　4292.63　2942b
隨軍西行見聞錄
廉臣撰　1936年

007529518　4292.63　3301
國民黨叛國投敵要員概觀
邊章五等著　張家口　新華書店晉察冀分店　1945年

007529595　4292.63　4104
大後方的民主運動
華北新華書店　山西　新華書店　1946年　（m.）

008580297　FC2964
萊東縣民主運動總結報告
萊東縣政府　香港　萊東縣政府　1946年

008580306　FC2967
萊東縣政府一九四六年上半年民政工作總結
萊東縣政府　香港　萊東縣政府　1946年

008580296　FC2963
萊西南縣政府佈告
萊西南縣政府編　濟南　1947年

008580303　FC2966
萊陽縣政府關於八、九、十月份幾個問題的報告
萊陽縣政府　萊陽　萊陽縣政府　1946年

008580349　FC3001
平東縣政府關於執行省府及膠東區行政公署開展民主運動的補充指示
平東　平東縣政府民政科　1946年

008580353　FC3003
平東縣政府民政工作五個月分的情況彙報
平東縣[政府]民政科　平東　平東縣政府民政科　1946年

008580498　FC3087
五龍縣政府致南海專署關於即東縣幹部抗屬來五龍避難函
五龍縣政府　香港　五龍縣政府　1946年

008592986　FC3113
對於共黨問題之檢討與吾人應取之方針
濟南　1940年

007529601　4292.63　4130
蘇北共黨解放區真相亦名蘇北夬禍
蘇北流亡難民通訊處　香港　蘇北流亡難民通訊處　1946年　再版

007529603　4292.63　4182
"九‧一八"以來
香港　新華書店　1944年

007529439　4292.63　4207
大後方輿論
香港　新華書店　1944年　時事叢刊

007529607　4292.63　4214
國事痛

楊耳等編　饒陽　冀中新華書店　1947年　(m.)

007530501　4292.63　4833
解放區回來
黃道明著　香港　我們的出版社　1949年　初版　(m.)

008580261　FC2936
常委爲提議建立新黨及改換"反對派"名稱給全國同志的信
常務委員會撰　濟南　1934年

008580280　FC2952
聯席會議談話
彭述之撰　濟南　1930年

008581619　FC3829
在聯席會議上所發表之意見
彭述之撰　1930年

007530507　4292.63　4841
政治暴徒評論
革命真理出版社編　廣州　革命真理出版社　1946年　(m.)

008628237　FC1012(N)
中國的取消主義和機會主義
馬爾諾夫著　莫斯科　1927年

008580247　FC2925
中國革命與反對派
上海　民智書局　1929年　革命叢書

008598268　FC1011(N)
中國革命與共產黨
瞿秋白撰　1928年

008576449　FC489
中國革命與共產黨關於1925年至1927年中國革命的報告
瞿秋白著　1928年

008627508　FC482
中國革命與機會主義
上海　民志書局　1929年　(m.)

008627238　FC860
中國革命與叛徒
中華書店編輯　濟南　中華書店　1933年

007530720　4292.63　5141
反剿民要活命
東北華北學生抗議"七五"血案聯合會　北平　1948年　(m.)

007530722　4292.63　5170
時論
東北民主聯軍總政治部　香港　1946年

007530486　4292.63　5430
禍民叛國紀
忠報社編輯　香港　海外書店　1947年

007530726　T　4292.63　5547
拿飯來吃五二〇血案畫集
中央大學五二〇血案處理委員會　南京　1947年　(m.)

008598270　FC1014(N)
爲什麼中國共產黨的領導破產
尹思美譯　莫斯科　1927年

007530653　4292.63　564
中國共產黨不法行爲及破壞抗戰事實紀要
廣州　天水行營政治部　1940年

011989022　HV8260.A2.T34　1938
政治偵探
戴笠著　南京　國民政府軍事委員會政治部　1938年　(m.)

007530581　4292.63　6120
中國法西斯特務真相
香港　新華書店　1949年　(m.)

007530731　T　4292.63　6419
國共兩黨抗戰成績比較
香港　八路軍留守兵團政治部　1943年
(m.)

007530732　4292.63　6419A
國共兩黨抗戰成績比較
香港　八路軍留守兵團政治部　1946年
(m.)

007530733　4292.63　6438
"國大"演義
香港　中國出版社　1947年

007530552　4292.63　6513
從江南到東北
李滌生、陸中傑著　香港　東北書店翻印　1946年　初版　(m.)

007530682　4292.63　7234
美蔣陰謀秘聞
卿汝楫著　香港　新民主出版社　1949年　(m.)

007530648　4292.63　7331
反對法西斯
八路軍留守兵團政治部宣傳部編
1943年

007531993　4292.63　7923
評《中國之命運》
陳伯達撰　張家口　新華書店晉察冀分店　1945年　(m.)

007532060　4292.63　7923A
評《中國之命運》
陳伯達撰　香港　解放社　194?年

007888907　4292.63　7923a　(1943)
評《中國之命運》
陳伯達撰　香港　解放社　1943年
(m.)

007888861　4292.63　7923b
評《中國之命運》
陳伯達撰　上海　新華書店　1949年
(m.)

007888889　4292.63　7923c
評《中國之命運》
陳伯達著　香港　新中國文獻出版社
1946年　(m.)

007531687　4292.63　7923d
評《中國之命運》
陳伯達、艾思奇等著　廣州　新華書店
　　1949年

007532000　4292.63　7923E
評《中國之命運》
陳伯達著　香港　曉明社　1946年
(m.)

007532002　4292.63　7923.1
《中國之命運》批判
陳伯達撰　香港　解放社　1943年

007532004　4292.63　7923.2
評《中國之命運》與介紹《中國之命運》
陳伯達撰　香港　牡丹江書局　1943年

007532005　4292.63　7923.3
介紹《中國之命運》
陳伯達著　香港　解放社　1943年

007532007　4292.63　7923.4
竊國大盜袁世凱
陳伯達著　香港　東北書店　1946年
(m.)

007531829　4292.63　7923.4A
介紹《竊國大盜袁世凱》
陳伯達著　張家口　晉察冀日報社　1946 年

007531788　4292.63　7923.4B
介紹《竊國大盜袁世凱》
陳伯達撰　北京　新華書店　1946 年（m.）

007532017　4292.63　7923.4C
竊國大盜袁世凱
陳伯達著　重慶　群衆雜誌社　1946 年（m.）

007888848　4292.63　7923.4d
竊國大盜袁世凱
陳伯達著　天津　新華書店　1949 年（m.）

007532018　4292.63　7923.4E
竊國大盜袁世凱
陳伯達著　香港　正風出版社　1946 年（m.）

007531643　4292.63　7923.4f
竊國大盜袁世凱
陳伯達撰　北京　新華書店發行　1949 年　第 1 版（m.）

007531835　4292.63　7923.5
閻錫山批判
陳伯達著　張家口　新華書店晉察冀分店　1945 年（m.）

007888877　4292.63　7923.5a
閻錫山批判
陳伯達著　張家口　新華書店　1945 年（m.）

007531695　4292.63　7923.7
中國四大家族
陳伯達著　香港　長江出版社　1947 年（m.）

007885658　4292.63　7923.7a
中國四大家族
陳伯達著　廣州　1946 年（m.）

007531671　4292.63　7923.7B
中國四大家族
陳伯達著　上海　新華書店　1949 年（m.）

011907002　HC427.8.C436　1946
中國四大家族
陳伯達撰　大連　東北書店　1946 年（m.）

006618410　HC427.8.C436　1947x
中國四大家族
陳伯達著　香港　中國出版社　1947 年（m.）

007531762　4292.63　9322
論李宗仁與中美反動派
懷鄉著　香港　宇宙書屋　1948 年

007531842　4292.64　0430
美帝扶日真相
華北新華書店編輯部編　天津　天津新華書店　1949 年（m.）

011919636　DS518.8.Z43　1944
美國戰前的遠東外交
張忠紱著　重慶　獨立出版社　1944 年初版（m.）

007531806　4292.64　1313
日本強盜的法律
凌亢著　香港　晉察冀邊區教育陣地社　1946 年　群衆讀物（m.w.）

007532043　4292.64　1313A
日本强盗的法律
凌亢著　香港　東北書店　1946 年
（m.w.）

007532045　T　4292.64　1365
日本在淪陷區
延安時事問題研究會　延安　解放社
1939 年

007532470　4292.64　3233
國際問題講話
沙溪著　長春　新中國書局　1949 年
再版　（m.）

011933728　HC54.Z43　1929
國際問題經濟的觀察
章淵若著　上海　民智書局　1929 年
（m.）

011982060　D727.F19　1932
現代國際問題
樊仲雲編　上海　中華書局　1932 年
（m.）

007532491　T　4292.64　8482
控訴敵寇暴行
國民革命軍第十八集團軍總政治部　香港　1945 年

007532245　4292.65　9303
中國經濟內幕
懷庶著　香港　新民主出版社　1948 年
（m.）

007532303　4292.66　2680
抗戰期中大後方人民的生活
伯人編　香港　晉察冀邊區教育陣地社　1945 年　（m.）

007532520　4292.66　4874
蔣管區真情實錄
香港　時事簡報社　1946 年

007532527　4292.66　6222
所謂"解放區"的真象
時代出版社　香港　時代出版社　1947 年

007532530　4292.66　7121
時代的印象
劉白羽著　香港　新中國書局　1949 年
（w.）

007524610　4292.67　0250
活捉笑面虎
方青著　香港　新民主出版社　1949 年
　通俗文藝小叢書

011913751　PL2755.C5　H7　1933
行雲流水
朱契［偰］著　南京　鍾山書局　1933 年　初版　（m.）

007524536　4292.67　0421
人人説好
文向珠主編　香港　大衆圖書公司
1949 年　解放劇集

007524617　4292.67　0421.2
春英翻身
文向珠主編　香港　大衆圖書公司
1949 年　解放劇集

007524634　4292.67　0433
圈套詩選
阮章競、張志民著　北京　新華書店
1949 年　（m.w.）

007453453　4292.67　0450
保衛解放區的英雄們
華北新華書店編輯部編　香港　華北新華書店　1946 年　新大衆叢刊　（m.）

007524485　4292.67　1121
王克勤班小型歌劇選
晉冀魯豫軍區文藝工作團等著　香港　新華書店　1949年　中國人民文藝叢書　（m.w.）

007524481　4292.67　1123
寶山參軍小歌劇集
王血波作劇　王莘作曲　上海　新華書店　1949年　初版　中國人民文藝叢書　（m.w.）

007524491　4292.67　1142
晴天
王力著　香港　東北書店　1946年　初版　（m.w.）

007524466　4292.67　1142B
晴天
王力著　上海　新華書店　1949年　中國人民文藝叢書　（m.w.）

007524766　T　4292.67　1146
演新戲[方言短戲]
王萬恩撰　重慶　育才學校　1945年

007524769　T　4292.67　1146.1
不太平[獨幕四川土話劇]又名外省人爲啥到川省來嗎？
王萬恩撰　重慶　育才學校　1945年

007524614　4292.67　1170
夫妻勞軍秧歌劇
亞凡編　延安　大眾書店　194?年

007524774　4292.67　1184
轉移
孟繁彬著　香港　晉綏邊區呂梁文化教育出版社　1944年　（m.）

007524486　4292.67　1198
勞動英雄回家新型秧歌劇
王炎、劉錫琳編劇　劉錫琳作曲　香港　晉綏邊區呂梁文化教育出版社　1944年　初版　"七七七"文藝獎金獲獎作品　（m.w.）

007525547　FC8211　Film　Mas　32117　T　4292.67　1313.1
眼睛亮了
何遲著　香港　晉察冀邊區教育陣地社　1946年　初版　群眾讀物　（m.w.）

007525757　T　4292.67　1323
張連賣布鄋户劇
裴然撰　香港　邊區新華書店　1945年

007525764　T　4292.67　1336
張治國廣場劇
延安　印工合作社　1944年　（w.）

007525775　4292.67　1344
剝皮老爺
張友編　香港　韜奮書店　1946年

007525638　T　4292.67　1430
老百姓自己的軍隊"正報"讀者愛報運動紀念册
香港　正報社　1948年

007525814　4292.67　1613
徐海水
翟強撰　香港　聯防政治部宣傳部　194?年

007525551　4292.67　1714
李勇大擺地雷陣
邵子南著　佳木斯　東北書店　1946年　初版　（m.）

007525548　4292.67　1848　FC8217　Film　Mas　32109　T　4292.67　1848
李長勝捉俘虜五塲小型歌劇

歌焚編　香港　東北書店　1946 年　初版　(m.w.)

007525833　4292.67　1938
競賽著的人們
孫濱撰　北京　生活・讀書・新知三聯書店　1949 年

007526027　T 4292.67　2144
三打祝家莊
延安平劇研究院集體創作　任桂林執筆　濟南　延安平劇研究院　1946 年　初版　(m.)

011910614　DS777.53.C4　1938
八路軍學兵隊
陳克寒著　漢口　上海雜志公司　1938 年　漢初版　戰地生活叢刊　(m.w.)

011916622　DS777.5315　G36　1939
烽火歸來
高語罕著　上海　華盛頓印刷出版公司　1939 年　初版　(m.)

011930522　DS777.5138.L5　1949
紅軍長征隨軍見聞錄
廉臣著　上海　群衆圖書公司　1949 年　初版　(m.w.)

005619304　FC342
陝北剪影
原景信編著　廣州　新中國出版社　1938 年　(m.)

007707769　MLC – C
陝行紀實
楚雲著　漢口　讀書生活出版社　1938 年　初版　(m.)

011984055　DS777.5316.S3　S4　1937
上海血戰記第二月
抗戰彙報社編　上海　戰時出版社　1937 年　初版　(m.)

011930182　DS777.5138.L536　1938
隨軍西征記
廉臣著　漢口　新知書店經售　1938 年　初版　(m.)

011937847　DS777.5315.P5　1938
太行山邊
碧野著　漢口　大衆出版社　1938 年　抗戰動員叢刊　(m.w.)

008630376　FC1313
血戰八年的膠東子弟兵
八路軍山東膠東區政治部編　山東　膠東新華書店　1945 年　(m.)

011933225　PL2765.I47　Y8　1933
遊美短篇軼事
謝頌羔著　上海　廣學會　1933 年　初版　(m.)

009567516　MLC – C
主席訪日隨行記
楊之華著　南京　中央電訊社　1941 年　初版　中央電訊社叢書　(m.)

007526025　4292.67　2317
抓壯丁三幕話劇
陳戈集體創作　吳雪執筆　佳木斯　東北書店　1948 年　再版　(m.w.)

007528372　T 4292.67　2537
擁愛好榜樣
山東軍區政治部宣傳部　山東　新華書店　194? 年

007528380　4292.67　2662
團結立功
魯易、張傑著　北京　新華書店　1949

年　修正再版　中國人民文藝叢書
（m.w.）

007528392　4292.67　3143
團的兒子
江棟良撰　上海　教育出版社　1949年　4版　（m.）

007528442　4292.67　3435
打回老家去
導報叢書編輯部　上海　導報館發行部　1938年　（m.w.）

007528144　4292.67　4144
燒炭英雄張德勝五場歌劇
荒草編劇　賀綠汀作曲　香港　聯政宣傳部　1945年　初版　（m.w.）

007528138　4292.67　4190
李國瑞
杜烽著　香港　新華書店　1949年　初版　中國人民文藝叢書　（m.w.）

007528461　4292.67　4230
回娘家秧歌劇
蕭汀撰　香港　邊區新華書店　1945年

007529529　4292.67　4235
侯哥彈和他的少年隊
胡海編　香港　晉察冀邊區教育陣地社　1946年　群眾讀物

007529407　4292.67　4242
富得榮還鄉
蕭也牧著　張家口　晉察冀邊區教育陣地社　1946年　初版　群眾讀物　（m.w.）

007529408　4292.67　4242A
富得榮還鄉
蕭也牧著　香港　東北書店　1946年

初版　（m.w.）

007529391　4292.67　4273　FC8207　Film　Mas　32097
把眼光放遠點
冀中火綫劇社集體創作　胡丹沸執筆　牧虹修改　香港　新華書店　1944年　（m.）

007529396　4292.67　4273.1
把眼光放遠點獨幕話劇選
冀中火綫劇社著　香港　新華書店　1949年　中國人民文藝叢書　（m.）

007529614　4292.67　4334
母親們和年青的子弟兵
樊宇撰　香港　晉察冀邊區教育陣地社　1946年　（m.）

007529617　4292.67　4334A
母親們和年青的子弟兵
樊宇撰　香港　東北書店　1946年　（m.）

007529399　4292.67　4420　FC8209　Film　Mas　32119
我們的鄉村一幕二場劇
東北文藝工作團集體創作　李牧執筆　瀋陽　東北畫報社　1946年　初版　（m.w.）

007529414　4292.67　4478
新與舊小說
李欣著　香港　晉綏邊區呂梁文化教育出版社　1944年　初版　"七七七"文藝獎金獲獎作品　（m.）

007529417　4292.67　4522
英勇抗戰故事第一輯
蘇中出版社編　香港　蘇中出版社　1945年　初版　（m.）

008627013 FC1711
告農民書
中國國民黨中央執行委員會農民部編 南京 中國國民黨中央執行委員會宣傳部 1924年

008627562 FC1058(N)
告農民書作農民運動者須知
1926年

011913323 PL2789.U17 K36 1938
抗戰大鼓詞
穆木天著 漢口 新知書店 1938年 初版 (m.)

007529677 4292.67 4543
劉巧團圓
韓起祥編 上海 生活·讀書·新知三聯書店 1949年 (m.)

007529694 T 4292.67 4646.1
葉大嫂搖船渡江
苗培時撰 北京 新華書店 1949年

007529696 4292.67 4646.2
趙亨德大鬧正太路
苗培時撰 北京 新華書店 1949年

007530556 4292.67 5027
基本群衆
井巖盾著 哈爾濱 東北書店 1949年 初版 文學戰綫創作叢書 (m.w.)

007530725 4292.67 5042
三勇士推船渡江
史若虛撰 北京 新華書店 1949年

007530728 T 4292.67 5046
跨進了延安的大門紅色中國的挑戰之二
史坦因·根室著 紫薔譯 廣州 智源書局 1946年

007530534 4292.67 5955
詛咒之歌
未冉著 哈爾濱 光華書店 1948年 初版 (m.w.)

007530540 4292.67 6433
甄家莊戰鬥話劇
嚴寄洲著 香港 呂梁文化教育出版社 1944年 初版 "七七七"文藝獎金獲獎作品 (m.)

007530444 4292.67 6741 FC8256 Film Mas 32159
戰鬥在晉西北的英雄們
廣州 八路軍留守兵團政治部 1944年 初版 (m.)

007453689 DS777.53.C3584 T 4292.67 6744
戰鬥在太行山上
香港 聯防軍政治部 1944年 (m.)

007530545 T 4292.67 6768
嚴氏兄弟
十八集團軍總政治部宣傳部選編 延安 印工合作社 1945年 初版 文藝讀物選叢 (m.w.)

010067841
孔雀東南飛
1942年

007530777 4292.67 7100
陸文龍
香港 晉綏邊區呂梁文化教育出版社 194?年

007494835 PL2368.P56 Y36 1933x
平劇戲目彙考
楊彭年著 上海 會文堂新記書局 1933年 (m.)

010067840
三娘教子
1940 年

007531912　4292.67　7212
夫妻識字
馬可著　楊角木刻　延安　1945 年

007531974　4292.67　7227
新屯堡一名張初元
馬利民作　香港　晉綏邊區呂梁文化教育出版社　1944 年　（m.）

007531773　4292.67　7252.1　FC8201　Film　Mas　32122
民間藝術和藝人
周揚著　張家口　新華書店晉察冀分店　1946 年　初版　（m.）

007531750　4292.67　7252.4
新的人民的文藝
周揚著　上海　新華書店　1949 年

007531638　T　4292.67　7422
醫藥衛生的模範
陝甘寧邊區政府辦公廳編　延安　陝甘寧邊區政府辦公廳　1944 年　邊政讀物（m.）

007532104　T　4292.67　7435
安置移難民與創辦合作社英雄田雲貴
中共西北中央局調查研究室　香港　中共西北中央局調查研究室　1944 年

007532108　T　4292.67　7435
馮雲鵬怎樣安置移難民
中共西北中央局調查研究室　香港　中共西北中央局調查研究室　1944 年

007534635　T　4292.67　7435
機關節約模範佟玉新
中共西北中央局調查研究室　香港　中共西北中央局調查研究室　1944 年

007534632　T　4292.67　7435
機關養豬四英雄養豬經驗座談
中共西北中央局調查研究室　香港　中共西北中央局調查研究室　1944 年

007534659　T　4292.67　7435
勞動英雄模範村長田二鴻
中共西北中央局調查研究室　香港　中共西北中央局調查研究室　1944 年

007534627　T　4292.67　7435
李文煥高仲和創造了打鹽奇跡
中共西北中央局調查研究室　香港　中共西北中央局調查研究室　1944 年

007532113　T　4292.67　7435
劉生海從二流子變成勞動英雄
中共西北中央局調查研究室　香港　中共西北中央局調查研究室　1944 年

007534661　T　4292.67　7435
劉玉厚與郝家橋
中共西北中央局調查研究室　香港　中共西北中央局調查研究室　1944 年

007532082　T　4292.67　7435
六十歲勞動英雄孫萬福
中共西北中央局調查研究室　香港　中共西北中央局調查研究室　1944 年

007534660　T　4292.67　7435
馬家溝和陳德發
中共西北中央局調查研究室　香港　中共西北中央局調查研究室　1944 年

007534644　T　4292.67　7435
模範黨員勞動英雄申長林同志
中共西北中央局調查研究室　香港　中共西北中央局調查研究室　1944 年

007532080　T　4292.67　7435
磨坊起家的王科
中共西北中央局調查研究室　香港　中共西北中央局調查研究室　1944年

007534629　T　4292.67　7435
難民勞動英雄陳長安
中共西北中央局調查研究室　香港　中共西北中央局調查研究室　1944年

007534655　T　4292.67　7435
農業畜牧英雄賀保元
中共西北中央局調查研究室　香港　中共西北中央局調查研究室　1944年

007534649　T　4292.67　7435
青年農業勞動英雄李長清
中共西北中央局調查研究室　香港　中共西北中央局調查研究室　1944年

007532101　T　4292.67　7435
水利英雄馬海旺
中共西北中央局調查研究室　香港　中共西北中央局調查研究室　1944年

007534645　T　4292.67　7435
楊朝臣是退伍軍人的旗幟
中共西北中央局調查研究室　香港　中共西北中央局調查研究室　1944年

007532099　T　4292.67　7435
張成仁和馬坊掌
中共西北中央局調查研究室　香港　中共西北中央局調查研究室　1944年

007532087　T　4292.67　7435
張清益創辦義倉
中共西北中央局調查研究室　香港　中共西北中央局調查研究室　1944年

007532084　T　4292.67　7435
張慶豐運鹽起家
中共西北中央局調查研究室　香港　中共西北中央局調查研究室　1944年

007532089　T　4292.67　7435
張振財和城壕村
中共西北中央局調查研究室　香港　中共西北中央局調查研究室　1944年

007534641　T　4292.67　7435
植棉英雄郭秉仁
中共西北中央局調查研究室　香港　中共西北中央局調查研究室　1944年

007534690　4292.67　7637
牛永貴受傷鄜戶劇
八路軍留守兵團政治部宣傳部　延安　八路軍留守兵團政治部宣傳部　1944年（m.w.）

007534711　T　4292.67　7716
教育英雄張健華
閻吾撰　山東　新華書店　1946年

007534739　4292.67　7962
蜜蜂和螌蟲兒童歌舞劇
原野撰　194？年

007534476　4292.67　8412
老百姓打仗的故事
敏丁編　香港　晉察冀邊區教育陣地社　1946年　群眾讀物　（m.）

007534581　4292.67　8631
保衛山東的英雄們
香港　聯防軍政治部　1944年　戰士小叢書

007534767　4292.67　8631.1
生產、擁愛和學習
香港　八路軍聯防政治部　1944年（m.）

007534770　FC8258　Film　Mas　32170　T　4292.67　8631.2
部隊勞動英雄的代表
香港　八路軍聯防政治部　1944年
（m.）

007535852　4292.67　8637　　T　4292.67　8637
敵後抗戰的小故事
香港　八路軍留守兵團政治部　1944年　戰士小叢書

007535853　T　4292.67　8637.1
英雄的晉察冀子弟兵
廣州　八路軍留守兵團政治部　1944年　戰士小叢書

007535776　FC8322　Film　Mas　32196　T　4292.67　8637.2
留守兵團的英雄們和模範者
香港　八路軍留守兵團政治部　1944年　戰士小叢書

007531787　4292.68　0819
農家樂快板秧歌劇
顏一煙著　哈爾濱　東北書店　1948年　3版　（m.w.）

007531748　4292.68　0819.2
血淚仇新型秧歌劇
馬健翎原著　顏一煙等改編　黃準等配曲　東北文藝工作團編　香港　華中新華書店　1949年　（m.）

007531969　4292.68　1132
炊事員張有山
聯政宣傳部　香港　該部　194?年

007531789　4292.68　1144
民族氣節女英雄楊懷英鼓詞
王樹萍著　香港　晉察冀邊區教育陣地社　1946年　群衆讀物　（m.）

007531971　FC8208　Film　Mas　32096　T　4292.68　1188
張占義改造伙房
王金鐘撰　香港　聯政宣傳部　1945年

007531784　4292.68　1204
黑板報
丁毅著　1945年　初版　（m.w.）

007531786　4292.68　1233
三擔水小歌劇
丁洪編劇　一鳴作曲　佳木斯　東北書店　1948年　初版　（m.w.）

007531785　T　4292.68　1322
陳樹元掛獎章戰鬥劇本
張紹傑編劇　李慶鍾作曲　佳木斯　東北書店　1948年　初版　（m.w.）

007544556　4292.68　1438
現代民謠
海默輯　武漢人民藝術出版社編選　上海　上海教育書店　1949年

007544667　T　4292.68　1520
歌曲集
晉綏邊區　呂梁文化教育出版社　194?年

008456454　MLC－C
永續軍艦歌詠集
1938年

007544595　T　4292.68　1653
三兒脫險記
曹振峰畫　香港　北方美術供應社　1944年　群衆畫叢

007544674　4292.68　1653（1）　T　4292.68　1653
[連環圖畫]葛存的故事
晉察冀邊區行政委員會編審委員會北方畫會　香港　北方美術供應社　1939—46年

007544689　T　4292.68　1771
新歌選集第一集
聯防軍政治部宣傳部　香港　聯防軍政治部　1946年

007871799　4292.68　2132
翻身
任遷喬撰　香港　東北聯軍總政治部　1946年　（m.w.）

007544690　4292.68　2132.1
反攻
任遷喬撰　山東　新華書店　1946年　（m.w.）

007544693　T　4292.68　2590
慶祝紅軍攻克柏林特輯
山東省文協　山東　新華書店　1945年

007544596　T　4292.68　3716
英雄會
胡季委作　古元木刻　濟南　邊區群眾報社　1943年　群眾文藝叢書

007544698　4292.68　4222
小曲子第一本
胡季委、柯藍作　香港　新華書店　1944年　再版　（m.）

007544699　4292.68　4240　　T　4292.68　4240
小曲子第一本
柯藍撰　香港　邊區群眾報社　1946年　（m.）

007544599　4292.68　4262B
妯娌争光
力鳴、興中編劇　鷹航作曲　香港　新中國　1949年　（w.）

007548097　4292.68　4600
鞏固和平時事鼓詞
古力高作　香港　新華書店　1946年

群眾讀物

007544496　4292.68　4646
百名英雄大鼓詞　墜子通用
苗培時編　香港　華北新華書店　1946年　初版　新大眾叢刊　（m.）

007544493　4292.68　4822
貨郎擔
延安橋鎮鄉秧歌隊著　馬達木刻　濟南　延安橋鎮鄉秧歌隊　1945年　初版　（m.w.）

007544490　4292.68　4843　FC8205　Film　Mas　32099　T　4292.68　4843
白毛女六幕歌劇
賀敬之等編劇　馬可等作曲　香港　新華書店　1946年　（m.w.）

007544497　4292.68　4913
張鳳蘭勸夫大鼓詞
林著　登封慘案河南墜子　張友　香港　華北新華書店　1946年

007544706　4292.68　5086
擁護八路軍魯藝秧歌
延安　華北書店　194？年

007544618　T　4292.68　5416
戎冠秀
婁霜木刻　田間[童天鑒]詩　廣州　冀晉日報社　1946年　（m.w.）

007544609　T　4292.68　5486
解放歌聲
中華全國音樂界抗敵協會晉察冀分會編　張家口　新華書店　1945年　（m.）

007544713　T　4292.68　6201
王德明擁政愛民
香港　聯政宣傳部　1946年

007544487　4292.68　7937
勞動的光輝
陳波兒著　北平　新中國書局　1949年初版（m.）

007544495　4292.68　8126
一盞燈歌劇
鍾紀明著　香港　新華書店　1946年初版（m.w.）

007544727　4292.69　2594
山東解放區的婦女
山東省婦聯總會　香港　該會　1946年（m.）

011930139　HQ1737.L685　1947
創作婦女的新史實
李曼瑰著　南京　時代出版社　1947年

007544377　4292.69　5644　FC5876(13)　HQ1737.Z46　1949x
中國婦女大翻身
香港　新民主出版社　1949年（m.）

007544560　4292.69　8167
中國解放區的兒童
全國民主婦女聯合會籌備委員會編　上海　新華書店　1949年

008625950　FC5876（10）
中國解放區的南丁格兒們
全國民主婦女聯合會籌備委員會編　香港　新華書店發行　1949年

007544418　4292.69　8670
中國解放區農村婦女生產運動
香港　新民主出版社　1949年（m.）

008630377　FC5876（13）
中國解放區農村婦女生產運動
全國民主婦女聯合會籌備委員會編　上海　新華書店　1949年（m.）

007544976　4292.7　2135
發展生產擁政愛民文獻集
中國共產黨中央政治局　延安　八路軍聯防政治部　1944年

007698745　MLC－C　T　4292.7　5411
一九四三年生產運動中的經驗
中共西北中央局調查研究室編　延安　中共西北中央局調查研究室　1944年（m.）

008581735　FC3911
一九四四年冬學運動總結
晉綏邊區行政公署民教處編　香港　晉綏邊區行政公署民教處印　1945年

007545092　T　4292.7　8637
一年來的擁政愛民工作
八路軍留守兵團政治部　香港　該部　1944年

009478797　FC9370
黨建參考資料
194？年

007545021　T　4292.71　1323
陝甘寧邊區施政綱領新文字通俗本
張繼祖等編譯　廣州　新華書店　1941年（m.）

008580331　FC2985
豫鄂邊區施政綱領民國三十一年三月二十二日豫鄂邊區第一屆代表大會第一次大會通過
1942年

008627174　FC771
政治綱領參考資料
中國解放區人民代表會議籌備委員會秘書處編　香港　中國解放區人民代表會議籌備委員會秘書處　1945年

007545106　4292.71　4417
中共割據下之政治
李一删編著　重慶　光明出版社　1943
年　（m.）

007544975　4292.71　4486
光榮歸於民主談解放區的政治與軍事
李普著　重慶　拂曉社　1946 年
（m.）

007545137　T　4292.71　4933
陝甘寧邊區政府一年工作總結
林祖涵撰　香港　1944 年　（m.）

007545142　4292.71　5413
論城鄉關係
中共天津市委總學委會　天津　該會
1949 年　（m.）

007544830　4292.71　7071　CHIN-PR　961　JEN
人民大憲章學習手冊
上海　展望周刊　1949 年

007545012　T　4292.71　7432
陝甘寧邊區第二屆參議會重要文獻
陝甘寧邊區政府辦公廳編　延安　陝甘
寧邊區政府辦公廳　1944 年　（m.）

008582975　FC3050
**陝甘寧邊區參議會常駐會第十一次[及]
政府委員會第五次聯席會議之決定及有
關經濟文化建設的重要提案**
陝甘寧邊區政府辦公廳編　1944 年

007545031　T　4292.71　7432.1
陝甘寧邊區第二屆參議會彙刊
陝甘寧邊區參議會　延安　陝甘寧邊區
參議會第二屆常駐委員會　1942 年

007544933　T　4292.71　7433
選舉文件第一輯
陝甘寧邊區選舉委員會編　延安　陝甘
寧邊區選舉委員會　1945 年

007544932　T　4292.71　7433.1
陝甘寧邊區政策條例彙集續編
陝甘寧邊區政府辦公廳　延安　陝甘寧
邊區政府辦公廳　1944 年　再版
（m.）

007545163　4292.72　2030
**在民主與團結的基礎上加強抗戰爭取最
後勝利**
解放社　香港　1944 年

007545168　4292.72　4933
十月革命的經驗與中國抗戰
林祖涵等著　重慶　新華日報館　1939
年　再版　（m.）

001363761　KNN9000.J56　X53　1945x　T　4292.73　1313
現行法令彙集
晉察冀邊區行政委員會　香港　晉察冀
邊區行政委員會　1945 年

007546943　4292.73　4187
華北人民政府法令彙編第一集
華北人民政府秘書廳編　香港　華北人
民政府秘書廳　1949 年　（m.）

007546998　4292.73　5150
城市政策彙編
東北書店編印　哈爾濱　東北書店
1948 年　（m.）

007547138　4292.74　0404
論軍紀
弈文等著　香港　真實出版社　1941 年
（m.）

001936393　4292.74　0865
敵人口中的八路軍新四軍與中國共產黨
香港　新華書店　1945 年　（m.）

007546900　4292.74　1178
中原突圍記
孔厥等集體創作　香港　中國出版社
1947 年

007546928　4292.74　2146
八路軍的戰鬥力
程萬里編著　廣州　新中國出版社
1938 年　（m.）

007546958　4292.74　2372
紅軍長征故事
廣州　中原新華書店　1949 年　（m.）

007546993　4292.74　4203
楊靖宇和抗聯第一路軍
紀雲龍編著　哈爾濱　東北書店
1946 年

008593015　FC3201
努力發動解放區群眾
中國共產黨　香港　中國共產黨
1946 年

008616964　FC3176
新解放區的群眾生產
晉綏邊區生產委員會　濟南　1946 年

007546999　4292.74　4252
戰鬥中的解放區民兵
力斬編　香港　中國出版社　1947 年

007742755　FJ191　J　4292.74　4491
中國共產軍發展史
李光原著　上海　在上海大日本帝國大使館事務所　1943 年　中支調查資料

007548150　4292.74　6811
成爲時局中心的新四軍
上海　遠東書店　1941 年

008085497　T　4292.74　8482.3
八路軍百團大戰特輯
國民革命軍第十八集團軍政治部編輯
延安　八路軍軍政雜誌社　1941 年

007549005　4292.75　2841　HC427.9.C566　1949x
新民主主義經濟政策的商榷
秋楓著　香港　北極出版社　1949 年
再版

007548999　4292.75　4842
新中國的合作社
狄超白著　香港　新民主出版社　1949 年　初版　新民主知識叢書

008579011　FC2032
生產文選
香港　膠東新華書店　1945 年　（m.）

007528039　4292.75　7923
中國經濟的改造
陳伯達等著　香港　新民主出版社
1949 年　（m.）

007529444　4292.76　0101
新工商政策
毛澤東等著　香港　紅棉出版社　1949
年　增訂本

007529397　4292.76　0234
新中國的工商政策
方潮聲著　香港　南方論壇社　1949 年
工商小叢書　（m.）

007529521　4292.76　0465.3
生產上的革命瀋陽第三機械廠創紀錄運動介紹
新華時事叢刊社編　北京　新華書店
1949 年　新華時事叢刊

007531933　4292.76　1313
下花園發電廠的管理與工會工作

晉察冀邊區總工會　香港　該會　1946
年　（m.）

007530596　4292.76　4043
解放區貿易須知
華商報編　香港　華商報　1949 年
（m.）

011903572　HF3777.C44　1947
進口須知
張一凡著　上海　中國文化服務社
1947 年　滬初版　（m.）

008072754　HJ6330.A6　1933x
中華民國海關轉口稅稅則自民國二十年六月一日起施行本稅則數量單位及稅則自民國二十三年二月一日起改按新標準度量衡制計算
上海　上海總稅務司署統計科　1933 年

007531950　4292.76　4313
工展手册
大連工業展覽會　大連　大連工業展覽會　1949 年

007531954　4292.76　4995
怎樣管理企業
林輝撰　香港　新經濟建設叢書出版社　1949 年

007531841　4292.76　5104
創造新紀錄運動
東北新華書店編　瀋陽　東北新華書店　1949 年　經濟建設叢書

007531896　4292.76　6114
陝甘寧邊區民間紡織業
羅瓊編　香港　中國婦女社　1946 年　婦女叢刊

007531843　4292.76　7433
為工業品的全面自給而奮鬥

陝甘寧邊區政府辦公廳編　延安　陝甘寧邊區政府辦公廳　1944 年　邊政讀物

007531676　4292.76　7923
關於工商業的政策
陳伯達等著　香港　中國出版社　1948 年　解放叢書

007534621　4292.78　0239
新中國的土地政策
廖源撰　九龍　南方書店　1949 年

007532386　4292.78　1140
中國土地改革問題
孟南著　香港　新民主出版社　1949 年　增訂本　（m.）

007532528　4292.78　1313
勞動互助的典型例子和經驗
晉察冀邊區行政委員會實業處　香港　1945 年　（m.）

007532338　4292.78　1313.1
戶計劃家庭會議和改造懶漢老婆
晉察冀邊區行政委員會實業處編　濟南　晉察冀邊區行政委員會實業處　1946 年　大生產運動叢書

007532550　4292.78　1313.2
大生產運動領導問題
晉察冀邊區行政委員會實業處　香港　晉察冀邊區行政委員會實業處　1946 年　（m.）

007534623　T　4292.78　1731
翻身
聯防軍政治部宣傳部　香港　聯政宣傳部　1946 年　（m.w.）

007887274　T　4292.78　2135b
農村調查

毛澤東撰　福建　新華書店　1949 年

007534639　T　4292.78　2490
種菜常識
香港　新華書店　1944 年

007534646　T　4292.78　3371
消滅蟲害
邊區政府建設廳　延安　新華書店　1946 年

007534724　4292.78　4627
菜園手冊
香港　新菜書店　194？年

007534730　4292.78　4823
新民主農村的勞動互助
趙煉之撰　香港　强學出版社　1946 年（m.）

007534497　4292.78　4842
中國土地問題講話
狄超白著　北京　實踐出版社　1949 年　青年文庫

007534496　4292.78　4842.1
戰後中國農民問題
狄超白撰　香港　南海出版社　1948 年　社會科學小叢書　第 1 輯

007535705　4292.78　5411
邊區的勞動互助
中共西北中央局調查研究室編　1944 年　陝甘寧邊區生產運動叢書

007535774　4292.78　6346
中國土地問題
吳芝圃、李培南合編　北京　時代出版社　1949 年

007535679　4292.78　7294
土改整黨典型經驗
劉少奇等著　香港　中國出版社　1948 年　初版　解放叢書　第 1 輯（m.）

007535861　4292.78　7294　（1949）
土改整黨典型經驗
劉少奇等著　香港　中國出版社　1949 年　2 版　解放叢書　（m.）

008580240　FC2915
金口鎮店集區華山區官龍區十二月份土改工作簡單情況
（山東省）即東縣政府　山東省　即東縣政府　1946 年

008580232　FC2901
群運指示彙編
香港　中國共產黨冀魯豫區黨委員會　1945 年

004931290　FC494
時事評論彙刊一冊
香港　共產黨中央宣傳部　1931 年

007543449　FC373
一九四七年上半年來區黨委關於土改運動的重要文件
中國共產黨冀魯豫區黨委員會　中國共產黨冀魯豫區黨委員會　1947 年

007535860　4292.78　8637
生產經驗談
八路軍留守兵團後勤部經濟建設處編　延安　1944 年

007535867　4292.78　8638
爲豐衣足食而鬥争把二十萬畝荒山變成良田
中國陸軍第八路軍留守兵團政治部編印　香港　陸軍第八路軍留守兵團政治部　1943 年

008580360　FC3009
論王實味的思想意識
范文瀾等著　山東　新華書店　1942 年

007535849　4292.79　0271　FC5876　（13）
中國解放區農村婦女翻身運動素描
中華人民共和國全國婦女聯合會籌備委員會編　香港　新民主出版社　1949 年（m.）

011831775　BJ1668.C5　C36　1948
青年修養
曹伯韓著　上海　開明書店　1948 年初版　開明青年叢書（m.）

007535586　4292.79　2920　FC5876　HQ1738.F82　1949x
婦女運動文獻
香港　新民主出版社　1949 年（m.）

007537253　4292.79　4432
婦女運動的理論與實踐
重慶　新華日報館　1939 年（m.）

007536987　4292.79　5048　FC5876　（14）
新中國的新婦女
中華全國民主婦女聯合會宣傳教育部編　上海　新華書店　1949 年

008580448　FC3056
黨內活頁文件 1—18
香港　中國共產黨冀魯豫區黨委員會宣傳部印　1946 年

011881965　LB1049.Z53　1924
修學指導
鄭宗海撰　上海　商務印書館　1924 年　4 版　東南大學叢書（m.）

011909393　BD168.C5　C36　1949
怎樣求得新知識
曹伯韓著　香港　青年知識社發行　1949 年　增訂版　青年生活叢書

008593007　FC3194
明心集
陳瑾昆、李敷仁、閻寶航、張國權
1946 年

008579004　FC2028
關於新的知識份子幹部的一些問題
1944 年

007536988　4292.79　8670
中國解放區婦女運動文獻
全國民主婦女聯合會籌備委員會編　上海　新華書店　1949 年（m.）

004757601　4292.79　8670.1　FC5876　（13）
中國解放區婦女參戰運動
全國民主婦女聯合會籌備委員會編　上海　新華書店　1949 年（m.）

007531915　4292.81　0222
警三旅八團二連的文化活動
高維嵩作　延安　八路軍聯防政治部　1944 年　連隊文化叢書

007532506　4292.81　0407
解放區普通教育的改革問題
新教育學會　哈爾濱　東北書店　1948 年　再版（m.）

007532523　4292.81　1307　T　4292.81　1307
改造部隊文化學習
香港　晉察冀軍區政治部　194? 年

007534537　4292.81　1422
論當前的宣傳教育工作
正報出版社編　香港　正報出版社　1948 年

007532292　4292.81　2030　4292.81　2030B
知識份子與教育問題
解放社編　上海　新華書店　1949 年（m.）

007532379　4292.81　2126
農村辦學經驗
鮑俠影、陶端予等著　香港　新中國書局　1949年

007534580　4292.81　4448
隴東中學地幹班調查
蔣南翔著　張家口　新華書店　1946年　（m.）

007534731　4292.81　4708
教育工作手冊
太原市人民政府教育局　太原　人民政府教育局　1949年

007535837　4292.81　5411
活躍在農村的讀報組
中［國］共［產黨］西北中央局宣傳部編　張家口　新華書店　1946年　（m.）

007535845　4292.81　6270　T 4292.81 6270
四個民辦小學
陝甘寧邊區政府辦公廳編　延安　陝甘寧邊區政府辦公廳　1944年　邊政讀物　（m.）

011933139　LB2945.C45　1935
鄉村小學行政
張粒民編著　上海　大華書局　1935年　（m.）

007535817　4292.81　7112
教師的新方向
劉子久等著　香港　新民主出版社　1949年　初版　新教育叢書

007887277　4292.81　7201
在摸索試驗中成長的楊家灣小學
陶端予著　香港　新華書店　1945年　（m.）

007535843　4292.81　7201A
在摸索試驗中成長的楊家灣小學
陶端予著　張家口　新華書店　1946年　（m.）

007535816　4292.81　7433
陝甘寧邊區教育方針
陝甘寧邊區政府辦公廳編　香港　該廳　1944年　邊政讀物　（m.）

011906264　PL1271.C5　1933
應用文
趙宗預編輯　上海　世界書局　1933年　3版　（m.）

007535948　4292.81　7963
應用文
陳愚撰　廣州　1945年

007535855　4292.81　8631
張友池和三連的文化學習
香港　八路軍聯防政治部　1945年　連隊文化叢書

007535951　4292.81　8724
人民的大學華北聯大介紹
蘇州　蘇南新華書店　1949年　（m.）

007537112　4292.82　7433　FC8418　Film Mas 32243
展開反對巫神的鬥爭
陝甘寧邊區政府辦公廳編　1944年　邊政讀物　（m.）

008627471　FC1708　PN5369.S52　H8　1935
上海的日報
胡道靜著　上海　上海市通志館　1935年　（m.）

008477669　PN5369.S53　H75　1923x
新聞報三十年紀念冊
上海　該報　1923年

011937737　PN5364.T8　1941
戰時報學講話
杜紹文著　上饒[江西]　戰地圖書出版社　1941年　（m.）

011918389　PN4775.Z468　1930
最新實驗新聞學
周孝庵著　上海　時事新報館　1930年　再版　（m.）

007537109　4292.86　0431　(1)
新聞工作指南
新華社晉察冀總分社編　張家口　新華書店晉察冀分店印行　1946年　初版　（m.）

011935684　PL2303.T3　1949
《大衆文藝叢刊》批評論文選集
荃麟著　大衆文藝叢刊社編輯　北平　新中國書局　1949年　初版　（m.）

011938102　PL2302.C4　1928
從文學革命到革命文學
成傲吾、郭沫若著　上海　創造社出版部　1928年　初版　（m.）

011889141　PL2277.T3　1933
當代中國作家論
樂華編輯部編　上海　樂華圖書公司　1933年　初版　（m.）

011931359　PL2302.H7　1948
過去集
雪葦著　大連　光華書店　1948年　初版　（m.）

011918580　PL2766.S5　Z88　1933
胡適與郭沫若
譚天著　上海　書報論衡社　1933年　初版　（m.）

007537321　4292.86　1720
論民主革命的文藝運動
馮雪峰撰　上海　作家書店　1949年

008616934　FC3741(N)　PL2801.N2　Z745　1933
茅盾論
黃人影編　上海　光華書局　1933年　初版　（m.）

011911697　PL2302.H3　C35　1939
淺見集
韓侍桁著　昆明　中華書局　1939年　現代文學叢刊　（m.）

011879226　PN85　M45　1929
文學評論
（德）梅林格［F. Mehring］著　馮雪峰譯　上海　水沫書店　1929年　初版　科學的藝術論叢書　（m.）

011836644　PL2302.Z462　1930
新興文藝論集
周毓英著　上海　勝利書局　1930年　初版　（m.）

008650361　FC3369
雲南看雲集
沈從文著　重慶　國民圖書出版社　1943年　（m.w.）

011901322　PL2302.L5　1930
怎樣建設革命文學
李初梨著　上海　江南書店　1930年　初版　江南文庫　（m.）

011884889　PL2262.H85　1930
中國文學評價
胡懷琛著　上海　華通書局　1930年　初版　（m.）

007537172　4292.86　1720A
論民主革命的文藝運動

馮雪峰撰　上海　作家書屋　1946 年
（m.）

007537322　T 4292.86　4229
關於部隊文藝工作問題
蕭向榮撰　香港　晉冀魯豫軍區政治部　1946 年　（m.）

007537081　FC8199　Film Mas 32124　T 4292.86　4602
大眾化工作研究
大眾讀物社編　香港　新華書店　1941 年　初版　（m.）

011906550　PL2303.Z548 1948
表現新的群眾的時代文藝論文集
周揚著　佳木斯　東北書店　1948 年　初版　（m.）

007538288　T 4292.86　7250a
表現新的群眾的時代
周揚著　北京　新華書店　1949 年　（m.）

007538487　T 4292.86　7250b
表現新的群眾的時代文藝論文集
周揚撰　1946 年

007538489　4292.86　8163
怎樣寫新聞通訊
金照撰　香港　新察哈爾報社　1944 年　（m.）

007538490　T 4292.86　8163a
怎樣寫新聞通訊
金照撰　香港　晉察冀日報社　1944 年　（m.）

007538342　T 4292.86　8163b
怎樣寫新聞通訊
金照著　張家口　新華書店晉察冀分店印行　1946 年

007538401　T 4292.87　4124
鳳蝶外傳
董純才著　張家口　新華書店晉察冀分店　1946 年　（m.）

008627158　FC774
政治工作論叢第一冊
王稼祥等著　國民革命軍第十八集團軍〔八路軍〕政治部編輯　延安　八路軍軍政雜誌社　1941 年　（m.）

007538398　T 4292.9　1136
野百合花
王實味著　濟南　1943 年　（m.）

008583420　FC869(N)
陳毅致包瑞德上校書
1944 年

008580532　FC3140(N)
反國民會議的策略決議案
中國共產黨中央委員會　香港　中國共產黨中央委員會　1931 年

008592746　FC2877
共產黨二中全會決議案
上海　1929 年

008164246　MLC－C
歷年來重要宣言及決議案
1929 年

008597174　FC3910
熱河省人民代表會議經過及決議案
1946 年

008579167　FC728(N)
中國共產黨紅軍第四軍第九次代表大會決議案
毛澤東等　上海　新華書店　1949 年

008576454　FC492
中國共產黨中央委員會二中全會決議案
中國共產黨中央委員會　1929年

008603275　FC864(N)
中國共產黨中央委員會告同志書爲反對和肅清立三同志路綫的問題
四中全會　1931年

008583419　FC862(N)
中國共產黨中央委員會擴大的第四次全體會議議決案
1931年

008576448　FC486
中國共產黨中央委員會擴大的第四次全體會議議決案
中國共產黨中央委員會　1931年

008580245　FC2922
中國共產黨中央委員會爲"七・七"九周年紀念宣言
中國共產黨中央委員會　香港　中國共產黨中央委員會　1946年

007479042　DS777.53.W3　1946x　T　4292.9　2611
外國記者眼中的延安及解放區
齊文編　上海　歷史資料供應社　1946年　初版　(m.)

006583546　FC372
第八路軍
朱德等著　抗戰出版社編　漢口　抗戰出版社　1937年　抗戰報告叢書

008580467　FC3064
鄧政委解答時局與任務中幾個問題的報告
鄧小平著　香港　晉冀魯豫軍區政治部印　1947年

008580471　FC3067
鄧政委在二地委會上的報告
鄧小平著　香港　中共新縣縣委會印　1948年

008580468　FC3065
第三屆組織工作會議專輯
中國人民解放軍第三野戰軍第七兵團二十一軍政治部　香港　中國人民解放軍第三野戰軍第七兵團二十一軍政治部　1949年

008242075　FC366
戰場畫報
1944年

008580310　FC2969
兩種作風
山東省膠東軍區政治部編　山東省　膠東軍區政治部印　1945年　(m.)

007543589　4292.9　7782
美國白皮書之觀感
閻錫山撰　臺北　行政院秘書處　1949年

007538816　4292.9　7782B
美國白皮書之觀感閻錫山院長民國三十八年八月十日在反侵略大同盟常委會之講詞
閻錫山撰　1949年

007539090　4293.2　6548
日本革命運動史話
香港　新華書店　1944年　(m)

007539089　4293.2　6548B
日本革命運動史話
廣州　辰光書局　1946—62年　(m.)

007538941　4293.3　6421
亡命十六年
野阪參三著　鍾震譯　香港九龍　文建

出版社　1949 年　（m.）

007539098　4293.63　7263　T 4293.63　7263
建設民主的日本
野阪参三撰　延安　解放社　1945 年
（m.）

007539100　4293.63　7263A
建設民主的日本
野阪参三撰　膠東　大衆報社　1945 年
再版　（m.）

007542203　4294.3　7321
論越南八月革命
長征著　喬本序　九龍　黎明出版社
1948 年　（m.）

007531815　4294.327　4233
戰鬥中的新越南
麥浪著　香港　新越南出版社　1948 年
（m.）

007531813　4294.33　4246
胡志明傳
張念式譯　上海　八月出版社　1949 年
（m.）

007531814　4294.33　4246.1
胡志明
孫寒著　香港　新中國書局　1949 年
新中國百科小叢書

011800764　JN3952.Q536　1934
德國的政府
錢端升著　上海　商務印書館　1934 年
初版　（m.）

007532066　4294.6　0070
論新民主革命
端納、番加、以沛合譯　香港　生活書店
1948 年　新世紀叢刊　（m.）

007532314　4294.68　8425
新捷克
敏德威捷夫著　秋江譯　北京　新中國
書局　1949 年　國際問題譯叢　（m.）

007532460　4294.69　2504
喀爾巴阡山狂想曲
上海　生活・讀書・新知三聯書店
1949 年

007532552　4296　1333
敬告中國青年
天心著　坎拿大　雲高華華人工會印
1927 年　（m.）

008580501　FC3091
無政府主義討論集第一集
師復著　鐵心編　廣州　平民書社發行
1921 年

007532553　T 4296　2535
革命之路
自由叢書社　上海　自由書店　1928 年
（m.）

007532554　4296　2535.4
革命的先驅
自由叢書社　上海　自由書店　1928 年

008580499　FC3089
無治黨之道德
克魯泡特金著　震瀛譯述　廣東　實社
1920 年

007532555　T 4296　4232
秩序
（俄）克魯泡特金等著　廣州　美洲平社
1930 年　（m.）

008580503　FC3093
無政府共產主義
克魯泡特金著　香港　民鐘社　1923 年

民鐘社叢書

007532558　4296　4444
從資本主義到安那其主義
巴金撰　美國三藩市　平社　1930 年　(m.)

007532559　4296　4444.2
斷頭臺上
巴金撰　上海　自由書店　1929 年　(m.)

011562749　PL2921.T47　C585　1949
春雷
吳天著　上海　開明書店　1949 年　開明文學新刊　(m.)

011560732　PL2921.T72　F369　1935
飯餘集
吳組緗著　上海　文化生活出版社　1935 年　初版　(m.w.)

007532560　T　4296　6594
無政府共產黨宣言
廣州　中國民鋒社聯盟　1927 年

008580500　FC3090
無政府主義名著叢刻
晦鳴學舍編　廣州　晦鳴學舍印　1913 年

007532562　T　4296　7222
安那其淺說
劉師復撰　廣州　美洲羅星技利仁社　1930 年　(m.)

007532565　T　4296　7222.2
師復文存
劉師復撰　廣州　革新書店　1928 年　(m.)

007532573　4296　7584
咖啡店談話
上海　自由書店　1929 年　(m.)

008580502　FC3092
無政府集第一冊
克魯泡特金等著　真民等譯　香港　民鐘社　1923 年

007532575　4296　8533
社會革命論叢
鐵心編　廣州　革新書局　1928 年　(m.)

經濟

008598165　FC530
經濟會議記錄
經濟部平價購銷處編　重慶　1940—42 年

011979230　HB173.G4812　1929
基特經濟學
基特[紀德]著　王建祖譯　上海　商務印書館　1929 年　中國經濟學社叢書　(m.)

011929656　HG157.C52　1934
金融界服務基本知識
李灌時等著　上海　世界書局　1934 年　(m.)

011886514　HB180.C5　C64　1932
經濟理論之基礎知識
周佛海編著　上海　新生命書局　1932 年　社會科學常識叢刊　(m.)

008107193　4301　2361
經濟財政論叢
金陵大學文學院編輯　成都　1940 年

社會科學論叢　（m.）

006114857　HC426.C52
中國經濟年報第一、二輯　1934—35
中國經濟情報社編　上海　生活書店
1935—36 年　（m.）

008294911　4302　1368
世界經濟會議
張明養著　上海　生活書店　1933 年
初版　時事問題叢刊　（m.）

011760820　HC57.E369　1939
戰後世界金融史
恩席希著　宋家修譯　上海　中華書局
1939 年　（m.）

011985831　JX1226.C5　1935
國際常識辭典
鍾英編著　上海　樂華圖書公司　1935
年　增訂再版　（m.）

007534740　4302　2320
經濟統計叢刊
財政部國定稅則委員會　南京　國定稅
則委員會　1928—37 年

007534741　4302　2320　（1）
物價指數論提要
趙人俊撰　南京　國定稅則委員會
1928—37 年　經濟統計叢刊　（m.）

007534743　4302　2320　（2）
一九二三年瑞典之家庭生計調查
希伯來撰　鍾兆璿譯　南京　國定稅則
委員會　1928—37 年　經濟統計叢刊
　（m.）

007534744　4302　2320　（3）
銀產量與銀價之趨勢
孫超烜撰　南京　國定稅則委員會
1928—37 年　經濟統計叢刊

007534746　4302　2320　（5）
生活費指數編制法說略
盛俊撰　南京　國定稅則委員會
1928—37 年　經濟統計叢刊

007534748　4302　2320　（7）
二十一年二三月之插補指數
孫超烜撰　南京　國定稅則委員會
1928—37 年　經濟統計叢刊

007534749　4302　2320　（8）
修正上海輸入物價指數說明
南京　國定稅則委員會　1928—37 年
　經濟統計叢刊　（m.）

007534750　4302　2320　（9）
中國棉貨總產銷量之結算
葉量撰　南京　國定稅則委員會
1928—37 年　經濟統計叢刊　（m.）

007534751　4302　2320　（12）
按照加工程度分類之上海躉售物價指數
南京　國定稅則委員會　1928—37 年
　經濟統計叢刊　（m.）

007534372　4302　3830　FC7797　Film　Mas　31789
全國工商會議彙編
實業部總務［司］商業司編　南京　實業
部總務司編輯科　1931 年　（m.）

009248603　4302　5623
中國經濟問題
中國經濟學社編　上海　商務印書館
1929 年　（m.）

007534376　4302　5623　（2）
經濟建設
中國經濟學社編　上海　商務印書館
1929 年　初版　中國經濟學社社刊

(m.)

007534667　4302　5623.2
戰時經濟問題
中國經濟學社編　長沙　商務印書館
1940 年　（m.）

007534375　4302　5623.2（2）
戰時經濟問題續集
中國經濟學社編　香港　商務印書館
194? 年　（m.）

007534628　4303　0433
現代經濟新論
上海交通大學交通管理學院經濟學會
上海　廣益　1931 年

007534409　4303　0604
唐慶增經濟演講集
唐慶增著　上海　世界書局　1933 年
（m.）

007534408　4303　0604.2
唐慶增經濟論文集
唐慶增著　上海　商務印書館　1930 年
初版　（m.）

011889199　HC427.8.C56　1933
中國經濟問題
王雲五、李聖五編　上海　商務印書館
　1933 年　初版　東方文庫續編
（m.）

007534691　4303　2132
經濟叢編
中國國務院　北京　1920—21 年
（m.）

007534757　4303　3347
黃金之將來
之江大學商學院　上海　世界書局
1941 年　（m.）

007534760　4303　4138　4303　4138（1974）
現代經濟財政評論集
馬寅初等著　上海　世界書局　1930 年

007535715　4303　4281
楊杏佛講演集
楊銓撰　上海　商務印書館　1927 年
（m.）

007706859　MLC – C
經濟講座第一集
中央銀行經濟研究處編輯　重慶　新中
國文化社經售　1943 年　中央銀行經濟
研究處叢書

007535660　4303　7233
馬寅初演講集
馬寅初演講　上海　商務印書館
1926—29 年　（m.）

007535820　4303　7233.3
馬寅初經濟論文集第一集
馬寅初著　上海　商務印書館　1932 年
（m.）

007535738　4303　7233.4
馬寅初經濟論文集
馬寅初著　上海　作家書屋　1947 年
滬 2 版　（m.）

007535971　4303　8203
翁文灝先生言論集
翁文灝著　上海　丙子學會印行　1936
年　（m.）

007535822　4304　2223
戰時經濟參考書目
何多源編　廣州　嶺南大學圖書館
1938 年　（m.）

009106093　HC427.8.S557　1939x　vol.14
支那經濟關係資料目錄
中支建設資料整備事務所　南京　中支建設資料整備事務所編譯部　1940年　資料通報

007535791　4305　3223.7
經濟學大綱
河上肇著　陳豹隱譯　上海　樂群書店　1929年　(m.)

007535960　4305　4238
怎樣研究政治經濟學
柳湜著　廣州　東北書店　1946年　(m.)

011930092　HB180.C5　L77　1947
經濟學教程
李方進著　上海　文化供應社　1947年　再版　(m.)

007535614　4305　5906　(1-3)
經濟學教程
東方曦　上海　永祥印書館　1947年　青年知識文庫　第1輯　(m.)

007535657　4306　0214
經濟科學大詞典
高希聖[爾柏]、郭真編輯　廣州　科學研究社　1935年

007535884　4306　2226
實用經濟辭典
衛伯撰　上海　九州書局　1937年

007535658　4306　4242
經濟學辭典
柯柏年、吳念慈、王慎名合編　上海　南強書局　1933年　(m.)

007463404　4306　6020
經濟學名詞
國立編譯館編訂　上海　正中書局　1946年　(m.)

007535903　4306　7230
經濟學辭典
周憲文主編　上海　中華書局　1940年　(m.)

007535906　4307　1140
經濟學問答
毛起鵷撰　上海　大東　1931年　(m.)

007535910　4307　4243
經濟新聞讀法
楊蔭溥著　上海　黎明書局　1933年　(m.)

011919782　HB180.C5　H72　1932
經濟學
蕭純錦編　上海　商務印書館　1932年　國難後第1版　(m.)

011913983　HB180.C5　L57　1948
經濟學
劉秉麟編著　上海　商務印書館　1948年　(m.)

011902865　HB180.C5　X84　1949
經濟學
薛暮橋著　上海　生活・讀書・新知上海聯合發行所　1949年　滬初版

007535579　4309　1346
通俗經濟講話
張蓉撰　上海　時代書局　1949年

011907415　HJ191.J3.A3312　1930
財政學史
鄒敬芳譯　上海　商務印書館　1930年　(m.)

007535659　4309　2437.2
新財政學大綱
千家駒著　北京　生活·讀書·新知三聯書店　1949年

007535919　4309　2994
節約建國儲蓄運動
朱炳南著　重慶　國民圖書出版社　1940年　（m.）

007537292　4309　4404
實用經濟六講
李六如等編著　長春　光華書店　1949年　財政經濟叢書　（m.）

007537176　4309　4444
經濟學
薛暮橋著　桂林　新知書店　1939年　新知叢書　（m.）

007537222　4309　4824
經濟學初步
趙冬垠著　上海　生活書店　1946年　新知識初步叢刊　（m.）

007537293　4309　4834
大衆經濟學講話
黃宇楨著　上海　中國圖書雜誌公司　1939年　（m.）

007537295　4309　4842.1
通俗經濟學講話
狄超白著　上海　新知書店　1936年　（m.）

007537297　4309　4844
經濟學
趙蘭坪編著　重慶　正中書局　1943年　（m.）

007537128　4309　7230
經濟本質論
周憲文著　上海　商務印書館　1937年　學藝叢書　（m.）

007537303　4309　7233
經濟學概論
馬寅初著　重慶　商務印書館　1943年　（m.）

007537009　4309　7233b
經濟學概論
馬寅初著　上海　商務印書館　1947年　增訂5版　（m.）

011892571　HB180.C5　C446　1933
經濟學講話
陳豹隱口講　馬玉璞等合記　北平　好望書店　1933年　（m.）

011911746　HB180.C5　D525　1948
經濟學講話通俗本
狄超白著　大連　光華書店　1948年　3版　（m.）

007537310　4310　7217
近代資本主義經濟思潮批判
劉及辰著　重慶　生活書店　1939年　（m.）

011811250　HF1425.1583　1935
世界傾銷問題
劉秉麟、潘源來著　上海　商務印書館　1935年　現代問題叢書　（m.）

007536949　4310　8118
經濟思想發展史
金天錫編著　上海　正中書局　1947年　滬4版　（m.）

011807896　HB91.S356　1936
重商制度及其歷史意義
鄭學稼譯　上海　商務印書館　1936年

漢譯世界名著　（m.）

007537319　4311　2332
晚周諸子經濟思想史
熊夢撰　上海　商務印書館　1930年初版　（m.）

011884296　HB126.C4　C5　1944
中國經濟學說
蔣中正[介石]著　杭州　中國文化服務社浙江分社　1944年　（m.）

011823084　HB126.C4　Y344　1932
追擊與反攻
嚴靈峰著　上海　嚴靈峰　1932年　（m.）

007563351　4311　4131
鹽鐵論十卷
（漢）桓寬著　香港　1930年

007536976　4311　4131c
鹽鐵論
桓寬撰　上海　商務印書館　1934年　國學基本叢書　簡編　（m.）

007537324　4311　4131D
節本鹽鐵論
桓寬撰　長沙　商務印書館　1938年

009248432　4311　4131E
鹽鐵論集釋十卷
桓寬撰　徐德培[徐南村]集釋　193?年

007932257　4311　4131j
鹽鐵論附考證
桓寬撰　張敦仁考證　濟南　商務印書館　1939年　國學基本叢書　簡編　（m.）

007536972　4311　4719
先秦經濟思想史
甘乃光著　上海　商務印書館　1927年　國學小叢書　（m.）

011737667　4312　4046
李權時經濟論文集
李權時著　上海　世界書局　1930年　（m.）

007537066　4313　0120
中國現代經濟史
施復亮著　上海　良友圖書印刷公司　1932年　現代中國史叢書　（m.）

007536964　4313　0214
中國經濟建設
高廷梓著　上海　商務印書館　1937年初版　（m.）

007537227　4313　0343
物質救國論
康有爲著　上海　長興書局　1919年　（m.）

007537086　4313　0530
新民主主義經濟論
許滌新著　香港　南海出版社　1948年　（m.）

007536953　4313　0530.02
新民主主義的經濟
許滌新著　香港　新中國書局　1949年

011906768　HC427.8.W365　1949
中國社會經濟改造問題研究
王亞南著　上海　中華書局　1949年　（m.）

011931259　HB75.W36　1933
經濟學史
王亞南著　上海　民智書局　1933年

初版　（m.）

007537117　4313　1114.6
戰時的經濟問題與經濟政策
王亞南著　上海　光明書局　1937 年
　民族解放叢書　（m.）

007537133　4313　1313
戰爭與經濟
張天澤著　長沙　商務印書館　1941 年
　戰時常識叢書　（m.）

011883549　HD85.C5　H6　1937
世界統制經濟問題
何炳賢、侯厚吉著　上海　商務印書館
　1937 年　初版　現代問題叢書
（m.）

007538296　4313　2347
戰時經濟
吳克剛編　上海　世界書局發行　1938
年　（m.）

007538354　4313　2395
我國經濟建設之途徑
吳半農著　重慶　中國文化服務社
1941 年　國立中央研究院社會科學研究
所中國社會經濟問題小叢書　（m.）

007538186　4313　2903
歷史學派經濟學
朱謙之著　上海　商務印書館　1933 年
　初版　（m.）

007539042　4313　2920
經濟學綱要
朱伯康著　重慶　中國文化服務社
1943 年　（m.）

011892104　HB71.C55
經濟學綱要

周伯棣著　上海　中華書局　1947 年
中華百科叢書　（m.）

007538219　4313　2984
當代經濟理論
徐毓柟著　上海　商務印書館　1949 年
　初版　大學叢書　（m.）

011913680　HB180.J3　K3815　1924
近世經濟思想史論
河上肇原著　李培天譯述　上海　學術
研究會總會叢書部　1924 年　3 版　學
術研究會總會叢書

007590165　4313　3140
經濟建設之途徑
祝世康著　上海　新亞洲書局　1931 年
　（m.）

007590168　4313　3143
新經濟學大綱
沈志遠著　重慶　生活書店　1945 年
增訂勝利後 1 版　（m.）

007538364　4313　3143.1b
近代經濟學說史
沈志遠著　上海　生活書店　1938 年
（m.）

007539043　4313　4026
國民經濟建設之途徑
董修甲著　上海　1936 年　（m.）

007539047　4313　4174
國防經濟論
董問樵著　重慶　商務印書館　1943 年
　大學叢書　（m.）

007538297　4313　4249
民生經濟建設與合作
彭蓮棠編著　上海　正中書局　1945 年

滬 1 版　中山文教研究叢書　（m.）

007538170　4313　4271
經濟論文集
楊雅覺著　194？年

007539050　4313　4282
計劃經濟通論
胡今編　上海　中華書局　1949 年
（m.）

007538322　4313　4446
現代中國經濟思想
李權時編著　上海　中華書局　1934 年
　中華百科叢書　（m.）

007538259　4313　4446.1
李權時經濟財政論文集
李權時著　上海　商務印書館　1933 年
　中國經濟學社叢書　（m.）

007538365　4313　4446.2
統制經濟研究
李權時著　上海　商務印書館　1937 年
（m.）

007538431　4313　4812
孫中山先生經濟學說
趙可任撰　重慶　正中書局　1942 年
（m.）

007563356　4313　4826B
晚清五十年經濟思想史
趙豐田撰　1928 年　哈佛燕京版

007538343　4313　4834
經濟學大綱
黃兆棟著　廣州　廣東省黨部國民印刷所　1946 年　再版　（m.）

007539056　4313　4957
新社會經濟原論草案
林東辰原著　林曙光譯　高雄　大中華青年公論社　1947 年　（m.）

011807543　HC427.8.L863　1935
中國統制經濟論
羅敦偉著　上海　新生命書局　1935 年
　再版　中國社會問題研究會叢書
（m.）

011274128　HD85.C5　W354　1936
經濟政策
王漁邨編　上海　中華書局　1936 年
中華百科叢書　（m.）

007538292　4313　7230
經濟政策綱要
周憲文著　上海　中華書局　1936 年
（m.）

007538358　4313　7230.1
經濟學術論綱
周憲文著　上海　中華書局　1948 年
文化與經濟叢刊　（m.）

007535915　4313　7299
養民經濟論
劉耀燊著　曲江　民族文化出版社
1941 年　青年叢書　（m.）

007535918　4313　7924
經建五論
陳伯莊著　中國經濟建設協會編輯　重慶　中國經濟建設協會　1943 年
（m.）

007535924　4313　7932
經濟現象的體系
陳豹隱［啟修］編　上海　樂群書店
1929 年　（m.）

007535927　4313　7974
戰時經濟原理
陳學才著　重慶　文信書局　1943 年
（m.）

011902788　HC58.K45　1935
國際經濟戰略
慶應義塾大學三田同學會編　熊得山譯
　上海　商務印書館　1935 年　經濟叢
書　（m.）

011909441　HD87.C44　1928
世界各國新經濟政策
鄭斌撰述　郭任遠校閱　上海　商務印
書館　1928 年　初版　新時代史地叢書
　（m.）

007535741　4313　8220
新民主經濟論
俞鯉庭著　香港　新民主出版社　1949
年　新民主經濟叢書

007535716　4313　8521
中國國防經濟建設
錢俊瑞著　上海　黑白叢書社　1937 年
　再版　（m.）

007535818　4315　9022
經濟學史
小川市太郎著　李祚輝譯述　上海　太
平洋　1929 年　（m.）

011807513　HB180.C5　O954　1929
近代經濟思想史綱
區克宣編　上海　樂群書店　1929 年
（m.）

007535833　4315　9411
經濟思想史
周憲文、柯瀛同譯　上海　中華書局
1938 年　（m.）

011762378　HB75.T6512　1930
經濟思想史
衛惠林譯　上海　民智書局　1930 年
（m.）

011895479　HB75.T4　1935
經濟思想史
鄧毅生著　上海　世界書局寄售　1935
年　（m.）

011759127　HB75.S4712　1936
經濟思想史
李炳煥譯　上海　黎明書局　1936 年
社會科學名著譯叢　（m.）

011885852　HB75.H72　1933
經濟學史大綱
黃曦峰編　上海　開明書店　1933 年
初版　（m.）

011892635　HB75.W364　1949
政治經濟學史大綱
王亞南著　上海　中華書局　1949 年
初版　（m.）

007535985　4316　5202
新英國與新世界之建設計劃
中山文化教育館戰後世界建設研究會編
　周谷城譯　重慶　獨立出版社　1943
年　（m.）

007537285　4318　4319B
國富論
亞當斯密著　郭大力、王亞南合譯　上
海　中華書局　1936 年　（m.）

007537183　4318　4502
經濟思想史
臧啟芳譯　上海　商務印書館　1925 年
（m.）

007537326　4319　0332
富之研究
史維煥撰　上海　商務印書館　1924 年（m.）

007537330　4319　1172
現代經濟思想
霍門著　于樹生譯　上海　商務印書館　1947 年（m.）

007537042　4319　2302.2
商務指南
馬林譯　陶隆儇述　上海　美華書館　1914 年

007538395　4319　3649
馬先爾之經濟學說
褚葆一編　上海　商務印書館　1947 年（m.）

007538460　4319　4124
歐洲戰後改造計劃
重慶　獨立出版社　1943 年（m.）

007538355　4319　4211.4
經濟學說之危機
斯班著　蕭虞廷譯　重慶　獨立出版社　1942 年（m.）

011811587　HB175.S73　1935
經濟之四種基本形態
Othmar Spann 著　王毓瑚譯　上海　商務印書館　1935 年（m.）

007538465　4319　4232
麵包與自由
克魯泡特金著　巴金 [李芾甘] 譯　重慶　文化生活出版社　1940 年（w.）

007538466　4319　4242
各國經濟思潮之變遷
蕭志仁編述　北京　內務部編譯處　1921 年（m.）

007538473　4319　6154
新經濟學
上海　中國新文社　1927 年（m.）

011916557　HB178　B6412　1947
經濟科學大綱
波格達諾夫著　施存統譯　上海　開明書店　1947 年（m.）

011910491　HC58.L612　1946
第二次世界大戰之經濟後果
程希孟譯　上海　商務印書館　1946 年　中山文庫（m.）

011884203　HC57.S45　1937
一九三六年的國際政治經濟概況
沈志遠主編　大夏大學編輯　上海　商務印書館　1937 年（m.）

011913030　HC57.E35　1937
戰後世界金融
彭子明編譯　上海　商務印書館　1937 年　社會科學小叢書（m.）

007538392　4319　9541
掌握布爾什維克領導經濟的方法
蘇英等譯　香港　新民主出版社　1949 年（m.）

003537656　4321　0261
中國戰時物價與生產
方顯廷編輯　重慶　商務印書館　1945 年（m.）

007538381　4321　0261b
中國戰時物價與生產
方顯廷編輯　上海　1946 年（m.）

007538414　4321　1131
戰時物價之變動及其對策

巫寶三著　重慶　商務印書館　1942 年
　　國立中央研究院社會科學研究所中國
社會經濟問題小叢書　（m.）

007538513　4321　2190
物價與幣值
崔尚辛著　香港　充實社　1942 年
（m.）

007538514　4321　2225
戰時物價平定問題
何名忠講述　成都　建國出版社　1940
年　（m.）

007539027　4321　2343
物價繼漲的經濟學
吳大業著　上海　商務印書館　1946 年
（m.）

007538848　4321　4240
戰時物價特輯
中央銀行經濟研究處物價組編　重慶
中央銀行　1942 年　中央銀行經濟研究
處叢書　（m.）

007538865　4321　4240.1
物價論
楊蔚著　長沙　商務印書館　1940 年
初版　文史叢書　（m.）

007539045　4321　4430
戰時中國物價問題
壽進文撰　重慶　生生出版社　1944 年

007539058　4321　7148
戰時物價統制
劉大鈞等著　重慶　獨立出版社　1939
年　（m.）

011891998　HB235.C6　W8　1940
物價問題

千家駒編　桂林　文化供應社　1940 年
（m.）

007539067　4322　0253
地租思想史
高畠素之撰　上海　神州國光社　1931
年　（m.）

007538715　4322　5224
中國地租問題討論集
中山文化教育館編輯　上海　商務印書
館　1937 年　（m.）

007538906　4323　4312
工資理論之發展
樊弘著　上海　社會調查所　1934 年
社會研究叢刊　（m.）

007537115　4324　0430
官僚資本論
許滌新著　香港　南洋書店　1947 年
（m.）

007537294　4324　2240
增訂資本制度解說
（日）山川均著　上海　新東方書店
1928 年

008394343　MLC－C
資本主義社會史論
蕭棠著　1949 年　（m.）

011935708　HB501.Z5　1930
資本主義之解剖
（蘇）布若布軟斯基著　陳文瑞譯　上海
　華興書店　1930 年　初版　社會科學
叢書

007538363　4324　7246
論資本主義
劉芝明著　上海　新知書店　1946 年

社會科學讀本 （m.）

011799612　HB180.C5　L455　1929
分配論
李權時著　上海　東南書店　1929年　經濟叢書

007538406　4325　1131
國民所得概論
巫寶三編著　上海　正中書局　1947年　滬4版　（m.）

007538247　4329　0818
糧食問題
許璿著　上海　商務印書館　1935年　（m.）

007539023　4329　3215
生產三大特點
E.安德列夫著　天津　讀者書店　1949年

007538964　4330　0428
訓政時期調查户口之意見
許崇灝著　上海　民智書局　1928年　（m.）

007538743　4330　0440
中國人口問題
許仕廉著　上海　商務印書館　1930年　中國社會問題　（m.）

007538831　4330　0635
中國鄉村人口問題之分析
言心哲著　上海　商務印書館　1935年　初版　社會科學小叢書　（m.）

007538773　4330　1413
人口地理學
石橋五郎著　沐紹良譯　長沙　商務印書館　1938年　再版　地理學叢書　（m.）

011722909　HB851.S863　1929
人口論 ABC
孫本文著　上海　ABC叢書社　1929年　ABC叢書　（m.）

007538751　4330　7933
人口問題
陳達著　上海　商務印書館　1934年　再版　（m.）

007536990　4337　2236
中國人口與食糧問題
喬啟明、蔣傑合著　上海　中華書局　1937年　（m.）

007537262　4337　2342
歷代户口通論
黎世衡著　上海　世界書局　1922年　（m.）

007537278　4337　7234
工業化與中國人口問題
劉鴻萬著　重慶　商務印書館　1945年　（m.）

007537284　4337　7316
户籍概要
陝西省地方行政幹部訓練團　香港　陝幹團　1942年

007536952　4337　7974
三民主義與人口政策
陳長蘅著　上海　商務印書館　1933年　國難後第1版　中國經濟學社叢書　（m.）

007539066　4337　7974.5
中國人口論
陳長蘅撰　香港　1926年　7版　（m.）

009200025　4337　7984
中國人口密度圖
陳鐸編纂　上海　商務印書館　1949 年
　初版

011913327　HB871.T36　1933
人口問題
王雲五、李聖五主編　陶孟和等著　上
海　商務印書館　1933 年　東方文庫續
編　（m.）

011760704　HB851.W894　1938
世界人口問題
吳澤霖、葉紹純編著　長沙　商務印書
館　1938 年　初版　現代問題叢書
（m.）

005635274　FC5176　FC-M1325
鄒平實驗縣戶口調查報告民國二十四年
吳顧毓編　上海　中華書局　1937 年
（m.）

007537344　4343　4473
實業講演集
蔣用宏、劉覺民編校　南京　中央政治
學校附設西康學生特別訓練班　1931 年
　（m.）

007537357　4343　7233
日本工業進步之原因
馬寅初撰　廣州　縣市行政講習所
1933—58 年

007538235　4347　3133
國民經濟建設之基礎
汪洪法著　上海　商務印書館　1937 年
　初版　（m.）

007538448　4347　4162
世界往何處去最近各國經濟現勢確報
世界經濟研究社　上海　良友圖書公司
　1931 年　（m.）

007538168　4347　7994
經濟論叢
陳炳權著　廣州　廣州大學　1939 年
再版　（m.）

011981237　HB75.C8512　1936
經濟通史卷一
亨利·柯饒著　吳覺先譯　上海　商務
印書館　1936 年　漢譯世界名著
（m.）

007538361　4348　0202
立體的純經濟史分期的方法論
郭誠德著　上海　改造出版社印刷廠
1948 年　（m.）

011801972　HB75.R55　1934
社會經濟發展史
萊姆斯著　李季譯　上海　亞東圖書館
　1934 年　（m.）

007538371　4348　1104
商業史
王育李編著　上海　中華書局　1948 年
　（m.）

004618158　4348　4320　FZF56　Y68
中國經濟建設之路
Arthur N. Young 著　劉鎮泉譯　上海
商務印書館　1947 年　中央銀行經濟研
究處叢刊　（m.）

007538459　4348　4433
先資本主義的社會經濟形態論
李達著　香港　生活書店　1948 年
（m.）

007538467   4348   4833
經濟史概論
黃通編　上海　中華書局　1932年　社會科學叢書　(m.)

007538470   4348   7127
經濟史概要
劉伯剛編　上海　樂華圖書公司　1929年　(m.)

007538391   4348   7246
近世歐洲經濟發達史
李光忠譯　上海　商務印書館　1927年　(m.)

011737186   HD8374.R4512   1940
現代歐洲社會經濟史
累那爾[G. Renard]、烏爾累斯[G. Weulersse]著　宋衡之譯　上海　商務印書館　1940年　世界文化史叢書　(m.)

011892764   D424.C612   1935
現代歐洲政治經濟
柯爾夫婦著　樊仲雲譯　上海　商務印書館　1935年　漢譯世界名著　(m.)

011910014   HC240.H68   1930
戰後歐洲之經濟
侯厚培撰　上海　世界書局　1930年　經濟學叢書　(m.)

007538828   4349   1318
經濟地理學導論
張丕介著　上海　商務印書館　1947年　(m.)

007538475   4349   2428
世界經濟地理
傅角今編著　上海　商務印書館　1947年　國立復旦大學叢書　(m.)

007538477   4349   3291
國際經濟地理
馮光武編著　廣州　蔚興印刷場　1947年　(m.)

007538480   4349   4260
戰後新版世界經濟地理講座
胡明撰　上海　光華出版社　1947年　再版

011886970   HC54.W8
現代世界經濟史綱要
伍純武著　上海　商務印書館　1937年　大學叢書　(m.)

007538226   4352   0604
中國經濟思想史上卷
唐慶增著　上海　商務印書館　1936年　(m.)

007538504   4352   1047
中國經濟史
北平　北京大學　192?年

007538344   4352   1134
中國社會經濟史綱
王漁邨著　上海　生活書店　1936年　(m.)

008584818   FC4980   (1–17)
中國經濟史長編
黃序鵷著　1947年

011896144   HC427.8.L57   1944
中國經濟史概要
李權時著　廣州　中國聯合出版公司　1944年　(m.)

007538507   4352   1342
中國經濟政治演進史
王志瑞著　上海　中國文化服務社　193?年　基本知識叢書　(m.)

007538511　4352　2243
轉變期的中國
何干之著　上海　當代青年出版社
1937年　4版　（m.）

007539012　4352　2263
國際經濟政策又名中國對外經濟政策之研究
何思源著　上海　商務印書館　1932年
（m.）

011916211　HF1379.H68　1930
世界貿易狀況
侯厚培編　上海　大東書局　1930年
世界經濟叢書　（m.）

007539014　4352　2376
中國經濟史眼一名中國經濟史概論
吳貫因著　上海　聯合書店　1930年
（m.）

007538869　4352　2920
中國經濟史綱
朱伯康、祝慈壽著　上海　商務印書館
　1946年　初版　國立中央大學經濟學會叢書　（m.）

007538882　4352　3241
中國民食史
郎擎霄著　上海　商務印書館　1934年
（m.）

007539017　4352　3814
中國經濟的改造
顧毓琇著　上海　中國編譯社　1948年
（m.）

007538861　4352　4421
新中國經濟問題講話
李勉著　香港　智源書局　1949年

007538822　4352　4452　FC7716　Film　Mas　31747
中國農民戰争之史的研究
薛農山著　上海　神州國光社　1935年
（m.）

007538771　4352　4841
中國社會經濟史
森谷克已著　孫懷仁譯　上海　中華書局　1936年　（m.）

007538264　4352　5667
中國國民經濟
中國問題研究會編　上海　1937年
（m.）

007538935　4352　6120
中國國民經濟史上册
羅仲言著　上海　商務印書館　1947年
上海初版　（m.）

007887459　4352　7227
中國經濟史
馬乘風著　長沙　商務印書館　1937年
（m.）

007538172　4352　7227b
中國經濟史
馬乘風著　上海　商務印書館　1937—39年　（m.）

007538471　4352　7999
中國商業史
陳燦編　上海　商務印書館　1926年
再版　（m.）

007538256　4352　7999B
中國商業史
陳燦編著　王孝通增訂　長沙　商務印書館　1944年　職業學校教科書
（m.）

007538916　4352　8227
中國商業史
鄭行巽編著　上海　世界書局　1932 年（m.）

007538171　4352　8501　FC7799　Film Mas 31782
近代中國經濟史
錢亦石編著　重慶　生活書店　1939 年初版　（m.）

008440356　MLC－C
中國資本主義的發展
朱新繁著　1930 年

007538203　4353　1121
先秦貨幣史
王名元著　廣州　國立中山大學出版組　1947 年　（m.）

007538246　4353　2342
中國古代公產制度考
黎世衡著　上海　世界書局　1922 年（m.）

008489664　Z3101.Y446x　vol.32
食貨志十五種綜合引得
哈佛燕京學社引得編纂處　洪業等編　北京　哈佛燕京大學圖書館引得編纂處　1938 年　引得　（m.）

007538230　4353　4957　FC8394　Film Mas 32299
中國歷代食貨志一名中國經濟史料
大光書局編譯所編輯　上海　大光書局　1936 年

007538220　4353　6228
中國古代經濟思想及制度
田崎仁義著　王學文譯　上海　商務印書館　1936 年　初版　（m.）

007538502　4353　6228.1
中國古代經濟史
田崎仁義著　曹貫一譯　漢口　上海雜志公司　1938 年　（m.）

011901722　HC427.6.C44　1936
三國經濟史
陳嘯江著　廣州　國立中山大學　1936 年　國立中山大學文科研究所社會經濟史叢書　（m.）

007538167　4353　721
三國食貨志
陶元珍著　上海　商務印書館　1935 年初版　（m.）

007538373　4353　7211
中國歷代生計政策批評
馬君武著　上海　中華書局　1930 年（m.）

007538351　4353.1　6228
先秦經濟史
田崎仁義著　周咸堂譯　重慶　商務印書館　1942 年　初版　（m.）

007538242　4353.3　7241
南北朝經濟史
陶希聖、武仙卿著　上海　商務印書館　1937 年　史地小叢書　（m.）

007538243　4353.4　7241
唐代經濟史
陶希聖、鞠清遠著　上海　商務印書館　1936 年　史地小叢書　（m.）

007538197　4353.5　1141b
宋元經濟史
王志瑞編　上海　商務印書館　1935 年史地小叢書　（m.）

007538965　4354　2243
列強支配中國的經濟網

何干之、李凡夫著　廣州　大眾文化社
　　1936年　大眾文化叢書　第1輯
　　(m.)

007539018　4354　2414
中國的產業組織和資本主義的發展
伊藤武雄撰　上海　樂群書店　1930年

007539022　4354　3344
經濟侵略下之中國
漆樹芬著　上海　孤軍雜誌社　1925年
　　(m.)

007539025　4354　3344C
經濟侵略下之中國
漆樹芬著　上海　獨立青年雜誌社
1926年　3版　(m.)

007538819　4354　4044
中國國民經濟在條約上所受之束縛
黃蔭萊著　上海　交通大學研究所
1936年　交通大學研究所社會經濟組專
刊　(m.)

007539029　4354　8203
中國經濟建設論叢
翁文灝著　重慶　資源委員會秘書處
1943年　(m.)

007539035　4355　0220
戰時經濟建設
高叔康著　長沙　文史叢書編輯部
1941年　文史叢書　(m.)

007539065　4355　0234
國內經濟崩潰與中國工商業
方潮聲等著　香港　南方論壇社　1948
年　(m.)

007538752　4355　0251
中國國民經濟的改造與建設

方振武著　九龍　農合出版社　1941年
　　(m.)

007542380　4355　0261
中國戰後經濟問題研究
方顯廷著　重慶　商務印書館　1945年
　　(m.)

007934632　4355　0261.1　4355　0261.1b
中國經濟研究
方顯廷編輯　長沙　商務印書館　1938
年　再版　南開大學經濟研究所叢書
　　(m.)

007538858　4355　0261.5
戰時中國經濟研究
方顯廷編輯　長沙　商務印書館　1941
年　初版　南開大學經濟研究所叢書

007538857　4355　0323
論官僚資本
方治平著　廣州　綜合出版社　1946年

007538874　4355　0430
論中國經濟的崩潰
許滌新著　香港　中國出版社　1947年
　　(m.)

007538895　4355　0430.1
現代中國經濟教程
許滌新著　上海　新知書店　1946年
新知叢書　(m.)

011903072　HC427.8.X825　1948
現代中國經濟教程
許滌新著　哈爾濱　光華書店　1948年
　　再版　社會科學叢書　(m.)

009106088　HC427.8.S557　1939x　vol.2
支那經濟、財政、金融關係資料目錄
中支建設資料整備事務所　南京　中支

建設資料整備事務所編譯部　1939 年
資料通報

009106100　HC427.8.S557　1939x　vol.3
支那農業關係資料目錄
南京　中支建設資料整備事務所編譯部
　1939 年　資料通報

011931108　HC427.H84　1930
中國經濟制度變遷史導論
霍衣仙著　濟南　新國民印書館
1930 年

011909234　HC427.A73　1932
中美關係之蠡測
Julean Arnold 編　1932 年　（m.）

007538889　4355　0430.2
中國經濟的道路
許滌新著　上海　生活書店　1946 年
初版　（m.）

007538761　4355　0430.2b
中國經濟的道路
許滌新著　香港　新中國書局　1949 年
　修訂本　（m.）

011736795　HC426.5.A2　X835　1949
官僚資本論
許滌新著　上海　海燕書局　1949 年
第 1 版

007538744　4355　1135
戰時經濟論
王達夫著　漢口　黎明書局　1938 年
初版　（m.）

007542074　4355　1203
聯總物資與中國戰後經濟
丁文治著　上海　行政院善後救濟總署
　1948 年　（m.）

007538859　4355　1223
現代經濟動態
經世學藝社編　上海　世界書局　1939
年　初版　（m.）

007538745　4355　1333
中國的資源
張淪波編　上海　世界書局　1947 年
世界集刊　（m.）

007538977　4355　1335
中國經濟建設
張治中撰　青年軍出版社　1946 年
（m.）

001358854　4355　1357
抗戰與經濟統制
張素民著　長沙　商務印書館　1938 年
（m.）

007539092　4355　1386　FC7800　Film　Mas　31781
戰時的中國經濟
張錫昌等著　桂林　科學書店　1943 年
（m.）

007539096　4355　1394
實業概論
張肖梅撰　上海　商務印書館　1946 年
（m.）

007538860　4355　1933
中國戰時經濟問題研究
栗寄滄著　桂林　中新印務股份有限公
司　1942 年　（m.）

007538894　4355　2131
由戰時經濟到平時經濟
伍啟元著　上海　大東書局　1946 年
在創叢書　（m.）

007539110　4355　2131.1
中日戰爭與中國經濟

伍啟元著　長沙　商務印書館　1940 年
（m.）

007717015　MLC – C
經濟改革方案
行政院新聞局編　南京　行政院新聞局
　1947 年　（m.）

007538742　4355　2230
中國國民經濟概況
何漢文著　上海　神州國光社　1930 年
　初版　（m.）

007538814　4355　2243
中國社會經濟結構
何干之著　上海　中國文化社　1939 年
　再版　（m.）

007539121　4355　2300.6
四年來的經濟建設
經濟部編　重慶　中國國民黨中央執行
委員會宣傳部　1941 年　抗戰第四周年
紀念小叢書　（m.）

011799302　HC427.8.W964　1935
到經濟建設之路
吳醒亞講述　上海　上海市社會局
1940 年　上海市社會局叢書　（m.）

007541089　4355　2344
金融資本主義與中國
吳壽彭著　上海　神州國光社　1934 年
（m.）

007541090　4355　2374
中國近代經濟發展史
侯厚培撰　上海　大東書局　1929 年
（m.）

007540858　4355　2437
中國經濟現勢講話

千家駒著　香港　經濟資料社　1947 年
（m.）

011888562　HF1604.D46　1927
帝國主義經濟侵略中國史略
鄧定人編著　上海　上海東南書局
1927 年　初版　（m.）

007541137　4355　2922.3　FC8706　Film Mas 32761
中國資本主義之發展
朱新繁［佩我］著　上海　上海聯合書店
1939 年

007541139　4355　2923
戰區經濟工作
朱偰撰　重慶　獨立出版社　1939 年
（m.）

007540808　FC5140　FC – M1136
中國社會的經濟結構
朱其華著　上海　新生命書局　1931 年
（m.）

007540810　FC5139　FC – M1135
中國經濟危機及其前途
朱其華著　上海　新生命書局　1932 年
初版　（m.）

007798981　MLC – C
中國危機之救濟
1935 年

007541014　4355　2946
歐戰後之中國
徐世昌著　上海　上海中華書局
1921 年

007540996　4355　2949
民國經濟史
朱斯煌主編　劉仲廉編輯　上海　銀行
學會銀行周報社　1948 年　（m.）

007540794　4355　4144
中國經濟統制之我見
杜嘉志撰　廣州　協榮印書館　1945 年

007540759　4355　4222
中國貧窮問題
柯象峰編著　上海　正中書局　1947 年　滬1 版　（m.）

007540799　4355　4232
中國經濟的分析與改造
胡沂生編　上海　世界書局　1946 年　世界集刊　（m.）

007540803　4355　4240
中國經濟動向
楊培新著　上海　耕耘出版社　1946 年　（m.）

007541151　4355　4248
近代中國實業通志
楊大金編　南京　壽昌　1933 年　（m.）

007541155　4355　4331
抗戰中的民生問題
莫湮著　重慶　光明書局　1937 年　（m.）

007541162　4355　4426
戰時政治經濟評論集
蔣勻田著　上海　義利出版社　1948 年

007540801　4355　4433
中國產業革命概觀
李達編　上海　崑崙書店　1930 年　3 版　（m.）

007540867　4355　444
偽組織政治經濟概況
李超英演講　重慶　商務印書館　1943 年　（m.）

007541169　4355　4444
中國經濟其發展其現狀及其危機
李麥麥撰　香港　1929 年

007540955　4355　4844
中國當前之通貨外匯與物價
趙蘭坪著　上海　正中書局　1948 年　初版　（m.）

007540811　4355　4982
中國戰時經濟特輯
葉笑山、董文中編　上海　中外出版社　1939 年　（m.）

007540900　4355　5471
中國經濟現勢講話
孫懷仁著　上海　申報月刊社　1935 年　申報月刊社叢書　（m.）

007540887　4355　5590
十年來之中國經濟建設
中國國民黨中央黨部國民經濟計劃委員會主編　南京　扶輪日報社　1937 年　（m.）

007540855　4355　5620
中國經濟論文集第一至□集
中國經濟情報社編　上海　生活書店　1935—36 年　（m.）

007541179　4355　5623
非常時期中國經濟問題研究
中國經濟研究社　上海　開文書局　1937 年　再版　（m.）

007542145　4355　5630
五十年來之中國經濟
中國通商銀行編　上海　1947 年　（m.）

007540800　4355　5671
中國戰時經濟政策

曹貫一著　長沙　商務印書館　1939 年
初版　（m.）

007540798　4355　5676
國民經濟建設運動
中國問題研究會編　上海　中國問題研究會　1936 年　初版　（m.）

008580264　FC2939
蔣介石的經濟危機
中國問題研究社編　香港　華北新華書局　1946 年　中國問題研究叢書　（m.）

007541184　4355　6102
戰時經濟總動員論
羅敦偉著　重慶　南方印書館　1943 年　（m.）

007540995　4355　6502
經濟建國論
畢新生著　上海　生活書店　1932 年　（m.）

007541186　4355　6722
非常時期經濟法令及參考資料
國際出版社　上海　國際出版社　1947 年

007541195　4355　7171
中國新工業建設近世史觀
劉階平著　重慶　獨立出版社　1941 年　（m.）

007540901　4355　7230
中國不能以農立國論爭
周憲文等著　香港　中華書局　1941 年　（m.）

007540891　4355　7233
戰時經濟論文集
馬寅初撰　上海　作家書屋　1945 年
滬 1 版　（m.）

007541202　4355　7233.1
抗戰與經濟
馬寅初撰　重慶　獨立出版社　1938 年
第 6 版　（m.）

007540856　4355　7233.2
中國經濟改造
馬寅初著　上海　商務印書館　1935 年　（m.）

007542301　4355　7241
中國戰時經濟
關吉玉編著　廣州　國民政府軍事委員會委員長行營　1936 年　（m.）

007542076　4355　7241.4
十五年來中國經濟
關吉玉編　瀋陽　經濟研究社遼瀋分社　1947 年　初版　經濟研究社叢書　（m.）

007542153　4355　7920
中國戰時經濟志
陳禾章、沈雷春、張韻華編著　上海　世界書局　1941 年　中國金融年鑒社叢書　（m.）

007542306　4355　7920b
中國戰時經濟建設
沈雷春、陳禾章編著　上海　世界書局　1940 年　（m.）

007542173　4355　8163
中國經濟問題之研究
金國寶著　上海　中華書局　1935 年
社會科學叢書　（m.）

009567415　MLC – C
大東亞宣言名論集
中國新文化建設協會編　北京　新民印書館　1945 年

008630372　FC1294
大東亞戰爭言論集
宣傳部編　南京　中央書報發行所發行　1942 年　大東亞解放叢書

009567461　MLC – C
東亞聯盟論文選輯
汪精衛著　上海　東亞聯盟中國總會上海分會　1942 年　東聯叢書　（m.）

011914492　DS777.5.M6 1938
抗戰與敵國之現勢
莫萱元著　中國文化建設協會主編　長沙　商務印書館　1938 年　抗戰小叢書　（m.）

007542308　4355　8164
戰時中國經濟輪廓
鏡昇撰　重慶　1944 年

009563011　MLC – C
中日締約與大東亞戰爭
宣傳部編　南京　該部　1942 年　大東亞解放叢書　（m.）

007542154　4355　8203
中國經濟建設與農村工業化問題
翁文灝、顧翊群著　上海　商務印書館　1946 年　初版　社會經濟叢刊　（m.）

007542239　4355　8224
敵人在我淪陷區的經濟掠奪
鄭伯彬著　重慶　國民圖書出版社　1941 年　（m.）

007542187　4355　8373
滿蒙經濟大觀
藤岡啟著　吳自強譯　上海　民智書局　1929 年　初版　（m.）

007542330　4355　8521
戰後中國建設問題
錢納水著　重慶　國民圖書出版社　1944 年　（m.）

007542194　4355　8522
一年來中國經濟概況
錢俊瑞、姜君辰、房福安合著　上海　申報月刊社　1934 年　再版　（m.）

007542146　4355　8623
全國經濟會議專刊
全國經濟會議秘書處編輯　上海　財政部駐滬辦事處　1928 年　（m.）

007538968　4355.49　5310
農業建設問題
香港　新民主出版社　1949 年　（m.）

007541134　4355.49　9311
新中國的經濟
懷玉著　九龍　南方書店　1949 年　南方大眾小叢書

007540805　4356　1346
中國經濟地理
張其昀著　楊銓校　上海　商務印書館　1929 年　初版　新時代史地叢書　（m.）

007540882　4356　2188
建設地理新論
任美鍔著　上海　商務印書館　1946 年　上海初版　（m.）

007540787　4356　2188B
建設地理新論

任美鍔著　上海　商務印書館　1947 年
　　上海再版　（m.）

007542314　4356　4290
經濟地理
胡煥庸著　上海　正中書局　1948 年
（m.）

011896830　HF1025.C35　1934
經濟地理學概論
蔡源明著　上海　商務印書館　1934 年
（m.）

007540876　4356　4290A
經濟地理
胡煥庸著　重慶　京華印書館總經售
1944 年　（m.）

007541003　4356　4323
中國經濟地理
卡贊寧原著　米夫校閱　焦敏之譯　上海　光明書局　1937 年　再版　（m.）

007540868　4356　4410A
西南經濟地理
蔣君章著　重慶　商務印書館　1945 年
（m.）

007871802　4356　4410b
西南經濟地理
蔣君章著　上海　商務印書館　1946 年
（m.）

007542315　4356　4410C
西南經濟地理
蔣君章著　上海　商務印書館　1947 年
　　再版　（m.）

007540871　4356　4411
西南經濟地理綱要
蔣君章編著　重慶　正中書局　1943 年

（m.）

011836272　HC427.8.L825　1941
新中國經濟地理教程
陸象賢著　上海　一般書店　1941 年
新現實叢書　（m.）

011739999　HF1025.S536　1933
商業地理
武堉幹著　上海　中華書局　1933 年
（m.）

007538747　4357.101　1154
東北之經濟資源
王成敬著　上海　商務印書館　1947 年
（m.）

007539061　4357.101　1318
調查長城各口商務狀況報告書
張勇年編　上海　海關總稅務司署統計科　1934 年　（m.）

007538913　4357.101　1386
北寧鐵路沿綫經濟調查報告
北寧鐵路管理局經濟調查隊編　濟南
北寧鐵路管理局經濟調查隊　1936 年

007539069　4357.101　2622
東北的資源
詹自佑著　上海　東方書店　1946 年
（m.）

007538684　4357.101　7262
華北五省經濟與英日
周默秋著　上海　現代國際社　1937 年
（m.）

007538705　4357.11　3336　FC5682　FC－M137b
東三省經濟實況攬要
連浚撰　上海　華僑實業社　1931 年
初版

007538817　4357.14　1109.5
北平市工商業概況
池澤匯、婁學熙、陳問咸編纂　北平　北平市社會局　1932年　（m.）

007539078　4357.19　5582
甘青寧經濟紀略
中央銀行經濟研究處編輯　上海　中央銀行經濟研究處總務科　1935年（m.）

007538739　4357.23　1154
成渝路區之經濟地理與經濟建設
王成敬著　四川　四川省銀行經濟研究處　1945年　（m.）

008228595　HC428.S9　H75　1939x
西南經濟資料索引
復旦大學四川經濟調查室　重慶　獨立出版社　1939年　初版

007538974　4357.29　3404
浙江省之植物油料
游毅撰　上海　中國植物油料廠發行　1938年

007538900　4357.29　8136
南宋杭州的消費與外地商品之輸入
全漢昇著　1936年

002758217　4357.318　4382　(1)
臺灣之糖
臺灣銀行金融研究室編　臺北　臺灣銀行　1949年　臺灣特產叢刊　(m.)

002758218　4357.318　4382　(2)
臺灣之米
臺灣銀行金融研究室編　臺北　臺灣銀行　1949年　臺灣特產叢刊

002758219　4357.318　4382　(3)
臺灣之茶
臺灣銀行金融研究室編　臺北　臺灣銀行　1949年　臺灣特產叢刊

002758212　4357.318　4382　(4)
臺灣之香蕉
臺灣銀行金融研究室編　臺北　臺灣銀行　1949年　臺灣特產叢刊

007538904　4357.32　0598
廣東各地經濟調查
廣東省銀行經濟研究室調查股編　廣州　1941年

007541096　4357.33　1327
廣西經濟地理
張先辰著　桂林　文化供應社　1941年（m.）

007541104　4357.34　0241
雲南省之自然富源
郭垣編　重慶　正中書局　1940年（m.）

007540935　4357.34　0241.1
雲南省經濟問題
郭垣編著　重慶　正中書局　1940年　初版　史地叢刊　（m.）

007540979　4357.34　1379
滇西經濟地理
張印堂著　昆明　國立雲南大學西南文化研究室　1943年　西南研究叢書（m.）

007540997　4357.34　1394
雲南經濟
張肖梅編　重慶　中國國民經濟研究所　1942年　西南經濟資料叢書　（m.）

007541110　4357.34　1498
雲南對外貿易近況

雲南省公署樞要處第四課　昆明　雲南省公署樞要處第四課　1926年

007541111　4357.35　1230
貴州經濟地理
丁道謙著　重慶　商務印書館　1946年（m.）

007540828　4357.35　1230.5
貴州經濟研究
丁道謙著　貴陽　中央日報　1941年（m.）

007540964　4357.35　1394　FC5683　FC－M1377
貴州經濟
張肖梅編　上海　中國國民經濟研究所　1939年　初版　西南經濟資料叢書（m.）

007540937　4357.36　4851
察綏蒙民經濟的解剖
賀揚靈著　上海　商務印書館　1935年　初版　內政部研究會邊政叢書（m.）

007540931　4358　0321　FC5151　FC－M1159
中國通郵地方物產志
交通部郵政總局編　上海　商務印書館　1937年　初版　（m.）

007540892　4358　0473　FC7803　Film Mas 31777
全國主要都市工業調查初步報告提要
譚熙鴻、吳宗汾主編　南京　經濟部全國經濟調查委員會　1948年　（m.）

007541127　4358　1202
土地改革之路──中共能解決土地問題嗎？
鄧文儀著　南京　拔提書局　1947年

007541080　4358　2183　FC5684　FC－M1378
浙江經濟紀略
魏頌唐編輯　1929年　（m.）

007541138　4358　2633
德國全國實業聯合會中國考察團報告
德國實業視察團報告編譯委員會　香港　德國實業視察團報告編譯委員會　1935年

007540930　4358　3302　FC7801　Film Mas 31780
民國二十五年全國實業概況
羅敦偉撰　上海　實業部統計處　1937年　（m.）

007540977　4358　4209　FC7802　Film Mas 31779
中國經濟志南京市
建設委員會經濟調查所統計課編輯　杭州　建設委員會經濟調查所統計課　1934年　（m.）

007541144　4358　4410
戰時西南經濟問題
蔣君章編著　香港　正中書局　1943年（m.）

007541146　4358　4463
實業計劃與國防
薛貽源著　南京　國民圖書出版社　1946年　（m.）

007541150　4358　4894
〔民國元年〕工商統計概要
黃炎培撰　上海　商務印書館　1915年

007841318　4358　6223
戰後經濟調查會報告書
北京　國務院　1919—20年

007538919　4358　7924
中國海關鐵路主要商品流通概況上冊

陳伯莊、黃蔭棻編纂　上海　交通大學研究所　1937年　(m.)

007538897　4358　7940
非常時期的經濟建設
陳希豪著　重慶　獨立出版社　1939年（m.）

007539068　4358　7948
實業介紹初編
陳樹人編　重慶　1940年　(m.)

007539071　4358　8308
中華民國國有鐵路平漢路沿綫物產一覽
[鐵道部]第四屆[全國]鐵[路沿綫出產貨品]展[覽]會平漢館編　青島　1935年

007539111　4358　8308.1
北寧沿綫物產概況一覽
鐵道部第四屆全國鐵路沿綫出產貨品展覽會北寧館編　青島　1935年　(m.)

007568443　FC5103　FC-M262
全國經濟委員會會議紀要
全國經濟委員會編　南京　全國經濟委員會　1933年　(m.)

007539114　4358　8747　(11)
湖北羊樓洞老青茶之生產製造及運銷
金陵大學農業經濟系　南京　該校該系　1936年　豫鄂皖贛四省農村經濟調查報告　(m.)

007538765　4358.26　3191　FC5818　FC-M1061
江西經濟問題
江西省政府經濟委員會　南昌　江西省政府經濟委員會　1934年　(m.)

007539125　4359　5667
地方經濟建設
中國國民黨中央執行委員會訓練委員會編　重慶　中國國民黨中央執行委員會訓練委員會　1942年　(m.)

007538898　4359　6412
中國經濟問題研究
嚴靈峰著　上海　新生命書局　1931年（m.）

007539128　4359.14　0261
天津地毯工業
方顯廷編　天津　南開大學社會經濟研究委員會　1930年　(m.)

007539131　4359.14　1021
工商紀要
河北省政府工商廳編　北平　1927年

007539193　4359.14　1335
天津市主要統計資料手冊
天津市政府統計處編　天津　天津市政府統計處　1947年　(m.)

007539190　4359.14　3869
定縣經濟調查一部分報告書
李景漢等編輯　定縣　河北省縣政建設研究院　1934年　(m.)

007698703　MLC-C
山西造產年鑑
劉傑等編　太原　造產救國社　1936年（m.）

007539198　4359.17　7949
忻代寧保十三縣調查物產說明書
香港　同武將軍行署校印　1912—??年

007959548　4359.17　8613
山西考察報告書
全國經濟委員會編輯　上海　全國經濟委員會　1936年　全國經濟委員會經濟

專刊 （m.）

007539182　4359:18　4224
西北國防經濟之建設五全大會提案
楊虎城著　1935 年

007539200　4359.18　7133
陝西實業考察
陝西實業考察團　鄭州　隴海鐵路管理局　1933 年　（m.）

007539201　4359.18　8303
隴海鐵路西蘭綫陝西段經濟調查報告書
南京　鐵道部業務司商務科　1934 年　（m.）

008579029　FC2043
所謂邊區
重慶　獨立出版社　1939 年

007539183　4359.23　1394　FC5819　FC–M1062
四川經濟參考資料
張肖梅編　上海　中國國民經濟研究所　1939 年

007539185　4359.23　1394.1
四川省之桐油
張肖梅、趙循伯編　中國國民經濟研究所編輯　上海　商務印書館　1937 年初版　中國國民經濟研究所叢書（m.）

007539202　4359.23　2056
四川省之藥材
重慶中國銀行　重慶　該銀行　1934 年（m.）

007539203　4359.23　2056.2
四川省之山貨
重慶中國銀行編　上海　中國銀行經濟研究室　1934—35 年　四川經濟叢刊（m.）

007539204　4359.23　2056.22
重慶市之棉織工業
重慶中國銀行編輯　上海　中國銀行經濟研究室　1935 年　四川經濟叢刊（m.）

007539184　4359.23　4210
川省田賦徵實負擔研究
彭雨新、陳友三、陳思德著　重慶　商務印書館　1943 年　國立中央研究院社會科學研究所叢刊（m.）

007539205　4359.24　1460
武漢之工商業
實業部國際貿易局編著　侯厚培編纂　上海　1932 年　（m.）

007539192　4359.25　6776　FC9621　Film Mas 35906
中國實業志湖南省
實業部國際貿易局編輯　上海　1935 年　全國實業調查報告　之四（m.）

007539206　4359.26　7367
江西之特產
粵湘鄂贛特產聯合展覽會　南昌　該組　1937 年　（m.）

007539194　4359.27　1026　FC5686　FC–M1382
安徽段蕪乍路沿綫經濟調查
建設委員會調查浙江經濟所統計課編　杭州　建設委員會調查浙江經濟所　1933 年

008108956　4359.27　8306　FC5687　FC–M1383
京粵綫安徽段經濟調查總報告書
鐵道部財務司調查科編　南京　鐵道部財務司調查科　1930 年　鐵道部經濟叢書（m.）

007539207　4359.27　8306.1　FC5685　FC – M1381
京粵京湘兩綫安徽段蕪湖市縣經濟調查報告書
南京　鐵道部財務司調查科　193？年（m.）

007539175　4359.28　2135
戰時上海經濟
王季深編　湯心儀等撰述　上海　上海經濟研究所　1945 年　上海經濟叢書（m.）

007539181　4359.28　2135.1
上海金融業概覽
聯合徵信所編　上海　聯合徵信所　1947 年　（m.）

002644491　4359.28　2135.20
上海之商業第一輯第一集
上海市社會局編　上海　上海市社會局　1935 年　（m.）

007540925　4359.28　3823
上海米市調查
社會經濟調查所編　行政院農村復興委員會委託研究　上海　社會經濟調查所　1935 年　糧食調查叢刊　（m.）

007540967　4359.28　6776
中國實業志江蘇省
實業部國際貿易局編　上海　實業部國際貿易局　1933 年　初版　全國實業調查報告　（m.）

007541091　4359.29　1026
浙江之特產
建設委員會經濟調查所　杭州　建設委員會經濟調查所統計課　1936 年（m.）

007540831　4359.29　1347
浙江省食糧之運銷
張培剛、張之毅　長沙　商務印書館　1940 年　國立中央研究院社會科學研究所叢刊　（m.）

007540976　4359.29　3323　FC5688　FC – M1386
浙江經濟調查
建設委員會調查浙江經濟所統計課　杭州　建設委員會調查浙江經濟所　1931 年

007541092　4359.29　3803
浙江經濟統計
顧文淵等編　香港　浙江地方銀行　1941 年　（m.）

007540972　4359.29　4132　FC5817　FC – M1060
杭州市經濟調查
建設委員會調查浙江經濟所統計課編輯　杭州　建設委員會調查浙江經濟所　1932 年　（m.）

007095754　4359.29　4300　FC5689　FC – M1387
杭州市經濟之一瞥
魏頌唐、韓祖德、王憲煦編輯　杭州　浙江財務人員養成所經濟調查處　1932 年（m.）

007541093　4359.29　4301　FC5690　FC – M1388
杭州市十九年份社會經濟統計概要
杭州市政府社會科　杭州　杭州市政府　1931 年　（m.）

007541095　4359.29　6776
中國實業志[浙江省]
上海　實業部國際貿易局　1933 年

007095755　4359.31　3191
福建經濟研究
福建省政府秘書處編　福州　福建省政

府秘書處統計室　1940 年　（m.）

007542331　4359.31　3334
永安縣經濟調查
福建省銀行經濟研究室　香港　福建省銀行　1940 年　福建經濟調查叢刊（m.）

007541101　4359.31　7472
廈門工商業大觀
工商廣告社編纂　廈門　1932 年（m.）

007540880　4359.318　1334
臺灣經濟提要
張澤南編著　廣州　天粵出版社　1948 年　（m.）

007540962　4359.318　4440
臺灣經濟展望
Andrew J. Grajdanzev 著　聯華銀行經濟研究室編譯　上海　生活書店總經售　1945 年　初版　（m.）

007541143　4359.318　4886
我看臺灣經濟
黃銘、陳霞洲作　上海　金融日報社　1949 年　金融日報社叢書　（m.）

007541152　4359.318　8243
臺灣省經濟調查報告
善後救濟總署臺灣分署經濟技正室編輯　臺北　善後救濟總署臺灣分署　1947 年　（m.）

007541185　4359.32　0300
廣州市商業調查錄
廣州　1946 年

007541189　4359.32　0591
華僑投資廣東實業要覽
廣東省政府粵僑事業輔導委員會　廣州　該會　1947 年

007542206　4359.32　4180
廣東省的華僑匯款
姚曾蔭編著　重慶　商務印書館　1943 年　國立中央研究院社會科學研究所叢刊　（m.）

007542307　4359.32　4820
戰時廣東金融問題
黃卓豪著　廣州　廣東省銀行經濟研究室　1942 年　（m.）

007542084　4359.32　4903
粵省對外貿易調查報告
蔡謙撰　長沙　商務印書館　1939 年初版　國立中央研究院社會科學研究所廣東省銀行經濟研究室經濟叢刊（m.）

007542310　4359.32　8224
廣州工商年鑑
鄭季楷撰　廣州　工商出版社　1947 年

007542313　4359.33　0133
廣西實業調查團專刊
廣西實業調查團印行　桂林　1931 年

007542290　4359.33　2437
廣西省經濟概況
千家駒、韓德章、吳半農編纂　上海　商務印書館　1936 年　初版　國立中央研究院社會科學研究所叢刊　（m.）

007542318　4359.34　0154
雲南實業公司營業計劃書
童振藻擬　昆明　雲南實業公司　1920 年　木硯齋叢書

007542079　4359.34　1310
易村手工業
張子毅撰　重慶　商務印書館　1943 年　贛縣初版　社會學叢刊　乙集（m.）

007542240　4359.36　4159
中國西北部之經濟狀況
W. Karamisheff 著　王正旺譯　上海　商務印書館　1933 年　（m.）

007542319　4359.36　5631
僞蒙政治經濟概況
中國邊疆學會　香港　正中書局　1943 年　中國邊疆學會叢書　（m.）

007542323　4359.364　4118
綏遠省實業視察記
杜延年、孫導五著　香港　北平萬國道德總會　1933 年　（m.）

007542226　4359.37　4360
西北鹽產調查實錄
袁見齊編著　南京　財政部鹽政總局　1946 年　初版　鹽政叢書　（m.）

007539108　4360　2369
日本國勢之解剖
（日）矢野恒太著　浙江　高級中學　1931 年　（m.）

007538950　4360　3450
日本經濟論
波樸夫著　趙南柔譯　上海　商務印書館　1937 年　日本研究會叢書　（m.）

007538951　4360　4687
日本社會經濟史
陳敦常譯　上海　商務印書館　1936 年　（m.）

007539113　4360　7230
日本社會經濟發達史
周憲文編　上海　民智書局　1932 年（m.）

007539117　4362　3232
論日本經濟崩潰
馮次行著　長沙　商務印書館　1939 年（m.）

007539122　4362　4724
日本經濟史
土屋喬雄著　鄭合成譯　上海　商務印書館　1934 年　（m.）

007539124　4364　8272
日本財閥史論
鄭學稼著　上海　生活書店　1936 年（m.）

007538901　4365　4632
日本作戰力
中國國民經濟研究所編輯　長沙　商務印書館　1938 年　中國國民經濟研究所叢書　（m.）

007539132　4365　4632.7
當日本作戰的時候
劉尊棋譯　上海　生活書店　1937 年　再版　（m.）

007541098　4365　5059
戰時日本經濟
史邦燮撰　成都　建國出版社　1940 年（m.）

007734315　MLC – C
日本對支經濟工作
張肖梅主編　香港　中國國民經濟研究所　1939 年　中外經濟拔萃月刊叢書（m.）

007540974　4365　7241
日本戰時經濟概況
馬垚、楊爾珵合著　重慶　中央銀行經濟研究處　1943 年　（m.）

007540950　4365　7910
日本帝國主義之復活
陳琴著　上海　新知書店　1947 年　初版　（m.）

007541121　4366　1143
日本之戰時資源
孔志澄撰　長沙　商務印書館　1938 年　（m.）

007541126　4366　3450
日本經濟地理
上海　中華書局　1939 年　（m.）

011910203　HC462.7.P3　1929
日本資本主義研究
巴克編著　上海　現代書局　1929 年　（m.）

007541131　4366　7938
日本經濟地理
陳湜著述　上海　商務印書館　1935 年　新時代史地叢書　（m.）

007540802　4368　0824
一九四二年的日本國力
龔德柏編著　重慶　商務印書館　1943 年　初版　（m.）

011901287　HF1359.K854　1936
國際經濟概論
周伯棣編　上海　中華書局　1936 年　中華百科叢書　（m.）

007541142　4370　4437
世界戰爭與世界經濟
李次民編　長沙　商務印書館　1940 年　（m.）

011981176　HC51.K6　1933
各國經濟史
石濱知行等著　樊仲雲等譯　上海　新生命書局　1933 年　（m.）

007541181　4376.4　0443　FC7804　Film　Mas　31772
蘇聯經濟制度
章友江著　廣州　北美書店　1934 年　（m.）

011807526　D531.H3612　1933
經濟戰爭與戰爭經濟
（德國）海爾法里耶著　王光祈譯　上海　中華書局　1933 年　國防叢書　（m.）

007541193　4376.4　1821
蘇聯經濟地理
平竹傳三著　陳此生、廖璧光譯　上海　商務印書館　1936 年　（m.）

007795372　MLC－C
蘇聯經建的工作方法
大連　大衆書店　1948 年　初版　（m.）

007541199　4376.4　2334
蘇聯的預算制度
吳清友著　上海　中華書局　1949 年　大衆文化叢書

007540766　4376.4　2414
戰時及戰後蘇聯經濟
N. Voznesenski 著　吳清友譯　上海　中華書局　1949 年　初版　蘇聯研究叢書　（m.）

007541040　4376.4　4123
蘇聯經濟建設的工作方法

華中新華書店編　香港　華中新華書店　1949 年　（m.）

007540990　4376.4　4200
蘇俄經濟生活
胡佛著　劉炳藜、趙演編譯　上海　中華書局　1933 年　國際叢書　（m.）

011896528　HC335.L56　1949
蘇聯經濟小史
林秀編譯　香港　三聯書店　1949 年　新中國青年文庫　（m.）

011981789　HD8526.5.T79　1940
在和平勞動之國外國工人在蘇聯工作和生活的自述
唐旭之譯　桂林　文化供應社　1940 年　（w.）

007541207　4376.4　7924
蘇聯經濟制度
陳伯莊著　上海　商務印書館　1943 年　（m.）

011808391　HC273.W834　1936
法國社會經濟史
伍純武著　上海　商務印書館發行　1936 年　初版　各國社會經濟史叢書　（m.）

011831667　HC253.L48　1930
英國經濟史
雷斐德著　熊大經譯　上海　商務印書館　1930 年　初版　社會科學叢書　（m.）

011808283　HC253.H6412　1937
英國社會經濟史
許嘯天譯　上海　商務印書館　1937 年　再版　各國社會經濟史叢書　（m.）

007542185　4378.3　2359
美國之重工業
熊式輝主編　重慶　商務印書館　1945 年　（m.）

011723275　HG8051.W364　1944
保險合作經營論
王世穎撰　上海　正中書局　1944 年　初版　合作指導叢書　（m.）

011884788　HG8051.S4512　1934
保險學概論
管懷琮譯　上海　商務印書館　1934 年　社會科學小叢書　（m.）

007542243　4378.8　2252
南美三强利用外資興國事例
衛挺生著　上海　商務印書館　1932 年　中國經濟學社叢書　（m.）

007542360　4380　0441　FC7805　Film Mas 31773
土地經濟學
章植著　上海　黎明書局　1930 年　（m.）

007542077　4380　1318
土地經濟學導論
張丕介著　上海　中華書局　1947 年　再版　中山文化教育館社會科學叢書　（m.）

007542381　4380　2313
中國銀行業的農業金融
吳承禧著　北平　國立中央研究院社會科學研究所　1935 年　抽印本　（m.）

007542192　4380　3945
近代農村經濟的趨向
宗華撰　上海　國立中央研究院社會科學研究所　1931 年　農村經濟參考資料　（m.）

007542383　4380　4163
食料與人口
董時進著　上海　商務印書館　1933 年
　（m.）

011793604　HD9000.5.L53　1937
世界糧食問題
梁慶椿著　上海　商務印書館　1937 年
　初版　現代問題叢書　（m.）

007542386　4380　4444
農村經濟底基本知識
薛暮橋著　上海　新知書店　1937 年
　（m.）

007542390　4380　5915
原始社會之土地形態的研究
秦元邦著　上海　商務印書館　1946 年
　（m.）

007542394　4380　7911
農村經濟概論
陳醉雲編　上海　中華書局　1940 年
　中華百科叢書　（m.）

011884689　HD1411.N853　1948
農業經濟概論
梁慶椿主編　中國農民銀行漢譯社會科
學百科全書譯輯委員會編譯　上海　正
中書局　1948 年　漢譯社會科學百科全
書　（m.）

011919466　HD1411.T664　1936
農業經濟學
童玉民著　上海　中國農業書局　1936
年　再版　（m.）

011823193　HD1415.X84　1948
農村經濟底基本知識
薛暮橋著　上海　光華書店　1948 年
　2 版　社會科學叢書　（m.）

011912211　HD111.H83　1943
土地金融問題
黃通著　中國地政研究所編輯　重慶
商務印書館　1943 年　（m.）

008603278　FC1039（N）
海豐農民運動
廣東省農民協會　香港　國光書店
1926 年　（m.）

007542401　4383　0418
農業經濟學
許璇著　中國地政研究所編輯　重慶
1943 年　中國地政研究所叢刊　（m.）

007542186　4383　0418b
農業經濟學
許璇著　上海　商務印書館　1947 年
3 版　（m.）

007542228　4383　1321
平均地權與土地改革
中國地政研究所編輯　張繼、蕭錚等撰
　重慶　商務印書館　1943 年　中國地
政研究所叢刊　（m.）

007542412　4383　2085
自耕農扶植問題
朱劍農著　上海　中華書局　1947 年
（m.）

007542417　4383　2914
中國國民黨糧食政策
朱子爽著　重慶　國民圖書出版社
1944 年　（m.）

007542418　4383　2987
非常時期之食糧
徐頌周編　上海　中華書局　1937 年
（m.）

007543554　4383　4160
農業政策
長沙　商務印書館　1939 年　（m.）

007543464　4383　4423
平均地權之理論與實施
李從心著　重慶　國民圖書出版社　1942 年　黨義叢書　（m.）

007543580　4383　5502
農業金融
中央訓練委員會　香港　中央訓練委員會　1943 年　（m.）

007543588　4383　7934
新農村建設意見書
陳濤撰　鎮江　江蘇流通圖書館　1936 年

007543541　4383　7940
農業經濟史
陳其鹿撰述　葉楚傖校閱　上海　商務印書館　1934 年　新時代史地叢書　（m.）

007543440　4383　8244
農村經濟及合作
鄭林莊編　上海　商務印書館　1935 年初版　（m.）

007543592　4383　9800
糧政法規——配撥類
重慶　糧食部　1944 年

011985811　HD2067.W467　1947
中國現行糧政概論
聞汝賢、聞亦博編著　上海　正中書局　1947 年　滬 1 版　（m.）

007543594　4385　0144
地政通詮
龐樹森著　上海　新中國建設學會　1935 年　新中國建設學會叢書　（m.）

007497004　T　4385　1436
中國共產黨與土地革命
毛澤東等著　香港　正報社　1945 年

007543401　4385　1465　FC8447　Film　Mas　32505
中國土地問題之史的發展
聶國青著　上海　華通書局　1930—39 年　（m.）

007543467　4385　3625
土地登記制度
潘信中編著　重慶　正中書局　1945 年　中國地政研究所叢刊　（m.）

008630487　FC3115
土地改革後的政策
濟南　1946 年

007543600　4385　4226
土地改革論
胡伊默著　武昌　中華大學經濟學會　1949 年　（m.）

007543381　4385　5413
中國土地問題和商業高利貸
中國農村經濟研究會編　上海　中國農村經濟研究會　1937 年　（m.）

008579021　FC2038
生產組織與農村調查
毛澤東著　香港　瓊崖出版社　194? 年

007682741　MLC – C
怎樣改進中國農村
張效良撰　1939 年

008099420　4387　1304
怎樣劃分農村各階層
張文著　1946 年

002227992　4387　4111
中國古代農民運動研究
范迪瑞著　山東　齊魯大學國學研究所
　1938 年

002227990　4387　4111.7
隋唐時代農民運動研究
范迪瑞著　山東　齊魯大學國學研究所
　1939 年

007543513　4387　4286
農民抗戰講話
布谷著　香港　國立中山大學戰地服務
團　1939 年　國立中山大學戰地服務團
叢書　（m.）

007544345　4388　1121　FC7806　Film Mas 31776
中國地價稅問題
王先強著　上海　神州國光社　1931 年
　初版　（m.）

007544654　4388　1395　FC2312
上海市地價研究
張輝著　南京　正中書局　1935 年
（m.）

007544434　4388　2503
論新解放區土地政策
上海　新華書店　1949 年　（m.）

007544407　4388　2944
中國田制史略
徐士圭著　上海　商務印書館　1935 年
　（m.）

007544379　4388　3143
中國土地問題與土地改革
沈志遠主編　香港　新中出版社　1948
年　（m.）

007544341　4388　4260
土地政策述要

蕭明新編述　長沙　商務印書館　1938
年　（m.）

008580529　FC3118
土地政策學習參考文件
晉察冀中央局學習委員會編　1946 年

007544337　4388　4456
土地改革與新中國之道路
李中嚴著　南京　南京中國文化服務社
　1948 年　初版　（m.）

008616955　FC3893
土地改革與整黨
晉察冀新華書店編　香港　晉察冀新華
書店　1948 年

007544363　4388　6613
中國租佃制度之統計分析
國民政府主計處統計局編　上海　正中
書局　1946 年　滬 1 版　內國問題統計
叢書　（m.）

007544697　4389　0262
牛耕之起源
齊思和著　天津　達仁學院經濟研究所
　1941 年

007544709　4389　4120
墾殖學
李積新著　上海　商務印書館　1935 年
　（m.）

007544336　4390　4649
中國農村經濟問題
古楳編著　上海　中華書局　1931 年
4 版　（m.）

007544518　4390　7193
中國民食論
陸精治著　上海　啟智書局　1931 年

(m.)

007544729　4391　0248
中國農民問題論
高爾松著　上海　平凡書局　1929年
（m.）

007544333　4391　0441　FC8305　Film　Mas　32180
中國農佃問題
章柏雨、汪蔭元著　上海　商務印書館
　1946年　上海再版　（m.）

007544513　4391　0441A
中國農佃問題
章柏雨、汪蔭元著　重慶　商務印書館
　1943年　（m.）

007544328　4391　0441B　FC8305　Film　Mas　32180
中國農佃問題
章柏雨、汪蔭元著　上海　商務印書館
　1948年　上海3版　文史叢書　（m.）

007544409　4391　1000
中國土地問題
王效文、陳傳鋼著　上海　商務印書館
　1937年　現代問題叢書　（m.）

007544425　4391　1114　FC9358　Film　Mas　35804
中國今日之農村運動
孔雪雄編著　南京　中山文化教育館
　1935年　再版　（m.）

007544740　4391　1126
中國農民問題與農民運動
王仲鳴編譯　上海　平凡書局　1929年
（m.）

008603288　FC1060（N）
中國農民運動近況1926年　農民協會章程1924年
中國國民黨中央執行委員會農民部　香港　中國國民黨中央執行委員會農民部　1924—26年

007544342　4391　1131
農業貸款與貨幣政策
巫寶三著　1940年　（m.）

007544538　4391　1131.1　FC8328　Film　Mas　32210
中國糧食對外貿易其地位趨勢及變遷之原因（1912—1931）
巫寶三著　北平　參謀本部國防設計委員會委託北平社會調查所　1934年　參謀本部國防設計委員會參考資料

011984924　HN673.C51　1935
農村與都市
千家駒等著　上海　中華書局　1935年　社會科學彙刊　（m.）

005631774　4391　1172
爲建設新農村而奮鬥
王艮仲等著　上海　中國建設出版社　1947年　再版　中建叢書　（m.）

007544742　4391　1192
戰時各省糧食增產問題
王光仁、林錫麟編輯　喬啟明、蔣傑主編　重慶　農產促進委員會　1942年
（m.）

007545103　4391　1331
中國糧食問題
張心一著　香港　中國太平洋國際學會　1932年　（m.）

007544801　4391　1364
中國農業經濟問題
張則堯著　上海　商務印書館　1947年　再版　（m.）

007545047　4391　1440
中國農書
王建新譯　中山文化教育館編輯　上海
　商務印書館　1936 年　中山文庫
（m.）

007545110　4391　1915
中國戰時糧食問題及其政策
孫醒東著　1942 年　青年叢書　（m.）

007545112　4391　1920　FC8488　Film　Mas　32022
中國田賦問題
孫佐齊著　上海　新生命書局　1935 年
（m.）

007550117　4391　2236　FC9403　Film　Mas　35834
中國農村社會經濟學
喬啟明著　重慶　商務印書館　1945 年
　初版　（m.）

007544993　4391　2306　FC9404　Film　Mas　35835
中國土地問題及其對策
吳文暉著　上海　商務印書館　1947 年
　國立浙江大學農科研究所農業經濟學
部叢書　（m.）

007544791　4391　2306A
中國土地問題及其對策
吳文暉著　重慶　商務印書館　1944 年
　初版　國立浙江大學農科研究所農業
經濟學部叢書　（m.）

007544852　4391　2437
中國農村經濟論文集
千家駒編　上海　中華書局　1935 年
（m.）

007545134　4391　2922
中國農村經濟的透視
朱其華［佩我］著　上海　中國研究書店
　1936 年　中國社會問題學會叢書
（m.）

007545136　4391　2922.2　FC8696　Film　Mas　32748
中國農村經濟關係及其特質
朱新繁［佩我］著　上海　新生命書局
1930 年　（m.）

007544789　4391　2934　FC7807　Film　Mas　31775
農業倉庫論
徐淵若撰　上海　商務印書館　1935 年
（m.）

007545138　4391　2983
國防與農業統制
徐鈞達著　上海　汗血書店　1937 年
（m.）

007733621　4391　3223　FC3982（N）
中國農村經濟資料
馮和法編　上海　黎明書局　1935 年
（m.）

007544862　4391　3223　FC1735
中國農村經濟資料續編
馮和法編　上海　黎明書局　1935 年
初版

007544931　4391　3223.2　FC8695　Film　Mas　32747
中國農村經濟論農村經濟論文選集
馮和法編　上海　黎明書局　1936 年
再版　（m.）

007544849　4391　4163
國防與農業
董時進著　上海　商務印書館　1945 年
（m.）

007545151　4391　4229
中國農村問題
楊幼炯主編　上海　中國社會科學會出
版部　1933—54 年　（m.）

007544821　4391　4444
中國農村經濟常識
薛暮橋著　上海　新知書店　1937年再版　（m.）

007545176　4391　4488
農村經濟及合作
蔣鎮編　上海　黎明書局　1935年（m.）

007545181　4391　5202
中國糧食問題
中山文化教育館　重慶　正中書局　1940年　（m.）

007545035　4391　5582
中國農業金融概要
中央銀行經濟研究處編　上海　商務印書館　1936年　初版　中央銀行叢刊（m.）

007545055　4391　5642
河北棉花之出產及販運
曲直生著　上海　社會調查所　1931年　社會研究叢刊　（m.）

007546823　4391　5853
改進中國農業之途徑中美農業技術合作團報告書
中美農業技術合作團著　上海　商務印書館　1948年　再版　（m.）

007546814　4391　5980
中國農業經濟問題
秦含章著　上海　新世紀書局　1931年　初版　（m.）

007547083　4391　6055　FC8484　Film　Mas　32030
國民革命與農村問題
（日）田中忠夫著　北平　村治月刊社　1932年　（m.）

007547090　4391　7246　FC7796　Film　Mas　31680
中國農村經濟之特性
（蘇）馬嘉［L. Magyar］著　上海　北新書局　1930年　（m.）

007547096　4391　7263
租核
陶煦著　吳縣　陶惟坻　1927年

007546870　4391　7910　FC9398　Film　Mas　35828
中國各省地租
陳正謨著　上海　商務印書館　1936年

007546822　4391　7929
當前我國農村經濟問題
陳穎光著　重慶　國民圖書出版社　1944年　初版　（m.）

007546961　4391　7948
封建社會的農村生產關係
陳翰笙　上海　中央研究院　1930年　農村經濟參考資料　（m.）

007547069　4391　7948.6　4391　7948.6B
黑龍江流域的農民與地主
陳翰笙、王寅生著　上海　中央研究院　1929年　社會科學研究所專刊（m.）

007546881　4391　8153
中國農村經濟研究
金輪海著　上海　中華書局　1937年（m.）

007547013　4391　8195
糧食增產問題
饒榮春著　重慶　商務印書館　1942年（m.）

007538746　4391　8698
全國糧食概況
南京　行政院新聞局　1947年　（m.）

007539107　4392　0137
土地法
立法院秘書處　上海　民智書局　1930
年　（m.）

007539112　4392　1100
新土地法論
王效文著　上海　昌明書屋　1948 年
（m.）

007539115　4392　1100.4
土地法要義
王效文著　上海　上海法學書局　1934
年　（m.）

004357318　4392　2393　CHIN　916　WU
土地問題與土地法
吳尚鷹著　上海　商務印書館　1935 年
　初版　大學叢書　（m.）

007539126　4392　2903
土地法理論與詮解
朱章寶著　上海　商務印書館　1936 年
　（m.）

007541102　4392　3194
福建省土地陳報現行法規彙編
福建省地政局編　福州　1938 年
（m.）

007541106　4392　4437
土地法釋義
李之屏著　上海　會文堂新記書局
1937 年　叢書本　現行法律釋義叢書
（m.）

007541108　4392　4438
土地法令彙集
廣州　華瑞閣　1937 年

007540829　4392　5657
農村經濟金融法規彙編
中國農民銀行經濟研究處彙編　重慶
中國農民銀行經濟研究處　1942 年
（m.）

007541115　4392　6710　FC9391　Film　Mas　358&29
中國土地問題之統計分析
國民政府主計處統計局編著　重慶　正
中書局　1941 年　內國問題統計叢書
（m.）

007541124　4392　7933
土地法
陳顧遠編著　上海　商務印書館　1936
年　3 版　（m.）

007542371　4392　8623.1
米穀統計
全國經濟委員會農業處　南京　該處
1934 年　（m.）

007540984　4392　8913
中國土地法論
余群宗著　成都　國立四川大學出版組
　1944 年　初版　（m.）

007540797　FC5141
中國農村問題之研究
翟克著　廣州　國立中山大學出版部
1933 年　國立中山大學農科學院農村社
會叢書　（m.）

011829377　HD1411.T365　1932
農村經濟
唐啟宇、宋希庠著　上海　世界書局
1932 年　（m.）

008627167　FC764
廣東農民運動報告
1926 年

007807306　MLC－C
論農民問題
陳伯達著　1948年

008581580　FC1793　FC3178
海陸豐平共記
香港　國民革命軍第十六師政治訓練處印　1928年

007541024　4394　0486
中國古田制考
謝無量著　上海　商務印書館　1932年　國學小叢書　(m.)

007540889　4394　0633
歷代屯墾研究
唐啟宇編　上海　正中書局　1945年　滬1版　(m.)

007541035　4394　1132
中國北部的兵差與農民
王寅生、薛品軒、石凱福著　上海　國立中央研究院社會科學研究所　1931年　國立中央研究院社會科學研究所專刊　(m.)

007540953　4394　1316　FC7808　Film Mas 31774
中國歷代耕地問題
張霄鳴著　上海　新生命書局　1932年　初版　(m.)

007538976　4394　1341
我國戰時糧食管理
張柱編著　重慶　正中書局　1944年　(m.)

007538978　4394　1363
中國土地制度研究
長野朗著　強我譯　上海　神州國光社　1932年

007136919　4394　2328
中國糧食地理
吳傳鈞編著　上海　商務印書館　1943年　贛初版　(m.)

007541017　4394　2328B
中國糧食地理
吳傳鈞編　上海　商務印書館　1946年　(m.)

003537649　4394　2437
中國鄉村建設批判
千家駒、李紫翔編著　上海　生活書店總經售　1936年　(m.)

007541161　4394　267
中國歷代經界紀要附編
經界局編譯所　香港　1915年　(m.)

007541164　4394　2917（2）
農村問題中國農村崩潰原因的研究下
徐正學著　南京　國民印務局　1936年　再版

007542103　4394　3295
浙江省農業改進史略
浙江省農業改進所編　杭州　浙江省農業改進所　1946年　(m.)

007542305　4394　3386
分領原圈壯丁地畝册
滿洲鐵路北支經濟調查所　廣州　東亞研究所第六調查委員會　1926年

007542054　4394　3434
中國農業之經濟觀
淩道揚著　上海　商務印書館　1926年　再版　(m.)

011884960　HT421.Y24　1931
農村社會
楊開道著　上海　世界書局　1932年

(m.)

011804209　HN673.Q253　1935
中國農村問題
錢亦石等著　上海　中華書局　1935 年
　新中華叢書　（m.）

007542328　4394　4812
戰時糧食問題
黃霖生、朱通九等著　重慶　獨立出版社　1939 年　（m.）

007542329　4394　4833
土地問題
黃通編　上海　中華書局　1930 年
（m.）

007542193　4394　4927
中國農業金融
林和成編　上海　中華書局　1936 年
中央政治學校計政學院業書　（m.）

007542272　4394　5635
中國之農性
中華民國聖道會編　濟南　中華民國聖道會　1927 年

007542379　4394　5654
中國農村動態
中國農村經濟研究會編　上海　1937 年
（m.）

009248005　4394　5654.1
中國農村社會性質論戰
中國農村經濟研究會編　上海　新知書店　1940 年　4 版　（m.）

007542181　4394　5654.2
抗戰中的中國農村動態農村通訊選輯
中國農村經濟研究會編　桂林　新知書店　1939 年　（m.）

007542091　4394　5657
中國農民及耕地問題
公孫愈之等著　上海　復旦書店　1929 年　（m.）

007547123　4394　6055
中國農村經濟研究之發軔
國立中央研究院社會科學研究所社會學組　上海　中央研究院出版委員會　1930 年　（m.）

007542391　4394　6105
安徽省當塗縣土地陳報概略
財政部整理地方捐稅委員會　南京　該會　1935 年　（m.）

007542393　4394　6105.2　FC2313　FC－M581
江蘇省蕭縣土地陳報概略
財政部整理地方捐稅委員會　南京　該會　1935 年　（m.）

007542395　4394　6105.3　FC2314　FC－M582
江蘇省江都縣土地陳報概略
財政部整理地方捐稅委員會　南京　該會　1935 年　（m.）

007542086　4394　6701
中國土地問題教程
吳英荃校正　林超編述　臺北　1948 年
　修正再版

007542403　4394　7241　FC4193　FC－M1394
中國農村經濟研究
馬劄亞爾著　陳代青等譯　上海　神州國光社　1930 年　（m.）

007542408　4394　7404
中國糧政史
聞亦博著　重慶　正中書局　1943 年
（m.）

001891977　4394　7917
中國土地制度
陳登元著　上海　商務印書館　1932年
　初版　（m.）

007542117　4394　7932　FC8485　Film　Mas　32038
中國農業經濟史
陳安仁著　上海　商務印書館　1948年
　（m.）

008616960　FC3086
五龍縣政府土地改革總結
五龍縣政府　1946年

011896216　HD862.w24　1936
土地法論
王效文著　上海　1936年　（m.）

008616956　FC3889
全體農民起來平分土地第一集
晉察冀日報社編　香港　晉察冀新華書
　局　1948年　（m.）

008580285　FC2954
怎樣進行覆查的參考材料
中國共產黨冀南區黨委宣傳部編　濟南
　　中國共產黨冀南區黨委宣傳部印
1947年

011919639　HD865.W33　1936
中國土地問題
王效文、陳傳鋼著　上海　商務印書館
　1936年　現代問題叢書　（m.）

011987050　HD923.Z56　1934
中國土地新方案
殷震夏著　南京　正中書局　1934年
（m.）

008580313　FC2972
勞動政策與土地政策初步檢查
香港　新四軍蘇中軍區第四地方委員會

印　1945年　幹部業餘學習材料

008395701　MLC-C
論新解放區土地政策
1949年　（m.）

008580376　FC3016
山東省膠東區整理土地等級陳報登記暫行辦法(1-3)
山東省膠東區行政公署　香港　山東省
　膠東區行政公署　1946年

008592699　FC2859
大店查減鬥爭總結
香港　中共山東分局出版　1944年

008616957　FC2911
執行中央五四指示的基本總結及今後任務
薄一波講　香港　中共冀魯豫區黨委宣
　傳部　1947年

008616958　FC3120
淮安鵝錢鄉土地改革經驗介紹
中國共產黨華東局民運部編印　香港
　中國共產黨華東局民運部　1947年

008580528　FC3117
土地政策重要文件彙集
晉察冀中央局宣傳部編　1946年

008592989　FC3114　FC3895
土地總結報告草案
1944年

008616959　FC3146
粉碎地主翻把陰謀
香港　群眾日報社　1948年

008448251　4396　0220
戰時農村經濟動員
高叔康著　1938年　（m.）

007543569　4396　1143
耕者要有其田
嚴仲達著　上海　民智書局　1928年
　再版　（m.）

011888455　HD923.C46　1939
歷代屯田考
張君約著　長沙　商務印書館　1939年
　初版　新中國建設學會叢書　（m.）

007543273　4396　1318
墾殖政策
張丕介著　中國地政研究所編輯　重慶
　商務印書館　1943年　初版　中國地
　政研究所叢刊　（m.）

007543505　4396　1844
平分土地手册
華北新華書店編輯部編輯　香港　華北
　新華書店　1948年　（m.）

007543572　4396　2220
中國農業建設方案
鄒秉文著　上海　中華農會　1946年
　（m.）

007543451　4396　2239
爲純潔黨的組織而鬥爭
彭真等撰　香港　正報社　1948年　土
　地改革叢書

011799904　HD2068.L585　1932
農業政策
劉光華著　上海　南京書店　1932年
　（m.）

007543573　4396　2343
戰時農村工作方案
吳藻溪編　廣州　私立農村科學研究所
　1939年　私立農村科學研究所叢書

007543269　4396　2914
中國國民黨土地政策
朱子爽編著　重慶　國民圖書出版社
　1943年　初版　中國國民黨政策叢書
　（m.）

007543582　4396　3281
廣東農業三年建設計劃綱要
馮銳編　廣州　廣東建設廳農林局
　1933年　（m.）

007543583　4396　3391
推進浙省農業生產建設實施方案
浙江省建設廳農業管理委員會　杭州
　浙江省建設廳農業管理委員會　1935年

007543249　4396　3644
中國土地政策
潘楚基著　上海　黎明書局　1930年
　（m.）

008580351　FC3002
邊區黨的歷史問題檢討
高崗著　濟南　中國共產黨西北局印發
　　1943年

008099422　4396　3792
邊區黨委關於加強農運限期建立各縣農
　救的決定
香港　黨的生活編委會　1941年

007543593　4396　4163
中國農業政策
董時進著　長沙　商務印書館　1940年
　（m.）

007543266　4396　4163A
中國農業政策
董時進著　重慶　文史叢書編輯部
　1943年　（m.）

007543486　4396　4185　HG2039.T35　T3525　1976x
中國戰後農業金融政策
姚公振著　重慶　中華書局　1944 年（m.）

006027959　4396　4185B
中國戰後農業金融政策
姚公振著　桂林　中華書局　1946 年再版（m.）

007543595　4396　4233
井田制度有無之研究
胡適撰　上海　華通　1930 年　（m.）

007543296　4396　4255
解放區的土地政策與實施
力耕編　香港　中國出版社　1947 年

008603289　FC1062(N)
農民問題
布哈林著　香港　新青年社　1926 年

007543601　4396　4433
農民與抗戰建國
蔣潔之著　重慶　獨立出版社　1942 年（m.）

007543602　4396　4491
實驗糧食管理
艾懷瑜著　香港　江西省糧政局　1942 年　（m.）

007543241　4396　452
怎樣動員千百萬農民
韋健夫編寫　漢口　自強出版社　1938 年　（m.）

008627176　FC1327
工農通訊集上冊
中國工農通訊社編　上海　上海春耕書店　1932 年

007543275　4396　4525
工業化與中國農業建設
韓稼夫著　國民經濟研究所主編　上海　商務印書館　1946 年　上海再版　國民經濟研究所丙種叢書　（m.）

007543605　4396　4833
民生主義的土地政策
黃通編著　重慶　獨立出版社　1939 年（m.）

007704073　MLC-C
中共的土地改革政策及其四大組織的運用
統一出版社編　濟南　統一出版社　1947 年　奮鬥叢書

008630549　FC2893
中共中央關於抗日根據地土地政策的決定民國三十一年一月二十八日中央政治局通過
中國共產黨中央政治局　延安　1946 年

007544704　4396　5542
總裁關於糧食問題的訓示
中央黨部宣傳部　香港　中央宣傳部　1941 年　（m.）

008604702　FC1061(N)
農民協會章程釋義
中央圖書局　香港　中央圖書局　1927 年　（m.）

007544715　4396　7816
土地行政
陝西省地方行政幹部訓練團　香港　陝西省地方行政幹部訓練團　1943 年（m.）

007544338　4396　7912
土地政策及其實驗

陳天秩著　南京　新中國出版社　1947年　初版　(m.)

007544431　4396　8441
土地工商怎樣在改革
廣州　春風社　1949年

007544726　4396　8747
中國土地利用調查説明書
金陵大學農業經濟系　南京　該大學　192?年

007544910　4398　5654
農村通訊
中國農村經濟研究會編　上海　中華書局　1935年　(m.)

003537665　4398　7924
平漢沿綫農村經濟調查
陳伯莊著　上海　交通大學研究所　1936年　(m.)

007631736　MLC－C
中國農村描寫
中國農村經濟研究會編　上海　1936年　(m.)

007545102　4398.101　5121
怎樣組織起來各解放區勞動互助經驗介紹
東北行政委員會辦公廳編　大連　大衆書店　1947年　生産運動叢書　(m.)

007544458　FC4996　FC－M118
我國佃農經濟狀況
劉大鈞著　上海　太平洋書店　1929年　(m.)

007547128　4398.11　3359
滿洲農業概況
滿洲事情案内所　新京　1939年　滿洲事情案内所報告

007545105　4398.11　4842
東三省水田志
黃越川著　上海　開明書店　1930年　(m.)

007545145　4398.12　4424
吉林墾植分會籌辦調查吉省東北沿邊移墾計劃報告書
吉林墾植分會　香港　吉林該會　1913年

007545148　4398.12　5986
北滿農業
東省鐵路經濟調查局　哈爾濱　東省鐵路經濟調查局　1928年　(m.)

007547130　4398.14　1470
清苑的農家經濟
張培剛著　廣州　東亞研究所　1939年

007544911　4398.14　2386
鄉村織布工業的一個研究
吳知著　上海　商務印書館　1936年　初版　南開大學經濟研究所專刊　(m.)

011906426　HD9016.C6　Q28　1934
華北民衆食料的一個初步研究
曲直生著　香港　參謀本部國防設計委員會　1934年　參謀本部國防設計委員會參考資料　(m.)

011933248　4398.14　7975
農業調查報告
吳甌主編　天津　天津市社會局　1931年　(m.)

007733670　4398.16　2175　FC9400　Film　Mas　35831
河南省農村調查
行政院農村復興委員會編　上海　商務印書館　1934年　行政院農村復興委員

會叢書　（m.）

007546955　4398.16　3222　　4398.16　3222x　FC5178　FC-M1038

南陽農村社會調查報告

馮紫崗、劉端生合編　上海　黎明書局　1934 年　（m.）

007547091　4398.18　4333

陝西長安縣草灘涇陽縣永樂店農墾調查報告

華源實業調查團　蘇州　華源實業調查團　1933 年

008627022　FC2040

生產文獻

王冰編　濟南　新華書店　1946 年　（m.）

008579025　FC2041

生產渡荒大發家

華北新華書店編輯部　香港　華北新華書店編輯部　1947 年　（m.）

008580343　FC2998

邊區的勞動互助

山東新華書店編　香港　山東新華書店印　1945 年　生產運動叢書　（m.）

007546996　FC339

陝甘寧邊區的勞動互助

廣州　冀南書店　1946 年

007546997　FC340

陝甘寧邊區組織勞動互助的經驗

廣州　華北書店　1944 年

007546910　4398.19　2175

陝西省農村調查

行政院農村復興委員會編　上海　商務印書館　1934 年　行政院農村復興委員會叢書　（m.）

007547103　4398.19　4591.1

甘肅省之土地行政

香港　甘肅省政府　1942 年　（m.）

007547105　4398.19　4591.2

甘肅省舉辦土地陳報紀實

香港　甘肅省政府　1942 年　（m.）

007547106　4398.19　4591.3

甘肅省田賦整理與徵實

香港　甘肅省政府　1942 年　（m.）

007547108　4398.19　4591.4

一年來之甘肅糧政

香港　甘肅省政府　1942 年　（m.）

007542236　4398.23　0236　FC9405　Film　Mas　35836

四川租佃問題

郭漢鳴、孟光宇著　中國地政研究所編輯　重慶　商務印書館　1944 年　中國地政研究所叢刊　（m.）

007699773　MLC-C

四川考察團報告

中國工程師學會　1935 年　（m.）

007541182　4398.23　1423　（2）

四川經濟考察團考察報告第二編　農林

西南經濟調查合作委員會編　重慶　獨立出版社　1940 年　（m.）

007542409　4398.23　1423　（4）

四川經濟考察團考察報告第四編　金融

西南經濟調查合作委員會編　重慶　獨立出版社　1940 年　（m.）

007541188　4398.23　5657

四川省農村經濟調查報告

中國農民銀行四川省農村經濟調查委員會編　重慶　1941 年

007541190　4398.23　5657　(2)
四川農場經營
戈福鼎編　重慶　1941年　四川省農村經濟調查報告　(m.)

007541194　4398.23　5657　(3)
四川主要食糧作物生產成本
戈福鼎編　重慶　1941年　四川省農村經濟調查報告

007541197　4398.23　5657　(4)
四川農業金融
歐陽蘋編　重慶　1941年　四川省農村經濟調查報告

007541198　4398.23　5657　(5)　FC8516　Film　Mas　32545
四川主要糧食之運銷
潘鴻聲編　重慶　1941年　四川省農村經濟調查報告

007541200　4398.23　5657　(6)　FC8517　Film　Mas　32543
四川農村物價
胡國華編　重慶　1941年　四川省農村經濟調查報告

007541204　4398.23　5657　(7)
四川租佃制度
應廉耕編　重慶　1941年　四川省農村經濟調查報告

008580364　FC3010
論查田運動
毛澤東著　香港　晉察冀新華書店　1947年

008581609　FC3202
農村調查
毛澤東著　山東　新華書店　1946年

007542322　4398.26　3123
江西之米麥問題
江西省政府經濟委員會　香港　1933年　(m.)

007542324　4398.26　3194
江西省地政概況
江西省地政局　香港　1940—41年　(m.)

007542327　4398.26　3823　FC8452　Film　Mas　32530
江西糧食調查
社會經濟調查所　上海　該所　1935年　(m.)

007542212　4398.27　0236
安徽省之土地分配與租佃制度
郭漢鳴、洪瑞堅著　南京　正中書局　1936年　中央政治學校地政學院研究報告　(m.)

007542122　4398.27　2311　FC8345　Film　Mas　32215
皖中稻米產銷之調查
吳正調查　上海　交通大學研究所　1936年　(m.)

007506574　FC5876　(3)
農村家庭調查
言心哲編著　上海　商務印書館　1935年　社會科學小叢書　(m.)

007542137　4398.28　2154　FC9243　Film　Mas　35731
江蘇省農村調查
行政院農村復興委員會編　上海　商務印書館　1934年　行政院農村復興委員會叢書　(m.)

007542211　4398.28　2338
上海之農業
上海市社會局編　上海　中華書局　1933年　(m.)

008109758　4398.28　3823
糧食調查叢刊

社會經濟調查所編　上海　社會經濟調查所　1935 年

007542342　4398.28　3823　(2)　FC2316　FC–M922
南京糧食調查
社會經濟調查所　上海　該所　1935 年（m.）

011901462　HD930.N35　W36　1935
南京旗地問題
萬國鼎著　南京　正中書局　1935 年　中央政治學校地政學院研究報告（m.）

008592675　FC2288(N)
江蘇省農村調查
行政院農村復興委員會編　香港　商務印書館　民國間（m.）

003537666　FC2289(N)　FC9244
雲南省農村調查
行政院農村復興委員會編　上海　商務印書館　1935 年（m.）

007542139　4398.28　7994
上海地產大全
陳炎林編著　上海　上海地產研究所　1933 年（m.）

007542361　4398.29　1026
浙江之農產食用作物篇
建設委員會經濟調查所統計課　杭州　該所　1935 年（m.）

007542136　4398.29　2154　FC9406　Film　Mas　35837
浙江省農村調查
行政院農村復興委員會編　上海　商務印書館　1934 年（m.）

007542170　4398.29　3222
蘭溪農村調查
馮紫崗編　杭州　國立浙江大學　1935 年　國立浙江大學農學院專刊（m.）

007542172　4398.29　3373　FC5635　FC–M1206
浙江臨安縣農村調查
建設委員會調查浙江經濟所統計課編　杭州　建設委員會調查浙江經濟所　1931 年

007544684　4398.29　3397
一年來之浙江地政
浙江省民政廳　杭州　浙江省民政廳　1937 年

007544685　4398.29　3397.1
浙江省一年來的土地行政
浙江省民政廳　杭州　浙江省民政廳　1936 年（m.）

007544529　4398.29　4169
浙江省杭縣土地統計
余俊民編　濟南　浙江省民政廳測丈隊　1934 年（m.）

007544686　4398.29　4300　FC5692　FC–M1396
杭州市土地分類統計
浙江省民政廳測丈隊　杭州　浙江省民政廳測丈隊　1933 年（m.）

007544687　4398.29　4301　FC9294　Film　Mas　35704
杭州市徵收地價稅估定地價一覽民國二十二年度
香港　杭州市政府　1933 年（m.）

007544688　4398.29　5667
二五減租法規及其他
中國國民黨浙江省執行委員會　香港　1932 年

009024888　4398.29　6326
量沙紀略不分卷

張鴻編輯　濟南　張氏　1917年　鉛印

007797133　MLC－C
臺灣一年來之農林
臺北　臺灣省行政長官公署宣傳委員會
　　1946年　（m.）

007544429　4398.31　1131
福建省食糧之運銷
巫寶三、張之毅著　長沙　商務印書館
　1938年　國立中央研究院社會科學研究所叢刊　（m.）

007544533　4398.31　2430
福建省農村經濟參考資料彙編
傅家麟主編　香港　福建省銀行經濟研究室　1941年

007549327　4398.318　4354.1
臺灣農林叢刊
臺北　臺灣省農林處　1948—49年

007544585　4398.318　4394.10
推行"三七五"地租問答
臺灣省［政府］地政局編　廣州
1949年

007499382　4398.318　4394.11
推行"三七五"地租工作須知
臺北　該局　1949年

007544675　4398.318　4394.12
臺灣省推行"三七五"地租法令輯要
臺北　臺灣省地政局　1949年

007544424　4398.318　4394.13
實行"三七五"減租民國三十八年臺灣省政紀要
民政廳地政局編　臺北　1949年　臺灣省政紀要

007547006　4398.318　4802
臺灣"三七五"地租運動的透視
趙文山編著　廣州　自由出版社
1949年

007547134　4398.318　7501.1
屏東市"三七五"減租經過及其成果
屏東市政府　臺灣　屏東市政府
1949年

007547045　4398.318　7501.11
屏東市實行"三七五"減租訂立租約經過和今後的展望
何舉帆、張元生述　屏東　屏東市政府
　　1949年

007547145　4398.32　0591.2
廣東農林
廣東省政府　香港　廣東省政府秘書處編譯室　1942年　（m.）

007547150　4398.32　0591.3
廣東糧政
廣東省政府　香港　廣東省政府秘書處編譯室　1942年　（m.）

007547154　4398.32　0591.4　FC5693　FC－M1397
廣東農村生產關係與生產力
陳翰笙主編　香港　上海中山文化教育館　1934年　（m.）

007547161　4398.32　0594.1
廣東農業概況調查報告書續編
鍾桃撰　東京　東亞研究所　1939年

008581781　FC3952
廣東農業概況調查報告書續編上下卷
中山大學農學院編　濟南　1929—33年

007545185　FC8694　Film Mas　32734
天津市農業調查報告

陳舉撰　天津　天津市社會局　1931 年

007546819　4398.32　3542
瓊崖各縣農業概況調查報告
國立中山大學農學院推廣部編　廣州　國立中山大學出版部　1937 年

007547057　4398.33　1347　FC5694　FC－M1398
廣西糧食問題
張培剛著　長沙　商務印書館　1938 年（m.）

007547027　4398.33　2175　FC9399　Film Mas 35830
廣西省農村調查
行政院農村復興委員會編　上海　商務印書館　1935 年　第 2 版　行政院農村復興委員會叢書（m.）

007547987　4398.34　2217　FC9244　Film Mas 35733
雲南省農村調查
行政院農村復興委員會　上海　商務印書館　1935 年　第 1 版　（m.）

007547985　4398.34　5843
內地農村
費孝通著　上海　生活書店　1947 年　再版（m.）

003537657　4398.34　5843.2
祿村農田
費孝通著　重慶　商務印書館　1943 年（m.）

007548135　4398.35　5390
貴州省試辦貴陽縣土地陳報報告
1937 年

007548136　4398.36　6644
蒙旗全墾收發款目清冊
貽穀編　北京　京華印書局　1937 年

007548143　4398.364　4418
前綏遠墾區清理丈放並荒租章程集
蒙古聯合自治政府內政部地政科編　張家口　1943 年

007547986　4402　2154
日本救濟農村法規彙編
行政院農村復興委員會編　上海　商務印書館　1934 年　初版　行政院農村復興委員會叢書（m.）

007548160　4416　5844
毆洲土地制度
擇金斯基著　鮑德澂譯述　重慶　中國文化服務社　1941 年

007546817　4420　0261
中國工業資本問題
方顯廷著　藝文叢書編輯部編　長沙市　商務印書館發行　1939 年　初版（m.）

007546871　4420　4414
實業革命史
林子英撰述　劉秉麟校閱　上海　商務印書館　1928 年　新時代史地叢書（m.）

011805921　HC256.0938　1930
英美日產業問題
歐陽瀚存著　上海　中華書局　1930 年（m.）

007546978　4420　7982
經濟改造中之中國工業問題
陳銘勳著　上海　新時代教育社　1928 年　初版（m.）

007547158　4420　8114
中國實業要論
金廷蔚著　上海　商務印書館　1925 年

（m.）

011988904　HC427.8.K86　1933
中國都市工業化程度之統計分析
龔駿著　上海　商務印書館　1933年
百科小叢書　（m.）

007547991　4420.3　5667
中國國民黨實業講演集
中國國民黨執行委員會實業部輯編　上海　民智書局　1924年　（m.）

007547988　4420.6　1822
上海製造廠商概覽
聯合徵信所調查組編　上海　聯合徵信所　1947年　（m.）

007548968　4420.7　2911
當代中國實業人物志
徐盈著　上海　中華書局　1948年　（m.）

007549301　4420.7　2944
現代工商領袖成名記
徐鶴椿著　上海　新風書店　1941年

007549034　4420.8　0874　FC8698　Film Mas 32746
中國新工業發展史大綱
龔駿編　上海　商務印書館　1933年　（m.）

007815469　4420.8　0874　（1935）
中國新工業發展史大綱
龔駿編　上海　商務印書館　1935年　再版　（m.）

007543555　4420.8　7255
我國的工業
馬靜軒編　趙景源校　上海　商務印書館　1936年

011830813　HD2321.Q53　1947
產業革命講話
錢亦石著　上海　生活書店發行　1947年　第2版　（m.）

007543558　4420.9　7271
戰時中國工業建設概論
劉階平著　重慶　獨立出版社　1941年　（m.）

007543560　4422　4244
工業建設與金融政策
楊壽標著　重慶　商務印書館　1945年　（m.）

011929548　HD3611.P4512　1931
工業政策
馬君武譯　上海　中華書局　1931年　8版　新文化叢書　（m.）

007543567　4424　6253
中國國貨工廠史略
國貨事業出版社編輯部編輯　上海　1935年　（m.）

007544647　4426　0212
利用外資問題
高平叔著　重慶　商務印書館　1944年　（m.）

007544649　4426　0221
解放區的工廠經營與管理
齊生著　廣州　北極星出版社　1946年　（m.）

007543343　4426　0700　FC9285　Film Mas 35712
新民主主義經濟的工業發展方針
吉林　吉林書店　1948年　（m.）

011987128　HC427.8.J42　1934
中國的工業
任曙編著　上海　生活書店　1934年

(m.)

007554199　4426　1022
解放區工業建設
建設出版社　1946年　建設叢書
(m.)

007543455　4426　1318
工業政策與職工政策
武漢　新華書店　1949年

007543238　4426　1333
工合發軔
張法祖編著　香港　光夏書店　1941年
(m.)

007543394　4426　2131
中國工業建設之資本與人材問題
伍啟元著　上海　商務印書館　1946年
中國工業化叢書　(m.)

007872894　4426　2131　(1945)
中國工業建設之資本與人材問題
伍啟元著　重慶　商務印書館　1945年
(m.)

007543456　4426　2364
中國經濟建設之路
吳景超著　重慶　商務印書館　1943年
(m.)

011916598　HB71.L615　1937
經濟學方法論
劉絜敖著　上海　商務印書館　1937年
(m.)

007887504　4426　2364.1
怎樣研究政治經濟學
柳湜著　上海　生活書店　1947年
(m.)

007543508　4426　2364.1
中國工業化的途徑
吳景超著　長沙　商務印書館　1938年
藝文叢書　(m.)

007543441　4426　2364.2
第四種國家的出路
吳景超著　上海　商務印書館　1937年
初版　(m.)

007543274　4426　2395
國營事業論
吳半農著　上海　中國文化服務社
1944年　滬1版　青年文庫　(m.)

007543364　4426　2434
中國工商要覽
傅潤華、湯約生主編　南京　中國工商
年鑑編纂社　1948年　初版　(m.)

007543271　4426　2914
中國國民黨工業政策
朱子爽撰　重慶　國民圖書出版社
1943年　初版　中國國民黨政策叢書
(m.)

007543510　4426　2924
中國工商業的出路
徐仲堯等著　香港　南方論壇社　1948
年　(m.)

007543311　4426　4418
戰後中國工業建設之路
蔣乃鏞著　重慶　中華書局　1944年
(m.)

007871822　4426　4821
中國工業合作運動
趙鼎元編著　上海　中英出版社　1939
年　(m.)

007535977　4426　5613
中國工業合作運動
1939—45 年　（m.）

007502838　4426　7010
關於工商業的政策
陳伯達等著　上海　上海大衆書店
1949 年　增訂 2 版　解放叢書　第 1 輯

007544660　4426　7148
戰時工業問題
劉大鈞撰　重慶　獨立出版社　1939 年
　5 版　（m.）

007544535　4426　7214
工業政策
關一博士著　馬淩甫譯　上海　商務印
書館　1926 年　（m.）

007544559　4426　7248
工業化與中國工業建設
劉大鈞著　上海　商務印書館　1946 年
　上海再版　國民經濟研究所　第 1 編
　（m.）

007545113　4426　7248A
工業化與中國工業建設
劉大鈞著　上海　商務印書館　1947 年
　（m.）

007544339　4426　8271
工業化與社會建設
簡貫三編著　上海　中華書局　1946 年
　再版　中山文化教育館社會科學叢書
　（m.）

007544405　4426　8654
中國工業化計劃論
谷春帆著　上海　商務印書館　1945 年
　（m.）

007544406　4426　8654.2
舊文明與新工業
谷春帆著　重慶　商務印書館　1945 年
　（m.）

007544446　4426　8654.2B
中國工業化通論
谷春帆著　上海　商務印書館　1947 年
　（m.）

007544527　4427　2395
國營事業的範圍問題
吳半農著　重慶　中國文化服務社
1941 年　（m.）

009247441　4427　3326
資源委員會臺灣各事業一覽
資源委員會臺灣辦事處編印　臺北
1948 年

007544340　4431　0874
中國都市工業化程度之統計分析
龔駿著　上海　商務印書館　1934 年
　初版　（m.）

007546990　4431　1100
工商會議報告錄
國民政府工商部　北京　工商部　1913
年　（m.）

007544462　4431　3326
復員以來資源委員會工作述要
資源委員會編印　南京　資源委員會
1948 年　（m.）

007547037　4431　7248　FC8378　Film　Mas　3228?
中國工業調查報告
劉大鈞撰　南京　經濟統計研究所
1937 年　軍事委員會資源委員會參考資
料　（m.）

007553027　4432　3149
江蘇省實業行政報告書[民元12月至民二12月]十編
江蘇實業司　香港　江蘇省行政公署實業司　1914年

007545120　4432　3191
湖北省省營工廠組織準則
湖北省政府　香港　湖北省政府　1942年

007545123　4432　7657
東三省之工業
屠哲隱編　上海　南京書店　1932年（m.）

007544344　4432.10　0465
戰後上海暨全國各大工廠調查錄
許晚成編　上海　龍文書店　1940年（m.）

007544400　4432.101　8272　FC7809　Film Mas 31771
東北的工業
鄭學稼著　上海　東方書店　1946年（m.）

007544522　4432.12　6313
東三省物産資源與化學工業
日本工業化學會滿洲支部編　沈學源譯　中山文化教育館編輯　上海　商務印書館　1936年　中山文庫（m.）

003537655　4432.14　3829
定縣農村工業調查
張世文著　定縣　中華平民教育促進會　1936年　社會調查叢書（m.）

008581716　FC3890
山東解放區的工商業
楊波編　臨沂　山東新華書店　1946年（m.）

007545126　4432.15　8482　FC5627　FC-M1125
山東棉業調查報告
金城銀行天津分行　香港　1935年

005619273　3061　4230　4432.20　3687
蘭州之工商業與金融
潘益民編　上海　商務印書館　1936年（m.）

007545128　4432.23　5582
參觀重慶附近各工廠報告
中央銀行經濟研究處　重慶　該處　1943年（m.）

007544401　4432.28　2326
上海之工業
上海特別市社會局編　上海　中華書局　1930年（m.）

007544476　4432.28　2338　FC8398　Film Mas 32300
上海之機制工業
上海市社會局編　上海　中華書局　1933年（m.）

007544403　4432.28　7148　FC5816　FC-M1039
上海工業化研究
劉大鈞著　長沙　商務印書館　1940年（m.）

007545130　4432.28　8426
南京市各業概況調查第一集
首都各界提倡國貨委員會調查組　南京　首都各界提倡國貨委員會調查組　1935年（m.）

007545132　4432.30　0112
西南工業建設方案
施建生著　中山文化教育館編　重慶　1939年（m.）

007544988　4432.318　4972
臺灣產業界之發達

林履信編纂　上海　商務印書館　1947
年　（m.）

007544947　4432.32　0591
廣東建設廳工業試驗所年刊
廣東建設廳工業試驗所編　香港　廣東
建設廳工業試驗所　1933 年　（m.）

011986513　HD4904.L33　C8　1931
勞動經濟
朱通九著　上海　黎明書局發行　1931
年　初版

007545039　4432.32　3244
海南島工礦業及其計劃
馮大椿編譯　香港　新中國出版社
1947 年　（m.）

007553022　4432.34　1433　FC9238　Film　Mas　35729
雲南工商業概況
雲南實業司工商科　昆明　雲南實業司
工商科　1924 年

007543553　4433.40　3641
日本工業資源論
安田莊司著　牛光夫譯　重慶　中國文
化服務社四川分社　1941 年　（m.）

007720723　4434　022
中國手工業概論
高叔康著　重慶　商務印書館　1944 年
　第 1 版　（m.）

007543313　4434　0220
中國的手工業
高叔康著　文史叢書編輯部編　長沙
商務印書館　1940 年　初版　（m.）

007543496　4434　022B
中國手工業概論
高叔康著　上海　商務印書館　1946 年
（m.）

007543579　4434　2081
國貨特刊
先施公司　廣州　1933 年

007543584　4434　2303
商品調查叢刊
上海商業儲蓄銀行調查部　香港　該行
　1931—32 年

007543324　4434　2313
今世中國實業通志
吳承洛編　上海　商務印書館　1929 年
（m.）

007543468　4434　2413
鄉村工業示範
行政院新聞局編　南京　行政院新聞局
　1947 年　（m.）

007543586　4434　2671
國貨鑒
白陳群編　濟南　北平各界提倡國貨運
動委員會　1933 年　（m.）

007543443　4434　4248b
現代中國實業志
楊大金編　顏白貞校　上海　商務印書
館　1938 年　（m.）

007543279　4434　4425
中國農村工業問題
韓稼夫著　重慶　正中書局　1945 年
初版　國民經濟研究所戰時與戰後經濟
問題叢書　（m.）

007543350　4434　7247
中國重要商品
周志驊著　上海　華通書局　1931 年
（m.）

007543268　4435　2170
大豆產銷
南京　行政院新聞局　1947 年　（m.）

007549001　4435　3830
花生
長沙　實業部國際貿易局　1940 年　初版　商品研究叢書　（m.）

007543270　4435　3830.1
煙葉
實業部國際貿易局編　上海　商務印書館　1941 年　再版　商品研究叢書（m.）

008377357　4435　3830.2
桐油
長沙　商務印書館　1940 年　商品研究叢書　（m.）

007543278　4435　3830.3
芝麻
長沙　實業部國際貿易局　1940 年　初版　商品研究叢書　（m.）

007543244　4435　3830.4
棉子油
長沙　實業部國際貿易局　1940 年　初版　商品研究叢書　（m.）

007543613　4435　4126
京滬滬杭沿綫米穀絲繭棉花販賣費之調查
杜修昌著　南京　實業部中央農業實驗所　1935 年　（m.）

007544634　4435　8222
平津一帶雞卵之產銷
鄭紹偉撰　北平　燕京大學經濟學系　1937 年　（m.）

007544635　4435　8623
日本、臺灣之茶業
全國經濟委員會農業處　廣州　該處　1936 年

007544440　4435.6　2375　FC7810　Film　Mas　31768
中國茶業復興計劃
吳覺農、胡浩川著　上海　商務印書館　1935 年　初版　行政院農村復興委員會叢書

007544381　4435.6　2981
中國茶業
朱美予編著　上海　中華書局　1937 年　（m.）

011931760　HD2002.G8　1928
丹麥之農業及其合作
顧樹森編　上海　中華書局　1934 年　歐遊叢刊　（m.）

007544636　4435.6　8623.1
荷印之茶業
南京　該會　1936 年　（m.）

008454877　MLC－C
戰後歐洲土地改革
窩德亞搭著　張淼譯　1933 年

011902097　HD1917.M612　1936
中歐各國農業狀況
彭子明譯　上海　商務印書館　1936 年　（m.）

007544637　4435.6　8623.2
茶業技術討論會彙編
南京　該會　1936 年　（m.）

007544640　4435.8　4393
臺灣糖業概況
臺灣糖業股份有限公司編　臺北　1946 年　（m.）

007544643　4435.8　9681
糖鑒第一輯
梁敬錞撰　廣州　財政部食糖運銷管理委員會　1935 年

007544659　4438　2395
鐵煤及石油
吳半農著　北平　社會調查所　1932 年　（m.）

007557271　FC5118　FC－M1078
實業部工業施政概況
實業部工業司編　南京　實業部工業司　1934 年　（m.）

007544362　4438　2942　FC7811　Film Mas　31770
中外合辦煤鐵礦業史話
徐梗生著　上海　商務印書館　1947 年　（m.）

007544665　4438　3306
煤
長沙　商務印書館　1940 年　（m.）

007544680　4438　4226　FC5630　FC－M1158
開灤礦歷史及收歸國有問題
楊魯撰　天津　1932 年

007798986　MLC－C
臺灣一年來之礦務行政
臺北　臺灣省行政長官公署宣傳委員會　1946 年　（m.）

007797132　MLC－C
臺灣一年來之礦業
臺北　臺灣省行政長官公署宣傳委員會　1946 年　（m.）

007544335　4438　4412　FC7812　Film Mas　31769
中國礦業調查記
李建德輯　北京　1914 年　（m.）

007544499　4438　5603
工業化與中國礦業建設
曹立瀛著　重慶　商務印書館　1945 年　初版　國民經濟研究所丙種叢書　（m.）

007544908　4443　2981
中國桐油業
朱美予編著　上海　中華書局　1939 年　現代經濟叢書　（m.）

007544788　4443　4467　FC7813　Film Mas　31767
中國桐油貿易概論
李昌隆編著　上海　商務印書館　1934 年　初版　實業叢書　（m.）

011919493　HD9100.5.C44　1927
世界各國之糖業
陳陶聲著　上海　商務印書館　1927 年　（m.）

011890499　HD9130.5.Y36　1948
煙葉及捲煙葉須知
張一凡主編　張肖梅校訂　上海　中華書局　1948 年　現代經濟研究所商品叢書

007544940　4443.4　7934
中國鹽業
陳滄來著　上海　商務印書館　1933 年　（m.）

007545097　4444　2239
五金貨名華英英華對照表
武兆榮編　上海　勝源五金號　1946 年　（m.）

007545101　4444　5428
中華白鐵製造股份有限公司招股章程
上海　1937 年

007545118　4445　8234
福建之木材
翁禮馨撰　福州　福建省政府秘書處統計室　1940年　（m.）

007693089　MLC－C
浙江之紙業
浙江省政府設計會編　杭州　浙江省政府設計會　1930年　初版　（m.）

007545119　4447　4942
福建之紙
林存和編　福州　福建省政府統計處　1941年　（m.）

007545121　4448　0261
中國之棉紡織業
方顯廷撰　上海　商務印書館　1934年

007544827　4448　1111
七省華商紗廠調查報告
王子建、王鎮中編著　上海　商務印書館　1935年　國立中央研究院社會科學研究所叢刊　（m.）

007545124　4448　1111.6
日本之棉紡織工業
王子建著　北平　社會調查所　1933年　社會研究叢刊　（m.）

007545127　4448　1117
紹興之絲綢
建設委員會經濟調查所統計課編輯　杭州　建設委員會經濟調查所　1937年　（m.）

007548979　4448　1497　FC9239　Film Mas 35730
雲南棉業概況
雲南省長公署政務廳第三科編　昆明　雲南省長公署政務廳第三科　1921年　（m.）

007544806　4448　2170
棉花產銷附我國棉產改進事業
南京　行政院新聞局　1947年　（m.）

007544991　4448　2170.2
生絲產銷
行政院新聞局編　南京　行政院新聞局　1947年　（m.）

011886330　HD9926.C62　W8　1933
絲業與棉業
王雲五、李聖五主編　上海　商務印書館　1933年　鉛印再版　東方文庫續編　（m.）

007544994　4448　2302
經濟部全國紡織工業生產會議紀錄
全國紡織工業生產會議　上海　1947年

007692028　4448　2944
上海棉布
徐蔚南著　上海　中華書局　1936年　（m.）

007545139　4448　3194
河北省棉產調查報告
河北省棉產改進會編　保定　1936年　河北省棉產改進特刊　（m.）

007771995　FJ168　J　4351　4123
河南、湖北、安徽、江西四省棉產運銷
金陵大學農學院農業經濟系編　東京　生活社　1940年　支那經濟資料

007545160　4448　3232
中國棉業論
馮次行編　上海　北新書局　1935年　（m.）

007544808　4448　3433　FC8794　Film Mas 32779
江蘇省紡織業狀況
江蘇實業廳第3科編　廣州　江蘇實業

廳第1科　1919年

007545165　4448　4020
華商紗廠聯合會年會報告書
香港　該會　1934年

007545166　4448　4020.5
中國紗廠一覽表
華商紗廠聯合會編　上海　1933年

007544840　4448　4203
中國棉產改進史
胡竟良著　上海　商務印書館　1946年　（m.）

007544909　4448　4322.1　FC8692　Film Mas 32731
棉花攙水攙雜取締事業工作總報告
上海　中央棉花攙水攙雜取締所　1935年　全國經濟委員會棉業統制委員會中央棉花攙水攙雜取締所專刊　（m.）

007549252　4448　4418
中國紡織染業概論
蔣乃鏞著　重慶　中華書局　1944年　初版　（m.）

007544809　4448　4418B
中國紡織染業概論
蔣乃鏞著　上海　中華書局　1946年　35年增訂再版　（m.）

007545177　4448　5444
中國之紡織業及其出品
井村薰雄撰　上海　商務印書館　1928年　（m.）

007545182　4448　5643　FC8697　Film Mas 32745
中國棉業調查錄民國九、十年
整理棉業籌備處　天津　整理棉業籌備處　1922年　（m.）

007556502　FC336
陝甘寧邊區貿易公司業務須知
延安　1944年

009130184　4448　6451
中國棉業之發展
嚴中平著　重慶　商務印書館　1943年　初版　國立中央研究院社會科學研究所叢刊　（m.）

007545199　4448　8163
中國棉業問題
金國寶著　上海　商務印書館　1936年　再版　現代問題叢書　（m.）

007548994　4448　8675　4448　8675B　FC7814　Film Mas 31766
中國絲業
曾同春著　上海　商務印書館　1933年　（m.）

007648181　4448.1　4073
棉產改進事業工作總報告第二期
香港　全國經濟委員會棉業統制委員會　1935年　（m.）

007572074　4448.40　4030
茂新福新申新總公司卅周年紀念冊
茂新福新申新總公司　上海　世界書局　1929年

007545206　4449　2170
豬鬃產銷
南京　行政院新聞局　1947年　（m.）

007545207　4449　3830.1
豬鬃
實業部國際貿易局編　長沙　商務印書館　1940年　初版　商品研究叢書　（m.）

007545208　4450　7242
比較勞動政策
馬超俊、余長河著　重慶　商務印書館
　1945 年　中山文庫　（m.）

007545200　4451　2226
中國勞工問題
何德明編著　吳澤霖校訂　長沙　商務印書館　1938 年　現代問題叢書（m.）

007566491　4452　6781
國際勞工大會通過公約草案及建議書
中國勞動問題研究社　南京　中國勞動問題研究社　1934 年

007545209　4452　6781.2
國際勞工組織概要及其與中國之關係
國際勞工局中國分局編著　上海　國際勞工局中國分局　1934 年　（m.）

008109361　MLC – C
國際勞工組織與中國
國際勞工局中國分局編　上海　國際勞工局中國分局　1939 年　（m.）

007545210　4452　8692.4
第六次全國勞大決議
華北總工會籌備委員會編　中原　新華書店　1949 年　（m.）

007545213　4452　8692.41
全國第六次勞動大會
林平編　大連　大眾書店　1948 年（m.）

007545214　4452　9222
亞澳工會會議介紹
勞動出版社編輯部　上海　勞動出版社　1949 年

007545215　4453　1100
全國工人生活及工業生產調查統計
工商部　南京　工商部　1930 年

007548171　4453　5661
勞工問題叢書
中國財政部駐滬調查貨價處　1927 年

007548091　4453　5661　(1)
美國勞工統計局之沿革職務及組織
郭崇階譯　上海　國民政府財政部駐滬調查貨價處　1927 年　勞工問題叢書（m.）

007548173　4453　5661　(2)
英、加拿大、新西蘭勞資爭議調解及仲裁法
廣州　1927 年　勞工問題叢書

007548175　4453　5661　(3)
日本職業介紹法令
廣州　1927 年　勞工問題叢書　（m.）

007548176　4453　5661　(4)
日本健康保險法令
廣州　1927 年　勞工問題叢書

007548177　4453　5661　(5)
日本工廠法令
廣州　1927 年　勞工問題叢書

007548178　4453　5661　(6)
蘇俄新勞動法
廣州　1928 年　勞工問題叢書　（m.）

007548179　4453　5661　(7)
日本勞動法令補編
廣州　1927 年　勞工問題叢書　（m.）

007548182　4453　5661　(8)
蘇俄住宅問題概觀
廣州　1927 年　勞工問題叢書　（m.）

007548183　4453　5661　（9）
勞工立法大要
廣州　1928 年　勞工問題叢書　（m.）

007548187　4453　5661　（12）
失業問題
廣州　1928 年　勞工問題叢書　（m.）

007548038　4453　5661　（13）
工廠安全與衛生
國民政府財政部駐滬調查貨價處編　上海　國民政府財政部駐滬調查貨價處　1927 年　勞工問題叢書　（m.）

007548189　4453　5661　（14）
社會保險
廣州　1928 年　勞工問題叢書　（m.）

007548190　4453　5661　（15）
中國勞動問題之現狀
廣州　1928 年　勞工問題叢書　（m.）

007548191　4453　5661　（16）
德國勞動協約法概觀
廣州　1927 年　勞工問題叢書　（m.）

007548192　4453　5661　（17）
日本勞動組合法草案及其批評
廣州　1928 年　勞工問題叢書　（m.）

007548193　4453　5661　（18）
勞動爭議調停立法論
廣州　1927 年　勞工問題叢書　（m.）

007548194　4453　5661　（19）
德國勞動爭議調停法之研究
廣州　1927 年　勞工問題叢書　（m.）

007548195　4453　5661　（20）
瑞士、德、法關於勞動協約之主要立法例
廣州　1928 年　勞工問題叢書

007548196　4453　5661　（21）
各國勞工運動概觀
廣州　1928 年　勞工問題叢書　（m.）

007548197　4453　5661　（22）
政府解決勞資爭議之方法
廣州　1928 年　勞工問題叢書　（m.）

007548198　4453　5661　（23）
德國工廠議會運動
廣州　1928 年　勞工問題叢書　（m.）

007548200　4453　5661　（24）
勞工結社立法之根本問題
廣州　1929 年　勞工問題叢書

007548201　4453　5661　（25）
勞工問題論叢
廣州　1928 年　勞工問題叢書　（m.）

007578023　KNX920.S5　1913x
商法問題義解
日本普文學會編　共和法政學會編譯部譯　上海　共和法政學會　1913 年　（m.）

007547074　4455　2321
工人政治課本
上海總工會籌備委員會編　上海　新華書店　1949 年　（m.）

011984485　JC71.A41　W8　1934
政治論
吳頌皋、吳旭初重譯　上海　商務印書館　1934 年　漢譯世界名著　（m.）

011804409　JA69.S364　1929
政治之基礎知識
薩孟武著　上海　新生命書局　1929 年　社會科學常識叢刊　（m.）

007547076　4455　9034
新工人讀本
小淩、小雲合編　九龍　學生書店
1949 年　修訂本

007547011　4457　1461
一九四三年的勞動英雄
1944 年　（m.）

007547094　4458　4442
英美勞動運動史
李大年編著　廣州　學術研究會叢書部
1929 年　再版　（m.）

007547102　4459　1624
歐洲勞傭問題之大勢
（日）桑田熊藏著　北京　內務部編譯處
1921 年　（m.）

007546872　4459　1864.1
工運問題一百個
工人日報社編輯　北京　工人出版社
1949 年

007547110　4459　2230
非常時期之工人
何漢文著　上海　中華書局　1937 年
（m.）

011883396　HD4902.X77　1948
勞動問題
徐弦著　香港　生活書店　1948 年　新知識初步叢刊　（m.）

007547019　4459　2913
勞動問題
徐弦著　香港　新中國書局　1949 年

007547119　4459　7111
義務勞動之理論與實際
阮子平編著　天津　華北勞動出版社
1946 年　（m.）

007547047　4459　7234
工業化與中國勞工問題
劉鴻萬著　重慶　商務印書館　1945 年
國民經濟研究所丙種叢書　（m.）

007546802　4459　7242
中國勞工問題
馬超俊著　上海　民智書局　1927 年
4 版　（m.）

007546846　4459　7933
中國勞工問題
陳達著　上海　商務印書館　1929 年
（m.）

007546818　4460　1009
各地勞資新舊合約類編
工商部勞工司編印　南京　工商部勞工司　1930 年　工商叢刊　（m.）

007546991　4460　1301
工運參考資料第二輯
武漢市職工總會籌[備]委[員]會辦公室編　武漢　武漢市職工總會籌備委員會辦公室　1949 年

007549297　4460　2978
戰後國際人力復員
朱學範著　重慶　商務印書館　1945 年
（m.）

007550382　4460　3233
世界工人運動
湯達著　香港　中國書局　1949 年　1 版　（m.）

011983304　HD4813.I66　I612　1947
人力復員問題
任扶善譯　上海　商務印書館　1947 年
2 版　社會行政叢書民眾組訓類

007549205　4460.1　0635
中國勞動問題
唐海編　上海　光華大學　1926年
（m.）

008393329　MLC－C
生活素描
登太編輯　上海　春流書店　1937年　初版　（m.）

011875466　DS 740.4.K66 1946
五卅外交史
孔另境著　上海　永祥印書館　1946年　青年知識文庫　（m.）

008223259　MLC－C
中國職工運動簡史
鄧中夏著　天津　知識書店　1949年　（m.）

007549319　4460.10　1312
中國工人運動史
張瑞仁著　廣州　東方出版社　1939年

007779400　MLC－C
工人的活路
九龍　工人文化社　1948年

007549145　4460.10　2162
工運手冊
盧昭德編著　廣州　開明印務局　1948年　初版　工運叢書

007548975　4460.10　7624
今日中國勞工問題
駱傳華著　上海　青年協會書局　1933年　（m.）

008563837　FC1723
第六次全國勞動大會彙刊
中國共產黨　香港　中國共產黨　1948年

007549065　4460.17　1313
晉察冀邊區的勞動互助
晉察冀邊區行政委員會實業處、晉察冀邊區農會編印　香港　晉察冀邊區行政委員會實業處、晉察冀邊區農會　1946年　大生產運動叢書

007550184　4460.28　2022
解放後的上海勞資關係
時代書局編輯部編　上海　1949年　時代資料叢書

007549970　4460.28　4247
上海產業與上海職工
胡林閣、朱邦興、徐聲合編　香港　遠東出版社　1939年　（m.）

007550041　4460.34　5662
昆廠勞工
史國衡著　上海　商務印書館　1946年　（m.）

008581726　FC3898
張市工人首屆代表大會彙刊
張家口全市工人首屆代表大會　香港　張家口全市工人首屆代表大會　1945年

007549985　4460.64　8973
蘇聯勞動政策
余長河著　香港　中華書局　1944年　（m.）

007550005　4460.81　7242
中國勞工運動史上冊
馬超俊著　重慶　商務印書館　1942年　（m.）

007544463　4461　3948
國民工役
梁楨著　長沙　商務印書館　1941年　初版　（m.）

007544376　4461　4401
關於發展生產勞資兩利政策的幾點説明
李立三著　天津　讀者書店　1949年
初版　（m.）

007696088　　MLC－C
廣州勞資爭議底分析民國十二年—民國二十二年
余啟中編　傅尚霖、黄蔭普校　廣州
商務印書館代售　1934年

007544702　4461　6579
勞動協約統計法
國際勞工局　上海　商務印書館　1931年　（m.）

007544566　4461　7264
徵工築路實施方法
周日朝撰　上海　正中書局　1947年
（m.）

007797029　　MLC－C
上海的工資鬥爭
1947年

007545143　4462　2326
上海特別市工資和工作時間
上海　商務印書館　1929年　（m.）

009248565　4462.8　7987
陳侍御奏稿四卷
陳善同撰　開封　河南商務印刷所
1924年　鉛印

007545144　4464　2326
上海特別市十七年罷工統計報告
上海特別市政府社會局　上海　社會局
1929年　（m.）

007544802　4464　2326.2
近十五年來上海之罷工停業
上海市政府社會局　上海　中華書局
1933年　初版　（m.）

011813466　4464　2326b
上海特別市罷工停業統計民國十八年至十九年
上海特別市政府社會局編　上海　商務印書館　1930—31年　（m.）

007545146　4464　3194
實行全蘇區援助上海罷工工人的募捐運動省委通知（第23號）
中共江西省委　廣州　江西省蘇維埃政府翻印　1932年

007545149　4464　4822
中國罷工史
賀嶽僧著　上海　世界　1927年
（m.）

007544963　4467　0328
戰時紡織女工
新運婦女指導委員會生活指導組撰　重慶　新生活運動促進總會　1944年
（m.）

007544966　4468　2301
上海市工人生活費指數民國十五年至二十年
上海市政府社會局　上海　中華書局
1932年　上海市政府社會局勞工統計刊物　（m.）

007544810　4468　2312
中國惠工事業
吳至信編　上海　世界書局　1940年
初版　（m.）

007546820　4468　3302
無錫工人生活費及其指數
實業部統計長辦公處編　南京　實業部統計長辦公處　1935年　實業統計特刊

（m.）

007547147　4468　4211
上海工人生活程度的一個研究
楊西孟著　北平　社會調查所　1930 年
（m.）

007547149　4468　4632
收入及卹貧政策
菲里波維著　馬君武譯　上海　中華書局　1930 年　（m.）

007546873　4468　7212
北平生活費之分析
陶孟和著　香港　社會調查所　1930 年　1 版　（m.）

007547028　4468　7212.2
中國勞工生活程度
陶孟和著　中國太平洋國際學會編　上海　該會　1932 年　中國太平洋國際學會叢書　（m.）

007546975　4470　6579
工人意外遭遇統計法
國際勞工局編　丁同力譯　上海　商務印書館　1931 年　初版　上海市政府社會局叢書　（m.）

011916611　K1705.4.S85　1927
勞動法
孫紹康編纂　上海　商務印書館　1927 年　初版　（m.）

004484041　4471　1920　CHIN　957　SUN
中國勞工法
孫紹康編　上海　商務印書館　1940 年　（m.）

007547142　4471　3209
勞工法規彙編
實業部勞工司　廣州　實業部總務司　1937 年　（m.）

008627509　FC6
中國勞動法令彙編
顧炳元編　上海　會文堂新記書局　1937 年　（m.）

007546922　4471　4313
勞動立法原理
樊弘著　上海　商務印書館　1928 年　政法叢書　（m.）

007547143　4471　4484
勞工法論
李劍華著　上海　上海法學編譯社　1932 年　法學叢書

004484035　CHIN　957　SHI　K1705.S45　1934
勞動法原論
史尚寬著　上海　世界書局　1934 年　初版　（m.）

011763404　HD4901.L395　1928
勞動問題與勞動法
李劍華著　上海　太平洋書店　1928 年　第 3 版　（m.）

007546977　4471　6133
勞動法規
羅淵祥編　上海　大東書局　1946 年　第 3 版　（m.）

001977016　4471　6139　CHIN　957　LO
中國勞工立法
羅運炎著　昆明　中華書局　1939 年　（m.）

007548149　4471　7203
戰時勞動政策
周敦禮著　重慶　中央訓練團義務勞動

高級人員訓練班　1944 年　（m.）

007796998　MLC–C
職工運動的方向
香港　工人文化社　1948 年

008592729　FC2872
工人寶鑒
上海　民聲社　1918 年

007779401　MLC–C
工人大團結
九龍　工人文化社　1948 年

007548156　4474　1181
職工會工作手冊
廣州　勞動出版社　1948 年　（m.）

007548062　4474　1812
工會工作參考文件
上海　勞動出版社　1949 年　勞動叢書

007548161　4474　2213
工會條例釋義
邵元沖著　上海　民智書局　1927 年
（m.）

007548164　4474　235.2
香港東華三院籌賑兩廣水災特輯
東華三院　香港　香港東華三院
1947 年

008592694　FC2857
工運文集
山東總工會編　香港　新華書店出版
1946 年　（m.）

008627154　FC767
京漢工人流血記
北京　北京工人週刊社　1923 年

007549343　4474　3411
港九職工互助社十周年紀念特刊
方展圖撰　香港　港九職工互助社
1947 年

007549344　4474　3416
港九工團聯合總會成立紀念特刊
港九工團聯合總會　香港　該會
1948 年

011803166　KD6850.L536　1947
英國的司法與司法制度
梁龍、李浩培譯　上海　商務印書館
1947 年　滬初版　英國文化叢刊
（m.）

007549352　4474　4160
英國勞動組合法
杜國庠編譯　北京　內務部編譯處
1920 年　（m.）

011933121　KD4879.7.C45　C4　1947
英國行政法論
陳體強著　上海　商務印書館　1947 年
初版　社會科學小叢書　（m.）

007549353　4474　5486
世界工會聯合會第二次代表大會文獻
中華全國總工會編　北京　工人出版社
1949 年

007550167　4474　5667　FC8150　Film　Mas　32067
二十二年各地工會調查總報告
中國國民黨中央民眾運動指導委員會編
廣州　1934 年　（m.）

008583847　FC931
**廣東工會聯合會一周紀念特刊 1935 年 1
月 1 日第一期**
廣州廣東工會聯合會　廣州　廣東工會
聯合會　1935 年

007550171　4474　8973
各國工會制度
余長河編著　重慶　正中書局　1944年
（m.）

007796738　HD5594.S5　A58　1934
近五年來上海之勞資糾紛
上海市政府社會局　上海　中華書局
1934年　（m.）

007550172　4475　3891
[修正]勞資爭議處理法
顧炳元撰　上海　上海法學編譯社
1933年　再版

007550114　4477　0418
合作與經濟建設
章元善著　上海　商務印書館　1938年
（m.）

007136920　4477　1134
中國之合會
王宗培著　南京　中國合作學社　1935
年　（m.）

007550175　4477　1333
合作行政
張遂撰　重慶　中央訓練委員會　1943
年　（m.）

007550132　4477　1362
合作組織與戰後救濟
國際勞工局編　張國維譯　重慶　全國
合作社物品供銷處　1945年　（m.）

007550176　4477　1381
中國農村信用合作運動
張鏡予編　上海　商務印書館　1930年
（m.）

007550004　4477　4163
農村合作
董時進著　北平　農學院農業經濟系
1931年　（m.）

007549975　4477　4211
中國合會之研究
楊西孟著　上海　商務印書館　1935年
國立中央研究院社會科學研究所叢刊
（m.）

007550122　4477　4527
協作社的效用
戴季陶[傳賢]撰　上海　民智書局
1927年　國民黨叢刊　（m.）

007550182　4477　5520
全國合作社統計
中央統計處　南京　正中書局　1934年
（m.）

007550177　4477.2　8253
全國合作社物品供銷處第二期處務報告
合作事業管理局　廣州　1942年

007550062　4477.3　5204
合作研究集
中山文化教育館　重慶　中華書局
1945年　中山文化教育館民生專刊
（m.）

007550178　4477.3　7905
中央合作指導人員訓練所開學詞
陳立夫撰　廣州　1935年

007550179　4477.3　8682
第一屆全國合作供銷業務會議錄
全國合作社物品供銷處編　上海
1946年

007550180　4477.5　0246
合作事業
郭世勳撰　香港　陝西省地方行政幹部

訓練團　1943 年　（m.）

007550333　4477.6　3808　FC9607　Film　Mas　35921
綏靖區合作工作人員手冊
社會部合作事業管理局編印　南京　社會部合作事業管理局　1947 年　（m.）

007550094　4477.6　3808.8
合作指導人員手冊
社會部合作事業管理局編　1942 年　（m.）

007550583　4477.8　2111
合作學發凡
伍玉璋著　成都　普益協社　1941 年　普益研究小叢書　（m.）

011807404　HD3271.G45　G534　1935
合作原理比較研究
彭師勤譯　上海　中華書局　1935 年　社會科學叢書　（m.）

007550584　4477.8　4816
合作經濟論
黃玉明、汪洪法合著　坪石　國立中山大學出版組　1944 年　（m.）

007550587　4477.9　1142
合作商店實施法
王世穎編　上海　中國合作學社　1933 年　（m.）

007550095　4477.9　1320
合作金融概論
張紹言編著　上海　中華書局　1947 年　（m.）

007550589　4477.9　4427
合作與主要經濟問題
壽勉成著　上海　中國合作學社　1929 年　（m.）

007550613　4477.9　5667　FC9454　Film　Mas　35890
合作運動宣傳綱要
中國國民黨中央執行委員會宣傳部編　南京　1929 年

007550591　4477.9　7917
合作概要
陳瑞鵬編著　臺北　東方出版社　1946 年

011933734　HD2736.L92　1931
合作原論
盧守耕、吳耕民編　上海　中華書局　1931 年　（m.）

007550181　4478　1542
合作運動發展史論
尹樹生著　重慶　合作評論社　1943 年　（m.）

007550593　4478　2111
中國合作運動小史
伍玉璋編　中國合作學社編輯　上海　中國合作學社出版部　1929 年　合作叢書　（m.）

007550603　4478　3808
三十一年度各省市合作事業工作報告
社會部合作事業管理局編　重慶沙坪壩　印刷生產合作社印　1943 年

007550600　4478.10　3963
中國合作事業考察報告
梁思達等編　天津　南開大學經濟研究所　1936 年　（m.）

007550601　4478.10　4425
中國之合作事業
壽勉成著　重慶　獨立出版社　1941 年　（m.）

007552998　4478.10　4425.1
中國合作經濟問題
壽勉成著　重慶　正中書局　1940 年
4 版　（m.）

007550607　4478.10　4425.2
中國合作運動史
壽勉成、鄭厚博合編　重慶　正中書局
　1940 年　合作叢書　（m.）

007550405　4478.10　4425.2b
中國合作運動史
壽勉成、鄭厚博編　上海　正中書局
1947 年　合作叢書　（m.）

007550609　4478.10　4425.3
中國合作經濟政策研究
壽勉成著　南京　中國合作圖書用品生
產合作社　1947 年　增訂再版　中國合
作事業協會叢書　（m.）

006027887　4478.10　5682.5
抗戰以來之合作運動
中國合作事業協會編　南京　該會
1946 年　（m.）

007553000　4478.10　6494
中國鄉村合作實際問題
嚴恒敬著　南京　中國合作學社　1933
年　再版

007553001　4478.10　8253
合作事業工作概況第一集
南京　全國經濟委員會　1936 年
（m.）

007550611　4478.10　8682
全國合作事業討論會彙編
全國合作事業討論會辦事處編輯　南京
　行政院農村復興委員會　1935 年

007552995　4478.17　2198
合作券研究資料
山西省合作事業管理處　太原　山西省
經濟管理局　1946 年　（m.）

007552923　4478.18　1542
陝西省合作事業概況
廣州　1942 年　陝西省合作事業管理處
叢刊　（m.）

003537706　MLC－C
介紹南區合作社
中國共產黨西北中央局調查研究室編
1944 年　（m.）

007552825　4478.18　8247
介紹南區合作社
中國共產黨西北中央局調查研究室編
香港　新民主出版社　1949 年　（m.）

011907558　HD3550.A4　Z446　1936
中國合作運動之研究中國之合作運動
鄭厚博著　上海　農村經濟月刊社
1936 年　（m.）

011913521　HD3534.H85　1936
中國合作之路綫
熊在渭著　香港　江西省農村合作委員
會　1936 年　農村合作研究集　（m.）

008580432　FC3048
陝甘寧邊區合作社聯席會議決議
香港　冀魯豫邊區合作社籌備委員會印
　1944 年　合作社经驗叢刊

007552996　4478.23　6298
四川合作事業概覽
四川省合作事業管理處　香港　四川省
合作事業管理處　1941 年　（m.）

007552997　4478.32　0591
廣東合作

廣東省政府　香港　廣東省政府秘書處編譯室　1942年　（m.）

007552897　4478.4　1290
日本產業合作社的事業
丁煒文編著　長沙　商務印書館　1939年　經濟叢書　（m.）

011918390　HD3515. G45　1931
俄國合作運動史
季德著　吳克剛譯　上海　商務印書館　1931年　（m.）

007553002　4478.64　1550
蘇聯的合作社
瓦托夫著　戚桂華譯　香港　生活・讀書・新知三聯書店　1949年　（m.）

007554323　4479　7433
陝甘寧邊區合作社各部業務規則
1940年

007552839　4479.5　2442
消費合作社之理論與實際
于樹德著　上海　中華書局　1936年　（m.）

007553008　4479.7　0382
合作金庫章則彙編
交通銀行桂林分行編　桂林　1942年

007552876　4479.7　0415
經濟的新堡壘介紹中國工業合作社
謝君哲編著　香港　生活書店　1940年　（m.）

007554399　4479.7　4393
合作農場法令
臺灣省社會處合作事業管理處合作農場工廠指導室編　臺北　1949年

007554411　4479.7　5614
組織工業合作社須知
中國工業合作協會編　重慶　1946年

007554414　4479.7　7924
中國工業合作運動寫真
Jack Chen著　1937—66年

011929644　TL146.5. H6　1947
汽車與公路
何乃民編著　上海　商務印書館　1947年　上海3版　新中學文庫　（m.）

007547082　4480　2242
運輸學
北平　立達書局　1933年　（m.）

007545020　4480　8948
交通經濟學
余松筠著　上海　商務印書館　1937年　現代商業叢書　（m.）

007547086　4481　0392
交通類編甲集
交通叢報社　北京　1918年　（m.）

007547089　4482　0302
交通部法規彙編
中國交通部參事廳　香港　1918年

007547093　4482　0302.1
交通法規彙編補刊
香港　該部　1940年　（m.）

007547095　4482　0302.2
中華民國十二年交通部統計圖表
北京　1927年　（m.）

007547097　4483　0302
交通譯粹
北京　交通部　1921年　（m.）

007544957　4487　2304
交通知新小錄
侯毅著　北京　交通部編譯處　1921 年
　交通部編譯處叢書　（m.）

003537645　FC2342
交通史航空編
交通鐵道部交通史編纂委員會編　南京
　1930 年

007555720　FC2322－FC2342
交通史
交通鐵道部交通史編纂委員會編印　南
京　1930—37 年

007547109　4488　0302
交通紀實
北京　交通部　1916 年　（m.）

007557273　4488　0302.3
十五年來之交通概況
南京　該部　1946 年　（m.）

007554392　4488　0444
安徽全省道路建設計劃書
許世英著　安慶　省道局　1922 年

007546952　4488　0873
中國戰時交通史
龔學遂著　上海　商務印書館　1947 年
　初版　（m.）

007554203　4488　1047
唐代之交通
北京大學法學院中國經濟史研究室　北
京　國立北京大學出版組　1935 年　中
國經濟史料叢編唐代篇

007549996　4488　1333
中國現代交通史
張心澂著　上海　良友圖書印刷公司
　1931 年　精裝　現代中國史叢書　（m.）

011980104　HE270.K63　1936
中國之交通
葛綏成編著　上海　中華書局　1936 年
　常識叢書　（m.）

003537646　FC2322－FC2323
交通史總務編
交通鐵道部交通史編纂委員會編　南京
　1937 年　（m.）

007554395　4488　4391.1
臺灣省政府交通處主管事項概況
臺北　該處　1948 年　（m.）

007554397　4488　4391.2
臺灣一年來之交通
臺北　臺灣省宣傳委員會　1946 年
　（m.）

007550081　4488　6720
中國交通與外國侵略
國民外交叢書社　上海　中華書局
1927 年　國民外交小叢書　（m.）

007554401　4488　7124
我國的交通
陸仁壽編　上海　商務印書館　1936 年

007550008　4488　8137
中國交通之發展及其趨向
金家鳳編著　南京　正中書局　1937 年
　（m.）

011986996　HE278.Z7　K943　1938
廣西交通問題
陳暉著　長沙　商務印書館　1938 年
　（m.）

007554402　4489　0242
現代交通
廖芸皋著　上海　新月書店　1922 年
　（m.）

007554405　4489　1133
戰時交通政策
王沿津編著　重慶　獨立出版社　1940年　（m.）

007554406　4489　1384
抗戰與交通
張公權撰　重慶　獨立出版社　1940年　（m.）

007554408　4489　4232
交通政策
胡遽然撰　上海　啟智書局　1933年　（m.）

009392005　4489　4394
蘭州省城修路案一卷
蘭州　布政使　1913年

007550137　4489　4881
戰後交通建設概論
趙曾珏編著　上海　商務印書館　1947年　（m.）

011803661　HE270. Y445　1926
交通救國論一名交通事業治標策
葉恭綽撰　上海　商務印書館　1926年　（m.）

007550086　4489　7940
我國"行"的問題
陳嘉庚著　香港　嘉庚風出版社　1946年　陳嘉庚學會叢書

007554422　4490　0590
廣東省公路概況
廣東省調查統計局　廣州　廣東省調查統計局　1936年

007554425　4490　2386.2
保密公路國外段工程生活紀實
黎傑材撰　廣州　印度保密公路第二工程處　1945年　（m.）

007554426　4490　3391
浙江省建設廳清理公路資產報告
曹麗順主編　杭州　浙江省建設廳清理公路資產辦公室　1937年

007554428　4490　5520
全國公路統計
中央統計處　南京　正中書局　1935年　（m.）

007554431　4490　5667　FC9460　Film　Mas　35904
造路運動宣傳綱要
中國國民黨宣傳部　南京　中國國民黨中央執行委員會宣傳部　1929年　（m.）

007550474　4490　6290
道路計劃書
易榮膺著　上海　商務印書館　1925年　（m.）

007554432　4490　7174
道路全書四編
陸丹林等著　上海　道路月刊社　1929年　（m.）

008726876　4490　8623
中華民國公路路綫圖甲種
全國經濟委員會公路處制

007550419　4490.6　8623
中國公路交通圖表彙覽
全國經濟委員會公路處編　南京　全國經濟委員會公路處　1936年　（m.）

007554433　4495　0933
京漢鐵路全路幹綫橋洞一覽表
工務處統計課　香港　工務處統計課　1915年

007554434　4495　6102
一年來之貨運
財政部貨運管理處編　重慶　中央信託局印製處　1943年　（m.）

007550415　4500　0214
沒有克服不了的困難
郭更著　瀋陽　東北書店　1949年　初版　（m.）

007554440　4500　0302
路政提綱
北京　交通部　1922年　（m.）

007554443　4500　0402
鐵路貨運管理
許靖著　上海　商務印書館　1947年（m.）

007554444　4500　0430
鐵路材料賬目則例
北京　交通部　1921年

007554446　4500　1143
正太鐵路接收紀念刊
正太鐵路管理局　香港　1933年（m.）

007554447　4500　1271
鐵路通論
聶肇靈著　上海　商務印書館　1930年（m.）

007550495　4500　1341
中國鐵道建設
張嘉璈著　楊湘年譯　上海　商務印書館　1946年　（m.）

007554448　4500　1386
平漢鐵路貨運普通運價速算表
平漢鐵路管理局　漢口　平漢鐵路管理局　1936年

007554449　4500　1386.1
平漢鐵路旅行指南
平漢鐵路管理委員會總務處編譯課　漢口　平漢鐵路管理委員會　1933年（m.）

007555725　4500　1386.2
平漢年鑒
平漢鐵路管理委員會編輯出版　漢口　1932年　（m.）

007550482　4500　1399
東北抗日的鐵路政策
張恪惟著　上海　良友圖書印刷公司　1931年　一角叢書　（m.）

011931707　HE1601.C364　1934
鐵路管理學
趙傳雲著　上海　商務印書館　1934年　大學叢書　（m.）

007550427　4500　2328
鐵路貨等運價之研究
吳紹曾主編　上海　京滬滬杭甬鐵路管理局　1936年　（m.）

007554465　4500　2386　FC8411
粵漢鐵路廣韶段史略附廣三綫
粵漢鐵路廣韶段管理局　香港　1931年（m.）

007550429　4500　2386.4
粵漢鐵路備覽
彭楚珩編　長沙　洞庭印務館　1937年（m.）

007550378　4500　2386.43
粵漢路全綫博訪錄
黃嗇名、江裕昌著　香港　華僑日報　1936年

007550386　4500　3146
湘桂黔鐵路
南京　行政院新聞局　1948年　（m.）

007555679　4500　3980
鐵路發展農工業之方策及其組織
梁矩章著　北平　國立交通大學研究所北平分所　1936年

008452700　MLC－C
鐵道部統一鐵道會計統計委員會第三屆大會會議紀錄
1934年

007550428　4500　4238
鐵道經濟與財政
楊湘年著　上海　商務印書館　1948年（m.）

007555681　4500　4300
東北鐵路問題
袁文彰編　上海　中華書局　1932年（m.）

007555682　4500　4327
滿蒙鐵路網
大島與吉撰　廣州　太平洋國際學會　1931年　（m.）

007550407　4500　4338.2
二十年來的南滿洲鐵道株式會社
吳英華編　上海　商務印書館　1930年　初版

007761229　MLC－C
中東路問題重要論文彙刊
中國國民黨中央執行委員會中央宣傳部編　蔣中正等撰　南京　中國國民黨中央執行委員會中央宣傳部　1930年

007555689　4500　6710
中華民國鐵路貨物運輸辦事細則
國民政府鐵道部　南京　鐵道部　1936年　第4版　（m.）

007555690　4500　7086
續辦福建廈龍鐵路計劃書
廈龍鐵路籌備委員會　香港　廈門廈龍鐵路籌備委員會　192？年

007552887　4500　7282
中國鐵路轉運公司
劉金泉著　北平　國立交通大學研究所北平分所　1936年　（m.）

007555693　4500　7386
隴秦豫海鐵路旅行指南
隴海鐵路總公所編輯　鄭州　1918年（m.）

007552862　4500　8143　FC7816　Film　Mas　31794
中國東北鐵路問題彙論
金士宣編　天津　大公報　1932年（m.）

007552843　4500　8143.1
鐵路與抗戰及建設
金士宣著　上海　商務印書館　1947年（m.）

003537644　FC2328－FC2338
交通史路政編
交通鐵道部交通史編纂委員會編　南京　1935年　（m.）

007552930　4500　8143.2
鐵路運輸學
金士宣著　上海　商務印書館　1948年（m.）

007555697　4500　8143.3
鐵路運輸經驗譚

金士宣編著　重慶　正中書局　1943 年
（m.）

007555698　4500　830.2
中國鐵道便覽
上海　商務印書館　1934 年　（m.）

007555699　4500　8301
中華民國鐵路國內聯運規章
鐵道部聯運處編　南京　鐵道部秘書廳研究室　1936 年

007555701　4500　8304　(1-2)
鐵道部考察日本鐵道機廠團報告
南京　該團　1931 年　（m.）

009067443　4500　8620
中華民國二十二年份國有鐵路統計總報告續編貨物分等運輸統計
鐵道部總務司統計科編　濟南　1933—49 年　鉛印

007555702　4500　8622
中國鐵路史
曾鯤化著　北京　燕京印書局　1924 年
（m.）

007550076　4510　0214
中國航政建設
高廷梓著　上海　商務印書館　1947 年　初版　（m.）

007554315　FC2339 – FC2341
交通史航政編
交通鐵道部交通史編纂委員會編輯　南京　交通部總務司　1931 年　（m.）

007550089　4510　0252
各國航業政策實況與收回航權問題
郭壽生著　上海　華通書局　1930 年
（m.）

007552885　4510　1131
中國航業論
王洸著　南京　交通雜志社　1934 年
交通雜志社叢書　（m.）

007559875　4510　1131.1
航業與航權
王洸著　上海　學術研究會　1930 年
（m.）

007552861　4510　1131.10
中國航業
王洸著　上海　商務印書館　1933 年
商學小叢書　（m.）

007552946　4510　1131.2
航業政策
王洸著　南京　交通雜志社　1934 年
交通雜志社叢書　（m.）

007554220　4510　2011
揚子江航業
朱建邦著　上海　商務印書館　1937 年　初版　現代商業叢書　（m.）

007554221　4510　2170
航運
南京　行政院新聞局　1947 年　（m.）

007555568　4510　2307
上海市輪渡
上海市輪渡管理處、上海市興業信託社編輯　上海　1937 年　（m.）

007555455　4510　2342
京畿河工善後紀實十六卷
1928 年

007555540　4510　4414
招商局三大案
李孤帆著　上海　現代書局　1933 年
（m.）

007559984　4510　5231
青島港政局統計年報民國十七年[膠澳商埠]
青島港政局　青島　青島港政局
1929年

007556516　4510　5607
國營招商局七十五周年紀念刊
招商局　上海　招商局　1947年
（m.）

007557479　4510　7934
實業計劃水道要論
陳遵楷編　上海　商務印書館　1930年
（m.）

007559993　4510　8612
治淮施工計劃圖三十六種
全國水利局　1912—30年

007835373　MLC–C
交通史航空編
南京　交通鐵道部交通史編纂委員會
1930年　（m.）

007557296　FC2211　FC–M2025
歐亞航空公司開航四周年紀念特刊
歐亞航空公司　上海　歐亞航空公司
1935年　（m.）

007560004　4515　5623
中國航空公司京平漢宜二綫開航紀念特刊
上海　1931年　（m.）

007557405　4515　7286
全國郵運航空實施計劃書
周鐵鳴著　南京　1930年　（m.）

007550092　4520　0383　FC2324–FC2325
交通史郵政編
交通鐵道部交通史編纂委員會編輯　南京　交通鐵道部交通史編纂委員會

1930年　（m.）

007550216　4520　0642
中國郵電航空史
謝彬著　上海　中華書局　1928年
（m.）

007550220　4520　1131
中國郵票圖集
王漢強編　上海　文華圖書公司　1934年　（m.）

007550093　4520　1342
中國郵政
張梁任著　上海　商務印書館　1936年
（m.）

007550234　4520　2313
近代中國郵票圖鑒補刊
黎震寰編著　天津　天津文義印刷局
1942年

007550249　4520　2942
中國集郵圖譜
朱世傑編　上海　集古社　1928年　增訂本　（m.）

007549986　4520　4430
中國郵驛發達史
樓祖詒著　昆明　中華書局　1940年
（m.）

007549983　4520　4881
中國之郵政事業
趙曾珏編著　上海　商務印書館　1945年　再版　（m.）

007566495　4520　6721
國際郵政互換包裹協約
國際郵政聯盟會議　192？年

001363826　4520　7113　CHIN 955.1 LIU
郵政法總論
劉承漢著　長沙市　商務印書館　1939年　（m.）

007554370　4520　7232
馬氏國郵圖鑒
馬潤生著　馬任全譯纂　上海　1947年　（m.）

007554382　4525　0175　（1919）
明密碼電報書
商務印書館編輯　上海　1919年

007554386　4525　0220
郵電新編
方秩音編輯　上海　大方書局　1939年

008725788　4525　0301
中國電報綫路圖
交通部電政司考工科綫路科編制

007554391　4525　0302
廣州市自動電話概況
廣州市自動電話管理委員會　廣州　廣州市政府　1934年　（m.）

007566496　4525　0430
法文譯華語電碼字彙
北京　交通部　1929年

007554398　4525　0430.2
交通部拼音電報研究會紀錄
香港　1928年

007554404　4525　0590
廣東省電政概況
廣東省調查統計局　廣州　廣東省調查統計局　1936年

007554385　4525　0175　（1936）　4525　0715　（1940）
明密碼電報書
商務印書館編輯　上海　1936年　（m.）

009054453　4525　1402
中國電報新編不分卷
上海　章福記書局　1912年　石印

007554192　4525　4881
中國之電信事業
趙曾珏著　上海　商務印書館　1946年再版　（m.）

007554418　4525　5203
中國電政意見書
（日）中山龍次著　北京　交通部　1919年　（m.）

007554317　4525　631
明密電碼新編
香港　1949年

007554421　4525　6311
明密電碼新編
漚廬編　上海　廣益書局　1948年修正版　（m.）

007554429　4526　5505
中央廣播事業指導委員會管理處職員錄
廣州　1946年

007554439　4529　1113
新式旗語 附燈語
王璞撰　北平　註音字母書報社　1928年　8版　（m.）

007554284　4530　5667
中國國際貿易統計一至五
工商部編　南京　工商部　1929年

007555691　4531　1000
全國商品檢驗會議彙編
南京　工商部總務司編輯科　1930年

007555695　4531　2340.2
香港華商總會辛酉年徵信錄
香港　永發印務公司　1921年

009255707　4531　2352
香港中山僑商會特刊民國三十五年
香港　香港中山僑商會　1946年

007555710　4531　4225
檀香山中華總商會成立二十周年紀念特刊
檀香山中華總商會　檀香山　中華總商會　1932年

007555711　4531　4752
半年來之甘肅貿易公司
甘肅省政府　香港　1942年　（m.）

007555472　4531　5462
工商部中華國貨展覽會實錄
南京市　工商部中華國貨展覽會　1929年

007698977　MLC-C
廣東商業年鑒
廣州總市兩商會合編　廣州　廣州市商會發行　1931年

007555734　4536　2334
新中國貿易經營指南
經濟導報社編　香港　1949年　經濟叢書　（m.）

007555509　4536　2334b
新中國貿易經營指南
經濟導報社編　香港　1949年　增訂（m.）

007555737　4536　2442
華南商工人名錄
（日）山本喜代人編　廣州　國際情報社廣東支局內華南商工人名錄發行所　1943年　（m.）

007555572　4536　2631.2
香港工商手冊
經濟資料社編　香港　經濟資料社　1946年

007555473　4536　2631.23
香港閩僑商號人名錄
吳在橋編　香港　福建旅港同鄉會　1947年　初版　（m.）

007555741　4536　2631.4
香港商務人名錄
香港商務人名錄公司　香港　香港商務人名錄公司　1935年

007555466　4536　5613
工商手冊
中國工業經濟研究所編　重慶　中國書店　1944年　初版　（m.）

007555510　4536　5613b
工商手冊
中國工業經濟研究所編　上海　工商經濟出版社　1947年　增訂　（m.）

007555490　4536　7925　4536　7925　1936
實用商業辭典
陳稼軒主編　上海　商務印書館　1935年　（m.）

007556621　4536.11　5100
奉天市商業彙編
奉天市商會　奉天　奉天市商會　1933年

007556626　4537　0830
[三十五年度]廣州商場年鑒
陳梓秋撰　廣州　商場雜志社　1947年　再版

007699849　MLC – C
四川桐油貿易概述
方兵孫編撰　重慶　四川省銀行經濟調查室　1937年　四川經濟叢刊　（m.）

007542343　FC2315
松江米市調查
羊冀成編　上海　社會經濟調查所　1936年　（m.）

009567469　MLC – C
一周年工作報告
全國商業統制總會編印　上海　全國商業統制總會　1944年　（m.）

007625941　MLC – C
中華國貨展覽會紀念特刊
1928年　（m.）

011805642　HC427.9.X835　1949
工商業家的出路
許滌新著　香港　新民主出版社　1949年　初版　（m.）

007556590　4540　0604
國際商業政策史
唐慶增著　何德奎校　上海　商務印書館　1933年　初版　新時代史地叢書　（m.）

008581733　FC3908
論工商業政策
中共中央中原局宣傳部編　河南　新華書店　1949年　（m.）

007556411　4540　2503
論工商業政策
新民主出版社編　香港　新民主出版社　1949年　（m.）

007556645　4540　2503b
論工商業政策

解放社編　上海　新華書店　1949年　（m.）

007556649　4540　5667　FC9457　Film　Mas　3588.6
提倡國貨運動宣傳綱要
中國國民黨中央執行委員會宣傳部編　南京　1929年　（m.）

011895644　HF3834.C44　1913
中國商業史
陳家錕編輯　上海　中國圖書公司　1913年　改正6版

007566503　4542　8604
全國商埠考察記
上海　世界書局　1925—54年

007556483　4543　330
日本在華經濟勢力
實業部編　上海　中華書局　1933年　初版　（m.）

007556681　4543　4341
上海通商史
裘昔司著　程灝譯　上海　商務印書館　1922年　再版　（m.）

007556493　4543　5058
華茶對外貿易之回顧與前瞻
中央銀行經濟研究處編　上海　商務印書館　1935年　初版　（m.）

007556473　4543　6404
上海商事慣例
嚴諤聲編　上海　嚴諤聲　1933年　初版　（m.）

007550012　4546　0372
近四年東三省出口貿易
立法院秘書處統計科編輯　南京　1933年　（m.）

007550210 4546 0442
英屬馬來出入口貨物一覽表
新加坡　出入口註册司　1923年

007938400 4546 0832（1935）
粵海關進出口貿易統計年報特刊
廣州　粵海關稅務司　1935年

007550011 4546 3193 FC8686 Film Mas 32754
中國關稅史料
江恒源著　上海　人文編輯所　1931年（m.）

007566288 4546 4132
華北對外貿易法令彙編第一集
華北對外貿易管理局編　1949年

007550240 4546 4200 FC9566 Film Mas 36016
六十五年來中國國際貿易統計
楊端六、侯厚培等著　南京　國立中央研究院社會科學研究所　1931年（m.）

007550090 4546 4229
國際貿易統計上之貨物名目及分類
胡紀常、樊明茂著　上海　商務印書館　1935年　國立中央研究院社會科學研究所叢刊（m.）

007550250 4546 4313 FC9600 Film Mas 35927
中國關內區對外貿易輸出入物量物價分類指數
袁丕濟、蔡正性編著　南京　軍事委員會資源委員會　1937年（m.）

007550018 4546 4376
臺灣貿易五十三年表
臺北　臺灣省政府主計處　1949年

007550251 4546 4396
對外貿易
臺灣省財政廳　臺北　該廳　1949年

臺灣省政紀要

007550556 4546 4894b
中國商戰失敗史中國四十年海關商務統計圖表
黃炎培、龐淞編纂　上海　商務印書館　1917年（m.）

007550341 4546 4903.3
近二十年來之中日貿易及其主要商品
蔡謙著　上海　商務印書館　1936年　國立中央研究院社會科學研究所叢刊（m.）

007550432 4546 5413
南洋商業考察團專刊
中華工業國外貿易協會編輯　上海　中華工業國外貿易協會　1936年（m.）

007550575 4546 5676
中日貿易統計
蔡正雅等編制　上海　中華書局　1933年（m.）

007550579 4546 6107
六年來之貿易
財政部貿易委員會編　重慶　中央信託局　1943年（m.）

007550421 4546 7934
關稅文牘輯要
陳海超著　上海　南京書店　1933年

007550364 4547 1444
中國國際貿易概論
武堉幹編纂　上海　商務印書館　1930年（m.）

007550480 4547 1444.6
國際貿易論叢
武堉幹等著　上海　中華書局　1935年

社會科學彙刊　（m.）

007566505　4547　2297
中國的國際貿易上冊
何炳賢著　上海　商務印書館　1934—52年　（m.）

007550612　4547　2985
戰時對外貿易
朱羲農等著　重慶　獨立出版社　1939年　（m.）

009835396　HF3800.67.C464　1929
陳嘉庚公司分行章程
陳嘉庚公司　1929年

011920108　HF3778.J3　C35　1933
日本對華商業
趙蘭坪著　上海　商務印書館　1933年　商學小叢書　（m.）

007550618　4547　6615
中國對外貿易
西・甫・里默著　卿汝楫譯　北京　生活・讀書・新知三聯書店　1925年

007550622　4547　7927A
今世中國貿易通志
陳重民編　上海　商務印書館　1927年　再版　（m.）

007550624　4547　7927B
今世中國貿易通志
陳重民編　上海　商務印書館　1933年　國難後第1版　（m.）

007550629　4547　8499
日本戰時貿易政策
符燦炎編著　長沙　商務印書館　1938年　（m.）

007550362　4548　0141　4548　0141b
關稅概論
童蒙正著　上海　商務印書館　1945年　（m.）

011807903　HF2316.J52　J537　1930
關稅與國權補遺
賈士毅著　上海　商務印書館　1930年　（m.）

007567243　4548　0441
中國關稅制度論
高柳松一郎著　李達譯　上海　商務印書館　1926年　再版　經濟叢書社叢書　（m.）

007550631　4548　0443
中國工業建設與對外貿易政策
章友江著　上海　商務印書館　1947年　（m.）

007550365　4548　1444
中國國際貿易史
武堉幹著　上海　商務印書館　1928年　（m.）

007550335　4548　1444.5
中國關稅問題
武堉幹撰述　楊端六校閱　上海　商務印書館　1934年　國難後第2版　（m.）

007550635　4548　1840
關稅與國權
賈士毅著　上海　財政部駐滬調查貨價處　1927年　（m.）

007550438　4548　2170
關政
行政院新聞局編　南京　行政院新聞局　1947年　（m.）

007550431　4548　2374
中國國際貿易小史
侯厚培著　上海　商務印書館　1929 年　百科小叢書　（m.）

007550332　4548　3338
民國七年修改進口稅則紀事
漆運鈞編　北京　中國政府財政部修改稅則會議處　1919 年　（m.）

007550460　4548　3641
工業化與中國國際貿易
褚葆一著　上海　商務印書館　1945 年　國民經濟研究所丙種叢書　（m.）

007550409　4548　3722
關務署核定海關法規彙編
上海　海關總稅務司公署統計科　1937 年

007550363　4548　4365
宋代之市舶司與市舶條例
藤田豐八著　魏重慶譯　上海　商務印書館　1936 年　史地小叢書　（m.）

007550385　4548　4446
中國關稅問題
李權時著　上海　商務印書館　1936 年　現代問題叢書　（m.）

007550471　4548　4468
修改稅則始末記
李景銘編　北京　經濟學會　1919 年　（m.）

007550323　4548　4803
海關通志
黃序鵷撰　北京　定廬　1917 年　（m.）

007550430　4548　5024　FC5119　FC－M1080
海關稅務紀要
盛俊著　上海　財政部　1919 年　（m.）

008072740　HJ6330.A6　1934x
中華民國海關進口稅稅則自中華民國二十三年七月施行
上海　上海總稅務司署統計科　1938 年　（m.）

007550435　4548　5476
中華民國海關進口稅稅則
上海　上海總稅務司署統計科　1948 年

007550640　4548　6107
十年來之關稅
財政部關稅署編　重慶　中央信託局印製處　1943 年　（m.）

007567333　4548　7223
關稅案牘彙編
香港　財政部印刷局　1914—33 年

007550389　4548　7233
中國關稅問題
馬寅初著　上海　商務印書館　1933 年　國難後第 1 版　（m.）

007550697　4548　8149
海關權與民國前途
金葆光編　上海　商務印書館　1928 年　初版　（m.）

007550673　4548　8245
我國關稅自主後進口稅率水準之變遷
鄭友揆撰　長沙　商務印書館　1939 年　初版　國立中央研究院社會科學研究所叢刊

007550733　4548　8322　FC7817　Film　Mas　31793
中國關稅問題
北京銀行月刊社　北京　北京銀行月刊

社 1923 年 （m.）

007550687　4549　3234
中國之買辦制
沙爲楷編　上海　商務印書館　1927 年　商業叢书　（m.）

007550682　4549　3234b
中國買辦制
沙爲楷著　上海　商務印書館　1934 年　商學小叢書　（m.）

007550749　4549　6776
腸衣之輸出貿易
國際貿易叢刊社編　上海　1949 年

007550756　4551　1133
人事論叢
王達、許集美著　南京　財政部鹽政總局　1947 年　（m.）

007550719　4551.9　1111.2
工商管理一瞥
王雲五著　贛縣　商務印書館　1943 年　（m.）

007550764　4551.9　1314
商店經營法
張一夢編著　上海　商務印書館　1939 年　（m.）

009837288　MLC-C
最新商業簿記
1923 年

007550766　4551.9　2918
工商管理概論
徐百益著　上海　人生出版社　1947 年　（m.）

011799982　HD37.C47　C427　1938
合理化問題
張素民、温之英編著　長沙　商務印書館　1938 年　初版　現代問題叢書　（m.）

011912220　HF5011.L925　1916
實業致富新書
盧壽籛編輯　上海　中華書局　1916 年　（m.）

011981243　HF5485.T5　1934
堆疊業經營概論
丁振一著　上海　商務印書館　1934 年　再版　商學小叢書　（m.）

007550707　4551.9　4446
商業事務常識
李培恩編著　上海　商務印書館　1933 年　萬有文庫　第 1 集　（m.）

011895510　HG4028.B8　L58　1936
營業預算論
劉絜敖著　上海　商務印書館　1936 年　商業小叢書　（m.）

007550701　4551.9　7124
總務行政管理
陸仁壽著　上海　中華書局　1947 年　（m.）

011907082　HF5547.Z436　1929
實用公團業務概要
章元善著　上海　商務印書館　1929 年　初版　（m.）

007556474　4552　2244B
事業管理與職業修養
鄒韜奮[韜奮]著　重慶　生活書店　1940 年　初版　（m.）

007556648　4552　3190
商店組織法

汪筱謝編譯　上海　商務印書館　1937年　商學小叢書　（m.）

007557509　4552　7134
商業理財
劉望蘇著　上海　商務印書館　1936年（m.）

007557515　4553　1026
電氣公司營業章程擬例
建設委員會全國電氣事業指導委員會1933年　（m.）

007567356　4554　2334
高等利息計算法
吳宗燾編　香港　1925年　再版

007567355　4554　2334
高等利息計算法練習問題解法
吳宗燾編　香港　1925年　再版

007550542　4555　0422
中國合作社會計論
章鼎峙撰　1936年

007550543　4555　0691
交易所會計
諸尚一著　上海　商務印書館　1947年（m.）

007550548　4555　1108
應用會計學
王文鈞著　上海　商務印書館　1947年（m.）

011919941　HF5667.C486　1940
審計問題
錢迺澂撰　長沙　商務印書館　1940年（m.）

011736326　HF5667.G664　1947
審計學概要

龔樹森編著　上海　正中書局　1947年　滬1版　商學叢刊　（m.）

011896424　HF5667.P36　1936
審計學教科書
潘序倫、顧詢著　上海　商務印書館1936年序　立信會計叢書　（m.）

007550551　4555　1350
應用審計學
張輯顏著　昆明　中華書局　1941年再版　（m.）

007550560　4555　2231
紗廠成本計算法
何達著　上海　中西惠記印務局　1938年　（m.）

007567334　4555　2334
會計淺說附查賬淺說
吳宗燾編　香港　1924年

007550569　4555　3602
各業會計制度第一輯
潘序倫編　上海　商務印書館　1934年（m.）

007550465　4555　3602.1
會計學
潘序倫著　上海　立信會計圖書用品社　1948年　立信會計叢書　（m.）

011884853　HF5655.J3　O832　1941
會計學概論
袁愈佺譯　上海　中華書局　1941年3版　（m.）

007550574　4555　3602.2
公司會計
潘序倫編著　上海　立信會計師事務所1930年　再版　（m.）